广东省国有林场发展历程

主　编：陈海军　江堂龙

副主编：李学强　蒋开彬

中国林业出版社

图书在版编目（CIP）数据

广东省国有林场发展历程 / 陈海军, 江堂龙主编. — 北京 : 中国林业出版社, 2020.1

ISBN 978-7-5219-0475-8

Ⅰ.①广… Ⅱ.①陈… ②江… Ⅲ.①国营林场—经济发展—研究—广东 Ⅳ.①F326.276.5

中国版本图书馆CIP数据核字（2020）第022300号

出版：中国林业出版社（100009　北京西城区德胜门内大街刘海胡同7号）

E-mail：Lucky70021@sina.com　**电话**：010-83143520

发行：中国林业出版社总发行

印刷：三河市祥达印刷包装有限公司

印次：2020年5月第1版第1次

开本：787mm × 1092mm　1/16

印张：37

字数：670千字

定价：148.00元

广东省国有林场发展历程

编委会

前　言

2015年2月8日，中共中央 国务院发布《关于印发〈国有林场改革方案〉和〈国有林区改革指导意见〉的通知》（中发〔2015〕6号），在全国范围内全面启动国有林场改革工作。为进一步摸清广东省国有林场基本情况，给省委、省人民政府决策部署提供参考资料和依据，2015年，原广东省国有林场服务总站（现广东省国有林场和森林公园管理局）对全省国有林场基本情况进行了摸底调查，并将调查结果进行梳理，编辑成本《广东省国有林场发展历程》一书，书中数据主要来源于各林场所上报材料。

本书对于了解广东省国有林场基本情况和发展历程具有一定借鉴意义。由于水平有限，书中错漏在所难免，敬请广大读者批评指正。

编　者

2020年1月

目　录

1. 珠三角地区

4. 粤北地区

5. 国有省属林场

1. 珠三角地区

1.1 广州市国有林场
1.2 深圳市国有林场
1.3 佛山市国有林场
1.4 东莞市国有林场
1.5 中山市国有林场
1.6 珠海市国有林场
1.7 江门市国有林场
1.8 肇庆市国有林场
1.9 惠州市国有林场

1.1 广州市国有林场

（1）基本情况

广州市的国有林场基本创办于20世纪50年代后期和60年代初期，现有12个国有林场，其中：5个市属林场，7个区属林场（表1–1）。分布在从化、增城、花都、白云、黄埔、南沙等6个区。

广州市的5个市属国有林场，包括流溪河林场（流溪河国家森林公园）、大岭山林场（石门国家森林公园）、增城林场（白水寨森林公园）、梳脑林场（白江湖森林公园）和帽峰山林场（帽峰山景区），均为公益一类事业单位，为“两个牌子，一套人马”的管理模式。5个国有林场总经营面积约24.5万亩*。

7个区属国有林场包括：增城区3个（大封门林场、太寺坑林场、兰溪林场），均为公益一类事业单位。花都区2个（九湾潭林场、梯面林场），其中九湾潭林场隶属于花都区农林局管理，为公益一类事业单位；梯面林场没有机构设置，与梯面镇人民政府实行“两个牌子，一套人马”的管理机构。黄埔区1个，为金坑林场，现由外商承包经营。南沙区1个，为南沙林场，现为企业化管理。7个区属国有林场总经营面积约24.1万亩。

表1–1　广州市国有林场

权属	单位名称	建场时间（年）	现隶属单位
市属	流溪河林场	1959	广州市林业和园林局
	大岭山林场	1960	广州市林业和园林局
	增城林场	1956	广州市林业和园林局
	梳脑林场	1958	广州市林业和园林局
	帽峰山林场	1961	广州市林业和园林局
区属	大封门林场	1983	增城区林业和园林局
	太寺坑林场	1963	增城区林业和园林局
	兰溪林场	1963	增城区林业和园林局

* 1亩≈666.67平方米。

（续表）

权属	单位名称	建场时间（年）	现隶属单位
区属	九湾潭林场	1964	花都区农林局
	梯面林场	1962	花都区农林局
	金坑林场	1963	黄埔区农业和林业园林局
	南沙林场	1959	南沙区农林局

（2）国有林场隶属关系变化

①基本完成社会主义改造和开始全面建设社会主义时期（1949年10月至1966年4月）

1963 年 3 月，广州市委决定撤销广州市农林水利局，分别成立市农垦局和林业局，隶属市人民政府。1964 年 5 月，广州市农垦局正式恢复，与广州市林业局合署办公。1960 年 7 月，流溪河林场由广东省下放给广州市接管。

②“文化大革命”时期（1966 年 5 月至 1976 年 9 月）

1968 年，经广州市革命委员会批准，把广州市农业局、林业局、农垦局合并成立广州市农林水利局革命委员会。原林业、农垦的一切生产业务及下属单位均由广州市农林水利局负责管理和领导。1973 年 7 月，广州市农林局接管流溪河林场和大岭山林场，但大岭山林场当时仍为省属市管林场。

③社会主义现代化建设新时期（1976 年 10 月至今）

1979 年 9 月，广州市委决定从广州市农林局中分出林业机构成立广州市林业局，以加强对林业工作的领导。林业局成立时有直属单位 4 个，其中包括流溪河林场、大岭山林场。

1985 年 4 月，广东省下放林场权属，把原省属清远县管银盏林场、原省属清远县管笔架林场、原省属增城县管增城林场、原省属龙门县管油田林场、原省属新丰县管华溪林场、原省属清远县管天堂山林场、原省属佛冈县管羊角山林场、原省属增城县管梳脑林场等 8 个林场转由广州市林业局管理。大岭山林场权属同时下放。

1988 年 1 月，根据广东省人民政府《转发国务院关于广东省调整行政区划的批复的函》（粤府函〔1988〕16 号文）的精神，由于区划的变更，华溪、油田、银盏、笔架、天堂山、羊角山等林场的党政关系划出林业局。林业局的直属单位减少为 7 个，包括流溪河林场、大岭山林场、增城林场、梳脑林场等 4 个国营林场。

2008 年 10 月，根据广州市编委《关于帽峰山森林公园管理处（帽峰山林场）调整隶属关系等问题的通知》（穗编字〔2008〕374 号），将帽峰山森林公园管理处（帽峰山林场）由白云区政府成建制划归市市政园林局管理。

2010 年，根据《中共广州市委广州市人民政府关于印发〈广州市人民政府机构改革方案〉、〈广州市人民政府机构改革方案实施意见〉的通知》(穗字〔2009〕11号),组建市林业和园林局,为市政府工作部门。将市林业局的职责,市市政园林局的城市绿化、公园管理的职责,原市建设委员会的城市园林建设资金筹措、计划分配等职责划入该局。

(3)广州市国有林场的大事记

1992年7月,黎子流市长视察流溪河森林公园,并指出:要把森林公园办成有世界水平的森林公园,办成广州旅游业的月亮。

1992年6月15日,黎子流市长到大岭山林场检查工作,要求该场抓好森林资源管理,保护好水源林,利用林区丰富的水力资源建设水电站。同时,要修好林区公路,搞好旅游景点建设,将大岭山建成广州地区的避暑山庄。

1992年9月11日,黎子流市长、市委常委王守初、省人民政府副秘书长许得立,陪同港澳国际投资有限公司李耀祺董事长、周允中总经理、周京生实业发展部经理及珠江国际投资有限公司叶谷总经理等负责人一行到流溪河森林公园,沿湖考察翡翠群岛和五指山、鸡枕山的山势地形,商谈进一步开发流溪河森林公园的意向。李耀祺说,这个地方环境很幽美,有山、有水、有林,有很大的开发潜力。

1993年9月17日,林业部林造批字〔1993〕163号文批复,同意将广州市流溪河森林公园定名为广州市流溪河国家森林公园,原有各种隶属关系不变。

1994年11月18日,市林业局对流溪河国家森林公园申办猴岛一事作出批复,同意公园与广州仲恺农学院合作建造猴岛,并要求公园按互惠互利原则合理解决利益分配等经营管理问题。

1994年12月,市林业局科教处与流溪河森林公园合作的"引种驯化国家级保护植物的试验研究"项目获省林业厅科技进步三等奖。

1995年5月26日,市委高祀仁书记为《流溪河国家森林公园总体规划设计》题词:流溪青山绿水美,五指造福羊城人。

1995年8月7日,市人大黄伟宁主任就我局《关于扶持广州流溪河林场脱贫解困的请示》(〔1995〕44号)一文致函市政府黎子流、陈开枝、郭向阳同志,认为流溪河林场"社会的效益是明摆着的,'牛耕田,马吃谷'的形容并不过分。……希望在政策上再作些调整,帮助该场脱贫致富"。时任黎子流市长阅后于10日作出批示:"林场的问题应从体制、政策发展上标本兼治。"

1995年11月1日,林业部林场批字〔1995〕132号文批准国营大岭山林场建立"石门国家森林公园(石门国际森林浴场)",实行"两块牌子、一套班子"的管理体制,原隶属关系、山林权属和经营范围不变。

1995 年 11 月下旬，黎子流市长到流溪河林场（流溪河国家森林公园）考察，听取了莫宇乾局长等的汇报，并对解决好林场问题做了重要指示。他强调，林场林、水、电分开，“牛耕田，马吃谷”的遗留问题要尽快解决，并且要标本兼治。

1996 年 7 月 1 日，广州市林业局、流溪河国家森林公园和日本三重县大山田国际交流友好协会签订共植“中日友好林”协议。“中日友好林”的建设既能增进中日友谊，又可增加公园的景点和知名度，深受欢迎。

1996 年 8 月 28 日，流溪河国家森林公园举办开业十周年志庆暨招商活动，林业部、广东省林业厅、广州市政府、市人大、市农委、市旅游局、从化市政府等有关领导，以及省市新闻单位、友好合作单位代表等人参加了活动。王守初副市长参加了庆典活动并作了重要讲话。期间，流溪河森林公园与广美佛宝发展有限公司、广州市畜牧科学研究所等单位签订了合作开发五指山群峰旅游风景区和特种动物园等项目，投资总额达 2000 多万元人民币。

2001 年 11 月 2 日，省林业局同意建立帽峰山为省级森林公园。

2005 年，根据《关于大岭山林场人员编制等问题的批复》（穗编字〔2005〕123 号），设立石门国家森林公园管理处，与大岭山林场合署办公，主要任务是保护和培育森林资源。

2006 年，根据《关于设立广州市流溪河国家森林公园管理处的批复》（穗编字〔2006〕138 号），设立广州市流溪河国家森林公园管理处，与广州市流溪河林场合署办公。

2008 年，根据《关于设立广州市白水寨森林公园管理处的批复》（穗编字〔2008〕307 号），设立广州市白水寨森林公园管理处，与广州市增城林场合署办公。

2008 年，根据《关于设立广州市白江湖森林公园管理处的批复》（穗编字〔2008〕308 号），设立广州市白江湖森林公园管理处，与广州市梳脑林场合署办公。

2009 年，根据《关于帽峰山森林公园管理处（帽峰山林场）机构编制的批复》（穗编字〔2009〕94 号），将帽峰山森林公园管理处（帽峰山林场）更名为广州市帽峰山景区管理处（广州市帽峰山林场），同时将该处由副处级事业单位调整为处级事业单位。

1.1.1　流溪河林场

（1）基本情况

流溪河林场成立于 1959 年 10 月，位于广州市从化区北部，东经 113° 45′ ~113° 54′，北纬 23° 32′ ~23° 50′，东邻吕田镇，南接良口镇，西连黄龙带水库，北与东明接壤。大型水库流溪河水库位于林场中部，面积 2.2 万亩，有效库容 2.39 亿立方米，是广州市饮用水的主要来源之一。

1998 年广州市人民政府颁布实施《广州市流溪河水源涵养林保护管理规定》，流溪河林场 91% 的林业用地被划为生态公益林（水源涵养林），禁止采伐木材。2015 年 12 月，全场总面积 88.31 平方千米，总人口 5885 人，森林覆盖率达 85% 以上，林业用地面积 11.41 万亩，全场活立木总蓄积量 49.28 万立方米，流溪河林场已发展成为广州地区集生态公益、水利发电、防洪灌溉、食用水源及生态休闲旅游等综合功能为一体的公益事业单位之一，是广州市最大的水源涵养林和安置水库移民最多的国有林场。

（2）体制变革

为保护流溪河水库安全和社会主义经济、生态建设的需要，根据时任中共中央中南局第一书记陶铸同志的指示，1959 年 10 月成立了流溪河林场，属省林业厅管辖。1984 年 12 月林场定为局属处级机构单位，2002 年 12 月配事业编制 93 名，2006 年 7 月设立广州市流溪河国家森林公园管理处，与广州市流溪河林场合署办公，不另配人员编制，2013 年 6 月保留广州市流溪河国家森林公园管理处（与广州市流溪河林场合署），公益一类，正处级，核定事业编制 93 名。

流溪河林场主要任务是维护流溪河水库水源涵养，造林绿化，保障和发挥流溪河水库的防洪、灌溉、发电及供广州市居民食用水等功能作用。同时在保护森林的基础上因地制宜，综合利用和发展林场的有效资源，开展森林旅游，建设发展小水电，发展名、优特水果生产，进行农副产品的加工等，是一个综合发展的国有林场。

（3）森林资源

流溪河林场总面积 9182.7 公顷，林业用地面积为 7584.5 公顷，占总面积的 82.6%。在有林地面积中，乔木林地 6632 公顷，竹林 908 公顷。按照区划林种，生态公益林最多，全场生态公益林面积 6874.0 公顷，全部属防护林类的水源涵养林；商品林面积 710.5 公顷，其中属用材林的一般用材林 492.1 公顷，属经济林的果树林 218.4 公顷。

流溪河林场活立木总蓄积量为 667709 立方米，其中乔木林蓄积量 666565 立方米，散生木蓄积量为 1144 立方米。森林覆盖率 82.51%；林木绿化率 82.51%。

林场有野生脊椎动物 4 纲 26 目 72 科 177 种，其中，两栖纲 2 目 6 科 18 种，爬行纲 3 目 11 科 33 种，鸟纲 14 目 36 科 85 种，哺乳纲 7 目 19 科 41 种。

（4）经济发展

流溪河林场主要收入渠道为财政拨款和事业收入。建场以来，财政拨款逐年增加，项目包括：营林生产、社会性资金补助、基建工程、青山绿地工程及绿道建设、后期扶持资金、省市生态公益林补偿资金、森林植被恢复费、抗洪抢险、农村基层建设、林业棚户区（危旧房）改造等，事业收入包括原木经营销售、水电经营、租金和其他收入。2006 年至 2015 年，财政共投入资金 6.17 亿元。

建场至 1997 年，林场 19 年累计采伐林木面积 1.82 万亩，木材生产量 7.29 万立方米；间伐毛竹 180 万株。1998 年，广州市政府颁布实施《广州市流溪河水源函养林保护管理规定》，林场林业用地 10.36 万亩被划为水源涵养林，禁止木材采伐。林场结合当地的实际情况，流溪河林场发展林下绿色产业，现初步建成 800 亩的林下石斛仿野生种植基地，并产生了一定的社会效益，带动了就业。

为开发利用林场旅游资源，1983 年经国家林业部批准，以林场辖区为范围建立广州市流溪河森林公园。1987 年，森林公园接待游客 4.6 万多人次，营业收入 157.54 万元。除了森林公园旅游，林场还发展水果种植，渔业养殖，茶叶生产等多种经营模式。

（5）基础设施

2004 年，林场场部有楼宇 46 幢，建筑面积约 7.5 万平方米，主要建筑有场部机关、供电、农信社、职工宿舍、教师宿舍大楼等。

1979 年，村级沙土公路有 3 条，里程总长 21 千米，分别通往 3 个农业管理区。1987 年，开通广州至森林公园客运专线，1988 年停运。1991 年开始，设街口至森林公园客运大巴专线。至 2004 年，每天有 22 班次，年客流量 9.9 万人次。

（6）自然灾害

林场于 2013 年 8 月 16~17 日，受“尤特”台风影响，流溪河林场遭受持续强降雨袭击，造成全场大面积受灾；2014 年 5 月 23 日发生暴雨泥石流灾害。

（7）山林权属

流溪河林场总面积 9182.7 公顷，其中全民工区为 5454 公顷，集体行政村 2130.5 公顷。1990 年对来源于流溪河水库移民和农业生产队的林场土地办理土地所有证，共发证 10 份，含水库全场发证面积为 125239 亩。2006 年开展山林权换发证工作，共发证 10 份，不含水库全场发证面积为 105873 亩。

（8）林场大事记

1959 年 4 月，为保护好流溪河水库的水源涵养，广东省委书记陶铸指示省有关部门筹建广东省流溪河林场。

1963 年 1 月流溪河林场改属广州市林业局管理。12 月，流溪河林场成立管理委员会，业务仍归市农林水利局，行政、党务改由从化县管理。是年，越南主席胡志明在朱德委员长及许世友等同志的陪同下参观流溪河水库。是年，国家主席刘少奇及夫人王光美游览流溪河水库、大坝以及流溪河发电厂。是年，越南总理范文同在中国副总理陈毅陪同下参观流溪河水库。

1984 年 12 月，经广州市委、市政府批准，广州市编制委员会定广州市流溪河林场（森林公园）为局属处级单位。

1985 年 1 月，中共中央总书记胡耀邦为流溪河国家森林公园题写门牌。

1993 年 9 月，经国家林业部批准定名为广州市流溪河国家森林公园，是全国首批十大国家森林公园之一。

2004年1月，中共中央政治局委员、广东省委书记张德江到流溪河国家木材公园视察。

2006年7月设立广州市流溪河国家森林公园管理处，与广州市流溪河林场合署办公。

2007 年 12 月，广州市机构编制委员会同意设立流溪河林场派出所，规划为股级，配公安专项编制 16 名，经费由从化市财政保障。

2010 年 8 月，成立广东省渔政总队从化大队流溪河水库中队。级别为副股级，经费由从化市财政核拨，配事业编制 3 名。

2013 年 6 月，保留广州市流溪河国家森林公园管理处（与广州市流溪河林场合署），公益一类，正处级，核定事业编制 93 名。

2014年3月，设立“广州市流溪河国家森林公园管理处”，与“广州市流溪河林场”合署办公。

1.1.2 大岭山林场

（1）基本概况

广州市大岭山林场位于广东省广州市从化区东北部，地处北纬 23′27″，东经 113′45″，东与南昆山自然保护区相连，西是从化温泉风景区，北与广州抽水蓄能电站，流溪河国家森林公园相望。大岭山林场总面积 39540 亩，现有林业用地 3.9 万亩，蓄积量 28 万立方米，其中生态公益林面积 3.36 万亩，占 86.1%。森林覆盖率 96%。自 2002 年石门国家森林公园对外开业后，大岭山林场生态效益、社会效益和经济效益逐年提高。

（2）体制变革

1964 年，经广东省人民政府批准，成立国营广东省大岭山林场，原县属场划归为省属林场。1973 年，大岭山林场划归广州市农林局管辖。1979 年 9 月林场由原广州市农林局划归广州市林业局管辖，仍为省属林场，行政机构是革命委员会。1985 年省下放权属后正式定名为“国营大岭山林场”。1995 年 1 月，经广东省林业厅森林公园管理办公室批准，在大岭山林场成立“石门森林公园”，1995 年 11 月经国家林业部批准，石门森林公园改为“石门国家森林公园”。1996 年广州市编制委员会定编大岭山林场为事业单位，定为局属处级场，直属广州市林业局。

2005 年，根据广州市机构编制委员会《关于大岭山林场人员编制等问题的批复》核定，大岭山林场按从事公益处级事业单位管理，并设立石门国家森林公园管理处，与大岭山林场合署办公。2013 年，根据《广州市林业和园林局关于转发市编委〈关于广州市林业和园林局所属事业单位分类改革方案的批复〉的通知》（穗林业园林通〔2013〕151 号），保留广州市石门国家森林公园管理处（与广州市大岭山林场合署），公益一类，正处级。

（3）森林资源

1972 年和 1982 年，大岭山林场全场总经营面积为 39585 亩，森林总蓄积量为 187423 立方米。2015 年，大岭山林场总面积 39540 亩，其中林业用地 39000 亩，占总面积的 98.6%。蓄积量 28 万立方米，其中生态公益林面积 33600 亩，占 86.1%。森林覆盖率 96%。

1982 年，大岭山林场野生动物资源有金钱豹、华南虎（1980 年）、山鹿、野猪、穿山甲、芒鼠、鸟类、蛇类。2015 年，大岭山林场中属于国家重点保护野生植物 10 种，珍稀濒危植物 9 种。有野生动物 24 目 61 科 158 种，其中两栖纲 2 目 6 科 18 种，爬行纲 2 目 10 科 33 种，鸟纲 13 目 29 科 69 种，哺乳纲 7 目 16 科 38 种。其中，属国家一级重点保护的有：白颈长尾雉、蟒蛇等；属国家二级重点保护的有：穿山甲、小灵猫、花面狸、苏门羚、大壁虎、雀鹰、白鹇等 20 多种；另外还有雉鸡、山羊、水鹿、黄猄、石蛙、竹鸡、松鼠及其他鸟类等百余种。

（4）经济发展

1990 年大岭山林场经济收入主要以木材生产销售收入为主，年木材销售约 1500 立方米，收入约 120 万元。其间，跌死狗电站正在修建，石门电站挖潜改造已在 3 月底前完成，并以 7 万元 / 年的承包费包给肖善平经营管理 7 年。1991—2000 年林场的主要经济收入都是以木材生产销售收入为主，1991年约130万元，2000年收入70万元。

1995年，经国家林业部批准，大岭山林场成立石门国家森林公园。大岭山林场为建设和开发公园，采用引入外资方式进行建设，于1995年与武汉汇江置业有限公司签订协议，合作成立广州石门森林公园综合开发有限公司，武汉公司占70%股份，负责资金筹集，林场以600亩林地入股，占30%股份。但由于公司建设资金缺口大，投资商经济实力弱等原因综合开发公司于1997年公园建设停滞不前，开发建设项目停止。从2000起，大岭山林场通过政府投资及自筹资金，用于景区景点及其基础设施建设。至2015年底，已先后投入资金约2亿元。

2002年8月，石门国家森林公园正式对外开放，当年接待2000人，旅游收入1万元。2003年，游客人数增至10万人次，经营收入提高至43万元。2010年公园经营收入达629万元，森林生态旅游收入达到1500万元，成为林场经济收入的主要渠道。2011年至2015年，公园经营收入平稳增长，成为大岭山林场经济收入的主要来源。其中，2015年，公园经营收入达1142万元，整体发展势头良好。

（5）基础设施

1967年，开通场部至桃连的沙泥公路，路宽4米，长5千米，从此有汽车通林场。2004年，全场有水泥公路长32千米，沙泥公路4千米，林道3千米。2006年11月25日，新购买一台28座的中巴，用于承载职工上下班。

1964年至1985年大岭山林场新建宿舍楼、办公楼及职工宿舍共12000平方米。1979年，大岭山林场场部设在插旗岭半山腰，建有林场办公室、招待所等，建筑面积4900平方米，场区面积14.2亩，是林场生产指挥中心。1997年8月建成新办公楼，建筑面积7300平方米。1996年广州石门森林公园开发有限公司投资400多万元建造了宾馆2幢、餐厅1间及宿舍4排，总建筑面积约3500平方米。

（6）自然灾害

林场发生过多次暴雨灾害。2002年7月21日，特大山洪给大岭山林场造成严重的经济损失。2008年6月25日特大暴雨导致大岭山林场辖区内多处山体滑坡。2014年5月22日8时至24日17时，大岭山林场辖区遭受特大暴雨袭击，造成林场大范围山体泥石塌方。林场台风、冰雪灾害较少，2013年4月2日，大岭山林场辖区遭受龙卷风、暴雨和冰雹袭击。

（7）山权林属

1975年，广州市林业局、从化县山林纠纷处理小组、从化县林业局、温泉公社领导和有关大队代表，到实地查勘，重新确定了大岭山林场四至范围，并签订了《关于国营广东省大岭山林场与从化县温泉公社桃莲、中田、龙岗大队山界划分议定书》。1980年，广州市农委、从化县委、农委、市县林业局、温泉公社领导及有关大队、生产队代表与大岭山林场代表一起，共同签订了《关于山界林权问题的补充协议书》，至今，国营大岭山林场的权属，四至范围得到了完全的肯定。

（8）林场大事记

2001年9月，广州市机构编制委员会办公室为国营大岭山林场（石门国家森林公园）就发事业单位法人证书取消原工商登记。

2004年8~9月，广州市林业局将大岭山林场作为市属国有林场改革试点单位。通过改革，初步把林场事企职能分开，场属石门国家森林公园经营管理部推行内部承包责任制，全面负责公园的经营管理工作。

2005年6月，根据广州市机构编制委员会《关于大岭山林场人员编制等问题的批复》穗编字〔2005〕123号文的精神，同意大岭山林场作为生态公益型林场，配事业编制21名，经费由市财政核拨，设立石门国家森林公园管理处，与大岭山林场合署办公。

2005年6~8月，大岭山林场实行深化改革，对21个编制岗位进行竞争上岗，产生了钟展华、梁有添等18名纳入广州市事业单位财政编制人员。

2005年9月5日，根据广州市机构编制委员会《关于大岭山林场人员编制等问题的批复》穗编字〔2005〕123号文的精神，将原名为国营大岭山林场（石门国家森林公园）变更为大岭山林场（石门国家森林公园管理处）。

2012年9月19日，石门国家森林公园被国家林业局森林公园管理办公室、国家林业局森林公园保护与发展中心评为“中国森林公园发展三十周年最具影响力森林公园”。

1.1.3 增城林场

（1）基本情况

增城林场（原国营增城林场）创办于1956年，场部设在广州市增城区荔城街。东经113° 37′ 30″ ~113° 48′ 45″，北纬23° 17′ 30″ ~23° 22′ 30″。

林场处于北回归线以南，属亚热带季风气候，年平均气温为21.6℃，年平均降雨量为1904毫米。林场中部的梅花顶为最高峰，海拔高度为496.7米，全场林地平均海拔约为300米，整个地势中部高，四周低，属粤东闽西南丘陵山地立地亚地；土壤为花岗岩风化发育而成的薄有机质，中厚层赤红壤，肥力较差。林场总面积为2745.4公顷，森林总蓄积量19.45万立方米，森林覆盖率为91.11%，林木绿化率为91.11%。

（2）体制变革

增城林场在1957年建场后隶属增城县领导，1958年转为省属地管理，划归佛山地区管理。1963年惠阳地区成立后，改属惠阳地区林业局领导，1963—1964年曾经划为龙洞林场增城林场分场，1965年又由龙洞林场划出，成为增城林场独立场，1975年划转广州，至今由广州市林业和园林局（原广州市林业局）管理。

1999年，为保护白水工区丰富的森林资源，经广州市林业局批准建立广州市白水寨森林公园（穗林〔1999〕52号）。自此，增城林场开始了森林旅游的建设工作。林场于2008年8月经广州市机构编制委员会批准与广州市白水寨森林公园管理处合署办公，主要任务是培育和保护森林资源，向社会提供生态服务。2013年，林场定性为公益一类事业单位。

（3）森林资源

增城林场总面积为2745.4公顷，其中林业用地2714.5公顷，非林业用地30.9公顷，森林覆盖率为91.11%，林木绿化率为91.11%。在林业用地中，乔木林地为2402.4公顷，占林业用地面积的88.5%；竹林地89.8公顷，占林业用地的3.3%；灌木林地9.2公顷，占0.003%。

2005—2015年，增城林场从自收自支的事业单位转变成公益一类的事业单位。在国家大力发展生态公益林的要求下，增城林场在采伐桉树后，更新的树种大部分为乡土阔叶树。至2015年，生态公益林面积增加至2.98万亩，森林资源总蓄积量增加至19.45万立方米。

1956年建场时有豺、野猪、黄猄、穿山甲、河猪、狐等哺乳动物；鸟类有猫头鹰、鹧鸪、啄木鸟、乌鸦、画眉、水鸡、麻雀等；蛇类有眼镜蛇、过山风、金环蛇、青竹蛇和南蛇等。随着林业生产活动，林区公路的建设，森林采伐和早起狩猎活动等，野生动物资源不断减少，豺、河猪等已基本绝迹。

（4）经济发展

政府投资：自建场至今，增城林场共获得国家投资约9848.02万元，主要用于植树造林、封山育林、培育森林资源、保持森林生物多样性、保护水源涵养林等工作。

自2010年起至2015年，得到广州市财政的大力支持，分别投入经费1292.34万元、1351.81万元、2604.50万元、1582.19万元、1610.61万元及1780.51万元进行林分改造和基础设施建设。

木材收入：自建场至今，增城林场主要以销售采伐木材为主，约收入8180.27万元，其中2011年木材收入达875万元，2012年木材收入达929万元，2013年木材收入达441.03万元，2014年木材收入达517.28万元，2015年木材收入达488万元。根据国有林场改革要求，增城林场于2016年全面停止生产性林木的采伐工作。

其他产业：1956—1990年，增城林场认真贯彻“以林为主、多种经营、全面发展”的方针，坚持抓好林业生产工作为主，开办“五厂一店”，建设出租工业楼房，开展水果承包经营工作，被林业部评为“1990年度先进单位”。1992年通过经济工作讨论会，确定成立经济发展总公司，与宁夏林业厅联办“广夏”联营公司，创办了规模较大的酒店（银荔酒店）。2012年，根据有关规定，依法停止了经济发展总公司的所有业务并进行注销。2015年，经上级主管部门批准，增城林场通过广州市交易中心对拥有的5处物业进行公开招租，每年实现约110万元租金收入。

（5）基础设施

2002年，林场旧房改造工程正式启动，解决了干部职工的住房困难。林场至今建成林区公路100千米，林道27.27千米，等级公路22.73千米，合计道路150千米。护林站全面实现通水，基本实现通电，但因部分林区较偏远，仍有4个护林站未实现电话通讯，基本没有实现网络覆盖。

（6）自然灾害

增城林场的病虫害历来比较严重。

1956—1998年，增城林场林分树种主要为松、杉类为主，但面积及蓄积量出现大幅度减少，森林病虫害是较大原因。因受松突圆蚧、松天牛等危害，林内枯死木随处可见。1999—2004年，增城林场林地内的松类除受松毛虫、松突圆蚧等危害外，松材线虫害危害仍然十分严重。部分马占相思、南洋楹分别出现白粉病、溃疡病，部分桉树幼期受白蚁危害。2005年至今，增城林场林地内的马尾松和湿地松受松材线虫病危害仍然十分严重，因此松、杉类蓄积量继续减少。林地内同时出现大面积的薇甘菊危害区域，对树木生长影响极大。为此，增城林场积极开展了外来有害生物防控工作，在2015年，共除治薇甘菊面积4500亩、松材线虫面积1500亩，开展松材线虫林分改造837亩。

（7）山林权属

增城林场成立于1956年，所经营的林地按照办场初期落实的造林设计书范围由政府划拨使用，所有权属均为国有。林地边界与12个村委、若干个自然村及村民自留的山地交接。部分村民的自留山地、耕地和白榄树零星分布在林场的林地中间。在1984年6月至1985年10月，增城林场和增城县人民政府工作组一起对全场山林界线进行了一次核查。1989年开始，增城林场和增城县国土局再次对山林权属进行检查。

林场在2015年1月底组织相关人员进行林地调查，经查林场所属林权范围内被周边村社及村民强行侵占林地面积约为387.08公顷，占林场林地面积的14%。至今，增城林场正结合国有林场改革的要求积极寻求政策保障，希望得到增城当地相关部门的支持，逐步解决林地被侵占问题。

（8）林场大事记

1995年4月3日，召开场党委扩大会议，传达广州市林业局关于实行全员劳动合同制会议精神，在林场实行全员劳动制。

1997年4月11日，召开全场职工代表大会，宣读《国营增城林场深化改革方案（讨论稿）》，由职工代表参与讨论，并提出修改意见。

1997年5月21日，召开场副股以上干部会议，传达流溪河会议精神，宣读广州市林业局关于国有增城林场深化改革方案的批复，宣布经修改后的深化改革方案。

2001年4月8日，在西坑投资建设一个占地200亩的水果基地。

2002年8月18日，旧房改造工程正式动工，在旧房原址新建一幢6层24户的楼房，主要以解决大学生及住房困难户为主。

2011年11月16日，举行干部职工（在编）会议，会议传达了11月15日局事业单位分类改革的有关会议内容，并对林场事业单位分类改革类别及岗位设置进行了讨论和通报。

2013年4月28日，林场举办挂牌仪式，更名为“广州市增城林场”“广州市白水寨森林公园管理处”。

1.1.4 梳脑林场

（1）基本情况

梳脑林场位于广州市增城区东北部正果镇，地理坐标为东经113° 52′ ~113° 54′，北纬23° 29′ ~23° 31′，东南依罗浮山麓，分别与增城正果镇、小楼镇、派潭镇交界。

梳脑林场所在的正果镇属半山区，山区与丘陵占全镇总面积的70%。林地母岩主要是花岗岩，低山丘陵，坡度一般在40°~50°。林场大地貌属于低山谷地，海拔40~680米之间，是南岭山系九连山脉的分支。

林场现总面积24809.5亩，其中林地面积24769.5亩，蓄积量10.57万立方米，森林覆盖率93.6%。林场现有干部职工73人，其中在职40人，退休33人。林场在2008年以前为自收自支的事业单位，主要经济来源就是林木砍伐，收入单一微薄，林场负债严重。2008年入编后，由广州市财政核拨编制内人员经费，编制外人员经费靠生态公益林补偿和林木采伐收入维持，基本达到收支平衡。

（2）体制变革

林场先后隶属于惠阳专区、佛山专区、增城县代管，到1985年4月省下放林场权属时转由广州市林业局管理，2008年广州市市政园林局和广州市林业局合并为广州市林业和园林局，一直到目前由广州市林业和园林局管理。

2013年，广州市机构编制委员会批复保留广州市白江湖森林公园管理处（与广州市梳脑林场合署），公益一类，副处级。核定事业编制19名，经费按财政补助一类拨付。

（3）森林资源

林场于1958年建场，林地面积为24769.5亩，林地总面积没有变化过。1990年生态公益林面积为0.74万亩（占全场林地总面积的30%），商品用材林为1.73万亩（占全场林地总面积的70%）；2014年，生态公益林面积为1.85万亩（占全场总面积的74.9%），商品用材林为0.62万亩（占全场部面积的25.1%）。2015年，蓄积量10.57万立方米，森林覆盖率93.6%。

林区发现的蛇类资源十分丰富，有舟山眼镜蛇、银环蛇、眼镜王蛇、蟒蛇等，其中蟒蛇为国家一级重点保护野生动物；两栖类有国家二级重点保护野生动物虎纹蛙、刺胸蛙，其中刺胸蛙已成优势种。

（4）经济发展

林场每年的木材生产原木蓄积量为2700~3500立方米之间。2016年起因林场改革，计划开始停止生产性林木采伐，转变为以生态保护为主，逐步把剩余的0.62万亩商品林划入生态林进行管理。2016年以前，林场通过林木采伐获取经济收入，维持日常运行。国有林场改革后，全面停止林木采伐，计划经费缺口由财政解决。

（5）基础设施

林场办公楼于1992年建成使用，共3层半，总建筑面积630平方米，为钢筋混凝土结构，2012年进行一次翻新，办公设备齐全。林场有3栋职工宿舍楼，总建筑面积2450平方米，供林场职工及家属居住。

林场共设4个工区，林区公路共43千米，已相互贯通。

（6）自然灾害

林场地处低纬，每年的台风、暴雨、山体滑坡主要集中在5~7月份。其中：每年平均受到台风灾害为3次，受害比较严重的是种植3年内的幼林树和个别的过熟林大树。暴雨、山体滑坡每年都发生，每次都有山体滑坡的现象发生，主要山体滑坡都以林区公路为主，尤其是2014年5月23日遭遇百年一遇的大洪灾，造成山体严重滑坡塌方，林场损失惨重。

林场在80~90年代发生过松毛虫、松突圆蚧等虫害，2012年也发现有红火蚁和白蚁，2012—2013年为虫害高蜂期，经过防治，较好地控制住虫害的快速蔓延。

（7）山林权属

建场开始所有的林地都来源于当地村集体林地的划拨，从划入林场管理以来，林地所有权都是国有。

（8）林场大事记

1958年，建立梳脑林场，是省属增城县管林场。

1985年4月，省下放林场权属时转由广州市林业局管理，定名为“国营梳脑林场”。

2000年，广州市林业局批复建立广州市白江湖森林公园，规划面积11000亩。

2008年，广州市机构编制委员会批复设立广州市白江湖森林公园管理处，与广州市梳脑林场合署办公，副处级事业单位，核定事业编制19名，经费由市财政核拨。

2013年，广州市机构编制委员会批复保留广州市白江湖森林公园管理处（与广州市梳脑林场合署），公益一类，副处级。核定事业编制19名，经费按财政补助一类拨付。

1.1.5 帽峰山林场

(1) 基本情况

广州市帽峰山林场属南亚热带湿润气候区，地势为中间高四周低，属珠江三角洲北缘的丘陵山地，山地属九连山脉的延伸部分。山坡陡峭，沟谷深幽，为复杂多变的地形。场内最高峰为帽峰山，海拔 534.9 米，为广州最高峰。

2014 年，帽峰山林场有有林地面积 1959 亩，森林森林覆盖率 95.3%，林木蓄积量为 9874 立方米。帽峰山林场现有职工总人数 92 人，其中在职在编 22 人，离退休职工 3 人，在职编外职工 67 人（签订有固定期限合同 24 人、无固定期限合同 43 人）。

(2) 体制变革

帽峰山林场在 1961 年建场，1962 年停止运营；1963 年 8 月重建，成立广州市郊区帽峰山林场，归广州市郊区农林局管理。1987 年，林场更名为广州市白云区帽峰山林场。2007 年，将帽峰山林场与广州市帽峰山景区管理处合并，由广州市白云区林业局管理。2009 年，广州市帽峰山林场调整至广州市市政园林局管理，更名为广州市帽峰山林场。

帽峰山林场建场初期以消灭荒山为主要任务，20 世纪 90 年代以营造生态林为目标。目前，广州市帽峰山景区管理处（帽峰山林场）是公益一类的事业单位，主要任务是负责景区开发建设及依法保护景区范围内的土地、森林、生态环境、生物资源和人文资源；以良好的森林生态环境为依托，以自然生态保护培育为基础，建设成森林生态旅游景区。

(3) 森林资源

2014 年，帽峰山林场有林地面积 1959 亩，森林森林覆盖率 95.3%，林木蓄积量为 9874 立方米。林场森林资源丰富，植物种类较多，有维管植物 179 科 569 属 875 种 (其中栽培 217 种)，以壳斗科、山茶科、樟科、芸香科、松科、大戟科、杜英科、梧桐科、桑科等植物为主。动物脊椎动物较多，据统计，共有脊椎动物 4 纲 21 目 54 科 125 种，其中国家级保护动物 15 种。

(4) 经济发展

2002 年 10 月帽峰山林场作为帽峰山森林公园的古庙景区对外开放，开展旅游业务。帽峰山林场正处于建设和发展初期，2009—2012 年封闭 3 年建设，于 2013 年 2

月重新对外开放。经广州市物价局批准，门票为10元/人，10元/车；团体票（10人以上）八折优惠，其余优惠政策完全遵照广州市物价局规定执行。2015年全年旅游收入为455.19万元。林场除门票外，没有其他收费游览项目，没有木材生产和林下经济等其他经济收入。

（5）基础设施

林场自1963年建场至2009年，基础设施发展缓慢。林场办公场所仅有一座20世纪60年代由知青建的石屋及一座2000年建成的办公楼，建筑总面积1266平方米，其中办公用房513平方米，生产用房面积753平方米。建有林区道路7千米，消防水池11个，防火瞭望塔5座。用水主要靠水泵抽取地下水及自然山水。

2009—2012年，林场景区封闭开展升级改造，进行了茶花园（一期）、绿道建设、防火通道建设等37个项目的基础设施及景观景点建设，建成10.9千米的绿道，完善了配套设施建设，新建公共厕所、停车场和便民服务点；新铺设了供电电缆、修复了景区主干道的路灯，架设了供水管网，保障了景区日常用电用水。

（6）自然灾害

帽峰山林场90年代初期出现了松材线虫病。近期，有害生物主要是红火蚁、薇甘菊。

（7）山林权属

广州市帽峰山林场已确权的林地林权证为2004年10月份由白云区人民政府颁发，面积共1272亩。目前，林场存在山林权属争议面积1106亩。

（8）林场大事记

2001年11月，经广东省林业局批准成立广州市帽峰山省级森林公园，面积61433亩。

2002年10月，帽峰山林场作为帽峰山森林公园的古庙景区对外开放，开展旅游业务。

2004年10月，由广州市白云区林业局核发《林权证》（新证），核定面积1272亩。

2007年1月，将帽峰山林场调整到广州市帽峰山森林公园管理处统一管理，保留广州市白云区帽峰山林场牌子。

2009年，帽峰山森林公园管理处（帽峰山林场）由白云区人民政府成建制划归市市政园林局管理。同时将帽峰山森林公园管理处（帽峰山林场）更名为广州市帽峰山景区管理处（广州市帽峰山林场）。

2011年4月，根据《关于调整市帽峰山景区管理处人员编制的批复》（穗编字

〔2011〕145号），帽峰山景区管理处（广州市帽峰山林场）事业编制由15名调整为25名。

1.1.6 大封门林场

（1）基本概况

增城区大封门国有林场位于增城区北部东接龙门县永汉镇，西邻从化市石门国家级森林公园，南靠派潭镇，北承龙门县南昆山国家森林公园，是从化、龙门、增城3个县（市）的交汇点，距广州市70千米。1983年增城县人民政府为了做好大封门水库周围封山育林工作，发展水源林，以林蓄水，以水保电，以电养林，同意创办大封门国营林场，属全民所有制单位，归县林业局领导。

林场成立时面积36000亩，干部5人，职工15人，经费由大封门、白水寨电站每年发电收入中提成5万元。当时的经营方针是：水源林为主，用材林和经济林相结合，充分利用林场资源，开展多种经营，增加经济收入。2000年10月，经广州市林业局批准建立大封门森林公园。现有林业用地4.8万亩，蓄积量331256立方米，森林覆盖率达97.4%。现有职工64人，其中职工52人（在编27人，合同工25人），离退休职工12人。

（2）体制变革

增城区大封门国有林场是正科级单位，现为增城区林业和园林局下属单位，设有大封门林场党支部和大封门林场工会，大封门、西坑、佛坳、白水寨景区4个护林站，生产、计财、政工、后勤等职能组。根据《关于兴办大封门林场有关问题的决定》（增府〔1983〕26号）精神，大封门林场的经营方向是：搞好水源林为主，用材林和经济林相结合，林业副业相结合，充分利用林场资源，开展多种经营，增加经济收入。

（3）森林资源

林场以水源林为主，用材林和经济林相结合，以乡土阔叶树种为主，70%为天然阔叶次生林，主要树种有：槁木、鱀蒴栲、马尾松、红锥、白锥、桐类、桢楠、黄杞、大叶胭脂、肉桂等，在2000年前以管护为主，限量采伐，伐后主要以天然更新。

经过20多年来的封山育林及多次补植、套种优良乡土阔叶树种，形成了现在林相整齐、景观优美的次生林区，并在此基础上建立森林公园。公园内有林地面积达4.66万亩，场内有4个水库，面积2000多亩，库容900万立方米。森林覆盖率达97.4%，70%

为天然阔叶次生林；主要树种有：槁木、黧蒴栲、马尾松、红锥、白锥、桐类、桢楠、黄杞、大叶胭脂、肉桂等；有多种国家级保护的珍稀植物，如绣球茜、厚叶木莲、黑桫椤、白桂木等。由于山高林密，公园内调查到有穿山甲、蟒蛇、雉鸡、大灵猫、小灵猫、画眉等 200 多种野生动物。

（4）经济发展

林场前期以水源林为主，用材林和经济林相结合，充分利用林场资源，开展多种经营，增加经济收入。在林场的西坑曾经种植过茶树，至今西坑茶叶在当地小有名气；西坑、石灶、坪天王是兰花种植基地。林场 2004 年建设白水仙瀑景区，2006 年建设大丰门漂流景区，2008 年建设金瑞峰温泉酒店（现改为巴登巴登温泉度假酒店）。

林场初成立时经费由大封门、白水寨电站每年发电收入中提成 5 万元。2000 年 10 月批建为市级森林公园后，停止采伐木材，以生态公益林补偿和景区租金为主收入。2005 年开始招商引资发展森林旅游，当年引资开发了白水寨景区，2006 年引资开发大封门漂流，2008 年以出让经营权的模式引资建设公园温泉酒店。经过多年的保护和发展，大封门林场森林资源丰富，生态环境明显改善，经济得到稳步增长，同时森林旅游业发展带动周边地区农民的就业和发展。到 2015 年，林场经济收入 600 多万元，其中开发生态旅游收入 200 多万元；林场职工的年平均工资从 2004 年的 2.5 万元增长到 2015 年的 10 万元。

（5）基础设施

林场新场部位于白水寨大道 28 号，占地 30 亩，有办公楼一栋 3 层 750 平方米，职工宿舍楼一栋 4 层 500 平方米，办公楼通水、通电、通网络。林区设有大封门、西坑、佛坳、白水寨景区 4 个护林站。温南公路从其中贯穿南北，过境路程 13 千米，另有林区公路 37.6 千米。

（6）自然灾害

林场成立至今基本没有受到过大的自然灾害，未发生过大的森林火灾。2014 年 5 月有过一次百年一遇的暴雨，林场受到松材线虫和薇甘菊的侵害。

（7）山权林属

林场山林权属原来是派潭镇高滩村背阴大队、高滩大队、上九坡大队、榕树吓大队、密石大队 5 个大队村民所有，1983 年增城县人民政府为了搞好大封门水库周围封山育林工作，发展水源林，以林蓄水，以水保电，以电养林，同意创办大封门国营林场，经过经济补偿将周围的林地划归大封门国营林场管理。

（8）林场大事记

1983 年，兴办大封门国营林场，性质属全民所有制单位，归口县林业局领导。

2000 年，经广州市林业局同意，建立大封门森林公园。

1.1.7 太寺坑林场

（1）基本情况

太寺坑林场（也称太子森林公园）建场于 1963 年 6 月，地处广州市增城东北部，地理坐标为北纬 23° 20′ 11″ ~23° 22′ 43″，东经 113° 52′ 30″ ~113° 54′ 43″。林场总面积 594 公顷，南靠小楼镇，西对增江河，北望罗浮山。林场地处南亚热带，属海洋性季风气候，年平均气温为 22.4℃ ；属九连山脉的延长、南昆山的南缘，由牛牯嶂、大尖山等组成，基岩的构成主要是页岩、花岗岩。

林场经营林地面积 7339.5 亩，全场干部职工、退休人员总人数 60 人。其中，退休人员 40 人，在职人员 18 人。林场主要靠生态公益林补偿来维持日常运作，由商品林向生态公益林转型。

（2）体制变革

增城市太寺坑林场建场于 1963 年 6 月，开办资本 147 万元，举办单位为广州市增城区林业和园林局。1987 年，林场成立太寺坑林场党支部，场部下设办公室、计财组、生产组、后勤组。2010 年 6 月 22 日，经省林业厅批准成立“广东太子森公园”，公园规划面积 8907 亩，实行“一套班子，两套牌子”的管理制度。根据增城市机构编制委员会文件（增编〔2011〕18 号文），把林场改为财政拨付一类的事业单位。2015 年，广州市行政区域调整，增城撤市并区。太寺坑林场隶属关系不变，名称由增城市太寺坑林场改为广州市增城区太寺坑林场。

林场原来收入来源靠砍伐木材收入，经济林及其他非林、非木质产品收入，现在逐步转变为公益一类财政拨款的事业单位，转型后林场主要任务是：贯彻执行国有林场的方针政策；编制国有林场总体规划；组织调查、规划、设计、动态监测的管理工作；负责生态资源的培育和保护；建设管理林场、森林公园的绿化；做好水土保持、发展、综合开发、违章建筑处理工作。

（3）森林资源

林场经营林地面积 7339.5 亩（以林权证面积为准）。2015 年生态公益林面积 5994 亩，商品林面积 1344.5 亩。林场属于亚热带、热带常绿阔叶林区，有山地常绿阔叶林、亚热带常绿阔叶混交林、亚热带针阔叶混交林、竹林，还有珍稀名贵树种红椎 2.8 公顷。

林场内野生植物比较丰富，据调查，有维管束植物 200 科 88 属 1622 种和 80 个变种；蕨类植物 19 科 41 属 71 种；裸子植物 8 科 16 属 21 种；被子植物 173 科 831 属 1530 种；林场内森林主要为速生丰产林和生态公益林。

（4）经济发展

原来林场主要收入以生产木材为主，2010 年以来木材收入逐步减少。2010 年 6 月 22 日，经省林业厅批准成立“广东太子森公园”，实行“一套班子，两套牌子”的管理制度。林场转变为公益一类财政拨款的事业单位，主要以保护森林资源为主，开放森林旅游。林场由商品林向生态公益林转型，逐步由木材生产向生态公益林过渡。

为响应增城区委区政府关于“绿化增城，美化增城”的号召，努力将太子森林公园建设成为高品位、独具特色的森林公园，林场引进外来投资 2 个（广州纯色婚纱摄影有限公司、招商银行股份有限公司广州分行）。广州纯色婚纱摄影有限公司经营婚纱摄影，每年给林场的租金收入是 16800 元，每 3 年递增 10%，承包年限 30 年。招商银行股份有限公司广州分行每年给林场的租金收入为 68600 元，每 3 年递增 5%，承包期限 30 年。

（5）基础设施

1987 年在菜园路和在 1994 年兴华路建造了集资楼，林场基本解决了职工的住房问题。现在的办公楼是20世纪90年代初建的，目前正计划建造一栋太子森林公园办公大楼。

（6）林场大事记

2010 年 6 月 17 日广东省林业局准予设立太寺坑省级森林公园。根据增城市机构编制委员会文件（增编〔2011〕18 号文），把林场改为财政拨付一类的事业单位。

在 2012 年进行事业单位人事改革，有 10 人纳入财政供养，减轻了林场经济负担，从而提高了干部职工的生活待遇。

1.1.8 兰溪林场

（1）基本情况

兰溪林场创建于 1963 年 2 月，位于罗浮山主峰西麓，东经 114.03°，北纬 23.34°，距增城25千米。林场现有林地面积2.67万亩，蓄积量约5.7万立方米。其中生态公益林面积1.37万亩，占51%；商品林1.3万亩，占49%；森林覆盖率83%以上。

林场现有职工85人，其中在职职工34人，退休职工48人，长期聘用3人。下设有天王冚、新村、通坑、榕树冚、横坑、南坑、石灶等7个护林站。

（2）体制变革

根据市编委会《印发增城市林业和园林局所属事业单位分类改革方案的通知》（增编［2011］18号）精神，林场被定性为公益一类，负责贯彻执行国有林场的方针、政策；编制国有林场总体规划；组织调查、规划、设计、动态监测的管理工作；负责森林生态资源的培训和保护；建设管理林场、森林公园的绿化；做好水土保持、发展、综合开发、违章建筑处理工作。

（3）森林资源

1993年，林场有杉木17000多亩，松木7100多亩，杂木2600多亩。到20世纪90年代末，林场林木蓄积量约3.2万立方米，森林覆盖率56%。目前，林场现有生态林面积1.37万亩，森林总蓄积量5.7万立方米，森林覆盖率为83%。

兰溪林场野生动物资源丰富，有山牛、野猪、黄猄、野鹿、箭猪、雉鸡、金钱龟、鹰嘴龟等稀有动物。据不完全统计，林场约有保存野生高等植物48科150属1100多种，其中国家重点保护植物有一级、二级等6种，一级珍稀濒危保护植物有2种。脊椎动物约30目45科150多种、昆虫30多种。

（4）森林经营

建场初期至20世纪70年代末，林场的主要任务是全面植树造林。这一时期，林场以营造杉树为主，林场每年营造杉树约300~500亩。到90年代初，林场营造杉木为主17000亩，松木7100亩，杂木2600亩，形成了以杉木和松木为主体的用材林产业体系和。

随着人们对生态环境保护的日益关注，林业建设的功能由侧重效益林业向生态林业和效益林业并重的方向转变。为此，林场将1.37万多亩林地划入生态公益林管理，并计划在以后逐步增加生态公益林管理范围和抚育管理。

（5）基础设施

林场建场初期，由于经济困难，职工一直以来都是住矛棚、土砒房。随着林场经济的发展，林场坚持不懈地加强基础设施建设。特别是1983年以来，新建职工宿舍

44 间，改善林场工人的居住生活条件。目前在正果镇置有住房 4 套，在增城区荔城街置有住房 69 套。

随着林场基础设施建设，目前，林场修建林区公路 27.8 千米，林道 39 千米，建森林防火蓄水池 3 处，建防火瞭望台 1 处，并每年对林区公路维修。由于林场管护站所处位置的特殊性，仍有 2 个管护站没有通电，6 个管护站没有通有线电话，7 个管护站没有通有线电视。

（6）自然灾害

林场洪水灾害频发，1983 年 8 月，受特大洪水影响，冲毁林区公路 30 多千米。1986 年 8 月，受特大洪水影响，冲毁林区公路 40 多千米。1999 年 9 月，受特大洪水影响，冲毁了职工宿舍楼防护堤坝 50 多米及瓦房 5 间，冲毁林区公路 40 多千米。2006 年 4 月山洪暴发，冲毁林区公路 53 千米。2013 年 8 月，受特大洪水影响，冲毁林区公路 60 多千米。

林场受冰雪灾害相对少。但也发生过，如 2004 年 12 月，受冰霜影响，造成林场南坑、横坑等工区的 1000 多亩南洋楹全部冻死。

（7）山林权属

1961 年，增城县进行林地规划，确定地点，在正果人民公社畲族生产大队、增城县正果公社兰溪大队、增城县正果公社通坑生产队所属山林（山地）范围内，划出范围给林场，于 1963 年 2 月成立增城县国营兰溪林场。

林场在 20 世纪 80 年代，引发了一些山林权属纠纷。但经协商，有效切实解决了当时存在的山林权属纠纷。目前，林场山权权属界线明确，清晰，不存在任何争议。

（8）林场大事记

1975 年，成立兰溪林场党委，管辖整个兰溪。于 1977 年撤销兰溪林场党委。

1988 年 5 月 31 日，根据中共中央中发［87］12 号文件和省编委《关于加强全省事业单位机构编制的通知》精神，林场核定全民所有制事业单位的人员编制为 93 人。

1995 年 11 月 29 日，林场定为副局级单位管理。

2000 年 11 月，市政府批准兰溪林场为生态森林公园。

1.1.9 九湾潭林场

（1）基本情况

九湾潭林场位于广州市花都区东北部，九湾潭水库周边，地理位置坐标为东经

113° 22′ 38″ ~113° 25′ 48″，北纬 23° 29′ 28″ ~23° 31′ 07″，总面积 14208 亩。林场属南亚热带季风气候区，地处广州市花都区东北部的丘陵地带，土壤为花岗岩和红色砂页岩风化变质形成的赤红壤。

1964 年 3 月 15 日，花县县委根据当时的中南局及广州市市委指示，为了加强对造林绿化工作的领导和进一步发展全县林业生产，加强对九湾潭水库水源涵养林的保护和残次林的改造，充分发挥森林保持水土作用，发挥水库效益，为该地区农业生产创造更好的条件，经花县县委常委会议讨论，决定成立“花县九湾潭综合林场”。

（2）体制变革

九湾潭林场原名为花县九湾潭综合林场，于 1964 年由原花东公社划出所属鸿鹤、狮前、四联等大队组建成党委级的国有林场，管辖 4 个农业大队和一个林业大队。1977 年 10 月从花东公社划出北兴屯杨河等 9 个大队与九湾潭林场合并，组建北兴公社，九湾潭林场与北兴公社为“一套班子，两个牌子”并存。1979 年 12 月，九湾潭林场从北兴公社分出，成立九湾潭林场，隶属花县林业局管辖，经济独立管理，财政核补副局级事业单位。1993 年 10 月，花县撤县改市为花都市，花县九湾潭林场更名为花都市九湾潭林场，2000 年 7 月，花都区撤市改区为花都区，花都市九湾潭林场更名为花都区九湾潭林场，为副处级事业单位。目前，广州市花都区九湾潭林场，挂广州市花都区林业产权交易中心牌子，为花都区农林局管理的副处级事业单位，公益一类。

在 1964 年九湾潭林场成立之初，林场主要任务是加强对九湾潭水库水源涵养林的保护和残次林的改造，充分发挥森林水土保持的作用，发挥水库效益，为地区农业生产创造更好的条件。随着社会进步和林业事业的发展，林场的主要任务转变为对沿九湾潭水库上游两岸生态公益林和水源涵养林营造抚育，保护森林资源和野生动植物资源，保证水源净化、环境美化的社会效益。林场依靠财政维持正常运转，以维护生态平衡为重点发展林业。近年来，按照九湾潭林场机构编制方案规定，林场主要任务为负责保护培育林场森林资源，提高森林质量；掌握区域内森林资源的状况和动态，编制林场森林经营方案；承担森林防火工作等。

（3）森林资源

在建场初期，九湾潭林场的林木资源相当贫乏，基本为疏残林。1964—1970 年期间，林场对九湾潭水库周边的疏残林皆伐后进行了炼山造林，随后林场的林木资源逐年增加。

根据花都区森林资源二类档案资料，花都区九湾潭林场面积 14208 亩，现有林业用地 14028 亩，森林蓄积量 71527 万立方米，森林覆盖率 97.77%，其中生态公益林面积 12213 亩，占 87.06%；商品林面积 1815 亩，占 12.94%。

九湾潭林场内生物多样性丰富，植物种类较多，保存有野生高等植物 153 科 786 种；常见植物种类有 132 科 513 种，以山茶科、樟科、紫金牛科、大戟科、壳斗科、茜草科等为主。有脊椎动物资源 31 目 83 科属 201 种，主要动物有鸟类、蛇类、昆虫、鱼类。林场内有国家重点保护野生动物蟒蛇、白鹇、穿山甲、草鸮、苍鹰、褐翅鸦鹃等。

（4）经济发展

在九湾潭林场建场初期，1964—1970 年期间，林场对九湾潭水库周边需要进行炼山造林的残次林分进行了皆伐，充分利用仅有的林木资源，增加经济收入。当时的林相很差，采伐到的小型材，仅仅可用作采煤矿坑支持用的小型桩顶煤桩。在 20 世纪 80 年代期间，林场建场初期造林林分基本成熟，林场分批、分期对杉林进行了间伐，用以补充林场经费。后来根据相关规定，九湾潭林场林地全面划为生态公益林，停止了林木采伐和木材的生产。

按照花都区机构编制委员会印发《广州市花都区九湾潭林场机构编制方案》，目前花都区九湾潭林场经费由花都区财政按财政补助一类拨付，所有非税收入纳入区财政“收支两条线”管理。

（5）基础设施

1964 年 3 月，九湾潭综合林场成立，当时办公地点借住在鸿鹤大队大龙生产队张屋祠堂。1969 年筹建一幢建筑面积 300 平方米砖混结构的两层办公楼房和一排砖木结构瓦平房干部双人宿舍。2006 年，林场办公室搬至新兴建的一幢四层框架结构混凝土办公楼办公。

在九湾潭林场建场初期，大量炼山造林期间，林场职工主要居住在造林林区内临时搭建的工棚和原九湾潭水库移民区剩下的破旧农民房内。目前，林场职工人数较少，除了 2004 年在银窿工区修建的林区护林站居住外，主要在附近村庄自建房或购买商品房居住，整个林区没有职工住建房。

在九湾潭林场建场初期，由于道路运输系统不发达，九湾潭林区内并没有建设道路。九湾潭水库段的交通方式当时只能靠一只能容纳 10 人左右的双人浆小木艇船过渡，用人工撑着出入。经过两年多的发展，林场建造了一艘能容纳 50 人左右机动船，并在九湾潭水库坝建设了码头，供林场职工日常上下班及周边村民出行使用，提升了林场及周边地区农林产品运输能力。直至2006年，林场获得了市级部门支持，投资修建了银窿护林道路接驳县道X308线，全长约4千米，真正解决了林区依靠九湾潭水库船只进行交通运输的困境，极大地改善了林场职工日常营林护林工作的交通条件。

（6）自然灾害

自九湾潭林场建场至今，林场所受到的自然灾害较少，基本没有受到较为严重的冰雪灾害、台风、森林火灾、病害虫害等影响。1997年5月8日，遭遇50年一遇的特大暴雨，造成了九湾潭林场上吉窿林区山洪暴发，造成30多处不同程度的山体塌方，冲毁了大量的林木。九湾潭林场曾经受到外来入侵物种松材线虫病影响，受灾面积1万多亩。

（7）山林权属

花都区九湾潭林场总面积14208亩，现有林业用地14028亩，其中已确权发证的国有林地林木所有权面积、国有林地林木使用权面积12105亩，未确权发证的国有林地面积1923亩。在未确权的国有林地中，因山林权属纠纷尚未确权的国有林地约1110亩。

（8）林场大事记

1964年3月，成立花县九湾潭综合林场。

1964年9月，成立花县九湾潭综合林场管理委员会。

1964年9月，成立花县九湾潭综合林场妇联。

1966年，成立花县九湾潭综合林场党委会。

1968年3月，成立花县九湾潭综合林场革命委员会。

1977年10月，花县组建北兴公社。撤销九湾潭林场党委，建立北兴公社党委。九湾潭林场与北兴公社“一套班子，两个牌子”并存。

1979年12月，九湾潭林场从北兴公社分离。

1.1.10 梯面林场

（1）基本情况

梯面林场，地处花都区东北部，地理坐标处于东经113° 11′ 30"~113° 19′ 30"，北纬 23° 30′ 00"~23° 36′ 30"，东北与从化区毗连，西北与清远市国营银盏林场交界，西南与花都区芙蓉度假区接壤，东南与花都区花山镇相连。

梯面林场群山属南岭九连山脉系，东西走向连绵起伏，地势由东北向西南逐渐倾斜，是个山多田少的地区。梯面林场成立以来，由林业大队负责苗木抚育、栽培，林木种植，管护，成熟林砍伐更新造林，做好全年森林防火工作，2003 年梯面林场主要功能转为森林管护工作。林场现有林地面积 114210 亩，生态公益林面积 64149 亩。

（2）体制变革

1962 年 2 月，梯面地区从花山人民公社划出，成立花县国营林场（简称梯面场，是“国社合一”性质）。1964 年 3 月改称花县百步梯综合林场。1965 年将花山公社民安大队、狮民大队划归林场，1967 年狮民大队又划回花山公社。1977 年经上级批准，林场名称改为百步梯林场，同年 4 月至 1979 年 12 月，划属广州花山地区管辖，称广州市花山地区百步梯林场。1980 年 3 月又划归花县管辖，称花县百步梯林场。

1983 年 11 月划为民安、梯面（联丰、埔岭）、联民、五联、四和（红山、横坑）、西坑 6 个乡和 1 个林业大队。1984 年 3 月成立梯面区公所，花县百步梯林场改称为花县梯面林场，实行“两个牌子，一套人马”的管理机构。1987 年 1 月 1 日成立梯面镇人民政府，又划分为民安、联丰、埔岭、联民、五联、红山、横坑、西坑林业大队。共 9 个行政村（村民委员会）。1987 年 1 月 1 日成立梯面镇人民政府。在 2010 年花都区编委三定方案中，并不存在梯面林场的机构设置，至今一直实行“两块牌子，一套人马”的管理机构。

（3）森林资源

1998 年统计，林场有活立木蓄积量 224281 立方，其中林分面积 7042.2 公顷，蓄积量 22394 立方；散生木蓄积量 340 立方；经济林面积 64.7 公顷；竹木 59.3 公顷，168480 株（丛）。据 2014 年统计数据，梯面林场已经确权发证林地面积 114210 亩，森林覆盖率 88%。

梯面林场属亚热带林区镇，场内野生动物资源非常丰富，有多种野生动物。国家保护的野生动物有白鹇、班林狸、小灵猫、大灵猫、穿山甲、虎纹蛙、鸦鹃、白头鹞、蟒蛇、南蛇、金钱龟等。

（4）经济发展

20 世纪 60 年代，梯面林场企业有锯木厂、竹器编织厂、石场、砖瓦厂等。以当地出产的原材料兴办起来的工厂，属自产自销性质，工序简单、规模小、工艺落后，只能生产低档产品。20 世纪 70 年代，梯面林场除办电力工业外，还兴办了扎线厂、电镀厂、电珠厂、螺丝厂、拖拉机修配厂、机械厂、铸造厂、手套加工厂等。

1962 年建立林场后，梯面供销社与花山供销社分开。建有店房 140 平方米，设有收购、百货、肥料、副食等 4 个门市部，从业人员 14 人，年营业额 10 万元。1988 年梯面供销社有股份 3445 股，入股金额 9966 元，店铺总面积 1880 平方米，从业人员 27 人，销售额为 924682 元，获利 110961 元。1993 年，梯面国有、集体商业以国合商业为主。

2003 年 11 月，镇政府制定了《王子山森林公园管理办法》，开始展开森林旅游。

（5）基础设施

自 1962 年梯面林场成立以来，共有过 4 处办公地点，20 世纪 60 年代，办公地点在现联丰村的大榕树旁，70 年代搬迁到现安置楼后面的楼房，80 年代又搬迁至现梯面商业中心处，90 年代搬迁至现梯面镇政府办公楼。2011 年实施自然村道硬底化工程，涵盖下辖 8 个行政村的 39 自然村村道，建设工程总长度为 49.2 千米的村道。

（6）自然灾害

梯面林场处于花县北部山区，属亚热带季风气候，少有冰雪灾害和台风灾害。梯面林场山溪狭窄弯曲，容易引起山洪暴发，水灾时有发生。梯面林场主要病虫害有三化螟虫、卷叶虫、浮尘子、稻瘿蚊、稻飞虱、稻瘟病、纹枯病等，对农业生产危害极大。

（7）山林权属

2010 年梯面林场进行林改，林改总面积 114210 亩，涉及林场，7 条行政村，48 个经济社，总人口 6291 人，1689 户。本次林改发放股权证 1689 本，发放林权证 65 本，其中林场 8 本，村级自留山 5 本，经济社自留山 52 本。无山林权属纠纷发生。据 2014 年统计，梯面林场已经确权发证林地面积 114210 亩。

1.1.11 金坑林场

（1）基本情况

金坑林场位于广州市黄埔区北部，坐落在九龙镇金坑村境内。地理坐标为东经 113° 29′ 20″ ~113° 30′ 54″，北纬 23° 14′ 21″ ~23° 16′ 12″；东部与九龙镇均和村毗邻，南部与九龙镇宝石村相连，西部与白云区交界，北部与九龙镇福洞村接壤。

金坑林场地处南昆山余脉派生出来的油麻山和广州市白云山交汇的丘陵地带，坡度较缓，一般为 15° ~25°，土壤主要为黄壤。金坑林场经营土地面积 425 公顷，活立木蓄积量 2.939 万立方米，森林覆盖率 78%。境内有 3 条大溪沟，所有溪水全部汇入金坑水库。全场总人口 325 人，其中在编干部职工 18 人（干部 8 人、职工 13 人），其中在职在编 8 人、在编不在职(停薪留职)10 人；退休人员 56 人；编外辅助人员 9 人；转场职工子女（场带队人员）242 人。

（2）体制变革

金坑林场创办于 1963 年 2 月，属“农户转场”林场，管辖原金坑大队和金坑水库，分农业（集体）和林业（国营）两部分，实行统一管理，独立核算。1968 年 10 月，国营与集体分开。林场被独立出来，划归原镇龙镇和增城县林业局双重管理。1992 年 9 月由台商承包经营，集林业生产和旅游、度假、娱乐于一体。原定承包期 70 年。1995 年因种种原因，台商撤资退出。1995 年 4 月改由澳商承包，主要经营房地产、旅游、度假等项目。2000 年 10 月被广州市林业局批准建立金坑森林公园。2005 年划入萝岗区管理。2015 年 10 月划入黄埔区管理。2015 年，配合国有林场改革，将林场主要功能明确定位于保护培育森林资源、维护国土生态安全和提供生态公益服务。

林场在不同时期，采用不同管理方式。1985 年以前，在造林、营林、木材生产等方面，实行劳动定额管理，根据职工开工天数及劳动定额完成情况计发工资报酬。1986—1996 年，职工承包林场果树，前期林场予以一定经济扶持，后期职工上缴承包份额。而林场营林生产、木材生产，则承包给外来务工人员来完成。1997 年，职工承包到期，而林场（承包商）无法解决职工劳动就业问题，除留下少数行政人员外，其他人均与林场签订协议书，停薪留职，外出自谋职业，而林场发给三成基本工资，为停薪留职者购买社保、医保及缴纳住房公积金。

（3）森林资源

建场前，林场辖区内有林地均为天然林，疏林地、灌木林地、宜林荒山荒地特别多，林地利用率极低。至 2004 年，林场有林地 335.9 公顷，占总面积的 79.04%。其中生态林地面积 322.2 公顷，占有林地 95.92%；用材林地 13.7 公顷，仅占有林地 4.08%。2014 年，活立木总蓄量为 2.939 万立方米，森林覆盖率 78%。

林区有陆生脊椎动物 23 目 61 科 177 种，含两栖纲 1 目 3 科 17 种；爬行纲 2 目 12 科 37 种；鸟纲 14 目 32 科 98 种哺乳纲 6 目 14 科 25 种；其中国家重点保护动物有 15 种。

（4）经济发展

1963 年 2 月到 20 世纪 70 年代中期，国家投入大量资金造林营林，兴建办公楼、职工宿舍、林区道路及其他配套设施，发放职工工资。随着国有林场下放地方管理，地方财政资金投入逐年减少。至 80 年代后，政府全面停止对林场经济扶持。

1986—2009 年（1986 年以前资料缺失，2009 年之后无林木采伐），累计生产木材（原木）8977 立方米，枝桠柴、什柴 67 万担，总收入 452.85 万元。林场林下经济收入主要来源于木材综合加工厂、茶厂、柑橘橙、荔枝、竹子、林地绿化费等。1986—2015 年，林下经济收入 280.2 万元。

1993—1995 年林场由台商承包，投资修建了水上餐厅、烧烤场、码头等旅游设施。1995 年 4 月以后，林场改由澳商承包，计划利用林地进行房地产开发。特别是 1998 年 2 月增城市政府批准建立“增城市金坑森林公园”后，承包商还修建了世界美食文化广场、汽车旅馆、篮球场、网球场等食宿娱乐设施，林场初步具备了接待游客的能力，林区游客逐年增多。2000 年开始，由于承包商资金投入不足，旅游景点、旅游线路建设具有局限性，旅游设备设施缺乏安全维护，2002 年林场森林旅游业正式关闭。

（5）基础设施

林场有砖木结构办公房 7 间 220 平方米，1975 年建成，原为危房旧舍，2012 年维修改为办公用房。职工住房除 20 户有集资住房外（1990 年场部集资楼 6 户、1994 年增城集资楼 14 户），其他职工均无住房，居住于林场职工宿舍，建筑面积 3044 平方米。

林场现有林区公路 19 千米，其中环水库公路 15 千米（东线约 9 千米、西线约 6 千米）；向阳工区（李伯坳）4 千米。

（6）自然灾害

建场至今，林场没有发生过冰雪、暴雨、泥石流、台风等引发的自然灾害，出现过天牛、松树线虫等害虫零星危害松树、茶树现象，发生过两次森林火灾，烧毁林木 300 多亩。

（7）山林权属

林场土地最初来源为原金坑水库移民村（向阳村、九地新村）农户响应国家号召，将山林土地、水田耕地及一切生产资料无偿献给国家组建林场，年满 18 周岁以上农民成为国家职工。1963—2004 年，林场山林权属清楚，周边村民无争议。2004 年，林场经营总面积变更为 425 公顷。

（8）林场大事记

1963 年 2 月，国家批准建立增城县国营金坑林场。

1964 年 1 月，九地新村农户转场人员组成林场九地工区。

1973 年 1 月，迁移户转场人员组成林场向阳工区。

1974 年 3 月 6 日，多方联合签订《关于山权、林权划分管理的协定》，明确林场山林权界（四至范围）。

1985 年 1 月 19 日，广州市郊区调处办《关于大河唇、木杓窝、掘头窿、蕉窿窝山权问题的批复》（85 郊调办字第 1 号），将林场与白云区兴丰村五社争议荒山及林木划归林场管理。

1988 年 5 月 31 日，增城县编制委员会《关于核定我县全民所有制事业单位人员编制的通知》（增编〔1988〕62 号），核定林场人员编制 118 人。

1995 年 5 月 22 日，增城市人民政府《关于将国营金坑林场发包给澳美国际贸易有限公司承包经营的批复》（增府复〔1995〕27 号），批准将金坑林场发包给澳美公司。

1998 年 2 月 13 日，增城市人民政府《关于建立增城市金坑森林公园的批复》（增府办复〔1998〕2 号），批准林场建立森林公园。

2004 年 6 月 4 日，增城机构编制委员会《关于市林业局属下林场编制调整的批复》（增编办〔2004〕4 号），将金坑林场编制调整为 84 名。

2005 年 9 月，广州市区域调整，林场划归萝岗区管理。

2006 年 9 月 14 日，萝岗区机构编制委员会《关于同意区水口水库管理所等单位更名的复函》，将增城市金坑林场更名为广州市萝岗区金坑林场。

2015 年，按照中央国务院、广东省省委、政府要求，做好国有林场改革相关工作，深入调研，摸清家底，积极参与起草《广州市黄埔区金坑林场改革实施方案》。

2016 年 3 月，黄埔区常委会同意《广州市黄埔区金坑林场改革实施方案》。

1.1.12 南沙林场

（1）基本情况

南沙林场位于南沙街南部，东与南横村连接、南靠南沙中学，西与塘坑村连接、北与深湾、东井村连接，旧时俗称“通心埔”。

南沙林场前身是林业事业单位，始建于 1959 年 11 月，由番禺县林业局筹建，建场后由番禺县政府直管，机构设置正科级，70 年代隶属番禺农业委员会管理，降格为副科级。

南沙林场 1959 年建场时 164 人。2016 年 4 月户籍人口 149 人（其中居民户口 11 人，农业户口 138 人，总户数 67 户）；居住在本场非户籍人口 520 人，合计居住人口约 669 人。南沙林场现有在册职工人数 68 人，其中在职管理人员 4 人、在职工人 10 人、退休管理人员 3 人、退休职工 51 人。

（2）体制变革

南沙林场在 1998 年前归属番禺农业委员会管理，在 1998 年因南沙规划开发移交南沙管委会管理，2005 年南沙设区时由南沙街代管，2008 年南沙区委会议决定“南沙林场归口管理由南沙街调整为南沙经济技术开发总公司”，但南沙经济技术开发总公司由于各种原因一直搁置未接管，2012 年底南沙区编办发文取消南沙林场事业单位。2016 年南沙林场改革，3 月 15 日经职工大会表决同意改革后由南沙街接管，人员融入南沙社区居委会。

南沙林场原属林业事业单位。2005 年南沙区成立，南沙林场在番禺事业单位移交表上为“企业管理、定额补贴，未核定编制，副处级”的事业单位。2012 年南沙区所属事业单位分类改革，南沙区机构编制委员会根据《关于印发南沙区南沙街所属事业单位分类改革方案的通知》（穗南编〔2012〕49 号），撤销了南沙林场的事业单位建制。

2016 年 4 月按照《中共中央 国务院关于印发〈国有林场改革方案〉和〈国有林区改革指导意见〉的通知》（中发〔2015〕6 号）、《广东省委、省政府关于印发〈国有林场改革方案〉的通知》（粤发〔2015〕9 号）要求，制定了《南沙区南沙街南沙林场改革实施方案》，推行林场转制改革工作。

（3）森林资源

南沙林场建场时林地面积有 6000 多亩，后来一部分林地归还给附近的农村经营，部分林地国家开发征收，至 2016 年南沙林场有林地面积 1826 亩，无林权证。其中广州市公益生态林面积 1609 亩，商品林面积 217 亩，商品林主要构成为荔枝树。现主要林木是桉树，森林蓄积量 1174 立方米，森林覆盖率为 92%。

（4）经济发展

南沙林场现有资产主要包括林地 1826 亩、办公楼 400 平方米、工会活动室 27 平方米、孤寡老人居住屋35平方米、山上蓄水池160立方米及办公用品一批。至2016年4月底，负债126.2275万元。林场的经济收入以荔枝承包收入为主，每年荔枝承包收入约4~5万元，街财政再适当给予35~50万不等的拨款。

（5）基础设施

林场现有一栋20世纪80年代建设的3层办公楼共400平方米，一楼有计生服务室，二楼办公，设有财务室、安全生产、行政室、调解室、会议室；三楼有档案室。

林场在20世纪80年代起，以职工户为单位分配住宅地私人建房。并于1998年起，为管理人员购买了住房公积金，2008年9月停止购买。

林场住宅区道路实现全面硬底化，通水、通电、通电话、通光纤，但无集中的排污设施，上荔枝山的机耕路已基本实现硬底化。

（6）山林权属

南沙林地最初来源是开荒育林的国有划拨山地，无林权证。1961年底番禺县局会同南沙林场、南沙公社、深湾乡、东井乡、塘坑乡、鹿颈乡、南横乡的干部参加第一次划分山界，划给林场的总面积约为6000亩。1963年邻乡提出无处放牧，上述单位相关人员参加第二次划山界，这次林场划出山头面积给邻乡面积约2400亩。

1976年结合山林普查，上述单位进行了第三次划山界，明确了三姓围石场及南横路边归大岭乡所有，面积600亩。林场的山头面积余下3100亩。2011年8月南沙街集体林权制度改革工作实施时，南沙林场分别与邻近的大岭村、塘坑村、东井村、深湾村签定了林地权属界线的协议。

（7）林场大事记

1998年，南沙林场由番禺移交给南沙管委会管理。

2012年底，南沙区编办下文取消南沙林场事业单位。

2016年3月14日，南沙街成立南沙林场改制领导小组。

1.2 深圳市国有林场

1.2.1 罗田林场

（1）基本情况

罗田林场成立于1958年2月（图1-1），地处广东省深圳市宝安区松岗街道北面，距离宝安中心区30千米；地理坐标为北纬22°49′52″~22°51′20″，东经113°51′34″~113°54′19，东邻广东省樟木头林场五埂工区；南与光明新区李松蓢社区、宝安区松岗街道罗田社区燕川社区相邻；西与松岗街道塘下涌社区、老虎坑环境园接壤；北与罗田水库库区、东莞大岭山镇杨屋村及大朗镇西牛陂村南面相邻，连接马鞍山、黄泥坑、枫树坑水库、梅书房、急水龙尾等自然山体。

图1-1 罗田林场办公楼

林场用地面积 12528 亩，其中林业用地 12078 亩，非林业用地 450 亩。其中生态公益林面积 8717 亩，商品林面积 3199 亩，宜林地 163 亩。森林覆盖率 81.4%，森林蓄积量 3.3 万立方米。现有员工共 45 人，其中，在职正式职工 15 人，离退休职工 14 人，聘用工 16 人。

（2）体制变革

林场建场以来为事业单位，1992 年领取企业法人营业执照，实行企业化管理。1998—2011 年，林场的桉树林改为种植生态风景林，经营方向以经营型为主转变为公益型为主。2012 年 4 月，经深圳市宝安区事业单位登记局核准设立登记为事业单位事业法人，由企业法人变更为事业法人。2014—2015 年，深圳市宝安区人民政府按最低成本补助原则，以财政定额补助的方式解决了罗田林场经费缺口问题。

2015 年罗田林场启动改革，2016 年 4 月深圳市政府的审定通过宝安区罗田林场改革方案，罗田林场拟定性为公益一类，最高设置七级管理岗位，为全额拨款的事业单位。在深圳市宝安区罗田林场加挂深圳市宝安区罗田森林公园管理处的牌子，实行“两块牌子，一套人马”管理。

（3）森林资源

1963 年 6 月宝安县人民委员会林业科，编制了罗田林场设计任务书。据统计，1963 年全场总面积为 33939 亩，其中林地 16306 亩，非林地 17633 亩；林地中含宜林荒山 8378 亩，新造林地 7928 亩，其中松林 5250 亩，杉林 1327 亩，桉树 693 亩，竹林 3 亩，果树 597 亩，其他 58 亩。2015 年 11 月，林地林木确权发证工作勘察结果为林场占地面积 12528 亩，其中林业用地 12078 亩，非林业用地 450 亩。林业用地森林蓄积量 3.3 万立方米，其中生态公益林面积 8717 亩，商品林面积 3199 亩，宜林地 163 亩。森林覆盖率 81.4%。

根据 2012 年《广东罗田省级森林公园本底资源科学考察报告集》结果显示，林场范围内共记录陆生脊椎动物 107 种，隶属 4 纲 19 目 52 科，其中有国家二级重点保护野生动物 4 种，另有 78 种野生动物属“国家保护的有益的或者有重要经济、科学研究价值的陆生野生动物”。

（4）经济发展

根据 1983 年统计，1977 年以前国家累计投资 24.55 万元；1978—1983 年国家累计投资 12.45 万元。1983—1999 年数据不完全统计，国家投资 300 万元。2000 年至 2015 年，深圳市、区人民政府累计投资近 1000 万元，用于种植生态风景林和中幼龄林抚育工作。

根据1983年统计，1971—1979年经营收入累计114万元，平均每年收入12.6万元，木材及木柴收入约占70%。20世纪90年代，原发生松突圆蚧或濒于枯死的松木多为中幼林，出材率低，且销售受害松木所得全部要用于更新造林和伐工工资，木材收入较少。2005—2008年，因生态风景林改造，砍伐中幼龄桉树5181亩，收入150.28万元。

1991—2003年，罗田林场在政府鼓励建厂招商引资并发展经济的大环境下，在自有非林业用地范围内规划出16.4万平方米用地，通过自筹资金及合作开发、租赁非林地等形式发展经济，罗田林场经营收入主要是靠出租果园、工业用地及自建工业厂房、宿舍、铺位，年经营收入220万元左右。2005年，因深圳市生态控制线划定，合作未开发的土地停止开发利用。

2005—2013年，罗田林场受深圳市基本生态控制线的政策影响，不再允许经营用材林生产，停止林地出租种果、合作开发经营土地等项目，开始筹建罗田森林公园。自2014年起，深圳市宝安区人民政府按最低成本补助原则，以财政定额补助的方式解决了罗田林场经费缺口问题。

（5）基础设施

林场建场初期，办公室临时设置在罗田水库牛棚，办公条件非常简陋。改革开放后，林场的办公条件得到更好的提升，先后3次搬迁办公室。2008年，林场办公楼建成，为3层的框架结构楼房，建筑面积650平方米。1992年在松岗镇东方花园建成1栋7层职工集资房，2001年建成1栋5层共10套房的综合楼。从此，符合条件的职工都能住上套房，解决了职工及家属的住宿问题。

林场场部距离宝安区松岗街道8千米，2010年，开通一条直接到林场为终点的公交路线，出行非常便利。目前，林场消防通道共35千米，基本涵盖林区所有的重点山头重点区域，为森林消防工作提供了必要保障。

（6）自然灾害

林场地处南方沿海，或多或少都会受到台风的影响；严重为害林木的害虫主要有松树松毛虫、松突圆蚧、松材线虫，果树主要发生柑橘黄龙病、实蝇等虫害，外来有害生物主要是薇甘菊。2007年在林场二林班西北角，水库边缘发现有桑褐刺蛾、丽绿刺蛾、大茸毒蛾和尺蠖，被害林木947亩。

（7）山林权属

罗田林场土地最原始来源于1958年政府划拨，建立罗田水库养殖场，1959年改为林场。1963 年，深圳市宝安区松岗镇罗田村、燕川村、塘下涌村以及东莞市大岭山镇杨屋村与罗田林场签订山界林权合约四份，划定了罗田林场的山界林权范围，全场总面积为 33939 亩。1963—1978 年，因林地林木争议，原周边自然村划给林场的土地部分收回，1981 年办理林权证登记为 20800 亩。1981 年 11 月 19 日，深圳市革命委员会给罗田林场核发了《深圳市山林所有证》4 份。2005 年深圳城市化转地后，罗田林场与深圳周边农村土地的边界更加清晰。到目前为止，没有出现新的争议。

（8）林场大事记

1958 年 02 月，宝安县罗田水库建设工程指挥部组建罗田水库养殖场（即罗田林场前身）。

1959 年 11 月，罗田水库养殖场改名为国营宝安县罗田林场。

1980 年 07 月，深圳市林业局与信宜松香厂合办罗田林场松香厂。

1991 年 11 月，宝安县机构编制委员会（宝机编〔1991〕102 号）国营广东省罗田林场更名为宝安县国营罗田林场，为副科级事业单位 ，实行企业化管理，隶属县农林水利局领导，定员 20 名。

1992 年 02 月，经深圳市宝安县财政局验资，在深圳市工商行政管理局宝安分局注册登记为企业法人。

1993 年 11 月，深圳市宝安区机构编制委员会明确罗田林果场为区政府内设机构一级的事业单位，实行企业管理，隶属区农林水利局领导。

2004 年 05 月，广东省林业局同意建设广东罗田森林公园的建设。

2005 年 05 月，广东罗田森林公园在宝安区立项建设。

2006 年 04 月，与深圳市宝安区农林渔业局签订《国有农业用地和青苗及地上附着物委托管理协议书》，将罗田林场范围内插花地部分国有农业农地 9 块，共 1167287.16平方米的土地和青苗附着物委托给罗田林场管理，用作发展农林渔业生产。

2010 年 07 月，罗田森林公园改为市投区建，市发改委批复项目建议书。

2011 年 04 月，根据宝安区机构编制委员会（宝机编〔2011〕29 号），原宝安区农林渔业（海洋）局下属深圳市宝安区罗田林场划归区城市管理局管理，其他机构编制维持不变。

2012 年 04 月，经深圳市宝安区事业单位登记局核准设立登记为事业单位事业法人，由企业法人变更为事业法人。

2013 年 10 月，罗田林场注销事业单位企业法人。

2014 年 01 月，根据宝安区机构编制委员会办公室《关于明确罗田林场主要职责的批复》明确了罗田林场的主要职责。

2014 年 12 月，深圳市宝安区人民政府按最低成本补助原则，以财政定额补助的方式解决了罗田林场经费缺口问题。

2014 年 06 月，《广东罗田森林公园可行性研究报告》经深圳市城管局审定同意，并明确宝安区人民政府为该项目后续建设的实施主体单位。

2014 年 12 月，省林业厅党组成员、副厅长孟帆到罗田林场调研。

2016 年 04 月，省林业厅党组成员、副厅长杨胜强到罗田林场视察罗田森林公园建设情况。

1.3 佛山市国有林场

（1）基本情况

佛山市国有林场建于20世纪50年代，现有3个国有林场，其中，1个市属林场，2个县属林场（表1–2）。1个市属国有林场1984年以前归省属市代管，1984年7月下放为市属市管，2011年以前属自收自支事业单位，2011年改为公益一类事业单位。2个县属林场一直归县属县管，均于2011年改革为公益一类事业单位。

林场经营总面积约6.66万亩，林业用地面积约6.51万亩。现有干部职工约226人，其中，在职人员68人，离退休人员158人。在职人员人均每月工资4500元左右，退休人员人均养老金每月4100元左右。

表1–2　佛山市国有林场

权属	单位名称	建场时间（年）	隶属单位
市属	佛山市云勇生态林养护中心（佛山市云勇林场）	1958	佛山市林业局
县属	佛山市高明区林业科学研究所（佛山市高明区鹿洞山生态林养护中心）	1967	佛山市高明区农林渔业局
	佛山市三水区大南山生态公益林场	1960	佛山市三水区农林渔业局

（2）国有林场隶属关系变化

①“文化大革命”时期（1966年5月至1976年9月）

1958年，佛山、江门改县级市，由佛山专区领导。1966年，佛山市升为地级市，由广东省、佛山专区双重领导。1970年，佛山专区更名为佛山地区，佛山、江门改为县级市。佛山地区辖南海、顺德、三水、高鹤、台山、恩平、番禺、中山、珠海、新会、开平、斗门12县和佛山、江门2市。

1975年，根据广东省佛山地区革命委员会《关于我区省属国营林场管理体制的通知》（佛地革发〔1975〕096号），佛山地区下辖恩平县河排林场、西坑林场，开平大沙林场、狮山林场，高鹤县云勇林场、四堡林场，台山县古兜山林场，新会县古斗林场实行地、县双重领导，分级管理。国有林场由地区林业局负责管理。

②社会主义现代化建设新时期（1976 年 10 月至 2000 年 12 月）

1981 年，根据广东省佛山地区行政公署人事局《关于成立地区国营林场联合经销公司的复函》（佛地编〔1981〕第 045 号）和广东省佛山地区行政公署林业局《关于增设机构的通知》（佛地林字〔1981〕第 97 号），地区林业局成立国营林场联合经销公司。

1983 年 6 月 1 日，撤销佛山地区建制，实行市领导县体制。佛山市辖中山、南海、顺德、高明、三水 5 县。

1984 年，省政府批转省林业厅《关于省办国营林场管理体制改革的意见》，佛山市国营云勇林场由省属下放由佛山市林业局管理。

1994 年，根据佛山市人民政府办公室《关于印发市农业局委员会职能配置、内设机构和人员编制方案的通知》（佛府办〔1994〕086 号），将原市农业局、林业局、畜牧局、乡镇企业管理局、水产总公司、农机公司的行政职能划归市农业委员会。原市林业局及其属下企业，组建市林业总公司，国营云勇林场归口市林业总公司管理。

③国有林场改革新时期（2001 年至今）

2001 年，根据中共佛山市委、市人民政府《关于印发〈佛山市市级党政机构改革方案〉和〈佛山市人员编制精简方案〉的通知》（佛发〔2001〕9 号），佛山市农业委员会改为佛山市农业局。

2001 年 10 月 12 日，佛山市人民政府印发《关于国营云勇林场管理体制问题的复函》（佛府办函〔2001〕106 号），同意国营云勇林场的主管部门由佛山市林业总公司改为佛山市农业局。

2004 年 12 月，根据《中共佛山市委、佛山市人民政府关于印发佛山市人民政府机构方案的通知》（佛发〔2004〕20 号），佛山市农业局加挂佛山市林业局牌子。

（3）关于国有林场的大事记

2005 年 10 月 14 日，根据《关于国营云勇林场更名的批复》（佛机编〔2005〕108 号），国营云勇林场改名为佛山市云勇林场。

2009 年 7 月 29 日，广东省林业局局长张育文、副局长郑伟仪带领相关处室负责人调研检查佛山市大南山林场。在大南山优良乡土阔叶树种苗基地，张育文局长充分肯定了林分改造和“万村绿”工程用优质苗木培育的做法，指出育好优质壮苗，造林绿化就成功了一半。

2010 年 12 月 27 日，佛山市机构编制委员会印发《关于印发佛山市农业局所属事业单位分类改革方案的通知》（佛机编〔2010〕120 号），将佛山市云勇林场更名为佛山市云勇生态林养护中心，为正科级公益一类事业单位，取消林场的商品用材林经营的生产性管理职责，将生产型林场改为生态型林场。

2011 年 9 月 23 日，佛山市三水区机构编制委员会印发《关于印发佛山市三水区农林渔业局所属事业单位分类改革方案的通知》（三机编〔2011〕60 号），将佛山市三水区大南山林场更名为佛山市三水区大南山生态公益林场，由公益二类调整为公益一类，取消林场生产型管理职责，将生产型林场改为生态型林场。

2011 年 12 月 1 日，佛山市高明区机构编制委员会印发《关于印发佛山市高明区农林渔业局所属事业单位分类改革方案的通知》（明机编〔2011〕105 号），将鹿洞山林场并入区林业科学研究所（吉岭林场），挂“鹿洞山生态公益林养护中心”牌子，公益一类事业单位。

2014 年 10 月 16~17 日，省委政策研究室副主任吴茂芹、省林业厅副厅长孟凡带领省国有林场改革调研组到佛山市开展实地调研，深入了解佛山市国有林场体制改革、林场运行及职工待遇等情况。

2015 年 6 月 4 日上午，三水区委常委陈必田调研大南山生态公益林场，指出林场改革可根据现有的编制数，科学核定事业编制，用于聘请管理人员、专业技术人员和骨干林业技能人员，同时通过政府购买服务实现公益林管护扶育，提高保护生态意识。

2015 年 7 月 9 日，王玲副市长带队，到市云勇生态公益林养护中心（云勇林场）开展工作调研。调研组听取市云勇生态公益林养护中心（云勇林场）、云勇派出所有关工作汇报，视察了云勇生态公益林建设和森林防火现场，并看望了生态公益林养护中心（云勇林场）干部职工和市公安局森林分局云勇派出所公安干警。市林业局局长唐棣邦、副局长黄健明陪同调研。

2015 年 7 月 10 日，时任佛山市市长鲁毅带队到市云勇生态林养护中心开展调研。表示云勇生态林养护中心通过 10 多年的林分改造，整个林区的森林景观和生物多样性进一步改善，成效值得肯定，今后要加大力度把森林资源保护好，严禁破坏森林资源。市人民政府秘书长葛承书、市林业局局长唐棣邦陪同调研。

1.3.1 云勇林场

（1）基本情况

云勇林场创建于 1958 年，东接杨梅镇，西至更楼镇，南与鹤山市宅梧镇交界。林场地界东西长 6.2 千米，南北宽 8.1 千米，与周边、场内 20 条自然村的山地相接，辖区内常住人口 2 万多人。林场所处范围属丘陵山地，坡度一般在 20~35 度之间，相对高差为 50~150 米，土壤大部分是花岗岩风化的赤红土。

林场经营面积 30117 亩，有林面积 28301 亩，林木蓄积量为 61575 立方米。现有干部、职工 35 人，退休干部、职工 93 人。

（2）体制变革

1958 年 2 月，佛山专区中山县机关和石岐镇机关下放干部来到高明县明城镇云勇村，正式创建云勇林场。1959 年 1 月 1 日，云勇林场与云竹山林场合并，称“高鹤县云勇林场”。 1964 年 1 月 4 日，广东省林业厅（64）林场第 010 号文批准建场设计任务书，定名为“国营高鹤县云勇林场”。林场属全民所有制事业单位，实行企业管理。1968 年 12 月至 1974 年 8 月，佛山专区“五七”干部总校设在林场，将全场人员编入“五七”干部三分校第四连，由干校派干部担任领导，但保留林场建制，经济上独立核算。1973 年，根据广东省革命委员会粤革〔1973〕第 14 号文，改称为“国营广东省云勇林场”，管理体制是省属委托佛山地区林业局管理。

1984 年，广东省人民政府粤府〔1984〕132 号文批转广东省林业厅“关于省办国营林场管理体制改革的意见”，定名为“国营云勇林场”，下放佛山市林业局管理。1993 年 4 月，根据广东省林业厅粤林函〔1993〕070 号批准成立“广东云勇森林公园”，与国营林场实现“一套人马、两块牌子”的管理体制。并于 1996 年 11 月申报了企业证照，正式开始森林公园的筹建工作。2001 年 3 月，佛山市人民政府（佛府办函〔2001〕027 号文）将国营云勇林场定位为生态公益型林场，按省下放时定性的事业单位企业管理执行不变。7 月，为了理顺林场体制，林场的主管部门划归佛山市林业局。2011 年 1 月林场完成了所有生态林的林分改造，根据佛机编〔2010〕12 号文《关于印发佛山市农业局秘属事业单位分类改革方案的通知》精神，正式更名为佛山市云勇生态林养护中心，转制为公益一类事业单位。2012 年 8 月，根据《佛山市机构编制委员会办公室关于市云勇生态林养护中心加挂牌子的批复》（佛机编办〔2012〕46 号）精神加挂“佛山市云勇林场”牌子。

（3）森林资源

根据 2015 年广东省森林资源管理系统显示，林场核定面积为 30117 亩，生态林面积为 100%，森林覆盖率为 95.7%。立木蓄积量为 61575 立方米，其中湿地松 873 立方米，马尾松 16603 立方米，杉树 9191 立方米，针阔混交 168 立方米，桉树 90 立方米，黎蒴 857 立方米，荷木 47 立方米；坚软阔 4843 立方米，坚硬阔 261 立方米，阔叶混 28642 立方米。

林场有野生动物 47 种，其中兽类 9 种，鸟类 25 种，爬行类 10 种，两栖类 3 种。

初步统计有国家一级重点保护野生动物 3 种，国家二类重点保护野生动物 13 种。

（4）经济发展

20 世纪 60 年代是实行按件计酬，工资收入按各人能力不等，人平均每月是 25 元左右。2011 年至今，林场体制改革过渡为生态一类事业单位，职工工资入改由市财政统一供给，据 2014 年底统计，职工人均年收入约为 8 万元左。

林场在巩固林业发展的基础上，转变经营观念，由内向型向外向型转变，不断拓展第三产业。林场利用林业累积资金，针对场面积小、林木生长周期长等不利因素，领导班子解放思想，转变观念，面向城市，着手发展第三产业，先后办起饮食、旅游及商场等服务性行业。2010 年底至今，参照事业单位管理规定，全部资产已移交佛山市国资办进行管理。

（5）基础设施

林场职工宿舍、办公楼、仓库等经历了从草棚——泥房——楼房 3 个阶段。

目前林场场部及各工区建有楼房 10468.5 平方米，其中用于宿舍的 4000 平方米，各工区、仓库、加工厂、松香厂等占 4613 平方米，办公室、招待所、文化娱乐室站 2000 平方米。泥砖房屋占 1352.3 平方米，砖木房占 3153 平方米，混合结构的 5241.2 平方米，框架结构的 26213 平方米。林场公路有 26.9 千米，其中已实现硬底化建设的有 11.79 千米。

（6）林场大事记

1958 年 2 月，中山县直机关、石岐镇下放干部 120 人到云勇村，创设“云勇林场”。

1993 年 4 月，设立“广东云勇森林公园”，与国营云勇林场实行“两块牌子，一套人马”的管理体制。

2001 年 3 月，佛山市人民政府将国营云勇林场定位为生态公益型林场。

2011 年底，正式更名为“佛山市云勇生态林养护中心”，转制为公益一类事业单位。

1.3.2 高明区林业科学研究所林场

（1）基本情况

2011 年 9 月，佛山市高明区林业科学研究所由佛山市高明区林业科学研究所和佛山市高明区鹿洞山林场合并而成立。

林场主要职责和任务：负责国家和省（市、区）下达的林业科研推广项目；负责高明生态环境安全、森林资源保护、生态文明建设等方面的科学理论、应用技术和发展战略研究；开展城市林业相关的树种选育、生态群落构建、生态恢复、林业有害生物防控等关键技术研究及其区域性试验、示范、表征、推广工作；开展科普科教服务，面向全区提供有关林业技术咨询与培训工作；引进和推广林业科技新成果、新技术；承担全区森林资源监测、专业调查、林业区划与规划、编制森林经营方案、营造林规划设计和监理、风景林与自然保护区规划设计、林业作业设计、森林资源评估等林业调查规划设计任务；编制和实施辖区生态公益林区的发展总体规划，培育、保护、发展生态公益林；负责辖区生态林的管理、更新，维持生态平衡、优化生态环境；负责所辖林区森林病虫害防治、外来有害生物防控、野生动植物及珍贵树种保护、林地保护、森林防火、林区公路管理等工作，保护辖区生态公益林的安全；配合开发鹿洞山森林公园、皂幕山森林公园的旅游资源，合理利用森林资源；承办主管部门交办的其他工作任务。

（2）体制变革

佛山市高明区林业科学研究所是从原高鹤县林科所于1982年高明县恢复建制时分出而成立。成立时一并承接了原高鹤县林科所附设的下属企业吉岭林场和松香厂，场务、厂务均由林科所统一管理。林场以造林、育苗等为主，林科所的一些科研项目也以林场作为基地。林场经营的林地亦是林科所的林地。林地地理位置位于高明区的中部偏南，东接吉岭村，南至洞口洞尾村，西连畜牧茶场、苗村山地，西北与吉岭辽头村、苗村山地交界。

佛山市高明区鹿洞山林场，前身是1967年飞播造林的高鹤县松林场，属高明县境内的有鹿洞山、皂幕山、云宿山等3个播区，高明县恢复建制后上述播区归高明县。1984年成立国营高明县鹿洞山林场，场部设于鹿洞山播区，隶属县林业局，定编5人，由林业局调配。林场初期总面积3.2万亩，1986年将云宿山播区转给更合镇管理。调整后林场的总面积为2.4万亩。

2011年事业单位机构改革，于当年9月，将佛山市高明区林业科学研究所和佛山市高明区鹿洞山林场，合并为佛山市高明区林业科学研究所（简称：高明区林科所）挂佛山市高明区鹿洞山生态公益林养护中心牌子，属财政公益一类事业单位，级别为正股级。管辖面积26941.5亩，其中生态公益林面积22741.5亩，占管辖面积的84.4%。所址位于高明区杨和镇吉岭。核定人员编制23名，现有在职人员22人（其中：管理人员7人，专业技术人员9人，工勤技能人员6人）。人员经费由区财政按财政补助一类拨付。

（3）森林资源

据查资料，原高明区林科所1982—1995年木材生产累计3500立方米；1996—2002年木材生产累计2800立方米；2011年12月止，有林地面积1840亩，活立木总蓄积量为9200立方米。合并前，佛山市高明区林业科学研究所和鹿洞山林场的森林资源情况如表1-3。

表1-3　高明市林业10年规划（2000—2010年林种）　（单位：亩）

单位	合计	商品林				生态林		
		小计	一般用材林	短轮伐期	经济林	小计	防护林	特用林
			面积	面积	面积		面积	面积
林科所	1928	1928				1928		1928
鹿洞山林场	24069	3073	2027	923	123	20996	20996	

（4）经济发展

松香厂设于林科所内，计划年产松香500吨，由林科所安排职工，一般为10人。1982—2002年平均生产松香410吨。松香厂从1985年起实行职工集体承包责任制；1986年研究生产了松香深加工产品——钙化松香，产量100吨，提高了松香的经济价值1.6倍；1993年研究并生产松香深加工产品——树脂（甘油树脂、酚醛树脂），提高了松香的经济价值2~3倍；1999年起转为私人承包。松香厂除利用本地的松脂资源外，每年还收购周边县市的松脂。2002年高明市出台《禁止收割松脂》相关规定，本地资源的缺乏，靠外地收购造成成本大增，难以经营，至2004年松香厂正式停止生产。

原高明区林科所早于20世纪80年代初先后建立了大叶相思、马占相思、湿地松3个树种的种子园。标志着高明林木良种繁育提升到一个较高的水平。1982年苗圃地由原来的60亩发展到2011年12月的500亩（其中山林改造种绿化苗木面积260亩），以种植绿化苗木为主，并供应本地的乡土树种苗木，年产苗木可超50万株。

2013年在区委区政府及主管部门的大力支持下对已筹划两年的高明区绿化苗木培育基地（第一期）项目顺利开展，基地面积237亩，其中：中大苗木培育面积50亩，山上改造种绿化幼苗面积187亩。配建值班室及监控房两间，面积180平方米；建蓄水量100立方米水池1个。项目总投资380多万元。

辖区内的皂幕山（即佛山第一峰），海拔为808米，面积7000多亩，我单位积极配合区委区政府对皂幕山森林资源的开发，2011年皂幕山森林公园评为AAAA级景区。

（5）基础设施

原高明区林科所办公室、住宅、厂房总建筑面积4000多平方米（所商2100平方米、荷城1900平方米）。除1997年后进入的单位职工还未分配住房外，其他职工在荷城均有住房，计22户（包含退休人员）。原高明区鹿洞山林场护林站总面积400平方米，建于2005年，分别位于鹿洞山场部及皂幕山场部，总工程投资40多万元。

2005年在高明区财政局及区林业局的大力支持下对本所牌坊至办公楼、松香厂及宿舍进行道路硬底化，总工程投资12万多元。2011年在高明区公路局、佛山市公路站的大力支持下，对明城镇波泔村至鹿洞山场部2.7千米的泥路进行全面的硬底化，总工程投资150多万元。

（6）山林权属

落实山权、林权面积25706亩，明确了林地的权属。

（7）林场大事记

1982年，高明县林科所成立时一并承接了原高鹤县林科所附设的吉岭林场和松香厂，场务、厂务均由林科所统一管理。

1984年，建立高明县鹿洞山林场，管辖杨梅皂幕山、明城鹿洞山、更楼云宿山三个飞播松林区。定编5人，由林业局内部调挤。

2002年，高明市机构编制委员会文件《关于调整和重新核定市直财政全额（差额）拨款事业单位人员编制的通知》（明机编〔2002〕76号）。调整高明市林业科学研究所差额编制由原来的32个调整为25个。

2011年，高明区机构编制委员会文件《关于印发佛山市高明区农林渔业局所属事业单位分类改革的通知》（明机编〔2011〕105号），将高明区鹿洞山林场并入高明区林业科学研究所，挂高明区鹿洞山生态公益林养护中心牌子。

1.3.3 大南山生态公益林场

（1）基本情况

佛山市三水区大南山生态公益林场是三水区农林渔业局下属的公益一类事业单

位，建于1960年，有佛山市唯一位于北回归线上的山地及森林。总经营面积近1万亩，现有林业用地8963亩，森林总蓄积量5.09万立方米，其中生态公益林面积8199多亩，占91.47%；森林覆盖率93.78%。生物多样性丰富，其中国家二级重点保护植物有5种，珍稀濒危保护植物2种；国家二级重点保护野生动物有22种。

（2）体制变革

2011年9月23日，佛山市三水区机构编制委员会印发《关于印发佛山市三水区农林渔业局所属事业单位分类改革方案的通知》（三机编〔2011〕60号），将佛山市三水区大南山林场更名为佛山市三水区大南山生态公益林场，由公益二类调整为公益一类，取消林场生产型管理职责，将生产型林场改为生态型林场。主要任务：编制和实施生态公益林发展的总体规划，培育、保护、发展生态公益林，发挥森林生态效益和社会效益；负责生态林的管理，维持生态平衡、优化生态环境等。

林区总人口124人，户数38户，代管自然村一条（张屋村）。林场在职人员16人，核定事业编制20名，其中场长1名，副场长2名。目前在职事业编制13人，合同工3人，离退休职工41人。2015年5月三水区编办收回事业编制2名，冻结大南山生态公益林场事业编制1名，采用政府购买服务方式，由区财政按3个辅助服务雇员一档工资标准拨付三名合同工费用，资金24000元/年/人（含所有费用）。

（3）森林资源

林业用地面积0.8963万亩（其中，有林地面积0.8805万亩，灌木林地0.0158万亩），非林业用地面积0.0594万亩，天然林面积0.7038万亩，人工林面积0.1749万亩，森林总蓄积量5.09万立方米，森林覆盖率93.78%,地方公益林面积0.8199万亩。

大南山生态公益林场地处南亚热带，是三水区保护得最好、植被最茂密的林区。地带性植被类型为南亚热带季风常绿阔叶林。地被种类多样，以壳斗科、樟科、大戟科、茶科、金缕梅科、梧桐科、杜英科、山龙眼科等为主，但由于历史和人为干扰，原生性森林已不存在。林场常见的陆生野生动物以兽类、鸟类和两栖爬行类为主，其中以野猪、黄猄、穿山甲、箭猪、松鼠、画眉、八哥、喜鹊、斑鸠、白鹭、夜游鹤、猫头鹰、麻雀、青蛙、蛇类多见。

（4）经济发展

在2011年以前，林场为公益二类单位，主要经营以电站发电、采茶制茶为主。2011年9月后，林场改革，改为区公益一类单位，主要职责为培育、保护、发展为主，封山育林面积0.9万亩，育苗11万株。

（5）基础设施

办公用房面积 150 平方米，生产用房面积 360 平方米，多为 20 世纪七八十年代兴建的楼房。林区公路 15 千米，林道 20 千米，防火线 12 千米，防火林带 7 千米；场部生产生活用水为自接山坑水；场部现配有 8 台台式电脑，并报装中国电信宽带，现有公务用车 2 辆，一台为森林消防车（皮卡车），一台为生产工作车（农民车），水库还没有配备水面垃圾清理艇。

（6）林场大事记

2009 年 7 月 29 日，广东省林业局局长张育文、副局长郑伟仪带领相关处室负责人调研检查佛山市大南山林场。在大南山优良乡土阔叶树种苗基地，张育文局长充分肯定了林分改造和“万村绿”工程用优质苗木培育的做法，指出育好优质壮苗，造林绿化就成功了一半。

2011 年 9 月 23 日，佛山市三水区机构编制委员会印发《关于印发佛山市三水区农林渔业局所属事业单位分类改革方案的通知》（三机编〔2011〕60 号），将佛山市三水区大南山林场更名为佛山市三水区大南山生态公益林场，由公益二类调整为公益一类，取消林场生产型管理职责，将生产型林场改为生态型林场。

2015 年 6 月 4 日上午，三水区委常委陈必田调研大南山生态公益林场，指出林场改革可根据现有的编制数，科学核定事业编制，用于聘请管理人员、专业技术人员和骨干林业技能人员，同时通过政府购买服务实现公益林管护扶育，提高保护生态意识。

1.4 东莞市国有林场

（1）基本情况

东莞市国有林场建于20世纪50年代，现有6个市属国有林场（表1-4）。6个国有林场现有林地面积124263.7亩，蓄积量83.284万立方米，其中生态公益林面积93309.7亩。现有干部职工约1347人，其中，在职人员259人，离退休人员439人，长期聘用人员649人。

表1-4 东莞市国有林场

权属	单位名称	建场时间（年）	隶属单位
市属	大岭山国营林场	1958	东莞市林业局
	大屏嶂国营林场	1961	东莞市林业局
	清溪国营林场	1958	东莞市林业局
	同沙国营林场	1958	东城街道办事处
	黄旗国营林场	1958	东城街道办事处
	板岭国营林场	1958	东莞市城市综合管理局

2009年，根据东莞市编制委员会《关于印发东莞市森林公园管理处和国营林场体制改革方案的通知》（东机编〔2009〕30号）精神，在市国营清溪林场、国营大岭山林场、国营大屏嶂林场的基础上，重新组建东莞市银瓶山森林公园管理处、东莞市大岭山森林公园管理处、东莞市大屏嶂森林公园管理处，并各自保留市国营林场牌子，实行"两块牌子，一套人员"的管理模式。单位定性为公益性一类事业单位，正科级建制，人员经费开支由市财政核拨，并纳入收支两条线管理，圆满完成国有林场改革。2012年，根据东莞市机构编制委员会《关于印发东莞市林业局所属事业单位分类改革方案的通知》（东机编〔2012〕61号）精神，东莞市银瓶山森林公园管理处、东莞市大岭山森林公园管理处、东莞市大屏嶂森林公园管理处分别更名为东莞市银瓶山森林公园（加挂东莞市国营清溪林场牌子）、东莞市大岭山森林公园（加挂东莞市国营大岭山林场牌子）、东莞市大屏嶂森林公园（加挂国营大屏嶂林场牌子）。

东莞市国营黄旗林场和国营同沙林场定性为公益二类事业单位，由市政府委托东城街道办事处管理，经费由东城街道财政负担，实行收支两条线管理。

板岭林场于1986年改为“板岭园艺场”（东编〔1986〕010号），1998年改名为“东莞市植物园”（东机编〔1998〕114号），2006年在原东莞市植物园的基础上更名和组建“东莞植物园”（东机编〔2006〕134号），正科级事业单位，并移交市城市管理局管理，人员经费开支纳入市财政全额核拨。

（2）国有林场隶属关系变化

①基本完成社会主义改造和开始全面建设社会主义时期

1955年，东莞县人民政府成立林业科，对全县森林资源和林业生产实施管理。其后，建立了国营清溪林场、鸦叫尾林场、大屏嶂林场、同沙林场、板岭林场、黄旗林场，复办大岭山林场，扩展樟木头林场。

1964年，中共东莞县委提出“三年绿化东莞”的工作目标，在全县范围内首次组织开展林地普查，进行林业区划。全县的国营林场调整为7个，即，省属国营樟木头林场；地区属国营大岭山林场、清溪林场、县属大屏嶂林场、同沙林场、黄旗林场和板岭林场。原鸦叫尾林场改为林业科学研究所。

②社会主义现代化建设新时期

1985年，东莞县撤县设市。其时，市属国有林场共6个，分别是大岭山林场、大屏嶂林场、清溪林场、黄旗林场、同沙林场和板岭林场，其中板岭林场于1986年改为“板岭园艺场”（东编〔1986〕010号），1998年改名为“东莞市植物园”（东机编〔1998〕114号）。

20世纪90年代，大岭山、大屏嶂、黄旗山和同沙等林场自行投资建成一批配套设施，形成了森林公园雏形。

③国有林场改革期间

为解决好国有林场经营困境和广大市民对生态需求日益增长的问题，2003年，东莞市委、市人民政府果断提出“建城、修路、整山、治水”的城市建设“八字方针”。2003—2009年期间，市、镇两级投资15.29亿元，相继建成大岭山、大屏嶂、银瓶山、水濂山、同沙、黄旗等6大森林公园，并免费对外开放。

2006年东莞市实施20.5万亩封山育林工程，封禁期限为10年，严厉打击乱砍滥伐、乱捕滥猎行为，有力保障森林资源的健康稳定。

④国有林场改革后至今

2009年，东莞率先完成森林公园和林场合并的“场园合一”改革，开创全省国营林场转为财政核拨事业单位的先河，实现了从林业资源管理转变为服务市民为主的生态旅游管理，实现了国有林场从森林商品经营转变为以生态保护为主的生态经营。把大岭山、大屏嶂、清溪林场分别并入大岭山、大屏嶂、银瓶山森林公园管理处合并，保留国营林场牌子，实行“两块牌子，一套人员”管理，定性为公益性事业单位，直属市林业局管理。“场园合一”后，东莞市继续投入资金对森林公园进行建设，先后对大岭山、大屏嶂、银瓶山三个森林公园进行二期建设，2015 年启动银瓶山森林公园三期建设。

（3）林场大事记

1988 年 9 月，经东莞市委、市人民政府研究同意，批准东莞市国有林场升格为正科级事业单位。

1994 年 4 月，经东莞市编制委员会的批准，在黄旗林场增挂“东莞市旗峰公园管理处”，为“一套班子，两个牌子”。

1996 年，黄旗林场黄岭道院建成。

1999 年，全市国营林场停止森林经营性采伐。

2006 年 7 月，东莞市植物园组建为东莞植物园，隶属市城管局。

2009 年，东莞市实行国有林场体制改革，大岭山、大屏嶂、清溪林场分别并入大岭山、大屏嶂、银瓶山森林公园管理处，保留国营林场牌子，实行“两块牌子，一套人员”管理，定性为公益性一类事业单位，直属市林业局管理。

2010 年 2 月，中国科学院华南植物园植物学专家在清溪林场发现国家二级重点保护植物——华南五针松。

2010 年，东莞市实行事业单位岗位设置，国有林场（公园）与在职职工签订聘用合同。

2012 年，东莞市实行事业单位分类改革，6 个林场（公园）均为正科级、公益类事业单位，经费按财政补助拨付。

2014 年 8 月，广东省林业厅副厅长孟帆率省国营林场改革调研组来东莞调研东莞市国营林场改革情况。

2015 年 5 月，省长朱小丹率广东省有关部门负责同志考察东莞市四大重点林业生态工程和国有林场改革情况，并召开座谈会。

1.4.1 大岭山林场

（1）基本情况

大岭山林场位于珠江口水陆交通要冲虎门镇，地理标为东经 113° 42′ 22″ ~113° 43′ 12″，北纬 22° 50′ 00″ ~22° 53′ 32″。东面与长安镇相接，面临厚街镇，南与虎门镇接壤，北倚大岭山镇，是东莞市林业系统的重要组成部分。林场林地属高丘地带，50% 的林地属高丘陵型，其余林地属低丘陵型。林场地处南亚热带，土壤属花岗岩赤红壤，土地较为肥沃，是发展用材林的优良基地。大岭山林场现有林业用地 33814.5 亩，蓄积量约为 40 万立方米，其中生态公益林面积约 21500 亩，占 61.7%；商品林面积 12638 亩，占 36.27%，森林覆盖率 92.2%。

林场自 1958 年正式成立以来，一直以林材买卖为主要经营模式。直到 20 世纪 90 年代，国家以生态建设为主的林业发展战略开始实施，国营大岭山林场的发展模式也从经营林材转变为资源保护，从生产性经营型转变为生态服务型。

（2）体制变革

林场的前身是东莞“明伦堂”在 1948 年 1 月 17 日创建的“大岭山农林垦殖场”，1949 年后由东莞县人民政府接收，成为“东莞县人民政府示范场”。1958 年，为增加森林资源，提高森林质量，充分发挥国有林地的生产潜力，同时提高森林的生态、社会与经济效益，国营广东省大岭山林场正式成立，为广东省直属林场，场部设在牛角窝。1963 年 5 月 20 日经东莞县计划委员会审定规划，经营面积 6.2 万多亩。1986 年 11 月，农场的经营管理权下放至惠阳地区，林场名称更改为：广东省惠阳地区国营大岭山林场，经营面积为 34533 亩。1988 年 7 月，林场的经营管理权归属东莞市人民政府，更名为：东莞市国营大岭山林场。

2009 年 4 月，国营大岭山林场与大岭山森林公园管理处合并，实行“两块牌子，一套人员”管理模式，定性为公益性事业单位，正科级建制，直属东莞市林业局管理，纳入“收支两条线”管理。2012 年，根据东莞市机构编制委员会《关于印发东莞市林业局所属事业单位分类改革方案的通知》（东机编〔2012〕61 号）精神，东莞市大岭山森林公园（加挂东莞市国营大岭山林场牌子）。

（3）森林资源

1970 年底，大岭山林场经营管理面积为 42390 亩，其中有有林地面积 40240 亩，主要树种为松树，宜林地 2044 亩，耕田面积 107 亩，森林蓄积量为 37368 立方米。1980 年，林场的经营面积减少到 34610 亩，有林地面积约 3.1 万亩，宜林地面积 2839 亩，蓄积量增长到 15 万立方米，主要为松树、杉树等易出材树种。

大岭山林场现有林业用地 33814.5 亩，蓄积量约为 40 万立方米，其中生态公益林面积约 21500 亩，占 61.7%；商品林面积 12638 亩，占 36.27%，森林覆盖率 92.2%。林场生物多样性丰富，保存有野生高等植物 126 科 372 属 508 种，其中国家重点保护植物有南方红豆杉、坡垒木、焕镛木等 26 种，珍稀濒危保护植物有凹脉金花茶、长叶竹柏、翠柏、大苞白山茶等17种。野生动物有野猪、果子狸、穿山甲、蟒蛇、眼镜蛇、鹰、喜鹊、斑鸠、鹧鸪、猫头鹰、画眉等，其中有国家保护的动物10余种。

（4）经济发展

国营大岭山林场自建场以来，以木材买卖为主要经营方式。每年树木出材主要供给中央单位、广东省单位（科技局、水电局、省防局等）、地方服务公司及其他林场。1999年，东莞率先在广东省做出“停止营利性森林采伐，全面建设生态林业”的重大决定；2000年，林场实行“以营林为基础，普遍护林，大力发展工商业，林果结合，科技兴林”的方针；2003年，东莞开启一场以“建城、修路、整山、治水”为重点的“生态绿城”建设。由于政策的改变，2003年后，全东莞市禁止林木采伐，林场的经营方式也出现了由木材买卖到发展第二、第三产业，发展目标从生产型到生态资源保护型的转变。

①木材生产与收入

1970年，林场间伐出材共800立方米，皆为松木；1975年，林场出材量增长到3004立方米，其中松木有2740立方米，杉木29立方米；到1981年，木材出产量到达4769立方米；1986年，林场出材3251立方米，产值为36.22万元。此后每年林场的出材量逐年增长，至1993年达到最高峰，出材量高达11306立方米，木材产值为573万元；之后林场的采伐出材量逐年降低，直至1999年，东莞市全市停止营利性木材采伐，林场不再出产木材。

②林场工商业

1981年，国营大岭山林场首次尝试发展商业。林场在虎门太平买地20000多平方米，与省林业厅及天井山林场等单位合资开办松涛酒家，成立合资企业董事会负责该企业的经营管理。1987年，林场为迅速发展工业，高利息集资400多万元在肇庆市德庆县开办“东风冶炼厂”，主产品为银、硝酸银。1999年9月，因不再可能继续经营，厂房设备报废，林场正式终止“东风冶炼厂”经营管理活动。

改革开放后，周围农村飞速发展，林场为发展经济，与林业局合资正式征地成立金山工业区。规划面积200亩，投资与收益各占50%股份。1997年10月，林场在全力发展第二产业、改变林场经济结构、加大工业比例的经营方针指引下，自建工业区厂房15000多平方米，总投资600多万元。1998年8月，为发展林场经济，增加商业收入，林场怀德路口商业楼（共1000多平方米）建成，总投资200多万元。此后陆续有水厂、塑胶厂、鞋厂等企业进驻林场工业区，极大地加快了林场工商业的发展速度。截止于2013年，林场辖区共有企业23家，厂房占地约6.6万平方米，商铺49间。

③森林旅游

2002 年，东莞市人民政府正式全面规划建设森林公园，2003 年，在市人民政府的牵头下，森林公园的规划控制范围扩大至以大岭山林场为中心，将邻近厚街镇的 42450 亩、大岭山镇 24750 亩、虎门镇 7050 亩、长安镇 3300 亩山地纳入生态控制区，形成了面积共 11 万亩、以生态休闲、科普健身为主题的森林公园。2003 年 4 月，大岭山森林公园正式挂牌，免费对外开放。

目前，大岭山森林公园共分虎门景区片、厚街景区片、白石山景区片、长安景区片、大岭山景区片等片区，建成碧幽谷、霸王城、茶山顶、水翁湿地、环湖绿道、康体科普园等十几个景点，公园的生态旅游逐年升温，近年来的节假日里游客量更是呈井喷式。“十二五”期间，国家投资上千万来完善森林公园旅游基础设施的建设。

（5）基础设施

1997 年 8 月，拆除 1962 年建的旧场部后，在原址重建 3 层办公楼并沿用至今。现办公楼一楼有办公室 6 间；二楼有办公室 3 间，文印室、资料室、档案室及党员活动室各 1 间。

1975 年，林场有职工宿舍共计 2391 平方米，经过 10 年的发展，到 1986 年，职工宿舍增加到 5100 平方米。1994 年 10 月，职工集资在场部建职工宿舍 4 幢 80 多套住宅，解决职工的住宿问题。现在职工宿舍主要分布在新饭堂楼上及旧林场大院，面积约 8500 平方米。

2014 年，林场有园区道路 78 千米，登山步道 31 千米，绿道主线 24.5 千米，支线 24.7 千米，防火线 79 千米，防火林带 64 千米。

（6）自然灾害

近年来，大岭山林场（森林公园）遭遇重大自然灾害共 3 起。2008 年夏季，东莞市受特大台风多次影响，强暴雨天气造成多处地方塌方滑坡，严重影响林场的正常生活和工作。

2013 年，林场遭遇“3.20”冰雹灾害。暴风雨冰雹灾害造成园区大面积树木吹断吹倒，主树干折断和掀翻树木约 2526 棵，断枝断杆的树木达 26397 棵，受灾的绿化总面积约 563982.76 平方米，绿道两旁受损灌木花球 965 株，绿道受损绿化面积 51050 平方米。

2013 年强台风“尤特”自 8 月 14 日起，连续多天引起东莞市出现持续强降雨，致使森林公园发生 2 立方米以上塌方共计 123 处，其总塌方量约 1600 立方米，倾倒树木 739 棵，损毁挡土石墙约 90 立方米，损毁水泥路面 50 平方米。

（7）林场大事记

1958 年 6 月，东莞县人民政府示范林场改为国营广东省大岭山林场，省直属场，由佛山地区管理。

1978 年 1 月，东莞县人民政府为解决林场的山林纠纷，林场第一次以书面调解形式解决经营界线问题。划界后林场经营面积为 34533 亩。

1987年，为发展林场的经济林，改善林场经营结构，第一次对职工出租300亩林地。

1988 年 9 月，林场改隶属东莞市人民政府，正式升格为正科级单位。

1993 年，改革开放后，周围农村飞速发展，林场为发展经济，与林业局合资正式征地成立金山工业区。规划面积 200 亩，投资与收益各占 50% 股份。

1994 年，为发展森林旅游业，充分发挥森林的生态效益与社会效益，林场申请，经省、市批准成立“东莞市国营大岭山林场森林公园”。规划面积 3 万多亩。

1998年11月1日，台湾诚智电子厂租林场厂房8000多平方米，迁入林场金山开发区。

2009 年 6 月，大岭山森林公园管理处在市林业局的统一安排下，通过报名、资格审查、笔试、演讲、群众测评、领导测评、确定人选、公示和任职等程序，开展管理处中层职位竞争上（聘）岗，共选出 6 名正股长、10 名副股长。

2010 年 4 月，原大岭山林场在职职工与退休职工的工资发放正式纳入财政统发。

2010 年 12 月，管理处第一次进行 2010 年第四季度在编在职职工绩效考核，成为林业系统先行先试单位。

2012 年 5 月，市机构编制委员会下文，东莞市大岭山森林公园管理处更名为“东莞市大岭山森林公园（加挂东莞市国营大岭山林场），正科级，公益一类，经费按市财政补助一类拨付。

2015 年 5 月，朱小丹省长、邓海光副省长、省林业厅张育文厅长及有关领导在东莞市徐建华书记、鲁修禄副市长的陪同下，到森林公园大溪绿道、茶山顶等地调研新一轮绿化广东大行动推进情况，重点对公园的林相改造、造林绿化、生态建设等方面情况进行深入调研。

1.4.2 大屏嶂林场

（1）基本情况

东莞市国营大屏嶂林场建于 1961 年 8 月。位于大屏嶂山脉东侧，东与塘厦龙背岭村和大坪村相邻，南临深圳市宝安区观澜镇嶂阁、库坑内，西连深圳市宝安区公明镇和光明华侨畜牧场，北与东莞市黄江镇大卫区相接。林场山地主要属中、高丘。林场总面积为 1186.5 公顷，林业用地为 1093.9 公顷，其中乔木林地 694.3 公顷，灌木林地 377.3 公顷；森林覆盖率达 94.53%，林木绿化率达 94.79%。

大屏嶂林场为正科级国有林场，是东莞市属事业单位。1993 年 4 月东莞市大屏嶂森林公园就被广东省林业厅正式批复成立，继而在原有的国营大屏嶂林场基础上加以建设，随后于 2003 年 9 月，市政府正式批准了大屏嶂森林公园总体规划。公园的各项建设所投入的资金都是以“市为主、镇为辅、两级负担”的原则筹集所得，其中市财政已经投入了 2 亿元。公园已于 2006 年 4 月 29 日正式免费对外开放。大屏嶂林场地理位置优越，生态环境优美，已经开发的有浪琴花园公务员度假村、东莞阳名山庄度假村、观澜湖高尔夫球会（场）等。

（2）体制变革

1988 年，随着东莞县升为地级市，大屏嶂林场由正股级升为正科级事业单位。1989 年 2 月，经市林业局批准，林场设置人秘股、生产技术股、财统股。为适应林场治安形势的需要，1995 年 3 月经市编制委员会批准增设治保股。1994 年，林场治安工作站成立，是市公安局森林分局在大屏嶂林场派出机构，受林场和森林公安分局的双重领导。1999 年，为了方便管理，林场治安工作站改名挂牌为大屏嶂林场警务区。

2003 年 9 月，市政府正式批准了大屏嶂森林公园总体规划。2005 年 12 月，根据东莞市机构编制委员会（东机编〔2005〕123 号）文件精神，同意成立东莞市大屏嶂森林公园管理处，正科级事业单位。2009 年 4 月，根据东莞市机构编制委员会（东机编〔2009〕30 号）文件精神，市国营大屏嶂林场并入市大屏嶂森林公园管理处，保留市国营大屏嶂林场牌子，实行“两块牌子，一套人员”管理。市大屏嶂森林公园管理处为公益性事业单位。2012 年 5 月，市机构编制委员会再次发文，核准东莞市大屏嶂森林公园管理处更名为东莞市大屏嶂森林公园（加挂东莞市国营大屏嶂林场牌子），正科级，公益一类。

（3）森林资源

1989—1995 年，全场土地总面积 18348 亩，其中林业用地 16516 亩，占总面积的 90%；非林地面积 1832 亩，占 10%。林业用地中有林地 13619 亩，占林业用地的 82.5%；疏林地 118 亩，占 0.71%；灌木林地 1647 亩，占 10%；未成林 194 亩，占 1.2%；无林地 938 亩，占 5.7%。

2015 年，林场总面积为 1186.5 公顷，林业用地为 1093.9 公顷，其中乔木林地 694.3

公顷，灌木林地377.3公顷，苗圃地22.3公顷；非林业用地为92.6公顷，其中森林面积为50公顷，“四旁”面积为3公顷，森林覆盖率达94.53%，林木绿化率达94.79%。

林场植物种类有650多种，其中金毛狗和樟树为国家二级重点保护植物。有维管束植物142科、厥类植物19科、裸子植物7科、被子植物116科，树种1000多种。其中被子植物有蚌蕨科的金毛狗和樟科的樟树，属国家二级保护植物。野生动物种类有80多种。

（4）经济发展

截至1995年，建场以来总投资125.78万元，其中国家投资91.58万元，自筹投资34.2万元。2003年至今，公园建设投入的资金都是以“市为主、镇为辅、两级负担”的原则筹集所得，其中市财政已经投入约2亿元。

木材收入：1989年木材收入35.27万元，1990年47.26万元，1991年54.40万元，1992—1995年248.42万元。根据历年采伐计算，除木材外，尚收20%薪材，以每担5元计，每年可收3~5万元。从1999年开始，东莞市全面停止一切营利性林木采伐，不再有木材收入。

其他经营产业：1978年试种10亩椪柑早期获得丰收，促使多种经营迅速发展，至1989年，已种植水果1131亩，其中柑橘391亩、沙田柚88亩、荔枝525亩、猕猴桃100亩、杂果27亩、竹子363亩。1982年以来种植的柑橘已开始产果，1987年挂果面积近200亩，成年柑橘大面积丰收亩产超万斤，1987年多种经营总收入达108万元，其中工业22万元，水果40万元，产值占总产值70%以上，成为林场经济的主要支柱。经1989年，林场经过28年的努力，已从一个单一的林业生产林场，发展成为一个以林为主，林果并重，多种经营全面发展的综合性林场。

森林旅游：2003年9月，东莞市人民政府正式批准了《东莞市大屏嶂森林公园总体规划》，大屏嶂森林公园在市森林公园建设领导小组办公室的指导下，严格按照《东莞市大屏嶂森林公园总体规划》进行分期建设。2006年4月29日大屏嶂森林公园正式免费对外开放。2009年，为提升公园的配套设施建设，满足游客吃、住、行、游、乐的需求，相继实施了大屏嶂二期重点工程建设。世界第一大的观澜湖高尔夫球会其中5个球场坐落于公园内，已建成了一座五星级的配套会所。球场环境优美，举办过多场高尔夫国际大赛。2013—2015年，共接待游客673.76万人次。

（5）基础设施

20世纪60~70年代，林场职工住房均为土砖瓦房。1986—1988年，全场住房面积4432平方米。1988年，建设国营大屏嶂林场东、西职工宿舍楼，各占地325平方米，2009 年起停止使用。2009 年，大屏嶂林场并入市大屏嶂森林公园管理处，公园建成塘厦管理所、黄江管理所两处宿舍楼，主要提供给编外人员住宿。编内人员按照财政规定发放住房公积金和住房津贴形式，自行解决居住。2001 年 11 月，新的办公楼建成，建成面积 1688 平方米。

2006 年，大屏嶂森林公园的各项基础设施日益完善，建成两个出入口广场（占地约 12.5 万平方米）、园区道路 28.2 千米、登山步行道 27.8 千米，还设有大型停车场、餐饮等配套设施。到 2016 年，林场已建成两个出入口广场（占地约 12.5 万平方米）、园区道路 28.2 千米，道路宽为 6 米，混凝土路面，配套修建边沟和排水沟，建有护林防火道 30 千米，建成登山步行道 43 千米，建成省绿道 5 号线大屏嶂森林公园路段全长 7.22 千米。

（6）自然灾害

大屏嶂林场属亚热带季风气候，对林业生产造成不利影响的还有冰雹、龙卷风和暴雨等灾害性天气，但其发生概率均比较低。1993 年，受霜冻侵袭，致新栽的荔枝树大部分枯黄，部分枯死，损失严重。2008 年 6 月 12~17 日，2008 年 6 月 25~29 日，大屏嶂林场遭遇暴雨灾害。2013 年 8 月 14 日，受台风“尤特”影响，造成经济损失 40 多万元。2013 年 9 月 22~23 日，受“天兔”影响，造成直接经济损失 31.57 万元。

1970—1995 年，影响大屏嶂林场的主要林业有害生物有：松毛虫、松突圆蚧虫和梢枯病、松梢螟、竹象鼻虫、竹蝗、杉双条天牛等。近期，大屏嶂林场主要林业有害生物有尺蠖、松材线虫和薇甘菊。2011—2016 年，市财政共投入 1269.68 万元用于防治林业有害生物 77120 亩。

（7）山林权属

1982 年，东莞县国营大屏嶂林场山林面积 18224 亩。1993 年 4 月东莞市大屏嶂森林公园就由广东省林业厅正式批复成立。大屏嶂森林公园行使管理范围面积 2670 公顷，其中大屏嶂林场为国有土地，面积 1190 公顷；黄江镇、塘厦镇为集体土地，分别为 1000 公顷、480 公顷。全部林地均有林权证。

林场山林权属纠纷有两起，都是通过协议解决。一是塘厦公社大田大队与东莞县国营大屏嶂林场山权山界划定协议；二是塘厦公社龙背岭大队与东莞县国营大屏嶂林场 1978 年的划山协议。

（8）林场大事记

1961 年 8 月，经东莞县人民政府批准，大屏嶂林场正式建立；场部设在大屏嶂区龙岗仔。

1962 年，林场炼山失火，烧山 1.2 万多亩，干部、群众、解放军出动 3000 多人参与扑救。

1974 年，联接林场与外界的虾公岩水库公路桥建成通车，结束了林场进出靠木船摆渡的历史。

1978 年，林场开始发展橙、柑橘等水果生产。

1982年4月，林场第一间来料加工港资企业——香港标姿食品有限公司正式投产。

1983 年 1 月，完成了大屏嶂林场《1983 年经营管理方案》的制定，这是林场第一份比较系统的经营方案。

1988 年 9 月，经市委、市人民政府研究同意，批准林场升格为科级事业单位。

1993 年 4 月，广东省林业厅正式批复成立广东大屏嶂森林公园。

1996年11月，为提高工作效率，配合改革形势的需要，林场人事改革方案正式敲定。

1997 年 12 月，林场第二个重大的合作开发项目《合作经营东莞阳明渡假山庄开发有限公司合同》正式签订。

1998 年 10 月，林场与深圳绿原野实业有限公司签订了《合作经营高尔夫球练习场的意向书》。

2002 年 8 月，林场与东莞观兰湖高尔夫球会有限公司正式签订《合作开发经营东莞大屏嶂林场森林公园高尔夫项目合同书》，该项目是森林公园建设中的重大配套建设项目之一。

2006 年 4 月 29 日，东莞市大屏嶂森林公园正式对外免费开放。

2009 年 4 月，根据东莞市机构编制委员会（东机编〔2009〕30 号）文件精神，市国营大屏嶂林场并入市大屏嶂森林公园管理处，保留市国营大屏嶂林场牌子，实行“两块牌子，一套人员”管理。

2010 年 10 月，东莞市大屏嶂森林公园被广东省林业局和广东省旅游局评选为《广东省森林生态旅游示范基地》。

2012 年 5 月，市机构编制委员会发文，核准东莞市大屏嶂森林公园管理处更名为东莞市大屏嶂森林公园（加挂东莞市国营大屏嶂林场牌子），正科级，公益一类。

1.4.3 清溪林场

（1）基本情况

东莞市国营清溪林场位于南亚热带南部粤中区域惠州盆地的东莞市境内，具有高温多雨受季风影响之特点。地理坐标为东经 114° 07′~114° 15′，北纬 22° 50′~22° 55′。

林场属高丘，地势为东北高，西部略低。海拔高度一般在200~560米，坡度在15°~45°。石田、铁场工区多为石山，地形复杂。

林场植被属亚热带常绿阔叶林区系，南亚热带常绿季雨林，历年来由于受人为活动的影响，原生森林植被已所剩无几。林场现有林业用地50548亩，蓄积量26.44万立方米，其中生态公益林面积48660亩，占96.26%；商品林面积283.5亩，占0.05%，森林覆盖率96.72%。

（2）体制变革

东莞市国营清溪林场办场于1958年5月，由县下放干部组织成立。全场共有50548亩林业用地，划分为4个工区：石田工区、三坑工区、罗马工区及铁场工区。1973年为省属东莞县（市）管辖国营林场，改名为“国营广东省清溪林场”。1982—1987年国营清溪林场移交惠阳区林业处管辖。随着改革开放形势发展，原东莞县升为地级市，在1988年8月1日，国营清溪林场划归东莞市管辖，改名为“东莞市国营清溪林场”，同时，由原来正股级升为正科级事业单位。

2009年4月9日，根据《关于国营林场经费问题的复函》（东府办复〔2008〕416号）精神，对国营林场实施体制改革。在市国营清溪林场的基础上，重新组建东莞市银瓶山森林公园管理处，保留市国营清溪林场牌子，实行“两块牌子，一套人员”管理。市银瓶山森林公园管理处为公益性事业单位，正科级建制，直属市林业局管理。2012年5月22日，根据市府办《关于印发〈东莞市事业单位分类改革实施方案〉的通知》（东府办〔2010〕163号）精神，东莞市银瓶山森林森林公园管理处更名为东莞市银瓶山森林公园（加挂东莞市国营清溪林场牌子），正科级，公益一类。

林场改革的过程中，林场所有在职在编职工全员过渡为森林公园职工，中层干部实行竞争上岗。职工收入纳入市财政统发工资，每人每月约6000元，社保按照市财政标准统一购买，职工生活得到基本保障。

（3）森林资源

清溪林场20世纪80~90年代树种以用材林为主，经济林面积仅占3.9%。其中用材林树种以马尾松为主，其面积占95%，蓄积量占97%，其他树种如衫、桉等比例极少，全场合计有活立木蓄积量63300立方米（全为用材林），平均每年造林约1132.1亩。1999—2014年，林场每年都对林区中的疏残林、灌木林、人工纯林进行补植套种和抚育，每年补植套种面积1000~3000亩不等、每年抚育面积2000~6000亩不等。现今，林场森林总蓄积量为26.44万立方米，其中生态林面积占95.9%，商品林面积占4.1%，商品林以阔叶林和桉树为主。

林场生物多样性丰富，保存有野生高等植物1500多种，其中，有国家二级重点保护野生植物华南五针松、土沉香（莞香）、苏铁蕨；国家三级重点保护野生植物吊皮锥；有全国分布面积最大的珍稀濒危品种短萼仪花；有国家二级重点保护植物禾雀花等珍稀植物。脊椎动物23目63科182种，其中国家重点保护物种20种，包括国家一级重点保护野生物种1种（蟒蛇）、国家二级重点保护野生物种19种（虎纹蛙、三线闭壳龟、小灵猫、中国穿山甲等）。此外，有蝶类42种。

（4）经济发展

1958—1975年，东莞到处是没有植被的荒山，林场工人深入荒地，以植树造林为主，成为城市森林的缔造者。当时，林场工人山上造林虽然辛苦，但是收入由东莞县财政补贴，比一般农民收入高出不少。

1975—1998年，林场开始自负盈亏，这时期主要依靠有计划地伐木和销售木材、薪炭、开发荒地、种植果树为生。由于伐木的速度超过造林的速度，到了20世纪90年代，伐木收入逐渐减少，但工人收入依然可观。

1999年起，林场实行生态转型，由经济林转向生态公益林，开始封山育林，停止砍伐树木。当时林场主要依靠引资建厂、商铺招租和市政府每年120万元补贴，以工养林，但由于厂房、商铺数量有限，且地处偏僻，林场整体收益有限。这段时期，林场工人收入与其他单位相比差距甚远，甚至比不上农民收入，林场的发展日渐暗淡。

从2009年林场改革至今，银瓶山森林公园取得了巨大的发展。在创造社会效益方面，自2007年谢岗片区开园和2010清溪片区开园以来，接待游客超过1300万人次。此外，银瓶山森林公园清溪景区于2014年10月成功创建国家AAAA级旅游风景区，是东莞十大森林公园中第一个成功创建的森林公园。

（5）基础设施

现清溪林场办公楼位于东莞市清溪镇石田工业区林中二街53号，占地面积约704平方米，建有办公室、食堂和职工宿舍，水、电、通讯等设施齐全。距离深圳宝安机场60千米，自博深高速约场出口至景区仅13千米，龙林高速樟木头出口至景区14千米，距离东莞市樟木头镇客运火车站20千米，距离蛇口港客运码头51千米，高速公路四通八达，交通相当便捷。

银瓶山森林公园（清溪景区）隶属于东莞市林业局，是以森林保护和利用进行生态建设和旅游开发利用的森林公园，于2010年4月开园。园区建成有公路14.3千米、步行道5.9千米、停车场31000平方。

（6）林场大事记

1958 年 5 月，由东莞县下放干部组织建立国营广东省清溪林场。

1968 年 3 月 28 日，东莞县革命委员会正式批准成立国营清溪林场革命领导小组。

2000 年，东莞市林业局《关于建立自然保护区、森林公园的请示》获市人民政府批准，包括银瓶山等 4 个自然保护区和清溪森林公园（银瓶山森林公园清溪片区）。

2003 年 8 月，清溪森林公园（银瓶山森林公园清溪片区）建设规划获市人民政府批准。

2009 年 1 月 1 日起，清溪林场全体转为全额财政供养单位。

2009 年 4 月 9 日，根据《关于印发东莞市森林公园管理处与国营林场体制改革方案》东机编〔2009〕30 号文，在市国营清溪林场的基础上，重新组建东莞市银瓶山森林公园管理处，保留市国营清溪林场牌子，实行“两块牌子，一套人员”管理。市银瓶山森林公园管理处为公益性事业单位，正科级建制，直属市林业局管理。

2012 年 5 月 22 日，关于东莞市林业局所属事业单位分类改革方案的通知（东机编〔2012〕61 号文）批准“东莞市银瓶山森林公园管理处”更名为“东莞市银瓶山森林公园”（加挂东莞市国营清溪林场牌子），正科级建制，公益一类，核定事业编制 39 名，其中主任 1 名，副主任 3 名，经费按财政补助一类拨付。

2014 年 10 月 14 日，银瓶山森林公园清溪景区举行“国家 AAAA 级旅游景区”揭牌仪式。

2015 年 1 月 16 日，根据《关于调整大岭山、大屏嶂、银瓶山 3 个森林公园编制的批复》（东机编〔2015〕11 号）文件，东莞市银瓶山森林公园核定事业编制调整为 46 名，经费按财政补助一类拨付。

1.4.4 同沙林场

（1）基本情况

同沙林场建场于 1959 年，地处东莞市东城街道南部 107 国道旁，与大岭山镇、寮步镇相邻，地理坐标为东经 113° 46′ 9.0″ ~113° 49′ 35.0″，北纬 22° 56′ 45.8″ ~22° 59′ 16.7″。林场地形属中丘和低丘山岭，分黄公山、五凤楼、黄婆帐、飞鹅山等四大山脉片，一般海拔高 50~150 米，平均坡度 10° ~25°。

同沙林场现有林业用地 13917.7 亩，蓄积量 8.4 万立方米，其中生态公益林面积 10322.2 亩，占 74%；商品林面积 3595.5 亩，占 26%，森林覆盖率 61.8%。辖区人口 1161 人，其中新飞鹅 493 人、小洞 235 人。

（2）体制变革

同沙林场的主要职责和任务是贯彻执行国家、省、市有关森林公园、生态公益林建设、森林资源培育和保护的法律、法规和方针政策；组织实施森林公园总体规划、森林旅游策划开发、旅游文化推介宣传；负责园区安全管理、森林防火以及建设项目的组织协调和监督管理等工作；组织开展园区设施维护、林相改造、园区绿化、环境卫生等工作；负责园区森林资源培育和保护、森林有害生物防治工作；负责园区内原属东城街道集体林地控制和管理工作；负责园区内旅游项目管理服务工作；完成上级交办的其他事项。

根据《关于开发建设同沙生态公园的通知》（东府办〔2001〕25 号文），同沙林场、同沙水库由东莞市人民政府和东城区联合开发，并由东城区代管，其权属归东莞市人民政府所有。目前，同沙林林场代管新飞鹅、小洞村 2 个居民小组，承担居民小组的户籍、计生、征兵、选举等职能。

（3）森林资源

1966—1971 年，林场大规模造林，绿化荒山，树种以马尾松为主。1972—1974 年，将部分立地条件较好的林地改造杉树，约有 2843 亩。1977—1987 年，开始间伐利用，更新补植多为柠檬桉、隆缘桉、湿地松，以逐步改造马尾松纯林，增加阔叶林或针阔混交林分，小部分扩展成柑橘、荔枝、龙眼等果林。1988—1995 年，更新补植多为柠檬桉、隆缘桉，小部分湿地松和杂交竹，面积 2754 亩。1996—1999 年，对纯桉树林逐步改造种植马占相思为主，面积约 5300 亩。自 1999 年起，市林业局要求停止采伐造林的方式，以林相改造(水源涵养林)为主，种植乡土阔叶树种。

同沙林场现有林业用地 13917.7 亩，蓄积量 84000 万立方米，森林覆盖率 61.8%，其中生态公益林面积 10322.2 亩，占 74%；商品林面积 3595.5 亩，占 26%。生物多样性丰富，保存有松、杉、相思、黧蒴栲等树木 70 余种，其中国家二级重点保护植物有格木、观光木、红椿、野生荔枝等。

同沙林林场有鹭、鹰、蝶、蛙等动物 30 多种。有国家一级重点保护野生动物穿山甲、蟒蛇等，国家二级重点保护野生动物有白鹭、猫头鹰、野猪、果子狸等。辖区鸟类资源丰富，现常见种类有白鹭、池鹭、夜鹭等 130 多种。

（4）经济发展

2001 年，东莞市委、人民市政府将同沙建设成为一个体育休闲为主题的生态公园，整个区域包括同沙林场、同沙水库，由东莞市人民政府和东城区政府联合开发建设，是市重点工程建设项目。同沙生态公园位于市中央休闲区。整个公园是按国家AAAA级旅游景区的标准规划建设，2006年5月1日正式开园，现每年接待游客约125多万人次。

公园总体规划面积40.2平方千米，其中山林面积占3/4，水域面积占1/4。根据同沙生态公园的总体规划，东城区政府先后为公园投资了7.5亿元推进公园的征地、拆迁、环境治理以及各景点设施建设，将同沙规划建设成为一个以体育休闲为主题的新型生态公园。公园坚持以保护生态为主的建设理念，尽量减少自然环境的破坏。景点建设方面，有“映翠湖”景区一期、十里荷塘、麒麟岭、计生雕塑景区。2005年由东莞佛教协会提出，2009年经市人民政府同意上报省民宗委批准，千年资福寺易址同沙生态公园重建，2010年5月奠基。

同沙生态公园内还有约1万亩水面的同沙水库，是东莞市饮用水源保护区之一。为保护这片水域，近年来东莞市投资了2.7亿元进行环湖截污、同沙水库水污染综合治理、垃圾填埋场治理等综合整治。

（5）基础设施

同沙林场新办公楼从2009年1月正式投入使用，与同沙生态公园管理处合处办公，办公楼为5层，办公面积约2000平方米。为了开发建设同沙生态公园，保护同沙水库水源，从2008年12月起开展职工搬迁工作，搬迁户97户，搬迁房234间，并已全部完成。

在基础建设方面，有15千米同沙环湖路、23千米绿道，环湖路绿化、同沙跨湖大桥、山头景观绿化、同沙水闸小桥、休闲小道4千米和东、南、西、北4个出入口。

（6）自然灾害

每到汛期，林场派人员加强对地质灾害点的监测，遇红色暴雨预警实行封园，在地质灾害点拉挂警界线，防止游客进入。遇特发事件启动应急预案，确保游客安全。每当出现强台风，将启动应急预案，实施封园。

辖区内常见的病害虫害有薇甘菊、松材线虫、尺蠖虫害、竹蝗虫害、绣同心舟蛾等，并每年申请安排专项经费开展防治薇甘菊、尺蠖虫害、竹蝗虫害1000多亩、绣同心舟蛾等有害生物防治工作。

（7）山林权属

1958年4月，中共中央、国务院颁发《关于在全国大规模造林的指示》，各地掀起了大建国营林场的高潮。当时，周边的生产队希望尽量把边远的土地和山头转给林场。时任东莞县委书记林若在消灭荒山动员大会上曾宣布所有属该生产队的荒山，一定要定期上山造林，因此，当时的生产队希望林场承担这份责任。在这样情况下很容易达成协议，初步划定的山地面积约为16300多亩。2001年开发建设同沙生态公园，东城街道征收周边社区土地约3200亩。

（8）林场大事记

1959年1月，成立东莞县干部农场分场。

1963年，成立东莞县同沙林场。

1967年7月，同沙林场小学成立。

1988年9月，同沙林场升格为科级事业单位，升格后名称为东莞市国营同沙林场。

1989年9月，粤莞畜牧公司租借山地开办同沙猪场。

1997年6月，同沙林场划归市林业局管理。

1998年6月，同沙水库高涵区与林场签订地界划分协议。

1999年7月，与寮步镇浮竹山村签订勘界协议书。

2000年2月，林场创办苗木场。

2003年6月，为了保护同沙生态公园的环境终止万头猪场合同。

2005年5月，同沙生态公园开放。

2007年4月，同沙林场召开工资制度改革实施工作会议。

2010年11月18日，召开事业单位改革职工大会，全体职工签订事业单位劳动合同。

2015年11月24日，市林业局组织同沙林场、黄旗林场召开关于开展国有林场改革方案工作会议。

1.4.5 黄旗林场

（1）基本情况

黄旗林场于1958年6月成立。场部地理坐标为东经113°，北纬23°，地处广东省东莞市东城街道。林场为丘陵地貌，土壤类型为山地赤红壤，呈酸性。

林场现有国有林地面积3799亩，基本列入省级生态公益林。近10年来逐步开展林改造，主要培育乡土阔叶林和水源涵养林。林场现有户籍人口310人，其中辖管自然村1个人口133人。核定编制55人，现有编制人员48人，离退休人员74人。林场现实行政府财政“收支两条线”管理，年经营收入约 800 万元，2016 年度财政预算计划经费 4296 万元。

(2)体制变革

1958 年，在黄旗建立干部农场。1962 年，干部农场结束，成立东莞县国营黄旗林场，直属县委，并成立党委会，县委委员方康任书记、场长。1992 年黄旗林场由附城镇代管。1997 年 7~12 月归市林业局管理，而后又归附城镇(现东莞市东城街道)管理。1988 年，林场升级为正科级事业单位；1992 年进行企业法人登记实行企业化管理。随着公园建设的发展，林场主要职能改变为主要以生态公益林管护、公园旅游服务为主的城市公园管理职能。2011 年注销了《企业法人营业执照》，申领了《事业单位法人证书》，经费按财政补助二类给付。

1980 年林场与周屋大队签订包产鱼塘合同，开始实行包产经营模式；1983 年 6 月林场购销部成立，与县林业局签订《国营林场生产承包合同书》。1984 年 3 月起实行大范围承包经营（有汽车营运、酒厂、饭店、荔枝、夏橙、鱼塘、大桔、稻田等）。1994 年前，林场以林业和综合性经营为主。主营业务范围为林果、花卉植物的种植、销售。1994 年由东莞市人民政府批准建立旗峰公园，增设东莞市旗峰公园管理处。由市政府重新规划，改造建设成综合性城市森林公园。

(3)森林资源

黄旗林场一直是毗邻城市，建场以来，未出现大量林地流失、毁林开垦、乱占林地等情况。1933 年 3 月，黄旗林场拟定面积为 3000 亩。在 1957 年反右派活动中，林场的管理范围一度扩大到 5400 亩，多为荒山秃岭、土壤条件恶劣的山地丘陵。改革开放后，在城市整体规划下，部分林地转为非林地。近年实施林相改造等工程，在林下改套种樟树、红锥、荷木、格木、莞香等乡土阔叶树种。林场有林面积 2920 亩，森林蓄积量 2.572 万立方米，森林覆盖率 78.95%。

由于林场山体海拔不高，森林林相较单一，林内野生动物资源较其他林场少，基本为小型物种，主要为野鸭、松鼠、蛇、各种飞鸟、蜥蜴及常见水生动物等。

(4)经济发展

根据记载，1971—1986 年的 15 年间，林场的竹林木材收入为 1125 多万元，1986 年以后多种经营占主导，竹林木材收入减少。1988 年确立了公园建设方向以后就不再砍伐林木。

林场的林下经济主要是养殖和苗木培育两种。1979—1986 年生猪收入为 464851

元，塘鱼收入为 439405 元。1986 年以后养猪和塘鱼都实行承包经营，2004 年因公园建设需要全面停止承包经营，并做了拆迁补偿。1988 年以前，林场有苗圃地 134 亩，除繁殖种苗本场定植外，还有大量果苗出售。1993 年成立园林公司时还有苗木场约 30 亩，外出办场 25 亩。2000 年起全面建设公园，苗木场撤出，林场保留种子苗圃地。

1982 年东莞县委县政府规划将黄旗林场建设成为公园，逐渐向人们提供良好的游玩、踏青、游览名胜古迹的环境条件，并定名旗峰公园。公园建成后，旅游收入项目主要包括文物古迹景点门票、物业租金、停车收费等。2007 年 2 月，市委、市政府决定旗峰公园免收公园门票。公园内物业实行承包经营管理，采用社会公开招标方式，租金收入全额上缴市财政，2015 年经营收入 800 多万元。

（5）基础设施

1986 年 11 月，建设黄旗林场办公楼。1997 年 4 月，集资兴建黄旗综合楼（园林公司、黄旗派出所办公大楼）。2002 年 10 月，黄旗林场办公楼重建启用。现有面积 6350 平方米，位于东莞市东城区东城中路 2 号，办公条件良好。

林场为了解决职工住房问题，1987 年 7 月申请公助私建“黄旗职工新村”，1991 年建设职工集资房，基本解决职工住房困难。自 1999 年东莞市实行住房改革政策以来，实行了缴存住房公积金制度。住宅区建筑现时状况良好，无危房情况。

1992 年起，公园建设建有林道 9 千米，主要为石板路，林区内并无设置公路。2010 年，建设了 8.5 千米环山休闲道。

（6）自然灾害

林场历年来没有发生重特大自然灾害。根据有关记录，受损较为严重的是 2006 年暴雨受灾山体滑坡折合经济损失 20 万元和绿地损坏 200 亩，2008 年台风受灾漫顶鱼塘面积 96 亩和多处塌方共计折合经济损失 60 多万元。

（7）山林权属

1981 年，由东莞县人民政府核发山权林权证，面积 4337 亩。2005 年，由东莞市人民政府重新核发林权证，面积为 2700 亩。山林权属清晰，无发生山林权属纠纷情况。

（8）林场大事记

1957 年，成立东莞县干部农场，场部设在黄旗。

1962 年，干部农场正式结束，留下部分骨干，成立东莞县国营黄旗林场，直属县委。

1971—1977 年，与鸦叫尾林场合并为鸦叫尾林场，隶属县林业局。

1978 年，与鸦叫尾林场分场，定名东莞县国营黄旗林场，隶属县林业局。

1980 年，林场与周屋大队签订包产鱼塘合同，开始实行包产经营模式。

1988 年起，开始规划建设旗峰森林公园。

1988 年 9 月，黄旗林场升格为正科级事业单位，升格后名称为东莞市国营黄旗林场。

1992 年，划黄旗林场归附城镇管理。

1992 年，林场租赁博罗县福田镇农村土地开办博罗旗福果场，种植龙眼荔枝。

1994 年 4 月，经市编委批准成立东莞市旗峰公园管理处，与黄旗林场性质和规格一致，为“一套班子，二块牌子”。

1997 年 7 月，划归市林业局管理。

1998 年 1 月，重新归属附城区管理。

2006 年，市人民政府组织牵头改造公园，组织了黄旗山城市公园规划方案国际投标，确定了黄旗山的总体规划。

2007 年 2 月，市人民政府决定免收公园门票，林场经费不足部分由属地政府财政解决。

2012 年 1 月，黄旗山一期工程的群峰山休闲绿道、正门广场、正门牌坊建设完工，对市民开放。由市城建工程管理局主持建设，市财政共投资 2.09 亿元。

2012 年 5 月，市编制委员会核定为正科级公益二类事业单位，编制 55 名，设领导职数 1 正 3 副，经费实行二类财政补贴。

2012 年 7 月，市人民政府决定将黄旗山城市公园与虎英公园合并管理，日常管养经费及基础建设经费由市财政全额负担。

1.4.6 东莞市植物园（板岭林场）

（1）基本情况

东莞市植物园成立于 1998 年，前身是 1958 年建立的东莞县国营板岭林场，为正科级建制，隶属于东莞市城市综合管理局。林场位于广东省东莞市南城区，地理坐标为东经 113° 44′～ 113° 46′，北纬 22° 55′～ 22° 58′，年平均降雨量 1774 毫米，年平均温度 22.8℃。

林场占地面积 7000 亩，其中水濂山生态公益林 3000 亩，展示园区 3800 亩，保存植物 209 科 1568 种。植物园属低丘地貌，区内最高峰水濂山海拔 389 米，1997 年被东莞市人民政府划定为自然生态保护区。2001 年水濂山被列为东莞市 16 家森林公园之一；2003 年被定为广东省农业科技园区，也是广东省十大农业局现代化示范区之一。

(2)体制变革

东莞市植物园前身是1958年建立的东莞县国营板岭林场，后更名为东莞市板岭园艺场，1998年，经市编委同意，成立东莞市植物园，系归口市农业局、隶属东莞市农业科学研究中心的市属正科级事业单位，由原来纯生产的单位转化为以科研为主体的公益型事业单位。

2006年在原东莞市植物园的基础上更名和组建“东莞植物园”，为正科级事业单位，更名后，成建制移交市城市综合管理局，人员经费纳入市财政全额拨付。植物园主要职能是：保护规划园区内的生物物种多样性资源；开展对植物物种的科学研究以及引进、培育和应用；开展对植物资源的评价及利用；负责园区内的森林防火和其他安全事务的管理；完成上级交办的其他任务。

(3)发展情况

东莞市植物园是一个公益型科研机构，其建设规划和科研生产均以社会效益与生态效益为主。近年来，主要致力于生态园区建设、科研成果转化两方面。

园区建设：新规划园区已于2007年春节建成并免费对外开放。初步建成莞香园、中草药园、珍稀植物园等7个植物专类园区。

科研成果转化：经过近10年的探索实践，东莞植物园的科研力量不断增强，科研条件逐步完善，形成了自已的优势和特点，先后与中国科学院华南植物园、华南农业大学、中山大学等科研机构建立了良好的合作关系。2002—2007年，以生态公益林和水果的研究为重点，开展了市财政支持项目15项、广东省科技厅支持项目6项。其中，科研成果“台湾水果新品种引进及标准化栽培示范”获2007年度东莞市科技进步二等奖；“优质生态公益林的构建研究”获得2005年度东莞市科技进步一等奖和2006年度广东省科技进步三等奖；“新优芒果品种引种选育试验研究”获2002年度东莞市科技进步三等奖。

(4)林场大事记

1958年6月—1961年，成立东莞县商业局畜牧场。

1962—1972年，成立东莞县板岭林场，管辖面积约1.2万亩，单位有在职人员约50人，每年3万元林业拨款维持单位运转，广泛植树造林，种植松树、桉树等。

1972—1985年，单位有在职干部工人近70人（含部分知青），种植油桐400~500亩，种植橡胶近1000亩，单位经济状况比较差。

1986—1992年，场长郭森英，副场长罗观宁，单位在职人员约70人，种植白玉兰。

1986年10月，东莞市板岭林场改名为东莞市板岭园艺场。

1988年9月，板岭园艺场更名为东莞市板岭园艺场，被升格为副科级事业单位。

1992—1994年，广泛种植白玉兰，对外销售年均经济效益60多万。

1997年8月，东莞市板岭园艺场升格为正科级事业单位。

1998年12月，东莞市板岭园艺场更名为东莞植物园。

2001年11月，东莞市植物园原定60名事业编制减至30名。其中，15名市财政核拨，15名自给解决。

2006年，东莞市植物园更名为东莞植物园，移交东莞市城市管理局管理。

2007年6月28日，“东莞植物园规划建设研讨会”在御景湾酒店举行，邀请全国10多名植物园专家对东莞植物园未来的建设规划进行专项研讨。

2008年3月，东莞植物园事业编制增至27名。

2009年6月28日，“东莞植物园规划方案深化研讨会”在东莞国际会展酒店举行，华南植物园等专家对植物园设计方案度进行深化研讨，并对多个对于植物园设计不合理的地方提出了修改意见。

2007年，新规划园区建成对市民开放。

2010年11月，东莞植物园事业编制增至29名。

2015年，东莞市人民政府批复同意重新启动东莞植物园工程（专类园）建设，第一期建设12个植物园专类园，第二期建设后期配套设计。

1.5 中山市国有林场

（1）基本情况

中山市国有林场为中山市国有森林资源保护中心，其前身是中山市林场。林场场部位于五桂山腹地一个名叫“槟榔山”的村落，地理位置所属地域为五桂山镇南桥村。

林场建成初期，经费来源为财政差额拨款，拨款很少，主要还是靠自己创收。林场的主要经济来源为木材销售、经济林（果园）、茶园种植销售等。经济状况较差，职工都自己承包果园，还有一些职工办理了停薪留职。随着改革开放，环境生态被提升到越来越重要的位置，森林资源从树种较为单一的经济林，到群落丰富的生态公益林，森林资源物种、景观等都得到了较大的改善。林场也经历了改革转型，从以前的差额拨款到2002年开始的市财政全额拨款，林场逐步过渡到公益性的事业单位，由市财政负责核拨人员经费及各项工作任务开展所需经费。

（2）体制变革

1969年，中山市开办了一个林场——“国营中山县五桂山林场”。1988年，中山县升为中山市，林场也改名为国营中山市五桂山林场。1996年，更名为中山市林场。2002年，中山市机构改革中，中山市林场、中山市森林病虫害防治检疫站、中山市林业科学研究所3个单位合并，连同2003年设立的中山市长江库区水源林市级自然保护区林区管理处合署办公，林场定位为正科级建制财政核拨经费的国有事业单位。2007年，中山市森林病虫害防治检疫站从中山市林场分离出来。2011年12月，中山市林场正式更名为“中山市国有森林资源保护中心”。现在的林场实行“一套人马，三块牌子”的管理模式，属市属公益一类事业单位，经济来源为财政全额拨款，根据其主要职能，内设办公室、防火、科研、资源保护、森林公园管理5个部门。主要开展的工作有：森林培育、保护与利用，林木良种选育与新技术推广，护林防火，野生动植物保护与利用研究，自然保护区管理，森林公园建设与管理等。现有事业编制30名。

（3）森林资源

林场成立之初，主要是为了解决中山县人民的用材难题。因为中山比较缺乏木材，所以大力种植杉木、马尾松、木麻黄，在水边种植落羽杉，种植少量柠檬桉。经济林方面是种植油茶和广宁竹。到20世纪80年代后期，开始种植大叶相思。90年代，大面积种植马尾松林。90年代后期，开始种植乡土阔叶树种。2002年开始，中山市开始实施“一区三线”和景观林带改造工程，大规模种植乡土阔叶树种。

2015年，中山市林场的管辖面积达到26064亩，林场活立木蓄积量为9.2万立方米，五桂山的森林覆盖率达到75%以上。林场野生动物种类较丰富，有国家二级重点保护鸟类10种，占鸟类物种数的12.5%；兽类有2种，其中国家二级重点保护兽类1种；两栖类共13种，其中国家二级重点保护物种1种；爬行类共26种，其中国家一级重点保护物种1种。

（4）经济发展

20个世纪80~90年代，林场的木材生产已可以有一定的收益。主要产品包括松桩（尾径6~8厘米）、杉木，也有一些桉树。90年代的经济收益可以达到10万元/年。但是随着社会经济的发展，以及对生态的重视，从90年代末期，中山市就已经逐渐淘汰了造经济林、砍伐木材取得收益的做法。90年代后期，森林旅游的收入是林场收入的重要组成部分。开发的森林庄园得到了市民的喜爱，其亲水泳池、烧烤场地等成为当时为数不多的森林旅游场所之一。特别是在夏季，收入十分可观，大大改善了林场职工的收入。时至今日，当时的辉煌仍被人们乐道。

从2000年开始，林场基本上没有了木材收入。但在2002—2008年，由于林相改造需要砍伐原有林木的，还是有几万元的收益，但是这些收入都纳入收支两条线管理。

2002年以前，林场的收入主要还是靠自行创收，市财政只补贴很少一部分。2002年以来，林场转为财政全额拨款后，根据发展情况，市财政的投入也逐年加大。从几十万，到现在的几千万。2003年，刚合并成立的中山市林场开始了一个建设树木标本园的规划。2006年开始，树木标本园着手建设，得到了发改局的立项，建设经费有2155万元。2008年，树木园二期得以立项，资金2933万元。2014年，市政府同意划拨200多亩地作为树木园三期建设。2015年，树木园三期工程正式立项，立项金额为8282万元。

（5）基础设施

2003年，林场开始对一些旧房屋进行修葺。2006年，林场开始向市财政申请经费，用于对危旧工区办公用房的改造，陆续完成了大寮、茶山、和平等工区的旧房改造。2011 年，因树木园二期的建设，科普展示楼和科技培训楼也落成。2011 年 3 月 15 日，林场的主要办公地点从场部迁到了科技培训楼，工作便捷度大大提升。

林场建场以来，职工住房都是自行解决，林场未实行过分房政策。在林场工作的职工的住房，主要靠建设宿舍来解决。知识青年上山下乡时期，建设了一些“知青楼”。

2003 年，城桂路通往场部的道路拓宽了，而林场通往大寮的道路只能水路到达。2005 年开始，为了防火应急需要，林场开始着手计划开通从银坑至大寮的防火通道。

（6）自然灾害

林场建场至今，除了 2008 年发生较为严重的寒冷天气外，并没有特别的极端寒冷天气，没遭受过冰雪灾害，在林场范围内没有发生过大型的火灾。台风天气在广东省都较为普遍，中山虽然近海，但地理位置相对优越，没有收到特别严重的台风灾害。病虫害较为严重的是建场初期，在中山市较普遍发生的松毛虫害。

（7）山林权属

林场的林地主要是由当时的中山县县政府划拨而来。县政府与当地生产队商定，由县政府出资将林地划拨给林场。也有小部分是机构改革时移交给林场的。中山市国有森林资源保护中心林权证核发情况：已发放林权证面积 24496 亩，发证时间为 2004 年，发证机关为中山市林业局，取得国有林地林权证。林权证发放依据完善，有县级以上林业主管批准建场文件。部分林地未取得林权证。原因是当地村民只承认林木属于林场，不承认林地属林场。目前，林场的山林权属范围，还有 1000 多亩山地存在山林权的争议。所争议的林地至今没有发证。

（8）林场大事记

2002 年 1 月 14 日，确定了市林场、市森林病虫害防治检疫站、市林业科学研究所合并为新的“中山市林场”。2002 年 2 月 27 日开始动员，3 月 15 日正式合并。

2003 年 7 月，中山树木标本园项目由中山市科技局立项。8 月，根据中机编〔2003〕55 号《关于成立市长江库区水源林市级自然保护区林区管理处的批复》，2003 年 8 月，成立中山市长江库区水源林市级自然保护区林区管理处，与中山市林场合署办公。

2005 年 4 月 30 日，中山市人大常委会发中常〔2005〕10 号文，审议通过《五桂山市级生态保护区管理实施方案》。

2006 年 7 月 12 日，向中山市人民政府提出了中山树木园立项的申请，并获批准。市人民政府颁发中府办复〔2006〕194 号文，“中山树木园”项目正式立项，投资共

2155 万元，其资金来源纳入市政府的财政预算。

2008 年 10 月，中山树木园成为中山市科普科教基地。

2010 年 12 月 31 日，市编办发文，中山市林场改名为中山市国有森林资源保护中心。

1.6 珠海市国有林场

1.6.1 黄杨山林场

（1）基本情况

黄杨山林场建于1965年12月，是地方国营林场，属于经费自筹的事业单位。2008年12月底统计共有职工55人，其中在职职工36人（含合同工4人），退休职工19人。林场拥有山地面积3677.5亩，其中经济果树1465亩，生态林地2212.5亩。

（2）体制变革

1974年9月恢复斗门县林业局，1997年斗门县林业局机构改革成为事业单位。其中，黄杨山林场属于林业局的下属单位。黄杨山林场原设有黄杨山林场办公室，并设有专门的护林员，后经改革，黄杨山林场办公室被撤销，仅保留了护林员。

2008年，因建设珠海市城市职业技术学院而征用了黄杨山林场的土地面积451亩，其中果园面积278亩，生态林山地面积171亩，征用房屋99间共4327平方米而对黄杨山进行编制改革，取消了黄杨山原有的事业编制。同时，也妥善地安置了黄杨山的原有职工。

（3）森林资源

林场拥有山地面积3677.5亩，其中经济果树1465亩，生态林地2212.5亩。

（4）经济发展

地方政府认真贯彻中央关于“绿化祖国”的方针，大力发展林业，大力支持黄杨山林场的发展。政府投资从1968年的20300元到1990年的125000元，支持力度不断加大。到1990年黄杨山林场全场总收入已达251200元，其中木材收入15000，林产品收入191200元，加工收入5000元。林场主要林产品有荔枝、茶叶等。黄杨山林场在政府的大力支持下，大力发展旅游业，已成为斗门区的闻名已久的著名旅游景点。“黄杨八景”更是吸引不少游客。

（5）基础设施

黄杨山林场自建场以来一直着力基础建设的发展，1991 年已建设了 2441 平方米的房屋建筑，其中 1100 平方米是住宅面积。林区内道路通畅、完整。

（6）自然灾害

黄杨山林场自建场之初，由于没有采取很好的防护措施以及技术水平的局限，松林松毛虫危害严重。由于林场对于森林防火一直十分重视，注重培养职工的忧患意识，提高职工的防火、灭火技能。因此，黄杨山林场从未发生过重大森林火灾。

（7）山林权属

因黄杨山国有林场建场时间过于久远，林场土地最原始来源已无从查究。期间有关山林权属纠纷的问题，仅有一份 1978 年的井岸果木林场与龙西大队龙坛生产队就《关于龙坛分清耕地面积和山地界线划分问题》的协议书。而山林权属变化情况，由于历史档案的缺失，已无从考究。

（8）林场大事记

2008 年，黄杨山林场因建设珠海市职业技术学院而进行了体制改革，取消了原有的事业编制，按国家和省的部署，计划将该林场改制为森林公园。

1.6.2　香洲区国营林场

（1）基本情况

香洲区国营林场成立于 1960 年 12 月 1 日，位于珠海市北部，距离珠海市区 20 千米，地理位置东经 113° 34′36”，北纬 22° 16′57”。珠海市香洲区国营林场以平原为主，兼有一些丘陵，丘陵一般在海拔 80~430 米之间，坡度在 5°~25°之间。

林场原有用地面积 7992.3 亩，现有土地面积 2428.3 亩。

（2）体制变革

1960 年 12 月 1 日中山县防护林场成立，1979 年成立珠海市后改称为珠海市国营林场；1991 年 12 月 14 日珠海市国营林场更名珠海市香洲区国营林场，人员编制 54 人。场部设在金鼎会同站，设那洲工区、大围工区、会同工区、凤凰山工区、龙泉工区、留狮山工区共 6 个工区。林场为全民所有制事业单位，隶属珠海市香洲区城市管理局，地属珠海市高新区那洲居委会管理。

（3）森林资源

林场原有用地面积 7992.3 亩，1993—1994 年由珠海市政府统征了 5425 亩，剩下凤凰山 2328.3 亩和那洲二线外 100 多亩未征，在统征的 5425 亩中有 3000 多亩林场在执耕执种。

（4）经济发展

自林场成立以来，开始的 30 年是林场发展的辉煌时期，这一阶段以林木生产为主，基础设施为辅，一大批林场职工把人生最美好的青春奉献给了林业事业，为培育后备资源、促进经济发展作出了突出贡献。1979 年，凤凰山工区种植的 1000 多亩的油茶，经精心抚育长势茂盛，新种 600 亩桉树林，使桉树林面积达到 1300 亩。留狮山工区种植木麻黄、松树等 1000 多亩，形成珠海非常有特色的防风林带。那洲工区种植桉树、松树 400 亩，荔枝 100 多亩。会同工区 1000 多亩以竹为主，后期逐步改种荔枝。大围工区和龙泉工区以经济水果为主，种植荔枝、芒果、柑橙等，当时生产出来的“那洲甜橙”因蜜甜无渣而出名。林场的森林培育与经营注重“生态、社会、经济三大效益相统一”，林场对所种植的林木进行科学保护和抚育，不断提高林木的质量，为确保水源涵养、水土保持等功能地有效发挥作出应有的贡献。

（5）基础设施

林场办公条件简易，是 20 世纪 80 年代建的平房和 90 年代建的铁皮屋；职工住房有 12 户是福利分房，其余的是货币分房政策。林场离市区 20 多千米，已通公交车。林场各工区全部通电，林场没有通自来水，靠打深水井抽水作饮用水，由于林场地方偏远无法安装有线电视、固话，其中 4 个工区无通讯设备，移动讯号也得不到保障。

（6）山林权属

林场共有 7 份山林权证，是 1983 年 12 月 21 日珠海市人民政府颁发的。其中，凤凰山 2328.3 亩，下栅留狮山 1700 亩，唐家（前环）550 亩，香洲神前契爷岭 40 亩，那洲工区 536 亩，会同工区 1100 亩，大围工区 268 亩。土地为全民所有制。

（7）林场大事记

1979 年，成立珠海市，中同县防护林场改名为珠海市国营林场，

1983 年 5 月 10 日，新场部职工宿舍建成入住。

1987 年，团结一切力量，把 3000 亩水果基地建设好。

1992 年，通过招商引资，办盈得利制衣厂和伟源制衣厂，林场成立林兴木器厂。

1999 年，利用土地换市场，解决职工住房问题。

2000 年，货币分房，林场完成干部职工的住房房改工作。

2008 年，林场成立党风廉政建设责任制领导小组，并制定关于落实党风廉政建设责任制的实施办法。

1.6.3 竹银林场

（1）基本情况

1962 年，新会县在西安公社建立竹银林场，1965 年斗门县设立后，竹银林场隶属于斗门县林业局管理，属于经费自筹的事业单位。截至 2008 年 12 月底，竹银林场共有职工 33 人，其中，在职在编人员 17 人，退休人员 16 人。目前，竹银林场实际拥有土地面积 3104.29 亩。

（2）体制变革

2009 年，因建设竹银水库工程的原因，政府征用了竹银林场土地面积 983 亩，全部属于经济林，征用房屋建筑面积 870 平方米。撤销了竹银林场相关编制，并妥善地完成了竹银林场改制后职工的安置工作。

（3）森林资源

目前，竹银林场实际拥有土地面积 3104.29 亩，其中，经济林占地 533.69 亩，生态林占地 2564.6 亩，建设用地 6 亩。

（4）经济发展

地方政府认真贯彻中央关于“绿化祖国”的方针，大力发展林业，大力支持竹银林场的发展。到 1991 年，竹银林场的基本建设投资及累计完成额已达到 829000 元，其中，国家投资了 565000 元。而 1991 年，竹银林场全场总收入已达到 83006 元。其中，

木材收入 19824 元，林产品收入达到 61050 元，其他收入达到 2132 元。

（5）基础设施

截至 1991 年，竹银林场的房租建筑总面积已经达到了 2441 平方米，其中居住面积 1100 平方米。同时也修建了林道 35 千米，通讯线路 18 千米。

（6）自然灾害

竹银林场自建场以来发生过小山火，但是由于管理到位、应急措施得当，未曾发生过重大火灾。而在 1991 年，受马尾松虫的危害，林场马尾松林受到了灾难性的摧毁，马尾松林面积锐减。后来在当地政府部门以及相关的技术机构的协助下，采用生物或仿生物防治的方法，同时营造混交林，成功抵御了马尾松虫的危险。另外，还有松突圆蚧、湿地松粉蚧等病虫危害。

（7）山林权属

因竹银林场建场时间过于久远，林场土地最原始来源已无从查究。山林权属变化由于历史档案的缺失，也无从考究。

（8）林场大事记

2009 年，竹银林场因建设竹银水源系统工程，被撤销了竹银林场原有的事业编制，按国家和省的部署，将林场改制为森林公园。

1.7 江门市国有林场

江门市国有林场建于20世纪50~60年代，现有11个国有林场，其中，7个市直属林场，4个县属林场（表1–5）。

表1–5 江门市国有林场

权属	单位名称	建场时间（年）	隶属单位
市属	江门市古斗林场	1957	江门市
	江门市古兜山林场	1958	江门市
	江门市大沙林场	1968	江门市
	江门市狮山林场	1960	江门市
	江门市四堡林场	1961	江门市
	江门市河排林场	1955	江门市
	江门市西坑林场	1960	江门市
县属	开平市东山林场	1973	开平市
	开平市镇海林场	1960	开平市
	台山市甫草林场	1955	台山市
	台山市红岭种子园	1956	台山市

（1）市属国有林场

1983年江门建市，实行市管县。有省属国营林场9个：国营阳江林场、花滩林场、河排林场、古兜山林场、四堡林场、狮山林场、西坑林场、大沙林场。江门市人民政府根据省府〔1984〕132号文，于1984年10月24日发江府〔1984〕278号文《关于省办林场实行由市统一管理的通知》，决定将原省属9个国营林场由江门市直接统一管理，各林场逐步实行场长负责制，场长、党委（支部）书记的任免，征得市农委同意后，由当地县委任免。1988年阳江建市，阳江林场、花滩林场划归阳江市管理，当时7个市属国营林场经营面积51200公顷，林业用地43200公顷，林木总蓄积量71.30万立方米，在职工2051人。经1989年—1990年的国营林场定权发证。1991年7个市属国营林场经营面积 50100 公顷，林业用地 44000 公顷，其中有林地 21800 公顷，林木总蓄积量 81.64 万立方米，在职职工 1662 人。1995 年 7 个国营林场经营面积 50100 公顷，林业用地 47800 公顷，其中有林地 22500 公顷，林木总蓄积量 55.28 万立方米，在职职工人 1333 人。至 2000 年底，7 个市属国营林场经营面积 50100 公顷，林业用地 50000 公顷，其中有林地面积 30300 公顷，林木总蓄积量 48.46 万立方米，在职职工 660 人。1983—2000 年，国家（含省）累计对 7 个市属国营林场投资 1120.5 万元，累计总收入达 26377.7 万元，生产木材 40.50 万立方米。

市属 7 个国有林场是广东省人民政府下放管理的省办国营林场。根据（江府〔1984〕278 号）文件精神，林场定为正科级事业单位，实行企业化管理，自主经营、自负盈亏；林场党组织和干部职工等人事关系委托当地党委、政府管理。2005 年 12 月，根据国家有关文件规定，市属国有林场性质不变，市人民政府将全部市属国有林场的人事管理权等收归江门市林业局管理，实现了“人、事、物”管理三统一。根据江门市编委《关于印发〈江门市直事业单位分类改革实施方案〉的通知》（江机编〔2010〕16 号）精神，编制完成江门市国有林场岗位设置实施方案及岗位说明书，并上报市编委审批。在上报的方案中，江门市古兜山林场、江门市河排林场、江门市大沙林场 3 个林场定性为公益一类，核定编制 101 个；江门市古斗林场、江门市狮山林场、江门市四堡林场、江门市西坑林场 4 个林场定性为公益二类，核定编制 88 个。

（2）县属地方国营林场

1983 年江门建市，当年地方国营林场 10 个：阳江暗涌林场、阳春河尾山、东湖林场，开平县镇海、东山林场，鹤山县松林场，台山县永红、甫草、大隆洞林场、红岭种子园。1988 年阳江建市，阳江暗涌林场、阳春河尾山林场、东湖林场划归阳江市管。当时江门市 7 个地方国营林场经营面积 2.20 万公顷，有林地面积 0.17 万公顷，场员 544 人。1990 年，林场场员发展最高峰时 693 人，经营面积 2.20 万公顷，有林地 1.11 万公顷。1991 年台山红岭种子园列为良种基地建设，地方国营林场减为 6 个。其后，由于经济体制改革和市场经济的发展，1994 年鹤山松林场经营面积只保留 0.04 万公顷。1997 年，台山永红林场与大隆洞林场合并。2000 年底地方国营林场保留 5 个，经营面积 1.15 万公顷，有林地面积 0.72 万公顷，在职场员为 214 人。

根据开平市编委《关于开平市国营镇海林场机构编制方案的批复》（开机编〔2012〕12 号）精神，拟定国营东山林场为开平市林业局管理的公益二类事业单位，正科级，核定事业编 58 名。拟定国营镇海林为开平市林业局管理的公益二类事业单位，副科级，核定事业编 50 名。

根据台山市编委《关于台山市林业局所属部分事业单位分类改革方案的批复》（台

机编〔2012〕50号）精神，台山市甫草林场隶属于台山市林业局，为正股级，公益二类事业单位，属事业单位编制，核定事业编制9名。台山市红岭种子园加挂“台山市林业科学研究所”牌子，为正股级，属公益二类事业单位，经费按财政补助二类拨付，核定事业编29名。

1.7.1 古斗林场

（1）基本情况

古斗林场创办于1957年3月，位于江门市新会区境西南部的古兜山脉腹地，北、东接崖门镇的崖西，南与崖门镇的崖南及古兜水电站相连，西与台山市的古兜山林场接壤。地理坐标为东经113° 00′ 30″～113° 01′ 30″，北纬22° 14′ 45″～22° 15′ 15″，属于南亚热带海洋性气候。

林场经营总面积4324.1公顷，全场森林蓄积量114385立方米，森林覆盖率90.25%。林场水资源丰富，年降水量1800~2200毫米，集雨面积45000亩，场内有水库6个，电站10座。林场辖区内常住人口300人，林场核定编制22人，全场共有职工81人，其中，在职职工15人，退休人员66人。

（2）体制变革

古斗林场1957建场，1949年前属第七区，1955年改名崖西区。1957年5月从崖西区划出建地方国营古兜林场，为区级单位，场址设在红罗地。1958年11月与崖南乡合并为崖南机械农场，设立机械农场委员会。1960年从农场分出，恢复古兜林场，先后称“国营新会县古斗林场”“国营古斗林场”。1964年4月，设立新会县古兜山劳动大学，同时建立中共新会县古兜山劳动大学党委。1966年，新会古兜山劳动大学党政领导机构受冲击，失去正常职能。1968年，古兜山劳动大学停办。

1970年古兜水电工程上马，为利于水电工程开展，1972年2月将水电工程指挥部与古斗林场合并，称“新会古斗水电林场”。1974年从水电林场分开，称“国营广东省古斗林场”，属省林业厅领导、佛山地区林业局管理。1984年10月改为业务直接由江门市林业局管理，改称“国营古斗林场”，级别正科级，党团组织关系及工、青、妇、民兵等工作由新会县委、县人民政府领导和部署。

1999年4月，林场林区与台山市古兜山林场林区建立古兜山市级自然保护区（根据江门市府文件：江府办函〔1999〕65号）。2001年10月，林场林区与台山市古兜山林场林区建立古兜山省级自然保护区（根据广东省人民政府办公厅文件：粤办函

〔2001〕636号），称“广东省江门古兜山自然保护区”。2001年10月起，新会市委将古斗林场划属新会市林业局管理，实际上党组织关系由区机关工委领导。2006年1月1日起，林场领导班子人事任免权归市林业局，市林业局对直属国有林场实行“管人、管事、管物”三统一。2008年8月20日起，改称为“江门市古斗林场”（江机编办〔2008〕176号）。

（3）森林资源

1957年，古斗林场成立初期，经营总面积4000公顷，其中林地面积1344.4公顷，宜林地面积2635.6公顷。经过2004年森林经营分类调整后，现经营总面积4324.1公顷。其中，生态公益林2964.9公顷，商品用材林1144.7公顷（速生丰产林991.8公顷，一般用材林120.3公顷，经济林32.6公顷），非林业用地214.5公顷。2015年林木蓄积量为114385立方米，森林覆盖率90.25%。

古斗林场的野生动植物资源主要集中在保护区内，拥有野生维管束植物1161种，分隶于180科607属，其中有野生珍稀濒危植物有14种；脊椎动物有196种，分隶30目74科，珍稀濒危动物计有23种。

（4）经济发展

木材生产是由国家采伐限额指标控制，古斗林场立地条件差，森林资源少，木材产量不大。1991年前，以造林绿化、消灭荒山为主，木材产量少。据历史资料记载：1978年，林场有办过小型的小径材加工厂，但都是以半成品为主，且规模少，没有形成产业化经营。1981年也曾办过松脂加工厂，但后来由于1991—1995年间受松突圆蚧为害，松树大面积清理，松香厂停产。

茶叶生产、鱼养殖、绿化苗木、果苗的繁育等多种经营是古斗林场的传统项目，占林场经济收入的一半，也是古斗林场保护森林资源和实现“以短养长，长短结合”的林业策略。1985年实施第一轮生产承包责任制，将全场的原有的水果、茶叶、鱼塘、茶厂、木厂、商贸等项目按一定的经营管理方案与职工签订承包合同，把生产经营管理权交给职工。1989年在会城购置二层面积600多平方米的商业铺位，办成物资公司和酒楼，1994年在崖西镇黄冲购买400平方米地皮，建成700多平方米商住楼。后来由于难管理、难经营等问题，将酒楼、商住楼发外经营，收取租金。1997年，与作物局、科技局合作搞无核橙试验园、优质荔树采穗园、无病毒柑橘母树园，培育6万多查柠檬砧木嫁接优质柑。同时引进个体户承包林场山地种植荔枝等优质水果共250亩。2002年开辟绿化苗木基地350亩，至今已发展至500多亩，60多个品种，形成了一定的规模，为“城市绿化建设”储备了大量优质的苗木。目前绿化苗木已进入了收获期，成为林场经济来源的重要组成部分。

（5）基础设施

1985 年，为加强护林防火工作，对崖西镇至白水带 16.5 千米、崖西镇至螺塘护林站 28 千米，安装程控电话。2006 年，建成古斗森林派出所新办公大楼，共投入资金 40 多万元。2013 年，将原来的办公室进行了内部装修及添置了新的办公设备，同时新建职工宿舍一套，800 多平方米。林场通往外界的道路原为沙石路，现场部至 S271 国道为 5.6 千米的三级水泥公路。

（6）自然灾害

林场无严重的冰雪、暴雨泥石流灾害，但发生过台风灾害。1984 年，受强台风袭击造成损失 5 万元，果树、竹、劳动大学旧址 900 平方倒塌。2012 年，受台风“韦森特”影响，种植的幼苗全部被吹断或吹走，3 年以上的桉树林木六成被折断，直接经济损失 520 万元。林场发生过的病虫害主要是 1987 年的松突圆蚧和 1992 年的柑橘橙病虫害。

（7）山林权属

古斗林场于 1957 年 4 月经佛山市人民政府批准成立，经营的 64861.5 亩林地，没有集体林地，全部为国有，林场东边、北边和南边与新会区的崖门镇相连，西边与江门市古兜山林场接壤，共有 1 个镇和 1 个林场，没有存在林地置换情况。经营总面积中 62977.5 亩，林地权属清晰，新会区人民政府于 2004 年已发放新的林权证，发证率占林地总面积的 100%。

（8）林场大事记

1964 年 4 月，新会县委发出加速古斗山建设的号召。新会县委决定在林场开办劳动大学，学员 240 人。半农半读。分为红罗地工区、青石坑工区、孖髻塘工区、螺塘工区。

1987 年，发生松突圆蚧病，全场 1 万多亩马尾松严重遭受松突圆蚧的危害。

1989 年，在会城购置二层面积 600 多平方米的商业铺位，办成物资公司和酒楼。1994 年在崖西镇黄冲购买 400 平方米地皮，建成 700 多平方米商住楼。

1997 年，与作物局、科技局合作搞无核橙试验园、优质荔树采穗园、无病毒柑橘母树园，培育 6 万多查柠檬砧木嫁接优质柑。同时引进个体户承包林场山地种植荔枝等优质水果共 250 亩。

1997 年，改善交通环境，实现林场与大公路联网，全面水泥路的百年之举。

2002 年，开辟绿化苗木基地 350 亩，至今已发展至 500 多亩，60 多个品种。

2006 年，与广东省林业科学研究合作，实施“旨在提高生态和经济效益的热带次生林经营的研究与示范”的国际示范项目，为热带次生林经营提供样板。

2012 年，受台风“韦森特”影响，直接经济损失 520 万元。

2013 年，新的职工宿舍楼落成。建筑面积 978.7 平方米，16 户的职工宿舍楼。

1.7.2 古兜山林场

（1）基本情况

国营古兜山林场位于广东省台山市的东南部，古兜山（又名北峰山）山脉西南面的山腰上部。地理坐标为东经 112° 52′30″~112° 59′29″，北纬 22° 5′00″~22° 21′15″。东北面与新会市分界；南面与金星农场、都斛镇、斗山镇的山林接壤；西面与冲蒌镇、四九镇的山林接壤；北端与水步镇的山林接壤。东西宽为 13 千米，南北长为 29.3 千米。

古兜山属高丘陵区，一般林区海拔在 350~550 米之间，地势起伏大，坡度一般在 20° ~40°。建场初期，林场森林经营总面积达到 18283.6 公顷。经历多次山林纠纷，林场面积不断减少，到 1996 年森林资源清查时，林场经营面积减到 10440.9 公顷。2015 年，林场森林总蓄积量 23 万立方米，森林覆盖率 88%。

（2）体制变革

国营古兜山林场建场于 1958 年 4 月。1957—1958 年，佛山地区、江门市下放干部到古兜山劳动锻炼。古兜山面积大，水源好，资源丰富，为了利用和开发资源，佛山地区领导确定在此办林场。1958 年 3 月，开始在塘肚增搞基建，4 月由佛山地区批准，正式命名为“国营台山古兜山林场”，5 月底，佛山地区将古兜山林场下放给台山县管理，林场经费由佛山地区投资，行政属台山县管理。1982 年，改名为国营古兜山林场，隶属江门市林业局，业务归属江门市林业局管理，党政归属台山市管理；2008 年 8 月，经江门市编办批准，改名为江门市古兜山林场，为江门市林业局属下正科级事业单位，人、财、物归属江门市林业局管理。

（3）森林资源

建场初期，林场经营总面积达 27 万亩。1995 年，林场经营面积减少到 15.7 万亩。2015 年，林场森林总蓄积量 23 万立方米，森林覆盖率 88%。生态公益林面积 15 万亩，用材林面积 0.56 万亩，蓄积量 1.5 万立方米。

林场保存了大面积的南亚热带季风常绿阔叶林，森林覆盖率为 90%。动植物资源极为丰富，拥有维管束植物 1161 种，其中有国家重点保护的珍稀植物 16 种；有野生动物 196 种，其中有国家重点保护的珍稀物种 23 种。

（4）经济发展

建场初期，主要以林为主，发展用材基地，但林场所经营的 10440.7 公顷林地是台山市的高山远山，土地贫瘠，保水保肥能力差，林木生长周期长，见效慢，工人付出多收入少，发展不遂人意。1982 年，林场根据山高、水资源充沛、落差大等特点，制定了“以林涵水，以水发电，综合利用、多种经营”的生产方针，先后建造风山坑梯级发电站和场部电站，总装机容量为 2000 多千瓦，年发电量达 700 万千瓦时。20 世纪 80 年代，中国以进入改革开放的经济发展时期，物价的增长、干部职工工资的提升，没有调整前的年售电收入仅为 100 万元，杯水车薪，勉强解决林场干部职工的温饱，稳定了林业队伍。1991 年，国营古兜山林场被省林业厅评为全省 10 个贫困场之一。

1992 年，根据林场的实际，重新制定“以林业为基础，以工业为重点，开发森林生态旅游”的建场方针。1993 年 7 月，向省林业局申报成立北峰山省级森林公园。森林公园成立后，充分利用资源优势，以市场为向导，不等不靠，自力更生，自我滚动，积极争取项目，加大招商力度，广泛引入外资民资，加大、加快森林公园开发建设的步伐，将企业做大、做强，努力提高森林公园的知名度。2005 年，林场为偿还农行本息，把场属 3 个水电站承包给私人经营 50 年。森林公园经营性项目全部对外承包经营。林场经济收入来源主要靠生态公益林补偿费和森林公园资源承包费。

（5）基础设施

2004 年，利用保护区专项建设资金 200 万元，建成一幢综合办公大楼，建筑面积 1984 平方米；2011 年，启动林场危旧房改造项目，项目在场部工区、生活区异地新建一栋四层共 19 户的职工宿舍楼，项目占地面积 246.2 平方米，建筑面积 897.3 平方米；2013 年，林场正式实施饮水安全工程，项目建成后，日供水量达 365 吨，惠及公园范围内 2375 人。

林场已进行硬底化公路有白鹤线 5~6 米宽 10 千米长，各工区非硬底化公路有 85 千米，林道 150 千米，形成了管护林场全部范围的巡护路网。古兜山林场所用的电网系统建于 20 世纪 70 年代末，该条线路所供电压很不稳定。

（6）山林权属

建场初期，林场经营总面积达 27 万亩。20 世纪 80 年代初，林场与附近农村重新划分山界，古兜山林场实际经营面积减少到 16.7 万亩。后来又经过多次的山林权属纠纷，到 1995 年统计时，林场经营面积减少到 15.7 万亩。高山、远山属古兜山林场管辖，低山、近山属乡（镇）集体所有。

1.7.3 大沙林场

（1）基本情况

大沙林场位于广东省中南部，江门开平市西北部的大沙镇境内，与恩平市和新兴县交界，地处南亚热带与热带过度地带，属南亚热带海洋性季风气候区。林场地理坐标为东经 112° 16′ 11″ ~112° 25′ 43″，北纬 22° 23′ 23″ ~22° 34′ 24″，属中山丘陵地带，海拔在 40~1250 米之间，坡度 15° ~45°，平均坡度 25°。土壤多为赤红壤、山地红壤、山地黄壤和山地草甸等 4 个种类。

2015 年，林场经营总面积 82000 亩，活立木总蓄积量为 85437 立方米，森林覆盖率 72.79%。2016 年 5 月 1 日统计，大沙林场编制人数为 33 人，现有在编人员 21 人，退休人员 108 人，抚恤供养 2 人。2015 年，林场经济总收入 636.83 万元，其中木材收入 547.66 万元，物业收入 76.81 万元，其他收入 12.36 万元。目前，大沙林场总资产 3813.09 万元，其中固定资产 1401.20 万元。

（2）体制变革

大沙林场成立于 1964 年，是根据佛山地区林业局，开平县委、县人民政府及县林业局的指示精神，把国营狮山林场、镇海林场合并为一个场，并于同年 8 月，在大沙开设一个工区，发展杉树用材林基地。1967 年底，又划分为狮山、镇海、大沙 3 个场。1968 年 1 月起，大沙林场成为一个独立的核算单位，隶属佛山地区林业局管辖，沿革印章为国营狮山林场大沙分场。1972 年，改为国营大沙林场革命领导小组。1973 年改为国营广东省大沙林场。1974 年，划归佛山地区林业局管辖。

1983 年，划归江门市林业局管辖。1984 年，原国营广东省大沙林场印章改为国营大沙林场。2003 年 12 月，开平市编制委员会批复大沙林场事业单位机构改革“八定”方案，内部机构设置分为办公室、生产股、资源管理股、企业管理股。2008 年 10 月，大沙林场人事权收归江门市林业局，实行“管人、管事、管物”三统一，根据江机编办〔2008〕176号文件，“国营大沙林场”改称为“江门市大沙林场”。2011年5月，根据（江林2011）59号文精神，内设机构设为办公室、计划财务股、生产经营股、资源管护股4个股室。

大沙林场属于地市属事业编制单位。在国有林场改革的背景下，大沙林场落实上级下达任务，通过经济补偿措施大规模回收承包林地，推进了生态公益林业的建设进程。

（3）森林资源

2015年，大沙林场总面积共计5486.6公顷。林业用地面积为5467.6公顷，其中，有林地面积3990.9公顷，灌木地面积1247.5公顷，森林覆盖率72.79%，林木绿化率达到95.47%。林内活立木总蓄积量为85437立方米，其中，生态公益林总蓄积量18964立方米，商品林总蓄积量为66473立方米。

林区内动植物资源丰富，重点保护的珍稀植物有桫椤、苏铁蕨等13种，重点保护的野生动物有虎纹蛙、蟒蛇、山瑞等。

（4）经济发展

大沙林场在成立初期，经济较为困难，经佛山地区林业局和中共开平县委、县人民政府领导的高度重视，投入大量资金发展林业生产，至1980年大沙林场主伐开始，林场经济实力才逐渐提高。1980年，大沙林场出材2731.5立方米，是大沙林场建场15年开始自给的第一年。在1990—1995年间，为增强林场经济收入，完善林场基础设施建设，经上级部门同意增加了部分采伐指标。1980—2000年，林场共出产木材89508.3立方米。1978—2015年，林场木材收入共计7738.61万元。

“十二五”期间，大沙林场开展双层经营，增强林场综合实力，增加职工收入，发展职工自营经济，实现“两条腿”奔康的经营思路，发动职工以承包、合作、租赁、股份等多种形式发展经济，培育了大量的桉树速生丰产林。2011年，大沙林场职工自营经济总收入就达到了360.5万元。林场双层经营的发展，有力地推进了林区经济的全面发展，促进了林区的建设。同时，林场对外出租的厂房和门市建筑面积共计13200平方米，租金收入约70万元/年。

2015年，林场经济总收入636.83万元，其中木材收入547.66万元，物业收入76.81万元，其他收入12.36万元。目前，大沙林场总资产3813.09万元，其中固定资产1401.20万元。

（5）基础设施

大沙林场有办公楼845平方米，职工宿舍1450平方米。2001年7月20日，林场投资 2.6 万元购买了电脑、打印机、扫苗仪、复印机等办公设备，改变了林场传统的办公模式，提高了工作效率。2011 年，大沙林场对 8 户危旧房进行改造；支持森林派出所办公楼建设；2013 年，翻新加固场部护林站宿舍；2014 年，拆除场部两幢年久失修的旧木厂厂房和宿舍。

全场现有林区公路主干路 76 千米，林区公路网络基本形成，配置基本合理。

（6）自然灾害

林场历来没有受到冰雪灾害，只在 2008 年受到一定程度的灾害。林场发生过三次暴雨泥石流灾害，1998 年的最严重，遭受了百年一遇的特大暴雨，累计经济损失 1070 万元。发生过四次台风灾害，2012 的台风造成的损失最大，经济损失达 700 万元。

（7）山林权属

截至 2015 年，林场林业用地合计 5467.6 公顷。其中，国有林地林木 2818.2 公顷，占林场林业用地面积的 52%；承包给个人或企业的林地 2469.4 公顷，占林场林业用地面积的 48%。

（8）林场大事记

1968 年 1 月，大沙林场正式成立，股级建制，隶属佛山地区林业局管辖，使用国营狮山林场大沙分场印章。林场总面积 19230 亩，人员编制 56 人。

1981 年 1 月 12 日，根据广东省佛山地区行政公署劳动局佛山劳字（81）第 005 号文《关于槐坑生产队并归国营大沙林场劳动指标问题的通知》，槐坑生产队 18 名社员转为大沙林场职工。

2007 年 11 月 13 日，根据江门市人民政府《关于理顺市直属国有林场人事管理权的通知》（江府函〔2005〕99 号）和江门市人民政府办公室《转发市林业局贯彻落实市政府关于理顺市直属国有林场人事管理权实施意见的通知》（江府办〔2007〕82 号），江门市林业局收权，对江门地区 7 大国营林场实行“管人、管事、管物”三统一。科级干部档案移交江门市林业局，科级以下干部及职工的档案收回本场。

2015 年 10 月 20 日，根据江门市林业和园林局、江门市财政局《关于印发〈市属国有林场饮用水源水库第一重山商品林调整为生态公益林实施方案〉的通知》（江林业园林〔2015〕218 号）精神，召开饮用水源水库第一重山商品林调整为生态公益林工作会议，并与林地承包者协商，共同签订了《出租林地赎回协议》39 份。

1.7.4 狮山林场

（1）基本情况

国有狮山林场成立于1960年6月。地处开平市西南部的赤水镇（原东山镇，2003年10月东山与赤水合并为赤水镇），与开平市赤水镇、金鸡镇、东山林场及台山市深井镇接壤。狮山林场地理坐标为东经112°29′57″~112°34′16″，北纬22°00′16″~22°07′17″，属亚热带的过渡地带，南亚热带季风气候区，地处低山丘陵地带，土壤种类以赤红壤为主。

狮山林场面积29.6平方千米，现有经营管理林地面积约4.7万亩（其中生态公益林1.5万亩），森林覆盖率91.6%，林木绿化率95.2%。另有水电站、厂场铺位出租等多种经营项目。至2015年12月止，林场资产总额为1810.97万元，林场的负债总额为591.46万元，现时年度主要经营收入约200万元，年度经费支出约360万元。

林场现有在职职工19人、临工6人、退休职工51人，林场总人口约80多人。

（2）体制变革

20世纪50年代末，为了在开平县狮山水库及其周围的荒山，建立集中成片的用材林基地及水土保持林，于1960年6月建立国营狮山林场，1964年8月在大沙成立分场，1968年1月大沙分场分离狮山林场正式成立国营大沙林场。1973年4月，东山农场解散，同时成立开平县国营东山林场，狮山林场划去西坑、牛皮山、白云石工区共6.6万亩归新设立的东山林场管辖。1984年7月，根据广东省人民政府“批转省林业厅《关于省办国营林场管理体制改革的意见》的通知”（粤府〔1984〕132号），“国营广东省狮山林场”下放由地、市直接管理，林场名称改为“国营狮山林场”，实行事业单位企业管理。2003年7月，在开平市事业单位登记管理局办理事业单位法人证书。2003年12月，经开平市编制委员会核准，狮山林场定为财政核补、正科级事业单位，由江门市林业局代管，人员编制38人。2005年8月，经开平市编制委员会核准，狮山林场事业单位登记经费形式由“财政核补”改为“经费自筹”。

2007年11月之前，林场的组织人事、工会由开平市政府管理，资产、业务由江门市林业局管理。2007年12月，江门市林业局对直属七大国有林场收管人事权，实行“管人、管事、管物”三统管，科级干部档案收归江门市林业局管理，其他科级以下干部档案收归各林场管理。2008年8月，根据江门市机构编制委员会办公室“关于江门市直属国有林场机构编制问题的复函”（江机编办〔2008〕176号），“国营狮山林场”更名为“江门市狮山林场”，为江门市林业局属下正科级事业单位，实行企业化管理，主要任务维持不变，人员编制 25 人。

（3）森林资源

1960 年 6 月 ~1973 年 4 月，林场总面积有 11 万多亩。狮山林场现有林地 4.7 万亩，其中，生态公益林 1.5 万亩、出租商品林地 1.5 万亩、自主经营商品林地 1.7 万亩；过熟林 2982 亩、成熟林 2848.5 亩、近熟林 10273.5 亩、中龄林 18702 亩、幼龄林 7561.5 亩；主要种植有松树 14758.5 亩、桉树 15046.5 亩、其他阔叶树 9891 亩；林木总蓄积量 76169 立方米。

（4）经济发展

一直以来，林场都是以林木生产经营及生态建设为主。初期林场的建设以国家投入为主，到 20 世纪 70 年代后期起，林场逐步从造林绿化转向经营管理；80 年代改革开放后，国家投入减少，林场实行事业单位企业化管理，林场除了继续加强林木造抚及采伐经营外，还大力发展工商业，林场由单一林业经济实体向综合性的林工商经济实体发展，到 1992 年共建有石场 1 个、木材加工厂 1 间、松香厂 1 间及经营林产品门市 3 间，另有建筑住宅 1780.2 平方米，仓库、办公楼、厂房及其他房屋 5662 平方米，后因效益差而改为出租或关闭。

为发展经济，20 世纪 80 年代后期至 90 年代，林场发展种植龙眼、荔枝、青梅、板栗等经济作物约 200 亩，因经济效益越来越差，2004—2010 年前后逐步清除经济果树，改种速生桉和绿化树。2004 年分别在场部、莲塘建设两个面积约 60 亩的养鸡场，原由职工承包上缴，2009 年关闭并撤消场部鸡场改种桉树，莲塘鸡场则出租给外人承包。2001 年 1 月林场利用林区水资源开始动工兴建水电站，2002 年 5 月建成垌口水库、电站，总投资约 300 万元，装机容量约 360 千瓦，年发电量约 45 万度。2011 年 10 月，分别在场部、东山建立绿化苗木场和苗圃场，由于效益差，东山苗圃场于 2015 年 11 月撤消。

林场的主要经营收入有林木采伐、林地出租收入、小水电收入、物业出租收入，经济效益较差，基础薄弱，但生态环境较好。

（5）基础设施

林场场内大部分平房是 20 世纪 80 年代前起的瓦面平房，80 年代起了一些砖混结构的楼房，1990 年和 1994 年在开平市区购置土地建了 2 座商住楼，解决部分干部职工的福利住房问题。1992 年 12 月建成场部 930 平方米的新办公楼。

林场现有四级林区主公路约 30 千米（其中水泥路面约 5 千米），简易林区便道约 60 千米，均是单车道道路。

(6)自然灾害

20 世纪 70 年代后期及 80 年代初期，林场出现大面积虫害，主要是松毛虫，90 年代又出现松突园蚧，后经飞机及人工杀虫除害。因狮山林场位于近海地沿，每年都会有台风登陆或经过，有时风雨较大，对林场的林木及林区公路造成较大破坏，特别是对近 10 年来营造的速生桉破坏严重，造成较大损失。每逢台风或连续大雨，林区会出现公路塌方、泥石流、山洪等灾害。

2008 及 2015 年出现 3℃ ~5℃的低温霜冻，种植的马占林木全部落叶，部分冻死干枯。

(7)山林权属

林场自成立后，除了政府划定明确的林地界线外，20 世纪 70~80 年代林场与周边农村签定争议边界协议，明确分界线。林场现有林地 47000 亩，所有权属狮山林场。1982 年开平县人民政府登记发放林权证 43702 亩。2005 年林场全面登记换发林权证，重新登记发放林权证 45657.5 亩，2014 年补办场部林权证 103 亩。

(8)林场大事记

1960 年 6 月，国营狮山林场成立，场部建在开平市赤水镇高山管区。

1984 年，林场下放由江门市林业局管理，属镇级建制、正科级事业单位。

2003 年 12 月，开平市编制委员会批复林场事业单位机构改革“八定”方案。

2006 年 1 月 1 日起，林场领导班子人事任免权归市林业局，市林业局对直属国有林场实行“管人、管事、管物”三统一（根据江府函〔2005〕99 号）。

2008 年 10 月，根据江机编办〔2008〕176 号文件，“国营狮山林场”更名为“江门市狮山林场”。

2015 年 10 月 20 日，狮山水库饮用水源第一重山商品林调改为市级生态公益林。2015 年调改 1939.5 亩、2016 年调改 2028 亩、2017 年调改 2961 亩。

1.7.5 四堡林场

(1)基本情况

四堡林场始建于 1957 年，地处鹤山市中部，坐落于皂幕山、昆仑山山脉中，毗邻鹤山市的龙口镇、鹤城镇、宅梧镇、高明区的杨和镇，地理坐标为东经 112° 43′ 45″ ~ 112° 50′ 00″，北纬 22° 40′ 30″ ~22° 43′ 30″。林场地处南亚热带北缘，地形为丘陵地带，土壤为赤红壤。

林场总经营面积为47580亩，其中，商品林35479.5亩，生态公益林12100.5亩。共设有5个工区：石寮工区、黄屋工区、葛菜坑工区、畜牧场工区和黄茅壁工区。目前，林场共有在职干部职工14人，临时工6人，退休职工90人。21世纪初，由于各种原因，林场经济发展缓慢，贷款造林所欠债务增多，林场经济比较困难。

（2）体制变革

四堡林场始建于1957年，初建场时称鹤山县白水带林场。1961年7月，四堡林场由佛山专区备案改称"国营四堡林场"。1970年6月，下放到县，由县林业局接管。1973年6月，又归属佛山地区林业局管辖。1984年10月24日，江门市人民政府27号文规定，"国营四堡林场"是科级场，行政上与乡（镇）同级，归江门市林业局管辖。2005年12月，林场的人事物收归江门市林业局管理。2008年8月，按江门市编办176号文规定，更名为"江门市四堡林场"，为江门市林业局属下正科级事业单位，实行企业化管理，经费自筹。

建场之初，林场以"消灭荒山，绿化国土"为重任，消灭宜林荒山，开展造林绿化工作。2010年以来，实行"营林为本、生态优先、合理利用、持续发展"的办场方针。以"养林而养人"为方向，深入实施以生态建设为主的林业发展战略，以保护培育森林资源、维护国家生态安全为重点。

（3）森林资源

2004年，林场进行森林二类调查，通过核查，确定林场经营面积为47580亩。

1960年，林场有林地面积为3069亩，其他全为荒山。至2015年底，林场林业用地面积47580亩，活立木蓄积量148668立方米。其中，杉627亩，蓄积量5646立方米；国外松5598亩，蓄积量21874立方米；阔叶树15226.5亩，蓄积量43724立方米；混交林286.5亩，蓄积量2982立方米；桉树15699亩，蓄积量72591立方米。森林覆盖率为79.97%。

粗略统计，林场保存有野生高等植物57科142属约235种，其中国家重点保护植物有华南锥、厚叶木莲、樟树、格木等，珍稀濒危保护植物有白桂木、巴戟天等。脊椎动物有30目74科约196种，昆虫约100多种，其中国家重点保护野生动物有蟒、穿山甲、三线闭壳龟、小灵猫、虎纹蛙等约22种。

（4）经济发展

近年来，林场得到各级政府的支持，对林场公路硬化、生态公益林改造、饮水安全、绿化基地建设、危房改造等投入资金：2007年约48万元，2008年约112万元，

2009 年约 137 万元，2010 年 88.9 万元，2011 年约 115 万元，2012 年 119 万元，2013 年 179 万元，2014 年 66 万元，2015 年 219.6 万元。

根据《国营四堡林场志》统计，1957—1986 年林场木材产量为 23383 立方米，木材产值约为 381.5 万元。2000—2015 年木材收入约为 1857 万元。林场 20 世纪 80 年代起为巩固发展，调整产业结构，广开生产门路、解决职工就业，着手调整产业结构、积极开展多种经营，大办工厂副业，兴办了茶厂、果场、服装厂、木材加工厂、松香厂和林工商公司，曾一度经济达到鼎盛期，但到 2003 年，这些副业由于市场经济冲击已全部解散。

2005 年，由于漂流项目的兴起，林场利用山林特有的水库、溪流等资源招商引资开发漂流项目。2006 年，在二工区招商引资开发休闲养殖农庄项目。林场森林旅游项目为招商引资项目，只收取资源费，漂流项目每年收取资源费为 20 万元，休闲养殖农庄每年收取资源费为 2.5 万元。2009 年，林场建设了绿化苗木基地，总面积达 300 多亩，至 2015 年，绿化苗木基地收入 280 万元。2016 年，林场为响应江门市林业和园林局创建森林城市的号召，在石寮及黄屋工区开发森林公园项目。

（5）基础设施

初办场时，林场办公条件十分简陋，在白水带旧圩租借民房作临时办公之用。20 世纪 80 年代在大坪兴建办公大楼和林场派出所办公楼，目前林场办公大楼还在使用。初建场时，职工宿舍除下放干部租住的木板泥楼，育苗人员住的泥屋，其他工作人员都是住临时搭建的茅棚。后来发展成瓦房和平房，多年来，共修建宿舍 80 多座，大部分为平房。1970—2000 年，国家政策实行职工福利分房，当时林场在沙坪兴建或购买了一些住宅楼房，分给职工作为居住用房。

1985 年底，林场已能行车的公路有 28.7 千米，其中正规公路 16.2 千米。到了 20 世纪 90 年代末，林场的公路已基本修整完成，从场部到黄屋工区再到黄茅壁工区已实现了全面通车，林区公路总长 31.5 千米，林道 151 千米。

（6）自然灾害

林场位于华南地区，较少发生冰雪灾害和暴雨泥石流灾害，但在 1998 年发生过一起严重的暴雨灾害。1960—2015 年，影响林场的台风平均每年都有 2~3 个，强台风登陆时，都对林木资源、林区公路和绿化苗木都造成极大的破坏。林场辖区从未没有发生重大森林火灾。

建场至今，林场发生过的虫害有松毛虫、松突园蚧病、蚁害、桉树刺桐姬小蜂和其他食叶性虫害；病害有枯梢、炭疽以及其他根系腐烂病。

（7）山林权属

建场前，大部分山林属于高鹤县龙口公社、杨梅公社。1957 年，为支援社会主义建设，解决国家木材需要，根据佛山专区《兴办国营四堡林场设计任务书》建立国营四堡林场。同时，当时高鹤县人民政府决定建设四堡水库，用于灌溉和生活饮用，为了统一经营管理水库周围群山荒山以及无人管理的荒山荒岭，1960 年由龙口公社将原大坪、榄树排山地、水田划归林场，所在居民全部移民。1971 年，部分移出居民因不习惯外地生活，又迁回原地定居，林场从实际出发，退回部分农田。1981 年，由高鹤县人民政府统一组织各个部门勘察划界，并发放林权证。政府于 2004—2006 年再次组织核查换发新林权证，新林权证界线以高程线为界，界线清晰准确。

（8）林场大事记

2006 年 1 月 1 日起，林场领导班子人事任免权归市林业局，市林业局对直属国有林场实行“管人、管事、管物”三统一（根据江府函〔2005〕99 号）。

2008 年 8 月 20 日起，更名为“江门市四堡林场”（江机编办〔2008〕176 号）。设为江门市林业局属下正科级事业单位，全称改为江门市河排林场，实行企业化管理，设有事业编制 55 名；林场领导班子人事任免权被收归到江门市林业局。

1.7.6　河排林场

（1）基本情况

河排林场位于广东省恩平市西部山区（江门市的西部），西北部与阳江市接壤；东北部连接大田镇；西南部毗邻七星坑自然保护区（原为清湾综合场）、那吉镇；东南面是恩城街道办事处辖地。境内有江门市最大的国家中大型水库——锦江水库，另有恩平凤子山水库。

林场基本上是低山丘陵山地，海拔一般在 600~800 米，坡度 15°~40°。2015 年林场生态公益林为 11349.43 公顷，商品用材林面积为 5104.57 公顷，森林总蓄积量为 63.58 万立方米。全场总人数 418 人，其中在职 71 人（编内人员 45 人，编外聘用人员 26 人），离退休人员 347 人。

（2）体制变革

1955 年 10 月，广东省林业厅委托粤西行署在阳江、阳春、台山、恩平交界的山区创办粤西行署第一国营林场——国营阳台恩林场（江门市河排林场的前身）。建场初的宗旨是建设国家用材林基地。种植的树种主要是松、杉、台湾相思等用材林和竹子、油茶等经济林。发展林业生产经济来源主要靠国家投资。1969 年后，林场升格为科级编制。林场实行的是企业化管理，经济自收自支。全场实行一级核算，分级管理。

为理顺行政管理体制，2005 年 12 月，江门市人民政府决定将市直国有林场领导班子人事任免权收归江门市林业局（现改为“江门市林业和园林局”），市局对市直国有林场实行“管人、管事、管物”三统一，事业单位企业化管理。2011 年 5 月，根据《关于江门市林业科学研究所及江门市直属国有林场内设机构设置的批复》（江林〔2011〕59 号）文件精神，河排林场内设机构调整为办公室、计划财务股、生产经营股、资源管护股、森林公园和自然保护区管理办公室 5 个股室。

（3）森林资源

广东河排森林公园与河排林场连成一体，经营总面积（以下是 2004 年生产股统计数字）17849.2 公顷。其中生态公益林面积 10015.8 公顷，商品用材林面积 6103.2 公顷。非林地面积 1730.2 公顷（包括锦江水库和凤子山水库水域、农田等），森林覆盖率为 87.7%，林种以杉、松、相思、阔叶树为主。

广东河排森林公园动植物种类繁多，有植物 1000 多种，动物 600 多种。

（4）经济发展

林场发展林业生产经济来源主要靠国家投资。1955—1958 年，国家共投资（预算拨入）37.56 万元。1959 年，林场转恩平县办，国家大大减少了对林场的投资。1961 年，国家恢复了对林场的投资，但也只有 5 万元。之后虽然逐年增多，到 1966 年达 23.1 万元。由于林业生产迅速发展，1966 年总支出达 30.89 万元。不足部分的 7 万多元，也主要靠本场通过以上的农副业门路自筹解决。

1967 年，林场开始有少量杉材间伐。之后杉、松的间伐任务也逐年增多。到 1976 年，有部分杉成熟林已转入主伐阶段。木材销售收入也逐年增多。到 1981 年，木材销售收入达到 334.38 万元。20 世纪 80 年代，商品用材林已转入了主伐阶段，经济收入主要是销售木材，从 1980—1999 年，木材销售共收入 9141.4 万元。

林场水资源丰富，为了开发丰富水电资源，以林蓄水、以水发电、以电养林，从 20 世纪 80 年代开始，就进行截河沟筑坝引水发电。1989 年的场办小水电站纯利润 24.17 万元。之后相继建立多个小水电站。林场还先后办起了化工厂、木材加工厂、木莳淀粉厂、酒厂、打铁厂、油茶籽榨油厂、松香厂、南方水泥厂、山茶场，后因种种原因倒闭。

（5）基础设施

建场初期，林场搭简易茅棚和租赁农民房屋来办公。1961 年，共建有一层高的黄泥灰沙杉瓦结构的集体宿舍、卫生所、食堂等约 700 平方米。据 1981 年统计，两年中新建房屋 4.5 千平方米。其中，家属宿舍 39 户，1600 多平方米；集体宿舍 4 间，410 平方米；饭堂 280 平方米。1984 年建成场部新办公大楼，共 740 多平方米。2012 年 4 月底全部工程建设完成，其中自然保护区办公楼，两层，面积共 559 平方米。

林场环境，到处崇山峻岭，荆棘丛生，杂草过人高。2003 年前，全场按林区三级公路设计，自筹资金建筑的林区公路共 63.5 千米。2004 年又开通了“五七”工区至石仁坑口电站公路和平石至黄家坪工区的简易公路。

（6）自然灾害

20 世纪 80 年代，林场马尾松林曾受到松毛虫为害，面积达 1 万多亩。1992 年，三林区、七林区及场部附近的马尾松成熟林近 2 万亩受到突圆蚧的为害。1998 年连续几天大暴雨，林场松杉林木受灾。林场受过 2 次较大的台风影响，此外，还发生过 3 次地震，但未造成什么损失。

（7）山林权属

1955 年 10 月，林场土地由国家直接划拨，建场初期总经营面积 53 万亩。后来被阳江、恩平两县因种种原因逐渐划去山林地面积共 26 万亩。

1990 年，山林权证核定，林场应领取山林权证 61 宗，面积 251989.5 亩。到目前为止，林场已完成 53 宗山林权证的换发，涉及面积 233504 亩，完成率达 94%。剩下 8 宗 18485.5 亩（其中非林地 465 亩）未能完成山林权证的换发。

（8）林场大事记

1955 年 10 月，创建河排林场首批干部莫德钦、陈子镰、李瑞谋、朱正旺，受当时广东省林业厅和粤西行署委托，到达恩平县第七区大陂乡，开展筹建工作。

1959 年，恩平县并入开平，林场改名为开平县国营林场。

1960 年，省委领导陶铸视察河排水库，召见郑坚，要求迅速绿化河排。当年场部从高朗迁往河排。

1960 年，“开平县国营林场”改名为“恩平县国营河排林场”。

1962 年，“恩平县国营河排林场”改名为“广东省河排林场”（属肇庆管）。

1964 年，“广东省河排林场”改名为“国营河排林场”（属佛山地区管）。

1983 年，原属佛山地区管辖的国营广东省河排林场转给江门地区管辖，改称为“国营河排林场”。

1993 年 7 月，省林业厅批准河排林场建立省级“广东河排森林公园”。

1998 年 6 月 25 日，百年一遇的特大洪水侵袭恩平，造成河排林场有百处山体大滑坡，4 位民工及一名小孩遇难。

2006 年 1 月 1 日起，林场领导班子人事任免权归市林业局，市林业局对直属国有林场实行“管人、管事、管物”三统一（根据江府函〔2005〕99 号）。

2008 年 8 月，被设为江门市林业局属下正科级事业单位，全称改为江门市河排林场，实行企业化管理，设有事业编制 55 名；林场领导班子人事任免权被收归到江门市林业局。

2011—2014 年，对锦江水库临水面第一重山的 20004.5 亩商品林逐步调整为生态公益林。2011、2012 年完成商品林调整面积 3228 亩和 3144 亩，合计 6372 亩。

1.7.7 西坑林场

（1）基本情况

西坑林场创办于 1960 年 7 月，开荒造林保护西坑水库水源。林场位于恩平市北部，东跨恩平市牛江镇，西邻恩平市红旗电站、大田镇，南接恩平市良西镇，北面分别沿红咀山、河洞顶、三碗饭、三宝山，与地处开平市的大沙林场、新兴县里洞镇接壤。东西最宽约 17 千米，南北最长约 12 千米。林场地理坐标为北纬 22° 20″ ~ 22° 27″，东经 112° 11″ ~ 112° 22″，属南亚热带，南麓低山丘陵地区，由低海拔区至高海拔区，依次分布有赤红壤、山地红壤、山地黄壤。

目前，林场经营总面积 89289 亩，林业用地面积 89058 亩，其中生态公益林面积 63739.5 亩，商品林面积 25318.5 亩；森林活立木蓄积量 222748 立方米，森林覆盖率达 91.15%。林场有职工 29 名，大专以上学历 9 人，初级以上职称 5 人。

（2）体制变革

1960 年 6 月，林场成立之初，名为恩平县西坑林场，为股级单位，以“消灭荒山，绿化国土”为重任。1964 年，上级决定将林场划归省、市共同管理，改名为广东省国营西坑林场，经济、计划由江门市林业局管理，人事、党政领导由县管理。1973 年，再度易名为国营广东省西坑林场，林场经营方针是“提倡适树适地，大力营造用材林，加强资源管护”。1983 年 10 月收归江门市管理，转为科级单位，林场以营造用材林为主，发展多种经营。2005 年 12 月，林场的人事物收归江门市林业局管理。2008 年，改名为江门市西坑林场，正科级事业单位，经费自筹，林场实行“营林为本、生态优先、合理利用、持续发展”的办场方针。

（3）森林资源

林场 1960 年 6 月建场，建场总面积 64566 亩，其中宜林地 45958 亩，疏林地 1734 亩，非林地 16874 亩。2015 年，林场总面积 89289 亩，林业用地面积 89058 亩，非林地 231 亩。生态公益林面积 63739.5 亩，商品林面积 25318.5 亩。有林地面积达 64915.5 亩，活立木蓄积量 222478 立方米。杉木 2103 立方米，杂交松 21395 立方米，桉树 50782 立方米，他软阔 148198 立方米。森林覆盖率 91.58%，林木绿化率 94.56%。

林场有野生动物约 200 种，以鸟类、两栖类和爬行类为主，个体大的野生动物较少，常见的只有野猪。

（4）经济发展

2004 年，财政投入资金 50 万元用于林场绿化苗木基地建设，之后政府投资渐少。2013 年后，政府加大投资生态林建设。2013—2015 年，政府连续 3 年投入资金进行碳汇林造林建设，累计投入金额达 226.85 万元。2015—2017 年，政府计划将林场水库第一重山商品林调整为生态公益林，累计投资额 2852.10 万元。

1968—2015 年，林场木材收入 3466 万余。建场至今，尚未有发展林下经济。林场地势偏远，地形地貌不突出，森林旅游产业也未有启动。

20 世纪 80 年代中期到 90 年代中期，林场坚持以造林护林为主，积极发展多种经营，以短期受益的多种经营收入养长期受益的林业生产的发展模式，先后兴办了贸易公司、酒店、招待所、汽车修配厂、石场、茶场、木厂、松香厂、电站等企业。到 90 年代中后期由于缺乏投入资金和经营模式的转变，1995 年撤销圣堂销展销部，1996 年撤销恩城西林贸易公司和恩城西坑林场汽车修配厂。林场所属企业先后关闭或以出租、股份制形式承包经营。

2003 年，在上级部门的大力支持下，林场在黑石尖工区和网地工区共种植 130 亩的绿化苗木，到 2015 年年底，绿化苗木的销售收入为 200 多万元。

（5）基础设施

2011 年以来，林场逐步完善林区的生活设施，极大地改善林区职工的生活条件。2011 年，为各护林站配置彩色电视机；2014 年，为各护林站配置电冰箱；2015 年，为护林站安装了热水器和视频监控系统。

2004 年之前，林场场部通往圩镇的道路都是泥沙路，在上级部门的支持下，2004 和 2010 年先后投入资金共计 70 多万元，对林区长达 5 千米的公路进行硬底化改造。

（6）自然灾害

林场位于华南地区，未有冰雪天气对森林造成灾害。在 1998 年的暴雨中，造成天堂电站职工多人伤亡。林场台风频繁，发生过 6 次严重台风灾害。建场以来，林场发生 3 起较严重的森林火灾，造成林场的森林资源受到一定程度破坏和人身伤害、财产损失。

林场发生过的虫害有松毛虫、松线虫、蚁害、桉树刺桐姬小蜂和其他食叶性虫害；病害有枯梢、炭疽以及其他根系腐烂病。

（7）山林权属

建场前，大部分山林属于开平市大沙公社、恩平市牛江和良西公社，由于政府决定建设一中型水库，用于灌溉和生活饮用，为了统一经营管理水库周围群山荒山以及无人管理的荒山荒岭，成立西坑林场。1984 年，由恩平市人民政府统一组织各个部门勘察划界，并发放林权证。为了明确各部门管辖的山林界线，政府于 2004—2006 年再次组织核查换发新林权证，新林权证界线以高程线为界，界线清晰准确。

（8）林场大事记

1960 年 7 月，为保护西坑水库水源，县委决定开荒造林，建立林场，定名为恩平西坑林场。叶润沛任第一任场长，组织开展林场筹建工作。

1964 年，恩平县西坑林场改名为广东省国营西坑林场，属佛山专区管辖。

1973 年，林场改名为国营广东省西坑林场。

2006 年 1 月 1 日起，林场领导班子人事任免权归市林业局，市林业局对直属国有林场实行“管人、管事、管物”三统一（根据江府函〔2005〕99 号）。

2008 年 8 月，被设为江门市林业局属下正科级事业单位，全称改为江门市河排林场，实行企业化管理，设有事业编制 55 名；林场领导班子人事任免权归到江门市林业局。

2015 年 12 月，林场完成水库第一重山 3162 亩商品林回收工作，将按有关程序调整为生态公益林。

1.7.8 东山林场

（1）基本情况

东山林场成立于 1973 年 4 月。林场位于开平市南部偏西边沿的赤水镇内，地理坐标为东经 112° 20′~112 ° 40′，北纬 21° 55′~22° 10′。东与国营狮山林场东坑工区相邻，南与台山市深井镇接壤，西南部与台山市挪扶相连，西部和北部均与开平市金鸡镇相邻，西北部与恩平市交界。林场属亚热带的过渡地带，南亚热带海洋性季风气候。林地属低山丘陵地带，地形复杂，土壤种类以赤红壤为主。

2015 年 12 月，开平市国营东山林场现总人口 103 人，职工人数 103 人，核定编制人数 58 人，在职职工 26 人，离退休人员 77 人。林场现经营总面积 5.9124 万亩，活立木总蓄积量 18 万立方米，森林覆盖率 95%。另有水电站、铺位出租、园林绿化及苗圃等多种经营项目。至 2015 年 12 月，林场年度主要经营总收入 626.39 万元，经费总支出约 580.95 万元；资产总额为 2285.27 万元，林场负债总额为 250.92 万元。

（2）体制变革

1973 年 3 月，根据《关于成立国营东山林场的批复》（开革发〔1973〕23 号）文件的通知，东山农场撤销，成立国营东山林场，接管东山农场原有的林木，与此同时从国营狮山林场划出牛围山、白云石及西坑等。1981 年 6 月，根据《关于东山林场建制和干部任职的通知》（开人干字〔1981〕80 号），开平县东山林场为公社级建制。2003 年 12 月，根据《开平市事业单位机构改革方案》（开委办〔2002〕33 号）和《关于批复开平市国营东山林场“八定”方案的通知》（开编字〔2013〕17 号）文件精神，确立机构名称为开平市国营东山林场，为全民所有制事业单位，直属开平市林业局管理。2012 年 2 月，根据市编委《关于印发〈开平市事业单位分类改革实施方案〉的通知》（开机编〔2011〕11 号）精神及《关于开平市国营东山林场机构编制方案的批复》（开机编〔2012〕11 号）的文件，开平市国营东山林场确立为市林业局管理的公益二类事业单位，正科级。

（3）森林资源

东山林场成立时管辖总面积 66420 亩，后因地类发生变化及划出部分农用地给东山公社，面积有所减少。林场现有林地 59124 亩。其中，生态公益林 35900 亩，出租商品林 8600 亩；近熟林 3500 亩，中龄林 12300 亩，幼龄林 7000 亩；主要种植有松树 25000 亩、桉树 11000 亩（含已出租林地）、其他阔叶树 23000 亩；林木总蓄积量 18 万立方米。

（4）经济发展

一直以来，林场都是以林木生产经营及生态建设为主。在建场初期，主要以国家投入为主，自筹收入极少，1976 年林场开始间伐松木，自筹收入逐步增加。1983 年开始间伐杉木，进一步增加林场的收入。东山林场历年销售林产品主要有松木、杉木、松脂、果类、茶叶等。

20 世纪 80 年代改革开放后，先后建成茶叶加工厂一间、松香厂一间、经销林产品门市一间、小型水电站一座、餐馆一间，初步形成林工经济体系，为当时的林场增加了经济收入，促进了林业生产的发展。90 年代初经过一轮采伐后，到中后期可伐森林资源逐步减少，难以为继，1997 年处于极其严峻的时期。1999 年成立了名秀园艺场，并先后在金鸡、龙胜镇及西坑工区建立了绿化苗木场。后因经济及人员配置困难，绿化工程的减少，从 2010 年开始逐步撤消了龙胜、金鸡等绿化苗场。

建厂初期，为发展经济，所种植的柑桔、荔枝、沙田柚等经济作物，因市场经济效益越来越差，于 20 世纪 90 年代后期逐步退出经营，改种其他阔叶树种。2004 年，由于市场环境差，经营不善，难以管理维持，关闭了场部茶厂，门市和餐馆改为出租。目前林场的主要经营收入有林木采伐、林地出租收入、小水电站收入、物业出租收入和公益生态林补偿款收入，但经济环境差，基础薄弱。由于生态林占的比例较多，林场生态环境较好。

(5) 基础设施

东山林场建筑总面积5235.38平方米，其中办公用房1430平方米（含危房500平方米）、生产用房 985 平方米（含危房 385 平方米）、职工住宅 2020.38 平方米（危房 150 平方米）。

从开平市赤水镇东山到林场场部工区已有硬底化乡道，林场有林区公路 80 千米，林道 68.5 千米，除场部工区至茅滩工区的公路是林场唯一硬底化的道路，通往其他站点的林区公路主要以简易沙路、泥路的便道为主。林场有防火林带 39 千米，是维护林场山林防火工作的通道，目前林场林区主干道路况较差。

(6) 自然灾害

20 世纪 70 年代后期、80 年代初期 ，林场出现大面积虫害，主要是松毛虫。90 年代出现了松突圆蚧，后经飞机及人工杀虫除害。东山林场位于近海地沿，每年都会有多个台风经过且风雨较大，对林场的林木及林区公路造成较大的破坏。每逢台风或连续大雨，林区都会出现公路塌方、泥石流、山洪等灾害。2007 年出现的台风、2008 年及 2015 年出现的低温霜冻天气，造成种植的部分林木冻坏、折损。

(7) 山林权属

林场自成立后，除了政府划定明确的林地界线外，20 世纪 70~80 年代林场与周边农村签定争议边界协议，明确分界线。林场现有林地5.9124万亩，核发林权证面积5.993万亩，所有权属东山林场。出租林地给个体承包经营约1.3万亩，期限为25年。目前，仍有一小部分边界林地存在争议。

（8）林场大事记

1973年3月18日，开平县成立属国营东山林场，关秤高同志被任命为第一届场长。

1981年6月，开平县东山林场为公社级建制（科级建制）。

1986年7月22日，开平县编制委员会开编离〔1986〕59号文，东山林场由股级建制升为正科级建制。

1999年，建立省级生态公益林。

2012年2月，《开平市国营东山林场机构编制方案》经市机构编制委员会批准，根据市编委《关于印发〈开平市事业单位分类改革实施方案〉的通知（开机编〔2011〕11号）精神，林场为市林业局管理的公益二类事业单位，正科级。

1.7.9 镇海林场

（1）基本情况

镇海林场位于开平市北部，地理坐标为东经112°15′~112°45′，北纬22°25′~22°40′。林场面积东至鹤山双桥、西园，西至开平市龙胜镇，南与开平市苍城镇相接，北与新兴水台交界。林场以丘陵为主，兼有一些台地和平原，丘陵、台地、平原三者的比例为5∶2∶3。

1960年6月1日，开平县镇海水库林场成立，一年后改名为开平县国营镇海林场。镇海林场管辖总面积58320亩，活立木蓄积量10300亩，森林覆盖率75%。林地主要种植湿地松、加勒比松、杉树、青皮竹、常绿阔叶树、桉树、茶树等。

（2）体制变革

1960年6月1日，开平县镇海水库林场成立，一年后改名为开平县国营镇海林场，人员编制60人场部设在网山。镇海林场建场为股级建制，隶属开平县林业局领导。1964年8月，镇海林场与国营狮山林场联合开发大沙分场，人力物力、财力大部分集中在大沙分场搞林业生产建设，只剩小部分人留守场部，管理林场及造林绿化。1968年1月，大沙林场正式成立后，开平县镇海林场人员重新安排，林场编制45人。1976年4月，开平县苍城苗圃场并入镇海林场，编为镇海林场苍城工区。1980年11

月，镇海林场苍城工区改名为开平县苍城苗圃场。1982 年 8 月 20 日，镇海林场场部从网山搬迁到大仙塘工区。

1986 年 7 月，开平县镇海林场由股级建制升为副科级建制。2003 年 12 月，开平市机构编制委员会批复开平市国营镇海林场“八定”方案，开平市国营镇海林场为全民所有制事业单位，直属开平市林业局，副科级事业单位，财政核补，独立核算。2011 年，开平市国营镇海林场改为市林业局管理的公益二类事业单位，副科级。

（3）森林资源

镇海林场管辖总面积 58320 亩，林地用地面积 48844.5 亩，非林地用地面积 9475.5 亩。林场林地面积 48100 亩，占林业用地面积的 98.47%，其中生态公益林面积 29758.5 亩，占林地用地面积的 61%，活立木蓄积量 10300 亩，森林覆盖率 75%。林地主要种植湿地松、加勒比松、杉树、青皮竹、常绿阔叶树、桉树、茶树等。。

（4）经济发展

1960 年 6 月，开平县镇海林场成立，当时正值国家 3 年经济困难时期，国家投资很少，林场主要以生产自救为主，实行大搞短期收入，以维持工人生活，保证林场生产建设顺利进行。镇海林场在成立之时就进行造林绿化，共种植马尾松 1186 亩。1962 年，中共开平县委员会在全县范围内招收一批年青力壮的青年充实林场职工队伍，至 1962 年年底，镇海林场职工人数达 174 人。当时上级只拨少量经费支持林场生产及造林绿化工作。

1988 年，林场也抓紧林业产业发展，林业产业在经济发展中有着重要位置。林场着力扶持林业龙头企业的发展，成立开平市国营镇海林场松香厂；2005 年 4 月，成立广东潜龙湾生物技术创新中心两间特色企业，中春虫草是林场属下企业广东潜龙湾技术创新中心研发的特色品牌，虫草销售金额最高达 800 多万元。2014 年 6 月，镇海林场申请园林工程公司，发挥林场自身优势，开拓市场，承接园林绿化及养护工程，为林场增加经济效益。

（5）基础设施

1960 年 6 月，开平县镇海林场成立之初办公楼设在网山工区，2 层，不分股室。直至 1995 年才修建新的办公楼，使用至今。1960 年，网山工区的宿舍楼是平房，直至 1982 年办公区搬回场部才修建新宿舍楼。

林场林区公路总长 75 千米，其中硬底化公路约 8 千米；林场林区林道总长 120 千米，全场防火林带 32.5 千米。为保障工作人员的基本生活设施，林场 9 个管护站全部通电，饮用水都来自井水或山泉水，其中 8 个管护站无通讯设备。

（7）山林权属

自成立镇海林场以来，林场界线清楚，无山林纠纷事件发生，国有林地林木所有权确权发证面积 53020 亩。

（8）林场大事记

1960年6月1日，开平县成立属国营镇海水库林场，黄东友被任命为第一任场长。

1963 年 8 月 29，广东省佛山专员公署林业局批转林场为县属国营林场。

2003 年 1 月 13 日，江门市林业局同意镇海森林公园申报为江门市市级森林公园。

2004 年 5 月 12 日，广东省林业局同意镇海林场建立广东潜龙湾森林公园。

2012 年 2 月 15 日，《开平市国营镇海林场机构编制方案》经市机构编制委员会批准，根据市编委《关于印发〈开平市事业单位分类改革实施方案〉的通知（开机编〔2011〕11 号）精神，林场为市林业局管理的公益二类事业单位，副科级。

1.7.10 甫草林场

（1）基本情况

台山市甫草林场成立于 1955 年 9 月（图 1–2）。林场地理坐标为东经 112° 42′ 34″，北纬 21° 54′ 21″。地处台山市西南部，毗邻川岛镇，水陆交通发达，距川岛镇山咀码头 5 千米，距台山市城区 55 千米。

现有职工总人数 33 人。其中，在岗在编 6 人，在岗不在编 5 人，长期聘用人员 6 人，退休职工 16 人。林场经营面积 7665 亩，森林总蓄积量 19357 立方米，森林覆盖率 99.3%。

林场主要经济来源有财政核补、生态公益林补偿和自主经营收入，其中自主经营收入主要来源小水电站发电、有种苗销售、承接营造林工程的设计、施工和监理等项目。

（2）体制变革

1955 年 9 月，粤西专区和县林业科派来 4 个工人筹建国营台山甫草苗圃场，建场初期，建有 50 平方米楼房作宿舍、办公用房。甫草林场自 1964 年由苗圃场改为林场，始终坚持“以林为主，多种经营”的方针，1998 年领取企业法人营业执照，实行企业化管理，期间，事业单位法人登记证和企业法人营业执照同时使用。2001 年，

图 1–2　甫草林场

“国营台山市甫草林场”更名为“台山市甫草林场”。2003 年 12 月，台山市事业单位实行机构改革，根据《关于台山市林业局属下事业单位机构改革方案的批复》（台机编〔2003〕48 号），台山市甫草林场暂保留正股级，不内设机构，核定事业编制 7 名，人员经费由市财政核补。林场主要任务为保护生态公益林，护林，管理技术研究，繁育营造生态公益林用的苗木。

2012 年 2 月，台山市事业单位实行分类改革，根据《关于台山市林业局所属部分事业单位分类改革方案的批复》（台机编办〔2012〕50 号），保留台山市甫草林场正股级，公益二类，核定事业编制 9 名，经费按财政补助二类拨付。林场主要任务不变。2013 年 12 月，取消企业法人营业执照，只保留事业单位法人登记证。

（3）森林资源

甫草林场自 1964 年由苗圃场改为林场，始终坚持“以林为主，多种经营”的方针。1985 年底，全场经营总面积 9066 亩，林业用地面积 8100 亩（其中湿地松 3500 亩，马尾松 3400 亩，木麻王、桉树 210 亩，荔枝 76 亩）。2015 年，林场经营面积 7665 亩，其中有林地 7612 亩，非林地 53 亩。其中国家级生态公益林 4699.5 亩，省级生态公益林 2881.5 亩；商品林 31 亩。按林种分，针叶林 2164 亩，阔叶林 5448 亩。森林总蓄积量 19357 立方米，其中生态公益林蓄积量 19233 立方米，商品林蓄积量 124 立方米。

森林覆盖率 99.3%。

(4)经济发展

为了增加场收入，林场于 1963 年开始种果树。到 1985 年底，全场已种有荔枝 76 亩、杨桃 3 亩、龙眼 10 亩、水果的年收入在 15000 元左右。1995 年，林场将存有的水果林地，以承包的形式承包给下岗职工。

林场从 1970 年开始，逐步转入少量间伐。初时，间伐的松树、松枝，全部作薪柴出卖，收入甚微。为了充分利用间伐材和更新材，增加林场的经济收入，于 1976 年开始兴建木材加工厂，规模从小到大，到 1985 年底，林场的木材加工厂，已拥有厂房 150 平方米，将间伐材加工成板料出售，每年为场增加近万元的收入。于 1995 年负债经营关闭。1981 年，林场建成小水电站，所发的电除供应本场生产、生活使用外，每年向国家提供 30 多万度的输电量，为林场增加 6 万元的经济收入。

2006 年始，林场建立苗圃面积 360 亩，主要培育乡土阔叶树苗、杂交松、桉树苗与大径材绿化苗木。生产设施有简易大棚 2 个，建筑面积 2160 平方米；温室 2 个，建筑面积 1408 平方米；育苗基质仓库 135 平方米，轻基质处理室 186 平方米；拥有 2 套半自动喷灌系统（覆盖面积约 200 亩）。年产苗木 370 万株，其中乡土阔叶树苗 120 万株、桉树苗 100 万株和杂交松 150 万株。

(5)基础设施

林场基础设施有办公楼 1 幢 311 平方米，职工宿舍楼 2 幢 828 平方米，简易大棚 2 个 2160 平方米，温室大棚 2 个 1408 平方米，育苗基质仓库 135 平方米，轻基质处理室 186 平方米，工具房 150 平方米，蓄水池 450 立方米，晒场 700 平方米。

(6)自然灾害

林场濒临大海，至海岸线 1 千米，受台风影响较大。1976 年“爱莉斯”、2003 年“杜鹃”、2012 年“韦森特”，对林场影响较大，造成经济损失 500 多万元；病虫害灾害主要是 1990 年湿地松粉蚧灾害，严重影响了甫草林场的经济发展。

(7)山林权属

2010 年，对甫草林场边界重新界定，核实林场林地面积为 7665 亩，已发林权证。

林场建场至 2012 年的山林权属一直清晰，不存在纠纷。但在 2013 年，由台山市广海镇中兴村黄花洞经济合作社向广东省江门市中级人民法院起诉台山市人民政府林业行政登记有误，林场作为第三人，由法定代表人周伟超到庭参加诉讼。后经广东省江门市中级人民法院判决：驳回原告台山市广海镇中兴村黄花洞经济合作社的请求。2014 年，台山市广海镇中兴村黄花洞经济合作社不服广东省江门市中级人民法院判决，向广东省高级人民法院上诉。2014 年 6 月 5 日广东省高级人民法院判决：驳回上诉，维持原判。

（8）林场大事记

1955 年 9 月，建立国营甫草苗圃场，培育木麻黄苗木，供应沿海地区营造防风林带。

1964 年，甫草苗圃场改名为国营台山甫草林场，场址设在原苗圃场址处，林场负责人改为阮明禄。陈良贞改为以工代干抓生产。这时林场生产以营造竹子、马尾松为主。

1967 年，甫草林场改名国营台山东风林场。负责人是阮明禄和陈良贞，场址设在原处。

1969 年，东风林场改为国营台山甫草林场，负责人阮明禄和陈良贞，场址仍在原处。

2012 年 2 月，该林场隶属于台山市林业局，为正股级公益二类事业单位，属事业单位编制。

1.7.11 红岭种子园（林场）

（1）基本情况

1964 年，广东省林业厅根据湿地松的特性及当时国内外经济发展形势，与中共台山县委协议，将原红岭林场改建为种子园，命名为“国营广东台山红岭林木种子园”，是我国最早采用无性系繁殖湿地松良种的种子园之一（图 1-3）。林场位于北纬 22° 10′，东经 112° 49′，台山市区以南 10 千米、冲蒌镇以北 5 千米；地形地势为平缓丘陵地带，平均海拔 30 米，土壤属红壤土，有机质含量较少。

林场编制 29 人，在职职工 28 人、退休职工 28 人、固定期限合同工 14 人。经营面积 4200 亩，其中林地面积 3940 亩，全部是省级生态公益林，林种为国家特种林，林木蓄积量达 2.1 万立方米、森林覆盖率 93.81%。林场经济来源为上级补助资金和经营收入。上级补助资金主要有中央财政林木良种繁育补贴和生态公益林补偿资金等。经营收入主要有：生产经营种苗；承担营造林、绿化等工程的设计、施工和监理，林业调查规划设计等项目；开展水果、割松脂、租赁房屋等多种经营。

图 1–3　红岭种子园

（2）体制变革

种子园成立时的主要职能是开展湿地松的良种选育与繁育工作。

2003 年 12 月，台山市事业单位实行机构改革，根据《关于台山市林业局属下事业单位机构改革方案的批复》（台机编〔2003〕48 号），台山市红岭种子园暂保留正股级，内设办公室、技术室，核定事业编制 22 名，人员经费自筹解决。林场主要任务：开展松类树种的良种繁育研究；收集松类树种的种质资源，开展松类树种的种源研究；开展果树经济林的优良品种选育及栽培、保鲜、加工等技术研究；园林绿化苗木的繁育。

2012 年 2 月，台山市事业单位实行分类改革，根据《关于台山市林业局所属部分事业单位分类改革方案的批复》（台机编办〔2012〕50 号），台山市红岭种子园加挂“台山市林业科学研究所”牌子，正股级，公益二类，核定事业编制 29 名，经费按财政补助二类拨付。林场主要任务不变。

2014 年 8 月，林场调整规格，根据《关于市红岭种子园（市林业科学研究所）调整规格等有关问题的批复》（台机编办〔2014〕70 号），市红岭种子园（市林业科学研究所）调整为副科级事业单位，加挂“台山市林业科学研究所”，公益二类，内设 5 个机构，包括办公室、科技股、生产股、育种股和综合股。均按副股级建制，经费按财政补助二类拨付。林场的主要任务调整为：开展松类树种种质资源收集、保存、研究和利用；松类树种的良种选育、生产经营、示范与推广；开展林业科学技术研究与推广；乡土树种苗木选育与繁育等。

2015年12月，经市编委会议研究并报市委会议审批，同意台山市红岭种子园（台山市林业科学研究所）加挂“台山市红岭林场”牌子。

（3）森林资源

1964年，林场林地开始用于建设湿地松初级种子园，林种是种子园、试验林等特殊用途林，其林木资源主要是湿地松、加勒比松、湿加松的种质资源。随着种子园和试验林的建设、改造，林木资源有较大的提升，森林覆盖率达93%，林木蓄积量达到2.1万立方米，收集湿地松、湿加松、加勒比松种质资源2300多个，年产良种种子2500千克。

林场苗圃地有湿加松扦插苗圃200亩、绿化苗圃350亩；果树经济林200多亩；试验示范林有42片（不含租赁地），共1505.4亩；种子园母树林有湿地松初级种子园、1.5代种子园、改良种子园、精选种子园、湿加松F1种子园和室内种子园，共2850多亩。

（4）经济发展

政府投资主要是中央财政林木良种繁育补贴和生态公益林补偿资金，其中：中央财政林木良种繁育补贴，2010—2015年每年125万元，2016—2020年每年145万元；国家林木良种苗木培育补贴根据生产情况补贴，2010—2015年共补贴490万元，2016年补贴35万元。

20世纪90年代初，湿地松种子滞销，林场经济陷入困境，林场制定了“一业（林木育种事业）为主，多种经营为辅”的措施，在保障国外松育种正常开展和持续发展的同时，积极开展多种经营，大力发展经济。主要开展的多种经营有：生产经营种苗、果树经济林、松树用材林、绿化苗圃、房屋出租、木材加工厂、养殖场、林业技术服务等业务。

20世纪90年代，林场更新湿地松初级种子园母树，改种果树，建立果树苗圃。至1998年，水果种植面积由1991年的520亩扩大至1520亩，其中龙眼1200亩、荔枝260亩、岭南佳果收集圃60亩（收集38个品种）；建成果树苗圃40亩，年出圃苗木20万株。水果种植，形成了“红岭石硖龙眼”地方品牌，产生了良好的经济效益，是90年代林场最主要的经济收入，帮助林场渡过了难关。

1992年，合股在台城兴建商业大楼，楼高9层、建筑面积8080平方米，总投资670万元，林场占50.5%股份。1994年建成出租。1994—1996年，出租林场原办公楼，发展饮食业。1994—2000年，出租林场原仓库，开办粉丝厂。2000—2007年，通过租用林地或合作的方式，在台山冲蒌、赤溪、深井等镇营建湿地松和杂交松经济林，面积3680亩。2000年，租赁土地200亩（租用期限20年），股份合作建立绿化苗圃，并于2003成立台山市红岭绿化工程有限公司，主要从事乡土树苗和绿化苗木的培育及销售，园林和造林工程的设计、监理和施工等工作；开展森林资源规划设计调查，森林资源资产评估，造林工程设计、施工与监理等资质许可的相关业务。

（5）基础设施

建园初期，得到省林业厅、台山县委和省林科所的支持，到1966年底，建成宿舍和办公室等200平方米。1982年，职工大楼竣工，面积1165平方米。1995年，职工宿舍改造成现在的综合办公楼。同时建成物资储备仓库，面积1700平方米，主要用于存放种子、生产设备、森林防火设备及其他生产物料。1991年，综合办公大楼竣工，面积2600平方米。2015年，提供给台山市林业局作为森林消防大队驻地。2009年，实验楼竣工，面积600平方米。2009年建设高技术温室，面积2000平方米。

1985年，在台城南门路丰和里92号建设1幢五层1583平方米的职工宿舍，使全场职工每人的平均居住面积达9平方米以上，福利分房安置职工10户。1989年在台冲路，44号、46号建成职工宿舍2幢，面积1700平方米，福利分房安置职工24户。

林区道路里程数共30千米，道路到达所有林区。2013年，完成水泥硬底化道路3千米，路面宽2.5米，主要通往各个种子园或重要林区。

（6）自然灾害

林场濒临大海，至海岸线30千米，受台风影响较大。1976年“爱莉斯”、2003年“杜鹃”、2012年“韦森特”，对林场影响较大，造成经济损失500多万元；病虫害灾害主要是1990年湿地松粉蚧灾害，严重影响了种子园的经济发展。

（7）山林权属

林场的山林权属清晰，不存在纠纷。但随着科研林用地的需要，在不同时期，林场进行征用或租赁土地，增加了土地面积。

建园初期经营面积3088亩，后来通过与周边管区、镇协商，并经国土部门批准，购进土地1400多亩。至2015年，林场经营面积4200亩，已发林权证，另在林场外租赁林地面积3680亩，用于建设松树试验林和示范林。

（8）林场大事记

1964年，原红岭林场正式命名为“国营广东省台山红岭林木种子园”，场长黄昌。

1965年月12日，设立“台山红岭林业技术学校”，开始招收具有初中文化程度以上的学生，专职教师4人，地址设在园内磨心山侧。

1968 年，“台山红岭林业技术学校”停办。

1970 年，开始收获第一批种子。

1984 年，“湿地松种子园高产综合管理技术的研究”，获广东省林业科技进步一等奖。

2002 年 6 月 5 日，国家林业局周生贤局长视察林场。

2002 年 12 月，被国家林业局评为全国特色种苗基地。

2012 年，开展事业单位分类改革，被划分为公益二类事业单位，经费按财政补助二类拨付。

2014 年 8 月，红岭种子园（市林业科学研究所）调整为副科级事业单位，公益二类，内设 5 个机构，均按副股级建制，经费按财政补助二类拨付。

2015 年 4 月 22 日，国家林业局场圃总站张周忙副总站长率领考核小组对林场进行考核。

2015 年 12 月，加挂“台山市红岭林场”牌子。

1.8 肇庆市国有林场

1.8.1 北岭山林场

（1）基本情况

北岭山林场创建于1960年，1967年形成现在的经营范围。北岭山林场隶属肇庆市林业局管理，是以经营生态公益林为主的市属国有林场，经费自理的公益二类正科级事业单位。全场经营总面积19.7万亩，林地横跨端州、鼎湖两区，在西江北岸连绵50千米，其中生态公益林14.6万亩（包括国家级生态公益林1.28万亩），是肇庆市端州、鼎湖两区及西江流域生态功能区的重点部位，肇庆市区的绿色屏障。林场地处肇庆市郊，林地主体位于北岭山，部分林地坐落羚羊山、龟顶山，地理坐标为东经112° 23′39″~112° 41′55″，北纬23° 03′20″~23° 19′36″，东接四会、西连高要、南至羚羊峡、北至鸡笼山、牛头山顶（与高要交界），肇庆西江三峡（三榕峡、大鼎峡、羚羊峡）坐落其中。

北岭山林场内设管理机构有办公室、生产股、财务股、木材经营部、综合经营部、护林防火办公室等6个部门。另外，林场现有19个工区和20个护林站（点）。目前全场职工154，其中在编职工59，长期临时工32人，离退休职工63人。具有大中专学历人员38人，具有专业技术职称人员18人。林场主要经济收入来源于木材、林副产品以及多种经营，年度经营总收入在1000万元左右，收支基本平衡。

（2）体制变革

目前，北岭山林场实行企业化管理，经济上独立核算、自收自支的具有独立法人资格的公益二类正科级事业单位。林场实行场长负责制和场长任期目标责任制，肇庆市国有林业总场代表市林业局对林场行使规划、协调、监督、管理、指导、服务等职能，下达生产任务和各项经济指标，并对林场实施场长任期目标责任制的情况和领导班子守法经营以及开展民主管理的情况进行监督、考核。

北岭山林场建场初期隶属于原肇庆市（现端州区）管理，1964 年划归西江国营林场管理局，1977 年归属肇庆地区林业局管理。2001 年，更名为“肇庆市国有林业总场北岭山林场”；2012 年实施事业单位机构改革后，正式更名为“肇庆市国有北岭山林场”。

（3）森林资源

建场初期，林场林地共 11 万多亩，木材蓄积量约 20000 立方米。现有版图由林场 1967 年合并高要林场西江北部后扩充而成。林场森林资源丰富，全场经营总面积 19.7 万亩，其中生态公益林 14.6 万亩（包括国家级生态公益林 1.28 万亩）；全场有林地面积 18.037 万亩，活立木蓄积量 651984 立方米，其中商品用材林 5.09 万亩，蓄积量 151728 立方米；全场森林覆盖率达 91.53%。

林场属南亚热带常绿季风雨林区，森林植被非常丰富。深山偏远处残存少量次生林，以黧蒴栲、荷木、樟树、鸭脚木、红心槁、白皮槁、红锥、黄杞、黄榄等树种为主。人工植被已成为主要植被体系，主要有马尾松、杉木、湿地松、荷木、桉树等。近年来，林场大面积推广种植降香黄檀、檀香、紫檀、土沉香、尖叶杜英、红锥、非洲桃花芯等优良珍贵树种。目前已建成珍贵阔叶树基地 0.65 万亩，城市绿化苗木基地 1.61 万亩，桉树基地 0.67 万亩。2015 年底，完成纯松林改造、碳汇工程林、水源涵养林面积 3.36 万亩。

林场野生动植物资源十分丰富，野生植物物种有 246 科 1119 属 1700 种。其中国家二级保护植物有桫椤、格木、观光木、紫荆木，其他保护植物有长叶竹柏、八角连、八戟、苏木、乌檀等。陆栖脊椎野生动物有 242 种，列为国家重点保护的动物有蟒蛇、苍鹰、雀鹰、穿山甲、豺、大灵猫、小灵猫、苏门羚、白鹇、小鸦鹃、雕鸮 、金钱龟、虎纹蛙等。

（4）经济发展

林场以森林资源保护和生态公益林建设为主，政府通过重点生态工程建设项目专项资金、森林抚育补贴、森林植被恢复费、生态公益林补偿金等经费，为林场经营提供资金支持。

林场按照经营现状，把全场 19.7 万亩林业用地划分为商品林经营区和生态公益林经营区。其中商品林经营区面积约 5.1 万亩，占经营面积的 25.89%。林场木材销售是实行以招投标为主、自营为辅的经营措施，通过早规划、适时拍卖，追求最大的经营效益。

林场在经营木材的同时，积极开展多种经营。过去，经营方式主要有松脂生产、泥石口开发利用、林地出租和森林旅游开发利用等。近年来，由于政策环境的变化，坐落在城郊大部分可以生产松脂的针叶林也进入休养生息期，基本上停止了松脂的生产。泥石口开发利用、林地出租仍是主要的经营收入项目，但由于受市场因素、政策环境影响较大，同时由于经营方式经营结构单一，抵御市场风险能力低，近年来经营收入占林场总收入的比例有所下降。

林场森林旅游资源丰富，现有1个市级自保护区——肇庆鸡笼顶市级自然保护区；3个省级森林公园，分别是广东龟顶山森林公园、广东九龙湖森林公园、广东羚羊山森林公园；1个市级森林公园——肇庆北岭山森林公园；另外有九龙湖、将军山、葫芦山庄等景区。森林公园总面积约7万亩，年旅游总人次20多万，从业总人数100多人，总产值约600多万元。

（5）基础设施

20世纪60年代林场场部设在肇庆市北郊北岭山盘古庙附近，80年代搬迁至北岭工区陈坑口，生活和办公设施比较简陋，90年代搬迁至肇庆城区和平路53号2幢办公,2015年2月，北岭山林场场部搬迁至北岭山森林公园内，办公环境得以大大改善。大部分基层护林站建于20世纪80年代，分散在公路沿线村庄附近或边远林区，设施简陋，部分护林站已相当破旧。近几年，林场开始有计划分步骤对比较陈旧破败的护林站进行修葺翻新。

1979年林场出资购买城东三区11幢共20套住房，作为干部职工宿舍；1989年林场出资购买的城东南区13套住房建成，作为干部职工宿舍，5个商铺作为林场物业出租；1996年肇庆市和平路53号2幢大楼建设竣工，场部迁移至此，1~3层用作场部办公楼，其余44套住房作干部职工宿舍。

林场主要林区道路林区公路59千米，运材便道约107千米。林场每年投入大量资金进行养护维修，经过多年的精心管养，林场各工区基本建通林区三级道路。

（6）自然灾害

肇庆市属于亚热带季风气候区域，每年夏季、秋季都会受到台风的侵袭，林场的林地、林木、基础设施都会受到不同程度的损坏。2006年8月，受台风“派比安”影响，造成林场2482亩林木受灾。其中桉树2274亩，阔叶树及杉树208亩。2015年10月，受22号台风“彩虹”外围环流影响，市区持续普降大雨到暴雨，致使林场桃园、榄坑工区林木有不同程度的损毁，北岭山森林公园登山步道部分塌方。

目前威胁性较大的主要病虫害有马尾松毛虫、杉（松）梢螟虫、松突圆蚧、桉树白蚁、焦枯病等。

（7）山林权属

北岭山林场建场时只管辖榄坑、三榕、外坑、北岭、大路田、水基、铁西、西坑、苏村和龙门工区，1964 年和南岸油茶场（今西江国营林场管理局林科所）合并为北岭山林场，1967 年西江国营林场管理局调整北岭山林场和高要林场管辖范围，北岭山林场旗下原南岸油茶场并入高要林场，原高要林场管辖的林地全部并入北岭山林场，高要林场则迁往沙浦重建，北岭山林场在 1967 年才形成现在的经营范围 19.7 万亩。

1978—1985 年，肇庆师专征用林场约 330 亩林地用于建设西江大学及其建校用地；1994 年，肇庆七星公司征用林场约 2400 亩林地用于建设北岭旅游度假区。

（8）林场大事记

1960 年，广东省国营北岭山林场建场，场部设在北岭山现盘古庙附近，隶属肇庆市（现端州区）管理。

1961 年，广东省副省长古大存到林场视察。

1963 年，中共中央中南局第一书记陶铸到林场视察。

1964 年，北岭山林场与南岸油茶场合并，并划归西江国营林场管理局管理。

1966 年，陈毅副总理在李茂萱副专员陪同下到林场视察。

1967 年，林场搬到鼎湖农校办公。是年，西江国营林场管理局调整北岭山林场和高要林场管辖范围，北岭山林场原南岸油茶场范围并入高要林场，原高要林场管辖的位于西江北岸的林地全部由北岭山林场接管，至此，林场形成现在的经营范围。

1977 年，北岭山林场划归肇庆地区林业局管理。

1979 年，林场出资购买城东三区 11 幢 1、2 梯共 20 套住房，作为干部职工宿舍。

1989 年，林场出资购买的城东南区 13 套住房建成，作为干部职工宿舍，5 个商铺作为林场物业出租。

1993 年，由市林业局接管林场干部人事档案。

1994 年，获得市人民政府批准，在肇庆市和平路购买 2 亩地块建设场部办公大楼。

1996 年，肇庆市和平路 53 号 2 幢大楼建设竣工，场部迁移至此，1~3 层用作场部办公楼，其余 44 套住房提供干部职工作宿舍。

2000 年，经肇庆市林业局同意，建立七星森林（生态）公园为市级森林公园。

2001 年，经肇庆市人民政府同意，在北岭山规划建设森林（生态）公园，定名为“肇庆北岭山森林（生态）公园”。是年，林场更名为“肇庆市国有林业总场北岭山林场”。

2003 年，北岭山林场森林派出所收归市森林公安分局直接管理。是年，林场成为市属国有林场工资改革试点单位，制定并实施《工资改革方案》。

2004 年，林场作为市属国有林场人事制度改革的现行试点，实施中层干部竞争上岗的人事制度改革。是年，肇庆鸡笼顶市级自然保护区批准建立。

2006 年，肇庆鸡笼顶市级自然保护区正式挂牌。

2007 年，经肇庆市国有林业总场批准同意，增设“护林防火办公室”机构。

2012 年，林场更名为“肇庆市国有北岭山林场”。是年，《肇庆市鼎湖山周边纯松林生态改造》项目被列入肇庆市 2012 年 10 件惠民实事。

2015 年，北岭山森林公园开园，北岭山林场场部搬至北岭山森林公园内办公。

1.8.2 大南山林场

（1）基本情况

林场位于肇庆四会市东城和贞山街道内，地处东经 112° 37′ 28″ ~ 112° 48′ 00″，北纬 23° 17′ 34″ ~ 23° 23′ 15″，分为大南山片和贞山片。其中，大南山片位于四会市区东北面 7 千米处，其东北与三水交界，东南与肇庆高新区（大旺）毗邻，西南与四会市东城街道相接，西北与四会市龙甫镇相连。贞山片（贞山、大坑尾、尖峰、茅坑工区）位于四会市贞山街道，与大沙镇、肇庆市鼎湖区交界，交通极为便利。

林场总经营面积为 2309.2 公顷，属亚热带季风气候，常年气候温和，温湿度适宜。林地坡度 25° ~35°之间，土层厚度较薄，一般厚度为 50 ~ 80 厘米，肥力偏低。林场以构建和谐林场为建设目标，近五年（2011—2015）年均收入 676.26 万元，年收入稳定，收支平衡。

（2）体制变革

大南山林场始建于 1958 年，地处广东省四会市市郊，由广东省水利厅下放干部开发建设起来的，为省属地管。1962 年，因经营的需要，四会市属贞山林场（现贞山工区）并入大南山林场管理，定为股级林场。1976 年起由肇庆市林业局管理至今，1980 年升格为科级林场，于 1997 年更名为肇庆市国有林业总场大南山林场。林场管理体制属双重管理，业务、经济等由肇庆市林业局管理，人事、党务、计生等由四会市管理。2001 年，林场的人事权收归由肇庆市林业局直接管理。2012 年，林场更名为肇庆市国有大南山林场，公益二类，正科编制。

（3）森林资源

肇庆市国有大南山林场总经营面积为 2309.2 公顷，林业用地 2309.2 公顷，其中生态公益林 819.9 公顷，商品林 1489.3 公顷，资源档案活立木蓄积量 83142 立方米，补充调查后活立木蓄积量 127301 立方米，森林覆盖率达 93.84%。林种结构：生态公益林以阔叶混交林和针阔混交林为主，商品林以纯林为主。树种以阔叶树为主。

（4）经济发展

林场紧紧围绕“增资源、增效益”的总体目标，现已建成三大基地共 818 公顷，其中桉树基地 422 公顷（出租地 164 公顷）、绿化苗木基地 240 公顷、珍贵用材林基地 156 公顷。为加快“三大基地”建设，不断优化森林资源结构，提高森林生态功能等级，增加林场后备林木资源，2011—2015 年桉树新造林 877 亩，桉树更新造林 6669 亩，绿化苗 55.5 亩，珍贵用材林 240 亩。

在传统木材产销模式的基础上，引入活立木公开招投标模式，遵循公开、公正、公平的原则，推出山场活立木包产包销方案，进行山场活立木招标销售，取得了良好的经济效益。2011—2015 年，林场木材收入共 1201 万元。近几年，林场在森林公园出开发、泥石口开发、林地出租等方面取得了较好的成绩，年均收入为 676.26 万元。

（5）基础设施

林场办公地点在四会市东城区东城路一座一号，地处四会城区，是林场自有的二层办公楼，面积 552 平方米。

全场有林区道路 25 千米，每年投入 5 万元进行养护维修，所以现在道路路况完好，为林场发展经济发挥了重要作用。目前林场林区道路基本可以保证木材的顺利运输，但对于大型机械化运作还不能适应，今后可结合伐区作业需要，适当对原有道路进行扩建和改建。

森林防火设施设备齐全，配置对讲机 10 台、护林站 7 个，配备护林人员 11 名。1999—2015 年，按照省人民政府的要求认真抓好生物防火林带建设，完成营造生物防火林带长度 85.85 千米，面积 87.95 公顷。

（6）自然灾害

林场曾出现的主要病虫害有马尾松突园蚧、桉树枝瘿姬小蜂、尺蠖、白蚁、焦枯病等。林场坚持“预防为主、科学防控、依法治理、促进健康”的方针，加强林业有害生物监测预警体系、检疫御灾体系、防治减灾和应急反应体系、防治能力体系建设，积极采用先进的科学防治技术，坚持以生物防治和物理防治方法为主的积极防治措施，使林业有害生物的发生消灭在萌芽状态。力争项目区林业有害生物成灾率控制在 2‰ 以下，无公害防治率达 90% 以上，灾害测报准确率达 95% 以上，种苗产地检疫率达 100%。

（7）山林权属

林场总面积 34638 亩，已发证 34368 亩，未发证 270 亩。林权证发证面积比总面积少了 270 亩，是因为存在两个地点的林权纠纷问题。一是场部工区、二工区、围内工区林地边界与四会市东城区前进村委会一直都存在争议问题，争议林地面积 198 亩，该地块未发林权证。二是大坑尾工区 1 小班边界与四会市贞山区独岗村委会边界有争议，争议面积 72 亩，此面积未发证给林场。

1.8.3 大水口林场

（1）基本情况

肇庆市国有大水口林场建于 1958 年，位于广东省肇庆市封开县金装镇东部，地处 111° 52′ ~ 111° 54′ 08″，北纬 23° 26′ ~ 23° 49′，西南北三方向与封开县的金装镇、南丰镇接壤，东与怀集县桥头镇毗邻。林场林地分布在西江北岸的高、中丘陵区，山峰起伏明显，相对高差 250 ~ 650 米，坡度在 25° ~ 38°之间，平均海拔 350 米，最高海拔 644 米。

林场现有国有林地 36952.5 亩，总蓄积量 141632 立方米，森林覆盖率 91.48%。肇庆市国有大水口林场为正科级建制，2012 年 10 月事业单位改革核定为公益二类事业单位，仍保持企业化管理、自收自支的经营性质。林场经济收入主要有木材经营及综合经营。2015 年度经济总收入 1199.18 万元，其中木材经营收入 1049.11 万元，综合经营收入 150.07 万元。成本费用总支出 1599.06 万元。总资产 6264.02 万元，总债务 1980 万元。

（2）体制变革

林场是肇庆市林业局下属正科级建制、具有独立法人资格的事业单位，实行企业管理，经济上独立核算、自收自支，行政上由市林业局（市林业总场）直接领导，业务、经济由市林业局（市林业总场）直接管理，党务、工会、计生、精神文明建设等属当地党委、政府及有关部门管理。经营上，实行场长任期目标责任制，按任期编制、执行《森林经营方案》，同时执行《肇庆市属国有林场（圃）目标责任制年度考核办法》。

肇庆市国有大水口林场建于1958年，由省地商业部门下放干部为主体创办，1959年下放给县林业局管理，1964年为省属地管林场，1974年被委托给肇庆市地区管理，成为市属林场，名为“国营大水口林场”。1997年正式更名为“肇庆市国有林业总场大水口林场”，2012年事业单位改革再次更名为“肇庆市国有大水口林场”。

（3）森林资源

从建场初期至20世纪末，林场主要造林树种为杉木和马尾松。林种单一，生长周期长，不利于林场可持续发展。2004年以来，林场进行林种树种结构调整。经过10多年的努力，用材林已形成了相当的规模，总面积38539亩。目前，以桉树为主的短周期用材林面积19169亩，占用材林的49.7%；以松、杉为主的中期林15947亩，占用材林的41.4%；以檀香、降香黄檀、桂花、山杜英等为主的中长期林3423亩，占用材林的8.9%。

林场动物资源丰富，有陆栖脊椎动物198种，隶属56科22目。含鸟类103种，兽类40种，爬行类51种，两栖类28种，其中国家一级重点保护野生动物有黄腹角雉、蟒蛇，国家二级重点保护野生动物有穿山甲、水獭等18种。

（4）经济发展

木材收入，主要以生产、销售松、杉、桉树木材为主。建场以来，林场不断改革创新，转变经营模式，木材生产、销售由自主经营转变为活立木公开招投标，对已成熟的林木活立木进行招标拍卖，大大减少了木材生产及管理成本，增加木材销售收入。2009年以前，林场木材生产主要为松、杉，平均年产木材4000~6000立方米，年均收入约350万元。2010年起，林场种植的桉树逐年进入成熟期，平均年产木材20000~40000立方米，年均收入约1000~2000万元。

森林旅游发展缓慢。位于大水口林场内的广东状元湖森林公园，各类项目建设需要大量的资金投入，由于林场经济基础薄弱，资金短缺，难以承担状元湖森林公园所有项目的建设开发，并且缺乏科学、全面规划和经营方案。因此，公园自设立以来主要以公益性为主，尚未进行整体开发。近几年来，主要游客群体为学生、青少年，均是自主参观旅游，没有旅游经济收入。

目前林场其他综合经营主要有绿化苗、松脂、物业出租等项目经营，年平均收入约 100 万元。

（5）基础设施

林场现有办公室 1 幢，共 3 层，混合结构，面积共 750 平方米，2009 年初建为两层结构，后加建一层，进行了装修。另有旧办公楼 1 幢，3 层，混合结构，面积 600 平方米，建于 1987 年，2011 年底进行重新修缮，外墙进行了粉刷翻新，现主要用于派出所办公及档案存储。

林场现有职工住宿楼四幢，其中 3 幢建于 20 世纪 80 年代，混合结构，建筑面积 2300 平方米，共 42 户，2012 年完成危旧房改造修缮加固工程。另一幢为危旧房改造原址重建工程，混合结构，建筑面积 960 平方米，共 16 户。林场工区均有宿舍房，主要供护林员居住，有 28 间，共 1030 平方米。

林场座落在封开县金装镇，场部距离金装镇 4.5 千米，直通 266 省道，路面为 4 米宽硬底化道路。场内有林区公路 58 千米，其中等级公路 27 千米，有专职道班人员常年养护，现有标准为砂石路，路面宽 2~4.5 米，可通汽车，通往各工区林班，交通便利。

（6）自然灾害

林场位置与北回归线较近，气候属南亚热带粤中湿润型气候区。林场年平均降雨量 2318 毫米，暴雨天气多集中于 4~8 月，如遇连续强降雨，林区易发生泥石流，台风天气集中在 6~8 月，强台风以上等级较少。

建场至今，林场没有发生过大范围、严重的森林病虫害。据调查，林场已发生的森林虫害有松毛虫、卷叶蛾、食叶性害虫，主要发生在一些中龄林的松木林、桉树林。病害主要有杉木炭疽病、桉树枯梢病等，

（7）山林权属

建场初期，林场经营总面积 60163.5 亩，后由于各方面的原因，林场的许多林地一直与周边的乡镇有诸多的争议，严重影响了林场的正常生产经营活动。为有利于团结，经上级林业部门调解，1967—1999 年共划给周边地方林地面积 20511 亩。现林场经营国有林地总面积 36952.5 亩（扣除野冲无法经营的争议林地 9280.5 亩，实际经营面积 27672 亩）。

林场利九工区野冲山场 9280.8 亩林地位于封开县南丰镇金楼村附近，1958 年广

东省林业厅勘测设计队设计、规划制作批准的《广东省封开县大水口林场地区造林调查设计说明书》中，明确了林场经营管理林地的四至范围，并且明确了金楼野冲山场位于大水口林场的管辖范围内。但从20世纪70年代开始受到周边村民的侵权，发生权属争议，山林纠纷一直困扰着林场，使林场一直无法正常经营该片林地。该情况林场已向上级部门反映，一直未能得到妥善解决。

（8）林场大事记

2004年，由于各种原因，林场陷入“资源危机、经济危困”的“两危”困境，林场通过与周边村、镇进行合作、承包和租赁等形式，扩大经营面积3万多亩；通过贷款、合作、引资、股份制等形式多方筹集生产资金，营造速生丰产林。

2006年11月，省级“状元湖森林公园”经广东省林业局批准设立，总面积646.8公顷。

2009年3月，广东状元湖森林公园被封开县发改局列为肇庆市千里旅游画廊建设项目之一，并批准了“状元湖森林公园现代林业与特色农家乐旅游项目”建设。

2011年，经封开县发展和改革局同意立项，林场危旧房改造建设总任务68套，计划总投资336万元。2011年底完成了52套修缮加固工程。

2015年，经市林业局、总场批准，通过公开招标转让外租林地、林木9159.5亩（白垢6040.5亩、万安2140亩、仁厚及连岐979亩），中标收入1295万元。转让款计划全部用于偿还债务。2015年已偿还借（贷）款1090万元，占35.4%。有效减轻债务，缓解了经济压力。

1.8.4 大坑山林场

（1）基本情况

肇庆市国有大坑山林场位于怀集县的东南部，距县城20千米，地处东经112° 10′ 41″，北纬23° 45′ 29″，海拔均在500米以下，地形东北低、西南高。境内以高丘为主，多为一重山。属于怀集县怀城镇辖区，与永固镇及广宁县古水镇毗邻。

林场的林地原为原始国有森林，1958年春，正式成立县属国营林场，名称为“怀集县国营大坑山林场”。林场经营总面积约38083亩，包括商品林30686.5亩和生态林7396.5亩。森林覆盖率、绿化率89.1%，活立木蓄积量约16万立方米，场内9.8万立方米，场外6.2万立方米。主要树种有杉树、桉木、马尾松、杂竹、降香黄檀及其他绿化苗、珍稀树种等。

近年，林场收入在1000万元以上。现有干部职工140人，其中在职职工64人，退休职工76人。

（2）体制变革

1988年4月，经县委组织部同意，大坑山林场改副科级建制为正科级建制。2011年10月，肇庆市机构编制委员会确认林场为公益二类事业单位。林场是具有独立法人资格的生产经营型事业单位，实行企业化管理。经济上独立核算，自负盈亏。

1958年林场成立之初为县属国营林场，名称为“怀集县国营大坑山林场”，主管部门为怀集县林业局。1963年，省林业厅收归为省属林场，名称为“广东省国营大坑山林场”，主管部门是省林业厅。1984年，经省人民政府同意，下放为市属国营林场，名称为“国营大坑山林场”，主管部门为肇庆地区林业处（后改名为肇庆市林业局）。1998年1月，林场改名为“肇庆市国有林业总场大坑山林场”。2012年10月改名为“肇庆市国有大坑山林场”。

1958秋，怀集县中等林业学校在林场内办起，设有4个班，有240多名学生，属半工半读。场校统一由怀集县林业局领导，场下设干部和林校师生均在场部一带山地进行生产和工作。1960年12月，怀集县中等林业学校停办。1960年7月，县委把高龙大队从幸福分社划出来，以场带队的形式并入林场的行政建制。从此，林场包括全民所有制和集体所有制两部分。1961年底，高龙分队从林场划分出去，各自划清山界、林界，各自独立核算。目前林场无代管乡镇，场内没有农村、学校和医院。

（3）森林资源

1958年林场成立之初，经营面积为6000多亩。1963年5月，县属金鸡林场并入大坑山林场，经营面积6.7万亩。同年年底，金鸡林场划出。同时将栈坑、石壁两地山场划归大坑山林场经营，经营面积22726亩。2014年资源调查显示林场面积为23076亩。

2008年森林资源更新资料显示，场内经营总面积1538.4公顷，其中林业用地1538.4公顷；林业用地中，生态公益林400公顷，商品林1138.4公顷；森林蓄积量13.1万立方米，森林覆盖率91.5%，林木年生长量7246立方米。2014年森林资源数据统计结果，经营总面积约38083亩（场内23076亩，场外租地15007亩），包括商品林30686.5亩（场内17076亩，场外13610.5亩）；生态林7396.5亩（场内6000亩，场外1396.5亩）。森林覆盖率、绿化率89.1%，活立木蓄积量约16万立方米（场内98000立方米，场外62000立方米）。

林场内国家二级重点保护野生植物有樟树、金毛狗、桫椤、秃杉等4种。林场有珍稀濒危植物 15 种，其中国家一级重点保护野生植物有南方红豆杉 1 种，国家二级重点保护野生植物 12 种。林场内的野生动物有五步蛇、眼镜蛇、穿山甲等 10 多种。

（4）经济发展

从建场开始至 1981 年，政府投资主要是在公路。1981 年林场进入采伐期后，在经济上实行独立核算，自负盈亏，基本没有政府投资。近几年来，随着国家对林业的重视，逐步加大对林业的投入，对林场的财政事业费投入主要在营林、抚育和林分改造等方面。2014 年是 236 万元，2015 年是 362.27 万元。

木材收入占林场年经济总收的 70% 以上，是林场经济收入的“重头戏”（表 1–6）。

表 1–6　2006–2015 木材经营收入情况表

年度	木材经营收入（万元）	总收入（万元）	占比（%）
2006	542.60	680.88	79.69
2007	528.63	755.66	69.96
2008	730.37	855.63	85.36
2009	706.10	852.56	82.82
2010	1060.90	1253.10	84.66
2011	1255.04	1405.78	89.28
2012	1593.57	1764.02	90.34
2013	1347.93	1527.74	88.23
2014	1546.96	1732.10	89.31
2015	1292.98	1475.00	87.66

广东大坑山森林公园是林场目前唯一的森林旅游项目，森林旅游是免费的，因此林场没有森林旅游收入。

林场于 1987 年 11 月在怀集县城兴办起“华苑酒店”，于 1993 年 3 月与市林业总场合资在肇庆兴办起“金山酒店”。华苑酒店是大坑山林场自筹资金兴办的全民所有制企业，占地面积 2033 平方米。酒店自开业以来，取得了良好的社会效益和经济效益。自 2001 年酒店实行经理承包经营责任制以来，酒店发展上了新台阶。通过兴办华苑酒店，既为林场分流了富余职工，解决了部分职工家属的就业问题，又增加了林场经济收入，同时大大提高了林场的知名度，取得了一定的社会效益。

金山酒店是林场和肇庆市国有林业总场合作兴办的星级酒店，各占 50% 股权。1993 年 3 月建成开业，位于肇庆市端州六路十三号，占地面积 471 平方米，楼高八层，经营面积 3500 平方米。金山酒店地处肇庆市繁华地段，增加了林场的经济收入，员工收入也不断提高。

（5）基础设施

场内建设大部分是在20世纪80年代和90年代初创建，经过近几年的不断改建维修，形成的现有建筑构架。林场有办公楼2幢，派出所办公楼1幢，食堂1幢，招待所1幢，会议室1幢，职工文化中心楼、职工宿舍4幢，工区宿舍楼和工区护林站宿舍共7幢。

林场交通状况良好，场部至县城20千米道路已水泥硬底化，场内有林区公路20多千米，贯通各个工区和护林站。全场林道90多千米，车道15千米，通至各伐区，为林场生产和护林提供了有利条件。

（6）自然灾害

林场属南亚热带气候区，未发生过冰雪灾害。林场夏季降雨多，进入主汛期，暴雨时有发生，土壤含水量饱和，小面积塌方偶有发生。林场风险隐患排查到位，未发生过泥石流。林场远离海边又是山区，因此受台风影响较小。

林场这几年来针阔混种，茶秆竹和其他生态林建设日趋完善，林分抗性比较强。目前威胁性较大的主要病虫害有马尾松毛虫、松叶蜂、杉（松）梢螟虫、油桐尺蠖、松突园蚧、肉桂双瓣卷蛾、桉树白蚁、焦枯病、炭疽病、黑斑病等。

（7）山林权属

大坑山林场原为原始国有森林，1955年初，广东省成立"广东省森林工业局粤中森林分局大坑山采伐队"，对该森林进行采伐。1956年底采伐完成后，1957年初开始筹建大坑山林场。1958年春，正式成立县属国营林场，名称为"怀集县国营大坑山林场"，经营面积6000多亩，主管部门是怀集县林业局。2014年资源调查显示林场面积为23076亩，这个面积一直维持至今。自1958年春办场以来，由于林场林地权属明确，林场与群众关系比较好，除了外租山出现过小面积权属纠纷，且已经全部解决外，林场本部未出现过权属纠纷。

（8）林场大事记

1958年春，经怀集县人民委员会批准，由广东省、怀集县勘测规划队实地勘查设计，将大坑山范围约6000多亩国有山林统一规划，成立怀集县国营大坑山林场。

1958秋，林场内办起怀集县中等林业学校，设有4个班。

1960年7月，为了有利发展林业和方便林场管理，县委决定扩大林场，把高龙大队从幸福分社划出来，以场带队的形式并入林场的行政建制。

1960 年 12 月，怀集县中等林业学校停办，林场接管了原由林校经营的山林和财产。

1961 年底，根据中央政策，经县委同意，把原划入林场的高龙大队划分出去，各自划清山界、林界，各自独立核算。

1963 年 5 月，“大坑山林场设计任务书”经广东省人民委员会批准，并报国家林业部、计委，省计委、林业厅将怀集县金鸡林场并入林场。同年年底，两场分开。

1963 年 12 月 4 日，怀集县人民委员会发给大坑山林场山林土地证书。

1979 年 2 月 11 日，时任广东省委第二书记、省长习仲勋在怀集县领导陆文陪同下，从广宁县来到林场检查指导工作，深入到石壁工区检查林场的营林生产，指示林场发展综合经营，养鸡、养牛羊，改善生活。勉励林场干部职工安心林场工作，以场为家。

1987 年 7 月，经上级同意，林场成立了矿管站，治矿护林，林矿兼治。11 月 26 日，林场自筹资金兴办的首个第三产业——华苑酒店开张试业。

1988 年 4 月 7 日，经县委组织部同意，林场改副科级建制为正科级建制。

1990 年，林场被林业部授予“全国国营林场先进单位”称号。

1993 年 3 月 31 日，林场自筹资金 370 多万元与市林场公司合资兴办的肇庆金山酒店开张试业，场长梁胜耀任酒店副董事长。

1995 年 8 月 23 日，林场 26 名国家干部档案从怀集县委组织部移交市林业局，市林业局对林场的人事进行了收编。

2004年7月，开展了市属国有林场首轮中层干部竞岗，中层干部得到调整和充实。

2014 年，林场顺利完成了林场内所有林地林木的确权工作，经营总面积为 23781 亩。

1.8.5 新岗林场

(1) 基本情况

新岗林场位于广东省怀集县东北部，地理坐标为东经 112° 22′42″ ~ 112° 27′09″，北纬 24° 12′35″ ~ 24° 19′24″。因坐落在洽水镇黄京坑新岗乡而得名，距离县城 69 千米。东面以马耳尖山峰、雷公球顶峰的山脉分水为界，与阳山县七拱、太平两镇相邻；南面以崀伞顶、六塘营山脉分水为界，与怀集县洽水镇桂岭、谿村相连；西面以阳殿城、竹老界及大岭背山脉分水为界，与洽水镇茶岩村连接；北面以分水坳、石川顶及密竹坳山脉分水为界，与阳山县七拱镇交界。总体上为南北走向，东西宽约 7 千米，南北长约 13 千米，方圆约 67 平方千米。

林场现有干部职工 250 人，林场经营面积 10 万亩，从 1956 年建场至今已 50 多年。建场以来，林场坚持“合理开发、注重保护、造管并举”的经营方针，经过半个世纪的艰苦创业，目前，全场拥有森林资源蓄积量 69 万立方米，森林覆盖率 92.5%，年经济收入 2500 万元左右。全场拥有生态林面积 6 万亩，占总经营面积 60%，成为生态、经济、社会三大效益显著的综合型林场。2013 年被评为全国“十佳林场”，2015 年被广东省委、省人民政府评为“先进集体”。

（2）体制变革

林场始建于 1956 年春，开始由怀集县人民政府创办，同年 8 月归高要专员公署林业局接管，1960 年由广东省林业厅主持规划设计并接管，1964 年划归广东省阳怀基地局管理，1976 年 7 月由肇庆市林业局管理至今。目前，林场为公益性二类的正科级事业单位，实行事业单位企业化管理。场区合一的大稠顶保护区管理处的管理体制隶属于广东省林业局，业务指导由肇庆市林业局负责，经费来源是财政核拨。

（3）森林资源

林场从 2004 年开始租赁附近村民的林地，经营林地面积由 6711.5 公顷增加到 8157.7 公顷，增加 1446.2 公顷。到 2015 年底，林场经营管理的商品林面积为 4108.2 公顷，其中速生丰产林为 3635.6 公顷。全场活立木总蓄积量由 683453 立方米，增加到 756654 立方米，增加了 73201 立方米，总净增率为 10.71%。林场幼龄林有 1635.4 公顷，蓄积量为 47713 立方米。中龄林有 1209.7 公顷，蓄积量为 89297 立方米。近熟林有 750.7 公顷，蓄积量为 68253 立方米。成过熟林有到 3162.5 公顷，蓄积量为 548415 立方米。森林覆盖率由 92.5% 增加到 95.8%，增加了 3.3%。

目前，林场经营总面积 8157.7 公顷，活立木总蓄积量 756654 立方米，年生长量 52727 立方米。其中公益生态林 4013.4 公顷，活立木蓄积量 485415 立方米，年生长量 12724 立方米；商品林 4108.2 公顷，有林地 4080.3 公顷，未成林地 89.3 公顷，活立木蓄积量 271239 立方米，年生长量 40003 立方米（松杉阔年生长量 11452 立方米、桉树年生长量 28551 立方米）。商品林分为场本部和外租地两部分。外租地是林场与林场周边的桂岭、豁村、新田、黄沙等村委会通过租赁、合作造林方式。租赁合作期限 30 年以上，所有外租地均经怀集县林业主管部门林业局和当地政府批准，并纳入经营范围，按林场目前的经营方式进行自主经营。外租地面积 1446.2 公顷，已种植速生桉 1137.1 公顷，其他杉树、珍贵用材林、城市绿化苗、荷木等 162.8 公顷。

林场野生动物资源丰富,有陆栖脊椎动物 258 种，隶属 71 科 27 目，含鸟类 139 种，兽类40种，爬行类51种，两栖类28种，其中列为国家一级重点保护的野生动物有黄腹角雉、蟒蛇；国家二级保护动物有猕猴、短尾猴、穿山甲、水獭等30种。

（4）经济发展

近年来，林场的经济收入逐年提升，职工收入逐步增长。年生产木材35000立方米。年经济总收入为2500多万元，其中木材收入约2200万元，第二、第三产业收入约250万元，其它收入约50万元。2015年在职职工人年均收入7.3万元。

从2004年开始，林场积极实施长、中、短相结合的林业发展新格局，在商品林经营方面，重点抓紧速生桉、城市绿化苗和珍贵优质用材林三大基地的建设。通过与周边村民联营的办法，向外租赁山地，发展三大基地建设。目前，林场速生桉树已发展到1319.2公顷，珍贵用材林191.9公顷，绿化苗木124.5公顷，三大基地初具规模，培育苗木陆续推向市场。

木材是林场主营收入。林场从2009年砍伐木材15145立方米到2015年28249立方米；木材经济收入从853.4万元上升到2084.7万元。从2001年起实施承包经营，并在2006年实行拍卖活立木形式经营。另外，桉树收入占总收入比重稳步增大。自2011年第一代桉树砍伐以来，桉树收入成为林场木材收入的重点，比重也稳步增大，2014年达72.3%。

怀集高山青农产品有限公司是林场与香港新联福集团有限公司合资企业。公司始建于1993年初，从2004年开始获得利润。2008年，公司总产值近390万元，利润近60多万元。2015年公司茶叶总产量1.2万千克，总收入约700万元，取得了良好的经济效益和社会效益。通过加强对高山青公司经营管理，预测在经营期内每年将获得约100万元的利润，为林场增加收入年均约40万元以上。

林场利用黄京坑、茅坪大坑和汾江三大水系，于1997年8月起，共引资近9000多万元，完成了15座电站的建设，每年为林场取得约100万元的收入。同时，对县城、四会大沙等地所建的办事处、综合楼等实行出租经营，每年创收15万元。

大稠顶省级自然保护区与广东新岗森林公园成立后，政府投入大量资金进行基础设施建设，但现阶段保护区与森林公园仍以保护为主，未对相关景点进行规模性的旅游观光开发利用。

（5）基础设施

现场内建筑大部分是在20世纪80年代所建，经过之后的逐年维修，形成目前的建筑架构。林场有办公楼1幢、派出所办公楼1幢、保护区办公楼1幢、场部宿舍楼9幢、红砖瓦平房2幢、若干工区宿舍楼及木材检查站。

为搞好对外经济的发展和方便外出办事，林场分别在怀集县城、四会市大沙镇(往肇庆公路边）购置物业：怀城旧招待所建筑面积1551.44平方米、怀城综合楼建筑面积5260.72平方米、怀城高山青茶庄楼建筑面积1449.48平方米、四会大沙占地面积1242平方米。

2004年，从县城至林场69千米公路，全线实现了硬底化，场部大院全部实行硬底化通道，场部至汾江、三汾、羊屎坑等工区可供大货车通行的林区公路约80千米；外租山范围的林区道路近60千米，初步形成了较为合理的林区交通网络，为林场的生产和发展提供了便利的交通条件。

（6）自然灾害

冰雪灾害：2008年林场遭受结冰灾害，有2000亩松木、桉树、杉木被冰压折，经济损失约600万元。2016年林场遭受大雪，桉树受灾5050亩，经济损失约500万元。

暴雨、泥石流：2014年5月22、23日，林场遭受百年一遇的泥石流灾害，场部大院、饭堂、大会议室及河边职工宿舍被淹，道路、桥梁被冲毁，造成可估计经济损失1320万元，林木及茶叶等损失无法估计。受台风、病虫灾害较少，30多年没有发生过森林火灾。

（7）山林权属

林场所有林地林木已确权发证，发证面积121427.79亩，其中场内100297亩，场外21130.79亩。场内29号林权证包含汾江、黄京坑、坑口、溪村、茅坪坑、铁思坪6个工区总面积83365亩，30号林权证包含三汾、羊史坑2个工区总面积16932亩，林场林权证总面积100297亩是1984年落实山林权证后人工计算的面积。2004年资源档案林场总面积100672.5亩为电脑计算面积，误差范围为0.374%，属于正常情况。

1.8.6 清桂林场

（1）基本情况

肇庆市国有清桂林场位于广宁县西南部的洲仔镇（原为清桂镇，2001年行政规划被并入洲仔镇），场部坐落在洲仔镇清水村印塘寨，“四至”范围是：东与横山及五和、南与德庆、西与木格镇、北与洲仔镇4镇1县交界。

清桂林场现有在岗在册职工78人（含长期临工55人），其中干部10人，工程技术人员3人，施业区内有1个村，19个自然村寨，社会人口近3000人。所在的洲仔镇乡镇企业较多，经济相对发达，新建的三水至贺洲高速公路贯穿全镇，林区公路、乡道、大车道形成较发达的交通网络。

（2）体制变革

清桂林场在1987年以前是以场带队的林场，林场负责对现有的19个自然寨进行行政管理。1987年建乡至2000年底，这13年里是“两个牌子，一套人马”，林场场长兼乡（镇）党委书记，人、财、物共用。2001年初，场镇正式分设，林场的人员编制、人事关系等真正隶属于肇庆市林业局管理，成为名副其实的市属林场之一。2012年10月经广东省事业单位分类改革，清桂林场定为正科级公益二类事业单位，隶属于肇庆市林业局，负责对分布在广宁县3.24万亩国有林场森林资源的保护、经营和管理工作。

（3）森林资源

全场经营总面积2275.7公顷，（含外租林业用地面积118.1公顷），活立木蓄积量108987立方米（含外租地7000立方米）。其中生态公益林面积666.9公顷，占总面积的29.3%；商品林面积1608.8公顷，占71.7%。商品用材林中，一般用材林732.4公顷，占45.5%；速生丰产林875.4公顷，占54.4%；经济林1公顷，占0.1%。

全场幼龄面积741公顷，蓄积量20178立方米；中龄面积171.2公顷，蓄积量7037立方米；近熟林面积333.6公顷，蓄积量15188立方米；成熟林面积168.8公顷，蓄积量12418立方米；过熟林面积621.2公顷，蓄积量55166立方米，其中商品林面积为365.0公顷，蓄积量31951立方米。

（4）经济发展

“十二五”期间，清桂林场木材采伐面积573.8公顷（含低改、间伐），木材生产总量约3.03万立方米，林木蓄积量总消耗控制在7.31万立方米内，森林蓄积量净增量19000立方米，活立木总蓄积量达到13.8万立方米，森林覆盖率达到94%，木材经营收入2061.71万元。

辖区内水资源极丰富，清桂林场建有小型水电站4座，“十二五”期间，清桂林场水电经营收入795.28万元。林场矿物资源丰富，南部含有丰富的高岭土、全国罕有的广绿石，东部蕴藏丰富的花岗岩石资源，目前已发展成广绿石、瓷土场两大产业。“十二五”期间，清桂林场广绿石经营收入985.82万元，瓷沙场管理经营收入1025.33万元。

（5）基础设施

清桂林场改建了林场大门及值班室，在办公大院、玉石展厅、仓库等场所。为了使职工获得更安稳的居住和生活环境，清桂林场于 2011 年完成了 32 套职工宿舍的危旧房修缮加固工程，2013 年完成了危旧房改造工程的配套排水设施改造项目。

林场至广宁县城有一条三级水泥硬底化公路，里程 39 千米，是清桂林场林区的主干公路。林区到县城一天有四趟班车往返。林场有各种交通运输车辆 5 辆。

（6）山林权属

建场初期，清桂林场的经营范围是原整个清桂版图（含林场现有经营面积），约 10 万亩。后经过自然村、3 个管理区（乡、镇）等行政划分，建制及分田地到户、林改、公社化等历史演变过程，到 1983—1984 年由广宁县人民政府开展林业"三定"（即稳定山林权属、划定自留山、确定生产责任）颁发的山权林权证后，林场的经营面积与版图才正式确定下来，经营总面积为 32000 亩。

（7）林场大事记

1958 年 3 月，清桂林场建立。

1983—1984 年，由广宁县人民政府开展林业"三定"颁发的山权林权证后，林场的经营面积与版图正式确定下来，经营总面积为 3.2 万亩。

1987 年，建立清桂乡；1992 年，撤乡设镇；林场与乡镇以"两个牌子，一套人马"进行管理。

2001 年，场、镇正式分设，林场的人员编制、人事关系等真正隶属于肇庆市林业局管理，成为名副其实的市属林场之一。

2009 年，清桂林场投资 50 万元对梅坳电站进行技术改造，装机容量达到 270 千瓦（原装机 200 千瓦）；林场重新铺设了饮用水管道，解决了干部职工用水难的问题。

2011 年，完成 32 套职工宿舍的危旧房修缮加固工程。

1.8.7 葵垌林场

（1）基本情况

葵垌林场创建于 1958 年 3 月，坐落在肇庆市广宁县东北角的北市镇，地理坐标为东经 112° 30′ 54″ ~ 112° 33′ 49″，北纬 23° 55′ 34″ ~ 23° 58′ 34″。林场东面与广宁县北市镇国光村接壤，南面与广宁赤坑镇连接，西面与怀集县燕峰度假中心毗邻，北面与清远市阳山县杨梅林场相连，处在“两市三县”的交结点上。葵垌林场属岭南余脉，地处广宁县的边远山区，地形属中低山，平均海拔 800 米，平均坡度 30° ~ 40°，东、西、北三面有大山脉环绕；属南亚热带季风气候区，受南亚热带海洋性季风影响。林场林地土壤主要是山地红壤、赤红壤，成土母岩以花岗岩为主，砂岩、页岩次之。

葵垌林场是实行自收自支正科级建制的公益二类事业单位，现有经营总面积 2.34 万亩，另有外租地面积 0.69 万亩，森林覆盖率为 95.99%。现有职工人数 176 人，其中退休 104 人，在职 72 人（27 人为长期临工）。在职职工年均收入约 5 万元，在当地属中下水平。由于林地面积小，坡度陡，经营难度大，林木资源尤其是可伐资源不多，加上历史债务较重，职工多，林场面临的经济负担重，而林场的收入主要以水电为主，增长的空间不大。

（2）体制变革

肇庆市国有葵垌林场创建于 1958 年 3 月，当时是一个以场带队的管理模式的经营单位。1974 年 3 月广东省设立阳怀基地局后，划归阳怀基地管理局。1976 年阳怀基地局下放，成为省属市管国营林场。1984 年由肇庆市林业局接管为市属国有林场，同时为落实国家林业“三定”方案的规定，把村庄周边的林地划拨给村民经营。1992 年 12 月，葵洞乡经广东省人民政府批准撤乡设镇，成立葵垌镇，林场与葵垌镇政府成为“两块牌子，一套人马”的镇场合一的单位。2001 年 1 月，始葵垌林场和葵垌镇场镇分开管理，原葵垌镇合并到北市镇。

（3）森林资源

林场林业用地 1562.5 公顷，其中有林地 1409.6 公顷，占 90.2%；灌木林地 91.2 公顷，占 5.8%；未成林地 35.4 公顷，占 2.3%；无林地及辅助林地 27.3 公顷，占 1.7%。森林覆盖率达 95.99%。场外租地面积 465.8 公顷，主要发展桉树基地，少部分为绿化苗基地。至 2015 年年底，林场总经营林地面积 2028.3 公顷。

林地总蓄积量 136857 立方米（其中，商品林蓄积量 48917 立方米，生态公益林蓄积量 87613 立方米，散生木蓄积量 327 立方米）。成熟林、过熟林面积 1008.9 公顷，蓄积量 11.4599 万立方米，分别占总面积和总蓄积量的 64.6% 和 83.7%，而幼龄林、中龄林、近熟林面积占 25.6%，蓄积量仅占 16.8%。场外租地面积 465.8 公顷，已种植桉树基地 445.8 公顷，蓄积量 16717.5 立方米；绿化树种 20 公顷。

林场林地面积不大，但森林资源比较丰富，植物品种繁多，属国家保护的乡土树种及珍贵珍稀植物有 10 多种，如红豆杉、台湾杉、穗花杉、桫椤等。名贵奇特的植物有紫花含笑、山樱花、罗汉松、秋枫、竹柏、羊角杜鹃等。另外，林场水力资源十分丰富，且溪流落差较大，适宜发展小水电。

（4）经济发展

林场经营有木材、水电、绿化苗及物业出租业务，年收入约 860 万元，木材及水电是林场的两大经济支柱（其中，木材收入约 250 万元，占总收的 29% 左右；水电收入约 550 万元，占 64% 左右），占到林场总收入的 90% 以上，第三产业仅占 10% 左右，产业结构发展不平衡。三大产业中，木材产业所占份额不大，没有体现以林为本；水电产业所占份额最大，但水电收入受制于机组容量及水库蓄水能力，也是靠天吃饭，增长空间极其有限；而第三产业不足，则严重制约了林场经济的快速发展，林场经济抗风险能力不强。

葵垌林场林地面积小，一定程度上制约着林场的发展，但有 3 方面的优势：一是水资源丰富，溪流落差大。二是野生植物资源丰富，品种繁多。三是森林景观资源优势明显。

结合林场实际情况及市场需求，着力于发挥林场的各种优势，着力于增资源、调结构。一是利用有限的林地资源，全力打造“精品林”工程，提高单位面积产量，储备林木资源。二是充分发挥水电资源优势，通过技改，先后改造了六层、大岭、螺壳电站的 4 台机组，更新了部分设备并增加装机容量 1410 千瓦，总装机容量达 4310 千瓦。同时对山柑坪及螺壳水库进行了清淤扩容挖潜，年增加发电量 350 万千瓦，水电收入年从技改前 300 多万元，大幅提高到每年 550 多万元。三是加大对绿化苗圃的投入，扩展了绿化苗圃经营面积，培育和移植更多经济价值高的乡土阔叶树种及珍贵珍稀树种。四是想方设法利用得天独厚森林旅游资源，加大招商引资力度，力求尽早将旅游资源转化成经济成果，为林场经济腾飞夯实基础。

（5）基础设施

葵垌林场的公共服务设施、生产设施、生活服务设施等基础设施完善。公共设施包括林场办公楼用房（现有一幢办公大楼共四层）、工区办公用房、工区护林防火用房及其他配套设施等。场部连接工区的道路畅通，环卫设施齐全，办公设施齐全。生活服务设施包括职工住房（现有两幢职工宿舍楼，分别为 5 层、3 层，共占地 2000 多平方米）、连接外界的道路、生活用水、生活用电、通讯设施（有线通信线路、程控电话）、有线电视等其他配套设施。

全场现有林区主线公路 40.8 千米。其中，省道 S260 线、大坪工区、六层工区，共 24.2 千米。大坪工区的 7 千米道路于 2006 年实现了公路硬底化，其他都为林区简易公路。

(6) 自然灾害

林场自然灾害较少，有害生物时有发生。近年，林场发生了橙蓝带尺蛾病虫害，使得林木有害生物防治工作面临的形势十分严峻。

(7) 山林权属

1984 年 12 月，林场划清了林场与周边的山林权属及界线，并签订了相关合同。林场权属林地经营面积 23437.5 亩，外租地 6984 亩，总经营面积 30421.5 亩，最新的林权证发放面积与其相符。

林地权属稳定，与周边群众林地界限清晰，场内工区与阳山县、北市镇及当地村委等拥有的林地都建有生物防火隔离林带。山林权证换发工作也在 2003 年全部顺利完成，发证率 100%。通过林场多年来的努力，林场与当地政府、周边群众都建立了良好的关系，并不存在林地权属纠纷现象，使林场有了一个相对稳定的周边环境，有利于林场的正常经营。

(8) 林场大事记

1958 年 3 月，国营葵垌林场正式建立。

1974 年，林场划归阳怀基地管理局管理。

1976 年，林场由肇庆市林业局接管，成为省属市管国营林场。

1984 年，林场划归市属国有林场。

1992 年 12 月，葵洞乡经广东省人民政府批准撤乡设镇，成立葵垌镇，林场与葵垌镇政府成为“两个牌子，一套人马”的镇场合一的单位；

2001 年 1 月，葵垌林场和葵垌镇场镇分开管理，同年被肇庆市林业局授予“先进林场”称号。

2002 年，林场被肇庆市林业局授予“先进林场”称号。

2003 年、2005 年、2006 年及 2008 年，林场被中共广宁县委员会授予“先进基层党组织”称号。

2005 年，林场被中共广宁县委员会、广宁县人民政府评为“文明单位”。

1.8.8 白沙林场

(1) 基本情况

白沙林场坐落于封开县莲都镇境内，距莲都街 12 千米，距有“封开小桂林”之称的龙山风景区 22 千米。封开县国营白沙林场位于肇庆市封开县的莲都镇，地理坐标为东经 111° 52′ 04″，北纬 23° 34′ 08″，距封开县县城约 80 千米，全场面积 11137.5 亩，其中有林面积 10749 亩，森林复盖率 95.8%，活立木蓄积量为 2.99 万立方米。

（2）体制变革

白沙林场创建于 1958 年 3 月，当时由江门专区下放干部建场工作队组织创办，原名为七星林场。为了培养林业人材，于 1958 夏开办了一所林业中学，为林场的发展培养出一批批人才。1959 年，政府从当时的渔涝人民公社各大队抽调 70 名青年民兵到林场组织开展消灭荒山的造林大会战，后来这批青年民兵转为林场工人。1963 年，由于体制改革，因七星已有一个伐木场名为“七星林场”，便将地处莲都境内的七星林场改为白沙林场。

（3）森林资源

林场有人工营造速生丰产杉林 2500 亩，人工营造速生丰产松林 2500 亩，松杂混交天然林 5900 亩。

（4）经济发展

党的十四大提出建立有中国特色的社会主义市场经济以来，林场根据市场的要求，在经营方式上采取了集约经营，更新的林地，全部实行高标准投入，从而达到高产出，使林木生长周期缩 1/3 时间，大大提高了林地的经济效益。在林种的结构上进行了调整，做到适地适树，以种松、杉为主，短期的经济林以果树、玉桂为主，种有玉桂 500 亩、果树(青梅)100 亩、沙糖橘 100 亩、蜜柚 20 亩。1990 年林场走向木材深加工道路，办起了木材加工厂一间，对枝丫材进行深加工，生产家具产品，从福建引进先进机械设备，保证了产品的质量和工作效率的提高。该生产出来的家具产品，远销珠江三角洲等地，1996 年，林场总收入达到 180 万元。

（5）基础设施

1976 年林场开通了林区公路，为林场的发展创造了良好的条件。至 1993 年建有两层办公大楼，建筑面积 200 平方米，职工宿舍大楼 3 幢，建筑面积 1438 平方米；有小汽车 1 辆，卫星电视接收器 1 套，程控电话机 3 台；有职工文化娱乐中心和体育运动蓝球场。1988 年拉起高压电线，安装 100 千伏安的变压器，保证了林场的生产和生活用电。林场已建有过滤水池，安装了自来水管，保证了职工的生活用水。

(6)山林权属

林场的林地在经过1962年四固定后，稳定下来。1981年落实了山林权的“四至”界线，创造了安定的周边环境。在此以前，由于历史的原因，林场的一些山场，山林纠纷时有发生，对林场的生产带来很大的影响。

1.8.9 黄岗林场

(1)基本情况

黄岗林场位于广东封开县东南部，坐落于河儿口镇境内，地理坐标为东经111° 49′ 34″，北纬23° 25′ 47″，距封开县县城约100千米。林场南与德庆县相邻，东有黑石顶自然保护区相伴，西与渔涝镇交界。林场属亚热带季风气候，气候温和，雨量充沛。林区山地主要为低山丘陵地带，平均海拔400多米，森林资源十分丰富。

黄岗林场经营山地面积达6.77万亩，有林面积6.68万亩。目前，森林活立木为27.63万立方米，其中天林蓄积量12.30万立方米，人工林蓄积量15.33万立方米，森林覆盖率98.47%。

(2)体制变革

1959年10月，封开县森林工业局七星伐木总场黄岗分场诞生。1960年下半年，从七星伐木总场划分出来，成立黄岗伐木场。1974年，黄岗伐木场改为黄岗采育场、2000年9月7日，封开县机构编制委员会办公室(封编办字〔2000〕13号)批准将封开县黄岗采育场更名为封开县黄岗林场，为副科级事业单位，核定事业编制92名，人员经费自筹。2011年，封开县机构编制委员会办公室(封机编办〔2011〕88号)批准封开县七星林场为公益三类，核定事业编制62名，人员经费自筹，至今一直属封开县林业局领导。现林场设有场长室、行政股、生产股、计财股、护林队，目前在职职工52人、干部2人、退休职工48人。

目前林场主要工作任务是管护工作，组织护林员巡护防止破坏森林资源，森林防火，森林病虫害防治，防止乱砍滥伐等。

(3)森林资源

封开县黄岗林场有丰富的森林资源和水力资源。由于林场地处北回归线北缘，地表形态复杂多样。林区的地带性植被为南亚热带常绿阔叶林，林区内野生动植物资源丰富，物种繁多。主要有白鹇、山斑鸠、画眉、啄木鸟等鸟类，有野猪、黄猄、果子狸、狐狸、松鼠等兽类，有蟒蛇、金环蛇、银环蛇、过树龙、竹叶青、蛤蚧、枫叶龟、穿山甲等爬行类，有刺胸蛙等两栖类动物。

（4）经济发展

林场积极改革。全面推行了机制体制改革，创建了科学高效的管理方式。打破了“大锅饭”观念，体现了社会主义制度“多劳多得，不劳动不得食”的思想。在2003年，实行考试竞争上岗，优化了职工队伍。使职工转变了工作作风，提高了工作效率。下岗职工实行承包“工资林”，经营收益归个人所有。通过改革大大提高了职工的积极性和创造性。干部职工实行岗位责任制度，保证林场的日常工作正常运行。对电站管理上，实行职工收入和生产效益、任务挂钩的制度，刺激经济增长，使林场电费收入明显升高。

林场大力发展第三产业。实行科技兴林，加快低产低值林改造。用联营的办法，投资800万元打造10000亩蓄生丰产林生产基地，改变了林场原来投入资金不足的局面，提高林场的生产效率。积极招商引资，充分发挥利用林场的资源优势，推动经济建设向前发展。林场引资1500多万元，以联资方式建起了大河、六河、班石、黄岗、黄双、香车等6座水电站，装机总容量为1600千瓦，目前4个电站投入发电，增加了林场经济收入。引导在职职工和承包工资林人员包山种果，增加职工收入，目前林场已有部分职工拥有自己的果场。

（5）基础设施

目前林场建筑面积近1000平方米，有4层高的综合办公大楼，外设有环境优美大院。职工宿舍8栋，建筑面积近6000平方米，一改过去住草房、瓦房的情况，变为住上钢筋混凝土楼房。林场在江口还融资了300多万元，兴建了一栋9层高、建筑面积3600平方米的集资综合大楼，既提高了员工的福利生活，也为林场发展了第三产业。

在上级的支持下，林场还修建了渔涝至黄岗的林区公路，使交通更为方便。争取开通通信设备，为每个职工都配备了手机或固话，更有利于业务联系及与外界沟通。林场在2003年还投入2万多元架设了有线电视、修建篮球场等，丰富了员工及家属的文化娱乐生活，开阔了群众视野。

（6）山林权属

2002年，林场与猪肚河经济合作社存在的山林权属纠纷：封开县黄岗林场猪肚河西面部分山林，面积1370亩，“四至”界线为东至猪肚河，南至尖峰顶沿山脊线往高程750.1米处，西至从尖峰顶沿山脊线往北，北至庄家屋西南角屋角埇至大坪顶的山脊线，山权林权属于封开县黄岗林场所有（详见封林证字(2008)第180027号《山权林权证》)。

2006年3月31日，肇庆市中级人民法院（〔2006〕肇中法行终字第8号）判决：猪肚河西面部分山林的林地所有权、使用权和林木所有权确权为封开县黄岗林场所有。目前此纠纷已解决。

1.8.10 七星林场

（1）基本情况

七星林场位于封开县边远的七星林区内，与三县（封开、德庆、怀集）六镇（封开的河儿口 、渔涝、莲都，德庆的莫村、高良镇，怀集的诗洞镇）相邻，东至封开与怀集交界的滴水岩，南至与德庆交界的大顶山，西至与河儿口镇庙边交界的佛子翁，北至与莲都镇交界的石桥朗。下辖山场分布在河儿口镇的东光、三垌、平垌、向阳、进民、深六等6个村委会。

封开县七星林场属中低山地地貌，海拔一般在150~1275米，多为海拔500米以上的山峰，主峰七星岩顶海拔1274.4米，为封开县最高峰。场内地势起伏大，海拔高低悬殊，悬崖峭壁、怪石嶙峋、瀑飞泉涌、云锁长松，动植物资源十分丰富。封开县七星林场位于肇庆市封开县东部的河儿口镇，地理坐标为东经111° 56′ 14″，北纬23° 27′ 38″，距封开县县城约90千米，全场面积108271.5亩，其中有林面积100470亩，森林覆盖率95%，活立木蓄积量为58万立方米。

（2）体制变革

七星林场创建于1958年，当时称德封县七星采伐总指挥部，下设黄岗分部，属广东省森林工业局领导。1972年改名为七星采育场，属封开县林业局领导，1985年改名为封开县国营七星林场。2000年9月7日，封开县机构编制委员会办公室（封编办字〔2000〕13号）批准将封开县七星采育场更名为封开县七星林场，为副科级事业单位，核定事业编制 78 名，人员经费自筹，2011 年，封开县机构编制委员会办公室（封机编办〔2011〕88 号）批准封开县七星林场为公益三类，核定事业编制 48 名，人员经费自筹，至今一直属封开县林业局领导。现场部设有场长室、行政股、生产股、计财股、护林队，目前在职职工 33 人、干部 2 人、退休职工 53 人。

（3）森林资源

七星林场有丰富的森林资源，水力资源和石材资源。办场以来主要开发森林资源，在开发资源过程中，林场重视靠科学、讲技术、合理开采资源，重视森林资源的再生及管护工作，使森林资源呈现良性循环，促进林场经济稳定发展。

由于林场地处北回归线北缘，地表形态复杂多样。林区的地带性植被为南亚热带常绿阔叶林，林区内野生动植物资源丰富，物种繁多。主要有白鹇鸡、山班鸠、画眉、啄木等鸟类，有野猪、黄猄、果子狸、狐狸、松鼠等兽类，有蟒蛇、金环蛇、银环蛇、过树龙、竹叶青、蛤蚧、枫叶龟、穿山甲等爬行类，有刺胸蛙等两栖类动物。

（4）经济发展

林场以森林为主，林业用地面积比例高达 95% 以上，除了部分人工种植的杉木、马尾松和桉树外，多数为天然林和天然次生林地，主要靠生产、销售木材获取经济收入。1992 年以来，林场在以林为主的同时，开展多种经营，搞综合开发，开采石材资源的同时也开发水力资源，多渠道发展经济。通过开采花岗岩资源，场部属下有大山石场及云龙石场两个石场；地表水资源丰富：林区内群山环绕，群峰起伏，瀑布飞泻，溪涧河流纵横交错。开发了 11 座小水电站。

（5）基础设施

改革开放以来，林场有了自主权，独立核算、自主经营，大大调动了职工的积极性，干部职工上下团结一致，努力拼搏，为搞好林场经济共同奋斗。林场的经济一年比一年好，职工的生活水平逐年提高，居住条件也大为改善，建起职工宿舍楼，在住宅区搞园林化、建篮球场等设施。场部有 4 幢楼房，职工全部住上了套房，告别了住木板房、瓦房的艰苦岁月，林场现有轿车 1 台，50 龄小货车 1 台及 3 台公用摩托车。

（6）山林权属

山林权属被侵权：封开县七星林场“松柏根”和“飞播区”两幅山场坐落在封开县行政管辖范围内的河儿口镇七星，与怀集县诗洞镇云田村交界地方，面积5千多亩。“四至”界线为东至德庆县界，南至506.0山脊，西至云田大路，北至怀集县界。山权林权属为封开县七星林场所有（详见封林证字七字107号和封林证字七字108号《山权林权证》）。2005年11月与怀集县诗洞镇云田村民徐昔天和王少华通过违法手段办理了木材采伐许可证，对上述山场进行侵权。

1.9 惠州市国有林场

（1）基本情况

惠州有10个市属国有林场，大多创建于20世纪50~60年代，分别为梁化、九龙峰、罗浮山、象头山、汤泉、平安、鸡笼山、水东陂、油田、东江林场。

10个国有林场1986年以前为省属地管林场。1986年广东省惠阳地区编制委员会文件《关于惠阳地区直属国营林场建设问题的批复》惠地编〔1986〕85号文，行署林业处对地区直属22个国营林场的级别建制作出调整，国营林场转为为正科级建制单位，隶属惠阳地区林业局管理。1988年撤销惠阳地区成立惠州市，辖区内9个国有林场成为惠州市市属国有林场至今(东江林场于2011年由城区政府划归市林业局管理)。

自1987年开始，市属国营林场由原来依靠国家投资（国家共投入建场资金1800多万元）转变为自主经营、自负盈亏、经济独立核算，实行事业单位企业管理的经营单位。2010年惠州市人民政府第125次常务会议通过了《惠州市国营林场改革实施方案》，市属林场的性质转为实行财政差额补贴的公益二类单位。2016年，根据惠州市林业局目前代市政府草拟的《惠州市属国有林场改革实施方案》，2021年开始，将市属国有林场定性为公益一类事业单位，实行定编、定人、定岗，市财政全额拨款，林场所有收入上缴市财政，并停止商业性采伐，实行财政收支两条线管理。

10个市属国有林场总经营面积75.15万亩，林业用地面积72.16万亩，有林地面积65.58万亩。其中，生态公益林面积共60.69万亩（省级生态公益林46.56万亩，市级生态林14.13万亩），占林业用地面积72.16万亩的84%；森林覆盖率达91.26%，森林蓄积量达326.97万立方米。市属林场共有干部职工1770人(统计至2015年底)，其中在职在岗739人，离、退休1031人；市属林场总资产221198万元，林木资产196740万元；市属林场共负债12562万元，其中累计拖欠社会保险7357万元（本金1440万元，滞纳金5917万元），其他欠款共5205万元。市属5个林场周边共有9个村民委员会，68个自然村，共有1248户，总人口达5987人。10个市属国有林场已建立8个森林公园。其中，国家级森林公园1个，省级森林公园7个。

惠州有县属林场7个，分别是惠阳市墩子、惠东县寨场山、博罗县梅花、龙门县密溪及蓝田、青年、经济等林场。

1.9.1 梁化林场

（1）基本情况

梁化林场位于惠东县的东北部，与惠东、惠城、紫金3个县（区）接壤，地理坐标为东径114° 42′ 25″ ~114° 51′ 5″，北纬23° 08′ 13″ ~23° 13′ 34″，外于北回归线南侧。林场气候属南亚热带季风气候，地貌属中低山地貌，形态复杂，河沟纵横，地形陡峻，坡度多在25°以上，地质主要由花岗岩、片麻岩、石英砂岩构成，土壤属南亚热带赤红壤。

1956年2月，为了造林绿化，发展林业，国家将连片的宜林荒山荒地划拨，投资组建成国有梁化林场，组建时林场总经营面积125000亩。至2015年底，林场经营总面积为6734.6公顷，林业用地面积6706.8公顷，生态公益林6118公顷，商品林588.8公顷，果树面积206.7公顷。全场活立木蓄积量达50万立方米，森林覆盖率97%。林场职工总人数为204人，其中在职人数为103人，离退休人员101人。

（2）体制变革

自建场至1985年，林场为省属县管副局级事业单位，1986年后改为惠州市直辖科级全民所有制事业单位，隶属惠州市林业局管辖。1985年前，林场实行单一的公有制经营模式，国家对林场的建设和发展给予高度重视，在人才调配、人员经费、基建费用等方面提供大力支持，生产管理采用劳动定额制。1986—2010年，林场以木材生产为主体，定为事业单位企业管理，实行集体经营场长责任制，管理层执行工资制度，基层生产工人执行劳动定额和承包责任制度，分配制度一度不公平，林场经济效益不高，生产效率低下。2011年起林场从全木材生产为主转为以生态管护为主的生态经营型，定位为公益二类事业单位，实施“人事、用工、分配”3项制度改革，用内退、病休、停薪留职等方法分流富余从业人员，实行定员定岗责任制，获生态补助和差额补贴，把林场的功能摆在维护生态安全的战略地位。2000年后，原林场创办的学校、卫生所相继撤消。

（3）森林资源

建场时，经营管辖总面积125000亩，后因体制变动调处山林纠纷，建立古田保护区等，2000年全场总面积6734.6公顷，生态公益林6119公顷，商品林面积587.8公顷，至2015年底，全场活立木蓄积量达50万平方米，森林覆盖率97%。

林场野生动物资源丰富，现已记录陆生脊椎动物208种，隶属4纲24目68科，国家重点保护野生动物30种，占陆生脊椎动物总物种数的14.71%。其中，国家一级重点保护野生动物有蟒蛇、云豹2种，国家二级保护动物有28种。

（4）经济发展

办场开始至1973年，林场大力营造林和培育管护林木时期，国家投资146.9万元。1974—1999年林场进入木材利用阶段，林场没有得到国家投资。2000年后，林场实施分类经营，在林场总面积6734.6公顷中，划出生态公益林6119公顷，得到政府补贴2632.91万元，用于林场运作和生态保护、生态建设，提供公益服务。至2015年底，林场经营收入11892.75万元，为国家纳税465.78万元，上缴主管部门27.995万元。

林场发展经济林有年橘、柑、橙、三华李、沙田柚、柠檬、山楂、番石榴、龙眼、青梅等共220公顷，其中青梅有200公顷，年产果75万千克以上，2000年前青梅经济效益较高。除经济林、竹林外，主要有松香生产，1975年，林场自筹资源建立松香厂，至1987年共生产松香1800吨，松节油216吨。20世纪80年代后期，林场试种70亩南岭黄檀，进行紫胶生产，后因紫胶收购价格下跌，紫胶虫难以过冬，而放弃生产。

林场发展的其他产业有：1984年投资67万元参与惠州市飞鹅楼股份；1990年投资55.34万元，在平山新市场建成1273平方米大楼一栋；1992年分别在平山广汕公路旁、赤岭大道，各建成一栋共2867平方米大楼，全部大楼用于出租，现厂房楼租收入30万元/年。1997年4月投资46万元建成410平方米青梅加工厂，第一年外包经营失败，之后不再经营。2008年，发德顺公司联合林场共同成立家森实业有限公司开发建设森林公园，林场每年获得资源管护费150万元。

（5）基础设施

建场时林场第一场部是用300元钱从当地农户的房子购得，共5间土砖房；于1962年建成第二场部，占地2500平方米；1975年建成第三场部，占地4000多平方米。2015年第三场部经房屋鉴定部门鉴定为危楼，于2015年6月搬至原青梅加工厂作为办公场所。建场至1987年共建有职工宿舍8100平方米，2000年林场投入85.4万元，建成4栋二层共20套的职工宿舍，2013年在梁化镇兴建了3栋宿舍7139平方米。

贯穿林场的主要交通干线是1958年建设而成，全长9千米。2006年，由政府主导全面进行了硬底化，极大地缓解林场职工出行难的问题。

（6）自然灾害

2015年4月20日14时5~10分受强对流天气影响，林场大范围遭遇100年内罕见冰雹袭击，灾情严重，青梅损失 50 万千克，区域内所有瓦房瓦面全部破碎。

1961 年 9 月由场外火过界，烧毁山林 113.33 公顷；1967 年 3 月生产作业引起火灾，烧毁山林 86.67 公顷，林场 2 位干部在扑火中牺牲。

林场林木虫害主要有松突圆蚧、松材线虫。松突圆蚧经蚜小蜂生物防治有一定效果；松材线虫引起枯死严重，近 3 年发生面积覆盖全场，大量松树死亡。

（7）山林权属

1955 年，广东省人民政府农林厅组队开始创办国营梁化林场，并于 1956 年 2 月，在农业合作化的基础上，设立国营梁化林场，为省属县管的全民事业单位。1962 年确认四种林权，山林权属为国营林场，得到政府的确认。后因体制变革，山林纠纷调出和古田保护的划出等，至 2015 年底林场经营并确权的总面积为 101019 亩，属全民所有制。

1979 年后农村生产体制变革，引发邻近乡村、村民以要回祖宗山的名义引发山林纠纷。2004 年换发林权证时，坪山工区邻近村民以原县界为准为由，提出权属争议，至今有 1.5 万多亩林地无法换证。

（8）林场大事记

1956 年 2 月，国营梁化林场建场，属佛山地区专署管辖。

1963 年，林场改为由惠阳专署管辖的省属副科级事业单位。

1976 年 7 月，松香厂建成投产，占地面积 450 平方米。

1978 年，开始缴纳税金，当年缴纳税金 78924 元。

1982 年，林场开始种植青梅，种植面积 8.67 公顷。

1983 年，划出 515.3 公顷林地建立省级古田自然保护区。

1986 年 4 月，林场改为惠州市林业局直辖科级事业单位。

1990 年，林场停止松香生产，取消松香厂。

2002 年，撤消梁化林场小学。

2003 年，开始获生态公益林效益补偿。

2008 年起，获森林公园旅游资源补偿费，每年 150 万元。

2009 年 10 月，撤消卫生所。

2011 年开始，实行财政差额补贴，5 年内平均补贴 152 万元 / 年。

2012 年，获得森林公园合作商提供 600 万元，建设梁化小区职工宿舍。

1.9.2 九龙峰林场

（1）基本情况

1960 年 8 月，惠阳县人民政府为安置闲散人员就业而建立寨场山林场；1963 年 2 月，寨场山林场与长坑林场合并，场名改为国营惠阳九龙峰林场。

全场林区设置有白水磜工区、元潭工区、上坑工区、九龙峰工区、小林场工区、南坪工区。全场经营总面积 52632 亩，目前森林蓄积量 118211 立方米，森林覆盖率 79.94%。全场职工人数 143 人，其中在职人数 62 人，离退休人员 81 人。

（2）体制变革

1960 年 8 月，惠阳县人民政府为安置闲散人员就业而建立寨场山林场，这就是九龙峰林场的前身。1963 年 2 月在省、地、县的支持下，寨场山林场与长坑林场合并，新规划了上坑工区和九龙峰工区，场名改为国营惠阳九龙峰林场。1964 年，经县、镇、大队、生产队、九龙峰等多方协商同意，多祝白水磜林场划给九龙峰林场。1974 年，原平山公社潭公大队的石寮小林场划归九龙峰林场管辖。1967 年林场改名为国营广东省东风林场，1981 年恢复为县属九龙峰林场。1988 年改为惠州市属林场，名称为广东省惠州市国有九龙峰林场，2002 年改为惠州市国营九龙峰林场。2011 年林场改革为公益二类事业单位，实行差额拨款，差额拨款名额 21 名。

（3）森林资源

林场建场初期设计任务书规模较大，设计 112802 亩，但历经各个时期的变动后，林场实际经营面积 52362 亩，林业用地面积 51813 亩。20 世纪 60 年代，林场大面积地进行人工造林，树种以杉木、马尾松为主。80 末期初步发展种植经济作物，在场部林地种植荔枝、芒果 505 亩。90 年代初种植 595 亩青梅和改造青梅共计 782 亩青梅。

目前，主要有他软阔林 18409 亩和针阔混交林 16032 亩，其他 17921 亩，森林蓄积量 118211 立方米，森林覆盖率 79.94%。林场野生动物资源较为稀少，主要有野猪、黄琼、南蛇、草花蛇、竹叶青等。

（4）经济发展

林场从建场以来至 1985 年，国家投资共 207 万元，从 1986 年起全靠林场自产自销自给发展林业生产。建场至今木材共收入 1774 万元，上缴国家税收 120 万元，上交主管部门 45

万元。从 2000 年起，林场已完全停止木材砍伐、销售，全力发展生态公益林。2009 年林场与合作方成立惠州市九龙峰森林公园旅游开发有限公司，至今没有实质投资建设。

林场于 1982 年开办了松香厂，年产松香 100 多吨。到 1990 年，由于松树资源减少，松香厂从此停办。1980 年，兴办了仙泉汽水厂，年生产总值 300 多万元，年利润 40 多万元，90 年代末期，汽水厂经营不善，终致停产。1993 年，林场成立了林工商贸易公司，进行木材加工销售。近年来，加工的产品销售到深圳、东莞、惠州等地区。

（5）基础设施

林场场部办公场所为砖瓦结构房屋，大约 200 平方米，职工住房为 20 世纪六七十年代建的砖瓦平房。林场道路交通有水泥路直到场部，6 个工区中有 5 个已通水泥路，有 2 个工区的供电为小水电，3 个工区无电。场部饮用水为自来水，工区为山泉水。

（6）自然灾害

林场冰雪灾害和雨、泥石流灾害较少，偶有台风侵袭。1993 年一场台风毁坏林场大量森林资源；2013 年台风“天兔”正面袭击林区，造成大量林木毁坏，特别是杉木拦腰折断、折坏，造成很大经济损失。对林场森林危害最严重的虫害是松毛虫和松突圆蚧。

（7）山林权属

从建场至今，本场的下属工区为：九龙峰工区、小林场工区、南坪工区、园潭工区、上坑工区、白水磜工区、场部工区 7 个工区，总面积 52632 亩。随着社会变革，邻近林区的乡村多次与林场发生山林纠纷，但都通过过签订协议和法律途径解决了纠纷。

（8）林场大事记

1974 年，林场改名为东风林场，于 1981 年才恢复为九龙峰林场。

1980 年，林场投资 80 多万元兴建九龙峰仙泉汽水厂和平山综合大楼。

1988 年，建立手套厂，出租厂房给港商经营。

1995 年，全场干部职工承包荔枝、芒果果园，进行分流下岗改革。

2000 年开始，全面转型为生态公益林管护。

2006 年，工资改革，建立事业单位工资管理系统。

2009 年，开展林场危旧房改造工作。

2011 年，林场改革为公益二类事业单位，实行差额拨款，差额拨款名额 21 名。

1.9.3 罗浮山林场

（1）基本情况

罗浮山林场地处广东省中部（图 1–4），珠江三角洲东北部，行政区域位于惠州市博罗县境内，地理坐标为北纬 23° 13′ 28″ ~ 23° 20′ 00″，东经 113° 51′ 30″ ~ 114° 03′ 12″，面积 9811 公顷，其中有林地面积 9724.1 公顷，森林覆盖率 94.96%，属于生态公益型林场和省级自然保护区，是广东省最早建立的国营林场之一。

图 1–4 场部办公楼（2012 年摄）

林场东起博罗杨村、公庄，西北分别与增城、龙门接壤，南连象头山，横亘博罗县、龙门县、增城市三地之间，方圆 1793 平方千米，其中博罗县内约 1078 平方千米。罗浮山林场经营的林地大多分布在罗浮山的南坡或西南坡，最大坡度在 45°以上，最小为 10°左右，平均在 22°较多，场部设在福田镇山吓村。林场地处亚热带南缘，北回归线偏北穿过，属中国东南沿海南亚热带海洋性季风气候。林场山地的土壤的土母质是花岗岩，土壤有山地黄壤、山地红壤和赤红壤。

到 2010 年 11 月 1 日，全场有常住人口 1308 人。其中，户籍人口 501 人；总户数 168 户，其中非农业户 163 户，农业户 5 户；非户籍人口 807 人，大多数为外来务工人员。2012 年，在岗干部职工人均年收入 3 万元。

（2）体制变革

1953 年 11 月 30 日，广东省农林厅分别在广州龙眼洞、增城大埔、东莞樟木头、博罗罗浮山 4 地建立造林站。1956 年 4 月，在罗浮山造林站的基础上成立国营博罗第一林场，为省属县管林场，业务直接由省林业厅国营林场处领导。1958 年，省林业厅调整国营林场辖属的领导体制。林场确定为省属委托专区(佛山专区)和县共管。1963 年，林场改为省属地、县共管林场，具体管理部门是惠阳专署林业局。1970 年，省林业厅调整国营林场辖属的领导体制，明确林场为省属国营林场，委托惠阳地区林业处管理。1986 年 6 月，根据惠阳地区编制委员会文件精神，林场定为正科级建制的国营林场，实行“事业单位，企业管理”。2003 年，林场界定为生态公益型林场，以保护森林资源为主。2010 年，市林业局直属林场进行事业单位分类改革。林场界定为公益二类事业单位，核定编制 51 人。2011 年，林场制定实施《惠州市国营罗浮山林场工资分配改革方案（2011—2015）》，在岗人员工资由岗位工资 + 薪级工资 + 月平均奖 + 津贴补贴 ×30%（2011 年惠州市市直事业单位工作人员工资津贴补贴标准的 30%）构成。

（3）森林资源

2001 年 8 月，林场有活立木蓄积量 23.34 万立方米。2005 年森林资源二类调查，林场经营总面积 9806.9 公顷（林权证登记面积为 9811 公顷）。其中，林业用地面积 9724.1 公顷、非林地面积 82.8 公顷，分别占林场经营总面积的 99.16% 和 0.84%。林场有林地面积 7716.9 公顷，占林业用地面积的 79.36%；灌木林地面积 1595.7 公顷，占林业用地面积的 16.41%；未成林地和其他林业用地面积为 411.5 公顷，占林业用地面积的 4.23%。

1998 年中国林业科学院热带林业研究所调查和统计：罗浮山林场共有植物 214 科 808 属 1539 种，其中，国家一级重点保护植物 3 种、国家二级重点保护植物 14 种；有陆栖脊椎动物 140 种，隶属 3 纲 27 目 58 科。

（4）经济发展

1929 年，罗浮省营模范林场建立，一直到 1965 年，林场的经费基本依靠财政拨款。1966—1975 年，林场自营收入增加，财政每年给予差额补贴。1976 年以后，林木进入主伐期，林场经费完全自给，财政不再定期补贴。1999 年广东省开始实施生态公益林补偿金制度，林场生态公益林补偿金 23 万元，后逐年增加。到 2012 年，各级财政对林场的总投入是 3443.35 万元。

1955—2012 年，林场自筹收入 15909.7 万元。其中，木材销售收入 8578.67 万元，占 53.86%；松香产品销售收入 639.98 万元，占 4.02%；薪柴收入 2004.12 万元，占

12.6%；多种经营收入1592.28万元，占10.01%；第二、第三产业收入3103.65万元，占19.51%。

（5）基础设施

1953年，罗浮山造林站建立时，干部职工住破庙、工棚、帐蓬或到农村借房居住。2013年5月，林场建有房屋（楼房）物业3万多平方米，砖瓦房已基本改造完毕，大多数职工住上钢筋混凝土结构楼房。场部至各工区址均通水泥公路，有林区公路网200多千米。其中，场内公路70多千米（硬底化25.4千米）；供电、供水、通讯、排污等基础设施接入福田镇的市政工程系统。

（6）自然灾害

林场遭受的自然灾害主要有水灾、泥石流、旱灾、霜冻灾害。林场常见的病虫害主要有松毛虫、松突圆蚧、松材线虫等。有害外来物种主要为薇甘菊。

（7）山林权属

建场初期，生产经营方式比较粗放，场界划分不明确，权属不清。1989年，博罗县国土局在国土详查时对罗浮山林场范围进行标界，界定山地和山林所有权，并存案。2004年，林场进行山林权证换发，再次和周边的各个村、小组进行实地勘查，进一步落实边界，确定林场经营总面积为9811公顷（147165亩）。历次调整确权后，林场的山林权属基本明确。

（8）林场大事记

1953年1月30日，广东省农林厅创办博罗县罗浮山造林站。

1956年3月26日，在罗浮山造林站基础上，建立国营博罗第一林场，财政经费由省林业厅拨付，行政事务由博罗县管理。

1986年6月25日，惠阳地区编委发文，罗浮山林场首定正科级建制。

2013年5月23日 广东省林业厅批复罗浮山自然保护区范围功能区调整，调整后保护区面积9744.2公顷，林场面积66.8公顷。

2014年3月，广东省林业厅发文，同意罗浮山自然保护区建设生态公益林示范区。

2015年11月18日，广东省林业厅厅长陈俊光在省林业厅办公室主任曹仁福、惠州市市林业局局长周仲珩的陪同下，到罗浮山调研国有林场改革和自然保护区建设与管理情况。

1.9.4 象头山林场

（1）基本情况

象头山林场位于博罗县泰美镇境内，东临东江，西与平安林场相连，南与汤泉林场相邻，北与柏塘相接。林场地理坐标为：东经 114° 20′ 00″ ~114° 26′ 00″，北纬 23° 16′ 00″ ~23° 20′ 00″之间，在北回归线以南的象头山山脉的东部。林场地处亚热带受亚热带季风气候影响，土壤多为花岗岩风化，属微酸性赤红壤，地势西南高，山脉多为东西走向，山高坡陡，平均在 35°左右。

象头山林场是在党和政府的领导下，于 1956 年冬建成。建场初期，经营总面积是 38655 亩，现在经营总面积 62120 亩。现有职工 205 人，其中在册职工 91 人（干部 14 人，固定工 19 人，合同工 58 人），退休职工 114 人。2005 年二类清查核实，现经营总面积为 62160 亩，蓄积量 222663 立方米。

（2）体制变革

象头山林场建于 1956 年冬，称博罗第二林场，隶属佛山行政公署领导。1963 年成立惠阳地区，即归属惠阳地区管辖，地、县“双重“领导。1986 年直接归属惠阳地区林业处（现改称惠州市林业局）领导。

林场建场至今，已经历 4 个发展阶段：第一阶段是从建场到 1967 年，在此期间，林场根据人民政府制定的发展林业生产的方针、政策，采取了一系列造林护林措施。第二阶段是 1968—1978 年，部分林木已进入郁闭期，林场即转入抚育间伐为主，经营管护阶段。第三阶段是 1979—1988 年，1979 年后转入森林主伐利用阶段，同时坚持“以林为主，多种经营为辅”的指导方针。第四阶段是 1989 年之后，象头山林场逐渐由主要生产木材为主转为保护生态为主的经营模式。

（3）森林资源

根据 2008 年森林资源更新调查，林场总面积 4144 公顷。其中：林业用地面积 4108.6 公顷，非林业用地面积 35.4 公顷，各占地面积的 99.1%、0.9%。在林业用地中，有林面积 3789 公顷，灌木林面积 308 公顷。商品林面积 794.5% 公顷，生态公益林面积 3314.1 公顷，全场森林覆盖率为 98.9%。林场活立木总蓄积量 222663 立方米，其中有林地蓄积量 222013 立方米，散木蓄积量 650 立方米。公益林区总蓄积量 210536 立方米，占有林地总蓄积量的 94.8%。

林场有高等植物 1500 种左右，珍稀植物较多，有国家珍稀保护植物近 40 种；野生动物有蟒蛇、白鹇、原鸡、穿山甲、大灵猫、虎纹蛙、猫头鹰等18种国家一二级重点保护动物。

（4）经济发展

经济的发展经过两个阶段：第一阶段是建场部初期到1983年，这一期间，林场曾发展千亩油茶和少量菠萝、荔枝、年桔、沙梨、沙田柚、茶叶等经济作物，由于过去吃“大锅饭”的原因，投入多，出现年年亏损现象；1982年，林场在新建的白芒派工区开民种植柑橘，由于山高干旱，缺乏配套设施，加上技术等问题，最后以失败而告终。第二阶段是从1986年至今，随着市场对水果需求的日益增加，种植水果收益较好，林场又先后在三径工区、场部工区、下嶂工区种植了荔枝、龙眼、青梅等，使林场经济林果跃上了一个新台阶。

象头山林场的发展，始终坚持了“以林为主、多种经营”的指导方针，第二、第三产业逐步发展，先后建成起了一座2040平方米，小水电装机容量1235千瓦，年发电量达300多万度，年收入70多万元，有效地调整了产业结构。

（5）自然灾害

林场由于受亚热带季风气候影响，有时会出现霜冻、冰雹、洪水等灾害，使林木、公路、水果等受损。

（6）山林权属

林场建场初期经营面积仅为38655亩，由于农林体制变动，落实两山三权期间，加上1979—1982年乱砍滥伐，山林纠纷等，到1984年森林资源二类清查时，经营面积又减到63587亩，由于林地遭受逐年的蚕食和割让，至2005年，经营总面积为62160亩。

（7）林场大事记

1956年冬，建立国营博罗县第二林场（今象头山林场），隶属佛山行政公署。

1963年，国营第二林场归属惠阳地区管辖，地、县“双重”领导，改称为国营广东省象头山林场。

1981年7月，象头山林场实行经济责任包干制。

1986年，象头山林场直接归属惠阳地区林业处领导，改为科级林场。

2007年12月，林场与深圳金銮酒店管理有限公司签订了关于承包开发象头山林场森林公园的协议书，承包期限为70年。

1.9.5 汤泉林场

(1)基本情况

汤泉林场位于惠州市惠城区西北部，博罗县东南部，属惠城区与博罗县交界地段，地理坐标为东经 114° 19′ 18″ ~114° 28′ 32″，北纬 23° 10′ 6″ ~23° 18′ 38″，属象头山山脉南麓，有林地的海拔大部分在 100~600 米之间，山地坡度多为 20°左右，为典型的丘陵地貌。

林场 1959 年 10 月建场，初期面积为 1466.7 公顷；目前为 5888.1 公顷，非林地面积 510.6 公顷，有林地面积 5377.5 公顷。林木总蓄积量 47 万立方米，森林覆盖率达 90.58%，林场现有在册干部职工 158 人（其中在职在岗 84 人，退休 74 人），职工家属 278 人，场带赤竹坑村农业人口 291 户 1341 人。现职工年人均收入 3.1 万元。

(2)体制变革

1959 年 4 月，博罗县成立了“博罗县汤村汤泉筹备建设处”，建设汤泉风景区。首期任务就是绿化汤泉热水庙周围。当时的劳动力主要靠看守所的在押人犯，因此存在诸多不便和问题。时逢迁移至博罗梅花的新丰江移民一部份要求迁至汤泉定点，县移民办公室便提议不如将这批移民组成绿化队交筹建处管理，绿化汤泉。经县委副书记汤泉、筹建处主任黄光和副县长李志春等领导与筹建处、林业科、移民办等领导研究后一致认为此方案一举两得，便决定成立“汤泉林场”绿化汤泉地区，并决定由林业局负责筹划山、规划、指挥造林绿化，建场的其他事务统由筹建处负责，同时选定汤泉西亚岭下广汕公路南边为场部和绿化队住地。

1959 年建场至 2010 年 12 月，林场实行自主经营，自负盈亏经营体制。2011 年起实行事业单位公益二类，财政补助管理。从 1959 年建场至 1973 年 7 月隶属博罗县林业局，1973 年 8 月至 1985 年 月隶属惠阳地区，1985 年 月至今隶属惠州市林业局。

(3)森林资源

汤泉林场建场初期，经营总面积约 35000 亩，至 2015 年底止，全场经营总面积 88321.5 亩，其中林业用地面积 80662.5 亩，占总面积的 91.3%，有林地面积 76368 亩，灌木林地 3633 亩，经济林面积 2233.5 亩，竹林面积 111 亩，未成林造林面积 516 亩。1994 年，全场森林活立木总蓄积量达 200151 立方米，其中杉木蓄积量 38632 立方米，马尾松蓄积量 57875 立方米，湿地松蓄积量 803 立方米，桉树蓄积量 332 立方米，阔叶树蓄积量 26271 立方米，针叶混交林蓄积量 63054 立方米。20 世纪 90 年代后期至今，林场对林木进行有效保护，全面封山育林，经过多年管护，森林覆盖率90.58%，林木蓄积量达到47万立方米。

场内林地分布有野猪、山羊、果子狸、山牛、野鸡、鹧鸪、乌鸦、眼镜蛇、竹叶青、南蛇等野生动物。

（4）经济发展

林场的收入主要是依靠木材、竹、林产品和副产品，收入较为单一。1973建有松香厂一间，年产香脂100多吨，安排职工就业10多人，年收入有几万元，后于1977年建成了木材加工厂一间，又于1984年扩建木材加工厂一间，年利润为50%上交林场，每年都有几万元的经济收入。1978年前后陆续建有汤泉饭店一间，汤林厅一间以及综合商店、竹木门市、冰室等，年收入有几万元，又解决了场职工20多人的就业问题。20世纪80年代，为了发展二、三产业，又先后办起了葛麻坑石场二个及堀坑和碗公坑石场各一个，以及金鼎岭红砖厂一个和规模小的养猪场、酒房等，年收入为2万多元。1982年建成了装机容量为500千瓦的小坑电站一座，实现了年发电量为100多万度电，收入约20多万元的经济效益。90年代，先后在博罗县城商业街兴建了综合大楼五层一座1600平方米，在场部兴建饮食服务大楼2000多平方米，集饭食、旅业、娱乐于一体，两座大楼年收益近100万元。后来因为与市农科所产生矛盾，于1998年将博罗县城商业街的综合大楼拍卖偿还给市农科所，而场部的饮食服务大楼因林场缺少这方面的管理人才，将饮食大楼出租给个人承包，每年租金约7万元。

（5）基础设施

1959年9月至1960年，在汤泉西丫岭下与绿化队一起建有泥砖木瓦结构的场部办公室（称“老场部”）及职工宿舍、职工食堂、保管仓库等平房914平方米。1973—1974年在四角楼工区建有泥砖木结构的平房198平方米，供工区办公和工区职工居住。2000年由于广惠高速公路建设，原有职工宿舍均需拆迁，林场借此契机投资480余万元在北边兴建3栋大楼共48套住房，单套面积92平方米，至此，林场职工告别平房，全部住入明亮宽敞的楼房。

2009年之前林区公路为泥石土路，2011年进行硬底化建设，至2012年全线路面铺上水泥。

（6）自然灾害

地处亚热属季风气候，气候湿和温润，没有严重的冰雪灾害，很少发生暴雨、泥石流灾害，偶尔遭受台风影响。最为严重的是 2013 年 9 月 23 日超强台风“天兔”横穿惠州，此次台风造成经济损失 42.5 万元。

20 世纪 90 年代，由域外传入的松材线虫病和青梅“苹果技天牛”使辖区内松树、青梅等遭受到不同程度的危害。

(7) 山林权属

1959 年，汤泉林场建立时由博罗县人民政府划拨给林场经营管辖的山林土地面积 22127 亩。1961 年春开始扩大林场面积，扩场后林场的经营面积有 27525 亩。此后经过多次扩大和土地合并，目前林场总面积 88321.5 亩，林业用地面积 80662.5 亩（其中，国有 76908 亩、集体 3754.5 亩）。

国有林地共发证 72122 亩，未发证 4786 亩。赤竹坑村集体林地与周边界线明确，但因村委各小组之间的利益分配未能理清，至今未能申领林权证。

(8) 林场大事记

1985 年 8 月 3 日，广东省惠阳地区行政公署以惠署（1985）46 号文件决定，汤泉林场由省属委托惠阳管理改为由惠阳地区林业处直接管理，林场名称由“国营广东省汤泉林场”改为“国营惠阳地区汤泉林场”，实行事业单位企业管理。

1993 年 2 月 25 日，惠州市林业局以惠市林字（93）022 号文通知批复汤泉林场成立“惠州市汤泉实业发展总公司”，总公司内设房地产管理服务部、经济贸易部、劳动服务部，公司为全民所有制性质，独立核算，属林场管理。

1993 年 10 月，汤泉林场博罗商业大楼续建落成投产，建筑面积 1630 平方米，总投资 110 万元，年利润 30 万元。

1995 年 1 月 17 日“汤泉林场实业发展总公司”投资 480 多万元，建筑面积达 2000 平方米，附属设施 216 平方米的鼎盛大酒店开业，内设饮食服务部，旅业部和卡拉 OK 歌舞厅以及美发美容室。

1995 年 8 月 20，林场连续受 5 号台风影响，经济损失达 68.5 万元。

2001 年 10 月，林场办公搬迁进林场新建办公楼房，干部、职工搬进新建家属楼房。

1.9.6 平安林场

(1) 基本情况

平安林场创建于 1959 年冬，原名为“惠州市国营白芒林场”，2010 年 11 月正式改名为“惠州市国营平安林场”。林场地处博罗县境内东部，坐落于象头山西麓地带，为典型的低山地貌。山地坡度大都在 15° ~20°，整个地形为东北和西南走向，呈长条带状，地理坐标为东经 114° 15′ 49″ ~114° 21′ 20″，北纬 23° 16′ 50″ ~23° 21′ 05″。

平安林场为典型的场带村林场，下辖有 3 个农村管理区，总人口约 2300 人，其中农村人口约 1800 人。林场现有职工人数 150 人，在职职工 59 人，退休职工 91 人。林场总的经营面积 2621.2 公顷，森林总蓄积量 13.2573 万立方米，森林覆盖率 81.65%。

（2）体制变革

林场的行政体制架构随着林场的发展逐步演变完善，经历了几个重要发展阶段，一是从建场至 1973 年这段时期，林场隶属于博罗县林业局下属一个股级单位，没有具体的行政机构编制，只有直接的生产作业单位。二是从 1974—1985 年，林场成立了党总支部，升格为副科级编制；1986 年后划归平安镇（现为柏塘镇平安居委会）党委会代管。三是从 1986 年至今，1986 年林场升格为惠州市林业局直属单位，正科级编制，1988 年 1 月成立林场派出所，1991 年又经上级批准成立了国土所，后与农村股合并办公。1989 年又成立林场工会，为副科级编制并沿用至今。另外，林场于 1998 年 8 月成立林场党委，受博罗县委直管，现全称为“中共博罗县县委平安林场委员会”。现林场全称为“惠州市国营平安林场”，为惠州市林业局直属单位，正科级编制，2011 年经改制后核定为公益二类事业单位，为市财政核补事业单位。

（3）森林资源

平安林场建场初期，经营面积约有 4200 公顷，林业用地和非林地各占一半。2005 年，林场的经营总面积为 2621.2 公顷，其中国有林地面积 2021.6 公顷，集体林地面积 499.6 公顷，林地用地面积 2158.5 公顷，非林业用地面积 462.7 公顷。

林木资源主要以天然亚热带季风常绿阔叶树或以阔叶树为主的常绿针阔混交林为主，阔叶树主要有：枫树、荷树、乌柏、黄檀、泡桐、椎树等，针叶树主要是马尾松和杉树，1996 年调查林木总蓄积量为 77593 立方米，目前为 132573 立方米。

目前，林场辖区野生动物资源有穿山甲、野猪、果子狸、野鸡、鹧鸪、麻雀、燕、眼镜蛇、银环蛇、金环蛇、蟒蛇、过山风等野生动物。另有水生动物鲤鱼、鲫鱼、泥鳅等。

（4）经济发展

平安林场创办初期，经济建设的资金主要依靠国家投资，至 1986 年底，国家累计向林场投资 141.77 万元。1986 年开始，国家停止了投资，林场向自主经营、自负盈亏、经济上独立核算的企业化经营管理转变。目前在政府投资方面主要是从 2011 年林场改制以来政府的差额拨款以及林业生态补贴。

平安林场木材收入是林场经济收入的主要来源，从 1973 年林场开始进行木材生产，当年实现木材收入 2.3 万元。1974—1979 年期间，成立了木材加工厂，对林木进行深加工，此段时间木材收入达到 88.71 万元。之后，林场木材生产进入全面的主伐阶段，木材生产量大增，仅 1980—1989 年期间，林场共生产木材 33030 立方米，木材收入达到 857.8 万元。1995 年林场开始偿试以拍卖青山的方式进行木材的生产经营，使木材的经营收入达到 196 万元。从 2000 年开始，由于林场森林资源可采伐量减少，每年的木材收入都不上 100 万元，近几年由于大部分林地划入公益生态林，商品林经营面积大幅缩减，林场在木材收入方面每年最多也只有 30 万 ~50 万元。

林场森林旅游开发起步于 2004 年，经惠州市林定局批准，林场设立天堂山森林公园，2006 年升格为省级森林公园，名称改为“广东省天堂山森林公园”。2009 年又与博罗县平安山生态旅游开发有限公司签订了在园区内进行生态漂流项目开发协议，已在 2010 年 6 月正式对外营业。林场主要以门票收入和漂流收入分成的形式取得收益，但由于经营方面的因素，林场每年取得的收入大约只在 20 万元左右。

（5）基础设施

1992—1993 年，林场利用荒山对换，并出资 21 万元，在广梅公路边兴建了 5 层高的林场综合大楼，总建筑面积为 2000 平方米，现作为办公大楼使用。1993—1994 年，林场采用职工集资方式，林场出资 144 万元在博罗县富华苑住宅小区购买 28 套职工住宅楼，供 28 名职工居往。

2009 年投资 40 多万元建造水厂，并铺设自来水管道到辖区各家各户，解决 2000 多辖区群众用水难问题。2011 年，平安富民大道建成通车，有效缓解了出入景区车辆交通拥挤的状况。

（6）自然灾害

20 世纪 80 年代中期，惠州地区普遍出现马尾松松突园蚧的危害，平安林场也出现了病情。林场还发生了松材线虫危害松树林的情况，造成了林场近半数的松树林枯黄病死。森林病虫害外，林场的经济林也时常受到病虫害的危害，比较严重的为柑橘黄龙病，

（7）山林权属

安林场成立初期为佛山地区行政专署所属，1988 年惠阳地区撤区设市，平安林场归惠州市林业局直接管理，为市属国有林场。

平安林场山林权属的变革主要受内、外两方面因素的影响，一方面林场辖区内有3个农村管束区，林场在落实农村及有关山林政策后部分山林划归农村集体所有；另一方面林场周边农村乡（镇）众多，在边界山林权属方面存在一些争议，也影响到林场权属范围问题。

（8）林场大事记

1959年冬，白芒林场正式成立，林场隶属佛山行政专区，为省属国营林场。

1985年8月3日，广东省惠阳地区行政公署以惠地字（1985）45号文件通知决定，白芒林场由省属委托惠阳地区管理改为由惠阳地区林业处直接管理，林场名称由“国营广东省白芒林场”改称为“国营惠阳地区白芒林场”，实行事业单位企业管理。

1986年6月25日，惠阳地区编制委员会发惠地（1986）85号文，将惠阳地区直属各国营林场定为正科级建制，白芒林场在编制范围内。

1988年1月，经惠州市林业局和上级公安部门批准，成立白芒林场派出所，编制3人。

2004年，经惠州市林定局批准，林场设立天堂山森林公园，规划面积396.8公顷，为市级森林公园。

2006年，经广东省林业局批准，白芒林场天堂山森林公园升格为省级森林公园，规划面积为396.8公顷，名称改为“广东省天堂山森林公园”。

2009年6月份5日，林场与博罗县天堂山生态旅游开发有限公司（后改名为博罗县平安山生态旅游开发有限公司）签订了合作开发天堂山森林公园协议。

2010年2月1日，惠州市同意“惠州市国营白芒林场”更名为“惠州市平安林场”。更名后，单位的性质、人员编制、隶属关系、经费供应渠道仍维持不变。

2010年12月9日，惠州市人力资源和社会保障局发惠市人社〔2010〕426号文《关于核准事业单位岗位设置方案的复函》，平安林场共设置岗位22人。

1.9.7 鸡笼山林场

（1）基本情况

鸡笼山林场是惠州市林业局直属国有林场，是事业二类正科级建制单位，主要培育、管护和经营森林资源。林场创建于1962年4月，位于博罗县东北部，属桂山山脉体系，为高山丘陵地形，海拔100 ~ 880米，气候温暖适宜，常年平均温度21 ~ 22℃，年平均降雨量2000毫米，地理坐标为东经114° 27′ 31″ ~114° 30′ 35″，北纬 23° 28′ 52″ ~23° 36′ 40″。

林场现有在职干部职工 28 人，离退休职工 74 人，附属一个农业村，农业人口 460 人。林场经营总面积 4.3377 万亩，活立木蓄积量 19.2391 万立方米，森林覆盖率 82.3%。

（2）体制变革

鸡笼山林场始建于 1962 年 4 月，当时建制为股级。1986 年 6 月 25 日，鸡笼山林场划为正科级建制。1988 年 4 月 12 日“广东省惠阳地区国营鸡笼山林场”改称“惠州市国营鸡笼山林场”。2004 年 6 月 30 日，惠州市林业发惠市林〔2004〕56 号文《关于同意建立惠州油田等 23 个市级森林公园的批复》，设立惠州市龙山市级森林公园。2006 年 10 月 23 日，广东省林业局粤林函〔2006〕581 号《关于同意设立油田等 6 处省级森林公园的批复》，同意设立广东龙山森林公园。2011 年林场进行事业单位岗位设置分类改革，定为公益二类事业单位，编制 22 人，经费为财政核补，隶属惠州市林业局管理。

（3）森林资源

鸡笼山林场创建于 1964 年 4 月，经营总面积约 37489 亩。在 20 世纪 70 年代中期从博罗县石坝镇黄山洞村划入 0.57 万亩林地，经营总面积达到 4.3 万亩。目前，林场森林为针间混交或乡土树种阔叶林，营造林面积达 1.5 万亩，划入生态公益林 2.8 万亩，全场的林木蓄积量达到 19 万立方米，森林覆盖率为 83%。

林场常见脊椎动物有 23 目 46 科 102 种，含两栖类 1 目 5 科 14 种，常见种 2 科 4 种；爬行类 2 目 8 科 23 种，鸟类 13 目 21 科 42 种，兽类约 7 目 12 科 22 种，其中有国家一级重点保护野生动物蟒蛇，有国家二级重点保护动物虎纹蛙、三线闭壳龟、穿山甲、白鹇、大灵猫等 19 种。

（4）经济发展

1964—1988 年，国家给林场投资 153.09 万元，木材收入 263.98 万元。2004 年自营总收入 146 万元，2005 年自营总收入 150 万元，2006 年自营总收入 280 万元，2007 年自营总收入 348 万元，2008 年自营总收入 214 万元，2009 年自营总收入 211.28 万元，2010 年自营总收入 348.6 万元，2011 年自营总收入 375.3 万元，2012 年自营总收入 384.3 万元，2013 年自营总收入 353.2 万元，2014 年总收入 493.8 万元，2015 年木材采伐 204.3 万元。

集体林权制度改革后，林场结合当地实际情况，大力鼓励广大干部职工及村民参与养蜂产业，同时林场大力支持茶叶生产等三高农林业。广东龙山森林公园是在 2006

年经广东省林业局批准成立的，由中南生态旅游规划设计有限责任公司设计总体规划，但至今未进行开发经营。

（5）基础设施

林场的办公用房系在20世纪80年代初期的建筑物，房屋框架结构的楼房建设，共有217平方米。职工住房共有建筑面积2854平方米，一部分是90年代初期建造，另两栋共12套是2007年建造，现在基本上能保障干部职工的住房需求。

2005年之前，全场辖区进出道路基本上都是黄泥路。2005年之后至今，通过上下联动的努力，目前已进行公路硬底化等级的公路有17千米，林区公路52.3千米，有效保障了辖区群众的出行和生产的方便。

（6）自然灾害

林场地处桂山两端的高山峻岭中，每年冬季寒潮雨下对这高海拔的林地都会造成不同情况的灾情。逢雨季汛期，连绵的暴雨泥石流、塌方都会冲垮、堵塞数百米的林区公路，同时偶有台风侵袭。近年来，林场的病虫害以松材线虫病的危害最为严峻，已造成近千公顷的松林枯死，还有上千公顷的松林地不同程度开始受到松材线虫病的侵害。

（7）山林权属

1982年，鸡笼山林场由博罗县人民政府颁发了山林权证。2003年，林场回拨部分林地给当地集体自留山。2013年，部分林地更换新版的山林权证，总面积为37701亩；2015年更换剩余林地的山林权证，面积为3774亩。目前，还有1902亩林地因为纠纷没发林权证。

（8）林场大事记

1962年4月，成立鸡笼山林场。当时建制为股级场。

1986年6月，鸡笼山林场划为正科级建制。

2011年，林场进行事业单位岗位设置分类改革，定为公益二类事业单位，编制22人，经费为财政核补。

1.9.8 水东陂林场

（1）基本情况

水东陂林场是惠州市林业局直属国有林场，创建于1979年，位于博罗县、龙门县、河源市的东源县 3 个县的结合部，属桂山山脉体系，为高山丘陵地形，海拔 100 ~ 1100 米，地理坐标为东经 114° 21′ ~ 114° 31′，北纬 23° 37′ ~ 23° 42′。

林场经营总面积 9.5 万亩，有林地面积 7.8 万亩，活立木蓄积量 52.9 万立方米，森林覆盖率 92.6%，有用材林基地 0.8 万亩，青梅基地 1 千亩，柑橘园 2 千亩，小水电站 1 个（已于 2012 年发包社会企业）。现有在职干部职工 73 人，离退休职工 77 人，附属两个行政村，农业人口 1420 人。

（2）体制变革

水东陂林场前身为“广东省国营鸡笼山林场水东陂分场”，后改为“广东省国营水东陂林场”，1986 年之前由广东省人民政府交由博罗县人民政府管理。1986 年后林场又由省人民政府下放给惠阳地区行政公署林业处管理。1988 年地改市后，林场改称“惠州市国营水东陂林场”，隶属惠州市林业局。林场自 1979 年成立至 2011 年之前，定位为生产性的事业单位，实行企业管理体制。2013 年之后定为事业公益二类，财政差额拨款单位。

水东陂林场属下有李洞、荷树塘两个行政村，土地面积为 913 公顷，其中山地面积 833 公顷，耕地面积 80 公顷，散落有 26 个村民小组，共有 357 户人家，总人口约有 1394 人。

（3）森林资源

水东陂林场成立初期，经营总面积约 11.8 万亩。目前，林场经营总面积为 12.4 万亩，林木蓄积量达到 66 万立方米，森林覆盖率为 99.6%。

林场内植物资源有针叶林树种的马尾松、湿地松和杉木，阔叶林主要以热带、亚热带的种属为主，共有维管束植物（除苔藓植物）168 科 485 属 910 种，占广东省维管束植物（5731 种）的 15.9%。动物资源主要有国家一级重点保护野生动物蟒蛇、国家二级重点保护野生动物虎纹蛙、三线闭壳龟、穿山甲、大灵猫等 19 种。

（4）经济发展

木材生产和销售是林场经济的重要组成部分，林场在 20 世纪的木材生产主要生产原木为主，没有木材深加工行业，采伐多于人工采伐集材为主皆伐方式进行。进入 21 世纪，林场的木材生产主要以林木资产流转为主。林场除了木材生产之外，同时开展第二三产业，兼营小水电站、松香加工、博罗厂房出租等。林场现建有牧坪第三级电站，装机容量为 480 千瓦，20 世纪 90 年代开展松香加工厂，年产松香 60 吨。同时，博罗县城建有一栋1200平方米厂房出租。自2011年至今林场木材生产年均收入320万元，其他产业收入28万元。

水东陂森林公园在2006年经广东省人民政府批准成立，由中南生态旅游规划设计有限责任公司规划总体设计，并于2011年9月与永昌创发（香港）有限公司顺利签订《合作开发水东陂森林公园协议书》。自签订协议书至今，森林公园建设项目没有实质性发展，但开发森林公园的各项工作都在筹备中。

（5）基础设施

林场的办公用房系在20世纪90年代初期的建筑物，共有700平方米。职工住房共有建筑面积5295平方米，分为博罗县城住房和场部宿舍。

2006年之前，全场辖区进出道路基本上都是黄泥路，2006年之后至今通过上下联动的努力，目前已进行公路硬底化等级的公路有22千米，林区公路7千米，有效保障了辖区群众的出行。林场辖区（含两农村）基本上都引用山溪水作为饮用和生活用水，联通了电网。

（6）自然灾害

水东陂林场冰雪灾害、暴雨泥石流、台风灾害时有发生。近年来，林木的病虫害不断增加，主要以松线虫的危害最为严峻，2012年发现松线虫危害，至今林场已控制疫情蔓延。

（7）山林权属

林场成立于1979年冬季，林场林地是征用场属三坑大队和荷树塘大队以及李洞大队的集体山，征收手续齐全，并由博罗县人民政府颁发了山林权证，同时也回拨部分林地给当地集体和个人作为集体山和自留山。2003年，林场遵照博罗县人民政府的有关文件精神，又更新换发新版的山林权证。

（8）林场大事记

2001年4月，林场根据惠州市林业局关于《惠州市国营林场“人事、用工、分配”制度改革的实施意见》的通知精神，对林场实行了人事、用工、分配3项制度改革的实施方案。

2006年，林场设立了广东省水东陂森林公园。

2011—2015年，林场实行财政差额补贴逐年递减实施方案。

2013年，林场被惠州市机构编制委员会定为公益二类事业单位。

1.9.9 油田林场

（1）基本情况

油田林场是惠州市林业局的直属林场，位于龙门县西南部，场部距离县城45千米，地理坐标为东经113° 58′ 00″ ~114° 04′ 00″，北纬23° 34′ 00″ ~23° 37′ 00″，东北部与左潭交界，西、南部与永汉接壤。林场于1957年12月6日经广东省林业厅批准筹办成立，下辖一个分场，两个行政村，全场现有总人口1045人，其中林场干部职工137人（退休职工65人），农村人口908人，是一个典型的场带村林场。

林场经营总面积52155.7公顷，森林总蓄积量50万立方米，森林覆盖率达93%。目前，固定资产达1014.4万元。50多年来，国家投入资金共计1271.5万元，林场经营总收入11355万元；林场上缴各项税收共902.6万元（上缴国家601.7万元）。

（2）体制变革

油田林场于1958年4月从龙门县抽调干部职工及当地居民开始创办，属于惠阳地区管辖。1960年3月下放给龙门县永汉公社，同年11月由龙门县接管。1963年5月由广东省林业厅接管，为国营广东省油田林场。1975年4月按省林业局粤林字龙便〔1975〕52号通知归广州市管辖。1985年2月改称为国营油田林场。1988年4月划惠州市管理。目前，油田林场是广东省惠州市林业局直属林场。

林场建立以来，经营方针以林为主，搞好多种经营，综合利用，同时发展第三产业。油田林场按照商品林经营资金的来源将商品林经营模式分为国有经营、集体经营二种模式。对一些生态地位重要、交通方便、对林场的生存和发展具有重大战略意义的商品林地，则应由林场负责全部经营管理事项。对于林场带村的商品林，其采伐更新及改造所需苗木的育苗基金可采用股份合作形式，由场带村与林场合资育苗造林，利益分成。

（3）森林资源

据1994年惠州市全市森林资源二类调查资料，林场总经营面积75981亩，全场林业用地75193亩，占总经营面积98.9%。全场活立木总蓄积量242259立方米。按龄组划分：幼龄林蓄积量30882立方米，占总蓄积量的12.74%；中龄林蓄积量88706立方米，占总蓄积量的36.62%；近成熟林蓄积量为122671立方米，占总蓄积量的50.64%。按树种划分：杉树林蓄积量206552立方米，占总蓄积量的85.3%；松树林蓄积量5395立方米（占总蓄积量的2.2%；阔叶树蓄积量25083立方米，占总蓄积量的

10.3%；针阔混交林蓄积量 5229 立方米，占总蓄积量的 2.2%。

林场内分布野生动物有山羊、水鹿、山鹿、野猪、黄猄、豪猪（箭猪）等多种。较多见的是野猪、黄猄。近年来林场的野生动物数量日渐减少。

（4）经济发展

1962—1971 年，林场只有少量的农副产品收入。1972—1977 年，以木材收入及多种经营为主。1978 年以后，木材收入年年增多，多种经营也开始有了大量的收入。

表 1-7　1977—2015 年林场经济收入表　（单位：立方米、万元）

年度	销售收入	经营项目									
		木材经营			林产品经营			多种经营		承包上交	其他
		销售量	总收入	利润	数量	总收入	利润	总收入	利润		
1977	167.89		95.3					70.35			
1978—1994	4404.2	88340	4256.17	1930.91	7886	74.85	40.69	120		128.59	23.92
2010—2015	2651.5	16514	1156.5	515				1223.8			271.2

另外：广州市广园东路综合大楼房租收入 14.4 万元 / 年；永汉商住楼房租收入 7.8 万元 / 年。

（5）基础设施

1988 年，林场建成钢筋混凝土框架结构办公楼 1 栋，4 层 1427 平方米，林场派出所 1 栋 2 层 160 平方米，场部有职工饭堂、职工宿舍共 8316 平方米。

至 1994 年，共建成林区公路 55 千米，林道 35 千米，林场只剩下三斗种、红坭湾、大杉树和攒坑 4 个小地方未通车。林场在 1966 年开始投资建设林区公路，至今已新修林区 59 千米，林道 35 千米。林场在 2013 年投资建设饮水安全工程项目，于 2014 年建成使用。

（6）自然灾害

林场地处低纬度地区，极少有重大自然灾害发生。

（7）山林权属

油田林场办场初期，林场的山权属按省、市、县划定，全场总面积 7 万多亩。1990 年 6 月 20 日，龙门县人民政府核定，颁发“山权林权证”，重新明确具体“四至”界址。林场 75981 亩山林属国家所有，由油田林场管理。

（8）林场大事记

1959 年 3 月，蕉坑村 180 多人和山林 2 万多亩划归林场管理。3 月上旬，林场下放给龙门县永汉公社管理。11 月下旬，林场由龙门县收回管理。

1961 年 6 月，林场下放给油田公社管理，并由油田公社任命林场的领导成员。

1962 年 4 月，林场再次收回归龙门县管理。

1963 年 5 月，林场由广东省林业厅接管，改为国营广东省油田林场。

1967 年 6 月上旬，龙门县军管会进驻林场，领导开展文化大革命运动。

1974 年 8 月上旬，中共广东省委副书记焦林义视察林场造林绿化工作。

1975 年 4 月 12 日，广州市林业局接管油田林场（按省林业局粤林字龙便〔1975〕52 号通知）。7 月下旬，中共广东省委书记杨尚昆一行到林场视察造林工作，并到西坑察看。

1980 年 9 月，将军帽分场成立。

1982 年 11 月 22 日，林场派出所成立。

1985 年 2 月 19 日，林场由省属下放给广州市林业局管理，改称国营油田林场。

1988 年 4 月 1 日，广州市林业局向惠州市林业局移交油田林场，改名为“惠州市国营油田林场”。

1989 年 7 月，油田林场人民法庭成立。

1990 年 3 月上旬，油田林场驻永汉办事处大楼落成，楼高 4 层，建筑面积 1400 平米，总投资 80 万元人民币。

2005 年 1 月 5 日，经龙门县人民政府同意林场场带村石下塘村成立村民委员会。

2006 年 10 月，林场获得广东省林业局批准，建立了广东省油田森林公园。

2007 年 5 月 17 日，林场与龙门县南昆山温泉旅游大观园有限公司签订在油田森林公园内的大窿工区开发丛林漂流和森林观光旅游项目的旅游开发承包合同项目。10 月 1 日昆山峡漂流正式营业。

2011 年 12 月，林场与惠州市圣仁中医药业有限公司签订了《油田省级森林公园合作开发经营协议书》，在油田省级公园内共同开发旅游度假项目。

2014 年 1 月 8 日，油田林场棚户区改造新建工程正式开工。

1.9.10 东江林场

（1）基本情况

东江林场位于惠城区的西南面，东连西湖，北临东江，西接博罗县罗阳镇，南近仲恺高新技术开发区，地理坐标为东经 114° 20′ 50″，北纬 23° 05′ 21″。林场林地与惠城区交叉接壤，距大亚湾海岸线约 46 千米。林场距北回归线较近，属亚热带海洋性季风气候，属于低海拔的丘陵地带，土壤深厚肥沃，海拔基本在 50~200 米之间，坡度在 32° 以内，土壤为微酸性红壤土。

林场有林地 1.1 万亩，森林覆盖率超过 50%，郁闭度 0.8。几十年来，林场积极营造人工林，形成了天然松杂林、人工速生林、块状混交的森林生态系统，成为惠州市中心区的主要天然屏障之一。

（2）体制变革

1958 年 6 月，广东省商业厅老干部谢振东同志带领省商业厅及省医药公司 300 多名干部到惠州市郊共联大队，创建广东省国营东江林场。1959 年 10 月，林场与共联、七联两个大队合并，属于惠阳市惠环公社管理。1961 年 9 月东江林场由惠阳县划给惠州镇管理。1964 年 5 月，惠州镇将合并给林场的共联、七联两大队划归惠阳县惠环公社领导，林场为独立核算单位，暂委托惠环公社管辖。1968 年 10 月，惠州市革委会决定，原东江林场改为“五七”干校，干校成立革委会。1972 年 6 月，惠州市革委会将“五七”干校改为“五七”林场。1973 年 6 月 5 日，林场更名为惠州市惠州林场，1980 年 9 月，改为“惠州市林场”

林场原属于惠州市惠城区人民政府直属的林业事业单位，2002 年根据惠州市惠城区机构编制委员会文件设 5 个股、室和武装部。2011 年 8 月 10 日起，作为国有林场改革的试点单位，林场正式被惠州市林业局接收管理，2012 年中旬，按照市林业局的要求，重新对内设机构进行相应调整，设 5 个股、室（队）：办公室、财务股、资源管护股、实业经营股、森林消防大队。内设天平山、瑶池两个分场（工区）。

（3）森林资源

全场土地总面积 927.2 公顷（不包含被征占用 507 公顷）。其中：林业用地面积 892.9 公顷，占土地总面积的 96.3%；非林业用地面积 34.3 公顷，占 3.7%。在林业用地面积中，有林地面积 773 公顷，未成林地面积 113.3 公顷，无林地面积 4.7 公顷，辅助生产用地 1.9 公顷。全场活立木总蓄积量 23741 立方米。其中：林分蓄积量 23735 立方米，散生木蓄积量 6 立方米。生态林蓄积量 9211 立方米，商品林蓄积量 14530 立方米，森林覆盖率 83.4%，林木绿化率 83.4%。

全场有植物 99 科 123 属 258 种，其中乔木 75 种，槿木 66 种，藤类 19 种，其他（中草药等）118 种。本地区稀有种有：波罗蜜、银杏、莽草、枫香、香圆、一叶荻、花椒、二面针、血风藤、巴戟、穿珠洒饼。

（4）经济发展

林场建场初期（在1959—1967年间），主要集中在场部（大王山）及周边发展林果种植，品种以荔枝、菠萝为主，同时辅以养殖，种菜业。20世纪60年代初至80年代末期，林场除了发展水果生产外，还利用自身优势开办了酒厂和木器综合加工厂，80年代到90年代末多次投资兴建厂房酒店出租。

进入21世纪初期，林场利用栏板坑和大板田的土地建设临时厂房进行管理经营，陆续有近10家企业落户，年租金收入约80万元。2002年，通过企业贷资的形式，在林场烂板坑地段兴建了两栋建筑面积近1万平方米的标准厂房。现年租金收入约70万元。

（5）基础设施

1994年11月，应当时发展规划需要，将办公地点由二层楼迁至大阪田新建的办公用房。2001年，为彻底改善办公条件，决定拆掉了现办公楼前面的瓦房，对二层办公楼重新装修，办公环境有了较大的改善，办公地点一直沿用至今。1995年，林场在天平山兴建了两栋共72户职工宿舍楼用以解决职工住房困难问题，同时提供30块地皮由职工自行建设，基本解决了职工的住房问题。2009年，我场利用国有林场危旧房改造项目（原址新建）的有利政策，选址在天平山职工宿舍区旁兴建了14户职工住房。

东江林场地处市郊，场部坐落在共联大王山南面。建场初期，通往林场场部道路为普通砂石路面，2008年起，借林区公路硬底化建设政策扶持逐步改善道路，现仅剩北面的长坑林区公路仍未进行硬底化改造，路面仍为砂石路。

（6）自然灾害

建场以来，场内较少发生大的山火。在防火期，由于山林地多处市郊，偶有发生森林火警的现象。林场的林木目前主要为薇甘菊松线虫病危害为主。

（7）山林权属

1959年，林场建场时规划山林地10万余亩，因体制分离，在1985年统计林场面积时，只剩下山林总面积37560亩。后因城市发展的需要及原有权属问题，山林地面积仅剩余13908亩。

（8）林场大事记

1958年6月，广东省商业厅老干部谢振东，带领省商业厅、省医药公司300多名干部下放到惠州市郊共联大队，创建广东省国营东江林场。

1961 年 9 月，东江林场由惠阳县划给惠州镇管理。

1964 年 5 月，惠州镇将合并给林场的共联、七联两大队划归惠阳县惠环公社领导，林场为独立核算单位，林场取消党委机构，有关党组织关系和工作等问题，暂委托惠环公社管辖。

1968年10月，惠州市革委会决定，原东江林场改为“五七”干校，干校成立革委会。

1972 年 6 月，惠州市革委会将“五七”干校改为“五七”林场。实现党委制。

1973 年 6 月 5 日，林场更名为“惠州市惠州林场”，机关设立政工办、生产办。机关工作人员一直保持 17 人编制。

1991 年，惠州市绿林发展总公司成立，公司列为场直属企业。

1991 年 2 月，林场在惠深公路龙丰小石壁兴建占地 410 平方米、建筑面积 1155 平方米的综合楼(后称“森林酒店”)。

1992 年，成立林场国土所，所长江瑞堂。

1994 年，惠州市林场森林派出所成立，属正股级编制。所长黄炳文，指导员彭贺鹏。

2001 年，林场国土所改为惠州市林场国土资源所，归惠州市国土资源局惠城分局垂直管理。

2001年至2004年，林场加大发展工业项目，兴建厂房引进了10家企业落户投产。

2003 年 10 月 10 日，惠城区人民政府在林场成立一支 30 人的惠城区机械扑火专业队。

2003 年 12 月，林场森林派出所并入惠城区分局森林派出所。

2001 年，为解决部分职工住房，通过集资建房方式在 9 层综合楼后兴建了一栋 18 户职工宿舍，2005 年分配入住。

2008 年 5 月，林场与广州市广鑫投资公司签订协议兴办石龙坑珍稀植物园。

2011 年 8 月 10 日起，“惠州市林场”正式移交惠州市林业局管理。

2012 年 11 月 9 日“惠州市林场”更名为“惠州市国营东江林场”。

2013 年 7 月，经惠州市林业局同意，林场内设办公室、财务股、资源管护股、实业经营股、森林消防大队，设正、副股长（主任）各 1 名。

1.9.11 墩子林场

(1) 基本情况

惠州市惠城区墩子林场创建于 1977 年 9 月，由原芦洲公社、横沥公社、大岚公社各划入部分山地创办。林场场部坐落在惠州惠阳市区芦岚镇境内。林场现有总面积 69526.5 亩，林业用地面积 65493 亩，林木蓄积量 160031 立方米，森林覆盖率达 88.4%。场部设在惠城区芦洲镇沙尾村，场带一个行政村（沙尾村）6 个村小组，农业人口 600 多人。现有在岗干部职工 17 名，退休 19 人。

建场初期，林场一穷二白，职工工作、生活、居住条件相当艰苦。2012 年，林场定为 2 类公益性事业单位，干部职工工资福利得到较大的提高，干部职工思想稳定。特别是近几年，在省、市、区及各级部门支持指导下，林场生态保护、林业生产、造林绿化取得可喜成绩，林场面貌逐步得到改变，职工工资、福利也逐步得到改善。

（2）体制变革

惠州市惠城区墩子林场原名为“惠阳县国营墩子林场”，2003 年区域调整划入惠城区，由惠城区人民政府主办，惠城区林业局主管，股级建制事业单位，编制 27 人，领导职数 1 正 3 副；林场坚持公益性取向，定为公益二类事业单位，主要功能明确定位为保护培育森林资源、维护国土生态安全和提供生态公益服务。林场带一个行政村（墩子场村即原沙尾村）6 个村小组，农业人口 600 多人。

（3）森林资源

林场辖区面积接近 7 万亩，（其中，墩子市级自然保护区 2.4 万亩）。2015 年，林场总面积 69526.5 亩，林业用地面积 65493 亩，有生态公益林面积 54337 亩，生态公益林占林业用地面积的 83%，林场建立了较为完善的生态公益林保护体系。场部工区以阔叶混交林为主，边塘坳、军田工区以湿地松为主，次为阔叶混交林，大洞工区发展为黎朔树种基地。林场林木总蓄积量 160031 立方米，森林覆盖率 88.4%。

林场生物多样性丰富，有维管束植物 197 科 604 属 1135 种，其中有 5 种国家二级重点保护植物。野生脊椎动物 267 种，隶属 4 纲 27 目 79 科 173 属；内陆水域鱼类 6 目 19 科 58 属 66 种。受国家重点保护的野生动物有 38 种，其中一级重点保护 2 种，二级保护 36 种。

（4）经济发展

建场时，每年财政固定下拨经费 3.7 万。1998 年起，财政每年下拨经费 6 万元。区域调整后，城区财政每年下拨经费 10 万。2012 年后，区财政差额拨入人员经费、人员工资。

林场建立后，利用松木资源进行采脂，采脂人员达 100 多人。1982 年利用采脂原材料自办松香丁，当年盈利 10 多万。1998 年，政府投资建立惠城区中心苗圃场，于 2010 年惠城区事业单位分类改革后撤销。现有职工宿舍 1 座，建筑面积 250 平方，苗圃面积 50 亩，资产给林场管理。

林场近年来不断加大林业产业建设力度，有力的促进农民就业，使农民涉林收入逐年增加。截止至 2013 年，林场商品林面积 12652 亩，林业产业总产值达 80 万元。2011 年农民涉林增收总金额 250 万元，2012 年农民涉林增收总金额达 300 万元，2013 年农民涉林增收总金额达 350 万元。在森林旅游方面进行探索，利用大岚河和自然生态优势发展旅游产业，依托富力温泉落户矮陂黄沙洞的优势，大力拓展林业生态旅游产业，利用大岚河开发漂流项目。林场还大力发展林下经济，发展茶叶生产，计划发展种植 80 亩茶园，开荒种菜，开展林下养殖。

（5）基础设施

林场建有 3 层森林防火综合办公楼 1 座，占地面积 350 ㎡总建筑面积 1000 ㎡，建有职工饭堂 1 座，占地面积 320 平方（1 层），场内有篮球场、羽毛球场、室内乒乓球台等文体设施，有防火监控 1 套，能够监控 2~3 万亩山地火灾情况。林场有干部职工宿舍 1 座（2 层）占地 500 多平方米，建筑面积 1100 平方米。

林场林区公路总里程 73 千米，目前已完成场部通往工区道路硬底化 8 千米，还有 22 千米未硬底化。工区通往管护点还有 43 千米未硬底化。

（6）自然灾害

林场辖区气温较低，1991—1993 年，原惠阳林业局在大洞工区造林 1 万多亩，种植树种南洋楹大面积被冻死，造成重大经济损失，经验是：林场不宜种植怕冻的树种。林场建立后，经历几次较大暴雨，1979 年、1998 年、2003 年几次较大暴雨，造成很多山体滑坡、泥石流、林地、树林损毁严重。建场后经历 2 次强台风，1979 年强台风和天兔强风，辖区达 10 级以上，很多树木连头拔起和拦腰折断，造成较大经济损失。

2013 年，林场全场马尾松面积 14386 亩，都感染了松材线虫病疫情。

（7）山林权属

建场时由原芦洲公社、横沥公社、大岚公社各划入部分山地创办（其中，芦洲镇原沙尾大队各村划入 2 万多亩山林地和部分耕地划入墩子林场）。

林场现有总面积 69526.5 亩，与周边交界的村（组）有部分林地权属有纠纷争议，目前尚未发证的有 5 宗面积约 3000 亩。①林场与矮陂新荣村（地名为暗径塘）约 1500 亩；②林场与横沥小岚村（地名为花坑尾）约 450 亩；③林场与横沥岚建村（地名为三棵松）约 300 亩；④林场与沙尾村杜坑小组（地名为木棉坑）约 350 亩；⑤林场与芦洲岚田村（地名为漂山洋）约 400 亩。

（8）林场大事记

1977 年 10 月，成立国营惠阳县墩子林场。

1980—1983 年，林场发动群众义务造林（种植杉木）3000 亩。

1982 年，筹建松脂加工厂并当年投产。

1983 年 6 月，林场办公宿舍楼完工。

1989 年 11 月，林场自建木材加工厂投产。

1990 年 6 月，墩子林场党支部、墩子林场管理区联合制定《墩子林场场规民约制度条例》。

1991—1994 年，林场大面积造林工程。

2000 年 12 月 6 日，建立惠城墩子市级自然保护区。

2003 年 6 月，墩子林场划入惠城区管辖。

2003 年 10 月 10 日，成立惠城区机械扑火队，墩子林场 30 人。

2006 年，大洞种植黎朔树种 1 万 3 千亩。

2007 年 11 月 13 日，林场 6 千米林业公路硬底化改造正式开工。

2008 年 11 月 10 日，森林防火综合楼工程正式开工，2009 年 4 月 30 日完工。

2009 年，林场种植珍稀树种 600 亩。

2009 年，X203 线县道硬底化改造工程（墩子场段）正式完工。

2012 年初，林场干部职工纳入财政核补供给

2012 年 12 月 26 日，惠城区墩子林场、惠城墩子市级自然保护区管理所、森林消防大队墩子林场中队、墩子林场警务区揭牌。

2013 年 12 月，自来水工程项目开工，于 2014 年 2 月完工并投入使用。

2014 年 3 月大岚河综合整治工程（墩子场段）正式开工。

2015 年 4 月，广东省林业厅将惠城区墩子林场列为第二批生态示范区建设单位。

1.9.12 寨场山林场

（1）基本情况

寨场山林场位于广东省惠州市惠东县城东南面，在县城规划区内，土地面积 3606.9 亩。该场建于 1960 年，原为九龙峰林场一个工区。林场属亚热带季风气候，

气候温和、雨量充沛，年平均温度22℃，少有冰冻现象。

（2）体制变革

寨场山林场建于1960年，原为九龙峰林场一个工区，1974年经惠东县委组织部批准正式建立寨场山林场，林场属股级事业单位，隶属于惠东县林业局领导，经济上独立核算，自收自支。

根据惠东县《关于印发惠东县转换企业经营机制试行办法的通知》（惠东府〔1994〕83号）的《寨场山林场转制方案（实施细节）》，于2000年实施转制。转制时林场有49人，其中留场6人；其余人员采取买断工龄、解除劳务合同等方式进行分流；退离休人员采取给予一次性医疗补贴后供给关系转入县社保局。留场人员于2004年陆续全部调离后，林场管理责任由林业局承担，指派相关人员负责，并聘请专职护林员负责日常巡护山林等管理工作。2013年6月，根据《寨场山森林公园总体规划》，寨场山林场整体纳入寨场山森林公园总体规划。

（3）森林资源

林场土地面积为3606.9亩，森林总蓄积量为1.365万立方米，森林覆盖率为66.5%，林分类型以人工阔叶混交林为主。寨场山现存维管束植物分属45科共110种，观赏性植物有乌桕、杜鹃、野漆树、曼九节、黄金叶、青皮竹、野牡丹、大叶伞、紫楠、猴耳环、罗汉松等。

（4）经济发展

1990年以前，林场靠苗圃及生产经营（茶叶、果场、鱼塘等多种经营）的收入，基本上可以自给；1990年后，随着县城建设的需要，林场的生产用地逐年被国家征用，原赖以生存的生产用地基本上被征用完毕。林场现属于以保护为主的生态公益型林场，靠国家补贴为主。

（5）基础设施

2013年6月，根据《寨场山森林公园总体规划》，寨场山林场整体纳入寨场山森林公园总体规划。

（6）自然灾害

林场多年无重大自然灾害。

（7）山林权属

1990 年后，随着县城建设的需要，林地基本上被征用完毕，林场现有土地面积 3606.9 亩，成为以保护为主的生态公益型林场。2013 年 6 月，寨场山林场整体纳入寨场山森林公园总体规划。

（8）林场大事记

1960 年，组建寨场山林场，为九龙峰林场一个工区。

1974 年，经惠东县委组织部批准正式建立寨场山林场，林场属股级事业单位，隶属于惠东县林业局领导，经济上独立核算，自收自支。

2000 年，林场实施转制。

2004 年，林场人员全部调离后，管理责任由林业局承担，并指派相关人员负责，聘请有专职护林员负责日常巡护山林等管理工作。

2013 年 6 月，根据《寨场山森林公园总体规划》，寨场山林场整体纳入寨场山森林公园总体规划。

1.9.13 梅花林场

（1）基本情况

博罗县梅花林场创建于 1959 年 8 月（图 1–5），属县办国营带农户的地方国有林场。林场地处广东省惠州市博罗县罗阳镇辖区，位于县城西北方向 5 千米。地理坐标介于东经 114° 15′ 52″ ~114° 11′ 16″，北纬 23° 12′ 00″ ~23° 14′ 20″。林场地形地貌为丘陵山区，属于象头山山脉自然山体。

林场拥有土地面积 24475 亩，其中林业用地面积 21382 亩，非林业用地面积 3093 亩，森林总蓄积量 61769 立方米，森林覆盖率 89%。林场现有员工 135 人，其中在职正式职工 53 人，退休职工 78 人，聘用临时工 4 人。非农人口 320 人。林场场带一个行政村梅林村委，5 个村民小组，农业人口有 381 户 1380 人，耕地 1932 亩。

（2）体制变革

梅花林场创建初期经营方针是“以林为主、林粮结合、多种经营、综合利用”，定位为经营型林场。2007 年 7 月，经博罗县事业单位登记局核准设立登记为事业单位事业法人，明确梅花林场的主要职责：负责组织实施梅花林场的植树造林、森林培育、

图 1-5　梅花林场

森林防火、森林病虫害防治、生态公益林的保护和林地管理工作，梅花林场由经营型林场正在逐步过渡为公益型林场。

梅花林场为副科级事业单位建制，经费自筹，实行企业管理，定员 131 人，隶属博罗县农业和林业局。1970—2000 年，梅花林场办有一所小学，教师 10 名，学生 1~6 年级（含附设一个初中班）共 180 人。2000 年 9 月后，学校停办，再无承担办学社会职能的情况。目前，场带一个村委会和 5 个村民小组。

（3）森林资源

1962 年 4 月，博罗县林业局编制了国营博罗县梅花林场设计任务书。据统计，全场总面积为 28300 亩，其中林地 25007 亩，非林地 3293 亩。1995 年森林资源二类调查，林场总面积 24475 亩，其中林业用地 21382 亩（国有林地 18556 亩，集体林地 2826 亩），非林地（农地）3093 亩。林业用地包括有林地 10691 亩，疏林地 6415 亩，无林地 4276 亩。有林地中，马尾松林 5261 亩，杉林 2200 亩，南洋楹 1250 亩，桉树林 1520 亩，湿地松 400 亩，水果 60 亩。有林地蓄积量 29935 立方米。2005 年森林资源二类调查，国有林业用地 18556 亩，其中湿地松 400 亩、桉树 18061 亩。林木活立木蓄积量 53606 立方米，其中天然林蓄积量 7154 立方米，占总蓄积量 13.3%，人工林蓄积量 46552 立方米，占总蓄积量 86.7%。森林覆盖率 95% 以上。

根据 2013 年《梅花森林公园建设项目可行性研究报告》，林场动物资源有内陆野生动物 179 种，隶属 42 科 74 属，其中鸟类有 88 种；植物资源有维管束植物 80 科 321 属 483 种。

（4）经济发展

林场发展一直都得到国家投资。根据 1980 年统计，1980 年以前 27 年国家累计投资 63 万元；1980—2000 年 20 年国家累计投资 80 万元，平均每年国家投资 3.5 万元；据不完全统计，1995—2015 年国家投资 470 万元，用于低产松林改种尾叶桉树、南洋楹和幼龄林抚育工作。

林场的木材 1959—1986 年经营收入累计 270 万元，平均每年收入 10 万元，木材及木柴收入约占 70%。1987 年至 2006 年木材收入 700 万元，2007 年至 2013 年木材收入 84 万元。林场还开放了其他产业，20 世纪 80 年代初期，林场建设有年产 300 头肉猪和可养 30 头母猪的养猪场，后因对环境的污染危害大，群众意见大而关停；林场建设有一间能解决 15 职工就业的米粉丝加工厂，日产 500 千克米粉丝，后因经营不善亏损关闭。1995—2005 年期间，林场对外签订租赁或合作造林，承包户或者合作经营户一直按合同约定履行缴纳租金或林木收益按比例分成。

（5）基础设施

林场建场初期，办公条件非常简陋。1965 年 6 月，建有 1 栋泥砖木结构的房子 190 平方米，部分用于办公。1985 年，修建了一栋共 300 平方米左右的混砖两层楼房，作为办公和职工集体宿舍用房。2009 年后，经县人民政府研究同意，林场职工住房按照博罗县泥砖房改造的要求进行改建，共改造建房 86 套，解决了职工及家属的住房问题。2013 年，建成 3 层 726 平方米的办公条楼。

目前，林场通往生产队的道路都已硬底化，用水、用电条件得到了很好的改善，为林场林区森林管护、森林消防工作提供了强有力的保障。

（6）自然灾害

林场地处南方沿，或多或少都会受到台风影响。建场以来，林场未发生有较大的森林火灾。林场严重为害林木的害虫主要有松树松毛虫、松突圆蚧、松材线虫、实蝇等虫害，外来有害生物主要是微甘菊。

（7）山林权属

梅花林场土地最原始的来源于建场初期根据县委批示精神征用本场的农业大队山林而来。全场总面积 24475 亩，其中林业用地面积 21382 亩；非林业用地面积 3093 亩。在林业用地面积 21382 亩中，国有林地面积 18556 亩，集体林地面积 2826 亩。2005 年各自已办理了林权登记并由博罗县人民政府颁发了《林权证》。

（8）林场大事记

1959 年 8 月，在博罗县附城梅花创建国营梅花林场，场部办公地点设在白鹅潭鹤山。

1959 年秋，博罗县林业局在梅花林场创办林业科学研究所。

1974 年 1 月，博罗县林业科学研究所在原梅花林场上庵工区复所，开展工作。林科所的土地由县划拨梅花林场原上庵工区土地约 5000 亩。

1974 年 3 月，由广东省林业厅分发博罗县试种的外引松种籽一批，分发于梅花、白芒、汤泉、罗浮山、象头山等林场。以营养器育苗，当年造林于各场的低丘山坡上。梅花林场于场部后山种植 180 亩，试种的长势良好。

1985 年 2 月，县林业局、粮食局联合发出《关于下达 1984 年营林补助粮指标的通知》，把惠阳地区下拨博罗县的营林补助粮 57157.5 千克（贸易粮指标），如数分别兑现给县内 22 个区、苗圃场、林科所和梅花林场。本场份额指标数全部兑现。

2009 年 3 月，根据县人民政府工作会议纪要精神，按照有关政策和博罗县建设社会主义新农村的要求，全面落实梅花林场泥砖危房改造工作。

1.9.14 密溪林场

（1）基本情况

密溪林场位于龙门县北部，距县城 33 千米，总面积 44 平方千米。林场西邻地派镇，北连新丰县，南靠天堂山，东与蓝田瑶族乡接壤，因山高陡峭、林密溪多而得名密溪。林场属亚热带季风气候，近北回归线，气候适中，具有分明的山区气候特点，年均降雨量为 2800 毫升，每年的 3~9 月降水量占全年 80%；土壤大致以赤红壤为主，土质较为肥沃。

密溪林场始建于 1958 年。密溪是革命老区。密溪林场属县直国营林场，副科级建制事业单位，担负着乡（镇）机关职责。林场现有干部职工 98 人，其中在职 43 人，退休人员 55 人；下辖 9 个自然村，180 户，852 人。林场有一所小学学校、一个卫生站和 4 座电站。全场现有管辖面积 5.8 万亩，森林覆盖率 98%。

（2）体制变革

目前，龙门县密溪林场定为公益一类事业单位，核定事业编制 30 名，经费由县财政按财政补助一类拨付，主要职责是：保护、培育和合理利用森林资源，保持森林物种多样性；负责辖区内森林防火、林业有害生物防治、区域良种示范、种质资源保存与创新、生态监测、科技示范等。

林场改制后，原来林场未能进入编制内的人员，优先进入密溪林场经济发展公司或密溪农业有机茶业开发有限公司，妥善安置了林场合同工，不采取强制性买断方式，不搞一次性下岗分流，确保职工生活有保障。现有资源开发、商品林采伐、林业特色产业等暂时不能分开经营活动，所有经济实体收入严格实行“收支两条线”管理。生产经营收益提取给村民作生产生活金的待遇不变（依据龙府办函〔2003〕171 号文规定）。

（3）森林资源

1994 年，林场有林业用地 3554.2 公顷，非林地 132.5 公顷，有林地 2427.1 公顷，其中生态公益林 1734.3 公顷，商品用材林 1819.9 公顷，活立木总蓄积量 70604 立方米，优势树种（组）是黧蒴栲，杉木，阔叶树，针阔混交人工林共 233.4 公顷，森林覆盖率 65.8%。林场现有林业用地 48639 亩，蓄积量 36.2163 万立方米，其中生态公益林面积 23514 亩，占 48.3%；商品林面积 25125 亩，占 51.7%；农业耕地面积 502 亩；森林覆盖率 93%。

林场现主要植物有杉树、油松、圆柏、野山参、野灵芝、香樟、大叶樟、细叶樟、禾雀花、白银香、黧蒴栲、枫香、桂花、石榴、山柳、杜鹃、竹桔、野薄荷、甘草、夹竹桃、映山红、山茶树等；主要动物有果子狸、穿山甲、刺猬、水鹿、野猪、野山羊、黄猄、金环蛇、银环蛇、蟒蛇、眼镜王蛇、鹧鸪、鸳鸯、雉鸡、苍鹰、猫头鹰、竹叶青、蛤蚧、石蛙、凤蝶、金钱龟、大头龟、尿龟、甲鱼等。

（4）经济发展

1979 年，林场大力发展植树造林（杉、果、茶、油茶）种植 400 多亩，抚育 4500 亩，水稻总产值 10 万千克，番薯 2 万千克，花生 1600 千克，木薯干片 2.5 万千克，办起了猪场、鸡场、养蜂场，修建鱼塘 10 多亩。1980 年木材生产砍伐量 6000 多立方米，新种油茶 450 亩，茶叶 150 亩，柑橘 30 亩。1995 年粮食种植面积 672 亩，总产量 131 吨。2000 年农作物播种面积 772 亩，水稻 580 亩，总产量 130.5 吨。

林场自办一个茶场面积 200 多亩，位于盘龙坑村。林场有 4 座电站：分别是捞子坑电站、火荫屋电站，担竹坑电站和水口电站。其中，捞子坑、火荫屋电站属林场集资所建，所有权属林场；担竹坑和水口电站由林场引资所建，属私营企业。林场名下有两间公司：分别是密溪农业有机茶业开发有限公司和密溪林场瓷矿开发有限公司，公司所产生的经营收入，经上级批准可统筹用于林场职工生活困难补助、林道维护、基础设施建设等，提升森林生态能力等方面。

（5）基础设施

1979 年场部办公大楼建成使用。1995 年投入 24 万元，建造容量 200 立方米的蓄水池，自来水受益户数达 100 多户。1998 年位于西林河畔的职工住宅楼开始兴建，建筑面积 2600 平方米，前期投入 85 万元，安置了 21 户职工。2011 年根据国有林场危旧房改造的政策，103 户职工住房在场部维修及原址重建起来了。2015 年，林场投入约 40 万元对街道及各自然村改造了路灯照明。

（6）山林权属

1958 年建场以来，山林权属一直属于国有。因边界不清，林场在湖洋径、上下湖、马蹄岌一带有约 8937 亩林地与龙门县蓝田乡存在林权纠纷。

1.9.15　蓝田林场

（1）基本情况

县林业局蓝田林场位于广东省惠州市龙门县蓝田瑶族乡东南部杨屋洞，距离县城 20 千米，距离蓝田瑶族乡 4 千米，林场公路连接 S244 省道，交通方便。属低山丘陵地区。东至龙田镇苦竹园为界，南至龙田镇大径村、大沙村为界，西至蓝田乡为界，北至蓝田乡小洞村、蓝田村为界。

1979 年 10 月，龙门县林业局根据县委、县人民政府的有关精神，兴办国营蓝田林场，由县林业局与当时的蓝田公社、蓝田大队及杨屋老围、围仔等 11 个生产队协商，以购买、永久使用形式，购买山林土地兴办蓝田林场。现在，林场经营总面积 7350 亩，林地面积 7312 亩，森林总蓄积量 20649 立方米，森林覆盖率 85%。林场总人口 105 人，职工人数 12 人，其中在职职工人数 5 人。

（2）体制变革

2010 年 3 月，龙门县林业局体制改革，根据《关于印发龙门县林业局职能配置、内设机构和人员编制规定的通知》（龙机编〔2010〕2 号），保留国营蓝田林场，核定事业编制 5 名，属于公益一类事业单位。林场隶属龙门县林业局，股级建制。工作职能由原来以生产经营农业、林业、木材生产为主导，转向以生态保护为主导的工作职能。林场主要职责是负责制定国有林场生产经营的中、长期发展规划；加强内部管理，加速林种、树种结构调整；加强森林资源和林地的保护与管理，加强生态公益林管护，建设生态公益林示范基地，加强林场森林景观建设。

（3）森林资源

1981年初，先后种植杉树1000多亩，参与泡桐良种区域性试验营造各种试验林300多亩。2011年林场进行龙门县油茶良种繁育基地建设，到2013年年底完成油茶苗圃建设120亩，其中采穗圃100亩，主要生产本地优质种源红花油茶和岑溪软枝油茶嫁接苗。

林场经营总面积7350亩，林地面积7312亩，生态公益林面积3142亩，森林总蓄积量20649立方米，森林覆盖率85%。

（4）经济发展

20世纪80年代中期到90年代初期，林场以种植橙、柑、橘果树收入为主，木材生产为副，每年林场主要靠职工承包部分水田及种植果树所缴纳的承包款以维持日常办公开支和管理人员生活费。到90年代中后期，由于柑橘市场价格低落、管理成本提高，以及受冰冻天气影响，特别是1999年林场所有果树遭受严重霜冻灾害，无收成，并且果树严重退化致枯死，林场资金陷入困境，仅靠木材收入和部分山林承包款以维持林场的日常运作和发放职工工资，职工社保、医保等福利无法保障，累计拖欠社保费用100多万元，到2010年3月县林业局体制改革后才得以解决。

（5）基础设施

林场建筑总面积2207平方米，其中办公楼用房30平方米，生产用房827平方米，职工住房1350平方米。2011年10月林场进行危旧房改造工程建设，实际完成新建5户，修缮12户，完成建设总面积980平方米。林场有林区公路6千米，护林道20千米。2008年8月林场进行“龙蓝线”林区公路硬底化改造工程（共6千米），于2009年6月完工。建场至今，架设高压线6千米，通信线路6千米，场内已通电通有线电话。

（6）自然灾害

林场的自然灾害主要是冰雪灾害。1999年12月龙门县遭受严重的霜冻灾害，最低气温达到-4.4℃，林场场内所有果树受冻无收成，导致果树严重退化枯死。

（7）山林权属

建场之初，县林业局与当时的蓝田公社、蓝田大队及杨屋老围、围仔、新围、上塘、下场墩等11个生产队村民代表共同协商达成《关于确定国营蓝田林场山林土地关系的合约》，一致同意将所属的蝴蝶脑山、石新山一带山林土地划出征用兴办蓝田林场，所有山林土地属县林业局购置而成。

县林业局和蓝田林场从 1980 年至 1985 年 6 月 19 日先后与蓝田大队及 11 个生产队签订了 4 次合同协议，每次签订合同协议都给予蓝田大队等 11 个生产队一定数额的经济补偿，从而确定蓝田林场征用山林土地的合法性和稳定性，为国有林场建设奠定了基础。2012 年 2 月 24 日由县人民政府核发新的林权证，林权证面积 7312 亩。

（8）林场大事记

1979年10月，龙门县林业局根据县委、县人民政府的有关精神，兴办国营蓝田林场。

1999 年 12 月，林场遭受严重的霜冻灾害，场内果树受冻无收成。

2010 年 3 月，县林业局体制改革，保留国营蓝田林场，核定事业编制 5 名。

1.9.16　青年林场

（1）基本情况

龙门县林业局青年林场位于广东省惠州市龙门县龙华镇，属丘陵地区，东至龙江镇斜塘村山林（防火隔离带）为界，南至龙华镇朗贝村山林（防火隔离带）为界，西至单桥路溪大坑水为界，北至龙华镇水口村山林（防火隔离带）为界。

1958 年，为了解决粮食困难，由龙江公社牵头，组织 15 名青壮年劳动人员在铁桥（地名）开垦出荒山荒地创建青年林场。2010 年 3 月县林业局体制改革，青年林场为按公益一类事业单位，县财政拨付，核定事业编制 5 名。现在，林场经营总面积 5275 亩，森林总蓄积量 4252 立方米，森林覆盖率 81%。林场总人口 102 人，职工人数 42 人，其中在职职工 5 人。

（2）体制变革

青年林场成立于 1958 年，由龙江公社牵头，组织 15 名青壮年劳动人员在铁桥（地名）开垦出荒山荒地 300 多亩，种植短期应急粮食作物，如玉米、蕃薯之类农作物，以作抗击 1958 年饥荒年代，当时属平陵公社管理（平陵公社管辖范围包括龙江公社、路溪公社、平陵公社等）。

2010 年 3 月，龙门县林业局体制改革，根据《关于印发龙门县林业局职能配置、内设机构和人员编制规定的通知》（龙机编〔2010〕2 号），保留国营青年林场，核定事业编制 5 名，属于公益一类事业单位。林场主要职责是负责制定国有林场生产经营的中、长期发展规划；加强内部管理，加速林种、树种结构调整；加强森林资源和林地的保护与管理，加强生态公益林管护，建设生态公益林示范基地。

（3）森林资源

1974 年，林场扩大经营管理范围，在山上种植橙、柑、橘等果树 500 多亩、油茶 1000 多亩、杉树 2000 多亩；2005 年，林场营造速生丰产林桉树 600 亩。2011 年，林场进行油茶良种繁育示范基础建设，至 2014 年，已完成 50 多亩油茶苗圃地的建设，油茶种植示范地面积达 800 多亩。

目前，林场经营总面积 5275 亩，林业用地 5182 亩，生态公益林面积 1789 亩，森林总蓄积量 4252 立方米，森林覆盖率 81%，主要树种为油茶、杉木、阔叶树等。

（4）经济发展

1974 年林场山林权属归县林业局所有，从而扩大经营管理范围，在山上种植橙、柑、橘等果树 500 多亩、油茶 1000 多亩、杉树 2000 多亩。于时间久远、果树老化、果品产量减少等原因，林场的经营收入减少，无法维持林场的日常运作，职工的工资、社保、医保等福利无保障，从 1993 年开始大部分职工离开林场另谋就业，累计拖欠职工社保、医保费用高达 200 多万元。

2010 年 3 月，龙门县林业局体制改革，根据《关于印发龙门县林业局职能配置、内设机构和人员编制规定的通知》（龙机编〔2010〕2 号），保留国营青年林场，核定事业编制 5 名，人员经费按公益一类事业单位县财政拨付。2011 年林场进行油茶良种繁育示范基础建设，至 2014 年，已完成 50 多亩油茶苗圃地的建设，以育种油茶苗有红花油茶、岑溪软枝油茶嫁接苗为主，油茶种植示范地面积达 800 多亩，

（5）基础设施

林场办公楼用房 40 平方米，生产用房 600 平方米，职工住房 7 栋。2011 年 10 月林场进行危旧房改造工程建设，实际完成新建 36 户，修缮 5 户，完成建设总面积 2490 平方米，于 2012 年年底完工。林场有林区公路 6 千米，林道 20 千米。2011 年 10 月林场对林区的砂石路进行硬地化公路建设（共 6 千米），于 2012 年 3 月完工。

（6）山林权属

建场之初，林场属平陵公社管理，山林权属为龙江公社所有；1962 年 10 月，划

为县林业局管理，至 1974 年，经双方协商同意签订《关于龙江大队与青年林场山林纠纷的协议书》（龙法民字〔74〕21 号），从而确定林场管辖范围山界，山林权属为县林业局所有。1981 年，林场与龙华公社朗贝大队李屋生产队协商，签订公证书形式，购买单竹坑山林（面积约 400 亩）的永久所有权。1982 年，林场与龙华公社水口村梁屋生产队协商，签订公证书形式，购买正冚、狗仔潭、迟冚、大冚、瓦窑伕、鹅眉月等山林的所有权属。2004 年 10 月，经县人民政府核发新的林权证，林场林地面积为 5275 亩。

（7）林场大事记

1958 年，平陵公社成立青年林场。

1962 年 10 月，林场划入县林业局管理，1974 年经协商确认山林权属为县林业局所有。

2010 年 3 月，县林业局体制改革，保留国营青年林场，核定事业编制 5 名。

1.9.17 龙门县林业局种苗基地站（经济林场）

（1）基本情况

龙门县林业局种苗基地站位于广东省惠州市龙门县龙田镇芦池村至龙潭镇土湖村交界处的十二屈（地名）。20 世纪 50 年代末实行“大跃进”“人民公社”时期，为了有效解决社员食油的紧张状况，芦池大队东升生产队、土湖大队及松山生产队社员分别在十二屈这片荒山大力种植油茶树。这是林场的前身。

2010 年 3 月，县林业局体制改革，撤销经济林场，平陵苗圃场、林村果场、龙城苗圃场、林产公司、林果公司、西林酒家，组建龙门县林业局种苗基地站，股级建制，核定事业编制 5 名。现林场经营总面积 2360 亩，森林总蓄积量 4131 立方米，森林覆盖率达 80%；总人口 88 人，职工人数 88 人，其中在职职工人数 7 人。

（2）体制变革

1975 年冬，龙门县革命委员会根据发展需要，拟征用此片山林土地用作县委干部及职工的义务劳动基地，并得到芦池大队、土湖大队的大力支持，经过多方多次协商讨论，3 个生产队的干部和村民代表同意将此片山林土地（面积 738 亩）划给县革委创办龙门县机关林场。1980 年，根据上级的相关规定精神，龙门县人民政府将机关林场划给县林业局管辖。1982 年，县林业局将机关林场更名为龙门县经济林场，股级建制，定额场员 5 人，经费源自县林业局扶持和生产自筹。

2010 年 3 月，县林业局体制改革，撤销经济林场、平陵苗圃场、林村果场、龙城苗圃场、林产公司、林果公司、西林酒家，组建龙门县林业局种苗基地站，属公益一类事业单位，隶属龙门县林业局，股级建制。种苗基地站主要负责宣传、贯彻、执行《中华人民共和国种子法》；负责全县林木种苗、国有苗圃规划计划编制及育苗技术指导；负责建立健全林木种子种苗生产、经营许可证制度；负责全县林木种子管理的日常工作；严格执行林木种苗产品质量检验与执法监督；负责引进林木优良新品种的试验及推广应用。

（3）森林资源

建场之前，由于当时林地多为荒山，生产队响应政府的号召种植了油茶树。建场之初，由于茶油不受群众喜欢，林场淘汰了油茶林，并在县人民政府和县林业局的支持下，逐渐种植松树、杂树和粉单竹。2009 年，林场和惠州市林业科学研究所协作，创建了粉单竹示范基地。直至 2010 年，县林业局体制改革，从单一的林木生产经营转为保护培育森林资源等生态公益服务。林场经营总面积 2360 亩（其中 1117 亩为经济林场和平陵苗圃场的林地面积、1243 亩为林场与村小组联办），生态公益林面积 1737 亩，森林总蓄积量 4131 立方米，森林覆盖率 80%。

（4）经济发展

2010 年 3 月前，林场经济性质是自筹自支独立核算。由于职工人数较多，地处欠发达的边远地区，经济基础较为薄弱，职工工资发放问题都难以解决，主要靠竹林收入以维持林场日常开支和管理人员的基本生活费。 2010 年 3 月县林业局体制改革，核定事业编制 5 名，人员经费纳入县财政预算，改善了在职职工、退休人员的生活条件和工资待遇。

（5）基础设施

林场建筑总面积 680 平方米，其中办公楼用房 120 平方米，生产用房 200 平方米，职工住房 360 平方米。办公用计算机 4 台，通网络。办公用车 1 辆。2010 年 3 月县林业局体制改革撤销了经济林场等 7 个部门，组建种苗基地站，林场办公地址搬迁到县城环城西路（原龙城苗圃场），并于 2011 年 10 月进行危旧房改造工程建设，实际完成新建 2 户，修缮 3 户，完成建设总面积 326 平方米。林场有护林道 6 千米。

（6）自然灾害

建场以来，无重大自然灾害。

（7）山林权属

林场经营总面积 2360 亩。其中，1117 亩为经济林场和平陵苗圃场的林地面积，为国有属性；1243 亩为林场与村小组联办，为集体属性。国有山林权属包括原经济林场（持有旧山权林权证，面积 738 亩）和原平陵苗圃场（持有旧山权林权证，面积 379 亩）2 个场的权属。

（8）林场大事记

1975 年，成立为龙门县机关林场，隶属龙门县革命委员会。

1982 年，龙门县林业局接管机关林场后将其更名为“龙门县经济林场”。

2010 年 3 月，县林业局体制改革，撤销经济林场、平陵苗圃场、林村果场、龙城苗圃场、林产公司、林果公司、西林酒家，组建龙门县林业局种苗基地站，核定事业编制 5 名。

2. 粤东地区

2.1 汕头市国有林场

2.2 潮州市国有林场

2.3 揭阳市国有林场

2.4 汕尾市国有林场

2.1 汕头市国有林场

（1）基本情况

汕头市国有林场建于20世纪50年代末，现存有3个国有林场，分别为澄海区红岭果林场、南峙山果林场，南澳县地方国营黄花山林场，均为县属林场（表2-1）。其中，红岭果林场、南峙山果林场2个国有林场，归属澄海区政府管理，是澄海区国有企业；地方国营南澳县黄花山林场属南澳海岛国家森林公园管委属下公益二类事业单位。

①澄海区2个县属林场经营总面积约0.42万亩，林业用地面积约0.39万亩。现有干部职工73人，其中：在职人员9人，离退休人员64人。在职人员人均每月工资2000元左右，退休人员人均每月养老金1500元。

②地方国营南澳县黄花山林场建于1959年，现有林地面积1.895万亩，森林总蓄积量约3.6万立方，生态公益林约1.8563万亩，经济林0.03万亩，生物资源丰富，生态环境优良。有植物102科1400多种；有动物30多种。

表2-1 汕头市国有林场

权属	单位名称	建场时间（年）	隶属单位
县属	汕头市澄海区红岭果林场	1958年	汕头市澄海区林业局
	汕头市澄海区南峙山果林场	1959年	汕头市澄海区林业局
	地方国营南澳县黄花山林场	1959年	南澳海岛国家森林公园管委

（2）国有林场隶属关系变化

①开始全面建设社会主义时期（1949—1966.4）

1957年9月，澄海县成立农林水利局，隶属县人民政府。1959年1月，县农林水利局改复称农林水利部。1960年1月设立农林局，红岭果林场、南峙山果林场由县农林局管理。

②“文化大革命”时期（1966.5—1976.9）

1968年9月，澄海县撤销农林局，成立农林水战线革命委员会。1973年3月，农林水战线革命委员会改称澄海县人民政府农林水办公室，重设农林局。红岭果林场、南峙山果林场由县农林局管理。

③社会主义现代化建设新时期（1976.10 至今）

1982 年 8 月，成立澄海县林业局，南峙山果林场由县林业局管理，红岭果林场由县农业局管理。

2002 年，根据中共澄海市委、澄海市人民政府《关于印发〈澄海区市市级党政机构改革方案〉的通知》(澄委发〔2001〕31 号)，澄海市农业局和区林业局合署办公。

2010 年，中共汕头市澄海区委、汕头市澄海区人民政府设立汕头市澄海区农业局（加挂中共汕头市澄海区委农村工作办公室、汕头市澄海区林业局牌子），为区政府工作部门。红岭果林场、南峙山果林场由区农业局（林业局）管理。

目前，汕头市南澳县政府、澄海区人民政府按照国有林场改革方案制定符合地方实际的改革措施，保障稳定的财政供给机制，巩固国有林场改革成果。

（3）关于国有林场的大事记

①澄海区国有林场

1986 年 4 月 10 日，澄海县人民政府将红岭果林场定为副局级企业。

1992 年底，红岭果林场与汕头农业投资总公司合作共建“红岭茶果山庄”，董事长由汕头农业投资总公司总经理担任，红岭果林场场长任副董事长、总经理。

1999 年，澄海市国有资产管理办公室果林场 300 亩林地划拨给澄海市火葬场，作为殡葬改革配套设施建设用地，建设祥安永久墓园。

2004 年，经澄海区企业改革领导小组批准，南峙山果林场实施国有企业改革，改革形式为实行劳动用工制度改革，即对部分员工采取解除劳动关系的形式。改制后场设立留守班子 3 人，负责该场的行政、防火及资产管理等工作。对其余员工实行一次性经济补偿，与企业解除劳动关系。

②地方国营南澳县黄花山林场

1959 年，南澳县黄花山林场成立。

1992 年，林场经林业部批准成立海岛国家森林公园。国家森林公园和黄花山林场实行“两块牌子，一套人马”的管理体制，原隶属关系、山林权属及经营范围不变。南澳海岛国家森林公园管委为正科级行政单位，南澳县黄花山林场为森林公园管委下属的一个事业单位。

2.1.1 红岭果林场

（1）基本情况

汕头市澄海区红岭果林场成立于 1958 年 1 月，位于莲花山南麓，距澄海城区约

20 千米，北与潮州市湘桥区铁铺镇相连，东北面与莲花山钨矿相倚，东与澄海盐鸿、东里二镇山地相靠，西、南与澄海莲华镇相接。

林场总面积 3340.5 亩，其中林业用地面积 2992.5 亩，非林地面积 348 亩，活立木蓄积量 2672 立方米，森林覆盖率 89.58%。现有职工 48 人，其中在职人员 8 人，退休 40 人，聘用临时工 3 人。

（2）体制变革

1958 年 1 月成立“澄海县红涂岭农场”。1961—1962 年，林场从饶平县青岩农场转来部分场员，并从社会上吸收社会青年作为场员，内设行政股、生产股、畜牧股、农业股、果林队、畜牧队、作物队、基建队。1964 年 10 月 31 日，澄海县人民委员会通知，为培养共产主义接班人和继续开发山区，发展农业生产，决定将红岭农场改为“澄海县共产主义劳动大学”，内设行政股、生产股、教导处和 5 个作业队。1968 年 11 月至 1972 年，改称为“澄海县红岭‘五·七’干校。1973 年 1 月 23 日，中共澄海县委发文撤销“五·七干校”，同期启用“澄海县红岭果林场”，并设行政组、宣教股、生产股、保卫组、基层 4~5 个连队，接收和安置上山下乡知识青年共 260 人。1984 年起设 2 个管理区和一个保卫组，全场 70 人，其中干部 8 人（不包括退休干部、职工 16 人）。1986 年 4 月 10 日，澄海县人民政府将红岭果林场定为副局级企业。

2010 年，设立汕头市澄海区农业局（加挂中共汕头市澄海区委农村工作办公室、汕头市澄海区林业局牌子），为区人民政府工作部门。红岭果林场由区农业局（林业局）管理。

（3）森林资源

1974 年，澄海县林业普查，红岭果林场总面积 3122 亩，其中有林地面积 2196 亩，疏林地面积 235 亩，宜林地面积 691 亩。活立木总蓄积量 2566 立方米，其中有林地蓄积量 2417 立方米，疏林地蓄积量 149 立方米。

2005 年，开展森林资源二类调查，红岭果林场总面积 3340.5 亩，其中林业用地面积 2992.5 亩，非林地 348 亩。林业用地中，用材林 430.5 亩，经济林地 2562 亩。活立木总蓄积量 2517 立方米。

2015 年，红岭果林场总面积 3340.5 亩，其中林业用地面积 2992.5 亩，非林地 348 亩。林业用地中，用材林 750 亩，经济林地 2242.5 亩，活立木总蓄积量 2726 立方米。

（4）经济发展

1958 年成立林场后，即开山发展柑橘生产，种下柑橘 273 亩和一些荔枝，至 1963

年，柑橘被砍后改种荔枝和其他杂果。农场以果、副业生产为主。1964 年改称为“劳动大学”后，农、副、果三业并举，开始从潮安县凤凰乡引种“白叶水仙”茶苗，面积 3 亩。从 1965 年开始大面积造林种果种茶，至年底全场已种果树 693 亩，造林 1674 亩。养猪 297 头，羊 31 只。1977 年建制茶厂，面积 695 平方米，年制毛茶 7000 千克。

1984 年，林场办家庭式农场，实行经济大包干，职工承包场内的茶园、坑田、果园。新发展的种植业柑园、林檎园实行承包责任制；1981 年起为发展商品经济，先后在澄城镇和东里镇投资办商业网点，主要由场内职工承包；1992 年年底经县政府同意批准与汕头农业投资总公司合作共建“红岭茶果山庄”合作企业，由汕头农投方担任董事长，红岭果林场方担任副董事长、总经理，合作期限 20 年。果林划段分片发包给附近村民。

（5）山林权属

2015 年红岭果林场总面积 3340.5 亩。红岭果林场建场初期与邻近山界无争议，后来发生部分争议通过协商得到解决。目前尚未划定的山界，主要是与潮州市湘桥区铁铺镇坑门等村，在大金山北侧到三里岭边接段。

（6）林场大事记

1986 年 4 月 10 日，澄海县人民政府将红岭果林场定为副局级企业。

1992 年底红岭果林场与汕头农业投资总公司合作共建“红岭茶果山庄”，董事长由汕头农业投资总公司总经理担任，红岭果林场场长任副董事长、总经理。

2.1.2 南峙山果林场

（1）基本情况

南峙山果林场位于汕头市澄海城区以北约 8 千米处的南峙山脉，成立于 1959 年。

林场总面积 934.5 亩，其中林业用地面积 891 亩，非林地面积 43.5 亩。林业用地中生态公益林面积 554.5 亩，经济林面积 274.5 亩，一般用材林面积 72 亩。活立木总蓄积量 1472 立方米，森林覆盖率 92.78%。林场现有职工员 23 人，其中在职人员 1 人，退休 22 人，聘用临时工 4 人。

（2）体制变革

1959 年，南峙山果林场建场，林场部管辖窖东、窖西、仙门 3 个村和北洋、白石、东山、南坡、苗圃、副业6个生产队。1960年11月“体制下放”，将原苏南、溪南两区并入场的3个村划归原管理权属。1960年起，林场设行政、生产、宣传、果林5个股和东山、北洋、踏架、凤山、南坡、苗圃、副业等7个生产队。1967年成立场革命领导小组，下设东山、北洋、农业1、2、3队和副业队。1968年成立南峙山“五.七”干校，县工交战线下放干部20人到场参加劳动。1969年8月撤销“五.七”干校，成立林场革命领导小组，由县生产组直接领导和管理。1971年起设立场长、副场长管理全场工作，场设人事、治安、专职干部各1人。1976年9月，澄海县人民政府决定建设县师范学校，在果林场无偿划出“踏架尾”山坡果园地一片，面积24.69亩建设县师范学校。2004年经澄海区企业改革领导小组批准，南峙山果林场实施国有企业改革，改革形式为实行劳动用工制度改革，即对部分员工采取解除劳动关系的形式。改制后场设立留守班子3人负责该场的行政、防火及资产管理等工作。对其余员工实行一次性经济补偿，与企业解除劳动关系。

（3）森林资源

1974年，澄海县林业普查，南峙山果林场总面积1102亩，其中有林地面积1025亩，疏林地面积77亩。活立木总蓄积量1160立方米，其中有林地蓄积量1158立方米，疏林地蓄积量2立方米。

2005年，开展森林资源二类调查，南峙山果林场总面积934.5亩，其中林业用地面积891亩，非林地43.5亩。林业用地中，生态林544.5亩，用材林72亩，经济林地274.5亩。活立木总蓄积量1026立方米。

2015年，南峙山果林场总面积934.5亩，其中林业用地面积891亩，非林地43.5亩。林业用地中，生态林544.5亩，用材林72亩，经济林地274.5亩。活立木总蓄积量1472立方米。

（4）经济发展

1959年，林场成立后，以愚公移山、自力更生、艰苦奋斗的精神，开山种植果树2008亩，山林9027亩，耕地1258亩，后由于体制下放，将原来管理权属划还苏南、溪南两区及3个村。存在的果树285亩，山林779亩，耕地74亩，山地林木主要有马尾松、小叶桉、台湾相思、大叶相思，果树有荔枝、龙眼、乌梨、油柑等。1975—1980年曾在东山队、北洋队种植蕉柑，因缺水源和土质差，效果不佳。

1959—1982年，实行生产队分片管理，大集体生产的方式，经济上亏损由县财政拨款解决。1983年把60亩农田分给职工个人管理，采用保薪定额上交农产品，超额归个人，果园也定产承包给职工管理。1986年实行联产承包责任制，办家庭式农场，把所有果树、农田承包到个人经营，时间一定5年，盈亏自负。自2004年企业改制后，所有经营收入上缴区财政，果林场经费由区财政拨款解决。

（5）山林纠纷

1989年，莲下镇管陇村与果林场发生林权争议，争议地点为北洋片大石山。争议发生后，由县人大代表提出专议，县人大责成县国土局处理。县国土局经过调查取证，于同年做出(1989)澄国管处字第1号《土地管理行政处理决定书》，认定北洋片大石山权属归果林场所有。1989年9月13日，管陇村委会为讨回该片山地，向县人民法院提起诉讼，县人民法院经过调查审理，于1989年11月23日作出《民事裁定书》(1989)澄法民字第2号，依法裁定准予管陇村撤回起诉。

（6）林场大事记

1999年，澄海市国有资产管理办公室果林场300亩林地划拨给澄海市火葬场，作为殡葬改革配套设施建设用地，建设祥安永久墓园。南峙山果林场20名职工，其中在职职工10人、退休职工10人，组织关系调入澄海市火葬场。

2004年，经澄海区企业改革领导小组批准，南峙山果林场实施国有企业改革，改革形式为实行劳动用工制度改革，即对部分员工采取解除劳动关系的形式。改制后场设立留守班子3人，负责该场的行政、防火及资产管理等工作。对其余员工实行一次性经济补偿，与企业解除劳动关系。

2.1.3 黄花山林场

（1）基本情况

黄花山林场于1959年建场，地处南澳县南澳岛西部，境内多山，地势由西北向东南倾斜，总面积13.7平方千米，东西长5.4千米，南北长4.4千米。林场地理位置独特，三面临海，北回归线从中部贯穿而过，具有典型的南亚热带海洋性气候和生物群落。

森林覆盖率92.3%，有植物102科1400多种，野生动物130种，其中植物以台湾相思、马尾松为主。林场地貌属花岗岩石蛋地貌，土壤属赤红壤。林场有大小山塘水库共7个，其中最大的水库是黄花山水库，是县城最大的饮用水库，蓄水量220万立方米。目前，森林公园管委机关在职干部职工7人，黄花山林场在职职工9人，人社所在职人员2人，离退休职工18人，长期聘用政府购买服务9人（签订固定期限合同）。黄花山林场下辖 1 个村委会，有村民 78 户，299 人。

（2）体制变革

南澳县黄花山林场成立于 1959 年。1992 年，林场经林业部批准成立海岛国家森林公园。国家森林公园和黄花山林场实行“两块牌子，一套人马”的管理体制，原隶属关系、山林权属及经营范围不变。南澳海岛国家森林公园管委为正科级行政单位，南澳县黄花山林场为森林公园管委下属的一个事业单位。

经南澳县核定黄花山林场（森林公园管委）的人员编制为 23 个，其中核定森林公园管委的行政编制 6 个，机关工勤编制 4 个；核定黄花山林场为公益二类事业单位，事业编制 10 个；核定人社所为公益一类事业单位，编制 3 名。

（3）森林资源

目前黄花山林场有林地面积 1.895 万亩，森林总蓄积量约 3.6 万立方，生态公益林约 1.8563 万亩，经济林 0.03 万亩。

林场有植物 102 科 1400 多种，乔木人工林主要以台湾相思、马尾松纯林或混交林为主，有珊瑚树、榕树、樟树等乡土树种，中华楠木、竹柏等国家级保护树种；林场有野生动物禽蛇、金钱龟、穿山甲、猫头鹰及各种鸟类 130 多种，主要有海燕、黑枕黄鹂、戴胜、黄留、白鹭、军舰鸟等。

（4）经济发展

林场自 1992 年成立海岛国家森林公园后，黄花山林场改变了发展思路，从过去的伐林营林转向为造林护林的生态林业发展。黄花山林场积极发展生态旅游，严格景区管理，合理开发利用，对遗产资源实行最大限度的保护。对森林保护、古树名木及珍稀濒危植物保护、野生动物保护、森林防火、森林病虫害防治、环境保护等分类做了明确细致的规划，保护了黄花山林场森林资源。

黄花山林场下辖 1 个村委会，有村民 78 户，299 人，耕地总面积 181.3 亩。近年来，林场立足本地实际，充分发挥当地资源优势，大力发展森林生态旅游区建设和山区综合开发，旅游经济收入呈逐年上升态势，经济社会各项工作稳步发展。

（5）基础设施

林场交通状况已基本完善，目前已建成黄花山中岛线西长公路 10 千米和 3 千米大尖山景区公路，已建设崩坎 1.13 千米、客仔斜 1.15 千米、麒麟穴 1.1 千米、后烟墩 0.5 千米等村道硬底化，状元地停车场、麒麟穴停车场、供水、供电、通讯等基本能服务景区开发建设需要。

（6）自然灾害

由于黄花山林场特殊的地理位置，面临着水旱灾害、台风等气象灾害，地震、山体崩塌、滑坡、泥石流等地质灾害，风暴潮、海啸等海洋灾害，森林火灾和其他突发性自然灾害的威胁。

（7）山林权属

黄花山林场有林地面积 1.895 万亩，2003 年林场林地全部确权。2003 年至今，林场只有在马岭区域 120 多亩山林出现纠纷，通过努力，林场没有一宗山林权属纠纷案件。

（8）林场大事记

1959 年，南澳县黄花山林场成。

1992 年，林场经林业部批准成立海岛国家森林公园。国家森林公园和黄花山林场实行“两块牌子，一套人马”的管理体制，原隶属关系、山林权属及经营范围不变。南澳海岛国家森林公园管委为正科级行政单位，南澳县黄花山林场是森林公园管委下属的一个事业单位。

2.2 潮州市国有林场

（1）基本情况

潮州市现有4个国有林场，其中：韩江林场和红山林场为市属林场，万峰林场和新安林场为县属林场，均建于20世纪60~70年代。

韩江林场前身为1958年的黄坪林场，1962年与大埔县大埔林场合并改名为国营韩江林场，1964年与大埔林场分开，保留名称为国营韩江林场，1984年以前属省管林场，1984年下放为汕头市管理，1992年划归潮州市，为潮州市林业局管理的市属林场。韩江林场自建场至1983年，林场的资金投入和人员工资费用全部由省财政支付。1984年木材已开始采伐，上级财政部门不再投入资金，林场建设及人员工资费用全部由林场自付。2000年5月，经潮州市事业单位管理局核定为事业单位企业管理单位；2013年潮州市事业单位登记局核准登记为公益三类事业单位。

红山林场成立于1960年，为湘桥区建制镇的序列隶属于湘桥区人民政府管辖。1993年成为广东省林业厅首批审核通过的十大省级森林公园之一。2003年9月，经市编委批准，设立广东红山森林公园管理处（潮机编〔2004〕20号），保留地方国营潮州市红山林场的牌子，实行“两块牌子、一套班子”的管理体制，划归市直管理，现为潮州市城市综合管理局属下正科级事业单位。公园人员编制130名，其中44名经费为市财政全额拨款的一类事业编制，其他人员经费自筹。

万峰林场成立于1975年5月，由凤南、凤凰、赤凤3个公社的行政区域划地及凤南的月光、高凤2个大队的村居组建而成，分设5个管理区，以域内山多而故名“万峰”，并在行政上设立地方国营潮安县万峰林场革命委员会(1980年撤消)。1984年1月25日，县万峰林场改为“潮州市万峰林场”，下设村、场行政、营林、农村三股，并于1990年8月11日被定为科级事业单位，归属市农业委员会领导。2005年5月，林场实行机构改革，潮安县人事局同意万峰林场依照国家公务员制度管理，潮安县机构编制委员会(安机编〔2005〕29号)文件同意万峰林场部分人员依照公务员管理。2007年11月，万峰林场经广东省人事厅（粤人函〔2007〕2759号）文件批准为依照公务员制度管理单位。2013年9月，随着潮安县撤县改区，潮安县万峰林场更名为

“潮州市潮安区万峰林场”。

新安林场成立于 1959 年，1959 年 7 月至 1961 年 6 月，由饶平县林业局管理；1961 年 7 月划归浮滨公社管理；1962 年 3 月成立饶平县地方国营新安林场，隶属饶平县人民政府管理；1989 年 1 月划归饶平县农业委员会管理（饶府〔1989〕2 号）。2004 年 7 月划归饶平县浮滨镇政府管理，经济独立核算，由饶平县财政差额核拨补助经费（饶机编〔2004〕17 号）；2012 年 8 月至今归饶平县林业局管理（饶府办复〔2012〕51 号）。

潮州市 4 个国有林场经营总面积约 17.7 万亩，林业用地面积约 17.1 万亩。现有干部职工约 715 人，其中：在职人员 210 人，离退休人员 420 人，长期聘用人员 85 人。在职人员人均每月工资 2260 元左右，由于林场退休人员人数众多，退休金较少，民生问题突出，严重制约着林场的健康发展。

表 2-2　潮州市国有林场

权属	单位名称	建场时间（年）	隶属单位
市属	韩江林场	1958	潮州市林业局
	红山林场	1960	潮州市城市综合管理局
县属	万峰林场	1975	潮安区人民政府
	新安林场	1959	饶平县林业局

（2）国有林场隶属关系变化

①韩江林场

1958 年归属省属林场，称国营广东省韩江林场。1963 年 10 月与大埔县林场合并，改称为国营韩江林场，为省属国营林场。1964 年 5 月与大埔林场分开，林场保留名称国营韩江林场。1972 年，黄坪大队并入国营韩江林场，黄坪大队属下 8 个自然村改为 8 个农村管理区。1984 年，省委托汕头市管理，为市属国营韩江林场。1992 年划归潮州市管理，为潮州市国营韩江林场。2000 年 5 月，经潮州市事业单位管理局核定为事业单位企业管理单位；2013 年潮州市事业单位登记局核准登记为公益三类事业单位。

②红山林场

1958 年 4 月，潮安县畜牧局、意溪公社、庵埠市管会、磷溪市管会 4 个单位合股在意溪公社锡美南山后（现红山林场南山片）创办南山农牧场，南山后的林厝、赖厝两个自然村及山地、耕地被划为畜牧场辖区。同年，潮州镇在南山创办小农场。1959 年 2 月，经潮安县委批准（〔60〕委字第 132 号），畜牧场和小农场下放，由意溪公社接管。1960 年 2 月，畜牧场和小农场合并，并从意溪、磷溪两公社划出部分山地、耕地，建立潮安县黄田山果林场。1980年，县、市分开建制后，果林场属潮州市，改名潮州市红山林场。1993年4月，广东省林业厅粤林函〔1993〕070号文批准建立广东红山省级森林公园。2003年9月，划归市直管辖，为潮州市城市综合管理局（原市园林管理处）属下正科级事业单位。

③新安林场

1959年7月至1961年6月，新安林场由饶平县林业局管理；1961年7月下放划归浮滨人民公社管理，1962年3月成立饶平县地方国营新安林场，隶属饶平县人民政府管理。1989年1月划归饶平县农业委员会管理（饶府〔1989〕2号）。2004年7月划归浮滨镇人民政府管理，经济独立核算，由饶平县财政差额核拨补助经费（饶机编〔2004〕17号）；2012年8月至今收归饶平县林业局管理（饶府办复〔2012〕51号）。

④万峰林场

1975年，在"农业学大寨"群众运动中，潮安县委决定创办万峰林场，重新开发万峰山区。1984年1月25日，潮安县万峰林场改为"潮州市万峰林场"，下设村、场行政、营林、农村三股，归属潮州市农业委员会领导。2005年5月，林场实行机构改革，潮安县人事局同意万峰林场依照国家公务员制度管理，批准林场共设置国家公务员职位41个，同意班子成员及武装部长过渡为国家公务员。2013年10月9日，潮安县万峰林场正式挂牌改为潮州市潮安区万峰林场。

（3）关于国有林场的大事记

1993年4月，广东省林业厅粤林函〔1993〕070号文批准建立广东红山省级森林公园。

1999年12月30日，万峰林场设立"潮安万峰山森林生态县级自然保护区"。

2000年4月27日，"潮安万峰山森林生态县级自然保护区"升格为市级保护区。

2001年12月31日，经广东省人民政府粤府办〔2001〕740号文件《关于同意建立清远连山笔架山等四个省级自然保护区的复函》批准，以林场为基础创建的"广东潮安凤凰山省级自然保护区"正式建立。

2002年8月21日，省机构编制委员会粤机编办［2002］198号同意潮安凤凰山省级自然保护区为副处级事业单位，由省和潮安县共管、以潮安县为主，主要任务是负责潮安凤凰山自然保护区的具体管护工作。

2003年9月，经潮州市编委办（潮机编〔2004〕20号文）批准设立广东红山森林公园管理处作为森林公园的管理机构，保留潮州市红山林场的牌子，实行"两块牌子、一套班子"的管理体制，划归市直管辖，为潮州市城市综合管理局属下正科级事业单位。

2.2.1 韩江林场

（1）基本情况

韩江林场成立于1958年，地处饶平县、潮安县、大埔县3县交界处。东南与三饶镇交会，东北与新丰镇相连，西南与潮安县接壤，西北与大埔县毗邻；东西宽约5千米，南北长约12千米。林场属南亚热带海洋性季风气候区，年平均气温为21.4℃，年平均降水量1446毫米。全场林地属低山丘陵地带，土壤主要为花岗岩山地薄土红壤及中腐蚀性红壤土。

到2015年底全场工农业总产值964万元。现有6座水电站，总装机容量2190千瓦。林场总面积102308亩，其中生态公益林面积17183亩，商品林面积80728亩，森林覆盖率84.3%，森林蓄积量24.63万立方米。全场现有人口1785人，其中农村人口1427人，非农业人口358人；职工有264人；其中，在职正式职工96人，离退休职工168人，聘用40人。

（2）体制变革

1956年成立之初的林场称“黄坪林场”，为县办林场，隶属三饶公社。1958年归属省属林场，改称“国营广东省韩江林场”。1963年10月与大埔县林场合并，改称为国营韩江林场，为省属国营林场。1964年5月与大埔林场分开，林场保留名称国营韩江林场。1972年，黄坪大队并入国营韩江林场，黄坪大队属下8个自然村改为8个农村管理区。1984年，省委托汕头市管理，为市属国营韩江林场。1992年划归潮州市管理，为潮州市国营韩江林场。2000年5月，经潮州市事业单位管理局核定为事业单位企业管理单位；2013年潮州市事业单位登记局核准登记为公益三类事业单位。

（3）森林资源

1975年林场的总面积74765亩（农村管区林地面积未计入），森林总蓄积量为68746立方米，林地面积68996亩，占总面积92.3%，非林地面积5769亩，占7.7%。2004年，林场总经营面积为102308亩，其中林业用地97911亩。

韩江林场自1959年开始造林，至1975年，森林总蓄积量68746立方米，杉木林面积42516亩，蓄积量52352立方米；马尾松面积13059亩，蓄积量16237立方米。到2015年底，全场活立木总蓄积量246324立方米，其中，杉木51125立方米；马尾松32729立方米；湿地松399立方米；桉树149239立方米。

韩江林场有含国家重点保护野生动物巨蜥、蟒蛇、穿山甲等在内的各种动物。

（4）经济发展

20 世纪 80 年初，林场陆续建设了 6 座水电站，总装机容量 2190 千瓦，年均发电量 300 万千瓦时。至 1983 年，林场的资金投入和人员工资费用全部由市财政支付。1984 年木材已开始采伐，上级财政部门不再投入资金，林场建设及人员工资费用全部由林场自付。木材的收入是林场的主要经济来源，支撑着林场的运作，做为干部职工的工资来源。2006 年后山地逐步出租，仅少量采伐。为解决林场经济的出路的问题，从 1999 年开始林场陆续出租山地，到 2013 年，共出租山地 12 宗，出租山地面积 56200 亩，承包户一直按合同约定履行交纳租金的义务。林地租赁的资金收入弥补了减少林木收入的部分缺口。

（5）基础设施

林场建场初期办公条件非常简陋。1989 年，新建 3 栋楼房面积 2500 平方米，用于机关办公和派出所办公，机关食堂和部分职工住宿。建场初期，林场职工没有宿舍。1980 年，建设职工宿舍 700 平方米，共 20 套；1990 年，集资建设 1 栋 6 层楼职工房，共计 20 套。

林场场部距离三饶镇 9 千米，原来是黄土路，出行不变。2003 年，林场通往大埔路段规划为省道线，于 2005 年完成硬底化改造，解决了出行问题。林场林区公路全长 102 千米，基本涵盖林区所有的重点山头重点区域，为森林消防工作提供了必要保障。

（6）自然灾害

建场以来，林场林木主要发生松树松毛虫、桉小卷蛾、尺蠖等虫害。影响较大的台风有 3 个，分别是 2006 年 5 月的第 1 号台风珍珠、2006 年 7 月第 4 号强热带风暴、2013 年 9 月第 19 号超强台风，3 个台风都带来大风暴雨，造成大量树木折断、倒伏，农作物受损；茅坪电站、曲南电站、西南电站的机房机组都不同程度的受浸，经济损失较大。

（7）山林权属

韩江林场（原黄坪林场）的土地起始来源是由黄坪大队管辖的 8 个自然村的山地以及毗邻单位三饶公社的有关生产队在林场境内的部分山地。1963 年 10 月，与大埔富岭林场合并称广东省韩江林场，山地面积包含原大埔富岭林场、大埔光德上坪、丰溪生产队和黄坪林场所辖的林地，设立大埔分场。1964 年 5 月，与大埔林场分开，原属大埔林场辖区的山地归还大埔林场，原黄坪林场辖区的山地由韩江林场管理，称国营韩江林场。2004 年森林调查结果显示，林场总经营面积为 102308 亩，其中林业用地 97911 亩。

2.2.2 红山林场

（1）基本情况

红山林场成立于 1960 年 2 月，地处潮州古城以东 5 千米，系凤凰山余脉。地域南北长 5.22 千米，东西宽 4.17 千米。地理坐标为东经 116° 42′，北纬 23° 44′。红山林场东接磷溪英山、西坑，南临桥东六亩，西毗意溪东津，北连西都、莲上、锡美。红山林场位于韩江三角洲东北部外围边缘，为山地向平原过渡地带的高丘陵，主峰海拔 492.7 米，是潮州市区的制高点。

林场总面积 11164.5 亩，其中林业用地 10320 亩，非林业用地 844.5 亩。林业用地森林蓄积量 72254 立方米，其中生态公益林面积 8667 亩，占 83.98%；商品林面积 1653 亩，占 16.02%，森林覆盖率达 92.05%。现有干部职工总人数 205 名，其中在职干部职工 38 名，退休干部职工 167 名，长期固定临时工 9 人。

（2）体制变革

2003 年 9 月以前，红山林场作为湘桥区建制镇的序列隶属于湘桥区人民政府管辖。2003 年 9 月以后，经潮州市编委办潮机编〔2004〕20 号文批准，设立广东红山森林公园管理处，作为森林公园的管理机构，保留潮州市红山林场的牌子，实行“两块牌子、一套班子”的管理体制，划归市直管辖，为潮州市城市综合管理局（原市园林管理处）属下正科级事业单位。根据潮机编〔2004〕20 号文的精神，核定公园人员编制 130 名，其中 44 名经费由市财政全额拨款的一类事业编，其他人员经费自筹。管理职能是依法管理森林公园风景名胜和森林资源；负责森林公园的保护和利用；森林病虫害的防治和护林防火安全等工作。

（3）森林资源

至 2016 年 5 月，林场总面积 11164.5 亩，其中林业用地 10320 亩，非林业用地 844.5 亩。林业用地森林蓄积量 72254 立方米，其中生态公益林面积 8667 亩，占 83.98%；商品林面积 1653 亩，占 16.02%，森林覆盖率达 92.05%。

红山林场植被以人工阔叶林和针阔混交林为主，生物种类较多，有乔木 80 多种，灌、草、藤植物 200 多种；野生动物主要有布谷鸟、猫头鹰、斑鸠、雉鸡、鹩哥、鹧鸪、山鹊、啄木鸟、山鹫、姑嫂鸟、野猪、果子狸、黄猄、穿山甲等。

（4）经济发展

1993 年 4 月，广东省林业厅粤林函〔1993〕070 号文批准建立广东红山省级森林公园。

1993 年设立广东红山森林公园以后，公园原有的管理主体潮州市红山林场为加快森林公园的开发建设，解决林场的经济压力，经湘桥区人民政府审核同意，将森林公园部分景点土地以合作开发或出租的形式发包给相关的经济实体或个人进行建设经营发展。2003 年 9 月，红山林场划归市管理，成立公园管理处以后，已停止了一切土地出租承包和共同开发的行为，原有在 2003 年以前签订的各类合同也由市法制局牵头，联合各相关部门对红山森林公园所有合作项目进行审查，提出处理意见。在未提出处理意见之前，红山森林公园范围内的一切建筑物、构筑物和其他配套设施都应维持原状，不得新建、改建、扩建建筑物或构筑物。林场在 2003 年 9 月前签订的土地合同 12 份，总面积 8621.85 亩。

（5）基础设施

建场初期，办公室设置在安黄公路山脚，搭设茅草棚，条件简陋。1978 年 12 月，林场建有砖木结构的房子 105 平方米，用于办公。1988 年 8 月，在原办公址旁边修建 160 平方米 2 层砖混结构楼房。一楼用于食堂，二楼用于办公及会议厅，办公条件得到改善。2009 年 12 月，利用原学生劳动基地的教室及食堂改造为 2 层框架结构楼房，用于办公，面积约 700 平方米。

林场建立初期，职工没有宿舍，在山脚搭建茅草棚居住，条件艰苦。1975 年 9 月，各生产队搭建红土泥瓦平房 30 间，面积 450 平方米，一部分用作职工宿舍，解决了部分职工的住宿问题。1979 年 5 月，各生产队修建砖瓦房，职工基本能住上集体宿舍。1997 年 7 月，马来西亚华侨刘玉波先生向林场捐赠 33 万元，建成 2 幢 3 层共 18 套职工宿舍楼，面积约 1170 平方米，解决了部分符合条件的职工及家属住房困难问题。2002 年 3 月，林场对场部周边的破旧房屋进行修缮，共 16 间平房，面积约 240 平方米，解决山后迁来的 8 户职工及家属的住宿问题。

红山林场场外公路有 2 条：一为省道安黄公路，沿红山南麓经过，经澄海、饶平直达福建。二在红山东麓，穿越公园南山片，接通省道安黄公路，系土路。场内主路有 2 条，一自安黄公路经龙窑盘山通淡浮院，定名砚峰路，路长 2.77 千米，路面宽 7

米，水泥路面；二自山前场部至赤岭迤东，定名为环山路，路内长 2.27 千米，路面宽 3~4 米。

（6）自然灾害

每年 6~9 月是台风多发季节，林场地处粤东沿海，或多或少都会受到台风的影响。建场以来，影响较大的台风有 2 个，一个是 2006 年 7 月的强热带风暴碧利斯，另一个是 2013 年 9 月的超级台风天兔，两个台风造成林场大量树木折断、倒伏，经济损失较大，所幸无人员伤亡。

严重为害林场林木的有林木心腐病害，外来有害生物主要是薇甘菊。2005 年开始，6000 多亩以台湾相思为优势树种的林区发生了由高等担子菌引起的林木心腐病，导致大片林木枯死。自 2008 年起，薇甘菊危害的扩散、蔓延已对森林生态环境造成很大的影响。近年来，林场每年都进行监测和防治。到目前，林场未发生过较大的森林火灾。

（7）山林权属

红山林场土地最初来源于民国 20 年（1931）3 月，潮安县创办县立林场于大、小黄田山，林场面积 6587 亩。民国 22 年，广东省东区绥靖公署在小黄田山等地创办东区第二模范林场。当时以造马尾松、桉树为主，主要收容退伍军人和失业华侨。同年，省有关部门在黄田山设苗圃。民国 27 年，东区第二模范林场改称东区第二示范林场。潮城沦陷后，林事停顿，林场也废。抗日战争胜利后，县立林场及东区示范林场均告恢复。1950 年 5 月，潮汕专署和潮安县人民政府接收东区第二示范林场，并在黄田山设立联合苗圃场。1951 年 3 月，黄田山联合场划归潮安县，称潮安县黄田山苗圃场。1953 年，黄田山苗圃场被撤消。1958 年 4 月，潮安县畜牧局、意溪公社、庵埠市管会、磷溪市管会 4 个单位合股在意溪公社锡美南山后（现红山林场南山片）创办南山农牧场，南山后的林厝、赖厝两个自然村及山地、耕地被划为畜牧场辖区。同年，潮州镇在南山创办小农场。1959 年 2 月，经潮安县委批准(〔60〕委字第 132 号)，畜牧场和小农场下放，由意溪公社接管。1960 年 2 月，畜牧场和小农场合并，并从意溪、磷溪两公社划出部分山地、耕地，建立潮安县黄田山果林场。1980 年，县、市分开建制后，果林场属潮州市，改名潮州市红山林场。

到目前为止，红山林场没有明显的山林权属纠纷。

（8）林场大事记

1993年4月，广东省林业厅粤林函〔1993〕070号文批准建立广东红山省级森林公园。

2003年9月以后，经潮州市编委办潮机编〔2004〕20号文批准设立广东红山森林公园管理处，作为森林公园的管理机构，保留潮州市红山林场的牌子，实行“两块牌子、一套班子”的管理体制，划归市直管辖，为潮州市城市综合管理局（原市园林管理处）属下正科级事业单位。

2.2.3 万峰林场

（1）基本情况

万峰林场，位于东经116° 22′~116° 49′，北纬23° 26′~24°度，地处潮州市潮安县西北部，东南靠归湖，西毗赤凤，北接丰顺、凤凰，距市区41千米、县城71千米。

林场创建于1975年5月，以域内山多而故名。林场林区地形复杂，森林覆盖率达96%，栽植率达98.9%,绿化率达96%。林场现有林业用地41305亩（林权证为凤凰山省级自然保护区所有），蓄积量7.5万立方米，其中生态公益林面积41045亩，占99.37%；商品林面积260亩，占0.63%。林场辖5个村委会及1个居委会，14个自然村，总人口1082人，其中农业人口855人，居民人口227人。

（2）体制变革

1975年建场以来，万峰林场属于潮安县辖属的一个正科股事业单位，属于自收自支。1999年12月30日，潮安县人民政府以安府函［1999］7号文件批准在潮安县万峰林场建立“潮安县万峰山森林生态县级自然保护区”；2000年4月27日，潮州市人民政府以府函［2000］4号文件正式批准“潮安县万峰山森林生态县级自然保护区”升格为市级保护区。2000年6月，保护区邀请省有关专家、教授，对区域内的环境条件、森林植被、植物、动物和景观资源进行了调查，并编写了《建立凤凰山省级自然保护区自然资源调查报告》、《关于建立凤凰山省级自然保护区可行性报告》，上报省申请成立凤凰山省级自然保护。2001年12月31日得到广东省人民政府批准，凤凰山省级自然保护区正式成立。属“森林和野生动植物资源湿地型”的综合性自然保护区，成为粤东地区唯一的省级自然保护区。2009年变更为潮安县辖属的正科级参照公务员管理的事业单位。

万峰林场同时承担乡（镇）的行政职能，林场下辖 5 个行政村。

（3）森林资源

1975 年建场以来，林场土地分属于国家和集体所有，林分属于国家、集体和个人所有。保护区总面积 2812 公顷，林业用地 2711.9 公顷，占总面积的 96.44%，非林业用地面积 100.14 公顷，占总面积 3.56%，灌木林面积 350.4 公顷，经济林面积 175.1 公顷，森林总蓄积量为 50709 立方米，森林覆盖率达 96%。

植物资源十分丰富，据初步调查统计，该保护区拥有的野生维管束植物 1281 种，分隶 691 属 193 科。其中有多种属于国家重点保护的野生植物，如南方红豆杉（Ⅰ级）、异型玉叶金花（Ⅰ级）、苏铁蕨（Ⅱ级）、金毛狗（Ⅱ级）、桫椤（Ⅱ级）、红椿（Ⅱ级）及油樟（Ⅱ级）、樟树（Ⅱ级）等。此外，还有具有药用价值的植物如七叶一枝花、石仙桃、土茯苓、黄花倒水莲等 80 多种。

据初步调查统计，林场分布有陆栖脊椎动物 225 种，分隶 72 科 27 目。其中国家一级重点保护动物 3 种，国家二级重点保护动物 31 种。包括云豹、豹、蟒蛇、穿山甲、水鹿、小灵猫、斑林狸、苏门羚、林麝、斑嘴鹈鹕、凤头鹃隼、鸢、苍鹰、赤腹鹰、凤头鹰、雀鹰、松雀鹰、普通鵟、鹊鹞、蛇雕、游隼、红隼、白鹇、褐翅鸦鹃、小鸦鹃、草鸮、红角鸮、领角鸮、领鸺鹠、斑头鸺鹠、鹰鸮、长耳鸮等。

（4）经济发展

万峰林场粮食作物以前一直以水稻为主，甘薯为副。水稻一年二熟，由于地处高山，土壤耕作层浅薄，酸性大、日照短、气温低、历年水稻产量的较低、亩产 200~250 千克，并且谷物的价格不高，各村的村民陆陆续续都放弃种水稻改种茶叶。近年来木薯和杂粮的种植面积也逐年减少。

万峰林场茶叶生产是村民的主要经济来源，茶叶的种植面积逐年增加，2005 年林场农村茶叶的种植面积 730 亩，总产量 31 吨，总收入 86 万元。万峰林场茶叶生产起步晚，茶叶制作工艺相对较为落后，近年来林场通过举办一些临界时性、季节性的茶叶培训班，请专业户传经送宝，请专家到现场讲课，还通过电教片等方式向农户广泛介绍新技术操作规程，让农民掌握茶叶的制作技术。目前林场茶叶生产朝“茶园单枞化，单枞名优化”的方向发展，改造老茶圆，嫁接上八仙、玉兰香、黄枝香、芝兰香、桂花香等等名优品种，形成了以八仙、玉兰香、黄枝香、芝兰香、桂花香等为主的十大香型茶叶生产格局。

到 2015 年，林场注重强化传统优势产业，提高农村经济实力。全年全场完成农业总产值 499 万元，同比增长 5.1%；农作物总播种面积达 2030 亩，其中粮食作物播种面积980亩，总产量425吨；农村人均纯收入4132元，同比增长12%。林场以虎地茶场为示范，发展带动无公害茶叶生产，加快低产茶园改造和优良品种嫁接步伐。全年共改造低产茶园80亩，茶叶规模稳步扩大，达到1150多亩。同时，引导农民发展多种经营项目，引导鼓励农户发展杨梅、青梅、佛手香黄果等效益农业，特别是大力推广佛手香黄果的种植。目前，全场种植面积达250亩。有效促进农业和农村经济保持平稳较快发展。

此外，林场充分发挥资源优势，注重水力资源的开发和利用，1992年建成了万峰林场二级水电站、1995年建成了万峰林场一级水电站，1999年和2005年，分别有2座私营水电站，在深坑建成投产。目前场属两个水电站运转正常，年均发电量400万度，创收100多万元，是林场的主要经济来源。

目前，望京坪村共投入资金249.9296万元，村集体经济收入达到5.0738万元，村贫困户年人均纯收入8461.38元。径仔村共投入资金468.3141万元，村集体经济收入达5.8万元，村贫困户年人均纯收入达到8880元。完成了三年帮扶脱贫任务，村容村貌焕然一新，村民生活水平大大提高。

（5）基础设施

万峰林场原场部办公房是1975年建场时建成使用的，历经20多年风雨，已成危房。林场于1999年建成新公址，占地面积1600平方米，办公面积2200平方米，并于2002年在原场址建成保护区科技楼，增加设施，较大程度地改善了干部职工的办公宿舍环境。

2002年成立了由场7位职工组成的万峰林场供电组，2003年1月供电组划归归湖供电所管理，7人均为县电力局正式职工。但远远不能支付自收自支在职和退休职工工资费用。林场管辖的5个村现在主要用水是山泉水。

（6）自然灾害

万峰林场地处内陆山区，凤鸟髻山位于万峰北部。其北部挡住来自西北寒流，东南挡住来自海洋（太平洋、印度洋）的季风和和暖湿气流，故本地区受台风和寒流影响相对较少。林场的森林覆盖率高、森林内的可燃物载量高，容易引发森林火灾。

（7）山林权属

1975年创建林场时山林权属是万峰林场，后来为了更好地保护当地的森林生态系统和珍稀野生动植物，维护生态平衡，在1999年12月30日，潮安县人民政府以安府函［1999］7号文件批准在潮安县万峰林场建立“潮安县万峰山森林生态县级自然保护区”。

（8）林场大事记

1975年，在“农业学大寨”群众运动中，潮安县委决定创办万峰林场，重新开发万峰山区，建立一个以杉林为主的用材林基地。

万峰林场于1975年5月在凤南、凤凰、赤凤3个公社的行政区域划地及凤南的月光、高凤二大队的村居组建而成，分设5个管理区。同年，万峰林场行政上设立地方国营潮安县万峰林场革命委员会(1980年撤消)，组织上建立中国共产党潮安县万峰林场委员会，下设有中国共产主义青年团万峰林场委员会、万峰林场人民武装部、万峰林场妇女委员会，还有民政、统计等部门，林场分设行政组、政工组、生产组。

1982年4月，始设潮州市公安局万峰山派出所。

1984年1月25日，万峰林场改为“潮州市万峰林场”，下设村、场行政、营林、农村三股，归属市农业委员会领导。

1990年5月24日，市编委州编［1990］24号文《关于农业局等有关事业单位核定人员控制数的批复》，核定林场人员编制数为123人。

1990年8月11日，万峰林场被定为科级事业单位，归市农业委员会领导。

1991年11月22日，万峰林场设立了铁炉坪、望京坪、曾厝、冬瓜坪、径仔等5个管理区委员会。

1993年12月29日，万峰林场党委委员列入同乡（镇）党委同等职级待遇。

1997年8月27日，设立了万峰林场卫生所(股级事业单位)。

1997年10月16日，设立了万峰林场计划生育服务所(股级事业单位)。

1999年12月30日，万峰林场设立“潮安万峰山森林生态县级自然保护区”。

2000年4月27日，“潮安万峰山森林生态县级自然保护区”升格为市级保护区。

2001年5月16日，经县林业局批准，建立了潮安县万峰山县级森林公园，范围包括万峰林场、赤凤镇及凤南镇辖区，面积139.27公平方千米。

2001年12月31日，经广东省人民政府粤府办〔2001〕740号文件《关于同意建立清远连山笔架山等四个省级自然保护区的复函》批准，以林场为基础创建的“广东潮安凤凰山省级自然保护区”正式建立。

2002年8月21日，广东省机构编制委员会粤机编办［2002］198号同意潮安凤凰山省级自然保护区为副处级事业单位，由广东省和潮安县共管，以潮安县为主，主要任务是负责潮安凤凰山自然保护区的具体管护工作。

2005 年 5 月，林场实行机构改革，潮安县机构编制委员会（安机编〔2005)29 号）同意万峰林场部分人员依照公务员管理，批准林场共设置国家公务员职位 41 个，同意班子成员及武装部长过渡为国家公务员。2005 年 5 月，《万峰林场机构编制方案》经潮安县委县人民政府同意（安机编〔2005)12 号），并着手实施。

2013 年 10 月 9 日，潮安县万峰林场正式挂牌，改为“潮州市潮安区万峰林场”。

2.2.4 新安林场

（1）基本情况

新安林场成立于 1959 年 7 月（图 2–1），是饶平县唯一的一个县属林场，系公益型二类事业单位，地处饶平中部西则，距离县城 35 千米。地理坐标为北纬 23° 82′ 70″ ~23° 85′ 18″，东经 116° 74′ 96″ ~116° 81′ 40″。东与饶平县汤溪镇乐岛村、浮滨镇下安村相邻，西与饶平县浮滨镇上社村、沃潭村相邻，北与潮安县凤凰镇叫水坑村、新东村相邻，南与饶平县浮滨镇排江村相邻。林场山地最高峰粒粒峰山地海拔 970 米，是广东莲花山系的组成部分，其西面朝韩江，属韩江水系的一部分。

图 2–1 新安林场场部

林场用地面积 22061 亩，其中林业用地 21700 亩，非林业用地 360 亩。生态公益林面积 9841 亩，商品林面积 11860 亩。森林覆盖率 93%，森林蓄积量 32000 立方米。林场现有员工共 95 人；其中在职正式职工 33 人，离退休职工 42 人，长期聘用工 20 人。

（2）体制变革

1959 年 7 月至 1961 年 6 月，新安林场由饶平县林业局领导管理；1961 年 7 月下放划归浮滨公社管理；1962 年 3 月成立饶平县地方国营新安林场，隶属县人民政府管理；1989 年 1 月划归县农委管理（饶府〔1989〕2 号）。2004 年 7 月划归浮滨镇管理，经济独立核算，由县财政差额核拨补助经费（饶机编〔2004〕17 号）；2012 年 8 月，收归县林业局管理（饶府办复〔2012〕51 号）。至今隶属饶平县林业局管理。

2004 年 7 月，经饶平县事业单位登记局核准设立登记为事业单位事业法人。2015 年新安林场启动国有林场改革，2016 年 1 月，饶平县新安林场改革实施方案报经饶平县人民政府、潮州市人民政府审定通过，新安林场定性为公益二类，事业编制人员经费纳入县财政预算补助一类，林场其它职工经费由县财政按公益二类事业单位补助标准拨付，不足部分在林场经营收入中解决，方案已上报广东省人民政府审批。

（3）森林资源

1978 年林业大会战结束后，林业二类调查统计面积为 50500 亩，其中林业用地 48000 亩，林业用地中宜林地 46800 亩，其中用材林 38000 亩，经济林 8200 亩，防火林 600 亩。森林总蓄积量 65500 立方米。2015 年 12 月统计，林场用地面积 22060.5 亩，其中林业用地 21700 亩，非林业用地 360 亩，林地内森林蓄积量 32000 立方米，其中生态公益林面积 9841.5 亩，商品林面积 11312 亩，森林覆盖率 93%。

林场范围内野生动物有两栖类、爬行类、鸟类、兽类。主要有：穿山甲、果子狸、石虎、四脚鱼、斑眼树蛙、黑框蟾蜍、白眉蛙、眼镜蛇、银环蛇、翠青蛇、三步倒蛇、鹊姑、猫头鹰、杜鹃、乌鸦、金狮鸟、啄木鸟、斑鸠、家燕等。

（4）经济发展

根据 2003 年统计，2003 年以前，累计政府投资 3400 多万元；2004—2015 年累计政府投资 1600 多万元，平均每年政府投资 90 多万元。政府投资主要用于植树造林和中、幼龄林抚育，职工工资、森林资源的保护及防火工作。

1976 年林场建设大柏坑水电站，年发电量 25 万度，年创值近 10 万元。1984—2003 年，经营收入累计 400 多万元，平均每年收入 40 余万元，木材及木柴收入约占 92%。20 世纪 90 年代，原发生天牛虫害杉林大多为中幼林，成熟林少，出材率低，虫害林销售价低，收入资金用于更新造林和伐工工资，木材收入较少。

（5）基础设施

林场建设初期，建设了砖木结构的房子150平方米，临时解决了林场办公问题。1964年，场部迁址上安工区，新建2座共300平方米的平房，土木结构。1977年，建设了1座共350平方米混凝土结构2层楼。1981年，在平房原址新建了1座共980平方米的混凝土3层楼作为场部办公用房。建场初期，职工没有宿舍，只能在山边搭建茅草棚居住，20世纪60年代末至70年代初，林场先后在6个护林工区建设了940平方米森林管护用房。2011—2013年，林场全面落实危旧房改造，改造面积8900平方米，目前职工及其家属居住有了保障。

场内现有林区道路32千米，由3条干线和7条支线连成一个公路网，连通6个护林工区、10多个村庄及轮龙水库、大柏坑水电站，交通条件十分便利，为林场发展生态林业，保护森林资源提供交通保障。

（6）自然灾害

每年5~9月，在新安林场是台风多发季节。林场地处粤东东部沿海，或多或少都会受到台风的影响。建场以来，林场发生了一次较大的森林火灾，大量杉、松烧毁，过火面积近700亩。

严重危害林木的害虫主要有杉树天牛害虫，也有少量松毛虫，松材线虫，果树主要发生柑橘黄龙病。20世纪80~90年代天牛害虫致部分面积杉林枯尾，松毛虫、松材线虫危害影响林场森林绿化，1980年松毛虫害影响面积400余亩。1993年，林场发生柑桔黄龙病害，致大柏坑工区、大塘肚工区柑场毁园。

（7）山林权属

新安林场土地最初来源于1959年，建林场时，县人民政府划拨的28000亩荒山。1981年农村体制改革时，场党总支决定在国营林地打仙山划出近6000亩给下安管区。自1981年至今，林场总面积为22060.5亩，包括林业用地11700亩，非林业用地360亩。建场至今林场地域及林地权属未出现争议、纠纷。2003年11月，林场与相邻镇村联合勘定了相邻山地界限，再次明确了林场山地与周边镇村山地界限。

（8）林场大事记

1959年7月建立新安林场。

1969年11月10日第一批上山下乡知识青年70多人进入新安林场。1977年9月，第二批上山下乡知识青年 30 余人进入新安林场。

1969 年冬月，大塘肚工区发生森林火灾，过火面积近 700 亩，林场一名职工（黄程鹏）在补救山火中不慎跌入火海牺牲。

2006 年 7 月，受超强台风“碧丽斯”、“珍珠”影响，林场林木受毁严重。

2.3 揭阳市国有林场

2.3.1 油桐林场

（1）基本情况

油桐林场成立于1958年，地处广东省揭阳市揭西县五云镇，距离县城15千米。场部地理坐标为北纬23° 22′ 40″，东经115° 48′ 30″，海拔287米。林场东邻揭西县河婆街道办，南与陆河县水唇相邻，西与五云镇下硿村接壤，北与五云镇下硿村、河婆街道办欣堂村相邻，连接莲花山脉自然山体。

林场用地面积10503亩，其中林业用地9117亩，非林业用地1386亩。其中生态公益林面积8173亩，商品林面积944亩。森林覆盖率83.49%，森林蓄积量2.933万立方米。林场现有员工共95人；其中，在职正式职工39人，离退休职工54人，聘用临工2人。

（2）体制变革

油桐林场成立于1958年，建立之初隶属陆丰县。1958年至今使用名称：五云林场、“五七”干校、油桐林场。1980年使用“地方国营揭西油桐林场”名称至今。1958年由广东省陆丰县管理，1970年广东省革命委员会下发《关于加强国营林场管理的通知》，县属国有委托所在地区、县委管理，当时林场划揭西县五云镇管辖。至1980年油桐林场划归揭西县林业局管理。1980年揭西县机构编制委员会对油桐林场管理机构的批复，定为二级的事业单位，财政差额拨款实行企业化管理，隶属县林业局领导。

1980年改为林场后，经营方针为“以林为主，林粮结合，多种经营，综合利用”，明确以营林为主业。1980—1997年，林场的经营方向以经营型为主转变为公益型为主。2014年6月油桐林场启动改革，2016年3月油桐林场改革方案揭西县人民政府审定通过，油桐林场拟定性为公益二类，最高设置为9级管理岗位，差额拨款的事业单位，已上报到广东省人民政府审批。

（3）森林资源

据统计，1975 年全场总面积为 8503 亩，其中林地 7117 亩，非林地 1386 亩。林地中含宜林荒山 500 亩，新造林地 400 亩，其中松林 3200 亩，杉林 2500 亩，竹林 107 亩，其他 10 亩。

2005 年森林资源二类调查，林业用地 9117 亩，其中马尾松 3000 亩，湿地松 2000 亩，杉木 2900 亩，经济林 117 亩，竹林 150 亩，疏林地 700 亩、木荷 450 亩未成林地 800 亩。全场活立木蓄积量 1.73 万立方米，其中有林地林分蓄积量 1.7 万立方米，占总蓄积量 98%，疏林地蓄积量 0.3 立方米，占总蓄积量 2%。从林分生长量看，马尾松每年每亩仅生长为 0.12 立方米；森林覆盖率 63.49%。

根据 1995 年记载，林场范围内共记录有国家保护的有益的或者有重要经济、科学研究价值的陆生野生动物"（简称"三有动物"）；有两栖类物种黑框蟾蜍、泽陆蛙、虎纹蛙等；有爬行类物种鳖、变色树蜥、翠青蛇等，有鸟类松雀鹰、斑头鸺鹠、褐翅鸦鹃等（有些为国家二级重点保护野生动物），有兽类花面狸、豹猫等。

（4）经济发展

由于油桐林场不是木材生产基地，林场林业以营林为主，没有采伐任务。1980 年后，木材逐步放开，1985 年全面放开，木材实行议价购销。由于采用公开招标方式外包，中标方负责砍伐及销售，采伐材积无统计记录。

据统计，自 1958 年建场以来，2000 年以前国家累计投资 350 万元；2001 年至 2015 年国家累计投资 255 万元，平均每年国家投资 17 万元。投资主要用于生态公益林的管护支出，部分用于低产松林改种尾叶桉树、相思树，以及中、幼龄林抚育工作。

（5）基础设施

1967 年，林场建有砖木结构的房子 1450 平方米，部分用于办公，基本解决办公问题。1977 年，为解决下乡知青的住宿问题，林场修建了 1 栋 2 层砖混结构楼房及 2 栋 600 平方米砖瓦房，楼房一部分用于办公，办公条件得到改善。

建场初期，职工没有宿舍，1972 年建有砖木结构的房子 2500 平方米，一部分用作职工宿舍，解决了部分职工的住宿问题。1977 年在新场部建成砖瓦房后，职工基本可以住上集体宿舍。2008 年建成 1 栋 2 层共 12 套办公、宿舍综合楼，从此，符合条件的职工都能住上套房，解决了职工及家属的住宿问题。

林场场部距离揭西县城 15 千米，2007 年下碜村到油桐林场场部 5 千米完成硬底化改造，解决了出行问题。

（6）自然灾害

建林场以来，影响较大的台风有两个，一个是2015年6月的超级台风天兔，另一个是2015年7月的台风杜鹃，两个台风都是正面袭击林场，造成大量树木折断、倒伏，农作物受损，经济损失较大，所幸无人员伤亡。

林场林木主要发生松毛虫、松突圆蚧等虫害，果树主要发生柑橘黄龙病、实蝇等虫害。1985年松毛虫为害3000亩林地。1987年发生柑橘黄龙病病害，导致柑场毁园。1993年，揭西组织普查时在林场发现了松突圆蚧。

（7）山林权属

油桐林场土地最初源自1967年政府从下碇大队划拨部分山地，建立五云林场；1973年，五云林场改挂“五七”干校牌子，又和下碇村重新订立山界林权的合约书；1980年，油桐林场又和下碇大队签订瑶斗山界的补充合约。3次山界林权的订立都是在揭西县五云人民公社管理委员会积极协调下完成。最后理清了油桐林场与下碇村在山界林权界线关系，签订山界林权合约，划定了油桐林场的山界林权范围，全场总面积为10503亩，包括林业用地9117亩、非林地1386亩。

（8）林场大事记

1958年，建立林场。建场初期32人，最多时100人（建场时到1989年没有明确人员定编，都是根据实际工作需要。上报劳动部门招收工作人员）。

1989年7月，揭西县编制委员会（揭编字〔89〕27号文）核实核定油桐林场为公益二类股级事业单位，人员编制数100人。

2010年，随着国家以生态建设为主的林业发展战略的实施和揭西县生态建设的需要，国有油桐林场从生态经营型转为生态公益型。

2012年12月，揭西县编制委员会（揭西机编［2012］81号文）核定油桐林场为公益二类股级事业单位，人员事业编制100名。

2014年11月揭西县编制委员会（揭西机编［2014］14号文）重新核定油桐林场人员事业编制为41名。

2015年，根据《广东省委 省政府关于印发＜国有林场改革方案＞的通知》（粤发〔2015〕9号）的要求并结合油桐林场的实际情况，经九届县政府第四十九次常务会议讨论研究，决定对地方国营揭西油桐林场进行改革并更名为“国有揭西县油桐林场”。林场保留公益二类事业单位属性不变。严格执行“收支两条线”管理，财政统筹经费。

2.3.2 大北山林场

（1）基本情况

大北山林场成立于 1958 年 6 月，地处广东省揭阳市揭西县北部大北山革命老区腹地，距离揭阳市中心区 68 千米。林场处于我国北回归线北缘，属南亚热带季风气候山区，属莲花山支脉，平均海拔 700 多米，地理坐标为北纬 23° 30′~23° 38′，东经 115° 48′~115° 57′。林场东邻揭西县南山镇罗京水村，南与揭西县龙潭镇井田村、相邻，西与揭西县良田乡中心村接壤，北与丰顺县八乡相邻。

林场用地面积 51028.5 亩，其中生态公益林面积 40116 亩，商品林面积 10374 亩，宜林地 45441 亩。森林覆盖率 97.69%，森林蓄积量 54772 万立方米。林场现在是省属市管副科级事业单位，行政县代管，总人口 135 人，其中在职职工 13 人，离退休职工 59 人，长期聘用临工 9 人。

（2）体制变革

1958 年 6 月大北山林场创建成立，隶属于揭阳县，全称："国营揭阳县大北山林场"，属正科级事业单位，当时划归广东省汕头地区林业局管理。1966 年，广东省革命委员会下发《关于加强国营林场管理的通知》，省属国有林场委托所在地区、县委管理。1965 年 5 月揭阳县与揭西分开，揭西成立县政府，大北山林场所在行政区域归揭西管辖，1965 年 6 月起林场行政划归揭西县林业局管理，业务仍然归属汕头市林业局管理。1975 年 5 月，林场更名"国营广东省大北山林场"，正科级事业单位，行政由揭西县林业局代管理，业务由汕头市林业局管理，经费差额补贴。1985 年，林场更名"国营大北山林场"，正科级事业单位，行政由揭西县林业局代管理，业务由汕头市林业局管理，经费为差额补贴。

1992 年，揭阳县撤县改市，揭西县行政划归揭阳市管理，"大北山林场"业务划归揭阳市林业局管理，林场行政划归揭西县林业局管理，单位性质、人员不变。2002 年 11 月，经揭西县事业单位登记局核准设立登记为事业单位事业法人，明确北山林场的主要职责：负责管理好国有林场，保护好现有生态公益林和各类森林资源；建设好南亚热带风光特色的综合性国家级森林公园。

（3）森林资源

据统计，1964 年全场总面积为 59350.5 亩，其中林地 57115.5 亩，非林地 2235

亩。林地中含宜林荒山 51403.95 亩，新造林地 4036.4 亩，其中松林 3234.1 亩，杉林 612.6 亩，樟树 189.7 亩，竹林 30 亩，果树 45 亩，其他 21 亩。

2015 年 12 月，林地林木确权发证工作勘察成果为林场占地面积 51028.5 亩，其中林业用地 50490 亩，非林业用地 538.5 亩，省级生态公益林 40116 亩，商品林 10374 亩。。全场活立木蓄积量 54772 立方米，森林覆盖率 97.69%。

林场范围内共记录野生动物鸟类有山雀、麻雀、画眉等 30 种；爬行类有眼镜王蛇、乌龟、鳖等；两栖类有青蛙、虎纹蛙等 23 种。其中国家重点保护动物有蟒蛇、大灵猫、小灵猫、穿山甲等 9 种。

（4）经济发展

自 1958 年建场以来，每年都进行植树造林。根据 2000 年统计，2000 年以前累计国家投资 509.08 万元；平均每年国家投资 12.12 万元；主要用于植树造林和中、幼龄林抚育。2000 年至 2015 年数据不完全统计，国家投资 147.92 万元，用于对原有的常绿阔叶树种黄樟、红锥、香叶木山龙眼、千年桐等等原林木资源进行抚育和保护，增添种植生态风景林。

大北山地区种植茶叶已经有 200 多年的历史。1965 —1982 年，林场组织工人开辟了 220 亩茶园，加上解放前遗留有 80 多亩茶园进行改造种植了凤凰、单丛茶、水仙、茗花等。1991—1995 年，在省林业厅和省计委的关心支持下，投入资金 185 万元建设名优茶基地 500 亩。1996—2000 年，引进种植台湾高山香型名茶金仙、碎玉等 350 亩茶。

现在，林场有茶园总面积 1150 亩每年可出产茶叶 2.5 万千克，用传统的制茶加工原产值是 320 多万元。2013 年投入资金 77.4355 万元改造了 600 平方米的茶叶加工厂车间。改造了原来的旧茶叶加工厂车间，建成的茶叶精加工厂采用先进设备科技人员每年创产值大约 550 多万元，比原来的旧茶叶加工厂产值增长了 75%。

根据 1980 年统计，1958–1980 年经营收入累计 136.75 万元，平均每年收入 4.88 万元，木材及木柴收入约占 100%。1981—2000 年，因低产林、生态风景林改造，砍伐松、杉、木柴等收入 228.95 万元。

（5）基础设施

1958 年 6 月，林场建场初期办公条件非常简陋。1963 年修建了 1 栋 654 平方米左右的砖瓦房，作为办公和职工集体宿舍用房。2006 年森林公园建设，投资商帮助林场建了 1 栋 3 层的框架结构楼房，建筑面积 1250 平方米。

建场初期，职工住宿条件非常艰苦。1968 年，为解决上山下乡知识青年的住宿问题，林场修建了 3 栋 2200 平方米两层砖混结构楼房及 1 栋 680 平方米砖瓦房。林场为了解决职工住房问题，投入资金 205.55 多万元改建了 1 栋 5 层楼高的楼房，总建筑面积约 3380 平方米。

林场场部距离揭西县城 26 千米，通过 533 乡道与外部连接，林场现有林区公路 54.598 千米，全部泥沙公路计划逐步改造为硬底化水泥路，交通便利。

（6）自然灾害

林场地处南方沿海，到 2015 年，影响较大的台风有 2 个，一个是 2013 年 8 月的强台“尢特”，另一个是 2015 年 9 月的台风杜鹃“杜鹃”。2004 年 3 月 29 日，林场发生了一次较大的森林火灾。林场严重为害林木的害虫主要有松毛虫、桑褐刺蛾。1978 年松毛虫为害 2000 亩，1980 年林场部分山林又遭受松毛虫为害。1987 年在林场林校西北角、北山水库边缘发现有桑褐刺蛾、丽绿刺蛾、大茸毒蛾、尺蠖，被害林木 600 亩。

（7）山林权属

2002 年 10 月 21 日，揭西县人民政府给大北山林场核发了《林权证》1 份，证号：揭西林证字（2002）第 4400037832 号，林业用地 50497.5 亩。大北山林场与周边农村土地的边界清晰。到目前为止没有出现山林权属纠纷争议。

（8）林场大事记

1989 年 7 月，揭西县编制委员会揭编字（89）27 号文核实核定大北山林场为公益二类副科级事业单位，大北山各类人员编制数 120 人。

1996 年 3 月 8 日，为了林场发展再生产，引进外资，揭西县人民政府批准林场将茶叶生产和加工转换承包给大洋个体商人邹富源先生自主经营管理并签订《协议书》。

2001 年 3 月，广东省林业局批准大北山省级森林公园建设。

2006 年 6 月，为利于大北山森林公园的开发建设，县人民政府将大北山林场整体移交给深圳市安远控股集团有限公司管理。

2007 年 11 月，大北山省级森林公园第一期工程完成，旅游接待中心对外开放。

2008 年 12 月，国家林业局批准大北山省级森林公园晋升为国家级森林公园。

2012 年 12 月，揭西县编制委员会（揭西机编［2012］81 号文）核定大北山林场为公益二类副科级事业单位，人员事业编制 120 名。

2014 年 11 月，揭西县编制委员会（揭西机编［2014］14 号文）重新核定国营大北山林场人员事业编制为 17 名。

2.3.3 后溪林场

(1)基本情况

后溪林场成立于1958年5月，地处广东省揭阳市普宁市西南面，距离普宁市区58千米。地理坐标为北纬23° 10′15″，东经115° 43′50″。东邻普宁市大坪农场，南与普宁市大坪镇相邻，西与陆丰市八万镇接壤，北与陆河县东坑镇相邻。

林场用地面积102420亩，其中林业用地76040.5亩，非林业用地26379.5亩。其中生态公益林面积60426亩。森林覆盖率94%，森林蓄积量9.39万立方米。现有员工共243人；其中，在职正式职工118人，离退休职工113人，聘用临工22人。

(2)体制变革

林场前身为后溪林业社，是以综合护养为目的，1958年改为林场后，经营方针为“以林为主，林粮结合，多种经营，综合利用”，明确以营林为主业，林场建场以来均为事业单位。2015年，后溪林场启动改革，国有后溪林场改革方案已经普宁市人民政府审定通过，正按程序逐级上报中。后溪林场属普宁市属林场，拟定性为公益二类股级事业单位，由普宁市人民政府委托后溪乡人民政府管理。

1958年改为林场后，林场的经营方针是“以林为主，林粮结合，多种经营，综合利用”，在这方针指导下，林场职工贯彻造护并产，除积极造林外，必须加强对现有林的抚育管理。可见当时林场定位为经营型林场。后被核准设立登记为事业单位事业法人，明确后溪林场的主要职责：负责组织实施后溪林场的植树造林、森林培育、森林防火、森林病虫害防治、森林治安、生态公益林的保护和林地管理工作。

(3)森林资源

据统计，1978年全场总面积为100020亩，其中林地76040亩，非林地23980亩。林地中含宜林荒山5100亩，新造林地70940亩，其中松林10210亩，杉林23250亩，桉树800亩，竹林3500亩，果树680亩，其他32500亩。非林地含耕地23980亩，非林地及其他林地66520亩。到2015年12月，林场用地面积102420亩，其中林业用地76040.5亩，非林业用地26379.5亩。林业用地森林蓄积量93900万立方米，其中生态公益林面积60426亩，商品林面积15614.5亩，宜林地0亩。森林覆盖率94%。

林场范围内共记录野生动物200多种，其中列为国家二级重点保护的野生动物有2种，另有6种属“国家保护的有益的或者有重要经济、科学研究价值的陆生野生动物”。主要物种有两栖类4科11种，爬行类9科31种，鸟类33科125种。

（4）经济发展

国有后溪林场下辖圆明、半径、大丘麻、大径、梅树 5 个林区，自 1958 年建场以来，每年都进行植树造林。每年都筹集大量资金投入造林、补植、抚育、护林等工作，已全部完成对第三代杉、松中幼龄疏残林的改造补植。1990 年前主要靠国家投资用于植树造林和中、幼龄林抚育。近年来，随着生态建设步伐的不断加快，林场辖区内生态建设取得了显著成效。长期以来，林场在造林绿化、生态保护、产业发展、科技推广、支援国家和地方经济建设等方面作出了重要贡献。

根据 1990 年统计，1978–1989 年经营收入累计 1100 万元，平均每年收入 90 万元，木材及木柴收入约占 80%。1995—2005 年期间，林场对外签订租赁地种树合同 12 份，合同面积 300 ~1500 亩不等，涉及林地面积 8000 亩，合同期 30 年。承包户按合同约定履行交纳租金的义务。

（5）基础设施

林场建场初期，办公室临时设置在后溪大径里，办公条件非常简陋。1989 年，在广东省人民政府和原普宁县人民政府以及各级职能部门的关心和支持下，修建了 1 栋共 4 层的框架结构楼房，作为办公和职工集体宿舍用房，林场集体搬入新大楼办公。

林场现有一条长 7 千米四级水泥公路与邻镇沟通，林区的林场公路长 65.5 千米，由于山洪冲击，每年都必须投入较大资金进行修缮。林场拥有长 83 千米的防火线，了望台 14 个，林道 355 千米，营造生物防火林带 127 千米。林场场部和下设 5 有个林区，基本实现通水（没有自来水，是林场工人自己简易连接的山泉水）、通电、通电话，林场没有专门用于森林管护的车辆。

（6）自然灾害

林场地处普宁市西北部的偏僻深山，与陆河、陆丰两县（市）山地接壤，属低山丘陵盆地，气候为南亚热带季风地区。近年来几乎没有出现冰雪灾害；极少发生灾害级台风；每年偶有发生暴雨，但由于森林覆盖率高，植被良好，极少发生泥石流。

严重为害林木的害虫主要有松树松毛虫、松突圆蚧、松材线虫，果树主要发生实蝇等虫害，外来有害生物主要是薇甘菊。

（7）山林权属

林场土地最初源于 1956 年政府划拨，建立后溪林业社，1958 年改为林场。全场总面积为 100020 亩，包括林业用地 76040 亩、非林地 23980 亩，1972 年后溪林场体制分为国营和农村集体两部分，1989 年增挂后溪乡人民政府牌子。

林场西南面与陆丰市、陆河县接壤，东北面为国营大坪农场，把后溪乡与大坪镇分隔开来。林场山林权属明确，界限清晰。国有后溪林场（乡）林业用地面积共 76040 亩，其中国有林场林地面积 39107 亩、村集体林地面积 36933 亩。

（8）林场大事记

1989 年，根据广东省民政厅《关于普宁县设置后溪乡建置的批复》（粤民函〔1989〕11 号），普宁县设置了后溪乡建置，直至现在，国营后溪林场和普宁市后溪乡人民政府属“二块牌子、一套人马”，实行统一办公。

2006 年 7 月 15 日晚 8 ~11 时，受台风“碧利斯”的影响，后溪林场境内骤降历史罕见的特大暴雨。林区生产、生活设施受损严重，损坏速生丰产林 1500 亩，生态林 2300 亩，直接经济损失 150 万元；卫生、服务业等其他损失 120 多万元。

2.3.4 青坑林场

（1）基本情况

青坑林场位于广东省惠来县西北部，居于大南山南麓之中，北部与普宁市大南山镇以分水岭为界，西部与普宁市马鞍山场毗邻，距离县城 42 千米（图 2–2）。全场总人口 1385 人，总面积 51874.5 亩。青坑林场下辖黄竹潭、桃树岗、大片洋、场部、大山 5 个工区和桃树岗村委会（辖 4 个自然村），农村总人口 1133 人，是革命老苏区。

现在，林场在职干部职工 56 人，离退休干部职工 76 人。在职在岗职工中，有初级技术职称 2 人，本科文化 1 人，大专文化 2 人，高中以下文化 27 人。

（2）体制变革

青坑林场前身是广东省林业厅创建的苗圃场，场址为现在的大山工区。1958 年 4 月，广东省林业厅根据当时“大跃进”的形势，提出“各地建立林场，不受数量和亩数限制”，认为“只要该地需要而又适合办林场的就可以动手建立，并在短期内搭起架子，立即抓紧进行育种，育苗造林等生产”，通过勘测，创建了“国营青坑林场”。1959 年普惠并县后，国营黄沙林场解散，100 多名干部、工人并入青坑林场。1961 年，原来属革命老区的 5 个自然村黄竹潭、深坷、坭坑、桃树岗，上公坪并入青坑林场，林场统一经济核算。

1984 年，体制下放，省林业厅、省财政厅联合发出《关于国营林场体制下放有关

图 2–2　青坑林场办公楼

问题的通知》，文件明确国营林场体制下放后经济纳入地方财政预算。1991 年，汕头市林业局于把林场的生产、基建、财务下放给惠来县主管，县财政局又继续按汕头市财政局的老办法把林场定为“自负盈亏，经济独立核算”。1996 年，在揭阳市市长办公会议上，决定将青坑林场下放给惠来县直接管理，保留原省属市管的格式。2000 年 10 月，揭阳市人民政府在保留青坑林场省属市管的格式，行政上由惠来县管理，业务上由揭阳市林业局管理。

（3）森林资源

林场总面积 51874.5 亩，其中林业用地 49662 亩（其中生态林面积 14496 亩，商品林面积 35166 亩），现存林木大部分为加勒比、杉、柯等树种，森林总蓄积量 107029 立方米。

（4）经济发展

林场财务状况堪忧。2014 年林场经营收入 46.2 万元；林场支出 140.4 万元，其中营林生产支出 77.9 万元，人员支出 62.5 万元。至 2014 年底止，林场的资产总额为 2004 万元，其中流动资产 388 万元（其中货币资金 242 万元），应收款项 146 万元，长期投资 559.5 万元，固定资产 176.7 万元，林木资产 960 万元；林场的负债总额为 2004 万元，其中专项应付款 766 万元，对外负债总额 943.4 万元（其中银行贷款 126.9 万元，向其他单位借款 483.2 万元），所有者权益 294.6 万元（其中未分配利润 -826 万元）。

林场有一些出租林地业务，至 2014 年底，林场对外出租林地面积 15082 亩，36 位职工租赁或承包林场林地 14908 亩。林场部分的林地面积 16185 亩已承包管护。。

（5）基础设施

林场建场初期办公条件非常简陋，到 1987 年林场建成 1 幢 3 层简易办公楼，建筑面积 570 平方米，占地面积 1050 平方米。2008 年重新建设 1 幢 3 层办公楼，于 2009 年 7 月竣工，新办公楼建筑面积 680 平方米，占地面积 1500 平方米。2008 年，林场分二期建设职工宿舍，至 2010 年竣工，新职工宿舍共 18 套，每套 2 层，总建筑面积 3160 平方米，占地面积 7500 平方米。

林场现有林区公路 60 千米，其中通往场部道路未硬底化 50 千米，工区总数 5 个，管护站点 6 个，管护站点房屋建筑面积 125 平方米，均为危房，有 4 个管护站点不通公路、不通电、不通电话。2010 年林场因地制宜，采取从山上铺设水管到农村和场部，利用山上水源，建成了简易的自来水工程，解决了饮用水问题。

（6）自然灾害

林场地处南方沿海，经常会受到台风影响。建场以来，较大的台风有 3 个，一个是 1969 年 7 月的台风，一个是 2013 年台风“天兔”，一个是 2014 年台风“莲花”。林场基本上没发生过较大的森林火灾，但遇暴雨偶有山体滑坡发生。

林场严重危害林木的害虫主要有松树松毛虫、桑褐刺蛾、大茸毒蛾、尺蠖、螨虫等，外来有害生物主要是美国刺。

（7）山林权属

林场边界清晰，山林权属清楚，无山林权属纠纷。

（8）林场大事记

1958 年 4 月，广东省林业厅根据当时“大跃进”的形势，提出“各地建立林场，不受数量和亩数限制”，认为“只要该地需要而又适合办林场的就可以动手建立，并在短期内搭起架子，立即抓紧进行育种，育苗造林等生产”，通过勘测，创建了“国营青坑林场”。

1959 年，普惠并县后，国营黄沙林场解散，100 多名干部、工人并入青坑林场。

1961 年，原来属革命老区的 5 个自然村黄竹潭、深坷、垊坑、桃树岗，上公坪并入青坑林场，林场统一经济核算。

1981 年 3 月，经县委研究，同意撤销青坑林场保卫股，设立青坑林场派出所。

1984 年，体制下放，广东省林业厅、财政厅联合发出《关于国营林场体制下放有关问题的通知》，文件明确国营林场体制下放后经济纳入地方财政预算。

1991 年，汕头市林业局于把林场的生产、基建、财务下放给惠来县主管，县财政局又继续按汕头市财政局的老办法把林场定为“自负盈亏，经济独立核算”。

1996 年，在揭阳市市长办公会议上，决定将青坑林场下放给惠来县直接管理，保留原省属市管的格式。

2000 年 10 月，揭阳市人民政府在保留青坑林场省属市管的形式，行政上由惠来县管理，业务上由揭阳市林业局管理。

2004 年，撤销青坑林场派出所。

2.3.5 河夆林场

(1) 基本情况

河夆林场地处揭西县西北部，与五华县、良田乡、接壤（林场场部东经 115° 48′28″，北纬 23° 69′49″），属于亚热带雨林气候，气候温暖潮湿，林场场部海拔 800 米最高峰为李望嶂海拔 1222 米，场部距离县城 40 千米。林场东至良田乡桐树坪村，西北至五华七斜径林场山地，南至河水村。

河夆林场经营总面积 1411.3 公顷（21169.5 亩），其中：生态林 1193.8 公顷，商品林 87.3 公顷，活立木总蓄积量 31892 立方米，森林覆盖率 91.5%。林场现有员工共 49 人；其中，在职 15 人，离退休职工 32 人，聘用临工 2 人。

(2) 体制变革

2004 年 3 月，经揭西县事业单位登记局核准，设立登记为事业单位事业法人，明确河夆林场的主要职责：以维护生态公益林为宗旨、兼管林区内小水电业务走“以林蓄水，以水发电”以电养林的可持续发展战略。

1972 年月，由揭西县人民政府决定，将河夆村移民山地划分为林场，揭西县河夆林场行政划归揭西县林业局管理。1975 年挂“地方国营揭西县河夆农林垦殖场”牌，经县人民政府批准，资金纳入国家预算，行政划归揭西县林业局管理。1979 年，揭西县革命委员会发文（〔79〕揭革字第 29 号文件），根据新的情况和上级指示精神，决定对原“地方国营河夆农林垦殖场”改用为“地方国营揭西县河夆林场”牌子。林场核定为股级事业单位，实行事业单位企业管理，隶属县林业局领导，核定编制 72 名。

2014 年，揭西县机构编制委员会《关于重新核定我县部分事业单位人员编制的通知》（揭西机编〔2014〕14 号）重新核定河峯林场编制为 17 名。2016 年 4 月，揭西县人民政府召开常务会议审议：同意将地方国营揭西县河峯林场进行改革，定为公益二类事业单位，核定 17 名编制“收支两条线”管理，财政统筹经费，上报省人民政府审批。

（3）森林资源

1980 年，揭西县林业局编制了河峯林场设计任务书。据统计，1980 年全场总面积为 21169.5 亩，其中林地 19217 亩，非林地 1952.5 亩。林地中含宜林荒山 17909 亩，新造林地 3200 亩，其中松林 2300 亩，杉林 600 亩，细叶按树 200 亩，竹林 30 亩，果树 30 亩，其他 40 亩。

根据 2005 年森林资源二类调查，林场总经营面积为 21169.5 亩，其中林业用地 19217 亩，非林地 1952.5 亩。2015 年 12 月，林地林木确权发证工作勘察成果为林场占地面积 21169.5 亩，其中林业用地 19217 亩，非林业用地 1952.5 亩。

根据 2007 年《揭西县林业森林资源科学考察报告》结果显示，林场范围内有大灵猫、豹猫、野猫等 14 种兽类，有山雀、画眉、鹧鸪等 30 种鸟类，有眼镜王蛇、乌龟、鳖等 23 种爬行类。其中国家重点保护动物有蟒蛇、大灵猫、小灵猫、穿山甲、猫头鹰等 9 种。

（4）经济发展

自 1972 年建立以来，林场每年都进行植树造林。根据 2000 年统计，2000 年以前累计国家投资 320 万元，平均每年国家投资 10 万元；主要用于植树造林和中、幼龄林抚育。2000—2015 年数据不完全统计，国家投资 60 万元，用于对原有的常绿阔叶树种黄樟、红锥、香叶木山龙眼、千年桐等原林木资源进行抚育和保护，增添种植生态风景林。

1974—1987 年，给国家提供木材（松、杉及杂木）3000 立方米，非规格材 1500 条，木柴 900 担，竹 800 担。根据 1985 年统计，1975–1980 年经营收入累计 10 万元，平均每年收入 2 万元，木材及木柴收入约占 100%。1981—2000 年，因低产林、生态风景林改造，砍伐松、杉、木柴等收入 50 万元。1988 年后，木材销售逐步放开。1990 年全面放开，木材实行议价购销。

河峯林场山地云雾多而湿润，雨量充沛，土层深厚，较为肥沃。土壤是山地黄红壤，质地是轻、中壤土，PH5.5 左右。土壤疏松湿润，土层厚度在 60 ~ 120 厘米。林场山清水秀、森林茂密。以林场为中心周围15千米内没有污染源，区域气候和地理环境条件十分适合种植茶叶。1975—1986年，林场自力更生，组织工人开辟了200亩茶园，种植了凤凰、单枞茶、水仙等。

（5）基础设施

1972年，林场建场初期，总场办公室临时设置在原西田乡政府的泥砖木结构的房子，办公条件非常简陋。到1980年，林场在河鲞场部建有砖木结构的房子500平方米，部分用于办公，基本解决办公问题。1980年，林场修建了1栋2层共500平方米左右的混泥土砖房，作为办公和职工集体宿舍用房。至今林场无通讯设备，没有配备电脑等设备，更无电子政务建设，与国家林业局关于数字林业的建设要求相差甚远。

林场场部距离县城40千米，原来是黄土路，每到雨季就变得坑坑洼洼，到处积水。2006年完成硬底化改造，解决了出行问题。在2011年2月份对饮水工程进行了施工，于5月份已全面竣工，解决了林场多年来人畜饮水困难的问题。

（6）自然灾害

林场地处南方沿海，分别在2013年8月和2015年9月遭受台风影响，暴雨多次袭击，损害严重。

严重为害林木的害虫主要有松树松毛虫、桑褐刺蛾，外来有害生物主要是薇甘菊。1975年春旱，松毛虫遍布林场，受害面积达到1500多亩。1978年林场南北角山林又遭受食叶虫为害500亩。1988年，林场还发现果实蝇，每年对茶树、柿子树、桃树、柑橘、沙梨等果实造成不同程度的危害。

（7）山林权属

林场土地最初源于1972年，揭西县人民政府划拨河鲞村的山地，建立揭西县河鲞林场，划定了林场的山界林权范围。总面积21169.5亩，其中林业用地19217亩，宜林地19217亩，非林地1952.5亩。

2005年9月2日，揭西县人民政府给河鲞林场核发了《林权证》1份，证号：揭西林证字(2005)第4400041082号，林业用地19217亩，林地使用期：长期，确定“四至”范围。

林场经营的山地面积21169.5亩，与周边农村土地的边界清晰。到目前为止没有出现山林权属纠纷争议。

（8）林场大事记

1972 年，为落实毛主席“绿化祖国”的伟大号召，发展林业生产，早日消灭荒山，建立了揭西县河耷林场。

1985 年，建造流天水水电站，电站 2 台机组容量 285 千瓦（一台 160 千瓦，一台 125 千瓦），集雨面积 4.5 平方千米，高差 170 米，正常年发电 75 万度左右。

2005 年，河耷林场按照中共揭西县人民政府《关于加快城市林业发展的决定》，加快实施绿色揭西、生态揭西风景林建设工程，加快森林林相树种改造，积极开展招商引资合作开发。

2010 年，随着国家以生态建设为主的林业发展战略的实施和揭西县生态县建设的需要，河耷林场从生态经营型转为生态公益型。

2015 年 12 月，河耷林场经广东省林业规划院调查、划分为揭西县林业生态红线一类保护区域。

2.3.6　揭东区林场

（1）基本情况

1978 年 3 月，根据揭阳县委指示，组织全县 11 个公社的劳动力，集中坪上开山造田，创建揭东林场。

揭东林场位于揭东区北部，地处揭东区玉湖镇坪上村。林场东边至新亨坪上界，南边与新西河水库尾，西边与东和接壤，北边至坪上界。距离县城 45 千米，平均海拔 400 米。

林场用地面积 4500 亩，其中林业用地面积 3517.5 亩，河田面积 982.5 亩，森林覆盖率 64.2%；现有职工共 45 人，其中在职正式职工 14 人，离退休职工 31 人。

（2）体制变革

1978 年 3 月，根据揭阳县委指示，组织全县 11 个公社的劳动力，集中坪上开山造田。经揭阳县委发文，定名为“国营揭阳县坪上林场”，属财政全额拨款事业单位。1992 年，揭阳县撤县设市，设立揭东县。原“揭阳县坪上林场”更名为“国营揭东林场”，隶属揭东县林业局管理。林场由于体制变革，林场被改为自收自支，财政定量拨补股级事业单位，但没有落实定员定编工作。林场仅有 4 人坚持在岗，其余 11 人外出谋生。

2011 年 5 月，经揭东县编委批准，同意核定事业编制 26 名，领导职数 4 名。现有职工 45 人，其中：在编职工 15 人，离退休职工 30 人。2013 年 3 月，揭东县撤县设区后，隶属揭东区林业局管理。2015 年 5 月，揭东区林业局和揭东区农业局合并后为揭东区农业和林业局，国营揭东林场隶属揭东区农业和林业局管理，属公益二类事业单位。

(3) 森林资源

揭东林场经营总面积 4500 亩，其中林业用地面积 3517.5 亩，坷田面积 982.5 亩，森林覆盖率 60.8%。生物多样性物种丰富，动物有猫头鹰、鹰、野兔、野猪、白头翁、八哥等；植物有茶、马尾松、湿地松、杉木、桉木、竹、奇楠沉香、海南黄花梨等。

(4) 经济发展

林场自 1976 年建立以来，每年都进行植树造林。根据 1978—1985 年统计，累计国家投资 127.16 万元；2012—2016 年累计国家投资 84.32 万元，主要用于植树造林和中、幼龄林抚育、防火等经费。1976—2016 年，经不完全统计，国家投资 211.48 万元，用于低产松林改种尾叶桉树、相思树，以及发展果树和中、幼龄林抚育工作及茶园建造、森林防火等。

办场初期生产方针是“以粮为主，林粮结合”，经济效益低。1978 年以来培育林木苗 50 万株，茶苗 15 万株，大搞造林种茶。山地基本绿化，茶叶产量逐年上升。1980 年后，贯彻“以林为主，以茶为重点，多种经营，长短结合”的生产方针。1980 年茶叶产量 0.15 吨，到 1985 年增至 19.1 吨。林场的经济收入 1978 年为 13000 元，到 1985 年增至 119352 元，比 1978 年增长 8.2 培。

由于林场因体制改革，场员分离。2004 年全面落实承包，政府和林业主管部门投入资源较少，至今没有收入。目前，林场经济收入每年只能依靠向区农林局申请少量补助和地方财政拨款 3 万元 / 年，维持在职和退休人员全年的工资、社保、医疗保险等。

(5) 基础设施

1976 年 10 月，林场建总场和分场部，有砖木结构的房子面积 4000 平方米，作为办公和职工集体宿，解决上山下乡知识青年的住宿等用房。

林场场部距离揭东县城 40 千米，通过坪上乡道与外部连接，坪上乡道原来是黄土路，2000 年坪上乡道完成硬底化改造，2002 年与坪上乡道连接的场部道路也完成硬底化改造，解决了出行问题。

（6）自然灾害

林场建场以来，多次遭受台风影响，造成大量树木折断、倒伏，农作物受损，经济损失较大，所幸无人员伤亡。林场为害林木严重的主要有松毛虫、松突圆蚧、松材线虫，果树主要发生柑橘黄龙病、实蝇等虫害；外来有害生物主要是薇甘菊。

（7）山林权属

揭东林场土地最初源于1976年揭阳县人民政府划拨，建立鱼池养殖场。根据上级《关于积极办好地方国营林场和社区队伍建设，迎接林业生产全面高潮》文件指示精神，揭阳县人民公社管理委员会积极协调林场周边自然村的关系，明确五房村、新西河村、坪上村与坪上林场的山界林权，签订山界林权，划定了林场的山界林权范围。山地面积4912亩（坪上大队割入4262亩，五房大队割入200亩，新西河村割入80亩），除开山造田用地后还有山地面积4300亩，其中有林地面积500亩，疏林地1000亩。

1976—1992年期间，原周边自然村划给林场的土地部分调处收回，林场与周边农村土地的边界更加清晰。到目前为止，没有出现争议。

（8）林场大事记

1976年7月，揭东林场在“农业学大寨”运动中创建。

1978年3月，林场正式建立起来，县委发文定名为“国营揭阳县坪上林场”。

1980年，林场归县林业局领导。建场初期，林场设党委会和管委会，设政工、生产、财会3个股，由县农林水利办公室直接领导。

1984年5月，机构改革时降为股级单位预算。设党支部，下设生产、人秘、后勤保卫3个组。

1994年，林场与县林业局签订竹笋种植基地500亩，加工厂1个。

2004年林场全面落实承包，承包期50年，承包款总额50万元（承包款一次性付清），承包款用于理顺原职工所欠待遇等债务。

2011年，林场多方筹集资金，帮助在职10多名干部职工补缴纳个人社会保险费。

2011年，林场投入63万元用于改造老茶园200亩，新建咖啡香型炒茶园建设基地。

2013年3月，揭东“撤县设区”后，林场隶属揭东区林业局管理。

2013年底，将场部前后部分茶园进行清理改造，引进海南奇楠沉香培育种植基地，面积10亩。

2015 年 5 月，区林业局和农业局合并后，林场隶属揭东区农业和林业局管理。

2.3.7 天宝堂林场

（1）基本情况

天宝堂林场建于 1952 年 3 月，根据县委指示，1952 年建立揭阳县华侨林场是为了安置海外华侨而设立。天宝堂林场地处揭西县南山镇，与灰寨镇、京溪园镇、龙潭镇接壤（林场场部东经 115° 57′03″；北纬 23° 31′48″），属于亚热带雨林气候，气候温暖潮湿，林场场部海拔 500 米，场部距离县城 30 千米。林场东至京溪园镇粗坑、长滩、九磜，南至南山镇新联、火炬、大新，西至南山镇新联，北至南山镇杨梅坪、干草湖、罗京水。

林场经营总面积 10179 亩，林业用地面积 9749 亩，其中生态公益林面积 8103 亩，商品林面积 1646 亩，森林蓄积量 2.7 万立方米。森林覆盖率 93%。现有员工共 154 人；其中，在职正式职工 41 人，离退休职工 105 人，聘用临工 8 人。

（2）体制变革

天宝堂林场创建于 1952 年，全称“揭阳县华侨林场”，是为了安置海外华侨而设立，隶属于揭阳县。林场的经营方针是“以林为主，以林养林，茶叶结合，多种经营，综合利用”。1963 年经揭阳县政府同意将“揭阳县华侨林场”改挂“揭阳县果木示范场”牌子。1975 年，经揭西县人民政府同意将“揭阳县果木示范场”改名为“地方国营揭西县果林场林场”改挂“地方国营揭西县果林场”。2005 年，揭西县人民政府同意将“地方国营揭西县果林场”改为“揭西县天宝堂林场”，明确天宝堂林场的主要职责为：负责管理好国有林场，保护好现有生态公益林和各类森林资源；建设好南亚热带风光特色的综合性，并积极发展其他林木产业。

2015 年，根据《广东省委 省人民政府关于印发〈国有林场改革方案〉的通知》（粤发〔2015〕9 号），经县人民政府第四十九次常务会议讨论研究，决定对“揭西县天宝堂林场”进行改革，并更名为“国有揭西县天宝堂林场”。林场保留县国营企业单位属性不变，隶属揭阳市揭西县，揭西县天宝堂林场归揭西县林业局管理。严格执行“收支两条线”管理，财政统筹经费。

（3）森林资源

1963 年 6 月，揭阳县人民委员会林业科，编制了天宝堂林场设计任务书。据统计，1963 年全场总面积为 13520 亩，其中林地 11860 亩，非林地 1660 亩。林地中含宜林荒山 10058 亩，新造林地 3500 亩，其中松林 2900 亩，杉林 100 亩，细叶按树 100 亩竹林 10 亩，果树 400 亩。

2005 年森林资源二类调查，林场的林业用地 10179 亩，其中马尾松 1525 亩，杉木 1900 亩，经济林 1509 亩，竹林 120 亩，灌木林地 1365 亩，乔木林地 2330 亩，无林地 1430 亩。全场活立木蓄积量 22508 立方米，森林覆盖率 85%。

根据 2007 年《揭西县林业森林资源科学考察报告》结果显示，林场范围内野生动物有兽类 14 种、鸟类 30 种、爬行类 23 种，其中列为国家重点保护的动物有蟒蛇、大灵猫、小灵猫、穿山甲、猫头鹰等 9 种。

（4）经济发展

林场自 1952 年建立以来，每年都进行植树造林。根据统计，2000 年以前累计国家投资 150 万元；平均每年国家投资 10 万元，主要用于植树造林和中、幼龄林抚育。2000—2015 年，经数据不完全统计，国家投资 50 万元，用于对原有林木资源进行抚育和保护，增添种植生态风景林。

1958—1980 年，林场经营收入累计 90 元，平均每年收入 4 万元，木材及木柴收入约占 100%。1981 年至 2000 年，因低产林、生态风景林改造，砍伐松、杉、木柴等收入 120 万元。

（5）基础设施

1965 年，在广东省人民政府和汕头市人民政府、揭阳县人民政府以及各级职能部门的关心和支持下，修建了 1 栋共 500 平方米左右的砖瓦房，作为办公和职工集体宿舍用房。1968 年，为解决上山下乡知识青年的住宿问题，林场修建了 4 栋 3000 平方米 2 层砖混结构楼房及 1 栋 550 平方米砖瓦房，楼房一部分用于办公，办公条件得到改善，职工基本可以住上集体宿舍。

林场办公生活用水一直是自己解决。1968 年在场部后山山腰上修建了一座 500 立方的蓄水池，从水井抽水到蓄水池，水管连接办公室、食堂及每家每户。2013 年，林场利用山地高差在大排山引山泉水通过过滤再引入原有蓄水池，目前基本解决了用水需求矛盾。

（6）自然灾害

林场地处南方沿海，容易受到台风灾害。林场曾受到了强台风“尢特”“杜鹃”暴雨多次袭击，损失严重，估算各项损失约 136 万元。2003 年 10 月 16 日，林场发生了一次较大的森林火灾。

林场严重为害林木的害虫主要有松毛虫、桑褐刺蛾。外来有害生物主要是薇甘菊。

（7）山林权属

林场土地最初源于 1952 年揭阳县人民政府划拨的公有山地，建立揭阳县华侨林场，划定了林场的山界林权范围，总面积 13520 亩，其中林业用地 11860 亩，非林地 1660 亩。

目前，林场经营的山地面积 10179 亩，全部是建场时政府将国家的山地、林地划拨给林场管理。权属清楚、明确、界限清晰没有林地争议纠纷，全部是揭西县天宝堂林场的林地。2005 年，揭西县人民政府核发了山林权证。

（8）林场大事记

1952 年，为了安置海外华侨建，根据县委指示建立了揭阳县华侨林场。

1989 年，为落实广东省林业厅 354 号文件精神，林场认真贯彻落实组织全部力量，植树造林，全面改造低产林和消灭荒山。

2011 年 9 月，林场得到国家对林场危旧房改造政策的扶持，投资 116 万元进行 58 户危旧房改造工程，58 户均为自主（分散）建设。

2016 年，根据《广东省委 省人民政府关于印发〈国有林场改革方案〉的通知》（粤发〔2015〕9 号）要求，并结合天宝堂林场的实际情况，经九届县人民政府第四十九次常务会议讨论研究，决定对揭西县天宝堂林场进行改革，并更名为“国有揭西县天宝堂林场”。林场保留县国营企业单位属性不变。严格执行“收支两条线”管理，财政统筹经费。

2.4 汕尾市国有林场

（1）基本情况

汕尾市大部分国有林场建于20世纪50年代末，现有8个国有林场，其中6个市属林场，2个县属林场。

6个市属国有林场1985年以前归省属县管，1985年下放为市属市管；2013年以前属自收自支事业单位，2013年开始改为公益二类事业单位；2016年6月，经汕尾市市委、市人民政府审议，同意市编办批复，市属6个国有林场改为公益一类事业单位，正科级。

海丰县西坑林场1985年以前归省属县管，1988年改为县属县管单位；海丰县圆墩林场1961年以前归省属县管，1962年后改为县属县管单位。

林场经营总面积约28.749万亩，林业用地面积约26.8万亩。现有干部职工约1230人，其中：在职人员544人，离退休人员686人，长期聘用人员40人。

表2–3 汕尾市国有林场

权属	单位名称	建场时间（年）	隶属单位
市属林场	汕尾市国有黄羌林场	1958	汕尾市林业局
	汕尾市国有吉溪林场	1968	汕尾市林业局
	汕尾市国有红岭林场	1958	汕尾市林业局
	汕尾市国有湖东林场	1958	汕尾市林业局
	汕尾市国有罗经嶂林场	1958	汕尾市林业局
	汕尾市国有东海岸林场	1959	汕尾市林业局
县属林场	海丰县西坑林场	1958	海丰县公平镇人民政府
	海丰县圆墩林场	1958	海丰县林业局

2.4.1 黄羌林场

(1) 基本情况

汕尾市国有黄羌林场地处海丰县东北部山区，毗邻紫金、陆河、惠东和海丰县黄羌镇、公平镇。地处环山人丛岭之中，山峰多在 500 米以上，最高的五马归槽山海拔 1054.4 米。林场下有朝面山、富足园、江西坪 3 个林业工区，陆安、麻竹、十字岗、富足园 4 个村委会，4600 多人口。黄羌林场地处公平水库上游，辖区内有朝面山、朝阳两大中型水库。

林场总面积 45.6 平方千米，森林蓄积量 12.4 万立方米，森林覆盖率 80.7%，林业用地面积 3585.6 公顷，其中商品林 2710 公顷，生态公益林 1296 公顷。林场目前主要经济支撑是林农产品销售和农业种植。2015 年全场 GDP 为 3200 万元，林场全年收入 158 万元。

(2) 体制变革

1959—1971 年，林场政企合一，省属委托汕头行政公署管理，定名为“国营广东省黄羌林场”。1971 年 8 月，汕头下放归海丰县管理，干部调配、生产基建、财务劳动由海丰管辖。1973 年改为委托汕头地区管理。1985 年 1 月转由惠阳地区林业处直接管理，定名为“广东省惠阳地区国营黄羌林场”。1988 年 4 月转由汕尾市管理，隶属于市林业局，定名为“汕尾市国营黄羌林场”。2002 年汕尾市机构编制委员会（汕机编〔2002〕4 号文件）定为正科级事业单位，实行企业化管理。2004 年改名为“汕尾市国有黄羌林场”。2014 年汕尾市机构编制委员会（〔2014〕59 号文件）定为公益二类单位，正科级。2015 年汕尾市机构编制委员会（〔2015〕40 号文件）领导职数定为场长 1 名，副场长 3 名，专职副书记 1 名。

(3) 森林资源

全场经营总面积为 68549 亩，国营部分 55698 亩，其中林业用地 53784 亩，非林地 1914 亩。集体部分 12347 亩，其中林业用地 5139 亩，非林业用地 7208 亩。2015 年，森林蓄积量 12.4 万立方米，森林覆盖率 80.7%。

野生动物主要有山牛、豺、豹、山羊、野猪、野兔、狐狸、狸猫、果子狸、水獭、雉鸡等。

(4) 经济发展

1958 年筹建林场始，国家在林木种植方面投入大量资金。1980 年，林场开始进入木材生产后国家停止资金投入。据统计1976—1991年国家投资总额为271.81万元。2010年后，防护林、碳汇林、抚育、封山等工程由国家投入资金。林场的公路、水利、电力、通讯、自来水、学校大部分由政府投资建设。

林场1980–2012年以木材收入为主。1975—1979年由林场安排副业对砍伐残次林销售。1979年后采取公开招标方式销售木材。至1990年间木材收入可观，1990年统计木材收入94.86万元。2005—2012年间，因出租山地种植桉树对林地进行砍伐，木材收入数量大。2013后基本没有木材生产收入。林场还发展了其他产业。1972年冬建设江西坪锯木加工厂，后停产。1979年10月建设松香厂，1989年停产。1985年5月成立林工商联合公司。1993年建设石膏板厂，1995年停产。1997年建设城东木材加工厂，1999年停产。

2013年黄羌林场开始大力开发森林旅游，打造“广东汕尾·黄羌林场运动小镇”，2016年2月进入国家“十三五”公共旅游设施储备项目。

（5）基础设施

1995年6月，林场拆老电影院建设3层框架结构办公楼，占地2000平方米，1997年7月搬入办公至今。1958年建场初期职工搭寮居住。1960年后在场部和江西坪工区建设住房分配居住。1999年职工住房陆续在原址进行自行建设。2010—2013年全场危旧房改造，解决了163户职工住房。

1950—1958年，林场各村道路可通牛车。1965年建设双黄公路，可通汽车。2015年双黄公路林场段改造水泥公路后，2016年对该主道进行加宽、绿化、亮化整治。目前全场基本实现公路硬底化。

（6）自然灾害

林场气温平和，较少低温冰雪灾害。林场发生过3次严重暴雨灾害和四次台风灾害，都损失严重。

林场发生过的病虫害：1974年秋江西坪工区苗地发生严重竹叶卷心虫病；1983年7月至1984年6月发生建场以来最为严重的松毛虫之害，受害面积达到2000亩。

（7）山林权属

1973年8月16~19日召开林业工作代表大会，成立林地关系处理小组，历时3个月划定了国家、集体、个人三者山林权，制图，标界石。2004年山林权证换发不存在争议。但由于朝面山水库移民，外迁移民因迁入地山地权属问题，出现与场争议原自留山问题，经解释后均再无异议。2000年后发生过十字岗村委大陇与黄羌镇东陇村、陆安村委山蕉林村与黄羌镇禾寮排村山地纠纷一事，起因均与移民村相关，经调解无异议。

全场经营总面积为68549亩，国营部分55698亩，集体部分12347亩。

（8）林场大事记

1958年2月，黄羌林场被海丰县评为1958年度林业系统社会主义建设先进单位。同年4月，海丰县委决定：麻竹、富足因、朝面山、陆安农队划入林场管理。同年8月，林场建立党总支委员会，党务工作归属黄羌党委领导。

1961年，全场农业生产队改为集体所有制，林业仍为全民所有制。

1963年，林场召开大队、生产队贫下中农代表会议。会议决议：将山林地无偿地交给林场造林。

1964年5月9日至6月14日，分别与邻近公社大队签订了场界协议书。

1965年10月23日，“四清”运动工作队进驻林场各村。

1973年2月，林场由省属场改托汕头地区林业局管理。

1974年7月23至25日，场召开第一次党代会，选举产生了首届林场党委会。

1985年1月，出于体制变动，林场由惠阳地区林区直接管理，全称“广东省惠阳地区国营黄羌林场”。

1995年6月，黄羌林场新办公楼开工建设。

2001年，开始划定省级生态公益林867.8公顷。

2014年12月，黄羌林场文化广场建成投入使用。

2015年，增加5256亩省级生态公益林。

2015年11月聘请广州维意旅游规划有限公司编制了《广东汕尾·黄羌林场运动小镇旅游总体规划》，合同资金36万元。

2.4.2 吉溪林场

（1）基本情况

汕尾市国有吉溪林场地处东南沿海与山区结合部的粤东莲花山脉体系，位于东经115° 25′，北纬23° 12′，东连接陆河县新田镇，南与海丰县黄羌镇交界，西与惠东县高潭镇接壤，北与紫金县南岭镇相连。林场属亚热带季风气候，雨量充沛，日照充足；地处陆河西南部，山地陡峭，地形以低山为主，坡度一般在25°~35°之间；壤多为花岗岩、砂岩、页岩发育而成的赤红壤、红黄壤，质地以沙壤土为主。

林场总面积6.739万亩，其中生态林面积4.09万亩，开设防火线91千米。现有干部职工183人，其中在册干部职工68人（含女职工13人），离退休人员115人。到2015年底，林场总资产3456万元。

（2）体制变革

林场1968年建立，广东省委托汕头地区管理。1988年汕尾建市，陆河建县。吉溪林场隶属关系和行政区域发生变化，广东省国营吉溪林场隶属汕尾市林业局领导，为市林业局直属事业单位，行政区域纳入陆河县，广东省国营吉溪林场更名为汕尾市国营吉溪林场。1999年广东省汕尾市国营吉溪林场经汕尾市编制委员会核准，延续了原来的全民所有制，事业单位、企业管理性质，科级单位。2002年汕尾市机构编制委员会将林场定为正科级事业单位，实行企业化管理。2004年经上级批准，更名为“汕尾市国有吉溪林场”。2013年，经汕尾市编制委员会批准定性为公益二类，正科级事业单位，领导职数为一正两副。

（3）森林资源

现林场总面积4492.7公顷，其中林业用地面积4429.3公顷，非林业用地面积63.4公顷，其中乔木林3769.3公顷，未成林造林地146.7公顷，无林地257.7公顷，森林覆盖率 88.66%。林场现有活立木蓄积量191578立方米，其中乔木林的蓄积量为191578立方米。林分平均蓄积量为50.83立方米/公顷。

林区主要树种有杉树、红锥树、加勒比松、改良代湿地松树。列为国家保护的植物有桫椤、罗汉松、沉香、银杉等树种。野生动物主要有苏门羚、黄猄，野猪、刺猬、野兔、蟒蛇、穿山甲、白鹇、雉鸡、猫头鹰等。

（4）经济发展

林场从1968—1981年为全额拨款事业单位，1981年起开始自产木材，财政没有给予事业经费投入。2010年后，防护林、抚育、封山育林等工程由国家投入。林场公路、水利、电力、通讯、自来水、大部分由政府投资建设。

据统计，1981—2015年，林场为社会提供了木材7万多立方，销售收入为3000多万元。林场除了出售木材，还发展第二第三产业。1981年冬建设林场锯木加工厂，至今还在生产。1990年在下村工区种植过茶叶，因管理不善导致项目失败。2014林场依托丰富的森林资源、物种多样性和美丽山水的优势，申请建立了吉溪三江森林公园，确立走生态林场、旅游林场的总体发展目标。2015年开始林场深入打造了总面积1000亩林木种苗示范基地，打响种苗示范基地的品牌。

（5）基础设施

1980年建成了占地面积2200平方米场部办公楼，2000年对办公楼进行全面重修。1990年，林场在新田圩建设了14套职工楼房；2011年完成了第一批24户职工危旧房改造工程；2013年完成了第二批94户职工危旧房改造工程，解决所有职工的住房问题。

林场建设初期，公路基本为羊肠小道，主要公路不超过4千米。经过几十年的建设，目前建成的林区公路总里程109.17千米，其中主干线7条，支干道15条，基本为4级沙土路。2010—2015年完成了新吉线、吉黄线、吉下线等林区管理水泥硬底化路面工程。

（6）自然灾害

林场气温平和，无冰雪灾害，但发生过3次严重暴雨洪水灾害和5次重大台风灾害，造成巨大经济损失。林场病虫害发生较少。2012年在下村工区发生严重松毛虫。

（7）山林权属

建场初期，林场与紫金县苏南公社高新大队、新田公社吉溪大队部分生产队存在山林权属纠纷，后经调解并签订山林纠纷协议书均无再异议。1986年10月，陆丰县人民政府发放山林权证，确立了林场的林地和林木权属为国营的法律地位。2004年9月，陆河县人民政府换发了新的山林权证。现权属明晰，不存在山林权属纠纷。

（8）林场大事记

1967年初，陆丰县林业局及乌面岭林场人员对林场资源进行了调查、勘测，筹办林场。

1967年10月，新田公社湖坑大队与陆丰县乌面岭林场签订场界山权协议书，协议确定林场经营管理范围

1970年4月，经陆丰县委同意，撤去乌面岭林场背音山工区，建立广东省国营吉溪林场，乌面岭林场列为吉溪林场分场。

1972年10月，新田公社湖坑大队与广东省国营吉溪林场签订山地山权协议书。

1973年5月，经陆丰县委批准，乌面岭林场和吉溪林场正式分离，各自发展。

1973年8月，新田公社吉溪大队与广东省国营吉溪林场签订山地山权协议书。

1986年10月，陆丰县人民政府发放山林权证，确立了吉溪林场的林地和林木权属为国营的法律地位。

1988 年 4 月，汕尾建市，陆河建县。吉溪林场隶属关系和行政区域发生变化，广东省国营吉溪林场隶属汕尾市林业局领导，行政区域纳入陆河县。“广东省国营吉溪林场”更名为“广东省汕尾市国营吉溪林场”。

2003 年 6 月，生态公益林界定，林场的林地划为商品林和生态公益林。

2004 年，经上级批准，“汕尾市国营吉溪林场”更名为“汕尾市国有吉溪林场”。

2011 年 12 月，完成了第一批 24 户职工危旧房改造工程。

2012 年 11 月，规划国家级公益林落界成图面积 10458 亩，新增省级生态公益林面积 5164.5 亩。

2013 年 6 月，经汕尾市编制委员会批准，林场定性为公益二类，正科级事业单位。

2013 年 3 月，成立汕尾市国有吉溪林场设计队。

2013 年 11 月，完成林场 2013 年农村饮水工程建设，投资 237663.22 元。

2013 年 11 月，完成了吉黄线 4.5 千米路面硬化建设。

2014 年 8 月，申报设立“汕尾市吉溪三江森林公园”。

2014 年 9 月，汕尾市林业局（汕林〔2014〕93 号文）批复同意“汕尾市吉溪三江森林公园”设立。

2015 年 9 月，按照国家、省国有林场改革方案实施前期工作。

2015 年 10 月，完成 2014 年中央防护林工程项目人工造林 4000 亩，封山育林 7100 亩。

2015 年 11 月完成生态林示范区项目建设，总投资 35 万元。

2.4.3 红岭林场

（1）基本情况

红岭林场地处陆丰市西北 10 千米沿海属第一重山的粤东莲花山脉体系，地理位置处于东经 115° 33′ 28″，北纬 23° 02′ 03″。东邻陆丰市大安镇，西接海丰县平东镇，南与陆丰市河西镇、潭西镇交界，北与陆丰市西南镇相连。林场属亚热带季风气候，地处陆丰市西北部，属于沿海第一重山防护林带，为陆丰树起一道绿色屏障。红岭林场地势较平坦，以丘陵台地为主，坡度一般在 10°~20° 之间；土壤多为花岗岩、砂砾而成的赤红壤、红黄壤，质地以沙壤土为主。

场总面积 3.4545 万亩，其中生态林面积 0.944 万亩，开设防火线 65 千米。现有干部职工 208 人，其中在册干部职工 108 人（女职工 38 人），离退休人员 100 人。到

2015 年底，林场总资产 2607 万元。

（2）体制变革

林场 1958 年建立，广东省委托汕头地区管理。1980 年纳入惠阳地区林业行政公署。1985 年后再转入汕头地区管理。1988 年汕尾建市，红岭林场隶属关系和行政区域发生变化，广东省国营红岭林场隶属汕尾市林业局领导，为市林业局直属事业单位，行政区域纳入陆丰县，广东省国营红岭林场更名为汕尾市国营红岭林场。1999 年广东省汕尾市国营红岭林场经汕尾市编制委员会核准，延续了原来的全民所有制，事业单位企业管理性质，科级单位。2004 年经上级批准，更名为“汕尾市国有红岭林场”。2013 年经汕尾市编制委员会批准定性为公益二类，正科级事业单位。

（3）森林资源

现林场总面积 2303 公顷，其中林业用地面积 2303 公顷，无立木林地面积 269 公顷，乔木林 1208 公顷，未成林造林地 822 公顷，森林覆盖率 52.49%。现有活立木蓄积量 54524 立方米，其中乔木林的蓄积量为 54524 立方米。林场各优势树种中，桉树的面积为 1500 公顷、蓄积量为 40537 立方米；马尾松 322.1 公顷、蓄积量为 11151 立方米；湿地松 65 公顷、蓄积量为 2836 立方米；其他经济果林 260.3 公顷。

林场野生动物主要有苏门羚、黄猄，野猪、刺猬、野兔、蟒蛇、穿山甲、白鹇、雉鸡、猫头鹰；保护植物有红锥、罗汉松、沉香等树种。

（4）经济发展

林场从 1958—1981 年为全额拨款事业单位，20 世纪 70 年代起开始自产木材，80 年代种子园种子收获，上级财政没有投入；90 年代适应市场经济，在中央和广东省的扶持下，林场大力发展优质荔枝龙眼基地，解决富余劳动力，但因经营不当，林场经济开始走下坡路。

林场 20 世纪 60~70 年代木材以马尾松、大小叶桉为主，周期长生产量较低，出材率少。70 年代后期引进美国湿地松，引种湿地松种子园。80 年代初期种植湿地松和培育湿地松种子。至 90 年代湿地松用材获益，为 10 年绿化广东提供优质湿地松种子。1990 年前后，林场进行多种经营，大力发展优质名优荔枝龙眼，一度水果基地达万亩。至 2000 年后，中国加入世贸，水果失去竞争力，优质荔枝、龙眼逐步退出。2006 年后，林场开始发展速生丰产林，种植桉树，桉树种植近 2 万亩。2013 年受台风“天兔”灾害，林场逐步有计划有步骤减少桉树种植。近几年，林场依托林场丰富的森林资源、物种多样性和美丽山水的优势，发展林下经济，确立走生态林场、旅游林场的总体发展路线。

（5）基础设施

林场建设初期，公路基本为羊肠小道，主要公路不超过 5 千米。经过几十年的建设，目前建成的林区公路总里程 70 千米，其中主干线 4 条，支干道 10 条。

20 世纪 70 年代，林场基本完成了场部办公房和 3 个工区、8 个护林点，基本为砖瓦房。1968 年建成了占地面积 250 平方米场部办公楼。2000 年对办公楼进行全面重修。60~70 年代，林场在一、二、三工区建设了 40 套职工瓦房，解决了部分职工的住房问题。2010—2012 年完成了职工危旧房改造工程，解决职工的住房问题。

（6）自然灾害

林场历来无严重自然灾害和病虫害。

（7）山林权属

1958 年，在陆丰县人民政府的牵头下，在莲花山脉下，陆丰、海丰、陆河 3 县 7 镇 13 个管区的荒山上规划建立国营乌面岭林场。1966 年 8 月，“国营乌面岭林场”正式更名为“广东省国营红岭林场”。

（8）林场大事记

1958 年 5 月，建立国营乌面岭林场，场部设在陆丰西南镇石艮村火龙宫庙边。

1968—1978 年，建成了占地面积 1500 平方米场部办公楼。

1973 年，开始引进美国湿地松种植。

1976 年，规划建设湿地松种子园 1000 亩。

1980 年，林场由汕头林业行政公署转入惠阳林业行政公署管理。

1981 年，陆丰县人民政府发放山林权证，确立了林场的林地和林木权属为国营的法律地位。

1985 年，林场重新转入汕头林业行政公署管理。

1987 年，湿地松种子园开始投产，是广东省湿地松种子产地之一。

1988 年，汕尾建市，红岭林场隶属关系和行政区域发生变化，广东省国营红岭林场隶属汕尾市林业局领导，行政区域纳入陆丰县。广东省国营红岭林场更名为广东省汕尾市国营红岭林场。

1990 年，场部新建宿舍区 500 平方米。

1992—1993 年，代管汕尾市国营罗经嶂林场 2 年。

1993 年，发展种植优质荔枝龙眼，至 1996 年种植面积达 9500 多亩。

1997 年，林场与青塘管理区林地争议，在汕尾市人民政府与市林业局有关领导努力下重新确界。

1999 年 8 月，进行森林分类经营。

2000 年 8 月，广东省生态公益林的界定。

2004 年，经上级批准，汕尾市国营红岭林场更名为汕尾市国有红岭林场。

2008 年，林场与青塘发生大面积林地争议事件。

2011—2015 年，林场森林改造共 7500 亩，抚育 6000 亩，林相得以提升。

2012 年 6 月，林场的林地划为生态公益林。

2013 年 6 月，经汕尾市编制委员会批准，林场定性为公益二类，正科级事业单位。

2.4.4 湖东林场

（1）基本情况

湖东林场地理坐标东经 115° 55’，北纬 22° 38’，位于汕尾市陆丰市湖东镇沿海沙滩，隶属汕尾市林业局。东与甲西镇接壤，西紧接碣石镇滴水村，南临南海，距陆丰市区 45 千米，距湖东镇 3 千米。林场地处南亚热带季风气候区，海洋性气候特征明显，属于南部南海前沿，土壤主要冲积性沙质。

林场总人口 483 人，总户数 112 户，职工人数 148 人，其中在职职工人数 69 人，在岗职工人数 28 人，退休人员 79 人。到 2015 年，经营总面积 19471.5 亩，林业用地面积 16828 亩，森林（人工林）总蓄积量 3472 立方米，森林覆盖率 72.6%，森林主要树种是木麻黄、速生桉、湿地松。林场基本上没有正常的营业收入。近 20 年来，主要依靠林地出租的租金收入和生态林补偿费收入。2015 年干部职工人均年工资收入低于 2.4 万元，社保费不能按时上缴，至 2015 年底欠缴社会保障费累计 414 万元，负债总额 597 万元。

（2）体制变革

为彻底改善当地群众的生存环境，1956 年底惠阳专区粤中行政区派遣技术人员进行实地考察，1957 年进入实际测量工作，1958 年筹建湖东林场，同年 10 月份成立“国营陆丰县湖东防护林场”。1958 年 10 月至 1963 年 10 月，“国营陆丰县湖东防护林场”属县管林场，全民所有制单位；1964 年 11 月至 1965 年 2 月，林场改名为“汕头专区湖东林场”，属汕头专区管林场，全民所有制单位；1965 年 3 月至 1983 年 8 月，林场更名为“国营广东省湖东林场”属省管林场，汕头地区陆丰县代管，全民所有制单位；1983 年 9 月至 1987 年 12 月，“国营广东省湖东林场”属省管林场，惠阳地区代管，全民所有制单位；1988 年 1 月至 2001 年，林场更名为“汕尾市国营湖东林场”，属汕尾市管林场，事业单位企业管理单位；2001—2013 年，“汕尾市国有湖东林场”属市管林场，事业单位企业管理；2013 年 8 月至 2016 年 5 月，“汕尾市国有湖东林场”经市编委批准，改制为公益二类事业单位，正科级。

（3）森林资源

1958 年，建场初期，林场总面积约 28000 多亩（根老职工口述，无历史资料佐证）。后因土地固定、分割、更换，2011 年林场总面积为 19471.5 亩，山林权证 19322 亩。2005 年林场总面积 19471.5 亩。

1987 年，林木总资源 15470 亩，无林地 1260 亩，森林覆盖率 78.9%；活立木总蓄积量 16825 立方米。2015 年，林木总资源 15117 亩（有林地：3625.5 亩，未成林造林地 11491.5 亩），非林地 2643 亩，森林覆盖率 72.62%；活立木总蓄积量 3427 立方米。

湖东林场野生动植物资源比较丰富，但数量稀少。动物部分，至目前已发现的至少有 46 种，其中列为国家二级重点保护野生动物 4 种，广东省重点保护动物 8 种，广东常见“三有”保护野生动物 34 种。

（4）经济发展

1958 年 10 月建场至 1979 年，林场所有经营资金由政府投资。1979—1989 年政府对林场投资微入，林场自主经营，以林养人。1971—1980 年林场累计销售木材收入为 35.6 万元。1981—1990 年林场累计木材收入为 50.5 万元。1991—2000 年林场累计木材收入为 158.5 万元。2000—2015 年，林场木材销售收入微乎其微，因台风损失销售收入累计 38.2 万元，沿海防护林以管护为主。

2015 年政府投资合计 137.40 万元，其中生态林补贴 174400 元，专职护林员补贴 19600 元，油价补贴 730000 元，贫困林场补助 450000 元。

（5）基础设施

20 世纪 60 年代，建场初期，场部临时设在湖东镇粮管所一间 24 平方米房屋中，办公条件极差。1979 年修建办公楼 2 层 300 米房屋 40 间（包括职工宿舍、食堂、招待所、仓库、小杂货站等），一直使用到 2009 年。2009 年 7 月，场部办公楼落成，楼高 2 层，建筑面积 320 平方米，设有办公室，会议室，接待室，职工食堂。2001 年开始，陆续在场部及工区改建职工住宅，到 2015 年，林场职工改建住宅共计 3680

平方米，计46间。

到2016年5月，林场辖区内等级公路13.3千米，林区公路43千米，林道48千米，防火线70千米，防火林带60千米。

（6）自然灾害

林场每年夏秋季均有暴雨频频发生，尤其台风时常伴暴雨或特大暴雨，其中1969年、1979年、2013年度危害最为严重。20世纪70年代以前，流沙侵入农田，严重威胁农田生产，70年代及以后，流沙得到有效遏制，林场地处南海边缘，台风频繁发生，但造成林场重大损失的有3次：分别为1969年第3号台风，1988年7月19日第7号强台风，2013年9月22日第9号超级强台风。

林场林区病虫害历来严重，各个时期均有不同程度的影响森林生长量，病虫害最严重的1989年林区连片8000多亩湿地松面积发生严重松毛虫病虫害，对松树破坏极其严重，另每年出现木麻黄青枯树，普遍造成部分木麻黄树木枯死现象。

（7）山林权属

湖东林场林地的来源，20世纪50年代“土改”时已划分，该土地（名为土地，实为沙荒)因流沙、飞沙、瘦瘠等现况而无法耕作。因政策原因筹建沿海防护林场，植树造林起到防风固沙，保护水土流失作用，从湖东公社各村生产队土地划归林地经营，确认权属。

1964年，林场总面积为19590亩；1982年，林场总面积为19590亩，核发林权证面积19590亩；2011年，林场总面积为19471.5亩，核发林权证面积19322亩。

（8）林场大事记

1958年5月，筹建“国营陆丰县湖东林场”，10月份成立。

1962年，因生产及林地管护需要，场部由原老粮所迁址至场部办公。

1964年，实行土地四固定政策，林地与周边农村签订更换插花地及边界协议书（详见附件）确实林场土地权属及“四至”范围。

1975年，汕头“知青”下乡锻炼，进驻林场，参加生产劳动，同年成立“民兵营”下辖一个加强排，维护政治局势。

1981年，成立“湖东林场子弟学校”，开设3个班，学生总数32人。学校于1985年停办。

1983年9月，林场又随陆丰县划归惠阳地区行政专署管辖，名称“广东省国营湖东林场”，省管林场，由地方行政专署林业处代管。

1984 年，根据改革开放有关政策，林场职工逐渐部分停薪保职，外出自谋生计，部分留岗人员承包每人 2 亩林地种柑橘，发展自营经济维持生计。承包方式为股份经营，收成后比例分成归林场收入，后因土壤原因失败而结束。

1988 年 1 月，惠阳地区海丰、陆丰两县成立汕尾地级市林场，设为省属、市管，隶属汕尾市林业局，名称“广东省汕尾市国营湖东林场”。

1996 年，泰国顺和成集团租用林地 8546 亩，用于种植商品林，租期 50 年。

2005 年，“广东省汕尾市国营湖东林场”名称更改为“汕尾市国有湖东林场”沿用至今。

2006 年，林场与广东省林业科学研究院，共建广东省沿海防护林森林生态定位站，合作研究森林生态观测，为林业可持续性发展及沿海防护林业生态效益的发挥提供科学依据。

2007—2013 年，陆丰市宝丽华甲湖湾电厂建设风电火电项目需要征用林地累计 1030 亩（其中 2007 年征用 299 亩，2013 年征用 731 亩）。

2.4.5 罗经嶂林场

（1）基本情况

罗经嶂林场地理坐标为东经 115°45′29″~115°47′36″，北纬 22°46′42″~23°54′00″，在陆丰市东南部，地处八万、陂洋、博美 3 镇之间，南北长 32.7 千米，东西宽 0.5 至 2.08 千米，呈不规则长形。罗经嶂林场紧依博美、南塘二镇的海平原，土壤为花岗岩风化而成的红色或黄色壤土，以酸性赤红壤为主。

林场总面积 14833 亩，其中耕地 74 亩，有林地 9760 亩，森林覆盖率 68%；现有干部职工 52 人，其中干部 12 人，职工 40 人。

（2）体制变革

1958 年，罗经嶂林场正式建立。1958—1984 年，由广东省属委托汕头行政公署管理。1985 年 1 月，转由惠阳行政公署林业处管理。1988 年 4 月改由汕尾市林业局管理，定名为“汕尾市国营罗经嶂林场”。2004 年改名为“汕尾市国有罗经嶂林场”。

（3）森林资源

林场总面积 14833 亩，其中耕地 74 亩，有林地 9760 亩，森林覆盖率 68%。

（4）经济发展

1988—2004 年的经济建设重点为，在经营好现有林场的基础上，发展森林资源，消灭宜林荒山荒地 7500 亩，营造速生丰产林 6500 亩，种植优质荔枝、龙眼 500 多亩，建立 7000 亩生态公益林。在不断提出高经济效率的前堤下，已实现了年生产值增长 5%，改善了干部职工基本生活待遇。

（5）林场大事记

1958 年，罗经嶂林场正式组建。

1958—1984 年，由广东省属委托汕头行政公署管理。

1985 年 1 月，转由惠阳行政公署林业处管理。

1988 年 4 月，改由汕尾市林业局管理，定名为“汕尾市国营罗经嶂林场”。

2004 年，改名为“汕尾市国有罗经嶂林场”。

2013 年 8 月，经汕尾市编制委员会批准，林场定性为公益二类，正科级事业单位。

2.4.6 东海岸林场

（1）基本情况

东海岸林场地理坐标为东经 116° 04'，北纬 22° 54'，位于汕尾市陆丰市甲东镇东部沿海沙滩，东北与揭阳市惠来县接壤，西北紧接甲东前边、奎湖、惠来县华清村等 8 个村庄，南临南海。林场地处南亚热带季风气候区，海洋性气候特征明显，地形地貌总体地势平坦，土壤沙质，肥力差。

林场总经营面积 31475 亩，森林（人工林）总蓄积量 1392 立方米，森林覆盖率 74.6%。林场基本上没有正常的营业收入。近 30 年来，主要依靠林地出租的租金收入和生态林补偿费收入。林场总人口 387 人，总户数 115 户，职工人数 159 人，其中在职职工人数 94 人，在岗职工人数 26 人，退休人员 65 人。

（2）体制变革

经汕头专区批准，1959 年 11 月 13 日正式成立“国营陆丰县甲东防护林场”。1959 年 11 月至 1963 年 10 月，“国营陆丰县甲东防护林场”属县管林场，全民所有制单位。1964 年 11 月至 1965 年 2 月，林场改为“汕头专区甲东林场”，属专区管林场，全民所有制单位。1965 年 3 月至 1983 年 8 月，林场更名为“国营广东省东海岸林场”，属省管林场，汕头地区陆丰县代管，全民所有制单位。1983 年 9 月至 1987 年 12 月，

“国营广东省东海岸林场”属省管林场，惠阳地区代管，全民所有制单位。1988 年 1 月至 2001 年，林场改为“汕尾市国营东海岸林场”，属汕尾市管林场，事业单位企业管理单位。2001 年起，林场改为“汕尾市国有东海岸林场”，属市管林场，事业单位企业管理。2013 年 8 月，经汕尾市编委批准，林场改制为公益二类事业单位，正科级。

（3）森林资源

到 2015 年，林业用地面积 31475 亩，其中有林地面积 19487 亩，未成林地 11215 亩，林业辅助生产用地 473 亩，耕地 300 亩，森林（人工林）总蓄积量 1392 立方米，森林覆盖率 74.6%。林种树种：国家公益林面积 18594 亩，省级公益林面积 18633 亩。森林主要树种是木麻黄、速生桉，木麻黄林分面积 7775 亩，速生桉林分面积 2078 亩。林木总资源 30863 亩，非林地 639 亩，森林覆盖率 75.04%。活立木总蓄积量 2892 立方米，其中林分蓄积量 2372 立方米，疏林蓄积量 520 立方米；年生长总量 2235 立方米，木麻黄 2892 立方米。

东海岸林场野生动植物种类丰富，但数量稀少。目前已发现国家二级重点保护野生动物 6 种，广东省重点保护动物 12 种,“三有”保护野生动物 34 种；植物（中草药）有 70 多种。

（4）经济发展

林场建厂初期至 1966 年，由上级政府投资造林经营。1967—1983 年政府没有对林场进行投资。2000 年后政府又对林场进行投资，主要对基础设施、生态林、防护林进行建设，且逐年增长。2015 年，政府投资 332.908 万元，其中生态公益林 128.508 万元，油价补贴 73 万元，公路补贴 18.6 万元，生态林示范建设 50 万元，其他 62.8 万元。

林场之前以木材收入为主。1967—1979 年，林场累计销售竹木收入为 275.5 万元。2000—2015 年,5 年期间营林产值达 585.9 万元，其中 2014 年营林总产值 226.3 万元，为 30 年来最高水平。2015 年后，林场以生态林管护为主，主要靠上级政府补贴。

（5）基础设施

20 世纪 60 年代建场初期，林场办公条件极差。2012 年 5 月，场部办公楼落成，楼高 4 层，建筑面积 1200 平方米。2001 年开始，林场陆续在场部及工区改建职工住宅，到 2015 年，林场职工住宅共计 4300 平方米，计 57 间。

到 2016 年 5 月，林场辖区内等级公路 7.4 千米，林区公路 39.2 千米，林道 80 千米，防火线 40 千米，防火林带 35 千米。

（6）自然灾害

林场地处海边，每年夏秋季均有暴雨频频发生，尤其台风时常伴暴雨或特大暴雨，其中1969年、1976年、1979年、2013年危害最为严重，几乎每年都有台风登陆林区，但造成林场重大损失的有3次。

林场林区病虫害历来严重，病虫害最严重的1975年曾引起森林生长量下降50%。1980年以前，林场主要的病虫害是木麻黄青枯病和松毛虫；1990年以后，主要的病虫害是湿地松粉蚧造成的各种松树病，包括湿地松、加勒比松等，偶尔出现木麻黄青枯病。

（7）山林权属

东海岸林场原土地的来源，从法律层面上讲是前边、奎湖、华清等生产大队的，20世纪50年代“土改”时划分，该土地（名为土地，实为砂荒）因流沙、飞沙、瘦瘠等现况无法耕作。筹备建场期间，各大队为了以后林场能为其防风固沙，纷纷上门要求往其多划土地，所以才导致林场土地深入村庄的现象，同时也是后来出现调整或纠纷的根本原因。2011年，林场总面积为31475亩，核发林权证面积31475亩。

2012年，揭阳市惠来县“南海林场”与“汕尾市国有东海岸林场”交界处的部分土地产权发生纠纷，汕尾市陆丰市和揭阳市惠来县相关部门介入协调，但一直没有结果。

（8）林场大事记

1959年11月13日，组建“国营陆丰县甲东防护林场”。

1963年底“国营陆丰县甲东防护林场”与惠来县隆江公社“隆江林场”合并为“汕头专区甲东林场”，隶属汕头专区林业处。

1964年初，“汕头专区甲东林场”分营，设立“汕头专区东海岸林场”，隶属不变；惠来县则设立惠来县隆江公社“惠来县南海林场”，隶属惠来县林业局。

1964年5月22日，“汕头专区东海岸林场”分别与陆丰县甲东公社后洋大队后洋村、前边大队前边村、前边大队下湖东村、前边大队上湖东村、前边大队山前村、奎湖大队奎湖村及洋美大队洋美签订场界山权合同书。

1976年12月20日，林场与陆丰县甲东公社联湖大队上湖东村签订《调整林地协议书》，林场将部分湿地调整给大队种田，大队将丘陵地带调整给林场种树。

1978年，广东省林业学校、珠海市林业局、湖北省林业学校先后到林场学习“滨海低湿地松栽培技术”。

1983 年 9 月，林场又随陆丰县回归惠阳地区行政专署管辖，名称仍为“广东省国营东海岸林场”，省管林场，由地区行政专署林业处代管。

1985年3月，因经济非常困难，林场开始让职工停薪保职，到深圳等地另谋生计。

1988 年 1 月，林场降为市管，隶属汕尾市林业局，名称为“广东省汕尾市国有东海岸林场”并延续至今。

1988 年 7 月 20 日，陆丰市市长彭禹贤(后为省政协副主席)在市农委主任冯年强、林业局局长陈景山陪同下到林区视察灾情并做重要讲话。

2011 年，中国人民解放军东部战区某部因国防需要从林区征用林地 159.5 亩。

2016 年 3 月 24 日，汕尾市副市长邹广在汕尾市林业局局长罗少航的陪同下，到林场指导禁毒、森林防火等工作，并对林场各项工作给予肯定。。

2.4.7 西坑林场

（1）基本情况

西坑林场原为省属“国营西坑林场”，成立于 1958 年 1 月，为正科级单位。西坑林场位于海丰县北部山区，地理坐标为东经 115° 32′ ,北纬 23° 13′，距海丰县城 27 千米，属公平镇所管辖。林场属于山地及高丘陵地区，大部分地区在海拔 250 米左右，西北高，伸入惠阳县的五指嶂，雄峰俊岭是本场西北的屏障，而场内地势突发降低向东南倾斜，海拔最高的五指嶂 1100 米，相对高度 150~250 米。

林场现有职工总人数 148 人，其中在职职工 48 人，离退休职工 100 人。林场区域总面积 45000 亩，森林蓄积量 50000 立方米，森林覆盖率 70%。林场收入主要靠林地出租，生态林补助款，财政补贴，在正常年份每年收入约 80 万元。

（2）体制变革

西坑林场原为省属正科级单位。经广东省林业厅勘测设计大队于 1961 年 12 月完成测设，并提供调查规划设计说明书。自建场开始至 1964 年 7 月为广东省国营林场。1964 年 8 月开始转为汕头地区国营林场。1968 年 4 月县革命委员会同意西坑林场成立西坑林场革命委员会。1983 年 9 月海陆二县转为惠阳地区管辖，林场又随之设制为“惠阳地区国营林场”。1988 年 3 月汕尾建市，林场又随建制转为“汕尾市海丰县西坑林场”。1994 年海丰县同意西坑林场申请，批准撤场转乡建制，为海丰县西坑乡人民政府。1996 年海丰县又同意西坑乡政府申请批复，恢复原西坑林场，设海丰县西坑林场股级机构，经济核算为自负盈亏，县财政每年拨 30000 元为差额补贴。到 2005 年，又由于变制，撤西坑乡并至海丰县公平镇，设海丰县林业西坑管理处，为副科级事业单位，管辖原西坑林场。

（3）森林资源

林场区域总面积45000亩，现有林业用地37000亩，森林蓄积量5万立方米，其中生态公益林面积7300亩，占20%；商品林面积29700亩，占80%，森林覆盖率70%。

目前林地内生物多样性丰富，保存有野生高等植物壳斗科青冈属的小叶青冈栎种，其中国家重点保护植物有樟、沉香、桫椤科等，珍稀濒危保护植物有小叶青冈栎等；国家重点保护野生动物有蟒蛇、五爪金龙、穿山甲、大壁虎、苍鹰、小鸦鹃等。

（4）经济发展

林场收入主要有：林地出租租金、生态林补助款和财政补贴收入，在正常年份每年收入约80万元；支出主要为干部职工工资支出，干部职工社保、医保等支出，日常管理生产性支出每年约114万元。

林场历年来欠干部职工社保医保费约330万元，拖欠离退休职工应补养老金津贴金额285万元，欠离退休职工医药费报销50万元；欠银行贷款本息60万元。合计债务约715万元。

（5）基础设施

林场办公楼总面积450平方米，1978年兴建。2012年对外墙进行了修缮。2011年林场对67户职工住房进行了危房改造工程，改善了部份职工的住房困难问题，但仍有73户的职工住房问题未得到解决。

（6）林场大事记

2011年，根据中央、省、市、县扶贫项目建设精神，全场有67户职工的住房进行了危房改造工程，改善了部份职工的住房困难问题。

2012年，对省道S242西坑路段铺上了水泥路。

2012年底，对林场的办公楼外墙进行了修缮，改变了面貌，改善了办公环境。

2013年6月，林场投入资金对西坑路段道路种植树木，绿化环境，改善了生活环境，改变了西坑面貌。

2013年8月16日，西坑遭受历史罕见的特大暴雨袭击，突如其来的强降雨导致瞬间山洪暴发，河堤缺口，农田淹没，公路过水，多条桥梁被冲塌，水电、电力、通讯中断。17日、18日，持续的强降雨带来愈来愈严重的灾情，山体滑坡，公路冲毁，民房倒塌等情况相继发生，给群众的生命财产和安全带来了极大的威胁和破坏。林木受损面积 5400 亩。

2013 年 9 月 22 日，强台风“天兔”登陆汕尾，受强台风影响，林木受损面积 1000 亩，损失金额 250 万元。

2013 年，投入资金 30 万元对高联村和联和村新开设林道共 20 千米。

2015 年 8 月，林场投入 12 万多元对下洞陈坡下村路口至西坑派出所路段路灯建设。

2.4.8 圆墩林场

(1) 基本情况

圆墩林场 1958 年 1 月建场，位于海丰县西部，地理坐标为东经 115° 03′ 06″，北纬 22° 52′ 26″。场部位于 324 国道 242 千米处，圆墩大桥西侧，东与后门镇毗邻，西与鹅埠镇接壤，南与小漠镇隔河相望,，北与赤石镇交界。

林场区域面积 21048 亩，森林蓄积量 53721 立方米，森林覆盖率 83.27%。

(2) 体制变革

圆墩林场原为省属“国营圆墩林场”，1958 年 1 月建场部于吉水门埔。1959 年 3 月 7 日，“国营圆墩林场”改为“国营圆墩农场”，为副处级单位，迁场部于圆墩渡口西侧响水坑口。1959 年 6 月 3 日，“国营圆墩农场”改为“国营圆墩林场”。1961 年 12 月，林场归海丰县直接管理，县委把“国营圆墩林场”改为“国营圆墩农场”。1963 年 1 月，“国营圆墩农场”改为“国营圆墩林场”，为县局级单位。1966 年 9 月，海丰县委决定撤销“国营圆墩林场”，合并为共产主义劳动大学圆墩分校，实行“一套班子，两套管理”。

1973 年 5 月 24 日，海丰县委决定，原“海丰‘五七’干校”改为“海丰县圆墩林场”。1974 年 1 月，林场又纳入县国家财政预算管理。到 1984 年，圆墩林场设置了办公室、林经股、农经股、财务股等内设机构。1994 年 9 月 6 日，圆墩林场改设为圆墩乡建制，为正科级行政单位，管辖原林场所属的洛坑、圆墩、田寮 3 个管理区 6 个自然村。1996 年 9 月 6 日，经海丰县编制委员会批准，决定成立海丰县圆墩林场，为乡政府属下股级事业单位，原林场（在改乡建制前）的人、财、物统一由乡人民政府管理负责。2004 年 12 月，把洛坑、圆墩、园林等 3 个村（居）委和田寮村委的人、财、物分别划入赤石镇和鹅埠镇管辖，同时成立海丰县林业圆墩管理处，为海丰县林业局属下副科级事业单位，管辖原圆墩林场。

(3) 森林资源

林场区域面积 21048 亩，其中林地面积 17743.5 亩，占区域总面积的 84.3%（包括生态公益林面积 10015.5 亩、商品林面积 7728 亩），森林蓄积量 53721 立方米，森林覆盖率 83.27%。

林场生物多样性丰富，保存有野生高等植物 99 科 262 属 349 种，其中国家重点保护植物有土沉香、巴戟天、樟树和米锥等；野生动物主要有鸟类、爬行类以及哺乳类等 18 种。

（4）经济发展

1958 年建场第一年，国家共投资 11745.65 元。1959 年 3 月 7 日"国营圆墩林场"改为"国营圆墩农场"，后来再度改为林场、共产主义劳动大学圆墩分校、县"五·七"干校期间，林业投资和干部工资均由国家拨款和地方财政拨款。1973 年恢复林场后。财务上实行林业投资经费包干，即发展林业业务上归县林业局管辖，每年植树造林面积按林业局计划实施，财政部门按林业计划拨包干经费，1958—1987 年，全场林业总投资 322.82 万元，其中国家投资 217.3 6 万元，其他拨款 68.28 万元，木材更新投入 37.18 万元。1988—1992 年，圆墩林场在搞好林业管护基础上，林农工并茂，扩大经营项目。1992 年，全场工农业总产值 651.34 万元，比 1991 年增加 1 07.46 万元，增长 19.75%。其中，工业总产值 235 .04 万元，增加 88.93 万元，增长 60.1%; 农业总产值 416.3 万元，比 1991 年增加 18.5 万元，增长 0.05%。国营部分年总收入 8258.5 元，其中生产性收入 786015 元，非生产性收入 39836 元，比 1991 年增收 366658 元，增加 52%；年生产成本 530862 元，其中林业支出 143415 元，农业支出 12897 元，工副业支出 443138 元（购电 232262 元，费用 210876 元，税金 12283 元），生产利润 242863 元，生产利润率达 31%。

（5）基础设施

林场有办公楼一栋，建于 1991 年，占地面积 803 平方米，建筑面积 1200 平方米；有文化综合楼一栋，建于 2001 年，占地面积 176 平方米，建筑面积 500 平方米；有敬老院一间，建于 1996 年，占地面积 260 平方米，建筑面积 344 平方米；有职工宿舍 7 栋，建于 1991 年，占地面积 2084 平方米，建筑面积 3572 平方米；有管护站 4 间，建于 1991 年，占地面积 523 平方米，建筑面积 443 平方米，以及办公设施等。

圆墩林场位于广汕公路 242 千米处，场部三工区、二工区、吉水门、圆墩村、洛坑村均靠广汕路边，各自然村均可通汽车，另外，凤河穿场中心，渔船可通红海湾，公路水路交通十分方便，场辖地路段全长 13.5 千米，其中国防公路 9.2 千米，村道 4.3 千米。

（6）山林权属

林地面积中已办证 15984 亩（包括生态公益林面积 10015.5 亩、历年累计已被征用面积 1431.6 亩、归还村组 127.5 亩、历年累计出租面积 2001 亩、未出租面积 2408.4 亩），办证率占 90%；争议未办证 1759.5 亩，未办证率占 10%。

（7）林场大事记

1958 年 1 月，圆墩林场建场部于吉水门埔。原为省属“国营圆墩林场”。

1958 年 2 月，由广东省林业勘测设计队（杨开光、陈瑞球）完成测设，并提供建场任务书。

1959 年 3 月 7 日，中共海丰县委，根据中央农垦部王部长及广东省农垦厅“关于在海丰县圆墩林场地区建国营果树农场的意见”，决定把“国营圆墩林场”改为“国营圆墩农场”，为副处级单位，迁场部于圆墩渡口西侧响水坑口。

1959 年 6 月 3 日，中共海丰县委，根据汕头地委指示，为发展林业，又把“国营圆墩农场”改为“国营圆墩林场”。

1961 年 12 月，林场归海丰县直接管理，县委把“国营圆墩林场”改为“国营圆墩农场”。

1963 年 1 月，中共海丰县委正式决定，把“国营圆墩农场”改为“国营圆墩林场”，为局级单位。

1963 年 11 月 20 日至 12 月 10 日，广东省林业厅勘测设计大队在海丰县圆墩林场进行飞播造林勘测工作。

1966 年 9 月，海丰县委决定撤销“国营圆墩林场”，合并为“共产主义劳动大学圆墩分校”，实行“一套班子，两套管理”。

1973 年 5 月 24 日，中共海丰县委决定，原“海丰‘五七’干校”改为“海丰县圆墩林场”，场部设林业股、农业股、党委办公室，场部下设圆墩、洛坑、三角山三个工区。

1974 年 1 月，林场纳入县国家财政预算管理。到 1984 年，除场党委各工作部门及群团机构设置不变外，海丰县编制委员会批准，设置了办公室、林经股、农经股、财务股等内设机构。

1981 年，圆墩林场辖区农村与全国一样，农田分户承包，群众称为“大包干”的生产责任制，农民有了生产经营自主权，生产和经济得以迅速发展。

1989 年，投资 420 万元，修建三角山水库和响水坑二级水电站，总装机容量 605 千瓦。

3. 粤西地区

3.1 湛江市国有林场

3.2 茂名市国有林场

3.3 阳江市国有林场

3.1 湛江市国有林场

（1）基本情况

湛江市国有林场建于20世纪60年代。现有5个国有林场，其中3个市属林场，2个县属林场。

3个市属国有林场1984年以前为省属国有林场，1984年机构改革划为湛江市管理，1987年12月湛江市编制委员会（湛市编〔1987〕255号）批准国营东海林场、吴川林场、防护林场为湛江市林业局科级事业单位，实行自收自支的企业管理体制。

2个县属林场一直归县管，其中遂溪县樟树林场于1962年5月建立，1966年9月樟树林场并入遂溪农场，成为遂溪农场的一个林队，在1974年再度由遂溪县农场分离出来，由遂溪县林业局管理。从1979年1月1日起行事业管理，实行自收自支，企业化管理。廉江市苗圃场成立于1932年3月，廉江县鹤岭林场成立于1963年，均属于廉江县管林场。1986年6月，廉江市苗圃场与鹤岭林场合并，统称廉江市苗圃场，1987年经廉江市人事局合并为廉江市苗圃场。

全市国有林场经营总面积约5.8628万亩，林业用地面积约5.0243万亩。现有干部职工约510人，其中：在职人员172人，离退休人员338人，长期聘用人员7人。在职人员人均每月工资2500元左右，退休人员人均每月养老金2000元。

表3-1 湛江市国有林场

权属	单位名称	建场时间（年）	隶属单位
市属	东海林场	1961	湛江市林业局
	吴川林场	1960	湛江市林业局
	防护林场	1960	湛江市林业局
县属	遂溪县樟树林场	1962	廉江县林业局
	廉江市苗圃场	1932	廉江县林业局

（2）国有林场隶属关系变化

①基本完成社会主义改造和开始全面建设社会主义时期（1949—1966.4）

1953年春粤西行政公署设农业处（包括农业、林业、水利、水产），1954年开展沿海防护林的营造，并成立林业处。各县人民政府也成立了林业科，下有苗圃场。1956年春粤西行政公署林业处撤消，成立林业科，防护林科改为沿海防护林营造局，专门负责开展沿海沙地防护林的营造。1957年下半年设湛江专署林业局。1961年各县恢复原来体制，成立湛江专署林业局及县林业局。

1960－1961年，大批建立国营林场，3个市属国有林场就在这期间成立，其中防护林场于1960年办场，是徐闻县属的沿海防护林场。1963年转为省属地区管林场。东海林场于1961年办场，原是雷东林场的一部分和东山苗圃合并而成。1964年1月转为省属地区管林场。吴川林场在1960－1961年期间由几个林场合并，于1964年10月合并为吴川林场转为省属地区管的林场。1963年开始，3个林场均由省林业厅管理，定性事业单位，实行省财政全额拨款。

②“文化大革命”时期（1968.5-1973.7）

1968—1969年，由于文化大革命的影响，机关精简压缩，撤消专署林业局及县林业局，只留3人，地区及县成立农林水战线革命委员会。1973年恢复地区及县林业局（直至1983年8月）。

③社会主义现代化建设新时期与国有林场改革新时期（1973至今）

1983年9月，地市合并后湛江地区林业局改为湛江市林业局。市属国有林场1984年前为省属国有林场，1984年9月，依照湛府办发〔1984〕89号文的通知，执行广东省人民政府粤府〔1984〕132号批转省林业厅《关于省办国营林场管理体制改革的意见》，体制改为湛江市事业单位，省财政不再划拨工作经费，实行自收自支的企业管理制度，干部人事由湛江市林业局管理。1987年12月，湛市编〔1987〕255号批准国营东海林场、吴川林场、防护林场为湛江市林业局直属正科级事业单位，体制不变。2010年广东省事业单位分类改革，湛市编〔2014〕2号批复国营东海林场、吴川林场、防护林场暂不进行分类改革，维持原状不变。

（3）关于国有林场的大事记

1996年9月9日，第15号超强台风“莎莉”登录湛江市，造成湛江市3个国有林场树木折断率达80%以上，木材损失惨重，大部分房屋受损，围墙倒塌，直接经济损失1200多万元。

2012年11月，湛江经济技术开发区管委会《关于将东海岛辖区范围内国有林地划归湛江经济技术开发区管理的请示》（湛开管〔2012〕162号）的要求，将国营东海林场国有林地划归开发区管理，经湛江市委、市人民政府、湛江经济开发区与湛江市林业局交流探讨，报省林业厅批复，划转国有林场的管理权不符合有关法规和政策规定，不予同意。

2013年9月5日，遵照市委、市人民政府的指示，市林业局通知市属3个国有林场从即日起必须做到“三个不增”；不得增加人员，不得增加签订或续签林地租赁合同，不得增加债权债务。

2014年，7月8日的第9号强台风“威马逊”、9月13日的第15号强台风“海鸥”相继在湛江沿海地区登录，同时受暴雨冲刷和天文潮水冲袭，市属3个国有林场林木损失惨重，大部分房屋受损，围墙倒塌，直接经济损失3000多万元。

2014年8月30日中午，王中丙市长来到国营东海林场进行调研，顶着烈日，实地察看生态林保护与建设情况并现场做了讲话，指出：“东海林场必须回归林业本位，回归生态本位，坚持生态效益最大化”。

2015年10月4日，受第22号强台风“彩虹”的影响，沿海防护林老林带损失惨重，木麻黄折断达70%以上，整条防护林带需全面重建与修复，林业房屋及生产基础设施倒塌、损坏20处，面积5200平方米，造成直接经济损失5000多万元。

3.1.1　东海林场

（1）基本情况

1961年11月，东海林场经广东省林业厅批准，由原雷东县苗圃场、东简畜牧场、民安林场、湛江市教养场4个单位整合而成，命名为“国营广东省东海林场”（图3–1）。林场位于湛江经济技术开发区东海岛，地处于湛江市南部，地理坐标为东经110° 11′~110° 37′，北纬20° 51′~21° 55′。林地分布以场部为中心，分为东简片和民安片两个部分，接壤东山、民安、东简3个街道办68个行政村。

林场现有经营总面积15955.5亩，其中林业用地面积10233亩，占64%，非林地5722.5亩，占36%，总蓄积量30763万立方米。全场人口600多人，现有干部职工172人，其中离退休人员144人，在职人员28人。到2015年12月，国营东海林场流动资产总额918.22万元，负债总额4767.94万元，林木资产1192.4万元，资产总额4311.89万元，亏损1762.6万元。拖欠职工工资福利164.6万元，其他应付款75万元，开发区拖欠征地补偿款490多万元。

图 3-1　东海林场

（2）体制变革

1961 年，由原雷东县苗圃场、东简畜牧场、民安林场、湛江市教养场 4 个单位整合为国营东海林场，当时林场定位为经营型林场。1984 年前为省属国有林场，属于省财政全额拨款事业单位，1984 年 9 月，将“国营广东省东海林场”更名为“国营东海林场”，林场体制改为湛江市事业单位，省财政不再划拨工作经费，实行自收自支的企业管理制度，干部人事由湛江市林业局管理。1987 年 12 月，湛市编〔1987〕255 号文批准为湛江市林业局直属正科级事业单位，体制不变。2010 年广东省事业单位分类改革，湛市编〔2014〕2 号文批复国营东海林场暂不进行分类改革，维持原状不变。2015 年 9 月，广东省在全国率先启动国有林场改革，根据省委、省人民政府工作部署和《广东省国有林场改革实施方案》的精神要求，将东海林场定性为公益一类事业单位，全额拨款的事业单位，核定事业编制数量33名，经营模式以生产经营型转变为生态公益型。

（3）森林资源

1963 年全场土地总面积为 50100 亩，其中耕地面积 1000 亩，宜林地 50000 亩，在宜林地造林木麻黄 7000 亩，尚存宜林地 43000 亩。但林场山林权属“四固定”实际落实经营面积只有 27000 亩。2015 年统计，林场总面积 15955.5 亩，其中林业用地面积 10233 亩。

林分起源主要以人工林为主，主要树种有桉树和木麻黄。1982 年森林资源二类调查，总面积 21054 亩，其中林业用地 19453 亩，隆缘桉 4772 亩，湿地松 85 亩，木麻黄 7332 亩，总蓄积量 31605 立方米，森林覆盖率 57.9%；2015 更新统计，总面积 15955.5 亩，其中林业用地面积 10233 亩，包括生态公益林 5880 亩，商品林 4353 亩，非林地 5104 亩，桉树 5104.5 亩，湿地松 42 亩，木麻黄 1723.5 亩，总蓄积量 30763 万立方米，森林覆盖率 43.1%。

海林场林地地势平坦，林种结构单一，林下灌木稀少，植被有蜈蚣草、鸭咀草、野香茅、鸡尾草、狗牙根等耐旱植物，覆盖率 30% 以下。陆地野生动物资源较少。

（4）经济发展

自 1961 年建场以来，每年都进行植树造林。1962 年以前政府投资了 10.87 万元。1974 年以前累计政府投资 294.08 万元。2001—2015 年累计政府投资 200 多万元，主要用于植树造林和中、幼龄林抚育、低产松林改种速生桉树。

1961—1975 年，木材收入累计 153.6 万元。1982 年木材收入累计 1128 万元，以 20 年为一轮伐期，平均每年木材收入 56.4 万元。1990—2008 年，平均每年木材收入不少于 150 万元。2008 年开始，林场经营生产模式由生产经营型转为林地管护型，木材采伐减少，平均每年木材收入不多于 50 万元。

1986 年底，通过东山镇人民政府征用东山圩土地 1.485 亩兴建林场招待所，建筑面积 762.4 平方米，投资 17.3 万元，现租赁给个人经营商场。1992 年 8 月，林场组建东海林场房地产发展公司，为解决东南码头群众住宅地的困难问题，给林场带来 200 多万元的经济收入。1992 年 10 月，在东南码头建设铺面 35 间，建筑面积 964.8 平方米。1998 年，林地租赁给职工发展种植业或养殖业，职工人均种植地 20 亩，人均对虾养殖地 5 亩。至 2015 年，职工租赁种植地 900 亩，对虾养殖地 870 亩。养殖业和种植业切实增加了职工家庭经济收入，年均收入 20000~50000 元，个别家庭收入甚至超过 10 万元。

（5）基础设施

1982—1980 年，修建了混合结构 3 层楼房，面积 409 平方米，基本解决办公问题。1997 年 3 月兴建办公大楼，框架结构五层建筑面积 1350 平方米，1998 年 9 月搬入，林场的办公条件得到更好的提升。1990 年 11 月，在场部建成 3 栋 2 层混合结构宿舍楼共 12 套 1438.58 平方米。1992 年 12 月在场部建成 2 栋 7 层框架结构宿舍房共 28 套 2894.5 平方米。2003 年 10 月在场部建成 2 栋 5 层混合结构宿舍房共 20 套 1834 平方米。2012 年实施全省林业棚户（危旧房）改造工程，在场部建成 3 栋 5 层框架结构宿舍房共 30 套 2911 平方米，全部职工基本可以住上集体宿舍，解决了职工及家属的住宿问题。

目前，林场消防通道共 20 千米，基本涵盖林区所有的重点山头重点区域，为森林消防工作提供了必要保障。

（6）自然灾害

东海岛属热带和亚热带季风气候，夏秋之间热带风暴和台风较为频繁，建场以来，影响较大的台风有 8 个，每次台风造成直接经济损失在 200 万 ~400 万元间。

林场地势平坦，林分结构单一，灌木、植被和枯死木稀少，没有发生较大的森林火灾。林场森林病虫害主要有是蝗虫、大蟋蟀和外来有害生物薇甘菊。

（7）山林权属

1975 年，广东省林业规划设计院测绘，林场实际经营面积 22271 亩。1975—1982 年，面积减少 1217 亩，其中群众毁林开荒、兴建房屋、砖窑等侵占 680 亩。1982—1993 年，面积减少 3849 亩，其中：郊区疗养院征用 35 亩，山林权落实划出 287 亩；其中群众毁林开荒、圈占蚕食 2239 亩，试验区建设征用 1240 亩，与镇合作开发 32 亩，郊区政府用地 316 亩。

1993—2005 年，面积减少 1249.5 亩，其中龙海天旅游区、东南大道、中线公路（东海大道）、民安供电线路、东海农行、民安工业园等项目征用 1058.044 亩。其他因素是调查使用基本图存在一定的误差。

（8）林场大事记

1961 年 11 月，由广东省林业厅批准，由原雷东县苗圃场、东简畜牧场、民安林场、湛江市教养场 4 个单位整合组建“国营广东省东海林场”，由省林业厅管理，事业单位，实行省财政全额拨款，全场有职工 67 人，干部 4 人。

1984 年 9 月，湛府办发〔1984〕89 号文通知，执行广东省人民政府粤府〔1984〕132 号批转省林业厅《关于省办国营林场管理体制改革的意见》，将“国营广东省东海林场”更名为“国营东海林场”，林场实行事业单位企业管理，干部人事由湛江市林业局管理。

1996 年 9 月 9 日，受第 15 号超强台风“莎莉”影响，树木折断率达 80% 以上，造成林场木材损失 17165 立方米，房屋受损 45 间，围墙倒塌 1890 平方米损毁严重，直接经济损失 425.33 万元。

1998 年 9 月，新办公楼乔迁，实现林场宿舍区与办公区真正分离。

2012 年 11 月，湛江经济技术开发区管委会《关于将东海岛辖区范围内国有林地划归湛江经济技术开发区管理的请示》（湛开管〔2012〕162 号）的要求，将国营东海林场国有林地划归开发区管理，经湛江市委、市人民政府、湛江经济开发区与湛江市林业局交流探讨，经省林业厅批复，确认划转国有林场的管理权不符合有关法规和政策规定，不予同意。

2013 年 9 月 5 日，遵照市委、市人民政府的指示，市林业局通知林场从即日起必须做到“三个不增”：一是不得增加人员，二是不得增加签订或续签林地租赁合同，三是不得增加债权债务。从此，林场经济出现收不抵支，一度出现职工工资、办公经费、车辆运行经费等费用难以维持。

2014 年，7 月 8 日的第 9 号强台风“威马逊”、9 月 13 日的第 15 号强台风“海鸥”来袭，受暴雨冲刷和天文潮水冲袭，林带被冲毁宽度 5~10 米，面积减少近 200 亩。

2015 年，受 10 月 4 日第 22 号强台风“彩虹”侵袭，全场受损林木面积 6000 多亩，沿海防护林老林带损失惨重，木麻黄折断达 70% 以上，整条防护林带需全面重建与修复。林业房屋及生产基础设施倒塌、损坏 5 处，面积 1300 平方米，造成直接经济损失 400 多万元。

2015 年 9 月，全省启动国有林场体制改革，根据省委、省人民政府工作部署和粤发〔2015〕9 号文件精神，本次改革中，将林场定性为公益一类事业单位，核定事业编制数量 33 名。

3.1.2 吴川林场

（1）基本情况

吴川林场场部设置在吴川市中心城区梅录街道人民中路165号内，下设9个工区，林地分布在吴川市东、西、西南及北面。林地东面与茂名电白交界，西面与坡头、廉江交界，北面与化州交界，林地分散，东西距离约 70 千米。林地自处南亚热带低丘陵地区，一般坡度为 5° ~10° ，土壤为红壤土和黄壤土。

林场现经营总面积 23154 亩，林木蓄积量 16526 立方米，全场人口 275 人，其中在职职工 68 人，退休人员 85 人 。林场 2015 年总收入 1154.46 万元，其中木材收入 180.82 万元，林地出租收入 35.85 万元，政府资金拨款投入 600.28 万元，其他收入 337.51 万元。全场资产总额 569.49 万元，流动资产 239.04 万元。

（2）体制变革

林场建于 1960 年。1964 年前分为为塘缀林场、黄坡林场、覃巴林场等 3 个国营林场。1964 年 7 月将上述 3 个林场合并，改名为“国营塘缀林场”。1966 年 5 月，将“国营塘缀林场”改名为“国营吴川林场”。

20 世纪 60~70 年代，吴川处在平原水土流失最严重的地区，到处都是荒山野岭，长年以来风灾、旱灾、水土流失给当地农民带来严重的自然灾害，使农民连温饱都难以解决。于是林场为了克服灾害，先后种植水土保持林，沿海防护林，建成后涵养水源、保护农田、调节气候，保障农业生产稳产、高产，人民生命、财产和生活得到保障。

林场建场宗旨以营造“水土保持林”为主，所以生态效益强，经济效益差。林场 1980 年前为省财政全额拨款机构。1987 年，湛江市编委核定林场为湛江市林业局直属正科事业单位，实行自收自支的企业化管理。

（3）森林资源

全场现经营面积 23154 亩，其中林业用地 21418.5 亩，非林业用地面积 1735.5 亩。其中商品林面积 13612.5 亩，生态林总面积 8036 亩。

林场林木资源以速生桉树林为主，有省级生态林和市级生态林，生态林以松树、樟树、相思树、热带季雨林、龙眼、荔枝等树种为主。全场林木蓄积量为 16526 立方米，森林覆盖率 56.6%。

由于生态环境变化，野生动物日趋减少。在北部广大生态林里，有相思鸟、翠鸟、鬼鹤、坡丁、银环蛇、竹叶青、草花蛇、眼镜蛇等。

（4）经济发展

每年上级政府投入 500 多万元用于生态林管护，同时结合绿化大行动，每年投入 300 多万元用于商品林改种生态乡土阔叶林。

林场每年砍伐蓄积量 5000 立方米，可出规格材 3000 立方米，薪炭材 2000 立方米，木材每年总收入约 180 万元。林场在 1996 年受特大台风袭击，经济损失惨重。为了增加职工收入，决定发展职工双层经济，每个职工内包 20 亩土地种植水果，从 2000 年开始收益，目前每年水果产业总收入约 300 万元。

林场 2015 年总收入 1154.46 万元，其中木材收入 180.82 万元，林地出租收入 35.85 万元，政府资金拨款投入 600.28 万元，其他收入 337.51 万元。2014 年全年总支出 1407.92 万元。全场资产总额 569.49 万元，流动资产 239.04 万元。

（5）基础设施

目前场部有办公室 1 幢，职工住宿楼 1 幢，水、电、网络全覆盖，办公条件十分方便。职工住房自 2013 年实施危旧房改造项目后，职工已经告别危旧砖瓦房，全部住上混凝土混合结构房屋，职工住房面积5985平方米，职工人均住房30平方米。

林场现有林区道路37.674千米，绝大部分林区已实现汽车直达，9个工区中，还有一个工区需要打井、建水塔，其余各工区水电网通讯网络全覆盖。

（6）自然灾害

吴川林场地理位置属于海淀城市，林区靠近南海边，每年均受到1~2次大型台风袭击。严重的有1996年9月9日超强台风“莎莉”，造成全场林木经济损失达1500万元以上；2015年10月4日强台风“彩虹”，造成直接经济损失达1100多万元以上。林场没有发生过泥石流灾害。

林场林木病虫害每年均有少量发生，对造成林木损失很少。外来入侵生物要害较严重的是薇甘菊，有70%林地林木受害。

（7）山林权属

吴川林场前身为塘缀、黄坡、覃巴3个林场。1981年经吴川县人民政府颁发第一代吴川县林权证，明确国营吴川林场的林地林木权属。2004年经湛江市人民政府确权颁发第二代林权证。

林场林地分散，周边农村多，林界很多与农村林地相连。因此，与农村的纠纷较多。特别近几年来，林场与农村官司诉讼案多，给林场林地管理带来极大困难。

（8）林场大事记

1955年，成立“鉴江平原水土保持区吴川分站”。

1957年，撤销站，成立覃巴、五和、龙头3个林业站。

1960年，把3个林业站撤销，成立国营黄坡林场，场部设在海关楼。国营覃巴林场，场部设在石山。

1962年，将塘缀供销社曲江牛场改为“国营塘缀林场”，场部设在曲江。

1962年，3个林场与林地所属的公社、大队签订合约书。

1964年，将覃巴、黄坡、塘缀3个林场合并为“国营塘缀林场”。

1966年，将“国营塘缀林场”改名为“国营吴川林场”，部设在实业岭工区。

1979年，将“国营吴川林场”改为县科（局）级机构，由吴川县组织部管理。

1982年9月，吴川县人民政府对吴川林场林地确权并颁发第一代林权证。

1984年3月，将吴川林场场部从板桥实业岭工区迁往中山海关楼工区。

1987年，经湛江市编制委员会核定，国营吴川林场为湛江市林业局直属科级事业单位，实行企业管理。

1992年8月，开办林场松香厂，后因资源制缺乏，于2002年停产。

1993年9月17日，国营吴川林场将场部从中山海关楼乔迁到吴川市中心城区梅录街道办公。

1994年6月，开办林场高岭土厂，后因产品质量及销路于1996年停产。

1994年11月，开办石场，因管理不善于1998年转包。

1996年发展职工双层经济，每个职工内包20亩土地种植水果，坚持至今。

1996年9月9日，遭受超强台风袭击。

2004年11月，湛江市人民政府对吴川林场林地再次确权颁发第二代林权证。

2013年，利用省财政资金对吴川林场各工区危旧房屋进行维修改造，使全场各工区告别危旧砖瓦房，住上混凝土混合结构房屋。

2015年10月4日，遭受超强台风袭击。

3.1.3 防护林场

（1）基本情况

防护林场建场于1960年，办场的宗旨是防风固沙，保持水土；业务范围是以经营生态公益林为主，以造林、育林和保护生态为重点，以改善地方生态环境为目标。

防护林场位于大陆最南端的广东省湛江市徐闻县东南沿海沙滩，北起陈公港，南至北腊港，跨前山和下洋两个镇，同时肩负罗斗沙岛6000亩土地的生态建设和生态保护，陆地林带全长约25千米。整个林地沿沙岸呈带状分布，带宽随沙滩宽度而变，土地以台地为主，少部分为低丘陵。土地以台地为主，少部分为低丘陵，林地为沙质土壤，特性是干旱、贫瘠，适宜种植的树种不多。

林场现有职工111人，其中在职职工44人，退休职工60人，长期聘用（签订固定期限合同）7人，另外有政策性补助离退休人员遗属2人。林场由于主要是经营生态公益林为主，加上林地土壤是沙质地，发展林下经济和第三产业受到限制，所以场的资金来源非常困难，经济状况比较差。到2015年年底，国营防护林场资产总额4327.9万元，其中固定资产906.37万元，欠发工资累计153.91万元。林场职工人均年收入2.52万元，其中在职职工人均年收入2.4万元，退休职工人均年收入2.6万元。

（2）体制变革

防护林场建场于1960年，由广东省林业厅创办，建场时名称是“徐闻县国营沿海防护林场”。1965年易名为“国营防护林场”。1968年易名为“国营徐闻县防护林场革命领导小组”。1973年易名为“国营广东省防护林场”。1983年以前一直是省属国营林场。1984年机构改革划为市属国营林场，由湛江市林业局分管，同年易名为“国营防护林场”。1987年，湛江市编委把国营防护林场定级为市属科级事业单位，实行企业管理制。

国营防护林场办场的宗旨是防风固沙，保持水土；业务范围是以经营生态公益林为主，以造林、育林和保护生态为重点，以改善地方生态环境为目标。

（3）森林资源

国营防护林场建场时设计规模是总面积50000亩，其中林业用地33000亩，非林地17000亩。由于国营防护林场是纯人工林场，受人力、经费和当时的历史背景等原因影响，至今没有实现当初的设计规划。现有林地资源17454亩，其中非林地443.5亩。

1960年建场时，仅有木麻黄幼林3000亩，到2013年已发展到防护林带长达25千米，森林蓄积量19876立方米，森林覆盖率达47.3%。2014年，接连遭到超强台风“威马逊”和“海鸥”的袭击，加上木麻黄青枯病的全面暴发，林木资源损毁贻尽，森林蓄积量仅2431立方米，森林覆盖率仅5.8%。

（4）经济发展

政府投资项目主要是造林项目、危房改造项目、饮水工程项目和其他的政府扶持项目。国营防护林场主要经营生态公益林，在木材收入方面收入较少，年平均收入几十万元左右。由于受地理和自然条件以及政策性条件限制，发展第三产业的难度比较大，林场至今都有没有开发成功的第三产业项目。

（5）基础设施

建场时，林场的办公地点设在山海工区，办公条件非常差，只有几间茅棚。2008年，新办楼在徐闻县县城建成，同年场部搬迁至县城办公，新办公楼总建筑面积1050平方米。建场时，职工住房是非常简陋的茅棚，遇台风暴雨几乎无处躲避，职工居住条件非常差。林场从2007年开始进行危房改造，全场所有瓦房全部拆除重建，到2012年危房改造工程结束，全场共建职工宿舍楼2550平方米。

林场共有林业公路30多千米，其中水泥路10千米，通往各工区都有水泥路，通向林区的路尚未全面硬底化，对日常护林工作和生产工作有一定的影响。

（6）自然灾害

林场地处沿海，遭到台风、暴雨的危害比较频繁，几乎每年都有。在2014年中，林场遭到两次超强台风“威马逊”和“海鸥”的袭击，林木损失惨重，同年，木麻黄青枯病全面暴发，林木全面干枯死亡。

（7）山林权属

防护林场土地在1960年前是荒野的沙滩和沙丘，经林场人在非常艰苦的条件下开垦出来造林。徐闻县委县委、县人民政府于1984年11月12日组织工作组，进驻国营防护林场和地方，组织代表进行了实地考察，经过一个多月的调查研究，对国营防护林场林地林木进行了确权，于1985年4月开始给林场发放《徐闻县林权证》，发证林地林木面积共16427.8亩。

随着社会的发展，地方人口的不断增多，地方建房和生产的不断扩大发展，地方土地开发愈来愈接近林地。由于国营防护林场林地毗邻30多个村庄，林地与农村土地接触面较宽较长，加上地方农民对保护森林资源意识的淡薄和对我国《森林法》不了解，村民破坏林木、侵占林地建房和墓葬的现象时有发生，在森林派出所的有力打击下得到有效的遏制。

（8）林场大事记

1960年1月，国营防护林场成立，名为“徐闻县国营沿海防护林场”。

1965年，林场易名为“国营防护林场”。

1973年，林场易名为“国营广东省防护林场”。

1984年，林场由省属国营林场变革为市属国营林场，易名为“国营防护林场”。

1987年，林场由市编委定级为市属科级事业单位，实行企业管理。

1990年11月，前山镇邓宅村侵占林场林地案终审结束，林场胜诉，成功保住林地。

1994年，省林区厅将林场确定为贫困林场。

1995年，林场职工杨德汉获得“全国优秀护林员”称号。

2006年，完成林区公路山海工区至孙田村至双沟村路口硬底化水泥路建设。

2007年，危房改造工程启动，山海工区危房全面拆除重建。

2008年，总建筑面积1050平方米的办公楼在县城建成，同年场部由山海工区搬迁至县城办公。

2009年，盐井工区危房全面拆除重建，完成县城办公楼后职工住宅小区的规划的基础设施建设。林场党支部被中共徐闻县委员会评为“先进基层党组织”；林场被湛江市林业局评为“先进单位”；获得“2009年湛江市直国有林场生产评比第一名”。

2010年，党支部书记兼职场长蔡崖获得“湛江市先进劳动模范”称号；林场被中共湛江市委员会和湛江市人民政府评为“文明单位”；党支部被中共湛江市林业局党组评为“先进党支部”。

2014 年（从 2006 年开始），完成更新改造沿海防护林 13000 亩。山海工区建成高 20 米，容量 50 吨的水塔一座，钻 200 多米深水井一口。遭到两次超强台风“威马逊”和“海鸥”的袭击，林地木麻黄青枯病全面暴发，林木遭到毁灭性打击，几乎全部干死亡。

3.1.4　樟树林场

（1）基本情况

1962 年 5 月，为了管好岭北、建新和城月一带的樟树及继续有计划地发展樟树生产，遂溪县建立了遂溪县樟树林场，场址靠近岭北圩。建场时干部职工 11 人，土地面积 1300 亩，其中林地面积 903 亩。林场原有天然樟树约 40000 株，直径 20 厘米以上的有 12000 株，5~10 厘米的 7000 株，直径 5 厘米以下的有 21000 株。

经过多次土地面积变化，目前樟树林场总面积只有 74 亩。林场配备干部 5 名，其中正、副场长各 1 名，出纳 1 名，会计 1 名，统计兼资料员 1 名；下设 3 个生产队。

（2）体制变革

根据广东省财政局、广东省农业局、广东省林业局（78）粤财农字第 135 号文件，“农业三场”和林场、苗圃场等属于事业性质的单位。从 1979 年 1 月 1 日起改为事业管理。

体制变革前（1979 年 1 月 1 日前）实施奖惩制度：凡是能按时完成林场下达的任务，个人增加 5％的工资作为奖励；凡是不能按时完成林场下达的任务，扣个人 5％的工资作为惩罚（如植树造林，种苗培育等由林场定制的任务）。体制变革后取消了该奖惩制度。

目前，樟树林场是遂溪县林业局的下属单位，实行自收自支，企业化管理。

（3）森林资源

樟树林场成立初期经营面积为 1300 亩，1986 年 6 月办理 817.4 亩土地的山林权证，后经过遂溪县人民政府 4 次征收，目前，樟树林场剩余的土地只有 74 亩。

1962—1975 年底，林场先后种下樟树 500 亩、台湾相思 500 亩、杉木 80 亩、木麻黄 300 亩（部分林木被农村人员毁灭需要重种），森林覆盖率 98%。1987 年，根据县人民政府号召，大力发展“二水一牧”，因此淘汰杉木和部分木麻黄，种上柑橙、荔枝等果树达 200 多亩。到 1993 年底，全场只剩 28 亩荔枝，其余土地都种上了甘蔗。

目前樟树林场总面积只有 74 亩。

（4）经济发展

遂溪县人民政府从 1963 年至 1989 年对樟树林场投资总额为 94.4983 万元。樟树林场是以保护樟树和发展樟树资源为主，不以木材生产为目的，无木材收入。

1987 年，根据县人民政府号召，大力发展“二水一牧”，因此淘汰杉木和部分木麻黄，种上柑橙、荔枝等果树达 200 多亩。随着市场经济的发展，为了维持生计，樟树林场不得不逐步淘汰樟树、台湾相思、木麻黄、杉木而改种柑橙、荔枝与甘蔗。从 1987 年开始把土地按等级分成二类，每个职工分配的面积 11~12 亩。到 1993 年底，全场只剩 28 亩荔枝，其余土地都种上了甘蔗。2007 之后经过遂溪县政府 4 次土地征收，林场面积只剩下 74 亩，无其他收入。

（5）基础设施

樟树林场在 1962 年 5 月成立之时，没有专门的办公场所，在西塘大队借一户大屋居住全场 11 人，办公室与居住室是同一个地方。在 1975 年建职工平项房时，预留一间作为办公室。2010 年，实施有林场棚户区改造，在 2012 年完成危旧房改造，预留一套 60 平方米的房屋作为办公室与值班室。

到 1975 年，樟树林场建职工平顶宿舍，每户大约 60 平方米。在 2012 年危旧房改造后得以每户住上 60 平方米的新楼房。建场之时场内所有道路都是黄泥路，直至 2006 年底才修一条 120 米的水泥路，由场部与省道 374 线交接。其余的路都还是黄泥路。

（6）自然灾害

林场处于湛江市西边，每年受台风影响较大。

（7）山林权属

遂溪县人民政府于 1962 年 5 月划拨 1300 亩土地成立遂溪县樟树林场。在 1986 年 6 月办理 817.4 亩土地的山林权证。2007 年，县人民政府在岭北建工业园，征收樟树林场土地 107.12 亩，2008 年征收 386.747 亩，2010 年征收 303.337 亩，2013 年征收 15.962 亩。目前，樟树林场剩余的土地只有 74 亩。

（8）林场大事记

1962 年 5 月，建立遂溪县樟树林场。

1979 年 1 月 1 日，林场改由事业管理。

1986 年 6 月，林场办理 817.4 亩土地的山林权证。

2007 年，县人民政府在岭北建工业园，征收樟树林场土地 107.12 亩；2008 年征收 386.747 亩，2010 年征收 303.337 亩，2013 年征收 15.962 亩。

3.1.5 廉江市苗圃场

（1）基本情况

廉江市苗圃场成立于 1932 年 3 月，现场部地处廉江市南面，距廉江市中心区 8 千米，地理坐标为北纬 21° 37′ 22″，东经 110° 17′ 13″。

林场现在用地面积 1800 亩，其中林业用地 1520 亩，非林地用地 280 亩。林场已出租了 1419 亩给承包者种植荔枝，按树林地 201 亩，绿花树 180 木林地亩。现有在职职工 16 人，退休职工 8 人。

（2）体制变革

1932 年 3 月，当时的县政府创办廉江县苗圃场。1936 年，廉江苗圃场改名廉江县立第一苗圃场。

牌坊苗圃场前身为原县药材公司药场，1960 年移交给县林业局办苗圃，1962 年划为廉江苗圃场管辖。1968 年，机关单位大部分干部下放到“五七”干校劳动，廉江苗圃场移交给县示范农场管理经营。1973 年 3 月廉江苗圃与县示范场分开，恢复原廉江市苗圃场，归属县林业局管理。1975 年秋，“廉江苗圃场”改名为“鹤岭林场”。1986 年 6 月，“长岭苗圃场”与“鹤岭林场”合并，统称“廉江县苗圃场”，划归廉江县林业局管理。

1992 年，经廉江市人事局核准林场登记为事业单位事业法人，明确廉江市苗圃场的主要职责：负责组织实施廉江市苗圃场的植树造林、森林资源保护、生态公益林的保护和林地管理工作。1995 年廉江县升格为廉江市，廉江市苗圃场收归廉江市林业局管理至现在。

（3）森林资源

在 1987 年底，苗圃场实有土地总面积为 4560 亩。1988—2000 年，林地遭周边村庄侵占 479 亩。1992—2005 年，廉江市九洲江经济开发试验区管委会征用林地 1671 亩。2005—2014 年，廉江市国土资源局征用林场 610 亩。现在林场剩下 1800 亩林地，已出租了 1419 亩给承包者种植荔枝，按树林地 201 亩，绿花树木林地 180 亩。

林场内现有野生哺乳动物中华竹鼠、鼬獾、黄腹鼬、黄鼠狼、隐纹花松鼠等，许多濒临灭绝的物种，如花面狐狸、豹猫等。

（4）经济发展

1987 年底，林场实有土地部面积为 4560 亩，其中鹤岭林场（含吉水林队）4260 亩，长岭苗圃场 300 亩。有林面积 4000 余亩，总蓄积量近 5000 立方米，每年培育苗木花木均达 30 万株（盘）以上。

21 世纪初开始，林场大部分林地承包给承包者种植荔枝等果树，只剩下 300 多亩林地种上桉树及 280 亩苗木基地。虽然林场林地出租种果树和非林地开发利用的收入解决了一些经费，但是由于无财政拔款，职工工资和管理经费仍存在一定的困难。近年来主要依靠政府项目征地的土地补偿费来弥补经费不足。

（5）基础设施

1964 年，林场建有砖木结构的房子 500 多平方米，部分用于办公，部分做职工集体宿舍。2007 年搬迁到廉江市林业局大院后面一楼办公。

场部距离廉江市区中心 9 千米，通过石城镇荔枝坑乡道与省道遂 6 线连接，荔枝坑乡路原本是黄泥路，出行不便。2008 年场部与荔枝坑乡道完成硬底化改造，解决了出行问题。

（6）自然灾害

林场地处粤西地区沿海地带，或多或少都会受到台风的影响。

（7）山林权属

廉江市苗圃场的林地来源于牌坊苗圃场前身为原县药材公司药场，1960 年移交给县林业局为苗圃场。2005 年已颁发林权证，全部为国有土地。2005—2014 年期间，廉江市国土资源局征用 610 亩土地，现在林场剩下 1800 亩林地。

（8）林场大事记

1932 年 3 月，始办廉江县立苗圃场，面积 15.1 亩。

1936 年，“廉江市苗圃场”改名为“廉江县立第一苗圃场”，面积扩至 36 亩。

1966—1968 年，大部分干部下放到“五七”干校劳动，廉江苗圃场移交给县示范农场管理经营。

1973年3月，廉江苗圃与县示范场分开，恢复原廉江市苗圃场，归属县林业局管理。

1975年秋，“廉江苗圃场”改名为“鹤岭林场”。

1977年4月，经县委决定，将“鹤岭林场廉江苗圃场”无偿移交给县人民医院。

1985年3月，在全国体制改革形势影响下，长岭苗圃场承包给社会青年洪廷华经营。

1986年6月，苗圃场收归长岭苗圃场，同时又与鹤岭林场合并，统称廉江县苗圃场。

2011年，苗圃场危旧房改造工程第一期翻新加固，投入资金48.3万元。

3.2 茂名市国有林场

(1)基本情况

茂名市国有林场组建于20世纪50~60年代，现有国有林场14个。其中，市属国有林场12个，县属林场2个。目前全市14个国有林场核定事业编制人数620人，其中市属12个国有林场核定事业编制人数433人，隶属茂名市林业局管理；县属2个国有林场核定事业编制人数187人，隶属化州市林业局管理。国有林场经营总面积44.89万亩，其中市属国有林场经营总面积42.33万亩，县属林场经营总面积2.56万亩。

表3-2 茂名市国有林场

权属	单位名称	建场时间(年)	隶属单位
市属	国营大雾岭林场	1956	茂名市林业局
	国营八一林场	1958	茂名市林业局
	国营厚元林场	1958	茂名市林业局
	国营新田林场	1960	茂名市林业局
	国营东镇林场	1960	茂名市林业局
	国营荷塘林场	1958	茂名市林业局
	国营文楼林场	1958	茂名市林业局
	国营平定林场	1958	茂名市林业局
	国营播扬林场	1958	茂名市林业局
	国营丽岗林场	1958	茂名市林业局
	茂名市国营河尾山林场	1958	茂名市林业局
	国营电白林场	1959	茂名市林业局
县属	国营化州市六王林场	1958	化州市林业局
	国营化州市大番坡林场	1956	化州市林业局

（2）发展历程

半个多世纪前，由于生产建设需要大量木材，林场的主要任务是营林，生产木材为国家经济建设作贡献。

1979年，茂名市辖4个县有广东省管辖的国营林场11个，湛江地区管辖的国营林场1个（河尾山林场）。其中，信宜县有大雾岭、八一、厚元、东镇4个林场；高州县有新田、荷塘2个林场；化州县有播扬、文楼、平定、丽岗4个林场；电白县有电白、河尾山2个林场。这些林场组建于20世纪50~60年代。大雾岭等11个省管林场建场总面积5.04万公顷，建场初期的主要任务是造林绿化；原湛江地区管辖的河尾山林场是森工采伐场，以采伐林木提供社会用材为主要目的，同时进行迹地更新。1980年，林场宜林荒山基本绿化，以用材林为主，主要用材树种有马尾松、杉、隆缘桉、柠檬桉，部分林场引种加勒比松、湿地松。经济林主要是油茶，八角、橡胶、蒲葵和有少量胡椒种植。

1982年，国营林场在当地县人民政府的组织下，开展林业“三定”工作，由县人民政府核发山林权证书，稳定国有林山林权属。在林业“三定”工作中，国营林场原经营的土地有部分划回给农村集体。1982年，国营八一林场、国营大雾岭林场、国营厚元林场、国营新田林场、国营荷塘林场、国营文楼林场、国营播扬林场、茂名市国营河尾山8个林场成立了林场派出所，对林场的治安稳定和森林资源保护起到了积极作用。1984年5月，林业“三定”工作结束，县人民政府核发11个省管林场山林权证书的林地总面积2.57万公顷。

1984年7月，广东省人民政府批转省林业厅《关于省办国营林场管理体制改革的意见》，把省管的11个国营林场下放给茂名市管理。同年，广东省林业厅作出《关于划分管理的批复》，把原属湛江地区管辖的河尾山林场一分为二，电白境内的2191公顷划归茂名市，取名为“茂名市国营河尾山林场”。是年10月，茂名市成立国营林场经营公司，隶属市林业局，管理大雾岭等11个国营林场，国营河尾山林场则作为森工企业由茂名市林业局直接管理。

1985年，国家取消南方集体林区木材的统购统配，实行议购议销。管理实行一家（林业行政部门）收购，多家经营。森林采伐实行“凭证限额采伐，管理一本帐，审批一支笔”制度。国营林场也在这政策框架内进行木材产销作业。木材市场放开初期，按省规定，国营林场还需提供少量牌价木材由省统一调配。此时，国营林场大部分林木进入主伐期，为了搞活木材销售，林场纷纷成立林工商公司。同时，国营林场加快林区公路建设。此后几年，林场经营活跃，木材远销各地。迹地更新采用挖大穴，育优质壮苗造林，山区林场如新田、八一等营造杉木速生丰产用材林；丘陵场如东镇、荷塘、丽岗等大力发展橡胶林，电白林场发展荔枝等。期间，大部分林场发展第二、第三产业，文楼、荷塘、播扬、平定、电白、河尾山等林场共办起6间松香厂，年生产松香1600吨。兴建17座小力电站，装机容量共4004千瓦。建成1个供气站和5个砖厂、金刚石厂等企业。有的林场还开办酒楼、山庄或者承接建筑工程。但这些第二、第三产业由于受资源、技术不足或人才缺乏、管理不善等因素影响，部分坚持不了几年相继倒闭、停产。大雾岭、厚元、新田、河尾山4个林场的水力发电站一直以来经营收益比较好。第二、第三产业的倒闭、停产是部分林场走向困难的重要原因之一。

1988年，市属12个国营林场共有职工1900人，经营面积2.82万公顷，林木蓄积量94.67万立方米，经济林面积762公顷，初步形成杉树速生丰产用材林基地3300公顷、国外松松脂生产基地3300公顷、橡胶基地567公顷、荔枝基地67公顷。是年，市属国营林场总收入1369.13万元，总支出1556.98万元。

1988年，荷塘林场派出所成立。1989年，丽岗、平定两林场派出所成立。至此，除东镇林场外，其他11个市属林场都成立了林场派出所。是年底，茂名市国营林场经营公司召开林场场长会议，提出给林场职工划定责任山经营的建议。会后，部分林场开始实施，标志着国营林场经营机制开始改革。1992年，为了搞活林场经济，双重经营机制在全市市属国营林场全面铺开，做法是面向职工，以自愿为原则，林场给每位职工承包40~50亩山地，并提供经营启动资金和3~5年的生活费扶持等优惠政策，由职工自主经营，职工向林场上缴少量的土地使用租金或产品，林场不再为这些职工安排工作（干部可不离岗承包）。当时，部分职工承包山地，开始了自主经营。双重经营机制的推行，使林场节约了迹地更新费用的投入（由承包者个人负责），也节约了工资开支（职工离岗承包不用发放工资），为因木材市场价格下降造成经济步入困境的林场注入新的活力。同时，双重经营机制为充分发挥职工的创造力和调动职工勤劳致富的积极性起到了重大的推动作用。双重经营机制实施后，国营林场种果树热潮迅速掀起，以荷塘、电白两林场为龙头，带动东镇、丽岗、文楼、平定等林场大面积种植荔枝、龙眼等经济林，至1996年，全市12个国营林场荔枝、龙眼林发展到1413公顷。林场职工种植荔枝、龙眼的经济效益显著，年收入50000元以上的职工有10多人，最高的单户职工年收入达30万元以上，带动了林场周边荔枝、龙眼的发展。湛江、阳江、肇庆等市组织林场领导到茂名市国营林场参观学习。山区林场如新田、八一、厚元等林场职工也因地制宜地发展黄榄、八角等。

1997年下半年，林场改革进一步深化，开始推行“三项制度”改革，即对林场人事、用工、分配制度进行改革。人事上实行中层以下的领导和管理岗位人员实行聘任制，聘任岗位人选打破干部和工人的界限，职工实行全员合同制；用工上增加一线生产人员的比例，压缩场部机关管理人员，进一步明确和落实机关管理人员岗位编制；

分配上完全实施企业分配模式，且与林场的效益挂钩，管理人员实行基本工资加效益工资制，生产工人实行额值工资制，按完成劳动定额数量计算报酬。改革体现了按劳取酬的分配原则，发挥了职工的积极性，初步实现了林场收益与工资的动态联系，场部机关人浮于事的现象也得到了一定程度的改善。

2001 年 7 月，根据茂名市机构编制委员会《茂名市市级党政机构改革方案实施意见》（茂机编〔2001〕20 号）规定：林场不实行两级管理体制，林场经营公司的行政管理职能划归林业局，公司改为企业经济实体。7 月 26 日起，市属国营林场归由市林业局直接管理。为加强市属林场的管理，2002 年 11 月，市林业局制订并印发了《关于加强国有林场管理的规定》（茂林〔2002〕62 号）。在市林业局接管后的几年，经过调查研究，根据每场的实际情况，实施一场一策的发展新路子，并通过加强管理，调整结构等措施不断实践和摸索，取得了一定的经验。每一林场根据自身的地理位置、立地条件不同的具体情况，实事求是地寻求发展的新路子。做到宜林则林，宜电则电，以经营好用材林、经济林、小水电为主，既做到了保护生态，又发展了经济，实现了双赢。如河尾山林场位于茂名市东部，是电白县罗坑水库的水源林区，以保护生态为主，适宜发展小水电的具体情况，建立 3 个小水电站，年发电量 200 万千瓦。位于东北的新田林场山岭比较高，雨量足，雾气重，适宜发展松、杉树和小水电。电白、荷塘、丽岗、平定、文楼林场，地处丘陵台地，山岭不高，立地条件好，适宜发展经济林速生丰产林。桉树是茂名市较为适合种植的速生适生树种，具有生长快、采伐龄短、产量大、效益高的特点。同时这些场从各自的实际情况出发，大力发展荔枝、龙眼等经济林，此外还大力发展职工个人的家庭自营经济，拓宽林场干部职工的致富门路，通过完善双层经营机制，调动职工积极性，形成"国营、集体、股份、自营"多种经济成分的"四个轮子"一齐转的经营机制。

2009 年 4 月，开始调查核实国有林场棚户区和危房改造对象，将国有林场棚户区和危房改造作为关注民生，改善民生，落实科学发展，扩大内需，搞活经济的大事抓紧做好。6 月，进行编制国有林场危房改造计划。

2011 年，国营文楼林场作为国有林场危旧房改造的试点单位，场部从三步水搬迁至文楼圩镇。2012 年，为规范和加快国有林场危旧房改造工作步伐，茂名市林业局制订《茂名市国有林场危旧房改造项目工作流程》，确保危旧房改造工作的顺利开展。2014 年，国营八一林场场部从双垌搬迁至思贺圩镇；是年，全市国有林场危旧房改造总任务 1551 户基本完成。

2012 年 12 月 11 日，茂名市机构编制委员会根据《中共广东省委、广东省人民政府关于印发〈广东省事业单位分类改革的意见〉的通知》（粤发〔2010〕6 号）精神，制订印发了《茂名市林业局所属事业单位分类改革方案》（茂机编办〔2012〕135 号），将全市12个市属国有林场原有编制1359人，重新核定为事业编制总人数为433人。

2015年是“十二五”规划完成总结之年，“十二五”期间，茂名市国有林场生态公益林面积逐步扩大，由“十一五”期末的22.42万亩增加到目前的26.18万亩，生态公益林比率从49.94%增加至58.32%。积极实施防护林、碳汇林等生态建设工程，“十二五”期间茂名市国有林场完成人工造林、迹地更新及低效林改造13.47万亩（其中人工造林1.1万亩、迹地更新6.98万亩、低效林改造5.39万亩），完成中幼林抚育23.65万亩。“十二五”期间，茂名市的文楼林场和八一林场的场部都从偏远的山沟搬迁到当地的乡（镇），彻底改变了林场办公、职工居住条件。林区公路建设不断加强，期间共完成林业公路硬底化改造52.2千米，组织补录林业公路15千米，建立林业公路常养线数据库，统计报省建立常养线基本数据库的有8个单位62条线路197.961千米，建立常养线动态数据库的有4个单位16条线路48.008千米，养护线路基本做到全年全线畅通。“十二五”期间，争取上级项目资金支持770.4万元，全面完成了茂名市国有林场饮水安全工程，受益人数达9636人。经过努力，茂名市国有林场危旧房改造总任务1551户已基本完成（除大番坡林场64户正在建设外），大大改善了林场职工的居住条件。“十二五”期间广东省拨付茂名市国有林场大中型水库移民后期扶持资金共计135.24万元，全部及时拨付移民户或项目单位；在新田林场场部修建水库移民文化站。规范了财务管理，市属国有林场财务管理全部实现电算化。安全生产检查实现常态化，每年6~9月，组织开展安全生产大检查，对检查中发现的问题，及时进行整改，消除安全隐患，确保人员和财产的安全。从2014年开始，按照上级的要求，对全市各国有林场开展了深入细致的基本情况调查，2015年底，根据中共中央、国务院关于印发《国有林场改革方案》和《国有林区改革指导意见》的通知（中发〔2015〕6号）及中共广东省委、省人民政府关于印发《国有林场改革实施方案》的通知（粤发〔2015〕9号）精神，结合市属国有林场实际，初步制定了《茂名市属国有林场改革实施方案（初稿）》。

3.2.1 大雾岭林场

（1）基本情况

为响应伟大领袖毛主席“绿化祖国”的伟大号召，进一步发展国家用材林基地，满足国家建设需要，向国家提供松、杉建筑用材，坑木及渔业用材，1955年，信宜县委决定在位于白石区管辖的大雾岭秃山上办林场。

大雾岭林场位于茂名市北部，地跨信宜、高州两市（县），地理坐标为东经

111° 8′~11115′，北纬 22° 14′~22° 17′，与信宜市的大成、钱排和高州市的深镇、马贵、古丁 5 个镇相邻。大雾岭地处亚热带南端、北回归线附近，属南亚热带温暖湿润气候。境内海拔差异较大，绝大部分林地都在海拔 1000~1500 米之间。大雾岭是鉴江、黄华江的主要发源地。

大雾岭的基岩以花岗岩、片麻岩为主。土壤种类主要是山地黄壤及部分高山草甸土。植被类型主要有次生阔叶林、柳杉、竹林、灌丛和草甸等。林场总经营面积 53821.5 亩，境内有 16005 亩天然次生阔叶林保存完好。

（2）体制变革

建场至今，林场定位为事业单位企业管理。

1956 年 2 月创建信宜国营大雾岭林场，全民所有，由信宜县林业局直管。1958 年改为国营大雾岭林场，隶属关系转为省属粤西行署管。1964 年更名为国营信宜林场。1972 年改为国营广东省大雾岭林场，省属湛江地区管。1978 年初，经信宜县委批准，将河尾队从大成公社塘坳大队管理移交林场带队管理。1983 年又改为“国营大雾岭林场”，转为市属，茂名市林场经营公司管理。2000 年归属茂名市林业局管理。

（3）森林资源

表 3-3　1975—2004 年 6 次森林资源调查数据　（单位：亩、立方米）

调查时间	总面积	有林面积	总蓄积量	杉		柳杉		马尾松		阔叶树		毛竹
				面积	蓄积量	面积	蓄积量	面积	蓄积量	面积	蓄积量	面积
1962	71156	33170		17000				13400		2570		
1975	52206	17384	75215	11242	50049			1326	3264	4816	21902	
1982	51234	18634	99494	7490	35116			1585	13327	9559	51051	
1987	51260	25332	68554	2746	8011	4905		1309	4920	16260	55578	
1991	51589	36926	88084	2817	4723	7896	4402	1235	2508	23772	75605	
1996	53005	37672	146728	2358	2316	6603	31959	1612	837	27009	111692	380
2004	53822	48875	449417	8978	113658			50	526	38400	389100	618

说明：（1）1975 年调查总面积比 1962 年少 18950 亩，原因是部分林地划回给群众。松、杉总面积 12568 亩，比原来面积 30400 亩少了 17832 亩，原因是不成林的；（2）1996 年总面积含河尾队的 1752 亩；阔叶林面积 27009 亩（含针叶混交林 2223 亩，针阔混 646 亩）。

1975—2004 年 6 次森林资源数据表明，在 1975 年第一资源调查时，面积有 52206 亩，蓄积量为 17384 立方米；2004 年第六次调查时，面积增加到 53822 亩，蓄积量增加到449417立方米。

(4)经济发展

1963—1972年，大造林结束，转入抚育管理阶段，虽是全民所有制经济，但国家每年定额投资，数量不限，不足部分要自筹解决，实行半自供自给制。1963年，林场在东塘工区、耀根垌工区种下广宁竹39亩；1964年，林场在直属、单竹、东风、东塘等二区引种玉桂40亩；1966年，林场在下坪河单充2区引种八角30多亩；1972年，在东镇林场的大力支持下，林场成立农业组在东镇种水稻、种花生、种小麦；1988年冬，林场田七12亩，移植田七15亩；1989年又扩种43亩；1992年，林场与信宜县经济服务总公司联办金刚石厂。

在林场多种经营项目，只有发展毛竹生产，搞小水电、种花卉这3种，发挥了巨大的经济效益。1996年森林资源调查统计，毛竹380亩，山上有毛竹21万多株。1979年夏，林场开始修建小型水电站。1990年，林场4个电站年发电300多万度，全部输入电网，成为商品电，年经济收入居总收入的一半以上。1985—1999年，小水电总收入788.11万元，为林场解困发挥了一定的作用。林场出租林地当作花卉生产基地，花场租金，2013年收入83842.60元；2014年收入83842.60元；2015年收入83842.60元，3年共收入251527.80元。

2015年止，林场总收5957.18万元，其中木材收入1145.61万元，毛竹收入22.43万元，小水电收入1594.61万元，其它收入845.27万元，政府拨入林场款2454.56万元。总支出5603.68万元。

(5)基础设施

1995—1997年建成自然保护区综合大楼和收票站门楼，面积1600平方米，投资107.81万元。2001年在原林场旧场部（直属工区）兴建建设筑面积为817.06平方米的宣教中心和500平方米的2层办公楼1幢，2002年竣工使用。4个电站皆建有厂房和职工住宅，总计有2000平方米。

林场内有公路21.6千米，其中从场部至大田顶的11.6千米是1973年732电视台投资工程款，林场出土地，1974年开通投入使用。林场场部至石坪的8.6千米公路，至东塘的6千米公路路况很差。

(6)自然灾害

林场在1991年7月24日遭遇特大暴雨，上坪河电站压力管、机房、机组均受破坏，一员工死亡，损失 79.2 万元。2010 年 9 月 21 日大暴雨，损失 300 万元。2005 年 3 月 4 日和 2016 年 1 月 24 日 2 次受到严重的冰雪灾害。

危害林场的虫害主要有双条杉天牛、卷叶螟、大竹象虫和角肩春象等。

（7）山林权属

大雾岭林场土地最初依据为 1963 年 5 月 9 日“广东省湛江专区信宜县国营大雾岭林场设计任务书”。1982 年 6 月，由信宜县人民政府发给林场在信宜县内版图的山林权证。1982 年 8 月，由高州县人民政府发给林场在高州县内版图的山林权证。2015 年 12 月 2 日，根据政策有关规定，广东云开山省级自然保护区管理处、国营大雾岭林场联名请求高州林业局和信宜林业局将在 2003 年换发林权证中已核发给广东大雾岭省级然保护区的林权证变更发证给国营大雾岭林场。

高州市人民政府 2015 年 12 月 21 日给林场发证 5 本，5 宗地，面积 32374 亩；信宜市人民政府 2015 年 12 月 8 日给林场发证 5 本，8 宗地，面积 19056.5 亩，共发证面积 51430.5 亩，比资源数据林地总面积 52070 亩少 639.5 亩，误差 1.2% 。林场辖区内的林地林木已全部确权发证给林场。

（8）林场大事记

1956 年 2 月 8 日，“信宜县国营信宜大雾岭林场”正式挂牌。

1980 年，信宜县劳动局安排对越自卫反击战中的老战士何坤朝等 12 名到林场工作。

1982 年，增设大雾岭林场派出所，编制 5 人。

1984 年，干部、工人的档案转到茂名市国营林场经管公司，属公司直系管理。

2000 年，撤销“茂名市国营林场经营公司”，国营林场归茂名市林业局管。

3.2.2 八一林场

（1）基本情况

八一林场成立于 1958 年，隶属茂名市林业局，正科级单位，经费为自筹。其职能为保护、经营森林资源，使得森林资源可持续发展，造福社会，经过 50 多年来的发展，森林植被正逐渐恢复，生态效益和社会效益也逐渐体现。

八一林场位于茂名市东北部，地跨信宜市的思贺、新宝两镇，林场经营总面积 3.7 万亩，有林面积 3.6 万亩，其中省级生态公益林 2.4 万亩，市级生态公益林 1440 亩，商品林 1.08 万亩，全场现有活立木蓄积量 10.0382 万立方米(其中商品林蓄积量 3.4511 万立方米)。现有在册职工 24 人，在职 24 人，离退休 179 人。其中，管理人员 13 人，配备领导职数 3 名，分别为正场长 1 名，副场长 2 名。设管理机构为生产股、人秘股、财供股 3 个。

（2）体制变革

2009 年，以八一林场为主体，整合周边群众生态林地拟建茂名林洲顶鳄蜥省级自然保护区，后经省人民政府批复成立。林场领导班子以成立自然保护区为立足点，确立林场以生态建设为中心，同时兼顾林业产业化经营的发展模式。

现在，林场实行“双重”经营机制，生产第一线职工在林场有生产任务时做好本职工作，林场无生产时做好自己承包林地。林场多次调整承包林地条款，使生产一线职工利用业余时间经营好自己的承包林地，增加收入，减轻林场经济压力。

（3）森林资源

林场经营总面积 37000 亩，有林面积 36500 亩，其中生态公益林面积 25000 亩，商品林面积 11500 万亩；现有活立木蓄积量 10.04 万立方米，其中商品林蓄积量 35000 立方米。

林区生物资源丰富，目前已知区内分布有野生维管束植物 1156 种，其中国家重点保护植物有桫椤、水蕨、紫荆木等 7 种。有昆虫资源 12 目 71 科 208 种。野生脊椎动物有 27 目 85 科 225 种，其中列为国家重点保护的野生动物 20 种，含国家一级保护动物鳄蜥、巨蜥、蟒蛇、云豹。

（4）经济发展

林场实行“双重”经营机制，职工（含退休）专业承包人数 108 人，承包林地总面积 5500 亩，占林场经营总面积 15%。

2015 年林场财务总收入 131.71 万元，其中第一产业木材收入 33.93 万元，第二产业（八角等）收入 4.18 万元，第三产业（房产等）10.50 万元，其他收入（补贴）83.10 万元。财务总支出 316.48 万元，其中生产支出 118.20 万元，管理费用支出 52.30 万元，社会保险支出 91.68 万元，基础设施建设项目支出 31.90 万元，其他支出 22.40 万元。

（5）基础设施

保护区与林场新建的办公场所已经投入使用，职工集资楼外墙也已经装修完毕，基本的办公设备也落实到位，配套工程正在完善当中。

（6）自然灾害

受2009年强台风“巨爵”和2010年强台风的“凡比亚”的影响，普降特大暴雨，交通、电力、通讯、水源全部中断，场里大部分林木受到损害；珍稀野生动物鳄蜥保护基地被洪水冲毁，184条鳄蜥被洪水冲灭，全场损失达到数百万元。

（7）山林权属

1982年、1986年、2003年林场在有关单位领取有林权证。1990年与当地村委会重新核定土地权属界线核定书。林场的山林权属属于国有，林场于2003年换发林权证，按照以前旧林权证内容进行完善发证。

（8）林场大事记

1993年，国营八一林场成为全国500强林场之一。

2005年7月，茂名市林业局局长曾庆强带领局领导及各科室负责人到鳄蜥自然保护区实地调查。

2007年1月18日，茂名市人民政府批准建立“茂名林洲顶市级自然保护区”（茂府办函〔2007〕6号，〈关于建立茂名林洲顶市级自然保护区的复函〉）。

2008年4月10日，广东省林业局林场总站黄佩娟副站长来保护区检查指导工作。

2008年9月10日，保护区鳄蜥生态园奠基动土。

2008年11月11日，原广东省副省长、老红军范希贤在省人民政府秘书处邓小翔的陪同下到保护区视察。

2009年2月6日，“茂名林洲顶市级自然保护区挂牌”。

2009年2月12日，茂名林洲顶鳄蜥省级自然保护区通过省人民政府专家组审议。

2009年4月13日，广东省人民政府同意“林洲顶鳄蜥自然保护区”晋升为省级自然保护区。

3.2.3 新田林场

（1）基本情况

国营新田林场位于广东省高州市东部偏北，与电白、阳春两县毗邻。地理坐标为东经110° 49.2′~111° 16.5′，北纬20° 49.6′~22° 01.5′，距高州市区60千米，距茂名市区 90 千米。林地跨高州大坡镇、长坡镇、云潭镇，林场大部分林地为高州水库集雨区范围。新田林场地处南亚热带，属南亚热带季风地带，地带性土壤大多为山地赤红壤，母岩为花岗岩。林场 38650 亩林地分布在海拔 1330 米的平云山周围，植被茂密。

林场下设 3 个组织机构，8 个工区，另有一个天然气供气站，两个水电站；现有职工总人数 211 人，其中：在职职工 31 人，离退休职工 172 人，长期聘用 8 人。2014 年总收入 627.8 万元，其中木材收入 381.2 万元；地租收入 35.5 万元，水电收入 13 万元；上级项目拨款 190.9 万元；营业外收入 72000 元。总支出 628.4 万元，其中营林生产 226.8 万元，木材生产成本 59600 元，职工福利费 10 万元，营业外支出 66000 元，管理费用 325.4 万元。

（2）体制变革

林场于 1960 年建立，茂名市林业局直属管理，正科级事业单位，经济实行自收自支。在 1963 年 5 月，经湛江地区行政专署确定并报省人民政府批准，3 场合并，三官顶林场、国营平云山林场、国营新田林场正式归入“国营广东省新田林场”。

新田林场是广东省茂名市林业局直属正科级事业单位，受茂名市林业局管理和监督。茂名市林业局对林场行使规划、协调、监督、管理、指导、服务等职能，下达生产任务和各项经济指标，并对林场实施场长任期目标责任制的情况和领导班子守法经营以及开展民主管理的情况进行监督、考核。林场是公益三类事业单位，经济实现自收自支，以森林资源保护和发展林业经济、保障职工生活为主。

（3）森林资源

林场现有林地面积 2586 公顷，其中林业用地面积 2586 公顷。在林业用地中，有林地面积 2358 公顷，占林业用地 92%；商品林 1066 公顷，蓄积量 57509 立方米；公益生态林 1519 公顷，蓄积量 96850 立方米。全场活立木总蓄积量 15.43 万立方米，森林覆盖率 91.1%。

野生植物中药材有砂仁、益智、巴、田七白术、防党、熟地、金银花、枝子、茯苓、藿香、土沉香和琥珀等。野生动物资源主要有：蟒蛇、金钱龟，野猪、野兔、雉鸡、猫豹、果子狸、黄猄、穿山甲、石蛤、箭猪、鹰、白鹤及各种蛇类等。

（4）经济发展

木材生产：2001—2005 年，总造林面积：杉 1500 亩，松 1080 亩，阔叶林 2650 亩，总出材 20600 立方米，毛收益 1496 万元。2006—2011 年，总造林面积：杉 2500 亩，松 2100 亩，阔叶林 3050 亩，总出材 21500 立方米，毛收益 1520 万元。2014 年，总造林面积：杉 600 亩，松 460 亩，阔叶林 1540 亩，总出材 4680 立方米，毛收益 296 万元。

其他产业：1979 年创办里麻瓷花厂、玻璃厂；1983 年办高州林工商公司；1984 年建成的下垌电站；1992 年建成高州石仔岭液化石油气供应站；2000 年前后 5 年时间，林场先后种植黄榄 3000 多亩和八角 4000 多亩。进行了多次创业，均失败。

林场结合自身实际及优势，将工作重心转移到林种结构调整和发展林下经济上。种植优质珍贵树种 2800 亩并出售苗木，取得可喜经济效益。种植金花茶 300 亩，金线莲 500 亩。大力发展森林旅游业，目前开发建设了平云山旅游区。建成 500 千瓦下垌水电站和 00 千瓦的三合水发电，效益可观。提高了林场经济效益，职工工资收入由 2010 年的 23000 元提高到 2015 年近 50000 元。

2015 年总收入 501 万元，其中木材收入 216 万元，地租收入 21 万元，水电收入 16 万元，营业外收入 3.5 万元，上级项目拨款 244.5 万元。总支出 572.7 万元，其中营林生产支出 337.4 万元，木材成本 19.8 万元，营业外支出 5 万元，管理费用 210.5 万元。

（5）基础设施

按林场工区和物业开发进行统计，现有各类建筑 8200 平方米。8 个工区共计建筑面积 4520，其中危房面积 3800 平方米；场部办公用房面积 1320 平方米，其中危房面积 760 平方米；职工住宅面积 2500 平方米，其中危房面积 1600 平方米。

从 1977 年起，林场开始修建邓新公路禾大平公路，长度分别为 11.8 千米和 16 千米，到目前，均已铺设水泥硬底化。全场林区道路共计 32 千米，全场 8 个工区基本可通汽车，都接上市电，通水。

（6）自然灾害

新田林场位处亚热带季风气候区，常见自然灾害主要有旱灾、水灾、风灾、干热风、冰雹、暴雨、霜冻 7 种，其中台风和暴雨尤为明显。

林场危害林木的害虫主要有松材线虫、松梢斑螟、松梢小卷叶蛾、湿地松粉蚧、杉梢小卷蛾等。

（7）山林权属

山林林权发证情况：已发面积 38935 亩，林场辖区内的林地林木已全部确权发证给林场。林场林地 60% 位于大坡镇，40% 分布在长坡镇、新垌镇、云潭镇。林场与周边地区纠纷少有发生，与周边农村有争议的林地有一宗，争议面积 100 亩。

（8）林场大事记

1959 年，于金芳、罗元利、梁观海、沈仲兴、梁艺等人会同当地大队干部冼超儒、吴声珍、陈祖新、周仕春等分成 2 组，分别在三官顶、小狗、新田划定建场宜林山地，他们在当地政府有关人员的配合下，亲自划定了林场山界、面积，是创建新田林场的开端。

1964 年 4 月 6 日，本场正式纳入国家计划编制，称“国营广东省新田林场”。

1982 年底，投资 88 万元，兴建下垌电站，装机 500 千瓦。

1985 年 5 月 1 日，场部正式通电网。

1986 年夏，由李仕汉、邓培林、彭永其等人主持，由何兆坚编写成《新田林场志》。场志分 12 章，计 70000 多字。

1992 年冬，投资 78 万元，兴建三合水电站，装机容量 300 千瓦。

1993 年冬，筹建高州市燃料化工厂。后投资 300 万元建成液化石油气供应站，于 1994 年 2 月 18 日开业。

1994 年，在高州城南商业街购买占地面积 60 平方米房屋 1 栋，共 5 层，后加建 1 层，为 6 层，总投资 50 多万元。设“高州市新田林场办事处”，并在地面层设供气点。

1995 年，开始黄榄种植，至 1997 年共种植黄榄近 2000 多亩。

2000 年，林场规划小狗、上垌、新田 3 个工区种植八角 3000 多亩。

2004年冬，以何国友为首，兴建平云山旅游区，并向林场提出修路和租地建设意向。

2015 年，林场被评为全国“十佳林场”。

3.2.4 东镇林场

（1）基本情况

林场的前身为国营栗木苗圃场。1959 年 1 月，为加速公路绿化，县委决定沿线 11 个苗圃场合并扩建为跃进林场，改称为“东镇林场”。林场位于 207 国道公路的镇隆至贵子，北与罗定市交界，南与高州接壤，全线 78 千米，纵贯贵子、旺沙、朱沙、池洞、东镇、信城、水口、镇隆等 8 个公社。经营的山地是池洞至镇隆公路两旁望见的第一面山（原有林的林地仍属生产队所有）面积 8700 亩。

至 2016 年 4 月，林场干部职工包括退休人员共有 74 人，职工家属共 128 人。林场经济状况不佳，自林场建立以来，一直属于自收自支事业单位，国家没有给予经费补贴，职工收入低。

（2）体制变革

林场自1960年4月开始，即定为“高州跃进林场”。1961年1月高州县分为高州、信宜两县，林场改为“信宜县国营东镇林场”。1964年改为“国营东镇林场”，1968年改为“国营东镇林场领导小组”；次年成立了革命委员会，改名为“国营东镇革命委员会”。1973年2月18日，广东省粤革〔1973〕14号文把全省百多个林场印章改制，林场全称为“国营广东省东镇林场”，正科级事业单位；以后，林场隶属县林业局领导。1973年2月18日后，行政领导不变，业务及木材调拨湛江地区林业局，由林业局直管。1983年8月又实行市管县，地区分为湛江、茂名两市，林场属茂名市管辖，以后市林业局接管林场。1986年1月1日，林场改称“国营东镇林场”，至今由茂名市林业局直接管理，主管部门为茂名市林业局。

（3）森林资源

原来的林地8700亩，由于土壤瘦瘠、春旱、直播造林，春季树成活率低、夏秋季农忙等原因，当地群众没有造林习惯，因此无原有森林资源。20世纪60年代，林场建立后用营养砖种下桉树7100亩，苗圃地种下橙子、荔枝、龙眼等果树60亩，油茶、油桐、橡胶等经济林150亩，公路树118千米全部种上小苗林。林场现场经营总面积3067.5亩，林业用地面积3003.6亩。

（4）经济发展

林场没有上级政府投资。1975—1992年公路树砍伐收入198万元，1992—2015年树木收入30万元。林场职工种植果树、荔枝、龙眼，2003—2015年共收入70万元。除此之外，林场无森林旅游无收入，其他产业无收入。

（5）基础设施

1960年建房以栗木旧场部828平方米的泥砖木结构的用房，未能解决职工居住问题，尚有个别职工回家居住。1990年，在县城池洞旧工区处建成1栋楼房共6层，其中1~2层作办公用地，3~6层为改善职工居住环境作为房改房给职工。现林场办公用房面积近300平方米，居住、办公用地得到很大改善。

1992年，在207国道扩改后对城北二运车站对面剩下的国道边林地进行开发利用，将部分宅基地于1995—1996年有偿安排给职工建房，每户100平方米基底面积，共14户。1996—1998年，池洞工区在扩路后剩下的工区将旧址利用开发，给职工建房。每户基底面积98平方米，共8户。

林场道路交通方便，办公室设在县城，3个工区均在207国道旁，至今离县城最近的工区6千米，最远的工区17千米。

（6）自然灾害

林场处于广东粤西地区，远离大海且山高林密，台风对林场的影响不大，秋冬季寒冷且不降雪，无冰雪灾害，也未发生大面积泥石流灾害。

1968—1997年间，林场橡胶树发霉菌病。荔枝、龙眼主要受梯枝虫、松树线条虫等危害。

（7）山林权属

根据信宜县委文件（〔62〕第85号），林场山林权属是公路两旁的公路林带、国道、省道、县道（共118千米）和公路望见的第一面山（种植绿化面积约8500亩）。1982年，根据广东省委、省人民政府关于稳定山权林权和落实林业生产责任制的文件（1981年6月17日），落实森林权属，核发林权证。此前有相当一部林地退还给生产大队。1982年核发林权证时只有3590亩。1982—2005年换发林权，已确权发证林地使用权面积2732亩，未确权落实发证的有271亩，其中林地减少是因为1992年信宜市政府扩改207国道占用195亩、工业园租用和林地开发328亩。

1997—2007年，发生了大小8宗林地纠纷案，涉及林地纠纷的面积共466亩。小宗涉及面积为9亩，大宗的310亩，均以胜诉告终。2015年调解纠纷林地5宗，涉及林地面积271亩。

3.2.5　荷塘林场

（1）基本情况

国营荷塘林场地处茂名市西北部，全场地理坐标为东经110° 36′ 46″ ~110° 43′ 00″，北纬20° 56′ 02″ ~20° 05′ 07″，与高州市的荷塘、沙田、石板和化州市的江湖、合江、那务6个镇，23个村委会，289条自然村毗邻。全场属于丘陵地区，南北为大型起伏高丘陵类型。高丘陵地区山脊相互连绵，坡度一般30°以上，相对高度200米左右；中部低丘陵区，山头分散开阔，坡度5° ~15°，互不连接，下有农田相间。土壤为赤红土壤或灰化红壤，主要由第三世纪红砂岩土质发育而成，局部地区为千板岩及石英岩。

林场前身为广东省湛江粤区茂名县东冲林场，1958 年 4 月 17 日由广东省林业厅组织投资建设。荷塘林场现有土地面积 47125.5 亩，其中：生态林面积 33970.5 亩，商品林面积 13155 亩，森林总蓄积量 90381 立方米，森林覆盖率 83.7%，林场主要以经营松、桉、杉树种为主。荷塘林场全场户籍人口 386 人，其中在编在岗干部职工 40 人，外聘人员 4 人，离退休干部职工 162 人，家属人员 182 人。

（2）体制变革

荷塘林场从建立之初就定位为全民生产性事业单位，所需经费都由上级政府拨款，到 20 世纪 80 年代后改为经费自理，自收自支的三类事业单位。此后国家再没向林场提供资金支持，林场虽然是公益性事业单位，但内部实行的是企业化管理。

国营荷塘林场的经营体制经历了 3 个阶段：1958—1979 年的计划经济时期，林场的一切生产经营活动，全由上级主管部门统一规划、统一安排、统一实施。1979—1993 年，改革开放初期，林场正好进入主伐期，国家停止对林场的经济支持，林场改为自收自支事业单位，林场内部实行企业化管理，自主经营、自负盈亏的。1993 年后，进入市场经济时期，林场的一切经营活动，以市场为导向，以经济效益为中心，形成了集国家、集体、私营经济同时并存的经营体制。

1958 年 4 月 17 日至 1985 年 9 月 18 日，国营荷塘林场隶属于广东省林业厅。1984 年 9 月 18 日，塘林场隶属于茂名市林业局，同年，茂名市林业局设立“茂名市国营林场经营公司”，对荷塘林场实行专职管理。2004 年，茂名市林业局国有林场经营公司被撤销，国营荷塘林场再回归茂名市林业局直接管理。

（3）森林资源

1982 年，广东省“林业三定”前，林场实际面积为 91000 亩。广东省“林业三定”后，国营荷塘林场总面积锐减为 48416 亩，划出给当地村镇集体土地面积 42584 亩。

1982 年，经过全国第二次森林资源二类调查，“国营荷塘林场”的林木蓄积量为 111350 立方米。1987 年，“国营荷塘林场”第三次森林资源二类清查，全场林松蓄积量为 89139 立方米，比 1982 年第二次清查减少蓄积量 22211 立方米。1991 年，国营荷塘林场第四次森林资源二类清查，其蓄积量为 90691 立方米，与 1987 年相比基本持平，略有增加。2004 年，“国营荷塘林场”森林资源二类清查，其蓄积量为 73293 立方米。2015 年，国营荷塘林场森林总蓄积量为 90381 立方米。

1982 年，“国营荷塘林场”森林覆盖率为 65.1%，1987 年，林场森林覆盖率为

65.6%，1991 年林场森林覆盖率为 82.7%，2004 年林场森林覆盖率为 78.6%，2015 年林场森林覆盖率为 90.5%。

林场野生动物资源丰富，有国家二级重点保护野生动物穿山甲、果子狸、花田鸡、鹤等。

（4）经济发展

20 世纪 50 年代和 60 年代，林场经费基本上由上级政府全额投资，1979 年进入主伐期，1980 年后国家不再对林场投资。

表 3-4　荷塘林场各年度的总收入汇总表　（单位：万元）

年度	总收入	年度	总收入	年度	总收入	年度	总收入
1978		1988	76.3208	1998	90	2008	201.71
1979		1989	86.2712	1999	92	2009	208.43
1980		1990	86	2000	100	2010	250.37
1981		1991	116.4835	2001	100	2011	192.64
1982		1992	130	2002	53	2012	324.633
1983		1993	173.76489	2003	60	2013	225.47
1984		1994	30.914174	2004	135	2014	282.08
1985	34.17	1995	196.6835	2005	210	2015	60.19
1986		1996	216.9	2006	214.52		
1987	69.843.28	1997	160	2007	432		

说明：1978—1984 年，1986 年因缺失数据无法汇总。

荷塘林场除生产木材外，还在林场内广泛开展经济活动。1972 年，林场投资 50000 多元，建起松香加工厂一座，当年便投产加工成品松香和松节油，直至 1999 年才停止了松香加工。1983 年，林场已种植有橡胶 36767 株（按每亩 40 株计，为 919 亩），随后每年扩种，从原有的东冲工区发展到高岭工区和观山工区，面积发展到 25000 多亩。1971 年种植的 100 多亩，在 1979 年开割生产橡胶。

（5）基础设施

1993 年 2 月，林场建成办公楼 1 幢，楼高 3 层，总建筑面积 1100 平方米，属于混合结构。一楼为林场会议室，一楼约有 100 平方米借给茂名市公安局森林分局荷塘派出所办公，二楼 300 多平方米为林场办公区，三楼为场部工作人员及驻林场派出所人员住宿区。林场的职工住房共有9194平方米，大部分为20世纪60~70年代和80年代所建设的泥房，约有1190平方米为90年代建设的混合楼房。为确保安全，林场2013年在东冲工区加固400多平方米，2013年在长滩工区加固216平方米，2015年在四方田工区加固240平方米。

荷塘林场对交通道路建设历来比较重视，仅1993—2012年累计开通的林区运输道路和防火通道就达163千米。现通场部的里程2.3千米，宽5米的水泥硬底化公路，全场8个生产工区全部开通公路，其中有4个工区已通水泥硬底化道路。

（6）自然灾害

荷塘林场地处茂名市高州的西部，大多数经南海于广东沿海地区登陆的台风都会影响林场。1958—2015年间，侵袭林场的最强台风有1973年8月12日、1976年9月19—22日、1990年6月28日共3次。1958—2016年在林区内发生泥石流5次，平均11年1次，其中发生较严重的在1987年，全场被损林木面积100多亩，木材损失200多立方米。

发生在国营荷塘林场林木上的主要病害有两种，一种是发生在橡胶树上的白粉病，另一种是发生在桉树上的炭疽病。

（7）山林权属

荷塘林场的土地最早为无人经营的国有荒山、荒岭、荒坡。1958年4月，征得当地乡、区、县人民政府同意，并经广东省人民政府批准，划拨给国营荷塘林场永久经营。极少部分土地由于当时属农村集体所有而通过国家向村集体征收获得，建场初期，政府划拨给国营荷塘林场的土地面积为91000亩，土地权属为国有，林场当时隶属于高州县、湛江地区和广东省三级林业部门管理，并由广东省人民政府投资建设。

1982年，在广东省“林业三定”中，为照顾当地群众人口发展和缓解场群关系紧张的需要，经高州县“林业三定”工作组规划调整，并报上级政府和上级林业主管部门批准，从国营荷塘林场中划出42584亩给当地镇村集体经营，该部分土地权属同时由国有土地转为农村集体土地。1982年，广东省“林业三定”后，国营荷塘林场的总面积缩减为48416亩，由于各种原因，目前国有荷塘林场的总面积为47125.5亩，隶属于茂名市林业局管理。

（8）林场大事记

1964年6月，广东省林业厅039号文正式批准成立高州县国营荷塘林场。

1981年1月20日，中国共产党国营荷塘林场委员会成立，国营荷塘林场从始升格为正科级事业单位。

1983 年 12 月 19 日，高州县编制委员会高编〔1983〕09 号文，批准国营荷塘林场成立人事秘事股、生产技术股、财会供销股 3 个中层机构。

1984 年 9 月 18 日，根据广东省人民政府批转省林业厅《关于省属国营林场管理体制改革的意见》和茂名市人民政府《批转市林业局〈关于省下放茂名市国有林场管理体制改革意见〉的通知》，广东省荷塘林场隶属于茂名市林业局管理，不再委托高州县代管，其名称恢复为“国营荷塘林场”。

1986年，经上级各有关部门批准，国营荷塘林场投资 18 万元建设龙正砖厂一座，初期为立体窑并于当年投入生产。

1987 年 10 月，经广东省人民政府批准，成立高州县公安局荷塘林场派出所。

1988 年国营荷塘林场投资 18.5717 万元，建设高州西岸（高州城区河西路 118 号）综合楼 1~2 层楼房（3~7 层为职工集资楼）。

1990 年 1 月，国营荷塘林场投资 17 万多元，迁建松香厂。

2006 年 5 月，投资 42.3252 万元修缮加固场部办公楼 1100 平方米。

2008 年 1 月，通过木山减承包金方式投资 50 万元建设长滩工区至长滩坑尾村水泥硬地化道路。

2015 年 11 月 20 日，国营荷塘林场投资 8 万元翻新加固四方田工区职工集体管护用房 240 平方米。

3.2.6 文楼林场

（1）基本情况

1958 年，为了建设社会主义新型林业基地，为国家提供原木、枕木、建筑等各种商品用材，以满足国民经济建设和群众用材的需要，建立国营文楼林场。

文楼林场建于 1958 年 5 月，位于粤桂交界的广东省茂名市化州市北部文楼、平定两镇境内云开大山余脉延伸的丘陵地带，鉴江流域罗江支流上游，东北部与广西北流市华东镇接壤，界长 4.4 千米。东部长 1 千米，与国营播扬林场毗邻，南北长 9.4 千米，东西宽 9.1 千米，地理坐标为东经 110° 23′ 58″ ~110° 29′ 14″，北纬 22° 4′ 54″ ~22° 9′ 59″，总面积 40086 亩。现有职工 129 人，其中离退休 88 人。

国营文楼林场现有林业用地 40006.5 亩，蓄积量 81990 立方米，森林覆盖率 72.2%，以国外松为主，其次为速生桉，生物多样性丰富。经济收入主要以木材、松脂为主。近3年平均年产值为500多万元，能维持正常的生产、生活开支，略有节余。

（2）体制变革

1958年，为满足国民经济建设和群众用材的需要，建立国营文楼林场。1983年9月，撤消湛江地区建制，实行地市合并，“国营广东省文楼林场”从湛江地区林业局析出，划归化州县林业局管理。1984年，中共国营广东省文楼林场党支部改为中共国营广东省文楼林场委员会。1985年，国营广东省文楼林场由股级升格为科级，更名为“国营文楼林场”，划归茂名市林业局、茂名市国营林场经营公司管理。2003年，国营文楼林场派出所收归茂名市林业局森林分局管理。

目前，林场隶属茂名市林业局，市直正科级自收自支事业单位。近年来，无长远发展目标，面临自收自支事业单位定位不清的尴尬局面。

（3）森林资源

为支持国家林业建设，将山岭划拨给了林场，文楼林场建场初期总面积为51157亩。至1980年，返还了部分山岭给群众经营斩柴、放牧，又有少部分被群众蚕食了。国营文楼林场经营总面积现实有40086亩。

文楼林场自建场至1972年，全部绿化完毕，以针叶树为主。树种有松27169亩，杉13578亩。1980年逐步发展种植了少部分阔叶树、火力楠及少部分药用经济林树种八角树。近10多年来，大量种植国外松。近几年来，迹地大部分种植阔叶混交林。林场目前尚须采伐木材来维持正常开支及生计，致使林木蓄积量没有明显增加，但每年均保持在80000立方米左右。林场现有林业用地40006.5亩，蓄积量81990立方米，其中生态公益林6120亩，占15%，商品林面积33886.5亩，占85%，森林覆盖率72.2%。

根据调查，林场有各类野生动物170多种，其中还有列入国家重点保护的动物：蟒蛇、金钱龟、穿山甲、水獭、鹰、鸳鸯、灰鹤、白鹇、山瑞鳖及黄猄、野猪、野兔、眼镜蛇、雉鸡、斑鸠、画眉等。

（4）经济发展

建场初期，经营资金及物资均由上级政府投资，至1975年林场具有经济收入后，便由林场自行收支。而2005年后，政府逐渐补贴碳汇林种植。

1995年，经上级主管部门备案，文楼林场投资近400万元在茅坪工区飞鹅岭建设文楼森林公园旅游区，已具雏形。每逢节假日，日均游客达3000多人。目前是免费的，暂无经济效益，也无人管理，后续资金无法跟上，致使工程烂尾。

目前，林场每年为社会提供约 5000 立方米的木材，经济产值 3500000 元，暂时尚未开发林下资源，更无其他产业。

（5）基础设施

林场原来办公地址也就是原场部设在化州市文楼镇三步水，办公室较为规范，设施也较好。后于 2011 年林场职工危旧房改造与职工住房一起搬迁至文楼圩镇上。职工原居住在各工区的职工宿舍，这些宿舍大都建于建场初期，已成为极度危房。2009 年林场响应国家对林场危旧房改造的指示，在当地政府部门的支持下，在文楼圩镇征地 15.281 亩，建设职工住宅 84 套（户），2011 年峻工入住。

林场职工一直以来都是饮用未经检验的地表水、山泉水，新场部职工饮用的是井水。电网供电。9 个工区（护林哨）已有 7 个开通硬底化道路，尚有 2 个工区还是泥土路，雨天出行艰难。

（6）自然灾害

文楼林场属南亚热带气候，冬季偶有寒潮入侵，如 1997 年春霜冻致使林场职工的荔枝树损失惨重。夏、秋期间，台风暴雨频繁时，容易造成泥石流山体滑坡。2010 年 7 月 22 日，第 3 号台风“灿都”造成强降雨，致使公路多处塌方，山体滑坡，交通、通讯中断，田螺坑工区牛角埇林地山体滑坡致使居住在该地点的两名民工死亡。

林场病虫害主要有松毛虫、突圆介、尺蠖。

（7）山林权属

林场建立初期，得到当地政府和群众的大力支持，林场林地由当地政府划拨，所有林地在 1962 年划拨完毕，总面积达 51157 亩，并签订划拨协议。后来，由于有的生产队将全部山岭划拨给林场，无地方砍柴、放牧，要求林场返还部分林地归群众经营。由于当时林场职工较少，考虑到各种原因，在当地政府的协调下，返还了少部分林地给群众，又有少量林地被群众蚕食。至 1982 年落实山林权时，林场实有林地 40000 多亩，并且领了山林权证。时至 2002 年，重新落实山林权证时，除少量林地被群众蚕食后，实有 40006.5 亩林地且换发有林权证，一直经营至今。

（8）林场大事记

1983 年 9 月，撤消湛江地区建制，实行地、市合并，“国营广东省文楼林场”从湛江地区林业局析出，划归化州县林业局管理。

1983 年，设立国营广东省文楼林场派出所。

1984 年，中共国营广东省文楼林场党支部升格为中共国营广东省文楼林场委员会。

1985 年，国营广东省文楼林场由股级升格为科级，更名为“国营文楼林场”。

林场升格后划归茂名市林业局、茂名市国营林场经营公司管理。

1995 年，林场投资建设文楼森林公园，投资 400 多万元后，后续资金无法跟上，致使工程烂尾。

2003 年，国营文楼林场派出所收归茂名市林业局森林分局管理。

2011 年，国营文楼林场场部从三步水旧场部搬迁至文楼圩镇。

3.2.7 平定林场

（1）基本情况

平定林场于 1958 年建立。林场位于化州市的北部，平定镇境内，地处广东与广西的交界处，地理坐标为北纬 21° 36′，东经 110° 36′，跨平定、合江、那务 3 个镇，以平定镇所属较多。平定林场地处化州市北部山区，多丘陵地带，海拔多在 80~240 米之间，坡度为 20° ~27°之间。属亚热带季风区；土壤为片麻岩风化的黄壤土。

到 2015 年 12 月，林场总资产 700 万。其中：林木林地资产 574 万，占总资产 82%；林场剩余资产合计 126 万元，占总资产 18%，包括：固定资产 29.49 万元，流动资产 42 万元。目前，在职职工月平均工资为 2545 元，退休人员月平均工资 2159 元。

（2）体制变革

国营平定林场建于 1958 年，当时建办林场的目的在利用天然条件，建立集中成片的用材林基地。目前，平定林场是广东省茂名市林业局直属正科级事业单位，受茂名市林业局管理和监督。林场为正科级事业单位，实行事业单位企业管理。林场下设 7 个工区，实行林场、工区二级管理一级核算。对管理人员实行以岗定人，以岗定薪。全面实行全员劳动合同制和岗位责任制。

林场负责计划安排，林政管理，财务管理，经济核算，制定定额，组织承包，产品经营，及事调配及经营决策等工作。工区具体执行林场的工作安排，完成林场下达的指令性计划，重点抓好安全生产、护林防火及民工管理等工作，实施工区经营目标。

（3）森林资源

根据 2015 年统计，林场现有经营面积 2040.2 公顷，其中林业用地面积 2039.2 公顷，占 99.9%；非林业用地 1 公顷，占 0.1%。有林地面积 1835.7 公顷，占林业用地 90%；商品林面积 1685.9 公顷，生态林面积 353.3 公顷。全场活立木蓄积量 64605 立方米，森林覆盖率 90%。其中商品林蓄积量 51654 立方米，占总蓄积量 80%；生态林蓄积量 12951 立方米，占总蓄积量 20%。全场阔叶树种以桉树、橡胶等为主，针叶树种以马尾松、加勒比松、湿地松等为主。

林场药用植物丰富，主要有鸡血藤、山芝麻、野菊花、土沉香、金银花等几百种。野生动物资源有蟒蛇，野猪、野兔、雉鸡等。

（4）经济发展

林场建立后，完成了 2011 年防护林工程、2013 年碳汇林工程、2013 年贫困林场造林等多个项目，共完成 3000 多亩造林任务，政府投入各类资金 141 万元。2011—2012 年实施了林区危旧房改造工程，政府共投入资金 162 万元。

根据 2015 年林业统计数据，2015 年平定林场木材出材量为 5904 立方米，所有木材收入 324.72 万元。林场主要经济来源依靠销售林木收入、林地租金和其他财政项目资金，经济收入不稳定，林场职工生活水平较低。

（5）基础设施

按林场工区和物业开发进行统计，现有各类建筑 4798.6 平方米。其中，工区共计建筑面积（砖瓦房）2632 平方米，仓库（砖瓦房）623 平方米。场部办公楼 402 平方米，厨房、车库 190.6 平方米，工具房 230 平方米，物业有松香厂 200 平方米，机房 120 平方米，职工大楼 804 平方米，化州市鸡头岭地下商铺 392 平方米。

林场场部设在平定镇红榄村委会境内，距省道约 2 千米，也是平定林场对外运输的主要干道。林区公路约 56k 米，通往各工区的主要干道基本形成。

（6）自然灾害

林场位处亚热带季风气候区，常见自然灾害有：旱灾、水灾、风灾、干热风、冰雹、暴雨、霜冻 7 种，其中台风和暴雨对农林建设影响尤为明显。

（7）山林权属

林场 80% 的林地位于平定镇，20% 林地分布在合江镇、那务镇。林场与周边地区纠纷时有发生，但经过当地镇政府、林场和当地村委会的沟通协调，有效缓解场群关系，明显减少林地纠纷情况。经统计，林场与周边农村有争议的林地主要集中在那平、双底、多例 3 个工区，被蚕食的林地达到 100 多亩，产生争议的林地面积

1214 多亩。

（8）林场大事记

“十二五”期间，林场完成 2011 年防护林工程、2013 年碳汇林工程、2013 年贫困林场造林项目等多个生态建设工程项目，共完成 3000 多亩造林任务。

林场在 2011—2012 年实施了林区危旧房改造工程，把林场 81 户职工纳入国家林区危旧房改造建设范围。

2013 年，实施了林场饮水安全工程，职工都饮上安全干净的自来水。

3.2.8　播扬林场

（1）基本情况

播扬林场位于云开山脉余脉的化州市北部，化州市播扬镇境内，地理坐标为东经 110° 29′ 04″ ~110° 34′ 22″，北纬 22° 06′ 12″ ~22° 11′ 13″，东接播扬镇大贵、马站、平山坡村委会，南接洪山、院田、文水村委会，西靠文龙、花心村委会，北邻广西北流市，并与文楼林场林地相邻。林场属粤西林区，同时又同广西毗邻，是省属粤西地区较为偏远的林场之一。

播扬林场地处粤西山区，属云开大山余脉，北高南低。土壤主要是赤红壤和山地红壤，山地红壤土类占林地大部分。现有林业用地面积 28104 亩，现有职工总人数 111 人，其中在职职工 21 人，退休职工 85 人，长期聘用 5 人。

（2）体制变革

国有播扬林场属事业单位，1983 年以前为股级，称谓“广东省国营播扬林场”，1983 年升格为正科级事业单位。目前播扬林场是广东省茂名市林业局直属正科级事业单位，受茂名市林业局直接领导管理和监督，以森林资源保护发展林业经济保障职工生活，以林业生态发展为主。

茂名市林业局对林场行使规划、协调、监督、管理、指导服务等职能，并对林场实行场长任期目标责任制的情况和领导守法经营以及开展民主管理的情况进行监督、考核。林场实施“人事、用工、分配”3 项制度改革，做到以事定岗定责。

（3）森林资源

播扬林场经营总面积 28104 亩，森林覆盖率 90.5%，主要栽种速生桉及松。林木总蓄积量 41588 立方米，林分平均蓄积量 27.37 立方米 / 公顷。林场有林地面积 1819 公顷，占 97%；灌木林地面积 54.6 公顷，占 3%；商品林面积 1242.5 公顷，占林业用地面积的 66.3%；生态公益林面积 631.1 公顷，占林业用地面积的 33.7%。

林场药用植物丰富，主要有鸡血藤、野菊花、千斤拔、四方勾藤、淡竹叶、六笛竹等数百种。野生动物资源有穿山甲、蟒蛇、黄猄、野猪、鹧鸪、画眉、罗结鸡、雉鸡、山龟、蛇类等。

（4）经济发展

20 世纪 70 年代中期以前，林场没有木材产出，国家全额财政扶持。建场以后，大部份林地种植选用树种为松、杉，为保证成材出材，一般在种植 7~8 年后进行间伐，但由于间伐出材质量不高，数量不多，扣除间伐加工成本后已基本没有利润。随着松、杉用材林的成熟成材，从 2002 年开始皆伐作业，有了真正意义上的木材生产收入。

1995 年购买播扬镇供销社地皮 5460 平方米。在播扬圩投资兴建娱乐、餐饮第三产业林海山庄。但由于历史原因，土地使用权属仍未获得确认，建成后林场自主经营。1998 年由于效益不佳，遂以对外发包的形式经营至今，年收入 40000 元左右。

林场林地蕴藏瓷土资源比较丰富，先后有两家瓷土开发公司与林场签开发合同，但至今仍未获得开采许可。

（5）基础设施

按林场场部及各工区开发物业统计，现有各类建筑面积 103356 平方米，其中场部办公楼 1000 平方米，职工住宅楼 93100 平方米，厨房、车库 300 平方米，7 个工区原有建筑面积 9256 平方米。场部职工住宅楼两栋，面积 3247 平方米，文龙工区职工住宅楼 1 栋，面积 500 平方米，场部危旧房安排职工住宅建设用地 880 平方米，职工新建成住宅楼房 8 栋，建筑面积 3850 平方米。

场部至播扬硬底化道路于 2006 年建成，雷埇、文龙、沙垌工区已硬底化道路林场自建公路 66 千米，通往各工区场已开通林区道路，全林场 7 个工区均可通汽车。

（6）自然灾害

林场地处亚热带，冰雪灾害不多，2008 年曾发生一次，但危害不大。暴雨多发于夏、秋时节，泥石流伴随发生，对林业生产造成危害较大。偶有 10 级以上台风，对中幼林破坏严重。

害林木的虫害主要种类有松材线虫、湿地松粉介、松侑小卷叶蛾等。病害主要是幼林病等，虽积极防治，每年仍均有发生。

（7）山林权属

林场 90% 的林地位于播扬镇，林场与周边地区纠纷时有发生，但经过当地镇政府、林场和当地村委会的沟通协调，有效缓解场群关系。经统计，林场与周边农村有争议的林地主要集中在文龙工区、大化工区，被蚕食的林地达到 100 多亩，产生争议的林地面积 20 多亩

林业用地按林地使用权全部为国有林地，在化州市人民政府的支持下，妥善地处理了山林纠纷，目前边界清楚，林权稳定。

3.2.9 丽岗林场

（1）基本情况

丽岗林场位于广东省化州市中部，场部位于化州市林尘镇新岸九圈岭，地理坐标为东经 110° 34′ 22″，北纬 21° 50′ 19″，处于南亚热带气候过渡地带，林地跨林尘、官桥、丽岗、合江、中垌 5 个镇。林场总经营面积 2135.5 公顷，现有森林蓄积量 49000 立方米，森林覆盖率 79.6%。

丽岗林场前身为“化州县九圈岭苗圃场”，苗圃场始建于 1954 年，隶属于当时的化州县。1983 年 8 月，湛江地区分为湛江、茂名两个地级市，实行市管县，苗圃归茂名市林业局管辖。1985 年名称改为“国营丽岗林场”。 林场现有职工总人数为 75 人，其中在职职工 15 人，离退休职工 53 人，长期聘用 14 人（签订固定期限合同 7 人）。

丽岗林场属于以生态公益林建设为主的、经费自理的公益性事业单位，林场经济条件较差，主要经济来源为生态公益林补偿金、部分林地承包金、砖厂承包金和少量商品材销售，所以收入不稳定。至 2015 年 12 月份，林场资产总额 2761.7 万元，其中林木资产 138.3 万元，固定资产 324.9 万元，流动资产 315.6 万元；林场负债 1239.6 万元。

（2）体制变革

丽岗林场前身为“化州县九圈岭苗圃场”，始建于 1954 年，隶属于当时的化州县。1958 年经上级批准建划为国营企事业单位，称为“国营丽岗林场”。1967 年，“国营丽岗林场”的印章改为“国营丽岗林场革命委员会”。1972 年“国营丽岗林场”属湛江地区林业局领导，化州县林业局管辖，此时改名为“国营广东省丽岗林场”。1983

年8月，湛江地区分为湛江、茂名两个地级市，实行市管县，林场归茂名市林业局管辖。1985年，林场名称改为“国营丽岗林场”，属正科级的事业单位。1986年1月1日启用“国营丽岗林场”印章。

目前，林场是以生态公益林建设为主的经费自理的公益性事业单位，坚持生态导向，保护优先，实行严格的国有林场、林地和林木资源管理制度。

（3）森林资源

林场经营总面积2135.5公顷，分生态林和经济林，其中生态林面积340.1公顷，占总林地面积16%；商品林面积1791.1公顷，占总林地面积84%。林木总蓄积量47224立方米，主要树种是松、桉，其中松23854立方米，桉19080立方米。建设初期所种的全部都是标准的马尾松纯林，种植后不久又遭到松毛虫毁灭性为患。20世纪70年代后期，引进国外松，改善树种结构。90年代后期，发展尾叶桉丰产林，又种有水果、橡胶等。树种结构逐步走向合理。

现全场共同维管植物30科20类55种，人工林主要有马尾松、加勒比松、湿加松、桉树等。区内气候温暖湿润，地理环境复杂，生态系统复杂多样，有灌木林、阔叶林、针阔混交林等，森林景观丰富。林场野生动物资源比较丰富，有野猪、果狸、鹧鸪、雉鸡、鹰、蛇、巨蜥、龟等。

（4）经济发展

上级政府每年都以财政拨款的形式对林场进行建设生态林的投资和补贴，2015年专项财政拨款为174万元，支持林场的建设与发展。

随着林场改革与发展，加大了生态公益林建设，所以木材的销售越来越少，这块的收入也随之降低。到2015年，林场已没有进行木材销售了，相对应的也没有经济收入。林场砖厂始建于1984年，采取向外承包的方式经营，第一期承包利润为12万元，第二期承保利润为14.9万元，第三期承包利润为19.9万元，第四期承包利润为50000元。砖厂的外包方式每年为林场增加231000的收入。同时林场也把部分林地承包出去，每年收取林地承包金，增加了林场的收入，并一定程度支持着林场的持续和发展。

（5）基础设施

林场总建筑面积11300平方米，其中场部7000平方米，为2004年建造的办公、住宅综合楼1幢和会议和食堂综合楼1幢。许多职工住房是20世纪70~80年代初建的，有的已属危房，但自从财政拨款进行了危旧房改造后，场部职工和工区职工普遍都住上了楼房。

林场对外有省道285线和化合公路贯穿全境，对内场部与各工区，工区与工区间都有公路直通，大部分林地均通车，公路长达75千米，交通四通八达，十分方便。场部供水由连屈水库水厂供水，供水设施完善。各工区引接山水或挖深井取水。林场及各工区都能上省电网，供电设施完善。

（6）自然灾害

林场处以南亚热带气候过渡区，雨季长，容易造成泥石流灾害，导致林木水土流失。同时林场属台风区，每年有1～3次台风，对林木的生产造成很大的影响，强台风还会造成毁灭性灾害。

林场的害虫主要是马尾松松突圆蚧、桉树尺蠖。

（7）山林权属

林场的林地比较分散，分布在丽岗、官桥、林尘、中垌、合江5个镇范围内，19个村委会。林地附近农村比较多，林地纠纷较多，特别是近两年，在桉树种植的热潮下，许多农村群众意识到林地的用处，便以国有林场林地建场前是他们的等各种籍口侵占林场的林地，阻挠林场的正常生产，而且在林场和地方政府的政策宣传下仍不停止，三番四次侵占林场林地，这一现象有蔓延发展势头。但林场的林地属于国家，林场在上级政府的支持下，妥善地处理了多起山林纠纷，目前，边界清楚，林权稳定。

（8）林场大事记

1958年，建场时定上垌工区为场部，最先靠借附近农村群众的屋住，然后自筹建了9间泥砖屋。之后陆续建好龙头、大埇、林尘、谢松、上垌、梅垌6个生产工区。

1966年，将场部搬迁到林尘工区。

1985年，通过招收员工、聘用合同制员工、临时工和复职原工人等方式，使人数基本稳定下来。

1986年，建砖厂，向外承包出去，增加林场收入。

2002年，场部大院拉了光纤电视线路。新开简易公路7千米。全年维修林道30千米。新开防火线8千米。

2004年，新建场部办公室、住宅综合楼1幢，改善了场部办公和职工居住条件。从连界引凌水厂引接纯净自来水进场部，解决了场部家属饮用水历史性问题。

2005年，新建场部会议室、车库、食堂综合楼1幢，解决了场部无会议场所的问题。

2006年，维修全场各工区房屋3200平方米，确保职工居住安全。

2010年，维修各工区房屋3000多平方米。新开林区简易公路30千米。全年维修林区公路 30 千米。

2013 年，完成危旧房改造、饮水安全工程的建设任务，解决了职工居住和饮水问题。受 11 号台风“尤特”的影响，林场带领职工救灾复产，清除林区道路塌方，修复受毁林区公路。

2014 年，种油茶 800 亩，碳汇林 100 亩。

3.2.10 河尾山林场

（1）基本情况

河尾山林场位于茂名市东北部，地处广东八甲大山罗皇山脉，北与阳春市、东与阳西县接壤，地理坐标为东经 111° 19′ 51″ ~111° 25′ 35″ ，北纬 21° 49′ 45″ ~21° 52′ 54″，场部机关设在电白县罗坑镇新南街。

尾山林场地处南亚热带季风气候区，林区内有 2 条河流，是罗坑水库主要发源地（水库库容 1.1 亿立方米，是电白、茂港、茂南等地的主要水源）。林场地形比较复杂，地势普遍偏高，山地属于丘陵、低山，土壤为厚腐殖质，主要是黄壤、赤红壤和红壤。全场经营总面积 34642.5 亩，总人口 480 人，现有职工 146 人，其中在职 39 人，离退休职工 107 人。

（2）体制变革

1962 年 10 月 11 日，电白县林业局（〔62〕电林秘字第 40 号）通知，经电白县委同意，将原双髻岭伐木场和罗皇岭伐木场两场合并后称“罗皇岭伐木场”，生产方式主要以伐木为主。到 1965 年，由于升级问题，罗皇岭伐木场归属湛江行政公署管辖下的森工企业，改名为“湛江地区国营河尾山林场”，定为副处级企业单位。

1984 年，市带县的行政变更后，原“湛江地区国营河尾山林场”分解成“茂名市国营河尾山林场”和“阳春县河尾山林场”。经茂名市人民政府发文，全市各国营林场按正科级建制，机构按科级管理。1984 年 9 月，茂名市编制委员会通知，茂名市国营河尾山林场属事业性质，企业管理，为茂名市林业局直属的事业单位。1985 年 10 月，茂名市林业局统一更换公章，由旧印章“广东省茂名市国营河尾山林场”更新为“茂名市国营河尾山林场”，一直沿用至今。

（3）森林资源

1982 年，河层山林场全场经营总面积 34642.5 亩，其中林业用地 32060 亩，非林地2582.5亩。2001年开始，经上级批准，林场正式被定为社会公益性事业单位，32060亩林地列入了国家级、省级生态公益林，800亩定为商品林，其中300亩种植黄榄，500亩种植八角。2012年，全场34488亩林地全部划入了生态林管理，非林地为154.5亩。2015年，林木蓄积量160000立方米，森林覆盖率97%。

林场有不少国家级的名贵花草植物，保存有野生高等植物206科431属774种。其中国家重点保护植物有桫椤、酸竹、见血封喉等6种，还有珍稀濒危保护植物沉香、圆籽荷、猪血木、观光木等10种。林区野生动物有45科87种，昆虫有203种。其中国家重点保护的有蟒蛇、巨蜥、细痣疣螈、虎纹蛙、三线闭壳龟、鸢、白鹇等22种。

（4）经济发展

林场初期主要经营用材林，所以造林是以用材林为主，兼顾经济林发展。用材林以马尾松、国外松为主，经济林以黄榄、八角为主。2001年开始，林场正式被定为社会公益性事业单位，经济主要靠公益林补贴和政府投资。

（5）基础设施

林场场部设在罗坑镇，交通、通讯方便，有1栋约800平方米办公楼。95%以上职工经过中央棚户区危房改造，住房都是安全平房以上。交通方便，全场工区均有公路通往。

（6）自然灾害

林场建厂以来无重大自然灾害。

（7）山林权属

茂名市国营河尾山林场共有面积2309.5公顷，其中生态公益林面积34488亩，占99%。全场全部山林权属没有纠纷和争议，全部生态公益林地办有林权证。

（8）林场大事记

1958年，建立河尾山林场，生产经营以伐木为主。

1962年10月，经电白县委和湛江专署林业局批准，原双髻岭伐木场和罗皇岭伐木场两场合并后称罗皇岭伐木场，分设4个工区。

1965年，罗皇岭伐木场归属湛江行政公署管辖下的森工企业，改名为湛江地区国营河尾山林场，定为副处级企业单位。

1984 年，市带县的行政变更后，原“湛江地区国营河尾山林场”分解成“茂名市国营河尾山林场”和“阳春县河尾山林场”。经茂名市人民政府发文，全市各国营林场按正科级建制，机构按科级管理。同年 9 月，茂名市编制委员会通知，茂名市国营河尾山林场属事业性质，企业管理，为茂名市林业局直属的事业单位。

1985 年 10 月，茂名市林业局统一更换公章，由旧印章“广东省茂名市国营河尾山林场”更新为“茂名市国营河尾山林场”。

3.2.11 电白林场

（1）基本情况

茂名市国营电白林场位于电白区中部和西部，地理坐标 为东经 110° 57′ 00″ ~111° 16′ 30″，北纬 21° 33′ 30″ ~29° 38′ 30″。林地跨越在电白区的观珠、树仔、马踏、麻岗、林头、旦场、坡心、七迳，共 8 个镇。全场气候属夏雨型季风性气候，大部分属山岭地区，坡度 20° ~35°之间，小部分地形为高丘、台地，地势比较平坦，一般在 15°以下。

林场场部机关设在电白区林头镇华楼村委会境内，驻地面积约 48 亩。林场总面积 31903.5 亩，林业用地 31495.5 亩，蓄积量 4.8822 万立方米，森林覆盖率 79.74%。全场经营总面积 31903.5 亩，现有职工总人数 165 人，其中在职职工 44 人，离退休职工 111 人，长期聘用 10 人。

（2）体制变革

林场场部工区和尖角山工区的前身，是 1955 年 11 月鉴江平原林业办的“国营华楼苗圃”和“国营尖角山苗圃”，1957 年隶属电白县林业局主管。1959 年 10 月，经县林业局调查设计，并经县委批准，开办国营华楼林场和雷打石林场。华楼林场主管部门属电白县林业局，股级建制属事业单位，企业管理。1984 年市管县以后，经茂名市人民政府发文，全市各国营林场按正科级建制，机构按科级管理。1984 年 9 月，电白县编制委员会通知，国营广东省电白林场属事业性质，企业管理。1985 年 10 月，茂名市林业局统一更换公章，由旧印章“国营广东省电白林场”更新为“国营电白林场”，一直沿用至今。1984—1999 年前，林场由茂名市林业局和市国营林场经营公司管理和领导；2000 年机构改革后，为茂名市林业局直属的事业单位。电白国有林场主要功能定位于保护培育森林资源、维护国土生态安全和提供生态公益服务。

20 世纪 80 年代，林场经营体制即各项生产全面实行“三包”责任制（包工、包产量、包成本），实行奖罚制度。1992年后实行改善承包责任制，以岗位承包为主，统分结合，责权奖罚分明。2000年，明确分配制度，把实行工资总额与经济效益挂钩制度落到实处，做到增人不增资。加强工资总额的管理，即在当年年终，该场根据当年的经济效益情况，向市林业局申报本年度工资总额，然后根据市局的审批意见执行。

（3）森林资源

1974年旱平水库加高水浸林地和当地群众侵占部分外，于1982年森林资源落实全场拥有面积32298亩，其中林业用地面积31086亩，非林地面积1212亩。1985年底，有人工林2.7万亩，其中用材林2.647万亩（马尾松9280亩，国外松1.2万亩，柠檬桉1100亩，窿缘桉3190亩，杉500亩，其他400亩），经济林530亩（含葵树400亩，果竹130亩），松木生势良好，特别是国外松生长较快。林木总蓄积量为64000多立方米。

2016年，林场总面积31903.5亩，林业用地31495.5亩，蓄积量4.8822万立方米，其中生态公益林面积12874.5亩，占40.88%；商品林面积18621亩，占59.12%，森林覆盖率79.74%。

（4）经济发展

20世纪90年代以前，林场林木的年总生长量为4700立方米左右，林场的年砍伐蓄积量为4400立方米左右。90年代以后，木材砍伐量少于4000立方米。2015年木材产量为3856立方米。

为发展经济，发展多种产业，林场1980年在适合种胡椒的土地发展种植胡椒，至1985年共种植胡椒9700多棵。1995年电白林场淘汰胡椒改种荔枝、龙眼。1988年2月开始，场部管区各工区的葵树淘汰，改种荔枝。1996年，在山区片清水、大坡工区发展黄榄种植。1998年，由于电白林场本身松脂资源减少，致使松香生产亏损，故停止生产，还有部分可割的松脂林承包给场外采割。

1995年底，全场种植荔枝、龙眼6000多年亩。为了调动广大干部职工的积极性，从1996年起，实行岗位承包。1998年全场果树进入高产期，年产量突破40万千克。个别职工自建有楼房，装有手机，场部管理人员购买了摩托车，大部分职工用上BB机和普通家电。至2000年底，全场共有120人进行专业承包，承包面积约8950亩。

（5）基础设施

1988年7月，经茂名市国营林场公司审批，同意电白林场场部建设办公楼房1栋

3 层共 500 多平方米，投资 18 万多元。1993 年 10 月，经茂名市林场公司同意，为改善职工居住条件，在电白林场场部建筑商住楼房 1 栋 4 层建筑面积共 1100 多平方米。1995 年底至 1996 年，经茂名市林场公司同意，为解决职工泥砖危房，改善职工居住条件，在电白林场场部和雷打石管理区建筑职工住宅楼 3 层，建筑面积共 1200 多平方米。2003 年，对办公楼进行维修，安装上自来水。

林场交通方便，场部南部距离 10 千米有广湛公路经过，西部距场部 10 多千米有水东至阳春公路，场部距水东镇和茂名市均是 25 千米。

（6）自然灾害

林场遭受的自然灾害主要是台风。2006 年 8 月 3 日，第 6 号台风给林场造成直接经济损失达 20 多万元，房屋、树木均受到不同情度的损毁，有 1333.3 多公顷林木都不同情度受影响。2006 年 8 月 4~5 日，台风吹毁桉树林约 26.7 公顷，吹断松树约 6.7 公顷，倒荔枝、龙眼树约 13.3 公顷。

林场森林病害的防治工作措施得力，工作到位，没有发生森林病虫危害事件。

（7）山林权属

林场山林已发证面积 7338.23 亩，已公示待发证面积 19487.5 亩，未公示面积 5077.77 亩。未完成山林权属确认的原因是：市所在镇政府未安排相关人员踏界，林地接壤村民不愿意签名确认。

2007 年，林场郁头鹅工区的猫岭、黑土岭等约 33.3 公顷的岭头被茂港区坡心镇牛六架村委吊鸡村村民集体强行侵占，并种植上桉树，由此产生山林权属的纠纷。2012 年 4 月 24 日和 5 月 24 日，国营电白林场在电白县马踏镇天星村委会根竹村民小组南侧大岭进行 2011 年中央沿海防护林造林施工时，遭到电白县马踏镇天星村委会根竹村民小组群众的抗议和阻止，并抢走施工使用的锄头、砍刀等作业工具，引发争议，争议土地 591 亩。

（8）林场大事记

1959 年 10 月，经电白县委批准，建立国营雷打石林场和国营华楼林场，股级建制，属电白县管理。生产经营以松、桉为主，主要以绿化为目的。

1962 年 10 月，经电白县委和湛江专署林业局批准，将国营雷打石林场和国营华楼林场以及波罗山林场 3 个林场合并成立“国营电白林场”。

1973 年 4 月 16 日，湛江地区林业局核发林场新印章：“国营广东省电白林场”。

1981 年，林场各项生产全面实行“三包”责任制（包工、包产量、包成本），实行奖罚制度。

1985 年 10 月 30 日，茂名市林业局通知林场更换印章，并核发新印章“国营电白林场”，旧印章“国营广东省电白林场”同时停止使用。

1992 年，根据上级指示精神，电白林场全面实行承包责任制

2004 年 12 月，茂名乙烯扩建工程中，公岭脚工区林地被征用 250 多亩。该工区的林地已经被全部征用。

2009 年，茂名市人民政府（茂府办函〔2009〕144 号）文，收回林场雷打石等林区的林地 279.20 公顷（4187.95 亩）。

3.2.12 六王林场

（1）基本情况

广东省化州县人民政府为响应党的“植树造林，绿化祖国”伟大号召，由化州县林业局牵头，于 1958 年创办六王林场。

六王林场位于广东省化州市中部合江镇境内，地理坐标为东经 110° 33′ 45″ ~110° 41′ 15″，北纬 21° 55′ 00″ ~21° 57′ 30″，东与江湖连界村委会相接，南与合江镇松架村委会，高步村委会相接，西与合江车田村委会相接，北与那务镇高田村委会、高州荷塘林场相接，北部有开云山脉。林场所在地化州市合江镇是化州市的中心镇，是粤桂两省份的结合部，交通极为便利，物流快捷，为粤桂之间的重要交通枢纽。

林场丘陵岗峦星罗棋布，主峰六王嶂（即天堂岭）海拔 407.6 米，为境内最高峰，其余山岭多在 300 米以下。林场水热资源丰富，几乎无霜期，光能丰裕，雨量充沛，平均年降雨量 2000 毫米以上，极有利于植物生长。

（2）体制变革

广东省化州县林业局牵头，于 1958 年创办六王林场。六王林场 1980 年前属政府财政全额支付单位；1980 年后属财政差额补贴单位，隶属于化州市林业局。六王林场定位为公益性事业单位，1995 年前为股级单位，1995 年后升格为副科级单位。

（3）森林资源

六王林场在 2000 年前主要种植松木、细叶桉两树种；2000 年后，为取得更好的经济效益，改种植速生经济林为主。林场总面积为 20631.5 亩。

六王林场辖区由于山高林密，野生动物资源丰富，主要野生动物有蛇、山龟、黄猄、蟾蜍、野猪、鹧鸪、画眉、八哥、雉鸡、果子狸、山斑鸠等。

（4）经济发展

六王林场的经济收入主要以成材木材的销售为主，收入来源单一，没有其他经济收入。2000年前，木材销售收入大部分上缴财政，扣除税收后，剩余收入加上财政少量补贴，仅够职工的生活费用，职工生活艰难，场部面貌落后，大批职工外寻出路。2000年后把山岭承包出去，林场只能靠土地承包金的10多万元及上级财政补贴维持。

20世纪80年代中期，林场在茂兰垌高坡岭工区开办面积约350亩的果园，但由于市场不景气，水果销售直线下降，收益不佳，在2000年前处于荒废中。由于林场地处偏远，旅游及第三产业无法开展，亦无重大投资项目。。

（5）基础设施

2008年前六王林场的办公条件极差，2008年后办公条件稍为好转。2010年前职工的住房主要以低矮的瓦房、平房为主，住房条件极差，多数已破烂不堪。2010年后，中央和省财政补贴每户职工20000元进行危、旧房改造，职工们用这笔资金加上自己的积蓄得以改善了自己的居住环境。

20世纪90年代，前农场的交通主要是以泥土路为主，弯多路窄，出入不便。90年代后林场的道路得到改善，现在交通较为便利。

（6）自然灾害

林场所处地理位置没有冰雪灾害的影响，偶有霜冻。主要的自然灾害为台风、暴雨、泥石流。每年雨季，泥石流时有发生。遇强台风林木受损较严重。

（7）山林权属

六王林场的初始山岭来源于公山、公岭，山岭土地得到政府确认，领取1984年颁发的山林权属证和2002年颁发的山林权属证书，共计22665亩。六王林场2006—2013年的山林权属有争议面积1230亩，已通过法律途径解决。

（8）林场大事记

1958年，林业局创办六王林场。

1975年秋，在高步工区成立木材加工厂。

1978年，高步象山尾松香厂建成并投产，并成立了高步松香厂工区。

1978—1979年间，松毛虫成灾，松树损毁严重，后由政府采取飞机投药杀虫。

1984年，政府对林场的山岭土地进行了核实并颁发《山林权属证》。

1995年，六王林场升格为副科级单位。

2000年，为适应市场经济，提高职工的积极性，林场实行由职工等自行承包山岭种植速生林。

2002年，上级政府再次核实山岭土地并给林场颁发了《山林权属证》。

2013年，得到化州市林业局和人民政府的支持，将林场20000多亩山岭土地划入森林公园规划。同年，林场确定将总面积20631.5亩划入生态红线图规划。

3.2.13 大番坡林场

（1）基本情况

国营化州市大番坡林场位于化州市中南部低丘山区。1956年，为迅速发展林业生产，消灭荒山，满足国家建设和群众用材的需要，创办化州县良光青年集体农庄，后经发展成为国营化州县大番坡林场。

林场现有林地面积5000亩，在编干部职工21人，采割期成林橡胶1000亩，橡胶中幼林500亩，桉树（丰产林）3000亩，橘红等500亩。森林总蓄积量22372立方米。经济状况较差。

（2）体制变革

1956年，为迅速发展林业生产，消灭荒山，满足国家建设和群众用材的需要，创办化州县良光青年集体农庄。1962年冬，在已建的化州县良光青年集体农庄的基础上，扩建成国营化州县良光林场。1969年12月，与化州县园林化苗圃场、水土保持站合并，改名“国营化州县良光林场”。1984年11月，经化州县人民政府决定，将化州县水口知青农场并入林场。1989年2月，为适应生产发展的需要，该场改名为“国营化州县大番坡林场”。1994年，因化州县撤县建市（县级市），更名为“国营化州市大番坡林场”。

1966年之前，林场隶属化州县委生产组，1966—1973年，隶属化州县革委生产组。1973年后，隶属化州县（市）林业局。林场1980年前为财政全额拨款，为全民所有制。1980年以来属公益二类事业单位建制，采用为自收自支、自主经营的经营方式。

（3）森林资源

1962 年建立国营化州县良光林场时林地面积 2600 亩。1969 年 12 月，与化州县园林化苗圃场、水土保持站合并，又开发荒山造林，面积增至 5200 多亩。1984 年 11 月，经化州县人民政府决定，将化州县水口知青农场并入林场，面积增至 9000 亩。2004 年 7 月，林场水口工区 3600 多亩林地交回社队。现在，林场实有山岭林地面积 5000 亩。

建场之初，树种以桉树、松树用材林为主，占 90%；母树林和苗圃为辅，占 10%。到 20 世纪 70 年代后，以经济林橡胶和用材林松树为主，前者占 80%，后者占 20%。现在，树种以桉树用材林为主，占 60%；其次为经济林橡胶，占 30%；部分为橘红经济林，占 10%。

（4）经济发展

从建场以来，政府财政每年都有经费拨入林场。1980 年前，林场收支全部纳入政府财政。1980 年后，林场自主经营，但政府财政每年都有数额不等的经费拨入。2009 年起，化州市财政每年定额划拨 12 万元经费给林场。

1970 年之前，林场以桉树、松树的木材收入为主，每年都略有盈余。到 20 世纪 70 年代后，林场以采割胶乳收入为主，收支基本平衡，维持正常运作。到 90 年代后，林场橡胶被强台风损毁严重，林地承包给干部职工改种桉树，林场以林地承包金收入为主，全场经济收入陷入低谷。现在林场所种植的 500 亩橘红主要是采摘橘红果实，作为中药材使用。

（5）基础设施

1980 年之前，林场场部设在化州市良光镇茅山工区，办公室为红砖瓦房。1987 年，场部搬迁到化州市市区大番坡，初时是红砖瓦房，后于 1994 年搬入楼房办公至今。工区职工住房都是砖瓦房，场部干部职工部分已搬入自建楼房。

林场场部设在市区，交通方便。工区道路原来都是沙土路，2004 年之后，大部分建成水泥路。场部用水为自来水，工区职工用水为自挖井水。电力、通讯齐全。

（6）自然灾害

林场遭受的自然灾害以台风为主。1996 年，强台风正面袭击化州市，造成林场橡胶树损毁达 50%，直接经济损失达 300 万元。2008 年强台风袭击，造成林场折断桉树（特别是中幼林）600 亩，直接经济损失达 200 万元。2015 年强台风袭击，造成林场折断桉树 150 亩，橡胶树 2000 多株。

20 世纪 60 年代末，林场松树林发生大面积松毛虫病，当时林场干部职工使用喷枪喷洒农药治虫。

（7）山林权属

林场土地最初来源为与社队签订协议书划拨，化州县人民政府于 1983 年确权核发林权证给林场。2015 年，化州市人民政府换发新版林权证给林场。现在，林场确权发证的林地面积有 5000 亩。

林场曾发生两次山林权属纠纷。2004 年 7 月，该场水口工区（即原化州县水口知青农场）的山岭林地权属与社队发生争议，经化州市人民政府组织双方调解，将林场水口工区 3600 多亩林地交回社队。2010 年，林场曲斜工区的横山和大九山两岭与社队发生争议，后经茂名市中级人民法院终审判决，维持了林场对争议岭的所有权。

（8）林场大事记

1956 年，建立化州县良光青年集体农庄。

1962 年，扩建为国营化州县良光林场。

1969 年 12 月，与化州县园林化苗圃场、水土保持站合并，仍名“国营化州县良光林场”。

1984 年 11 月，化州县水口知青农场并入该场。

1987 年，林场场部搬迁到化州市市区大番坡。

1989 年，林场改名为“国营化州县大番坡林场”，升格为副局级。

1994 年，因化州县撤县建市（县级市），更名为“国营化州市大番坡林场”。

1996 年，林场遭受强台风正面袭击，造成橡胶树损毁 50%，3 个工区橡胶经济林共 800 多亩全部损毁，直接经济损失达 300 万元。

2001 年 1 月，林场狮子岭工区狮子岭改建为化州市橘州生态林公园。

2004 年 7 月，经化州市人民政府组织调解，将林场水口工区 3600 多亩林地交回社队。

2008 年，林场遭受到强台风袭击，造成折断桉树（特别是中幼林）600 亩。中垌工区 1000 亩橡胶树损毁严重，直接经济损失达 200 万元。

2013 年，林场遭受强台风袭击，折断桉树 120 亩、橡胶树 4000 多株，曲斜工区职工住房和林区管护房倒塌，直接经济损失达 100 万元。

2015 年，林场遭受到强台风袭击，折断桉树 150 亩、橡胶树 2000 多株，中垌工区林区管护房倒塌，直接经济损失达 80 万元。

3.3 阳江市国有林场

3.3.1 阳江林场

（1）基本情况

阳江林场前身是湛江专区国营儒洞林场，建于 1962 年 1 月。林场地处阳江市，南至阳西儒洞，毗邻茂名市电白区，北至阳东那龙，与恩平市接壤。场部现坐落于阳江市建设路，林地分布于广湛公路两侧，地貌以丘陵为主，部分为台地，有 13.1 万亩森林位于阳江市区城郊。现为阳江市直属公益三类事业单位，归口阳江林业主管部门管理。

林场现经营总面积 31.7 万亩，林业用地 31.6 万亩，森林覆盖率 95.7%，森林蓄积量 97.0 万立方米，林木以桉、松树为主，有部分林地为果树经济林。现职工总数为 456 人，其中在职干部工人 105 人，离退休人员 351 人。林场经济收入来源主要为林木出售、土地出租、土地征用补偿等。近年来年经济收入 1650 万左右。到 2015 年 12 月，林场资产总额 15464 万元，其中林木资产 11805 万元，固定资产 1895 万元。欠金融机构债务共 2851 万元，其中本金 603 万元，利息 2248 万元。

（2）体制变革

阳江林场建于 1962 年 1 月，为湛江地区管理的国营林场。1963 年 2 月底转为省直属国营林场，由省林业厅直接管理。1965 年委托湛江地区管理，1983 年随区域变动划归江门市管辖。1987 年为阳江市直属事业性质单位，由市林业主管部门负责业务指导。1998 年 3 月 22 日阳江市机构编制委员会将阳江林场定为正处级事业单位。2004 年 10 月，市委组织部发文，明确林场业务由市林业主管部门指导，党务由市直工委负责。2011 年 7 月后，林场为阳江市政府直属正处级公益三类事业单位，归口市林业主管部门管理。

建场初期，林场被定性为生产所有制事业单位，任务是绿化荒山和提供国家建设所需的木材，国家在财政上对林场进行投资。从 1980 年起，随着市场经济发展，国家逐步减少对林场的投资，至1984年停止。20世纪80年代后，林场是一个自负盈亏、实行企业化管理的事业单位，生产木材、林产品要缴纳多种税费。随着国家对林场生态文明建设的重视和社会日益对林业生态的需求，2011年7月，林场在全市事业单位分类改革中被建设确认为市直属公益三类的自收自支事业单位。

建场后，管理体制一直都是总场—分场—生产队三级管理二级核算，1996年后为总场—分场二级管理二级核算。2006年起实行全场统收统支、统一生产管理的场内管理体制，实行生产、经济、人事等由总场统一负责、分场执行的管理形式和制度。

（3）森林资源

1965年，林场确定营建5个分场，总面积37.2万亩。到1969年“四清”运动期间和1982年全国林业"三定"时，退出55000亩林地给农村。

至2015年底，林场实有经营面积21141公顷，林业用地20989.8公顷（有林地20384.3公顷，无林地225.0公顷），非林地151.2公顷。商品林19283.8公顷（其中用材林16766.2公顷，薪炭林78.2公顷，经济林3721.7公顷），生态林3000公顷。活林总面积1008211立方米（湿地松林119028立方米，国外松林248511立方米，桉树林506189立方米，速生相思林16060立方米，台湾相思林14417立方米，其他软阔林16870立方米，其他硬阔林54016立方米，阔叶混交林6634立方米，木本果林23366立方米）。

（4）经济发展

林场经济发展经历了4个阶段。第一阶段1962—1980年：此阶段的工作任务主要是垦荒造林，建设国家用材林基地。林场作为生产型事业单位，国家财政拨款，投资主要用于职工工资和基本建设。第二阶段是1980—1995年：林场工作任务是主伐林木，开展综合利用。林场开办了木材加工厂、松香厂、林产化工厂，并且在市区购置地产物业。1990—1996年年经济收入1200~1800万元之间。1993年在全国4000多个国营林场中，被评为全国国营林场综合实力500强（第38名）。第三阶段是1996—2008年：森林资源迅速下降，使以林木收入为主的林场经济逐渐走下坡路，年经济收入降到600~800万元，加上银行追收贷款，经济出现困难。第四阶段是2009年之后：利用林地开发补充耕地和阳江市工业园建设需要征用林场林地的机遇，使林场取得土地开发收入，大大减少了对林木出售收入的依赖，使森林资源得以休养生息。

近年来，年经济收入1650万左右。到2015年12月，林场资产总额15464万元，其中林木资产 11805 万元，固定资产 1895 万元。欠金融机构债务共 2851 万元，其中本金 603 万元，利息 2248 万元。

（5）基础设施

建场初期，办公条件简陋。除总场办公室为砖瓦房外，其余各分场办公室一般为砖瓦房和石瓦房。总场机关于 1986 年搬迁至市区自建大楼办公，条件大为改善。1989 年建起 3 层公寓式职工住房。建场至今共修建房屋 9700 多平方米。在 1982–1995 年，由于职工收入高，95% 职工在市区，县城、乡（镇）购地建了私房，假日回城镇度假。2010 年根据国家对国有林场危房改造政策，林场对在场区居住的 51 户职工住房进行改造。

林场逐步修建各分场工区—场部和各个林区的林道 240 多千米，现已硬底化 31 千米，其余为土路，轻型货车可通行。各个分场于 1982 年前后用上交流电，实现自来水，用上数字电话。

（6）自然灾害

林场所种树种主要为桉、松、杉木，抗寒能力强，但是在育苗时幼苗抵抗能力低。2008 年，20000 亩马占相思苗木大部分被冻死。林场建立后遭遇大的台风灾害有 3 次，每次都损失重大。林场建立 50 多年来，共发生 50 亩以上山火 32 次，累计过火面积 14520 亩。给林场造成严重损失的病虫害有 1974 年夏天的虫天牛危害和 1993—1998 年的松突园蚧危害。

（7）山林权属

阳江林场的土地来源是政府无偿划拨林场经营。进入 2004 年，按上级部署重新换发山林权证，由于工作难度较大，到 2015 年底已办理新版林权证 26.4 万亩，剩下 53000 亩正在办理。

建场以来，山林权属纠纷时有发生，特别是近 20 年来日益激化，发生案件 40 多宗，涉及面积达 22000 多亩。在省林业厅、地方政府和林业公安以及林场的不懈努力下，通过场群协商、地方政府调处、法律诉讼、林业公安打击等途径，大部分已获得解决。

（8）林场大事记

1961 年秋，为消灭荒山，发展林业，湛江地区林业局派人到阳江，规划在儒洞建立新林场，并于 12 月 20 月写出规划报告，报上级部门批准备案。

1962 年 1 月 1 日，湛江专署国营儒洞林场建立。建场面积为 23.288 万亩。

1962 年 12 月 18 日，中共湛江地委决定，根据中南局和广东省委召开的林业会议的精神，决定把国营儒洞林场扩大为阳江林场。

1963 年 2 月 12 日，湛江专署通知国营阳江林场移交省林业厅直属管理。

1974 年，罗琴分场发生大面积松毛虫虫害，面积达 25000 亩。

1980 年 11 月 23 日，实行“计时工资、定任务、套定额的经济责任制”的经营管理办法。

2005 年 6 月，取消分场财会，由总场—分场两阶段核算改为总场一级核算。

2009 年，“黑格比”超强风登陆阳西，桉树 1480.8 公顷被毁，全场吹毁林木 1712.2 公顷，经济损失 4500 万元。

2009 年 11 月 23 日，林场实行事业单位岗位绩效工资制度。

2011 年 7 月 5 日，阳江林场被定为正处级公益三类事业单位，经费自理，归口市农林局管理。

3.3.2 阳东林场

（1）基本情况

阳东林场地处阳江市北部阳东区大八镇，东连那龙、合山镇和恩平市那吉镇，南靠大八镇，西南与塘坪镇接壤，西北与阳春市春城、合水镇交界，面积约 53000 亩。林场林区地处南亚热带和亚热带的过度带，林地属丘陵地貌，以低山、丘陵、沟谷为主，坡度大部分介于 25°~65°之间，全场林业用地 53000 亩，森林覆盖率 89%，森林蓄积量 15.5 万立方米。

阳东林场建于 1976 年，原是阳江县暗乙当林业采育场，是当时阳江县为了改善木材短缺状况而建立的全县杉树用材林。目前，林场为阳东县直属正科级差额拨款事业单位，林场总人口 106 人，有财政编制的 11 人，其余是全民职工，由林场自筹工资。由于林区大部分是中幼林，且林木生长周期较长，未能产生经济收入，因此，经济来源一是生态林补偿，二是县预算内财政补贴，没有其他经营收入。

（2）体制变革

阳东林场为阳东县直属正科级差额拨款事业单位，建于 1976 年，原是阳江县暗乙当林业采育场，属老杉区，是当时阳江县为了改善木材短缺状况而建立的全县杉树用材林区。为了更有效地保护森林资源，发展林业生产，1976 年 5 月，建立了“阳江县暗乙当采育场”，后称“地方国营阳东县阳东林场”，现称“阳江市阳东林场”，是目前阳东区唯一一个国有生态林保护区。

林场承担保护和培育森林资源等生态公益服务职责，建设森林公园，保护林区内森林物种的多样性；负责辖区内森林防火、林业有害生物防治、区域良种示范、种质资源保存和创新、生态监测、科技示范等。并可协助完成林业资源规划、监测、保护、科技推广等工作，同时增强生态功能，推动生态公益林规模。

(3) 森林资源

1976年，林场林木多以杉树为主，在近20年间，种植树种以松树，高脂松为主。全场林业用地53000亩，森林覆盖率89%，森林蓄积量15.5万立方米，其中省级生态林45000亩，商品林7000亩。森林植被优势种为黧蒴栲、鸭脚木、山乌桕、黄毛榕、簕仔树、猴耳环、枫香等。

林场物种多样性丰富，保存有国家重点保护的珍稀濒危植物虎颜花、金钱莲、沙椤等3种。有许多昆虫类、爬行类、鸟类、兽类动物，其中国家重点保护动物有穿山甲、蟒蛇。

(4) 经济发展

林场于1976年成立，动员10000多人以大会战形式入场开山种杉。1986—1992年，林场依托辖区及周边丰富的木材资源进行木材收购、加工和销售，及林木生产等的经营活动。1992年至今，开始种植阔叶树及湿地松。目前，由于林地大都是人工中幼龄生态林，未能采伐，因此林场主要工作以护林为主。林场为充分发挥山区优势，因地制宜发展特色农业，培育阳东特色产业，增加群众收入，2013年林场建设了的面积约10000亩的益智种植示范基地。目前益智种植还属于投产阶段，没有经济收入，政府每年定额补助40万元。

(5) 基础设施

林场办公用房面积300平方米，建于20世纪70~80年代的简易平房，建筑标准很低。职工住房建于80年代，共有60多间，建筑面积共1000平方米，是泥砖瓦面结构，经过多年的风吹雨打、白蚁侵害，现在基本成为危房，林场干部职工住房很困难。

(6) 自然灾害

林场没有冰雪灾害，少有严重的暴雨、泥石流、台风等灾害。

(7) 山林权属

阳东林场前身在50年代归珠环公社管理，属杉树老区。1963年已列入全省杉树重点林区公社之一。1976 年成立“阳江县暗乙当采育场”，即现在的“阳东林场”。林场自 1976 年建立以来，所管辖的 52300 亩林地的权属一直没有变化。

（8）林场大事记

1976 年，杨东林场创建。

2010—2011 年期间，实施危旧房改造工程，这一工程实施，解决了共 43 户林场职工住房困难问题，改善了居住条件。

3.3.3 花滩林场

（1）基本情况

花滩林场于 1956 年 3 月建立，位于广东省阳春市西山地带，距阳春市区 18 千米，与阳春市的圭岗、永宁、陂面、春城、马水五镇接壤。地理坐标为北纬 22° 12′ ~22° 15′，东经 111° 41′ ~111° 45′之间，地势东南高、西北低，较为陡峭，属高山丘陵地带，亚热带季风气候。林区群峰叠嶂、溪流纵横，是阳江市漠阳江的主要源头之一，水资源非常丰富。

林场现有人口 1200 人，所辖林地面积约 55000 亩，丘陵占 99.8 %，森林蓄积量 21.48 万立方米，主要树种以杉、松、楠木、桉树为主。到 2015 年 12 月 30 日，林场资产总额 2025 万元，总负债 3113 万元。

（2）体制变革

花滩林场在 1956—1962 年属省办省属林场，定位为国营事业单位，以消灭荒山植树造林，促进林业发展为宗旨。1962—1983 年，省林业厅委托湛江地区和阳春县双重管理，属省办市、县管理的林场。1983 年底至 1988 年，划归江门市，归口江门市林业局管理，属省办市管林场。1988 年后，划归阳江市，归口阳江市林业局管理，属省办市管林场。

花滩林场建场至今，属全民所有制独立核算、自负盈亏、自收自支性质的经营事业单位。2011 年实行事业单位分类改革后定性为公益三类事业单位。

（3）森林资源

1975 年资源清查，林场经营面积为 64004 亩，林地面积 63000 多亩。1982 年新一轮的稳定山林权后，当年林场的林地面积为 58403 亩。2015 年林场的森林资源数据库显示，林场经营总面积 55121 亩，林地面积 55016 亩，非林地面积 105 亩。

1975 年林场的森林蓄积量为 17 万立方米，1987 年森林蓄积量为 17 万立方米，2015 年森林蓄积量为 21.48 万立方米，森林覆盖率达 97.84%。

花滩林场地处西山山脉中，森林茂密，据不完全统计：林内有野猪、黄猄、穿山甲、金钱龟、蟒蛇、银环蛇等野生动物。建场初期，有华南虎栖息出没，当时为保障人员安全，曾捕杀 4 只老虎。

（4）经济发展

木材生产：1976—1986 年，林场共采伐优质木材 95572 立方米，是粤西著名的杉木生产基地之一。1986—1992 年间，每年生产木材在 13000 立方米。1992—1997 年，林场通过活立木拍卖的形式，由中标公司采伐，采伐量在 20000 立方米以上。1998 年林场采用中幼林转让和拍卖、林地承包，林木成熟后由承包者自行采伐，每年的采伐量为 14000 立方米左右。随着国有林场的重新功能定位，以保护生态为主，2015 年林场的采伐量 7800 立方米。

林下经济：林场自建立之初，就发挥自力更生、艰苦奋斗的精神。1961 年，在国家经济困难，停止投资时，种植木薯等林下作物，度过难关，当年采收木薯 50000 千克。1970—1985 年，又分别在适宜的林地种植春砂仁、菠萝等林下作物。花滩森林茂密，各种树木开花众多，林下蜜蜂养殖是林场干部职工的首要副业。2015 年起，林场在争取上级项目资金支持，发展林下种植铁皮石斛、金花茶等，开拓创收渠道。

1993 年，林场经省林业厅批准成立“花滩森林公园”，公园范围就是林场全境，因林场经济困难，直至 2015 年起，启动森林公园建设，建设公园入口“花滩森林公园”牌坊、桃花岛、观光亭、环水库绿道等生态旅游项目一批。

（5）基础设施

花滩林场总部坐落在林场的太平坳，于 1974 年建设竣工。有 1 幢 3 层楼房，钢筋水泥结构，办公用房面积 896 平方米。职工住房主要分布在各工区和总场周围，大部分属 20 世纪 80~90 年代建设的钢筋水泥结构楼房，合计住房面积 9280 平方米。2012 年，对职工住房进行了危旧房改造工程，职工居住条件大为改善。

花滩林场的林区公路建设发展迅猛，从 70~80 年代初，林场的主线和支线已基本开通，至目前为止，全场拥有等级公路 44 千米，林区公路 150 千米，林道 500 千米。

（6）山林权属

花滩林场依据阳春县人民委员会通告（〔56〕营林字第 12 号）规定的范围，以及省林业设计院到现场测绘，在 1956 年 9 月底将整个要绿化的 14 万亩荒山测量好，作为林场的规划经营范围。接下来，1957—1958 年又将部分林地划给周边乡民造林。为进一步明确山林权属，林场在 1982 年办理山林权证。2006 年和 2014 年，林场已依规办理新版林权证 53046 亩，进一步明确和稳定了林场的经营范围和权益。

1980—1986 年间，林场与周边村委会和村民协调解决了山林纠纷 8 宗。

（7）林场大事记

1955 年 7 月，阳春县委委派杨佐康为组长的 8 人筹建小组，到圭岗、永宁动员群众转让山地建设国营林场，并由阳春县县长王祥彬签署山地转让合同书。

1956 年 2 月，广东省林业厅勘测队对花滩作出建设林场总规划。

1956 年 3 月开始建场，场址在花滩寨河对面，名称为“国营花滩林场”。

1958 年 1 月，省林业厅林业勘测队共 400 人进驻花滩林场参加绿化造林运动。

1962—1983 年，省林业厅将林场委托给湛江市和阳春县双重管理。

1974 年 7 月，林场的总部由花滩寨搬到太平坳（如今的场址）。

1983 年 1 月 3 日，花滩林场发布第一号文件，开展封山育林。

1984—1988 年，省林业厅将花滩林场划归给江门市，归口江门市林业局管理。

1987 年 12 月，林场为了实行多种经营，发展第三产业，走林工商发展道路，于 1984 年开始在春城筹建的集商场、旅业、餐厅于一体的 5 层大楼“春花楼”，1988 年 1 月开始营业。

1988 年 10 月，阳江设立地级市，花滩林场划归阳江市，归口阳江市林业局管理，正科级建制。

1990 年 1 月，成立了“花滩实业公司”，至 1995 年底，由于经营不善和市场等诸多因素而停业。

1990 年 8 月，“花滩林场造纸厂”建成试产，1992 年 8 月开始转入个人承包经营，至 2014 年 6 月因纸厂污染问题被迫停产。

1991 年 5 月，阳江市委、市人民政府决定将花滩林场由正科级升格为副处级建制，为市属事业单位，归口阳江市林业局管理。

1993 年 7 月，经省林业厅批准建立“广东花滩森林公园”（省级），花滩林场与森林公园实行“两块牌子，一套人马”的经营管理体制。

2011 年 10 月，国营花滩林场定位为副处级公益三类事业单位。

2012 年 12 月，完成林场危旧房改造工程。

2014 年 9 月，国营花滩林场更名为“阳江市花滩林场”。

2015 年 5 月，由国画大师关山月题名的“花滩森林公园”牌坊建成，由此，林场转型向森林公园建设和生态旅游的方向发展。

3.3.4 河尾山林场

(1) 基本情况

河尾山林场成立于 1957 年，直属湛江地区，属森工企业单位，现阳春市国营河尾山林场为市直属事业单位。林场西面与茂名市电白县接壤，南面与阳西县相邻，北面以八甲镇为界，东面与河口龙门镇相连 。林场总面积 236377.5 亩，森林总蓄积量 115 万立方米，森林覆盖率为 98.7%。现有人员总数为 243 人，其中在职人员 132 人，退休人员 106 人，临时聘用人员 5 人。

1986 年以前，林场经济来源主要是进行木材经营生产。1999 年之后，林场响应绿化广东的号召进行封山育林，并建立鹅凰嶂自然保护区，以资源管护和生态建设为职能，经济来源主要是国家发放的生态公益林补偿款。林场森林资源和水资源都非常丰富，林业生态保护作用十分明显，是阳春市南部重要的绿色生态安全屏障。

(2) 体制变革

1957 年，国营河尾山林场成立，直属湛江地区，属森工企业单位。1984 年 7 月，由于体制改革，市管县，因行政区域变动，湛江地区的国营河尾山林场被划分为两部分。其中归属电白县管辖的划归茂名市国营河尾山林场管理，归属阳春县管辖的划归阳春县国营河尾山林场管理。

2016 年，经阳春市机构编制委员会会议 (纪要〔2016〕2 号) 明确林场为正科级公益二类事业单位，为市直属事业单位（正科级），企业管理，业务委托阳春市林业局管理。核定事业编制 65 名，其中场长 1 名，副场长 3 名，人员经费按财政补助二类拨付。

(3) 森林资源

林场总面积 236377.5 亩，其中林业用地 233371.5 亩（生态公益林面积 215646 亩，商品林面积 17725.5 亩），森林总蓄积量 115 万立方米，森林覆盖率为 98.7%。

河尾山林场地处热带和南亚热带的交汇处，物种资源丰富，据调查，有国家 I 级重点保护植物 1 种，国家 2 级重点保护植物 13 种；被列入《濒危野生动植物种国际贸易公约》(CITES) 附录的保护植物共计有 7 科 39 属 66 种；被列入《中国植物红皮书》的有 22 科 25 属 25 种，其中濒危的 7 种，渐危的 16 种，稀有的 2 种。林场共记录到的各类珍稀濒危动物 38 种，其中国家二级重点保护动物 23 种。

（4）经济发展

1985 年开始，林场对木材进行采伐利用，并在 1985—1991 年成立乔连木材加工厂，对木材加工成木方、木板销售。到目前，林场生产木材约 15 万立方米，木材收入累计约 3000 多万元。

1986—1999 年，林场先后举债建成 3 座电站，同时，因负债经营也制约了林场的发展，2000 年不得不将碧波电站转制为职工股份电站，将所得资金偿还部分银行债务。1991 年，在月光潭工区种植黄榄果树 750 亩，发动职工承包林地种植果树，累计种植果树 1500 亩，取得了较明显的经济效益。

1999 年以来，林场以生态资源及生态环境保护管理为主。林场的收入也以生态公益林补偿费为主，生态公益林补偿款从 1999 年的 38 万元逐年递加到 2015 年的 395.9 万元。

（5）基础设施

建场初期，除场部办公室为砖瓦房外，其余各工区都是石瓦房。2008 年 3 月，林场与保护区管理处一起，由原八甲乔连官地坪迁至河口下双月光潭，林场与保护区管理处合署办公。2010 年，国家实行危旧房改造，林场在仙家洞、月光潭工区原址重建新宿舍楼，建筑面积 3000 平方米，维修加固了龙门、河口木材站及潭水坳、仙家洞、石瓮头宿舍，维修加固面积达 2200 平方米，使在场职工居住条件大为改善。

河尾山林场林区公路主要的有 4 条，共有 51 千米，已硬地化 29 千米。目前，场部和各工区供电除桐油工区的供电已接入当地镇电网。

（6）自然灾害

2013 年 5 月，河尾山林由于降雨量大，时间长，造成林场马头湾电站渠道塌方，经济损失约 200 多万元。2008 年 9 月 24 日和 2013 年 8 月 14 日，因为台风使林木不同程度受到损害。到目前，林场严重的病虫害是 1992 年松毛虫灾害，林场高简工区受灾松树面积达 2000 多亩树木干枯。

（7）山林权属

河尾山林场的辖区总面积 236377.5 亩，有山林权证的为 222632.9 亩。

山林权证登记换发证中，出现 3 起纠纷：一是与潭水镇塘尾村村委会有争议的林地面积 13744.6 亩；原有的林权证被市政府收回，待重新确权。二是保护区草塘保护站罗耀坪的 1413.5 亩林地，林场有 1982 年阳春县人民政府颁发的山林权证，而三叶农场有 1991 年阳春县人民政府颁发的山林权证，双方提出争议。三是河口镇上双村委会对与河尾山林场的山界有争议，涉及山林面积 4000 多亩；八甲镇联合村委会要求重新划定山界，涉及林地面积 1000 多亩。

（8）林场大事记

1984 年 11 月，根据阳春县委常委会研究决定，成立“中共阳春县国营河尾山林场委员会”。黄敦翠、古志灵、冯明便为阳春县国营河尾山林场第一届委员会委员。

1999 年，阳春市人民政府开始筹划在河尾山林场建立自然保护区。

2000 年 7 月 26 日，经阳春市人民政府批准，建立阳春八甲大山县级自然保护区（春府复〔2000〕9 号）。

2000 年 10 月 16 日，经阳江市人民政府批准，建立阳春八甲大山市级自然保护区（阳府复〔2000〕4 号）。

2001 年 3 月 7 号，经阳江市人民政府批准，“阳春市八甲大山市级自然保护区”更名为“阳春鹅凰嶂市级自然保护区”（阳府复〔2001〕3 号）。

2004 年 1 月 12 日，经广东省人民政府批准，“阳春鹅凰嶂市级自然保护区”升格为“广东阳春鹅凰嶂省级自然保护区”（粤府函〔2004〕9 号）。

2005 年 6 月 20 日，广东省机构编制委员会批准成立广东阳春鹅凰嶂省级自然保护区管理处，为副处级事业单位，核定事业编制 15 人。

2006 年 11 月 8 日，经广东省人民政府同意，广东阳春鹅凰嶂省级自然保护区进行范围调整（粤林函〔2006〕625 号）。

2015 年 9 月，根据《广东省委、省人民政府关于印发〈国有林场改革方案〉的通知》（粤发［2015］9 号）要求，林场多次召开改革座谈会，并召开了职工代表大会，汇同市编办、人社局和林业局等相关职能部门进行多次协商，经阳春市机构编制委员会会议（纪要〔2016〕2 号）明确，林场为正科级公益二类事业单位，归口市林业局管理。核定事业编制 65 名，其中场长 1 名，副场长 3 名，人员经费按财政补助二类拨付。

4. 粤北地区

4.1 韶关市国有林场

（1）基本情况

韶关市国有林场建场主要集中于20世纪50~90年代，现有38个国有林场，其中：6个市属林场，32个县属林场。

6个市属国有林场历经省、地、县3级管理，80年代相继归市属市管，属于公益三类事业单位。在2013年全市事业单位改革中，全部改为经营服务类事业单位，自收自支，拟转企。后得益于全国国有林场改革，于2016年2月改为公益一类事业单位。

32个县属国有林场，其中有2个在20世纪归市属市管，2002年和2004年分别下放为县属县管，自收自支事业单位。由于全国国有林场改革，2016年上半年，有20个林场改为公益一类事业单位（2个被合并），4个林场改为公益二类事业单位，7个林场转企，1个林场不参加改革。

韶关市国有林场经营总面积约190万亩，林业用地面积约183万亩。现有干部职工约3570人，其中：在职人员1530人，离退休人员2040人，长期聘用人员200人。在职人员人均每月工资3000元左右，退休人员人均每月养老金1800元。由于林场退休人员人数众多，退休金较少，民生问题突出；林场产业结构单一，多数林场仅靠砍伐木材或生态公益林补助维持日常开支，严重制约着林场的健康发展。

表4-1　韶关市国有林场

权属	单位名称	建场时间（年）	隶属单位
市属	韶关市国有河口林场	1962	韶关市林业局
	韶关市国有仁化林场	1956	韶关市林业局
	韶关市国有曲江林场	1918	韶关市林业局
	韶关市国有华溪林场	1961	韶关市林业局
	韶关市国有九曲水林场	1960	韶关市林业局
	韶关市国有韶关林场	1964	韶关市林业局
县属	韶关市武江区国营樟源林场	1979	武江区林业局
	韶关市武江区国营江湾林场	1973	武江区林业局

续表

权属	单位名称	建场时间（年）	隶属单位
县属	韶关市浈江区林业局花坪林场	1987	浈江区林业局
	韶关市曲江区国营小坑林场	1971	曲江区林业局
	乐昌市大瑶山林场	1973	乐昌市林业局
	乐昌市龙山林场	1962	乐昌市林业局
	南雄市国营帽子峰林场	1957	南雄市政府
	南雄市山门林场	1972	南雄市林业局
	南雄市泷头林场	1974	南雄市林业局
	国营铁龙林场	1959	翁源县政府
	翁源县老隆山林场	1975	翁源县林业局
	新丰县司茅坪林场	1975	新丰县林业局
	新丰县岳城林场	1963	新丰县林业局
	新丰县亚婆髻林场	1983	新丰县林业局
	新丰县雪山林场	1983	新丰县林业局
	仁化县长江林场	1961	仁化县林业局
	仁化县五马寨林场	1986	仁化县林业局
	仁化县红城林场	1979	仁化县林业局
	仁化县霞山林场	1990	仁化县林业局
	仁化县小榻水林场	1972	仁化县林业局
	仁化县长坑林场	1961	仁化县林业局
	国营刘张家山林场	1956	始兴县政府
	始兴县林业局龙斗輋林场	1957	始兴县林业局
	始兴县林业局坪丰林场	1971	始兴县林业局
	始兴县林业局隘子林场	1992	始兴县林业局
	始兴县林业局司前林场	1992	始兴县林业局
	始兴县林业局深渡水林场	1997	始兴县林业局
	始兴县林业局澄江林场	1991	始兴县林业局
	始兴县林业局罗坝林场	1992	始兴县林业局
	始兴县林业局沈所林场	1991	始兴县林业局
	始兴县林业局马市林场	1992	始兴县林业局
	始兴县林业局江口林场	1996	始兴县林业局

（2）国有林场隶属关系变化

1988 年初，广东省调整部分行政区划后，部分市管林场的隶属关系相应有所变动。调整前，韶关市共有市管林场15个，分别是：韶关林场、曲江林场、河口林场、刘张家山林场、仁化林场、铁龙林场、九曲水林场、英德林场、长江坝林场、金鸡林场、铁溪林场、杨梅林场、小龙林场、涡水林场和龙坪林场。调整后，清远从韶关分出，英德林场、长江坝林场、金鸡林场、铁溪林场、杨梅林场、小龙林场、涡水林场、龙坪林场等7个林场归清远市管辖。新丰县从广州市划到韶关，华溪林场归韶关市管辖。至此，韶关市共有韶关林场、曲江林场、河口林场、刘张家山林场、仁化林场、铁龙林场、九曲水林场、华溪林场等8个市属林场。2002年和2004年，刘张家山林场和铁龙林场分别下放为县属县管。目前，韶关市共有市属林场6个。

（3）关于国有林场的大事记

1974年7月，韶关地区革命委员会根据广东省革命委员会的文件精神，发出《关于进一步加强国营林场管理的通知》，确定韶关地区24个国营林场（局）实行分级管理。

1975年，由省林业厅有关部门带队在小坑林木场实地拍摄《广东省小坑林木场迈大步》，反映20世纪70年代伐木工人生产和生活的中央新闻记录片。

1986年6月，韶关市人民政府批准成立韶关市国营林场管理处，再次确定市境内国营林场的管理权限。

1992年9月，小坑林场经林业部批准成立了“小坑国家森林公园”，开始探索生态转型之路。

1993年5月，经林业部“林造批字〔1993〕89号文”批准，在国营韶关林场建立韶关国家森林公园，实行“两块牌子、一套班子”的管理体制。

1993年7月，经省林业厅批准，成立刘张家山省级森林公园。

2006年9月，为落实韶关市人大《关于将市区皇岗山、芙蓉山、莲花山纳入城市生态公园规划、建设和管理议案的决议》，市人民政府批准成立韶关国家森林公园管理处，负责皇岗山、芙蓉山、莲花山规划建设和管理工作，与国营韶关林场一体办公。

2009年9月，韶关国家森林公园获省林业局、旅游局联合评选的广东省森林生态旅游示范基地称号。

2010年5月初，韶关市遭受严重洪涝灾害，民政部、国家减灾中心、省农业厅、省国土厅、省水利厅、省民政厅等部门相关领导到铁龙林场察看灾情，指导救灾工作。5月9日，中央政治局委员、广东省委书记汪洋和广东省委常委、省委秘书长徐少华在韶关市委书记徐建华、市长郑振涛等陪同下，到铁龙林场龙化工区视察灾情，指导救灾工作。

2010年底，根据国家、省下发的关于国有林场危旧房改造工作的通知精神，韶关市正式启动国有林场危旧房改造工程，全市国有林场共完成改造889户，其中：其中市属林场286户，县属林场603户，总投资6902.5万元。

2012年3月，国家林业局场圃总站张周忙副总站长率检查组到小坑林场检查油茶良种基地建设项目建设与管理、林木良种苗木培育补贴试点工作和种苗执法各项制度落实情况。

2012年6月和7月，时任韶关市委书记郑振涛和广东省林业厅厅长张育文分别视察曲江林场南华工区珍贵阔叶树种示范基地。

2013年9月，根据《中共韶关市委办公室、韶关市人民政府办公室关于印发〈韶关市市直事业单位分类改革方案和有关配套政策〉的通知》（韶办发〔2013〕28号）文件要求，整合韶关市国营林场管理处、韶关市国营林场管理处林业调查规划设计队、韶关市林业公路管理站、韶关市森林病虫害防治检疫站，组建韶关市国有林场管理处，加挂韶关市林业有害生物防治检疫站、韶关市林业公路管理站、韶关市林业调查规划设计队牌子，为市林业局管理的副处级公益三类事业单位；6个市属林场由"国营XX林场"更名为"韶关市国有XX林场"，为市林业局管理的正科级经营服务类事业单位。

2016年2月，根据《韶关市机构编制委员会办公室关于调整市属国有林场类别等问题的批复》（韶机编办发〔2016〕41号），将"国营韶关林场"更名为"韶关市国有韶关林场"，市国有林场管理处和6个市属林场调整为公益一类事业单位。

4.1.1 河口林场

（1）基本情况

河口林场建于1962年12月。林场位于广东省始兴县司前镇，林场地处中亚热带，南岭山脉大庾山南缘，始兴县南部丘陵地区，北接始兴县深渡水瑶族乡自治区，南临始兴县隘子镇。地理坐标为东经114°04′22″~114°12′15″，北纬24°50′51″~25°00′01″。林场地质从大地形划分，属于低山，土壤发育母质是花岗岩、页岩、砂岩。

林场现有林业用地72261亩，蓄积量40.3万立方米，森林覆盖率83.4%。职工总人数163人，其中在职51人，离退休89人，长期聘用23人（签订固定期限合同9人、无固定期限合同14人）。林场经济收入情况良好，2015年总收入达到1290万元，实现利润357万元。2015年底，林场总资产约3362万元，其中流动资产1355万元。没有拖欠工资和社保，林场经济呈盈余状态。

（2）体制变革

韶关市国有河口林场创于1962年12月，当时称广东省始兴县河口林场，1965年改称国营河口林场。20世纪70年代初期为广东省国营河口林场，1984年以前是属省、地、县3级管理，1985年，广东省人民政府委托给韶关市林业部门直接管理至今，为韶关市林业局直属六大国有林场之一。2014年3月，根据韶关市直事业单位分类改革精神（韶机编办〔2013〕171号），国营河口林场正式更名为“韶关市国有河口林场”，为正科级经营服务类事业单位。2016年2月4日，韶关市机构编制委员会办公室批准韶关市国有河口林场为正科级公益一类事业单位（韶关市财政补助一类）。

2016年以前林场为自收自支事业单位，为国家培育木材资源。2016年2月随着全国国有林场改革，改革定性为韶关市公益一类事业单位，主要维护和提高森林资源生态功能。林场经营体制有两种，分别为国有林地经营和与附近生产队联合经营。

（3）森林资源

1962年建场时总经营面积为56666亩。1985年山林政策落实，有证面积56666亩。1989年，林场活立木总蓄积量24万立方米，速生丰产用材林3000亩。1995年，林场活立木总蓄积量31万立方米，杉树占活立木总蓄积量的40%。2003年，林场活立木总蓄积量37.2438万立方米，杉树占活立木总蓄积量的32%，松树占活立木总蓄积量的29%，其他占活立木蓄积量的39%。2014年，林场活立木蓄积量40. 3万立方米，杉树占活立木总蓄积量的38%，森林覆盖率达83.2%。

林场野生高等植物有香樟、红锥、杜仲、水杉、红豆杉、半枫荷、竹柏、楠木等。野生动物资源有兽类、鸟类、爬行类、两栖类及昆虫。有黄猄、野猪、白腹锦鸡等野生动物，其中国家重点保护动物有蟒蛇、穿山甲、猫头鹰、水鹿、白鹇等。

（4）经济发展

林场初成立时，根据国民经济的需要，主要种植经济林，以经营种植木本油料（油桐）为主。1973年以后，林场改变经营方针，砍去油桐改种松和杉，将30000亩油桐林改造成为用材林。由于造林方式粗放，木材生产能力差，林场经营状况一般。为了增加职工收入，林场实施多种经营，种番薯、玉米、花生，养猪、养鸡、养鸭。

1985年起，林场创新经营，以培育速生丰产林为经营目标，实行岗位责任制，把林地承包给职工个人。林场开始利用科学技术为林业服务，从选育良种、培育壮苗、综合开发等各方面增加科技含量。1988年后，河口林场56666亩的林地上，生长着杉树、松树、阔叶树、青梅、桃、李、年柑等，森林蓄积量可观。多种经营方面，通过陆续开设酒厂、碾米厂、兴办炮竹纸厂、木器加工厂、锯板厂等，进一步增加林场经济收入。

近几年来林场经济收入情况良好，2014 年总收入达到 962 万元，其中木材收入 643 万元，占总收入的 67%；多种经营收入 124 万元，占总收入的 13%；专项资金拨款收入 195 万元，占总收入的 20%；总支出 915 万元，实现利润 65 万元。2015 年总收入达到 1290 万元，其中木材收入 706 万元，占总收入的 55%；多种经营收入 120 万元，占总收入的 9%；专项资金拨款收入 464 万元，占总收入的 36%；总支出 1020 万元，实现利润 357 万元。

（5）基础设施

场部建筑总面积 8587.32 平方米，其中，办公面积 1941 平方米。办公楼为 20 世纪 80 年代所建，3 层，砖混结构，2015 年进行了一次加固维修，办公设备齐全。建厂初期，林场职工住房为泥砖房屋，简陋、狭窄。80 年代林场新建住宅 6142.32 平方米，共 79 户受益；2012 年利用危旧房改造专项资金对 79 户职工居住房进行了改造。近年来，林场扩建了招待所，将招待所 3 楼改建成职工文体活动场所。

省道 S244 贯穿林场，场部位于省道旁，林场离县城 39 千米。林区内公路达 12.66 千米，机耕路和简易作业路发达，交通方便。

（6）自然灾害

林场建场至今，于 1976 年和 2008 年遭遇两次大雪，林木资源受损严重，暴雨泥石流灾害少有发生。林场地处亚热带季风气候区，每年均有台风影响，但因地处粤北山区，受台风影响较小。

（7）山林权属

林场现经营山林由国有部分和联合部分组成。其中，国有部分于 2001—2002 年更换了中华人民共和国新一代林权证，林场林权证总经营面积为 56666 亩；联合部分为 1996—1997 年，林场与生产队集体开展山林联合经营，或以租地或以分成的形式联合经营，联营期限为 40~50 年，联营林地总面积为 15595 亩（含已确权的 13057 亩和未确权的盘坑九峰山 2538 亩）。

林场联营山林中盘坑九峰山 2538 亩林地，因当地生产队一直没有去办理林权证，至今权属不明晰。

（8）林场大事记

1962 年 12 月，创建广东省始兴县河口林场。

1965 年，改称国营河口林场。

1970 年，改名为广东省国营河口林场。

1985 年，改名为国营河口林场。

2014 年 4 月，更名为韶关市国有河口林场。

2016 年 2 月，定性为韶关市公益一类事业单位。

4.1.2 仁化林场

（1）基本情况

仁化林场于 1956 年 6 月成立，位于仁化县城北部 6 千米，四周界址：东边与丹霞街道办事处的胡坑、官口、康溪村委会为界，南边与丹霞街道办事处的康溪、新东、狮井村委会为界，西边与小榍水林场为界，北边与城口镇厚坑村为界，林区内有一座锦江水库。

现林场林业用地面积 16 万亩，森林总蓄积量 87.39 万立方米，森林覆盖率达到 85.56%，主要树种是杉木和马尾松。共有 108 户，总人口 432 人。到 2016 年 5 月，有职工 231 人，其中在职在编职工 76 人，在职编外职工 24 人，退休职工 131 人。林场有代管村委 1 个，自然村 3 个，农业人口 380 人。林场为自收自支的经营方式，以木材生产为主要经济来源。2015 年总收入达 1426 万元，总支出 1267 万元，略有盈余。

（2）体制变革

建场初期，林场地位为经营型林场，主要从事林业生产。2013 年 10 月，根据韶关市机构编制委员会（韶机编办〔2013〕170 号）文件精神，国营仁化林场更名为韶关市国有仁化林场，为韶关市林业局直属管理的正科级经营服务类事业单位，隶属韶关市林业局，接受韶关市国有林场管理处管理。2015 年下半年，根据中共中央 国务院、省、市的国有林场改革方案，仁化林场进行国有林场改革。2016 年 1 月，根据韶机编办发〔2016〕41 号文件，韶关市国有仁化林场调整为公益一类事业单位，经费按财政补助一类拨付，林场主要以植树造林、森林抚育、森林防火、森林病虫害防治、森林治安和生态建设为主要职责。

（3）森林资源

林场成立初期，国有林地面积有 12.7 万亩，1964 年将小榍水工区林地 2.5 万亩划给仁化县林业局。1992 年，仁化县在林场林区内的锦江修建锦江水库，淹没林地约 7000 亩。现国有林地面积为 94000 亩，合作造林林地面积 40000 亩，农村集体林地 30000 亩；森林总蓄积量 87.39 万立方米，森林覆盖率达到 85.56%，主要树种是杉木和马尾松。

林区内野生动物有 34 目 84 科 180 属 249 种，昆虫 300 多种，其中国家重点保护动物有 29 种。

(4) 经济发展

自建场以来，上级政府为林场拨款约 2000 多万元，主要是生态公益林、碳汇林等专项资金投入。据林场 2015 年统计，1980—2015 年，林场经营收入累计 24356 万元，平均每年收入 695 万元，林场以木材收入为主。

林场也发展过其他产业，不过都不理想。1970—1993 年，仁化林场在林区内河流中建了两座水电站，解决了部分职工的就业，增加了林场收入。1994 年后，由于仁化县在林场林区锦江河建立锦江水库，淹没了林场的两座电站。而后林场没再建立任何水电站。20 世纪 80~90 年代，林场也建立了木材加工厂，对林场木材进行深加工，增加了木材产值，后来由于木材市场变化导致经营不善，现已承包给私人。现在，林场已无任何其他产业。

(5) 基础设施

仁化林场成立之初，办公室仅仅是几座茅草房，工作条件非常差。1960 年后，林场兴建了泥砖瓦房，70 年代后建了红砖瓦房，1980 年兴建了砖木混泥土 3 层瓦房，1988 年又建了一栋钢筋混泥土的 2 层楼房。2009 年，对原来的办公楼重新进行装饰。现在，林场场部办公楼只剩下 1 栋 2 层钢筋混泥土 2 层办公楼，其他办公楼渐成危房已拆除。

1989 年，林场在仁化县城兴建了退休工人宿舍区，27 户退休工人住上了 90 多平方米的套房。1993 年在林区内的干部职工全部搬到场部居住。1994 年林场又在仁化县城企岗山兴建了在职职工的宿舍区，改善了 30 户干部职工的居住条件。

林场成立之初，林区内各工队、工区之间的道路都是崎岖的乡间小路，连自行车都不能通过。2011 年又在原来的林区公路的进行公路硬底化改造，共建了 4.5 千米。2014 年，在原来的额基础上又增加了 2.5 千米的公路硬底化改造，大大改善了林场林区公路的交通便利。

（6）自然灾害

林场地处广东省北部，丘陵地带，时常受到自然灾害的影响。2008 年受冰雪灾害影响，2012 年受大风大雨影响，都造成了一定的经济损失。林场建场以来未发生过严重森林病虫害，每年以预防为主。

（7）山林权属

林场于 1956 年 6 月创建时，全场面积 12.7 万亩，权属全部属于国有，1964 年根据上级要求将小榍水工区林地 25000 亩划给仁化县林业局，1992 年锦江电站淹没林地 7000 亩，现国有林地 94000 亩。1977 年林场代管农村，集体林地 30000 亩。1986 年，林场与周边乡镇村联营办场，联营部分林地面积 40000 亩。至 2012 年，林场拥有国有部分和联营林地工办理换发了林权证 13.7 万亩。

20 世纪 90 年代末，林场与场属农村八旦丘村的村民就满洞、色垅背、卷筒坑等国有山林权属发生纠纷。后经县政府、法院、市中级法院处理协调，至今未发生明显山林纠纷。

（8）林场大事记

1956 年 6 月，国营仁化林场经广东省委农村工作部批准成立，由黄国范任场长。

1977年，仁化县人民政府将原城口公社高联大队划拨给林场，以场带队的形式管理。

1980 年，林场开始对干部职工宿舍进行改造，兴建砖瓦住房。

1987 年，为了响应绿化广东号召，林场与仁化县丹霞镇车湾、夏富、群乐、董塘镇河富村达成合作造林协议，造林 40000 亩。

1991 年，仁化县人民政府在林场林区内兴建锦江水库，水库建成后淹没林地 7000 亩，林区公路 15 千米，水电站两座。

1994 年，林场为改善在职干部职工的居住条件，在仁化县企岗山建成宿舍区，有 30 户干部职工搬入新居。

1997 年，经林场党委研究决定，停办林场子弟学校。

1998 年 9 月，林场进行 3 项制度改革，打破原有的工资制度。

2004 年 4 月，经市人事局批准，市局直属林场派出所人员过渡为国家公务员，作为专项公安行政编制。

2011 年 8 月，根据林场处决定，林场工资改革，由原来的“三项改革”工资制度套改回事业单位人事档案工资。

2013 年 10 月，根据韶关市机构编制委员会（韶机编办〔2013〕170 号）文件精神，国营仁化林场更名为韶关市国有仁化林场，为韶关市林业局直属管理的正科级经营服务类事业单位。

2016 年 2 月，根据韶机编办发〔2016〕41 号文件，韶关市国有仁化林场调整为公益一类事业单位，经费按财政补助一类拨付，实行收支两条线管理。

4.1.3 曲江林场

（1）基本情况

曲江林场创建于 1918 年（图 4-1）。现场部位于广东省韶关市曲江区马坝镇城东，辖属林地比较分散，林地从东南到西北跨越 100km。地理坐标为东经 113° 27′ ~ 113° 4′，北纬 24° 28′ ~ 24° 58′，东部工区与翁源县的铁龙林场接壤，南部工区与英德市沙口镇相连，北部工区与乳源、乐昌、仁化等县毗邻。林场地处亚热带季风气候区，地形多半为山地丘陵，坡度 10° ~ 35°，相对高差 50 ~ 200 米，土壤类型有山地红壤、低丘赤红壤、山地黄壤。

2015 年，曲江林场经营总面积 8099.3 公顷，活立木总蓄积量 598485 立方米，森林覆盖率为 85.65%，林木绿化率为 92.62%。林场干部职工总人数 270 人，其中在职人员 151 人，退休人员 119 人。2015 年，林场总收入 1647 万元，总支出 1584 万元，收支对比盈利 63 万元。

图 4-1　曲江林场新办公楼（2009 年 10 月摄）

（2）体制变革

1964年冬，广东省人民委员会发文确定曲江林场列入国家投资计划、管理。1965年春，韶关专员公署根据上级精神，决定对全区国营林场实行统一领导分级管理，将曲江林场交托曲江县代管，专署林业局负责生产，投资计划，部分统配物资供应和业务指导。1974年3月，韶关地区革命委员会确定，曲江林场由曲江县主管，地区森工局负责生产、投资计划，供应部分统配物资和业务指导。1984年12月，韶关市人民政府决定1985年始曲江林场由韶关市林业局直接管理。1986年6月，市人民政府再次确定，曲江林场人、财、物均由市林场管理处统一管理（实行人事由县管，其他业务由市林场处管理）。1999年，市人民政府明确曲江林场人事由市林业局管理，其他业务由林场处管理。2013年10月11日，经韶关市机构编制委员会办公室定性，林场为经营服务类林场。2016年2月4日，在全国国有林场深化改革之际，林场经韶关市机构编制委员会办公室定性为公益一类林场。

曲江林场曾经隶属省、市、县3级管理，1985年业务上划归韶关市国营林场管理处管理，1999年人事和业务关系全面理顺，归属市管，现为韶关市林业局直属国有林场。

（3）森林资源

至1987年，林场经营国有林地面积为59358亩。1986—1988年，曲江林场与农村签订林地使用协议，联办大面积造林4030.8公顷。根据2015年资源数据库，曲江林场经营面积8099.3公顷，其中林业用地面积7736.7公顷，非林业用地面积362.6公顷。其中，生态分益林面积765.5公顷，商品用材林面积6971.2公顷。

2015年，林场活立木总蓄积量598485立方米，其中幼龄林蓄积量21595立方米，中龄林蓄积量51405立方米，近熟林蓄积量76903立方米，成熟林蓄积量31327立方米，过熟林蓄积量403350立方米，疏林地蓄积量269立方米，散生木蓄积量992立方米，经济林蓄积量189立方米，“四旁树”蓄积量12455立方米。森林覆盖率85.65%，林木绿化率92.62%。

（4）经济发展

曲江林场经20世纪50~60年代主要以采伐生产原木为主，80~90年代引进少量个体经营户在林区进行木材粗加工，木材生产流通仍以原木为主。近几年来，曲江林场木材年生产量均在15000立方米左右，主要为松木和杉木，销售方式均为原木销售，年均收入800万元左右。林下经济收入主要是林地租金收入和松脂采集收入，年均收入约295万元。

近年，曲江林场的其他产业主要有以下几个方面：曲江林场场部位于曲江区城区，拥有一栋新型的8层综合办公大楼，于2010年将场部综合办公楼1~5楼进行竞标承包经营，每年租金收入28万元。2010年4月，曲江林场对辖属沙溪工区进行整体承包经营，其中活立木转让收入1983万元，林地每年每亩租金100元，一年林地租金共56万元。2010年6月，投资280万元，在县城繁华路段购买了5间铺面，用于出租经营，至今收益良好。投资510万元在曲江区樟市镇购买了一座水电站，装机容量660千瓦，年均收入50多万元。

近几年来，曲江林场通过联营合作、出租经营等方式发展林下经济的项目有林下种植、林下养殖等两个方面，上级划拨的财政资金主要用于营造林、中幼林抚育、林业公路建设、危旧房改造和饮水安全工程建设等项目，上级政府投资年均300万元左右。

（5）基础设施

1964年曲江林场迁址到南华旧场址后，场部办公用房为砖瓦房。林场场部新综合办公楼于2009年10月建成并投入使用。2010年根据国有林场危旧房（棚户区）改造工程的部署和要求，林场对职工住房进行改造，其中30户为翻新加固，9户为原址重建。2012年7月已全部完成改造并落实入住。

2004—2013年，修建13千米长林区公路，现在林区交通方便。曲江林场13个工区均解决了电网生活用电问题。

（6）自然灾害

曲江林场历史上时常遭受暴雨，山上也经常有塌方发生，泥石流较少发生。2005年，辖属联办暖水湖工区发生一起泥石流事件，造成两名民工死亡。林场地处亚热带季风气候区，受台风影响较小，历史上未出现因台风而发生的较大事故。曲江林场森林病虫害主要是松毛虫害和松材线虫病害，

（7）山林权属

1956年6月，曲江和大旗岭造林站合并组建成国营曲江林场。1964年5月，广东省林业厅将曲江林场分为曲江和韶关两个国营林场，曲江林场迁址南华。以上时期均为管理国有林地。目前，国有林地面积4068.5公顷。

1986—1988年，曲江林场为响应广东省“五年消灭荒山，十年绿化广东”的号召，与农村签订林地使用协议，联办大面积造林4030.8公顷。

（8）林场大事记

1918年，曲江林场建立。

1929 年，更名为南华模范林场。

1934 年，更名为广东省建设厅农林局第一示范林场。

1954 年 1 月，划归广东省林业厅管理，改称粤北林场。

1956 年 6 月，撤销粤北林场，曲江和大旗岭造林站合并组建成国营曲江林场。

2014 年 3 月，更名为韶关市国有曲江林场。

4.1.4 华溪林场

（1）基本情况

华溪林场创建于 1961 年（图 4–2）。位于广东省中部，韶关南部的新丰县境内，地理坐标为东经 114° 01′ 00″ ~114° 04′ 00″，北纬 23° 55′ 00″ ~23° 58′ 00″。东南面与从化市交界，东南角与惠州龙门县接壤，其余坐落在新丰县梅坑镇内。林场属中亚热带海洋性气候，林地属于低山高丘地形，海拔 350~1000 米之间，土壤属山地红壤及黄壤，肥力中等呈酸性。

华溪林场经营面积为 1299.3 公顷，全场活立木总蓄积量 65061 立方米，森林覆盖率 90.46%。2015 年末，林场在岗职工 21 人，退休人员 34 人。

图 4–2　华溪林场办公楼

（2）体制变革

1961 年，华溪林场由广东省投资创办，隶属韶关专区林业局管辖，1964 年后被划为Ⅲ类林场（属看管类型），生产发展受到限制。1975 年新丰县划入广州市，林场因地理原因跟着划入广州市，隶属广州市林业局管理。华溪林场坚持以林为主，加快林业基础设施建设，同时大力发展多种经营项目。1987 年新丰县重新划回韶关市，华溪林场又隶属韶关市林业局管理，按照森林经营管理方案有计划地组织林业生产，林场逐步恢复并进入稳定发展。

2005 年，经韶关市事业单位登记局核准设立登记为事业单位事业法人，明确华溪林场的主要职责：负责组织实施植树造林、森林培育、森林防火、森林病虫害防治、森林治安、生态公益林的保护和林地管理工作；华溪林场由经营型林场过渡为公益型林场。2013 年 10 月，根据韶关市机构编制委员会（韶机编办〔2013〕170 号）文件精神，国营华溪林场更名为韶关市国有华溪林场，为市林业局管理的经营服务类事业单位，正科级。2016 年 2 月，根据韶机编办发〔2016〕41 号文件精神，将韶关市国有华溪林场调整为公益一类，经费按财政补助一类拨付，实行“收支两条线”管理。

（3）森林资源

华溪林场经营面积为 1299.3 公顷，其中林业用地面积 1250.6 公顷，非林业用地面积为 48.7 公顷。全场活立木总蓄积量 65061 立方米，森林覆盖率 90.46%。商品林面积 946.3 公顷，占林业用地面积的 76%，其中，用材林面积 858.3 公顷，占商品林的 90.7%，经济林面积 12.8 公顷，占 9.3%。生态公益林面积 304.3 公顷，占林业用地面积的 24.3%。在林分蓄积量中，用材林蓄积量 51704 立方米，占 97.5%；生态公益林蓄积量 13357 立方米，占 21.5%。

林场内分布有穿山甲、白鹇、猫头鹰、黄猄、水鹿、蟒蛇等野生动物。

（4）经济发展

林场于 1961 年由广东省投资创办，曾隶属韶关林业局管辖，1964 年被划为Ⅲ类林场（属看管类型），生产发展受到限制。

林场发展园林、林果等种植和松脂采集为目前林下经济体的同时发展林场周边的农户和少数民族养殖户发展蜜蜂、禽类养殖等多类型林下经济，打造以林为主的林下种植、林下养殖和森林景观利用相结合的主体林业经营新模式。

（5）基础设施

20 世纪 90 年代，林场在县城筹资建造职工住房，每户 100 多平方米，解决职工住房问题。林场场部1993年搬迁到华溪工区，建造2栋3层的办公楼和住宿楼，面积1050平方米。2000年，建造了一栋新的办公楼，3层约700平方米，用于办公，原办公楼用作职工住宿。2007年为华溪派出所新建了1栋2层350平方米的独立办公楼。

林场有105国道通过华溪工区，有省道新青公路通过蕉园工区，场部设在华溪工区，交通十分便利。

（6）自然灾害

林场地处北回归线以北，属中亚热带海洋性气候，极少受到严重的自然灾害。病害虫害主要是国外松和马尾松普遍是松毛虫、松突圆蚧、天牛等，苗木虫害主要是金龟子、蟋蟀、小地老虎、白蚁等。由于林场综合防治做得好，多年来未发生形成规模的森林病虫害。

（7）山林权属

1961创建林场时，全场经营面积1242.1公顷，权属为国有部分，90年代通过与林场周边乡、镇、村联营办场，联营部分176.7公顷。林业用地按林地使用权分国有林1078.9公顷，集体176.7公顷。在上级政府的支持下，基本上处理了山林纠纷，目前边界线清楚，林权稳定。

林场在国有林场改革前，林地林木确权发证只有70%，多处小地名林地长坑、大潭角、尖山、上坳等因合同纠纷未确权发证。到2016年3月，增加林地林木确权发证6264.17亩，确权率达98.7%。

（8）林场大事记

2013年10月，根据韶关市机构编制委员会（韶机编办〔2013〕170号）文件精神，“国营华溪林场”更名为“韶关市国有华溪林场”，为市林业局管理的经营服务类事业单位，正科级。

2015年，中共中央 国务院印发《国有林场改革方案》和《国有林区改革指导意见》。国有林区和国有林场是我国最重要的生态基础设施，在过去主要是以砍树伐木，经营木材为主，这次改革就是要改变这一局面，实现两大历史性转变，一是保护生态，二是保障职工基本生活。

2016年2月，根据韶机编办发〔2016〕41号文件精神，将韶关市国有华溪林场调整为公益一类，经费按财政补助一类拨付，实行“收支两条线”管理。

4.1.5 九曲水林场

（1）基本情况

九曲水林场初建于1958年，地处韶关市翁源县城龙仙镇城西6千米，东部、南部与龙仙镇交界，西部与北部分别与六里镇、江尾镇相邻，与10个村委会的林地毗邻，林场地形比较复杂，以山地、高丘为主。

1958年，龙仙公社在九曲水创办龙仙公社林场。1960年3月7日，龙仙公社党委批文同意，将龙仙公社林场移交给国营龙仙林场（设在县城龙仙）经营。1961年春，国营龙仙林场搬迁到九曲水建场，更名为“国营九曲水林场”，原国营龙仙林场改称“龙仙苗圃”（又名果木大队）。2013年末林场有职工51人，其中科技人员12人（内有工程师5人，助理工程师5人，技术员2人）。林场现有林业用地53805亩，森林蓄积量25万立方米，森林覆盖率88.4%。

（2）体制变革

1958年，龙仙公社在九曲水办龙仙公社林场。1960年3月7日，龙仙公社党委批文同意，将龙仙公社林场移交给国营龙仙林场（设在县城龙仙）经营。1961年春，国营龙仙林场搬迁到九曲水建场，更名为“国营九曲水林场”。原国营龙仙林场改称“龙仙苗圃”（又名果木大队）。1963年体制下放，九曲水林场由省下放给县管。1983年，省林业厅下文把九曲水林场收归市管。2013年10月，根据韶关市机构编制委员会（韶机编办〔2013〕170号）文件精神，国营九曲水林场更名为韶关市国有九曲水林场，为市林业局管理的经营服务类事业单位，正科级。2016年2月，根据韶机编办发〔2016〕41号文件精神，将国有九曲水林场调整为公益一类，经费按财政补助一类拨付，实行“收支两条线”管理。

（3）森林资源

1989年，林场林业用地1470公顷，有林地1340公顷，森林蓄积量99322立方米，主要树种以杉木、马尾松为主。现在，林场总经营面积为3724.1公顷，其中国有部分1388.9公顷、联营部分2335.2公顷，森林总蓄积量24.9万立方米。林业用地面积3587公顷，占96%，非林业用地面积137公顷2，占4.0%。按林种划分，林场商品林总面积2956.9公顷，占有林地面积79.4%，生态林面积630.1公顷。占有林地面积70.6%。

林区内保存有多种野生动植物，其中国家重点保护植物有香樟、红豆杉、杜仲、野生荔枝、红锥等；国家重点保护动物有穿山甲、白鹇、猫头鹰、黄猄、水鹿、蟒蛇等。

（4）经济发展

1980 年，林场的人工林开始主伐，至 1992 年，共生产木材 19043 立方米，木材和林副产品收入 846 万元，为建场以来国家投资 130 万元的 6.3 倍。

自建场后的 55 年里，政府为林场投入资金 2000 多万元，用于每年进行的植树造林和森林抚育。根据 2015 年统计，1980—2015 年经营收入累计 7857 万元，平均每年收入 224.3 万元，木材收入约占 88%。

（5）基础设施

林场建场初期，办公室临时设置在山脚草棚。1989 年，林场修建了 6 栋共 2500 平方米的楼房，作为办公和职工集体宿舍用房。2010—2011 年，林场拆掉场部的危房，筹集 300 多万元建造了 42 套现职职工安居房，每户住房面积 94 平方米，住房条件得到改善。

林场成立时，林区通往县城和省道的道路只是一条羊肠小道。2003 年，公路硬底化铺设完成，其中 15 千米经过林场，道路变成 7 米宽的 2 车道公路。

（6）自然灾害

2008 年强对流天气连带暴雨导致林场山塘水库崩塌，造成大量树木折断、倒伏，农作物受损，经济损失较大。建场以来，林场没有发生较大的森林火灾，也还未发生过明显的森林病虫害。

（7）山林权属

1960 年 3 月创建林场时，全场经营面积 1388.9 公顷，权属全为国有部分，80~90 年代通过与林场周边乡（镇）、村联营办场，联营部分 2335.2 公顷。到 2012 年，国有部分和联营林地共办理换发了林权证 4.58 万亩。

（8）林场大事记

2013 年 10 月，根据韶关市机构编制委员会（韶机编办〔2013〕170 号）文件精神，“国营九曲水林场”更名为韶关市国有九曲水林场，为市林业局管理的经营服务类事业单位，正科级。

2016 年 2 月，根据韶机编办发〔2016〕41 号文件精神，将国有九曲水林场调整为公益一类，经费按财政补助一类拨付，实行“收支两条线”管理。

4.1.6 韶关林场

（1）基本情况

韶关林场创建于1918年。林场场部位于韶关市浈江区南郊2千米，大部分林地环绕分布在韶关市区，主要包括皇岗山、老蟹山、莲花山，南起水浮莲塘，北至无底塘乌石岭。地理坐标为在东经113° 55′~ 114° 10′，北纬24° 26′~ 24° 43′。下设黄岗、东风、韶塘、苗圃、田心等5个工区。

现有经营总面积37362亩，有林地33130亩，森林蓄积量21.887万立方米，森林覆盖率89.19%。现有干部职工126人，其中在职人员28人，退休人员98人。林场内设9个机构，与韶关国家森林公园管理处合署办公。

（2）体制变革

韶关林场1964年由曲江林场划分出来时，隶属广东省韶关专署林业局管理。1973年广东省革委会下文正式将韶关林场委托韶关地区管理，一段时期，林场由韶关市郊区革委会代管。1981年韶关市革委会决定将林场改为隶属韶关市林业森工局管理，一直延续至今。1993年5月，经林业部批准，在韶关林场基础上建立韶关国家森林公园，实行“两块牌子、一套班子”的管理体制。2006年9月，为落实韶关市人大《关于将市区皇岗山、芙蓉山、莲花山纳入城市生态公园规划、建设和管理议案的决议》，市人民政府批准成立了韶关国家森林公园管理处，负责皇岗山、芙蓉山、莲花山规划建设和管理工作，林场与管理处一体办公。

建场时，林场被定为用材林基地，实行企业化管理，执行“以林为主、林副结合、综合经营、永续作业”的方针。1972年，企业化管理进一步加强，执行“以林为主、多种经营、全面发展”方针。1983年，林场被重新确定为正科级事业单位，经费自筹，实行企业化管理。2016年2月，林场调整为公益一类事业单位。

（3）森林资源

林场建场时经营总面积43068亩，1971年最大面积达49766亩，现为37362亩，其中国有林地30169亩。1964年建场时，林场有林地面积18560亩，总蓄积量1.6989万立方米，森林覆盖率不足40%。至2015年，有林地达到33130亩，总蓄积量21.887万立方米，森林覆盖率89.19%。阔叶林和阔叶混交林的面积12525亩，占有林地面积37.9%。现有公益生态林面积已达14430亩。

林场范围内分布的野生动物有哺乳纲8目22科47种；鸟纲14目37科144种；

爬行纲3目10科49种；两栖纲2目7科26种。其中国家一级重点保护物种4种，二级保护物种35种，国家公布的“三有”动物169种。

（4）经济发展

林场建立初期，因各项事业处于起步阶段，林木资源少，造林绿化任务重，财政给予了资金上的支持，1964—1973年间，政府财政每年投入平均46700万元。进入20世纪80年代，林场林木资源进入成熟收获期，政府减少了投入，林场加强企业化管理，经济自给自足，经济收入逐年增长。随着发展，生态效益为国家所重视，近年来财政不断加大投资力度，政府财政拨款在林场收入中的占比不断增加，林场的经济效益有所提高。建场之初，林场收入微薄，基本依靠政府补助，1972年全场年总收入仅28600元，1982年增至43.32万元，1993年215.7万元，2002年524万元，2015年为1046万元。

（5）基础设施

建场之初，林场仅有砖木结构的办公室约100平方，自行车1辆，无机动车辆。2015年，拥有以钢筋混凝土为主的办公楼、仓库、活动中心等办公用房754平方米，公务汽车3辆。建场时职工宿舍只有砖木房、工棚（茅棚）等总量不足500平方米。2014年，完成新建职工住宅楼2996平方米，职工宿舍总建筑面积达11576平方米，干部职工住房问题彻底解决。

林场场部位于韶关市南郊2千米，与市区连成一片，交通十分便利，目前场内林区公路59.1千米，林道和步道79千米，每公顷道路网密度达到23.7米。

（6）自然灾害

林场地处市区，松毛虫为害较为频繁，历年来都有面积或大或小的虫情发生。1979年松毛虫大发生，虫害面积达20000亩，仅手工抓虫茧就达2450千克。林场地处市区城乡结合地带，火灾频繁发生，1974年1年就发生火灾8次，受害面积4500亩。随着群众防火意识提高和林场护林防火工作力度的加大，森林火灾在近几年来得到较好地控制。其他自然灾害偶有发生，没有造成较大损失情况。

（7）山林权属

韶关林场林地大部分为国有划拨地，部分是与周边农村的合作林地。1990年韶关市人民政府颁发了山林权证14份，面积30169亩，全为国有林地。2005年山林权属确权发证时，周边部分农村村民不肯在确权文件上签字，林场确权发证工作遭遇到巨大阻力，至今未完全解决。

（8）林场大事记

1964 年 5 月，曲江林场一分为二，按行政区划界线，将属于韶关市区范围的林地分出，定名“国营韶关林场”。

1970 年，韶关市革委会生产组决定韶关市桐油场合并入韶关林场。

1973 年 2 月，广东省革命委员会下文，正式将韶关林场等国有林场委托韶关地区管理，林场更名为“国营广东省韶关林场”。

1981 年 1 月，韶关市革命委员会决定，将韶关林场由市郊委代管，改为隶属韶关林业森工局管理。

1985 年 1 月，根据广东省政府（粤府〔1984〕132 号）文件，关于下放国营林场由市、地直接管理的通知要求，韶关市人民政府决定，林场改名为“国营韶关林场”，由市林业局直接管理。

1993 年 4 月，经林业部（林造批字〔1993〕89 号文）批准，在韶关林场建立韶关国家森林公园，范围包括皇岗山、莲花山，规划面积 30161 亩。

2005 年 3 月 17 日，市人民政府制定《关于将市区皇岗山、芙蓉山、莲花山纳入城市生态公园规划建设和管理议案的实施方案》（韶府〔2005〕17 号），决定将芙蓉山和莲花山南片集体林地纳入韶关国家森林公园建设。

2009 年 9 月，森林公园经省林业局、旅游局联合评定为广东省森林生态旅游示范基地。

2011 年 11 月，建成莲花山绿道 6.1 千米，作为 2011 广东国际旅游文化节“绿道游”活动主会场。

2014 年 4 月 20 日，韶关林场危旧房改造新建松树岭住宅楼，解决 25 户未享受房改政策职工住房问题。

2015 年 12 月 9 日，经市十三届人大常委会第二十九次会议审议，同意市人民政府的《关于将皇岗山、芙蓉山、莲花山纳入城市生态公园规划建设和管理议案结案工作报告》，批准该议案结案。

2016 年 2 月 6 日，市编委印发《关于调整市属国有林场类别等问题的批复》（韶机编办发〔2016〕41 号），同意“国营韶关林场”更名为“韶关市国有韶关林场”，为市林业局管理的正科级事业单位，核定事业编制 28 名，调整类别为公益一类，经费按财政补助一类拨付，实行“收支两条线”管理。

4.1.7 樟源林场

（1）基本情况

樟源林场成立于1979年1月，地处韶关市武江区龙归西南部与曲江区交界处。现有林业用地面积8.3356万亩，其中生态公益林面积4.72万亩，占56%；商品林面积3.62万亩，占44%。森林覆盖率85%。

林场现有职工总人数39人，其中在编在岗职工8人，离退休职工11人，原曲江县林业局电站上班人员19人（2004年8月撤县划区前就不在林场上班，由林场负责购买社保），金韶关丰产林公司1995年8月借用1人，由该公司购买社保。

（2）体制变革

林场成立至2004年7月，隶属韶关市曲江县林业局管理。2004年8月，撤县设区，林场隶属韶关市武江区林业局。

建场初期，林场的经营方针为"以林为主，多种经营，综合利用"，当时是经营型林场。2014年，根据韶武机编〔2014〕77号文，武江区编办为林场重新定位，定为正股级经营服务类事业单位，核定事业编制6名。主要任务是管理国有林场林地，配合林业主管部门开展资源调查，林业统计并组织实施；保护森林资源，管护公益生态林，护林防火；林场转变成公益为主的林场。

（3）森林资源

建场40年来，林场发生了根本的变化，荒山残次林为主的林场，发展成为一个以次生阔叶林为主的具有高等级生态功能的林场。2016年5月，林场林业用地面积8.3356万亩，生态公益林面积为4.72万亩，占林场林业用地面积的56%，森林资源总蓄积量为25万立方米，森林覆盖率85%。

林场范围活动有黄猄、白鹇、雉鸡、短尾猴等珍稀野生动物。

（4）经济发展

近几年，为响应广东省号召，林场以生态为主，管护为主，林场林地至2016年5月生态公益林面积4.72万亩，占林场林业用地面积的56%。每年林场只砍伐2000多立方方木材，木材销售收入十多万元。林场一直以来受地理条件限制，没有开发其他产业。

(5) 基础设施

林场建立时，办公室为木板搭建的木房，职工没有宿舍，只能在山边搭建茅草棚居住。1981 年，新建了 8 套瓦房解决住房问题。1982 年，修建 2 层的钢筋水泥楼房，解决办公室和档案室用房。1997 年，林场新建 1 栋 4 层半的楼房，用于办公室和职工居住。

林场离镇政府有 20 千米，有 15 千米的路都是坑坑洼洼的黄泥路，属于林区公路。2000 年后，林场集资铺了水泥路共 12 千米，至今林场还有 3 千米的黄泥路没有硬底化。

(6) 自然灾害

建场以来，林场林木主要发生过少量马尾松毛虫病害。

(7) 山林权属

林场土地来源于原曲江县龙归镇续源村委、龙归村委和曲江县樟市镇径口村委，到目前为止，没有争议。

(8) 林场大事记

1991 年 5 月，林场成立工会，隶属韶关市曲江县总工会。到 2004 年 8 月撤县并区后无工会。

2004 年 8 月，曲江县撤县设区，林场隶属韶关市武江区林业局。

2005 年 1 月，成立樟源林场党支部，选举当时的场长为支部书记，成立时有党员 14 人。

4.1.8 江湾林场

(1) 基本情况

江湾林场于 1973 年 6 月成立，位于韶关市武江区的西部，北江支流的上游，地理坐标为在东经 113° 14′30″，北纬 24° 38′15″。林场原属曲江县小坑林木场的一个分场，之后脱离小坑林木场，成立曲江县国营江湾林场。1985 年实施镇场合一，以场带镇的模式管理经营。2000 年 7 月又进行镇、场分设，并于 2004 年 6 月撤县设区，同时划入武江区行政管理，成为武江区林业局下属的一个事业单位。

林场总人口120人。职工人数为106人，其中在职职工21人，离退休职工85人。林场经营总林地面积6.8万亩，森林覆盖率86%，活立木蓄积量15万立方米。

（2）体制变革

林场属于韶关市武江区林业局下属的一个县属林场。2002年，由曲江县林业局在撤县设区后，行政归属武江区，成为武江区林业局下属的事业单位。江湾林场在曲江县撤县之前设有4个工区和1个分场，由于各种原因现全部撤了。

（3）森林资源

林场现有林地面积6.8万亩。其中省级生态公益林3.6万亩，占林地面积的52.94%；商品林3.2万亩，占林地面积的47.06%，森林覆盖率86%，活立木蓄积量15万立方米。

（4）经济发展

目前，林场的经济来源主要有森工收入、上级补助款、公益生态林补偿、小水电站收入及林地流转的租金收入。因林业发展逐步由商品林向生态林转变，森工收入已明显减少，水电收入成为林场的主要经济支柱。林场有两宗小型水电站，总装机容量达570千瓦，对林场经济起很大作用。

（5）基础设施

林场办公楼是1栋2层砖混结构的楼房，建筑面积约250平方米。林场职工住房有5栋楼房，为是1户1居型。林场还有10多千米林区道路没硬底化，水是自来水，电是居民生活用电，通讯方便、能上网工作。

（6）自然灾害

由于场地处偏远高寒山区，冬季气温偏低，常受冰霜侵害，对树木的生长影响很大。

（7）山林权属

林场现有林地面积6.8万亩。林场所经营有林地资源都是从当地村集体租赁而来的，并与各村小组签订林地合作经营协议书，林木资源按协议分成，经营期限为永久。

近年来由于林场经营的林地有多个村小组，林地界至有些混乱，界至不清导致了一些林地的纠纷。经当地人民政府和上级山林调处部门的调解，处理了多宗山林纠纷。

（8）林场大事记

1985 年，镇场合一，江湾镇人民政府和江湾林场合为一体，实行以场带镇的林场经营模式。

2000 年，镇、场分开，林场独立经营。

2002 年，曲江县撤县设区进行区城调整，江湾林场划入武江区，成为武江区林业局下属一事业单位。

2008 年 5 月，林场按“精简人员，优化结构”的原则，对林场进行了职工下岗分流的改革。

4.1.9 花坪林场

（1）基本情况

花坪林场成立于 1987 年。当时响应广东省委“绿化广东，消灭荒山”的号召，由曲江县林业局牵头成立花坪林场。林场地处韶关市浈江区花坪镇，现有林业用地面积 1.66 万亩，森林覆盖率 55%。现有职工总人数 11 人，其中在岗职工 6 人，离退休职工 5 人。

（2）体制变革

林场建场初期，隶属韶关市曲江县林业局管理。2004 年 8 月撤县设区，花坪林场划入韶关市浈江区，隶属韶关市浈江区林业局管理。2012 以前，花坪林场为自收自支型事业单位，2012 年，浈江区编办给林场重新定位，转变为全民所有制企业。

（3）森林资源

建场 30 多年来，林场由原来以荒山残次林为主的情况变成了承绿荫遍地的现状，至 2016 年 5 月，林场的总面积为 16600 亩，以未成林林地为主，森林总蓄积量为 23000 立方米，森林覆盖率 50.2%，树种主要以松树为主。

根据调查，林场范围活动有野猪、雉鸡等野生动物。

（4）经济发展

林场在 1990 年修建果园，但由于一直以来入不敷出，林场在 2000 年后将果园转租给他人进行承包经营。2011 年，为盘活经济，林场建立苗圃场，面积 30 亩。

近几年，为响应广东省号召，林场以生态为主，管护为主，林场目前的营造林费用、管理费用和职工工资及社保全部靠采伐林木，销售木头所得。为解决林场经济的出路问题，2012 年全体干部职工一致同意转租部分争议林地，至今已转租林地约 1000 亩，解决林场部分经费开支。虽然林场林地转租解决了一些经费，但是无财政拨款，经费仍存在很大困难。

（5）基础设施

林场建场初期，办公室办公条件十分简陋，全部为土坯房。1992 年，林场职工越来越多，为解决住房问题，新建了职工宿舍楼，用于职工居住。2006 年，与花坪林业站共同新建办公楼。林场出资修建水泥路，实现林场道路硬化。

（6）自然灾害

林场建场以来，每年都有不同程度的火灾情况发生。为害林木的害虫主要有马尾松毛虫，林场在 1996 年爆发过一次大型虫害，受害面积约 6000 亩。

（7）山林权属

林场土地来源于原曲江县花坪镇花坪村委、石屋村委、长地头村委、奎塘村委，目前长地头村委与花坪村委部分林地存在争议，影响林场正常的营造林管理及采伐等事宜。

（8）林场大事记

2000 年，花坪林业站成立，林场部分职工调入花坪林业站任职。

2012 年，花坪林场定性为全民所有制企业 。花坪林场部分林地与当地村民进行联营。

4.1.10 小坑林场

（1）基本情况

小坑林场建于 1971 年 10 月。位于广东省韶关市曲江区小坑镇境内，地处韶关市曲江区东部，东经 113° 47′05″~113° 56′45″，北纬 24° 40′10″~24° 46′12″，毗邻始兴、翁源 2 县。小坑林场地处北回归线以北，属亚热带粤北气候区，位于南岭山脉南部。

现有林业用地 79383 亩，林木总蓄积量评估数达到 40 万立方米。现有干部职工

143 人，其中核定事业编制 18 人，合同制（聘请）职工 19 人，退休 106 人。

（2）体制变革

1971 年 10 月，原曲江县革命委员会以曲革发〔1971〕46 文，将曲江县上洞伐木场、金竹斜林场、大田林场合并成立曲江县国营小坑林木场，经营和管理小坑水库移民留下不受淹的土地和山林。1974 年 6 月，经韶关地委组织部批准成立“中共小坑林木场革命委员会”，同时将枫湾公社的上洞、黄洞大队，大塘公社的下坪大队，沙溪公社的和洞大队划入小坑林木场管辖，实行以场带队的管理体制。1983 年 11 月“小坑林木场革命委员会”改名为“中共小坑区委员会”，并设立小坑区公所（1987 年撤区建镇），实行镇场合一的管理体制，开始有党委、人大、政府 3 套班子结构。

1999 年 1 月，曲江县人民政府对小坑实行镇、场分设，小坑林场为正科级县属林场。2005 年 8 月，曲江县人民政府将小坑林场降为股级，划归为曲江县林业局直属林场。2014 年 9 月，韶关市曲江区执行韶曲机编〔2014〕77 号文，将小坑林场升级为副科级三类事业单位。

（3）森林资源

1984 年，林场林业用地面积 81966 亩，林木总蓄积量为 350365 立方米，其中杉木林面积 41790 亩、164210 立方米；松杂林等 40176 亩，蓄积量 186155 立方米。1997 年林业用地面积不变，评估林木总蓄积量为 61260 立方米，其中杉木林 40000 立方米；松杂林等蓄积量 21260 立方米。2015 年林业用地面积 79383 亩，其中国家公益林 31735 亩，地方公益林 21618 亩，用材林 26030；评估林木总蓄积量为 40.5 万立方米，其中天然林 28.5 万立方米，人工林 12.0 万立方米；森林覆盖率 91%。

天然林以柯斗、樟科、茶科、金缕梅科、木兰科的常绿阔叶物种为森林的建群种和优势种。小坑国家森林公园植物种类有 162 科 216 属 772 种。森林公园中国家重点保护及珍贵野生动物有：黄腹角雉、穿山甲、水鹿、毛冠鹿、小灵猫、白鹇、山瑞、蟒蛇、虎纹蛙、山羊等；另外，野猪常在林中出现，野兔、雉鸡、斑鸠等野生动物也常见。

（4）经济发展

1964 年以前以买青山，砍伐后还山，按材积计价，实行流动作业，只采伐不造林。1964 年以后，实现以场定居，以场轮伐，采育结合。

林场在 20 世纪 70~90 年代先后以场（镇）等部门办多种经营的形式，建设有松香厂、柑橘场、食用菌厂、养猪场，到大塘镇开办 3 条煤龙（矿）。

由于林场所处的小坑镇位于韶关市上游，境内有一座蓄水达 1.13 亿立方米的大型水库——小坑水库，属钦用水源保护区，生态区位重要，决定了林场必须走生态发展的道路。因此在 1992 年 9 月，林场就经林业部批准成立了“小坑国家森林公园”，开始探索生态转型之路。

近 2 年经济收入状况：2014 年主要收入来源为木材生产 2330 立方米，销售收入 171 万元，生态公益林补偿收入约 110 万元；2015 年主要收入来源为木材生产 3127 立方米，销售收入 174 万元、生态公益林补偿收入约 129 万元。

（5）基础设施

20 世纪 50~60 年代，木材运输除坪山伐木场外，全部使用水运，各采伐队均设有负责水运的放运工队。根据水系的不同，最后均水运至韶关北江码头。1962 年开始修建公路，以后随采伐的进度而同时修建林区公路，共修建林区公路 97 千米。

林场通过国有林场危旧房改造工程项目，林场干部职工的住房条件得到了根本的改善，水、电、通讯、道路也因纳入了地方建设得到了全面的改善。

（6）自然灾害

林场自建立以来，发生的然自灾害严重的有冰雪灾害 3 次，台风、暴雨、泥石流 2 次。严重的森林火灾有 3 次。

（7）山林权属

林场通过与生产队签订合同协议形式，共租用集体山林 19383 亩。林场购买山林（国有）60636 亩。

（8）林场大事记

1966 年底至 1967 年，文化大革命运动兴起，一支来自经始兴隘子的红卫兵革命造反派，先到始兴龙斗斜林木场，后到上洞伐木场，开展夺取资产阶级当权派运动，揪出了“资产阶级当权派”和“反革命分子”多达几十名，林木场生产陷于停顿。

1967 年底至 1968 年，军宣队进驻上洞伐木场，成立革命委员会，抓革命促生产，林木场生产开始恢复正常。

1974 年成立小坑林业科学研究所，第一任所长杨一兵，副所长黎潮，技术员黄奎星、庄县喜。

1974 年，庄县喜参加省、市林科所组织的韶关地区杉木选优工作，林场次年建设收集圃，为建设杉木初级种子园打下基础。

1975 年，由省林业厅有关部门带队，在林木场老二排一带实地拍摄《广东省小坑林木场迈大步》反映 20 世纪 70 年代伐木工人生产和生活的中央新闻记录片。

1976 年冬，曹代权带领雷打石工队的伐木工人冒着严冬大雪，生产几十立方米优质樟木，送到北京建设毛主席纪念堂。

1977 年年底，省林业厅组织的林业系统干部职工代表到北京参观毛主席纪念堂，林场职工曹代权作为伐木工人代表，怀着对伟大领袖毛主席无限敬仰、怀念和哀悼的心情瞻仰了毛主席遗容。

1978—1981 年，为解决干部职工家属和子女就业，在新田面工队成立小坑林木场“五七”家属农场，家属农场以耕作新田面一带的农田种植水稻为主，同时负责附近的采伐迹地造林和抚育任务。

1989 年，林场“杉木初级种子园”、“全国杉木地理种源试验林”、“杉木单亲子代测定林”成为 1989 年全国杉木种子园课题年会参观现场。

2011 年 1 月，省林木种苗管理总站站长王登峰到小坑林场杉木、油茶良种基地检查指导工作。

2011 年 12 月，国家林业局场圃管理总站行业处处长马志华率检查组来林场检查小坑林场油茶良种基地建设项目工作。

2012 年 3 月，国家林业局场圃总站副总站长张周忙率检查组来林场检查油茶良种基地建设项目建设与管理、林木良种苗木培育补贴试点工作和种苗执法各项制度落实情况。陪同检查的有省林木种苗管理总站站长王登峰，市林业局副局长潘海堂、曲江区副区长卜师带等领导。

4.1.11 大瑶山林场

（1）基本情况

大瑶山林场地理坐标为东经 113° 13′，北纬 25° 11′，处于大瑶山省级自然保护区的核心区；地处南岭山脉以南，属于中亚热带季风气候，具有南亚热带与中亚热带过渡性的特点，土壤类型属于山地红、黄壤肥沃土质，非常适宜于杉、松、阔叶常绿树种生长。

（2）体制变革

1977 年 9 月，将场部从原址新秦搬迁至滑石排，更名：乐昌县滑石排采育场。此期间处于计划经济年代，工作重点主要是：圆满完成上级下达的年度计划——生产木材采伐任务。1980—1987 年的工作重点是着力于造林绿化，消灭宜林荒山。职工由计时工资制改为计件、计时相结合的工资制度。1993 年，经乐昌县编制委员会批准，由原乐昌县滑石排采育场更名“乐昌县大瑶山林场”。2007 年 9 月，把第一线生产的职工，纳入巡山护林队伍管理，实行计时工资制，2012—2016 年，林场的工作重点是扩大生态公益林面积，加大生态公益林管护力度。目前，大瑶山林场隶属于乐昌市林业局，属全民所有制，实行自收自支，事业管理制度。

（3）森林资源

现大瑶山林场有林地经营总面积 30916 亩，森林蓄积量 19.5 万立方米，森林覆盖率 90%。其中生态公益林 21751.1 亩，占林地总面积的 70.4%；商品林面积 7950.4 亩（占林地总面积的 25.7%，）灌木林 1170 亩。省级自然保护区范围内面积 24195 亩，占林地总面积的 78.3%。

林场有野生高等植物 227 科 827 属、2048 种，其中国家重点保护植物有南方红豆杉、闽楠等 23 种；珍稀濒危保护植物有半枫荷、闽楠、华南锥等 12 种。脊锥动物有 18 目 42 科 96 种，昆虫有 662 种，属国家重点保护的野生动物有白鹇、褐翅，鸦鹃等 14 种。

（4）经济发展

木材生产是林场的主要经济来源，一直以来，根据市场需求和当地的地质气候条件，种植杉木周期短见效快，市场需求量大。种植松也是一种可行的选择，1989 年在太上坪、长迳、铜坑栽下了湿地松，湿地松生长快，可以采割松油，经济价值可观，但容易滋生病虫害。随着人民群众生态意识的不断提高，林业以木材生产为主向以生态建设为主转变。发展林下经济应该是目前林业经济发展、生态建设的重点。发展林下药用植物栽培开辟增收渠道，发展循环经济，巩固生态建设成果都具有重要意义。

林场滑石排工区位于深山幽谷之中，有上百年的古树，未曾涉足的天然林，空气清新，气候宜人，是渡假休养的绝好去处，适合开发旅游资源。

（5）基础设施

1987 年，林场在乐城镇鲤鱼岭西路购得一块 6.26 亩的山坡荒地，1990 年开始在此处建起了一幢四层 400 平方米砖混结构办公楼，1993 年场部办公室搬入。办公条件得到相应改善，通讯通畅，电脑、电话等一般办公设备都有配置。1988 年，林场在乐城鲤鱼岭新建砖混结构职工宿舍 1 栋 6 户 462 平方米，1992 年又以职工集资筹建了 1900 平方米 2 栋 24 户的砖混结构楼房，结束了老职工及家属、子女长期困居深山的历史。

全场现有林区公路 52 千米。长迳工区在 2008 年硬化了 10 千米公路。

（6）自然灾害

大瑶山林场自然灾害有冰雪、山洪、台风。2008 年林场经历了自建场以来最大、最强的冰雪灾害，造成经济损失 3000 多万元。2006 年 7 月暴雨引发山洪，林场直接经济损失 200 多万元。2013 年 8 月因台风损失 900 多万元。

主要病虫害有松毛虫和萧氏松茎象病害。2002 年，长坳工区、铜坑、长迳、太上坪的湿地松出现了大量的松毛虫。2003 年，白云洞、长迳工区的湿地松发现了萧氏松茎象的病害。

（7）山林权属

大瑶山林场最原始的林地源是 1973 年、1987 年、1988 年、1993 年以租赁方式获得。每份租赁合同都经乐昌公证处办理了公证手续，并在此后的“山林权证”换发证过程中予以确定：原山主只拥有林地所有权。大瑶山林场拥有所租赁的山林：林地使用权、森林或林木所有权、森林或林木使用权，按当时签定的协议条款按时按量进行结算租金。

4.1.12 龙山林场

（1）基本情况

龙山林场成立于 1962 年，场部位于广东省乐昌市东北部，地理坐标为东经 113° 28′，北纬 25° 12′。林场经营总面积 3467 公顷（其中含租赁林地 733.3 公顷），活立木总蓄积量 26 万立方米，其中人工林面积 2333.3 公顷，蓄积量 24 万立方米。林地主要分布在乐昌市廊田镇、长来镇、五山镇，仁化县石塘镇、红山镇、周田镇，海拔 130 ~ 1130 米，主要成土母岩为页岩、花岗岩和石灰岩。

龙山林场现隶属于乐昌市林业局。2016 年 1 月，乐昌市批准了龙山林场属公益一类事业单位，是国家重点杉木良种基地。目前在职职工 54 人，退休人员 71 人，在职中有专业技术人员 12 人，高级工程师 1 人，工程师 6 人，助理工程师 5 人，

（2）体制变革

龙山林场创建于 1962 年 5 月，由原九峰浆源林场和五山林场整合而成。1968 年，龙山林场因名字有“四旧”之嫌，改为“红卫林场”。1981 年，拨乱反正后，重新使用“龙山林场”名称。2016 年 1 月，林场正式调整为公益一类事业单位。乐昌市龙山国有林

场现隶属于乐昌市林业局。2016年1月，乐昌市批准了龙山林场属公益一类事业单位，实行企业管理，是国家重点杉木良种基地。

（3）森林资源

林场创建时，面积为15300亩。1984年后，陆续采取合作造林、租山造林获取林地资源，至2011年，龙山林场合计林地面积52000亩。林场生态公益林面积12151亩，占总面积的23%；林业科技试验示范项目使用林地面积32669亩，占总面积的63%。全场林木蓄积量23万立方米，森林覆盖率为90%。

（4）经济发展

2009年，乐昌市龙山林场成为第一批国家重点林木良种基地。2010—2015年分别获得国家良种基地补贴：95万元、75万元、135万元、115万元、115万元、150万元。2014年,《乐昌市龙山林场种苗生产基地基础设施建设》项目获得省级林业科技创新（种苗）专项资金（种苗部分）补助30万元。2015年,《乐昌市龙山林场保障性育苗》项目获得广东省省级林业科技创新（种苗）专项资金（种苗部分）补助20万元。

木材生产和销售是林场的首要经济收入。2010年以前，林场木材销售一直采取自行砍伐自行销售的形式。2010年，龙山林场借鉴兄弟单位的经验，首次实行了活立木转让销售。2011年，林场的木材销售全部采取活立木转让的形式，并逐步走向公开化、正常化。2012—2015年，木材收入分别为：497万元、699万元、655万元、465万元。

改革开放以来，林场坚持以营林为基础，大力发展第二、第三产业的方针，用勤劳的工作和创业精神，全力建设粤北现代林业试验示范基地，先后建设了龙山温泉休养所、矿粉原料加工厂、木材加工厂。

（5）基础设施

林场办公楼共有8间办公室，全部配有现代化办公设备，打印机、电脑、网络等一应俱全。林场场部及各大工区已全面通车，交通方便。

（6）自然灾害

2008年，林场遭遇了百年一遇冰雪灾害，大面积林地遭遇冻害，林木被冰雪压断。林场曾发生过的病虫害有萧氏松茎象病害、松毛虫病害、杉梢螟病害。此外林场几乎没有其他严重灾害。

（7）山林权属

林场现经营土地 53731.44 亩，其中国有土地 15293 亩，租借土地 38438.44 亩。

“林改”工作开展前，林场部分林地，都因边界不清、权属不清等问题发生过山林纠纷。10 多年来，林场依靠当地党政部门，进行深入调查了解，聘请律师顾问，依照国家政策和法律，实事求是地、妥善处理了多宗山林纠纷，维护了林场与周边农村的和谐关系。

（8）林场大事记

2009 年 1 月，龙山林场被列入国家重点林木良种繁育基地。

2010 年 1 月，国家林业局种苗站站长刘虹、广东省林业局种苗站、韶关市林业局、乐昌市林业局等领导莅临林场指导工作。

2016 年 1 月，经乐昌市编制机构委员会正式发文，将龙山林场调整为公益一类事业单位。

4.1.13 帽子峰林场

（1）基本情况

帽子峰林场位于南雄市境西北部，场部芳坑距离南雄市区 42 千米，国家 3A 级景区帽子峰森林公园就座落在这座深山林场之中。帽子峰林场坐落在南雄市西北部，地理坐标为东经 114° 06′ 08″ ~114° 11′ 01″，北纬 25° 15′ 20″ ~25° 18′ 57″。帽子峰林场地处南岭山脉与大庾岭交界的帽子峰上，属低山丘陵，坡度一般为 35° ~40°，北和西部与江西省大余县接壤，南至澜河镇锅坑、龙坑。

林场总面积为 2924.6 公顷，杉林 28000 亩，阔叶林 11000 亩，毛竹林 2500 亩，银杏 110 亩 8500 株，林间空地、河流 1996.5 亩。林场现有员工 609 人，其中在职员工 320 人，离退休员工 289 人。2015 年总收入 1999.85 万元，总成本费用 1998.44 万元，年税金合计为 119.9 万元，年利润为 14100 元。

（2）体制变革

从 1964 年起，帽子峰林场坚持“以营林为基础，采育结合，青山常在，永续利用”为方针。1973 年以来，帽子峰林场积极贯彻以林为主，多种经营的方针，利用山区资源，发展木材加工、小水电、养殖业、种植业、运输业，全面发展帽子峰林场经济，取得显著经济效益。

1987 年，帽子峰林场逐渐发展多种产业，参与大市场的竞争。1992 年，在县城组建翠屏企业总公司，先后办起了特种水产养殖场、经济动物养殖场、汽车修理厂、保健食品厂、工艺家具厂、建筑工程公司、装饰工程公司以及一批第三产业。改革开发以来，帽子峰林场大胆开拓创新，确立“以林为主，多种经营”的方针，大力发展林业、水电业、木材加工业、种植业。

（3）森林资源

帽子峰林场办场初期总面积为 5332.5 公顷 (79987.5 亩)。1993 年，人工林面积 1558.8 公顷，占有林地面积的 75%; 天然林、次生林面积 482.74 公顷，占有林地面积 23.22%。林分蓄积量 323550 立方米中，中龄林 20485 立方米，占 6.3%; 近熟林 61512 立方米，占 19% ; 过熟林 241553 立方米，占 74.7%。林场目前还拥有人工杉林 28000 亩，可继续采伐 20 年。

帽子峰林场树种繁多，资源极为丰富，用材林树种有 133 种，竹子有 12 种，药用植物有 168 种。分布有云豹、鸳鸯、穿山甲 、小灵猫 、眼镜王蛇、褐翅鸦鹃、猫头鹰、水獭、白鹇等珍稀野生动物。

（4）经济发展

林场林下经济主要种植过的有柑橘、香菇、草药、木耳以及苗木、花草等。近年来，前来森林公园旅游的游客越来越多。2011 年森林公园接待旅客近 40000 多人次，旅游收入约 23 万多元（未收门票）。2013 年森林公园接待旅客近 60000 多人次，旅游收入约 60 多万元。2014 年森林公园接待游客约 16 万人次，门票收入 480 万元，游客和收入比去年分别增加了 60%、186%。2015 年森林公园接待游客约 13 万人次，门票收入约 430 万元，游客数和收入比上年分别下降了 30%、15%。

2015 年林场总收入 1999.85 万元，其中木材销售收入 890.4 万元，电业收入 402.47 万元，旅游门票收入 434.2 万元，租金收入 34.21 万元，获上级补贴 238.57 万元。总成本及开支费用 1998.44 万元，其中林场成本费用 515.62 万元，电业成本费用 270.84 万元，旅游公司费用 340.58 万元，公司管理费用（含员工工资，医保、社保）807.3 万元。年税金合计为 11994 万元，年利润为 1.41 万元。

（5）基础设施

1987 年林场建成办公大楼一座，建筑面积约 260 平方米，共 5 层，有办公室 19 间，会议室 3 间。从 1981 年起，林场先后在鱼生坑、芳坑、县城、钟鼓岩等地兴建职工住宅楼，共建楼房42幢，建筑面积28503.98平方米，住房337套，半数以上的离退休职工和部分在职职工迁入县城市区。

林场公路建设自1958年兴建，至1987年，共建53.1千米，其中干线25千米，支线24.1千米。林场内建有较完善的机动车道26千米，步行道16千米。

（6）自然灾害

林场自建立后发生过3次大的暴雨、泥石流灾害，发生或一次严重的冰雪灾害。林场主要为人工杉林和天然混交林，没有发生过自然病害虫害。

（7）山林权属

林场总面积因邻近社队争议，多次被划去面积，共划去山林面积2489.11公顷。

4.1.14 山门林场

（1）基本情况

山门林场于1972年成立，隶属于县林业森工局，系事业单位，后于1994年12月8日经县人民政府批准转为企业。林场地处南雄市古市镇境内，地理坐标为东经114° 14′ 04″ ~114° 19′ 38″，北纬24° 57′ 00″ ~25° 01′ 10″。东与主田镇西洞村委会交界，西与古市镇丹布村委会接壤，南与始兴县澄江、马市镇毗邻，北与主田镇唐坑村委会相邻。

林场属亚热带季风气候，年降水量1600毫米，土壤为花岗岩、板岩发育而成的山地红壤，土壤质地为砂壤。现有林业用地面积25770亩，总蓄积量约15.18万立方米，其中生态公益林面积10060亩，占40%；商品林面积15710亩，占60%，森林覆盖率95%。林场现有职工总人数93人，其中在职职工58人，离退休职工35人。林场共设有1个场部，5个工区，1个护林防火检查站，1个护林防火哨所。

（2）体制变革

1972—1994年，林场为行政事业单位。1994年12月，南雄县人民政府批复了县林业局转换经营机制的方案，此后林场定性为企业。目前，林场隶属南雄市林业局，实行“企业化，自收自支”的管理体制。林场资源的保护和利用、营林抚育都由上级主管部门负责规划、协调、控制、服务和监督。

（3）森林资源

林场现有林业用地面积25770亩，总蓄积量约15.18万立方米，其中生态公益林面积 10060 亩，占 40%；商品林面积 15710 亩，占 60%，森林覆盖率 95%。

林场有野生高等植物 135 科 320 属 650 种，其中国家重点保护植物有香樟、喜树、银杏等 6 种，珍稀濒危保护植物有白桂木、春兰等 16 种。林场分布有脊椎动物 6 目 12 科 15 属 18 种，昆虫 186 种，其中国家重点保护动物有水鹿、白鹇、穿山甲等 5 种。

（4）经济发展

近年由于政府对生态建设的重视，在不同程度的对国有林场给予了政策支持，如燃油补贴、植被恢复费以及森林抚育补贴和碳汇工程造林补贴等。

由于林场进入生态功能区的林地占去了绝大部分，加上幼林地，可采伐的人工商品林少之又少，因此，木材收入只能维持林场正常支出的 30%。

（5）基础设施

林场仍然使用 20 世纪 80 年代初砖混结构的楼房作为场部办公用房。2011 年，林场 21 套危房改建，但仍然有 29 户还住在 70 年代末和 80 年代初所建的砖混瓦房里。

（6）自然灾害

林场历年来遭受过冰雪灾害和暴雨泥石流灾害，没有台风灾害发生，也未有过火灾。2006 年场部工区的林班曾经有过松象氏鼻虫，由于发现得早，治理得力，未曾大面积蔓延。

（7）山林权属

山门林场的林地来源主要是在 1971 年和 1973 年古市公社三角岭大队和小坑大队划入，共计 26379 亩。山门林场行政界内有 259.5 亩本属始兴县顿岗镇佛坳村所有，于 1984 年元月 19 日双方达成了权属协议。

4.1.15　泷头林场

（1）基本情况

泷头林场于 1974 年兴建，隶属县林业森工局，系事业单位（图 4–3）。1994 年 12 月 8 日，经县人民政府批准转为企业。林场地处南雄市水口镇境内，地理坐标为东经 114° 30′ 25″ ~114° 32′ 24″，北纬 25° 3′ 09″ ~25° 5′ 00″，东与江西全南交界，南与江头镇毗邻，西与水口镇泷头村接壤，北与南亩镇毗邻。

图 4-3　泷头林场

林场属亚热带季风气候，年降水量 1500 毫米，土壤为母岩发育而成的山地黄壤。现有林业用地面积 14333 亩，总蓄积量约 7.97 万立方米，其中生态公益林面积 4455 亩，占 31%；商品林面积 9878 亩，占 69%；森林覆盖率 98%。林场现有职工总人数 49 人，其中在职职工 34 人，离退休职工 15 人。林场共设有 4 个工区，一个护林防火检查站，一个护林防火哨所。

（2）体制变革

20 世纪 70 年代，在“农业学大寨”的形势下，遵照“绿化祖国”的精神，为改变南雄山河面貌，加速建设社会主义新林业，于 1974 年在水口兴办国营泷头林场，隶属于县林业森工局，系事业单位。1994 年 12 月 8 日，经县人民政府批准转为企业。目前，林场隶属于南雄市林业局，实行“企业化，自收自支”的管理体制，林场资源的保护和利用、营林抚育都由上级主管部门负责规划、协调、控制、服务和监督。

（3）森林资源

林场现有林业用地面积 14333 亩，总蓄积量约 7.97 万立方米，其中生态公益林面积 4455 亩，占 31%；商品林面积 9878 亩，占 69%；森林覆盖率 98%。

林场有野生高等植物 112 科 288 属 585 种，其中国家重点保护植物有闽楠、香樟、金毛狗、银杏等 9 种，珍稀濒危保护植物有兰科等 11 种。林场分布有脊椎动物 6 目 12 科 15 属 16 种，昆虫 193 种，其中国家、省重点保护野生动物有水鹿、穿山甲、鹰类、褐翅鸦鹃、白鹇、池鹭等 15 种。

（4）经济发展

2012 年，林场更名为“肇庆市国有北岭山林场”。同年，《肇庆市鼎湖山周边纯松林生态改造》项目被列入肇庆市 2012 年 10 件惠民实事。林场的大部分资金来源都来自木材收入，由于国家对生态建设的重视，林场也积极响应上级的号召，把林场的部分林地划入了生态公益林和营造碳汇林。由于原始森林需保护，林场尚有4000多亩的幼林，可采伐林木的面积不多，目前林场难以维持正常运转，木材收入只能维持林场正常支出的30%。

（5）基础设施

2008年改建了原来的旧办公楼，除财务办公室配有电脑等设施外，其他办公设施相对落后。2011年享受到了16套棚改房的政府资助，其余的是20世纪80年代所建的砖混瓦房，安全系数较低，工区的住房条件差。

（6）自然灾害

2008年的一场冰灾给林场造成了较大的经济损失，近2000多亩的中幼龄林受到不同程度的拦腰折断或整片倒伏。20世纪90年代初发生过较小的台风，未造成损失。建场以来，除2008年那场冰灾外，没有出现过重大损失的灾害；除毛竹林出现过虫害外，未出现其他病虫害。

（7）山林权属

泷头林场的林地最初主要是在1973年水口公社泷头大队1、2、4这几个生产队划入，共35000亩。泷头林场行政界内“黄猄印”约有400亩与江西全南陂头镇茶辽崠林场存在争议，其中有100亩于1996年10月达成了权属协议。

4.1.16 铁龙林场

（1）基本情况

铁龙林场地处翁源县西部，地理坐标为东经113°39′~113°45′，北纬24°25′~24°34′。东邻该县新江镇，南与英德市交界，西北与韶关市曲江区接壤，全场总面积96.5平方千米。1959年，经广东省人民政府批准设立“国营广东省铁龙林场”。1986年，设立乡人民政府。1993年，设立铁龙镇人民政府，实行镇(乡)场合“两块牌子，一套人马”的行政管理体制。2004年撤镇留场至今，林场管辖村委会改为农业工区。

全场在岗职工244人，退休人员260人。下辖3个农业工区和1个社区居委会，共33个村民小组，总户数2058户，总人口5962人，其中农业人口4756人。山林面积14万亩，耕地面积5400多亩。

（2）体制变革

1959年，经广东省人民政府批准铁龙建立林场，名称为“国营广东省铁龙林场”。1968年3月25日，铁龙林场革命委员会成立。1983年，全县撤销人民公社，成立区或镇，铁龙成立“翁源县铁龙区公所”，同时挂“翁源县铁龙区公所”和“国营广东省铁龙林场”两块牌子，实行一套人马，工作分工负责。1986年，区改乡，铁龙改称“翁源县铁龙乡人民政府”，同时挂“翁源县铁龙乡人民政府”和“国营广东省铁龙林场”两块牌子，实行一套人马，工作分工负责。1993年，乡改镇，铁龙改称“翁源县铁龙镇人民政府”同时挂“翁源县铁龙镇人民政府”和“国营广东省铁龙林场”两块牌子，实行一套人马，工作分工负责。2004年撤镇改场，称“国营广东省铁龙林场”和“中共铁龙林场委员会”，行政区域属新江镇。

林场经营体制为全民与集体并存，分别核算，自负盈亏，属翁源县国有林场。

（3）森林资源

林场林业用地面积8956.0公顷，其中生态公益林2458.3公顷，用材林6247.8公顷，薪炭林189.6公顷，经济林60.3公顷。林场活立木总蓄积量约35万立方米，其中中龄林约15万立方米，近熟林约10万立方米，成熟林约10万立方米，森林覆盖率达75.78%。

林场范围内有白鹤、水鹿、白鹇、穿山甲、雉鸡、刺猬、竹鸡、黄猄、野猪等珍稀野生动物。

（4）经济发展

林场木材主要以主伐、生产原木为主，根据用材林消耗量低于生长量和有利于调整森林结构的原则，确定采伐量，以确保森林资源的永续利用。从20世纪80年代初，林场开始主伐第一代的木材，主要是以本身的职工砍伐为主，木材由林场自寻销路，自己销售，这种模式一直延用到1996年才进行改革。从1996年开始，木材的采伐销售，由承包者实行包砍包销的模式林场制定出一个木材价格，林场按实际检尺木材数量收取木材款。林场每年砍伐约600亩人工林，出材约5000立方米，收入约500万元。从2012年开始，实行包青山的模式进行经营。

（5）基础设施

林场办公室大楼有3栋，面积3000平方米；职工住房450多套，其中，2010年投资1000多万元进行棚户区改造，新增5栋共75套，建筑面积8000多平方米的职工住宅楼。2004年，建有建筑面积2000平方米农贸市场一个。2013年底建成3770多平方米文体广场，设有2个蓝球场，4个羽毛球场，6套乒乓球场（台），10多套健身器材（室），绿化面积1000多平方。在创建卫生镇村工作方面，林场已建设有33个垃圾处理屋、一个垃圾处理中转站、一个大型垃圾填埋场，现有垃圾运输车辆一部、洒水车一辆。

实现村村通水泥路，修建水泥硬底化乡村公路或林区公路16条，二级公路6千米，3个公交候车亭。

（6）自然灾害

2008年，林场遭受了50年一遇的冰雪灾害，林木受灾面积达1388.5公顷，资源损失近50000立方米，直接经济损失达2490万元。2010年5月6日，林场又一次遭受百年一遇的洪灾，铁龙林场龙化工区2100亩农田中，有1900多亩过水。铁龙林场历年来对防火比较重视，辖区内未发生重大森林火灾。

铁龙林场的森林病虫害主要有杉天牛、杉木炭疽病、松毛虫、松线虫、华竹毒蛾等，发生范围较小，属零星危害，造成损失不大。

（7）山林权属

林场在建场之时，山林全部由3个当时的生产大队（即龙集、龙体、龙化）无偿划出，规划为铁龙林场建设范围，林场再根据每个大队的人口，划回一定比例的山林给村民作柴火山。林场范围内权属清晰，全部发放了林权证，历年来，比较少发生山林权属纠纷。

（8）林场大事记

1959年3月31日，正式挂牌成立国营铁龙林场。

1960年10月，成立铁龙林场武装部。

1963年1月，成立中共铁龙林场委员会。

1964年，当年造林达到10505.4亩，是铁龙建场以来造林最多、质量最好的一年，当年被评为省先进国营林场。

1983年，翁源县进行政社分设的体制改革，铁龙以场带队，设立了铁龙区公所。（1986年改为铁龙乡政府，1993年9月铁龙由乡改为镇，挂铁龙镇人民政府和国营铁龙林场两块牌子，实行一套人马。2004年12月撤镇留场）。

1985年下半年，铁龙利用本地资源，办起一间藤竹工艺厂。

1985 年，铁龙矿业开发总公司、铅锌矿开发公司、铁系颜料厂、木材综合加工厂、精选厂、企业办等 6 家企业单位相继成立，挂牌营业。

1987 年底，镇场已有人工造林 67000 亩，森林覆盖面达 57%，木材积蓄量达 30 万立方米，粮食总产量达 2483 吨，工农业总产值已突破一千万元。

2004 年 6 月 30 日，实施企业改制工作方案，由原来场属企业 10 个单位合并为 2 个单位即企业办、铁矿开发总公司，对原 60 多位企业干部职工进行安置、分流。

2004 年 12 月 21 日，按照县撤并乡（镇）的工作方案，撤销铁龙镇保留铁龙林场，设立中共铁龙林场委员会，行政区域归属新江镇。原铁龙镇龙集、龙体、龙化村民委员会改为铁龙林场龙集、龙体、龙化改为工区。

2007 年 3 月，铁龙林场引进金鑫科技发展有限公司、金典矿业发展公司、勤达矿业发展公司 3 个外资项目；引进马凹背、银山 2 个生态观光项目，合同引进资金达 8000 多万元。

2010 年 5 月 9 日下午，中央政治局委员、广东省委书记汪洋和省委常委、省委秘书长徐少华在韶关市委书记徐建华、市长郑振涛等陪同下，到铁龙林场龙化工区视察灾情，指导救灾工作。

4.1.17 老隆山林场

（1）基本情况

老隆山林场地处翁源县东部，地理坐标为东经 114° 06′~114° 15′，北纬 24° 18′~24° 46′，东邻河源市连平县松岭镇，南与韶关市新丰县黄礤镇交界，西北与该县龙仙镇相邻，全场总面积 29177.8 亩。

1975 年，经广东省翁源县革命委员会批准，成立老隆山林场。现全场在岗人员 29 人，退休人员 34 人，下属一个村小组，总人口 102 人，山林面积 17500 亩，耕地面积 54.4 亩。

（2）体制变革

老隆山林场坐落于翁源县东部，距离县城 25 千米，原属于翁源县附城公社青山村辖区。1975 年，翁源县革命委员会从各公社水利建设兵团抽调青壮年 200 人于当年 6 月 28 日成立老隆山采育场。1977 年经翁源县人民政府批准，挂牌为翁源县老隆山林场，隶属翁源县林业局领导；1980 年，因人员过多，为了持续发展，经县人民政府组成工作组对林场人员进行压缩，最后剩到 30 人。1982—2008 年，林场实行少砍多种的经营生产方式，以生态保护森林资源。2009年后，林场的山林面积全部划入青云山省级自然保护区。

（3）森林资源

林场林业用地面积29177.8亩，基中生态公益林面积25749亩，商品林面积3428.8亩。林场活立木总蓄积量约23.5万立方米，其中成熟林约10万立方米，近熟林约8万立方米，中龄林约5.5万立方米，森林覆盖率达98%。

林场范围内有白鹤、水鹿、白鹇、穿山甲、雉鸡、刺猬、竹鸡、黄猄、野猪等珍稀野生动物。

（4）经济发展

林场木材主要以主伐、生产原木为主，根据用材林消耗量低于生长量和有利于调整森林结构的原则，确定采伐量，以确保森林资源的永续利用。林场砍伐木材，以本身职工和民工砍伐为主，木材由林场统一销售。林场由于缺乏资金和技术，一直没有充分利用林下资源，所种植的夏橙、沙田柚、酸梅全部失败。

目前，林场收入主要有3部分：林木收入全年80万元，生态林年收入56万（其中苦竹坳村36万），其他收入每年约60000元。

（5）基础设施

经危旧房改造政策及全场干部职工努力，于2014年建设了1栋1300平方米办公室及职工住宿的综合大楼，每个办公室配备了空调、电脑等办公设施。通往林场的林区公路全部实现了硬底化，林场交通方便。林场通电、通水、通讯网络设施全覆盖。

（6）自然灾害

1994年，林场遭受了50年一遇的冰雪灾害，林木受灾面积达1.5万亩，资源损失近30000立方米，直接经济损失约300万。2002年，林场又遭受了百年一遇的洪灾，造成了林区公路多处塌方。老隆山林场对防火比较重视，历年来无森林火灾发生。林场的森林病虫害主要有杉天牛、杉木炭疽病、松线虫、华竹毒蛾等，所幸发生范围较小，属零星危害，造成损失不大。

（7）山林权属

林场建场时由龙仙镇苦竹坳村小组的山林面积全部划入老隆山林场经营管理。林场范围内权属清晰，全部发放了林权证，历年来，无发生山林权属纠纷。

（8）林场大事记

1975 年 6 月 28 日，正式挂牌成立老隆山采育场。

1977 年，正式挂牌成立老隆山林场。

1975—1980 年，林场一手抓砍伐，一手抓造林，全场干部职工及技术人员装米带粮，风餐露宿，扎根深山，基本完成建场之初的植树规划工作任务。

1981 年，为了林场的发展，在县人民政府指导下，进行了整改，核定林场的职工。

1982—2008 年，林场实行少砍多种的经营生产方式，以生态保护森林资源。

2009 年，林场全部山林面积划入广东翁源青云山省级自然保护区。

4.1.18 司茅坪林场

（1）基本情况

新丰县司茅坪林场地外丰城街道高桥村，司茅坪地理坐标为东经 114° 05′38″北纬 24° 04′15″，场部距离县城 16 千米。 1975 年，新丰县革命委员会为发展社会主义大林业，创建了新丰县司茅坪采育场。1979 年撤销采育场，改办新丰县司茅坪林场。

现有山林总面积 35073 亩，其中，生态公益林面积 33653 亩，商品林面积 1158 亩，非林业用地 262.5 亩，经济状况良好。

（2）体制变革

司茅坪林场于 1976 年 2 月 20 日由新丰县革委会从新丰县城郊公社高桥大队、文长大队、长陂大队，新丰县梅坑公社长坪大队划拨山林、土地而成立。目前林场定位为生态公益型林场，总面值 35073 亩，生态公益林 33653 亩。林场隶属于新丰县林业局，自收自支，靠生态公益林补偿资金维持运作，主要工作是巡山、护林、保护资源、防火等。

（3）森林资源

林场有林地 34810 亩，灌木林地 1333 亩，非林地 262 亩。林场森木总蓄积量 19 万立方米，阔叶林占 90%，针叶林 10%，森林覆盖率 97%。

林场野生动物资源主要有白鹇、雉鸡、鹧鸪、竹鸡、穿山甲、黄猄、野猪等。

（4）经济发展

司茅坪林场自建场后，一直靠自力更生，自收自支，政府无投资。

司茅坪林场是事业单位三类，靠木材生产、种果树维持林场的运作。林场 1976—

2005年靠木材收入运作。自2005年划入省级生态公益林后逐年减少砍伐量。2005—2010年靠小部分木材收入运作林场。2011年停止砍伐木材，林场已无木材收入。因林场未发展林下经济和森林旅游，目前靠生态公益林补偿资金维持运作。

（5）基础设施

司茅坪林场建有房屋3300平方米，其中办公楼606平方米，属混合结构。职工住房2694平方米，砖木结构，现成危房。

林场场部通往县城公路16千米，其中有2千米未达到硬底化，是林场20世纪70~80年代自力更生开通的林道泥沙林道公路。

（6）自然灾害

司茅坪林场冰雪灾害和台风影响比较轻微，暴雨泥石流比较严重。2015年5月20日，公路坍塌8处，下陷3处，清理土石方500多立方米，砌水泥沙石挡土墙124立方米。

2000年雷击引起森林火灾，过火面积80亩。自建场至今没发生严重病害虫害现象。

（7）山林权属

司茅坪林场山林土地的来源是1976年2月20日，新丰县革委会从新丰县城郊公社、高桥大队、文长大队、长陂大队，新丰县梅坑公社、长坪大队划拨而成。1976年，当时林场总面积为3655公顷，1977年县人民政府经过调换山林土地将林场作，总场及林科所范围，亚佛坑至赤黎山顶南至公路，北至天水，西至高桥墩山脚，高桥凹直至山顶水流向上山林，旱地等全部划回给高桥大队。细垠、中垠一片（水田13亩、旱地4亩、山林1200亩）由雷打石坑口至细垠田山嘴起，直上水流森木宠山顶（即牛坪垠山顶）天水为界，北至森森宠水：东至司茅坪河水，接至雷打石坑水，划给司茅坪林场，共调出1316.8公顷。

2009年11月17日，司茅坪林场与梅坑镇长坪村正下片发生山林权属纠纷，经协议化解。2011年11月12日，司茅坪林场与丰城镇高桥村第一生产小组发生山林、水田旱地纠纷，经协议化解。2013年1月23日，司茅坪林场与梅坑镇长坪村葛溪片发生山林权属纠纷，协议化解。2014年9月29日，与丰城镇高桥村大围6个村民小组发生山林、水田、旱地发生纠纷，已化解。

（8）林场大事记

1984年，广东省林业厅授予林场“绿化造林先进集体”称号。

1985年，共青团广州市委授予林场“先进集体”称号。

1986 年，广州市人民政府授予林场“植树造林先进集体”称号。

1988 年，全国妇联授予林场“三八绿化造林先进集体”铜牌奖。

1992 年，林场获全国妇联、林业部“全国三八绿色优质工程”奖。

4.1.19 岳城林场

(1) 基本情况

岳城林场始建于 1963 年，原名为葫芦岛(图 4-4)。是在县委、县人民政府关于“大办林场，发展采育场，大练山造林”的号召下成立的。

林场在新丰江源头之畔，位于新丰县城东面，离县城 8 千米。林场地形地貌四面环山，土壤肥沃，现有林地总面积 12000 亩，蓄积量 62571 立方米，森林覆盖率 96%。林场除抓好用材林的营造和抚育管理的同时，还利用山坑、坡地种植柑、橘、青梅、柚等果树，总面积达到 3.7 公顷。

图 4-4　岳城林场场部

(2) 体制变革

岳城林场原名叫葫芦岛，1963 年在县委、县人民政府关于“大办林场，发展采育场，大练山造林”的号召下成立的。目前，林场由经营型转变为生态管护型林场。

(3) 森林资源

林场以针叶林为主，其中阔叶天然林有樟木、青钩栲、黎木、枫树林木，总蓄积量 62571 立方米，森林覆盖率 96%。野生动物有黄猄 、蟒蛇、画眉、白鹤、燕子、穿山甲、芒鼠、麻雀、竹鸡、扑鸪、鹧鸪、雉鸡、大头龟、石蛤等。

（4）经济发展

1964—1965 年间，林场发展小规模经济林，利用山坑、坡地种植柑、桔、青梅、柚等水果，总面积 3.7 公顷。

目前，上级政府无投资，林场主要靠木材经营收入。木材生产只以经营原木、半成品加工为主，未开发森林旅游。生态公益林补偿资金维持职工缴交社保、发放工资。

（5）基础设施

林场现有钢筋水泥楼房 1200 平方米，职工人人有住房，生活用电、用水、通讯全覆盖。林场有林道公路 20 千米，方便巡山护林。

（6）自然灾害

林场自建立后未发生过冰雪灾害、森林大火、森林病虫害。

（7）山林权属

林场林地最初由县人民政府划拨，是县属林场，林地所有权，经营权，使用权全部归林场所有。原有林地面积 45000 亩，由县人民政府划拨给林场管理。1975 年，为了发展林业科研实验基地，划给县林科所 3000 亩，后来为了保护生态和森林资源，1997 年划 20000 亩给鲁古河自然保护区管护，现有林地总面积 12000 亩。

（8）林场大事记

1980 年，由于交通不便，投入资金 100 万元建造桥梁 1 座。

2013—2014 年，对旧楼房进行改造，危房改造投入资金 56 万元，楼房面积改造 800 平方米。

2014 年，为保障职工饮用水安全，引用自来水建设工程，投入资金 90000 元。

2015 年，根据中共中央关于国有林场改革（6 号）文件精神和省委、省人民政府国有林场改革粤发〔2015〕（9 号）文件精神，岳城林场制定了《岳城国有林场改革实施方案》。

4.1.20　亚婆髻林场

（1）基本情况

亚婆髻林场创建于 1983 年 8 月。当时由新丰县人民政府组建成立，投资由县林业承担。

林场地处韶关市南部，新丰县城北部，场部离县城 9 千米，地理坐标为东经 114° 11′05″，北纬 24° 05′02″。林场代管一个农业队，人口有 150 人(黄沙坑自然村)。现在林场面积为 913 公顷，林木蓄积量 86000 立方米，森林覆盖率 93.7%。

1998 年，林场实行全封山，保护水资源。管理上实行自收自支，上级无经济支持，当时林场干部职工生活十分困难。到 1999 年开始有省级生态公益林补助，并逐年增加，林场经济有了好转。现在靠生态林补贴来维持林场运作。

（2）体制变革

新丰县亚婆髻林场创建于 1983 年 8 月，由新丰县人民政府组建，由县林业局投资。1998 年，林场实行全封山，保护水资源，属于事业单位三类型，实行企业管理。2000 年，林场主要任务是保护森林资源。目前，林场隶属于新丰县林业局，定位为生态公益型公益一类林场，靠生态公益林补偿资金运作林场。

（3）森林资源

1983 年初建林场时，林地面积达 8000 公顷，山林下放后林场只留下 913 公顷。从 1990 年以来，林场面积为 913 公顷，生态公益林面积占林业用地 100%，是全县城人口饮用水资源涵养重要林区。2008 年以来，森林覆盖率达 93.7%，林木蓄积量达 86000 立方米。

林场内分布有白鹇、雉鸡、鹧鸪、竹鸡、黄猄、野猪等野生动物。

（4）经济发展

从 1983 年建场至 1988 年间，林场共造林 350 公顷，种植松杂杉，抚育间找 150 公顷。从 1998 年，林场实行全封山，保护水资源。林场自力更生，自收自支，无上级经济支持，林场经济十分困难。1999 年，林场开始获得省级生态公益林补助，以后逐年增加，林场经济有了好转。目前林场主要依靠生态林补贴来维持运转。

亚婆髻林场从 2000 年来无木材生产，没有发展林下经济，旅游暂未开发。目前计划做好生态观光和林下经济项目。

（5）基础设施

林场场部设在林区内，场部用地 1500 平方米，办公建筑面积 2 层共 600 平方，建于 1978 年，混合结构。林区内没有职工住房，1996 年职工集资在县城兴建一栋职工家属住房，属解决了 40% 的职工住房问题。

（6）自然灾害

2008 年，林场遭遇百年一遇洪灾，造成林场泥石流损失 300 亩，林木损失达 2000 多立方米，直接经济损失达 50 多万元，包括果、鱼塘、房屋等基础设施被破坏。林场受台风影响比较轻微。

（7）山林权属

1983 年初建林场时，林地面积达 8000 公顷，来自 6 个大队山林划分：罗洞大队、城西大队、新塘大队、城东大队、大洞大队，雪洞大队。1985—1988 年，80% 山林下放到农户为自留山和责任山，保留到现在只剩 913 公顷。保留土地面积按当时价钱每亩一次补偿 6 元，补偿后林木，林地所有权属林场，周边村民对林地没有争议。2006 年，林场面积 913 公顷中有 35.2 公顷山地划属开发商所有（政府置换土地）。

1985 年，80% 山林归还给各大队作为自留山和责任山（图 4–5）。

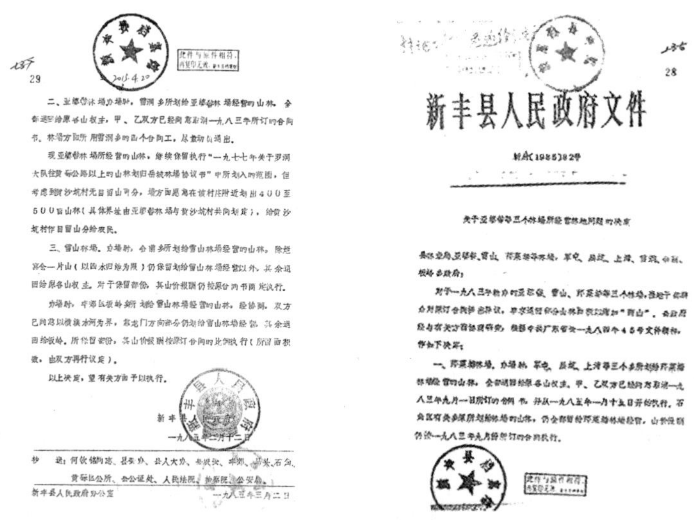

29

二、亚婆髻林场办场时，雪洞乡所划给亚婆髻林场经营的山林，全部退回给原各山权主，甲、乙双方已经商定取消一九八三年所订的合同书。林场方面所用雪洞乡的四个合同工，尽数动员退出。

现亚婆髻林场所经营的山林，继续保留执行"一九七七年关于罗洞大队往黄磜公路以上的山林划归岳坑林场协议书"中所划入的范围，但考虑到黄沙坑村无自留山可分，场方面愿意在该村庄附近划出400至500亩山林（具体界址由亚婆髻林场与黄沙坑村共同划定），给黄沙坑村作自留山分给农民。

三、雪山林场。办场时，合甫乡所划给雪山林场经营的山林，除烂窝仓一片山（以四水归抱为限）仍保留划给雪山林场经营以外，其余退回给原各山权主。对于保留部份，其山价报酬仍按原合同书商定执行。

办场时，丰城区板岭乡所划给雪山林场经营的山林，经协商，双方已同意以横溪水河为界，靠龙门方向部分仍划给雪山林场经营，其余退回给板岭。所保留部份，其山价报酬按原订合同的比例执行（所留面积数，由双方再行议定）。

以上决定，望有关方面予以执行。

新丰县人民政府
一九八五年二月十二日

抄送：何钦铭同志、县委办、县人大办、县政协、丰城、□头、石角、黄磜区公所、县公证处、人民法院、检察院、公安局。

新丰县人民政府办公室　　一九八五年三月二日

28

新丰县人民政府文件

新府〔1985〕82号

图 4–5　明确林场归属公文

（8）林场 3 大事记

1988 年，广东林业厅授予“绿化造林先进集体”称号。

1990 年，韶关市人民政府授予“植树造林先进集体”称号。

4.1.21　雪山林场

（1）基本情况

雪山林场成立于 1983 年 10 月。林场地处韶关市南部新丰县境内，地理坐标为东经 114° 22′ 26″ ~114° 22′ 82″，北纬 23° 94′ 73″ ~23° 98′ 76″，南面与龙门县交界，其余的坐落在新丰县丰城镇内。

林场现有山林总面积 14000 亩，生态公益林面积 13000 亩，商品林面积 1000 亩，经济状况良好。有职工总人数 22 人，长期以来雪山林场是靠木材销售收入和小部分经济林经营，来维持林场运行，是以经营为主的事业单位企业管理的自筹林场。

（2）森林资源

雪山林场山林总面积为 14000 亩，林种以阔叶树为主，森林总蓄积量 11.1 万立方米，森林覆盖率 93%。保存有维管束植物 138 科 425 属 968 种，其中国家重点保护植物有半枫荷、青钩栲、青三角等 7 种。分布有脊椎动物 3 目 11 科 42 种，其中国家重点保护动物有莽蛇等 6 种。

（3）经济发展

雪山林场自建立以来，自收自支运营，上级政府无投资。长期以来，雪山林场是靠木材销售收入和小部分经济林经营来维持林场运作。自 2003 年林场划入省级生态公益林后，减少木材砍伐量，2011 年停止采伐木材。林场未发展林下经济和森林旅游。2013 年改革机制时对原合同到期的合同工办理解除劳动关系。林场目前改为以生态林管护为主，以生态林补偿金发放职工工资。

（4）基础设施

雪山林场于 2006 年 12 月兴建新办公楼，200 平方米，属混合楼房结构，一楼办公，二楼作为职工宿舍。林场用电、通水、网络实现全覆盖。

（5）自然灾害

雪山林场冰雪灾害、暴雨泥石流灾害比较轻微，少有台风影响。林场山林以阔叶树为主，建立林场以来未发生重大森林火灾及病虫灾害。

（6）山林权属

雪山林场现有山林面积 14000 亩，林地权属国有，林地界际清晰，权属无纠纷。

4.1.22 长江林场

（1）基本情况

长江林场原名为长江采育场，位于仁化县的东北部，东面与长江镇的冷饭坑村委会相连，西与长江镇的里周村委会相接，北依长江镇的巴焦龙村委。林场境内群山起伏，山高坡倒，一般坡度25°以上，主要山峰有白山崎、回龙山、天子地和杨稠等，海拔700米以上。

林场总经营面积1883公顷，其中林业用地1820公顷，人工林面积27300亩，地方公益林面积6660亩，树种结构为针阔叶为主，蓄积量187137立方米。林场现有常住人口20多人，在册职工总人数46人，其中在职职工15人，退休职工31人。

（2）体制变革

林场1957—1960年间被称为“砍伐队”，在仁化县境内各个乡镇的原始森林地带流动作业，没有固定住址。林场于1961年正式挂牌建场经营，开始名为“长江伐木场”，固定在本场范围内分3个工区定点作业。1971年改名为“长江采育场”。2004年12月20日更名为仁化县长江林场。

（3）森林资源

林场总经营面积1883公顷，其中林业用地1820公顷，人工林面积27300亩，地方公益林面积6660亩，森林蓄积量187137立方米，树种以针阔叶树为主。

（4）经济发展

1961年正式建场后，实现采育同步进行，做到砍一片山林地，种植一片以杉树为主的山林地，平均每年向国家输送6000立方米的规格木材。从20世纪80年代开始自筹资金155万元兴建3座小水电站，总装机容量1304千瓦，大批伐木工人从山上下来到电站工作。1961年建场以来至1981年为国家提供木材10万立方米，上交利润40多万元。1981—1995年间为国家提供木材30000立方米，上交利润10多万元。

（5）基础设施

1980年，职工的住房分期分批改建为两房两厅以上的红砖瓦房，大幅度改善了职工的住宿环境。1995年，改建职工住宿和建场办公大。

4.1.23 五马寨林场

（1）基本情况

五马寨林场于1986年正式挂牌建场经营。林场位于仁化县的南部，南与曲江区大塘镇竹园村委会相接，西与长坝村委会相连临，北依古洋村委会（世界地质公园大丹霞南门)。林地主要位于丘陵地带，一般坡度为25° 以上，属亚热带气候，林地土壤为红壤。

林场总经营面积4600多亩，林业用地面积4600亩，地方公益林面积3600亩，现有在册职工总人数11人，其中在职职工5人，退休职工6人。

(2) 体制变革

为了实现广东省提出的"十年绿化广东"的宏伟目标，加快全县造林绿化步伐，1986年成立"曲江县五马寨林场"，属曲江县管辖。2004年7月区域划分，归属仁化县管辖，更名为"仁化县五马寨林场"。

(3) 森林资源

林场总经营面积4600亩，林业用地面积4600亩，地方公益林面积3600亩。

(4) 经济发展

林场成立之初，改造荒山、残次林，种植树种以松杉树为主。2000年曲江县林业局为了多种经营，综合利用林地，提高经济效益，自筹资金发展沙田柚基地，种植沙田柚1617亩。之后，林场为了提高经营管理及其他客观因素，将沙田柚基地转租出去，每年收取一定的租金。近年林场慢慢转型，发展森林旅游，种植樱花460亩，成为当地林业生态观光园。

(5) 基础设施

林场现有1栋2层楼房，总面积164平方米，皮卡车1辆，计算机1台等。

4.1.24 红城林场

(1) 基本情况

红城林场原名为仁化县红城采育场，于1975年正式成立，位于仁化县的北部，东面与城口镇的城群村委会相连，西与红山镇的新白村相接，北与湖南省汝城县三江口镇相连。

林场总经营面积为43000亩，其中：有林地面积41500亩，占经营总面积的96%；省级以上公益林13750亩，占有林地面积33%。全场活立木蓄积量23.5万立方米，占全县活立木总蓄积量的2%。现有在册职工总人数32人，其中在职职工13人，退休职工 19 人。

（2）体制变革

红城林场于 1975 年正式成立，开始名为“红城采育场”，后更名为“仁化县红城林场”。

（3）森林资源

林场总经营面积 43000 亩，其中：有林地面积 41500 亩，占经营总面积的 96%；省级以上公益林补偿面积 13750 亩，占经营总面积的 32%，占有林地面积 33%。活立木蓄积量 23.5 万立方米，占全县活立木总蓄积量的 2%；有毛竹立竹 32000 株。

（4）经济发展

林场自建场以来，为国家提供木材 80000 立方米，上交利润 100 多万元。从 20 世纪 80 年代开始自筹资金 100 多万元兴建 2 座小水电站，总装机容量 1035 千瓦，年发电量约为 300 万度，小水电站生产成了林场的骨干企业。

现在，林场正在发展以经济效益为主转向生态效益为主的林业发展模式。同时，挖掘小水电站生产的潜力，逐步更新电站的设备，引进先进的设备，提高发电的效率，做到“以林蓄水，以水发电，以电养林，永续利用”的良性循环，达到生态平衡。

（5）基础设施

林场办公楼面积约为 300 平方米，有越野车 1 台，计算机 4 台等。

4.1.25 霞山林场

（1）基本情况

霞山林场成立于 1990 年，地处仁化县丹霞街道黄屋、城南村，东面与黄屋下营相连，南与界牌丹霞山相连，西与车湾相接，北与城南康溪相连，海拔 115 米以上。

到 2015 年 10 月 31 日，霞山林场职工总人数 30 人，其中在职职工 11 人，退休职工 19 人。现有林业用地 18658.5 亩，蓄积量 88860 立方米，森林覆盖率 61.1%。

（2）森林资源

林场现有林业用地 18658.5 亩，其中生态公益林面积 14577 亩，占 75.8%；商品林面积 4081.5 亩，占 24.2%。蓄积量 88860 立方米，森林覆盖率 61.1%。

林区野生高等植物有梧桐科梧桐属新种丹霞梧桐，属国家二级重点保护植物。

（3）经济发展

林场对外承包林地 4645 亩，其中桉树 3110 亩、松杉 905.4 亩、果树 54.6 亩、猪舍 575 亩。林场按上级要求调整为生态公益林，砍伐一轮后协商收回统一管理，逐步把林场建成县级森林公园。

（4）基础设施

林场办公楼占地面积为 240.72 平方米，其他建筑面积为 614.48 平方米。

4.1.26 小楣水林场

（1）基本情况

小楣水林场于 1972 年 6 月建立，原名为小楣水采育场。林场位于仁化县城西北部 21 千米处，东面与仁化林场相邻，南部与红山镇小鱼水管理区交界，北面与城口镇黄沙坑相连，境内群山起伏，山高坡陡，一般坡度 25° 以上，最高海拔 835 米，最低 200 米。

到 2015 年 10 月 31 日，林场在册职工总人数 63 人，其中在职职工 12 人，退休职工 41 人。林场总经营面积 6400 公顷，蓄积量 21 万立方米。

（2）体制变革

林场于 1972 年 6 月正式建场经营，开始名为“小楣水采育场”。1977 年 3 月，原城口镇六联大队塘联塘一村、兰尾村等 3 个自然村划归小楣水采育场，形式为以场带队。2004 年 12 月 20 日更名为仁化县小楣水林场。现在林场正在转变以生态、碳汇报林为主的林业发展模式，减少森林的采伐量，增加森林的蓄积量，做到以林蓄水，为县城居民提供优质饮用水。

（3）森林资源

林场总经营面积 6400 公顷，其中林业用地 6266 公顷，人工林面积 2533 公顷，地方公益林面积 2518 公顷，树种结构为针阔叶为主，总蓄积量 21 万立方米。

（4）基础设施

林场基础设施有办公楼 700 平方米，小车 1 台，计算机 3 台等。

（5）山林权属

林场全场总面积 71025 亩,其中:国有林地 26115 亩,合同山场(有林权无山证)21030 亩,以场带队集体山场 22185 亩。

4.1.27 长坑林场

（1）基本情况

长坑林场于 1991 年成立，地处粤北韶关市仁化县扶溪镇长坑，地形地貌优越。建场前，大部分是天然林，部分残次林，经过周密考察，确认有建场条件。1991 年 1 月 28 日，经仁化县人民政府批准，同年 2 月 25 日正式挂牌成立长坑国有林场。林场总人口 16 人，规划林场总面积 21270 亩，森林资源分为工业用材林和商品林。

（2）体制变革

1991 年 1 月 28 日，经仁化县人民政府批准，2 月 25 日正式挂牌成立长坑国有林场。目前，林场定性为公益一类，属地方国营性质的股级事业单位。主要工作是保护、培育和合理利用森林资源、保护森林物种多样性、负责辖区内森林防火、林业有害生物防治、区域良种示范、物种资源保存和创新、生态监测、科技示范等。林场逐渐向生态公益型林场转变，林地近年来未安排林木采伐，准备把林场建设成县一级森林公园。

（3）森林资源

林场建场后对部分残次林地进行补植，对林木资源、林种、材种、树种结构进行合理调配种植。目前，林场森林蓄积量为 127527 立方米，森林覆盖率达到 85% 以上。

（4）基础设施

林场现有办公大楼 1 栋，办公场所有四间，职工住房 7 套，林区道路交通硬底化公路 8.3 千米，水电通讯实现全覆盖，对讲机 2 部。

（5）山林权属

林场土地是由长坑村委会和谢洞、大蒙洞两村小组集体山场通过协商，将集体山场划林场使用，后通过平等签订各项协议合同，目前林场管辖区内林地已做好林权换发证。

4.1.28 刘张家山林场

（1）基本情况

刘张家山林场创建于 1956 年，位于广东省韶关市始兴县南部，东部与罗坝镇、都亭接壤，南部与司前镇、车八岭自然保护区交界，西与河口林场、深渡水瑶族乡、石人嶂矿毗邻，北面与顿岗镇相连。林场森林公园东西宽 9.5 千米，南北长 9.4 千米，地理坐标为东经 114° 06′~114° 12′，北纬 24° 43′~24° 49′。林场主要是山地，海拔一般在 300 ~ 800 米之间，土壤主要有山地黄壤、山地红壤、山地红壤石质土。

林场经营总面积 64987 亩，森林蓄积量 38.79 万立方米，森林覆盖率 92.5%。林场有干部职工 183 人，其中在岗 103 人，退休 80 人。林场经济状况一般，年收入 400 万元左右。

（2）体制变革

刘张家山林场创建于 1956 年。20 世纪 50 年代是县属国营，以管护为主的林场。60 年代初改为省属直管林场，下兼管柑子园和上、下嵩 3 个生产队；60 年代中后期，经营上从管护为主过渡到采育相结合，大力造林。70 年代初，又将柑子园和上、下嵩划为两个工区，集体和国营相结合。80 年代初，改省属市管林场，80 年代中期韶关市国营林场管理处成立后，林场再次确定为市属国营林场，但人事权由始兴县管理。1993 年 7 月，经省林业厅批准，成立了省级刘张家山森林公园。2002 年 1 月，刘张家山林场归属为始兴县人民政府直属林场，业务由县林业局指导，行政归县人民政府直管。2005 年 1 月，撤消上、下嵩和柑梓园两个村委会，结束了 30 多年来以场带村的历史。

根据始兴县事业单位登记管理局核准登记情况，刘张家山林场为自收自支的事业单位、事业法人，但无人员编制。明确刘张家山林场的主要职责：负责组织实施刘张家山林场的植树造林、森林培育、森林防火、森林病虫害防治、森林治安、生态公益林的保护和林地管理工作；负责刘张家山森林公园的建设和管理工作。

（3）森林资源

1968 年，林场林木资源多以阔叶林为主。其中杉木 11200 亩，松 1400 亩，毛竹

2200 亩，阔叶树 50100 亩，阔叶林占林场林木资源的 77%。2015 年，林场经营国有总面积 64987 亩，其中生态公益林 45295.5 亩，商品林 19691.5 亩；森林蓄积量 38.79 万立方米，森林覆盖率达 92.5%。

林场动物资源丰富，有 50 目 255 科 968 属 1558 种。其中珍贵濒危动物有 33 种，占广东省国家重点野生保护动物（124 种）的 27.41%。但有些种类随着环境因素、人类因素的变化而消失。

（4）经济发展

林场经济来源主要有木材和多种经营收入。

1975 年，刘张家山林场竹木销售收入 27.26 万元。1977 年，竹木材销售收入 74.51 万元。1983 年，木材销售 5954 立方米，销售收入 74.2 万元。之后木材产量逐年增加，2000 年，销售木材 12809 立方米，苗竹 25000 条，竹木销售收入 520 万元。2000 年之后，林场以生态保护为主，木材产量逐年减少。2015 年，木材生产 3180 立方米，毛竹 13800 条，竹木销售收入 245.6 万元。

1975 年，林场多种经营收入 17900 元。1977 年，多种经营销售收入 13600 元。1993 年，多种经营收入达 400 万元。2000 年，多种经营全年实现产值 455 万元。2002 年，多种经营收入 185.3 万元，实现利润 2.3 万元。2015 年，发电收入 134.8 万元。

（5）基础设施

1956 年林场建场时，办公条件非常简陋，办公与宿舍都是在搭建的简陋厂房内。2011 年，林场在县城新建的棚户区改造住房 2 楼建有一层办公室，建筑面积 1000 平方米。

1989 年，在县城兴建第二幢 5 层职工住房，建筑面积 2857 平方米。1994 年，在县城兴建的第三幢 7 层职工住房竣工。建筑面积 4760 平方米。2000 年，在第三幢 7 层基础上增加 3 层，建筑面积 1440 平方米。2011 年，根据中央棚户区改造政策，林场在县城异地兴建 1 幢 12 层棚户区，改造职工住房，于 2013 年 8 月竣工，总建筑面积 10036 平方米。

1976—1985 年，林场修筑可通汽车公路共计 37.5 千米，

（6）自然灾害

林场在 1976 年和 1980 年遭受冰雪灾害，冰雪天气造成大量树木，毛竹折断、倒伏，农作物受损，经济损失大。林场属高山地带，一有大暴雨易发生山洪爆发，先后遭受 4 次严重的暴雨、泥石流灾害。林场从没出现过大面积危害森林的病虫害。

（7）山林权属

刘张家山林场林地是中华人民共和国成立后，国家将刘、张两姓山林收归国有，长期以来林场林地比较稳定，未发生面积较大的林地纠纷，也未发生过大面征、占用林地林木现象。2015 年，林场经营国有总面积 64987 亩。

刘张家山林场山林权属纠纷自建场以来发生的较大山林纠纷，就是在林场范围围内的有些插花山，在 1967 年 2 月，经过始兴县人民法院就刘张家山林场与罗坝上营、田心、顿岗横岭、周所、城南新村、皇沙等大队达成调解协议，确定了林场范围内插花山的“四至”界限，至今无山林纠纷。

（8）林场大事记

1956 年 3 月 20 日，刘张家山森林经营管理所（刘张家山林场的前身）创建，县属国营，以管护为主的林场。10 月，成立“国营刘张家山林场”。

1963 年 1 月，刘张家山林场改为省属直管林场，兼管柑梓园和上、下嵩 3 个生产队。

1965 年春，刘张家山林场确定为由始兴县代管。

1974 年 7 月 3 日，韶关地区革命委员会根据广东省革命委员会的文件精神，确定刘张家山林场由始兴县主管。

1979 年 5 月，韶关地区林业森工局提出“一封、二营、三造林”的营林方针。营林生产转以封为主，全面开展封山育林。

1982 年 1 月，从罗坝人民公社划出田心、上营、河渡等 3 个队归刘张家山林场管辖实行以场带队，改隶属为市林场。

1983 年 11 月，成立中共刘张家山区委员会。

1986 年 6 月，韶关市人民政府批准成立韶关市国营林场管理处。再次确定市境内国营林场的管理权限，刘张家山林场的人事权由始兴县管理。

1988 年，成立了修理厂和食用菌养殖场，当年，仅食用菌养殖场总产值达 13 万元。

1991 年，林场兴办了综合加工厂，主要提供红木家具、微雕、竹床席的生产加工。

1993 年 7 月 8 日，经省林业厅批准，成立了省级刘张家山森林公园。

2001 年 12 月，根据广东省民政厅粤民基〔2000〕60 号文，撤销刘张家山乡，原属刘张家山乡人民政府的财产和债权、债务等统一由刘张家山林场接管使用。河渡、上营、田心村划归罗坝镇管理，柑梓园及上、下嵩 3 个村委会归林场镇管理。

2005年1月19日，县人民政府撤消上、下嵩和柑梓园3个村委会，原上、下嵩村并入罗坝镇上营村，原柑梓园村并入太平镇城东居委会，结束了30多年来以场带村的历史。

2013年8月，林场棚户区改造竣工，总建筑面积10316平方米。

4.1.29 龙斗崙林场

（1）基本情况

龙斗崙林场1957年3月建立，原称“始兴县林业局龙斗崙伐木场”，位于始兴县西南边境，东部与司前镇榜坑接壤，南部与隘子交界，西与曲江毗邻，北面与深渡水火坑尾相连。

目前，龙斗崙林场经营面积为63398亩（4226.53公顷），森林活立木总蓄积量279000立方米，森林覆盖率99.00%。现有职工88人，其中在职人员16人（在职在岗职工16人），退休人员72人。

（2）体制变革

林场在1957年成立后，归属与始兴县林业局管理，定为副科级的事业单位，林场有比较大的经营自主权。1990年以来，随着林业的多年改革，林场的体制也几经变化，2000年林场名称短暂改成“始兴县林场管理总站龙斗崙林场”。2002年改革后，除人员下岗外，林场也划归县林场总站管理，林场人员归集在林场总站的名下。2005年，林业局的人员岗位改革，纳入财政拨款的人员全面归行政事业编制，剩下人员纳入林场。在2009年编制实名制改革中，林场定义为自支自收的事业单位，但林场的会计制度统一归集到林业局统一管理，实际林场实行的是相对林业局而言“收支两条线”管理，林场的自主权收缩。

（3）森林资源

全场合同经营总面积63398亩，其中国有林地面积1019亩，集体林地面积62379亩。生态公益林面积32460.5亩；占51.2%，商品林面积30937.5亩，占48.8%。主要树种为杉、松，杂木、毛竹等。2015年，林场森林活立木总蓄积量279000立方米（其中生态公益林124721立方米，商品林154279立方米），立竹量60万条；森林覆盖率99.00%。

林场现保存野生高等植物248科850属1280种，其中珍稀濒危植物10种。列为国家二级重点保护的有红豆杉、观光木、野茶树、樟树、润楠 5 种。现存野生动物 50 目 253 科 960 属 1500 种，其中濒危物种 34 种。野生动物中，列为国家一级重点保护的 5 种，列为国家二级重点保护的有 20 种。

（4）经济发展

林场年营业收入约 95 万元，其中：2014 年公益林补偿性收入 58 万元，林业成品油价格补助专项资金 12.6 万元，山价（租金）收入 20000 元，电站收入 20.5 万元，其他多种经营 19000 元。

林场年度开支 369 万元，其中：营林生产 71 万元，山价（林地租金）47 万元，工资补贴 169 万元，税费 30000 元，办公、汽车、招待费等 32 万元，社保 47 万元。年度收支对比亏损 274 万元，因而产生了拖欠在职和退休人员工资（补差）及有关规费的情况。至 2015 年 12 月，林场债务总额 113 万元。

（5）基础设施

林场自己建立自来水管网，引山泉水到场部，自建水力发电站，自给自足场部用电，同时接通曲江电话通讯网。

（6）自然灾害

林场冰雪灾害、暴雨泥石流灾害少有发生，发生时对林木造成重大迫害、没有重大台风灾害发生。历史上，林场已发生的森林病虫害有松毛虫、杉梢小卷叶蛾、杉木炭疽病、竹蝗等，对经济和环境影响最大的是竹蝗和松毛虫，是防治和控制的重点。

（7）山林权属

全场合同经营总面积 63398 亩，其中国有林地面积 1019 亩，集体林地面积 62379 亩。

林场建立初期，根据国家建设的需要，伐木场与山场所属村社、生产队签订《订购青山合同》，约定林地林木采伐的技术标准及利润分配方式，只伐不种。其后，采伐后根据甲乙双方的能力条件，谁造林谁所有。由于村、队的没有资金，所以采伐后都是由林场造林，林木所有权都归林场。1980 年以后，林权改革发放林权证，林地所有权归村集体所有，其他三权属林场所有。林场从村集体及村民手中购买的林地面积 1019 亩，林地所有权也属林场所有，形成国有林。

（8）林场大事记

1957 年 3 月，龙斗畚伐木场成立。

2000 年，林业改革，龙斗雈林场隶属林场管理总站。

2002 年，变更为始兴县林业局龙斗雈林场。

2002 年，林业改革，龙斗雈林场隶属林业局，林场职工大量下岗。

2005 年，林业改革，龙斗雈林场隶属林业局，属于三类事业单位。

4.1.30 坪丰林场

（1）基本情况

坪丰林场始建于 1972 年，建场初期命名为“坪丰斜伐木场”。1972 年，为响应毛主席“林业很重要，也要成为根本问题之一”的伟大号召，由当时的始兴县林业工作站，与始兴县隘子公社坪丰大队革命委员签订了购买青山合同，因而组建了坪丰斜伐木场。

林场位于始兴县东南部，属始兴边远高寒山区，距县城 75 千米，东与翁源县接壤，南与翁源县交界，西与隘子石井毗邻，北与隘子沙桥相连。目前，林场现有干部职工 18 名（其中在职在岗职工 8 名，退休职工 10 名），聘请管护员 5 名。总经营山林面积 29552 亩。

（2）体制变革

1972 年，始兴县林业工作站与始兴县隘子人民公社坪丰大队革命委员会名称签订了 14833 亩的购买青山合同，组建坪丰斜伐木场，主要任务是采伐林木和培育林木良种。1981 年随着场部搬迁，“坪丰斜伐木场”也更名为“坪丰采育场”，林场定为正股级事业单位。2000 年林业改革，坪丰林场归属县林场管理总站，名称更改为始兴县林场管理总站坪丰林场。2002 年林业改革，林场名称又改为始兴县林业局坪丰林场，大量林场职工下岗。

（3）森林资源

总经营山林面积 29552 亩，其中生态公益林面积 12468 亩，占经营总面积 42.19%，主要以阔叶树种为主、针叶树少量。商品林面积 17084 亩，占经营总面积 57.81%，针叶树种与阔叶林比例分别占 60%、40%。2015 年，林场活立木蓄积量达 242337 立方米，其中生态公益林 162307 立方米，商品林 80030 立方米，森林覆盖率达 98%。

林场现保存野生高等植物 1000 多种，其中珍稀濒危植物 11 种。列为国家二级重点保护物种 5 种，列为国家三级重点保护有闽楠等 8 种，列为广东省重点保护 2 种。现存野生动物 500 多种，含濒危动物 15 种。 列为国家一级重点保护的有 5 种，列为国家二级重点保护的有 18 种。

（4）经济发展

林场从 1972 年的建场起，到 2015 年，共为国家建设提供木材 20 多万立方，实现利税 1 亿多元，安排劳务伐木工 2000 多人次，为林业经济发展，为农民增收、改善百姓生活，为地方财政收入作出了较大贡献。

近几年来，坪丰林场按照上级要求，围绕保生态、促发展的目标要求，大幅压缩了木材砍伐量，把大部份林木资源划归为生态公益林进行保护，林场经济收入明显减少，也一度陷入困境。随着国家对林业的重视，资金扶持力度不断加大，林场充分利用政策，2012 年以来，林场享用于中幼林抚育、更新造林、碳汇林改造及资源管护等政策资金扶持达 100 多万元。虽然国家大力支持林业发展，但由于林场砍伐量的减少，收入单一，负担重等原因，还是出现连年亏损，。

（5）基础设施

坪丰林场经过 40 多年的建设发展，基础设施基本上能满足要求，办公条件及职工住房也逐年得到了改善，道路交通、水、电、通讯基本齐全。2009 年利用政府下拨的危房改造资金翻新了办公室、招待所、职工住房共 13 套；2012 年利用政府下拨的饮水工程改造资金引进了自来水。

（6）自然灾害

林场未发生过重大自然灾害。

（7）山林权属

坪丰林场经营面积 29552 亩，林地的所有权属村民，其他三权属林场。

（8）林场大事记

1972 年，经始兴县林业森工局批准，坪丰斜伐木场正式成立。成立初期，场长由戴玉柱担任，办公地点设在角罗坝一工区内。

1981 年，随着场部搬迁，“坪丰斜伐木场”也更名为“坪丰采育场”，办公地点设在新场部内（即现在场部）林场定为正股级事业单位。

2000 年，林业改革，坪丰林场归属县林场管理总站，名称更改为“始兴县林场管理总站坪丰林场”。

2002 年，林业改革，县林业局、县林场管理总站、县林产品公司合并，林场名称又改为“始兴县林业局坪丰林场”。场长由隘子林业站长容顺壮兼任。此期大量林场职工下岗。

2015 年，广东省国有林场改革开始，全省 217 个国有林场纳入改革，始兴县林业局坪丰林场也纳入了这次国有林场改革，按县委、县人民府初步方案，定性为公益一类。

4.1.31 隘子林场

（1）基本情况

隘子林场始建于 1992 年，林场因坐落在始兴县隘子镇，故取名为隘子林场。林场东与将军栋自然保护区相连，南与石井村相连，西与翁源县相连，北与曲江县相连。

1992 年，当时的始兴县委、县人民政府为响应广东省委、省人民政府提出的“五年消灭荒山、十年绿化广东”的号召，由县林业局牵头与隘子镇各管理区以联营的方式组建了隘子林场。目前，林场现有干部职工 31 名，其中在职在岗职工 6 名，退休职工 14 名，聘请管护员 11 名；经营山林面积 76854 亩。

（2）体制变革

1992 年，当时的始兴县委、县人民政府为响应广东省委、省人民政府提出的“五年消灭荒山、十年绿化广东”的号召，由县林业局牵头与隘子镇各管理区以联营的方式组建了隘子林场。成立初期林场场长由隘子林业站站长兼任，办公地点设在隘子林业站内。1995 年，隘子林场与林业站脱离，林业站长不再兼任林场场长，林场定为正股级事业单位。2000 年林业改革，隘子林场归属县林场管理总站，名称更改为“始兴县林场管理总站隘子林场”。

（3）森林资源

林场有经营山林面积 76854 亩，其中生态公益面积 42357 亩，占经营总面积 55%，主要以阔叶树种为主、针叶树少量。商品林面积 34497 亩，占经营总面积 45%，针叶树种（杉木林）与阔叶林比例各占 50%；2015 年，林场活立木蓄积量达 369466 立方米，其中生态公益林 148075 立方米，商品林 221391 立方米，森林覆盖率达 90%。

林场范围保存野生高等植物 2000 多种，其中珍稀濒危植物 15 种。列为国家二级重点保护物种 5 种，列为国家三级重点保护有闽楠等 8 种。现存野生动物 1000 多种，含濒危动物34种。列为国家一级重点保护的有5种，列为国家二级重点保护的有29种。

（4）经济发展

隘子林场当时办场的宗旨就是坚持“以营林为基础”，实行采育结合的林业方针，从而达到青山常在、永续作业。同时，也充分利用山上的林木资源，为国家建设提供木材，增加地方财政收入。从1992年建场起到2012年，累计生产木材达60000立方米。

近年来，隘子林场按照上级要求，围绕保生态、促发展的目标要求，基本上停止了木材采伐，把大部份林木资源划归生态公益林保护，林场经济收入明显减少，也一度陷入困境。随着国家对林业的重视，资金支持力度不断加大，林场充分利用政策，把中幼林抚育、更新造林、碳汇林改造及资源管护等全部纳入政府补贴项目，林场经济稍有好转。从 2015 年林场财会报表反映，政府对隘子林场一年的投资有 120 万元，但是全年收入与支出对比，林场仍亏损。

（5）基础设施

隘子林场经过 20 多年的建设发展，基础设施基本上能满足要求，办公条件及职工住房也随年得到了改善，道路交通、水、电、通讯都比较齐全。但职工的业余文化生活有待改善，林场的护林站点基本设施还相当缺乏，个别护林站还未能通电、通讯信号未能覆盖。

（6）山林权属

隘子林场经营林地面积有 76854 亩，从 1992 年建场至 2004 年，林地的取得都是以联营的方式经营，林农出土地，林场出资金与技术，采取按比例分成，俗称“三级联营”。 林地的所有权属村民，其他三权属林场。

2005 年后，林场采取以租赁的方式重新签订合同取得林地经营权，俗称“转制”；林场在每年年终按合同规定的山价付给村民租金，山林权属得到了稳定。通过改变方式，林农利益得到了保障、林场自身也得到了发展，双方矛盾暂时得到了缓解，到目前止，在林场总面积 76854 亩中，已有 57466 亩林地实行了转制，还有 19388 亩未能转制，

（7）林场大事记

1992 年，经县林业局批准，隘子林场正式成立。成立初期林场场长由隘子林业站长兼任，办公地点设在隘子林业站内。

1995 年，隘子林场与林业站脱离，林场定为正股级事业单位。

2000 年，林业改革，隘子林场归属县林场管理总站，更名为“始兴县林场管理总站隘子林场”。

2002 年，林业改革，林场名称又改为“始兴县林业局隘子林场”。这一时期，有大量林场职工下岗。

4.1.32 司前林场

（1）基本情况

司前林场位于始兴县西南边境，西与隘子镇相连，南与翁源县坝子镇接壤，东与车八岭自然保护区交界，北与河口林场毗邻。林场现有经营面积 15000 亩，林地面积 15380 亩。

林场现有林地 15380 亩，森林总蓄积量 95300 立方米，森林覆盖率 87.86%。

（2）体制变革

1992 年，为保证林业的持续经营发展，司前林业站以内设机构的方式、以亚吉山林场和鱼岔坑林场为基础成立司前林场。2002 年，始兴林业改革，正式成立始兴县林业局司前林场，隶属始兴县林业局，与司前林业站分离，为自筹资金独立核算单位。

（3）森林资源

林场发展至今，有林地 15380 亩，其中县级地方生态公益林 8000 亩；用材林 7000 亩，其中幼林面积 1200 亩，中龄面积 2600 亩，近熟林 1200 亩成过熟林 2000 亩，树种以杉树为主；另有新造碳汇林 269 亩；森林总蓄积量 95300 立方米，森林覆盖率 87.86%。

林场林地由于生态保护较好，林地内有山牛、南蛇、野猪、黄猄、白鹇等珍稀野生动物。国家重点保护植物有楠木、香樟、山梧桐等。

（4）山林权属

1987 年 11 月 30 日，司前林业站与司前镇温下管理区签订《联合经营亚桂山（以下称亚吉山）山林合同书》，合同期 45 年。林木经营收入以按比例分成方式进行经营。1993 年 1 月 15 日，始兴县林业局林场公司与车八岭瑶族生态村企岭下一社、二社分别签订合同书，以承包方式租用鱼岔坑里的何猪龙、木梁窝两片山林由司前林场经营管理称鱼岔坑林场。目前司前林场发展到了总经营面积 1.552 万亩，核发林权证林权面积 15520 亩。

（5）林场发展规划

林场经过 20 多年的经营采伐，现在可进行采伐生产的只有鱼岔坑片山林 2000 多亩，若继续采伐生产会对当地生态产生破坏，而且鱼岔坑一带山林风光迤逦、河水清澈，有众多野生动植物。为更好的保护当地生态，林场对鱼岔坑以后要以管护为主，大力发展林下经济和旅游经济，为始兴县生态保护提供一份力量。

4.1.33 深渡水林场

（1）基本情况

深渡水林场始建于 1995 年 10 月。林场林地东部与刘张家山接壤，南部与司前隘子镇交界，西与沈所镇仁化县毗邻，北面与城南镇相连。林场属于南亚热带向中亚热带的过度地带，中亚热带季风气候区，林区内地貌复杂、山高谷深。

林场拥有丰富的森林资源、生态旅游资源，蓄积量达 15.1519 万立方米，森林覆盖率达 99.9%。林场（除少部分竹林外）全部林地已划分为生态林，转入生态修复期，多年来没有采伐过林木，无木材经营收入。现有在职人员 13 人，长期聘用 1 人，另有退休人员 12 人。由于林场未纳入县级财政预算，退休人员的工资（补差）仍由县林业局自筹解决。同时在职人员工资、工作经费等由林业局全额保障。至 2016 年 5 月，深渡水林场债务总额达 16 万元（即拖欠退休人员的工资补差 16 万元）。

（2）体制变革

深渡水国有林场建于 1995 年 10 月，初始由始兴县林业局深渡水林业站管理（站管林场），由站长兼任场长。在 2001 年，更名为“深渡水林场”，脱离林业站管理，直属始兴县林业局管理，为正股级事业单位，实行企业化经营、自收自支的管理体制。

2009 年，合并始兴县将军栋县级自然保护区后，经营总面积达 93379.5 亩（其中：保护区面积占 67513.5 亩），实行“一套人马，两块牌子”合署办公，目前仍属始兴县林业局管理的正股级事业单位。。

（3）森林资源

1995 年，成立深渡水林场初始经营面积为 30438 亩，其中：生态林面积 30426 亩，占 99.96%；竹林地面积 12 亩。2009 年合并县级自然保护区后，经营总面积达

93379.5 亩，增加面积 67513.5 亩。林场蓄积量达 15.1519 万立方米，杉树 45000 立方米，马尾松 8000 立方米，阔叶树 97188 立方米（其中有近、成熟林蓄积量 50000 立方米）。

林场有脊椎动物与昆虫纲动物近 1000 多种，其中兽类 40 种，鸟类 119 种，爬行类 38 种，两栖类 18 种，鱼类 26 种，昆虫 720 种。有蟒蛇、黄腹雉、海南虎斑开鸟、穿山甲、苏门羚、白腹山雕、白鹇、虎纹蛙等 33 种珍稀野生物种。

（4）经济发展

林场大部分林地已划分为生态林，转入生态修复期，多年来没有采伐过林木，无木材经营收入。林场为了发展林下经济，经过实践和调查，发现林场内可经济养殖业和种植业，可养殖猪、牛、山羊、鱼、鸡、鹌鹑、蜜蜂和林蛙等。但是，虽然山羊饲养容易且成本低效益好，但由于会吃掉幼树幼苗，不能大规模饲养。历年来，政府投资主要是用在投资造林工程。林场资金仍是缺乏。

林场森林旅游资源丰富：辖区的将军栋有“无限风光在峡谷”的自然之美，樱花谷旅游开发之地正逐步形成规模，每年吸引上百名游客前来观光旅游。林场已在深渡水冷水迳建立了一个旅游度假村。

（5）基础设施

办公室占地面积为 434 平方米，并购置配备了办公桌椅、电脑等办公设备，实现了办公自动化。林场建有职工楼，2 层楼房面积 705 平方米，职工人均住房面积占 60 多平方米。

林场水电设施齐全，通讯发达。所有护林站已通车和通电，配备了摩托车，全部分站能收看到电视。生产和办公用房基本满足需要，基础设施比较完善。

（6）自然灾害

林场常常山洪暴发，造成山体滑坡，冲失木材毁坏林业设施。严重冰雪灾害极少，在 2008 年发生过一次。台风对林场影响不大。

（7）山林权属

承包范围内的土地权属归乙方，在承包期内林权和土地的经营、使用、受益权归深渡水林场（甲方），由甲方自主经营和使用。承包期限为 50~70 年不等。

（8）林场大事记

1995 年 10 月，杉木坑林场成立，王爱华担任场长至 1996 年 9 月。场址与深渡水林业站合署办公。

2001 年，杉木坑林场更名为深渡水林场，脱离林业站管理，直属始兴县林业局管理的正股级事业单位。

2006 年 1 月至 2008 年 6 月，由王爱华担任深渡水林场场长。2008 年 2 月受冰冻雨雪灾害影响，损毁林木 10.8 万立方米。

4.1.34 澄江林场

(1) 基本情况

澄江林场始建于 1991 年 1 月，地处始兴县澄江镇善亨地段；东与江西全南接壤，南与本县罗坝镇接壤，西与顿岗镇相连，北与澄江四村毗邻。区内地貌复杂、山高谷深，地势西北高东南低，最高峰大坪脑海拔 1000 米；最低小水山海拔 249 米，年平均气温为 19℃，年降水量为 1468 毫米。属于南亚热带向中亚热带的过度地带，中亚热带季风气候区。

林场现有在职人员 9 人，长期聘用 7 人，退休人员 18 人。经营总面积 59941 亩，蓄积量 21 万立方米，森林覆盖率达 95%。至 2016 年 5 月，澄江林场没有债务。

(2) 体制变革

澄江国有林场，始建于 1991 年 1 月，直属始兴县林业局管理的正股级事业单位，初始定编人员 12 人，设场长 1 人，下设有营林、检尺、财会办公室。实行企业化经营、自收自支的管理体制。因大部分林地位于澄江镇辖区范围内，在 2005 年合并顿岗林场、方洞林场，两个林场合并组建后更名为“澄江林场”。

澄江国有林场在 2012 年的编制改革中，定为自支自收的事业单位（公益三类），核定人员编制 12 人，直属于始兴县林业局管理。林场实行企业化经营、自收自支的管理体制。以森林资源保护和生态公益林建设为主，兼有商品林建设的国有林场。

(3) 森林资源

澄江林场现经营面积为 59941 亩。其中，木材产地面积 45377.5 亩，公益林面积 14563.5 亩。林场总蓄积量为 21 万立方米。其中，杉树 18000 立方米，马尾松 24000 立方米，阔叶树 16.8 万立方米（其中有近、成熟林蓄积量 70000 立方米），毛竹 828 万条。

林场内分布有脊椎动物与昆虫纲动物近 1000 种，其中兽类 38 种，鸟类 117 种，爬行类 36 种，两栖类 16 种，鱼类 25 种，昆虫 720 种。有蟒蛇、黄腹雉、海南虎斑开鸟、穿山甲、苏门羚、白腹山雕、白鹇、虎纹蛙等33种珍稀物种。

（4）经济发展

林场主要收入为生产收入。木林生产采取承包经营的方式，向外招标发包。先由县林业局森林资源调查设计队对木材采伐山场进行调查，计算出立木蓄积量，做好设计方案；再交由县林业局森林资源评估中心评估采伐区出材量和市场卖出价值，制定出拍卖价格，向社会公开拍卖，竞标得主领取林木采伐许可证后，方可进行采伐。

林中间种杜仲、土茯苓、金银花等药材及其他经济作物（如生姜、竹篙薯等）。但因受常年低温气候影响，收成不高，经济效益差。

（5）基础设施

林场办公室占地面积为385平方米，购置配备了办公桌椅、电脑等办公设备，实现了办公自动化。林场职工建筑有2层楼房面积385平方米，职工人均住房面积占15平方米以上。

林场辖区6条主要道路总长31千米，其中：硬化林区主线公路8千米，拖拉机道4条总长18千米。实现了村村通、站站通（护林管护站），交通便利。

（6）自然灾害

林场极少有严重的冰雪灾害和暴雨泥石流灾害。同时，台风对林场的影响不大。根据历史调查情况，林场已发生的森林病虫害有松毛虫、杉梢小卷叶蛾、杉木炭疽病、竹蝗等，对经济和环境影响最大的是竹蝗和松毛虫。

（7）山林权属

澄江林场现经营面积为59941亩。其中，木材产地面积45377.5亩，公益林面积14563.5亩。顿岗镇大村、佛坳村的山林面积大部分已转租给联兴林场经营，面积17173亩，方洞、铁寨村山林面积15929亩，其中生态公益林3639亩，由本场经营、护林管理，其他分别转租给亚达公司4883亩；温为军7762亩，自由经营。善亨碓头洞2215亩，竹山也转租给亚达公司经营。承包范围内的土地权属归乙方，在承包期内林权和土地的经营、使用、受益权归澄江林场（甲方），由甲方自主经营和使用。承包期限为60至80年不等。

（8）林场大事记

1998年，由县委、县人民政府组织上千人毛竹抚育大会战，在这里试点展开。

2008 年 2 月，受冰雪灾害影响，林场被损毁林木 12000 立方米；毛竹 190 万条。

4.1.35 罗坝林场

(1) 基本情况

罗坝林场成立于 1992 年，当时在始兴县委、县政府为响应广东省委、省人民政府提出的“五年消灭荒山、十年绿化广东”号召下，由县林业局牵头与罗坝镇各管理区以联营的方式组建了罗坝林场。

林场因坐落于始兴县罗坝镇，故取名为罗坝林场。林场属边远山区林场，东部与江西全南接壤，南部与罗坝和平交界，西与罗坝上岗毗邻，北面与澄江林场相连。林地主要分布在罗坝镇，林业用地面积 32024 亩。林场现有职工 32 人，其中：在职人员 6 人，离退休职工 22 人，聘用护林员 4 人。林场年营业收入约 50 万元，主要收入以木材生产为主，其中：2014 年木材产量 342 立方米，收入约 28 万元；公益林补偿性收入 4 万元；林业成品油价格补助专项资金收入 4 万元；其他多种经营 5 万元。

(2) 体制变革

1992 年，经县林业局批准，罗坝林场正式成立。成立初期，林场场长由罗坝林业站长兼任，办公地点设在罗坝林业站内。1995 年，罗坝林场与林业站脱离，林业站长不再兼任林场场长，林场定为正股级事业单位。2000 年，林业改革，罗坝林场归属县林场管理总站。2001 年，罗坝林场与都亨林场合并统称为始兴县林业局罗坝林场。2002 年林业改革，林场名称改为始兴县林业局罗坝林场。

(3) 森林资源

2015 年，林场林业用地面积为 32024 亩，其中生态公益林面积 17060 亩，占林地面积 53.27%，商品林面积 14964 亩，占林地总面积 46.73%。林场森林活立木总蓄积量为 138611 立方米，其中生态公益林 25646 立方米，商品林 112965 立方米，立竹量 50 万条。森林覆盖率 78%。

林场的生物多样性丰富，现保存国家重点保护的植物有楠木、樟木、野茶树等树种；国家重点保护的动物有蟒蛇、野牛、虎纹蛙、水鹿等。

（4）经济发展

罗坝林场当时办场的宗旨就是坚持“以营林为基础”，实行采育结合的林业方针，从而达到青山常在、永续利用的目的。同时，也充分利用山上的林木资源，为国家建设提供木材，增加地方财政收入。从建场到2012年，累计生产木材30000立方米。

林场年营业收入约50万元，收入以木材生产为主。2014年木材产量342立方米，收入约28万元；公益林补偿性收入40000元；林业成品油价格补助专项资金收入40000元，其他多种经营50000元。

（5）基础设施

罗坝林场经过24年的建设发展，基础设施基本上能满足要求，办公条件及职工住房也随年得到了改善，道路交通、水、电、通讯都比较齐全。2009年，利用政府下拨的危房改造资金，对林场职工居住的4套危房进行了改造。2012年，利用政府下拨的饮水工程改造资金引进了干净的自来水。

（6）山林权属

从1992年建场初期至2004年，林场林地的取得都是以联营的方式经营，林农出土地，林场出资金与技术，采取按比例分成，林地的所有权属村民，其他三权属林场。2015年，林场林业用地面积为32024亩。林场山林经营期限分为：45~56年13146亩，占林场总面积的42%；57~60年18608亩，占林场总面积的58%。另有已发包经营竹林面积2120亩。

（7）林场大事记

1992年，经县林业局批准，罗坝林场正式成立。成立初期林场场长由罗坝林业站长兼任，办公地点设在罗坝林业站内。

1995年，罗坝林场与林业站脱离，林业站长不再兼任林场场长，林场定为正股级事业单位。

2000年，林业改革，罗坝林场归属县林场管理总站。

2001年，罗坝林场与都亨林场合并统称为“始兴县林业局罗坝林场”。

2002年，林业改革，林场名称改为“始兴县林业局罗坝林场”。这一时期大量林场职工下岗。

2015年，广东省国有林场改革开始，始兴县林业局罗坝林场也纳入了这次国有林场改革当中。

4.1.36 沈所林场

（1）基本情况

沈所林场（原南方林场）始建于1991年。林场距离始兴县沈所镇南方村委会0.8千米，距离始兴县沈所镇10千米，距离始兴县县城13千米。林区内地貌复杂、山高谷深，毗邻广东省南山自然保护区，年平均气温为18℃，年降水量为1468毫米，属于南亚热带向中亚热带的过度地带，中亚热带季风气候区。

林场现有在职人员16人，长期聘用8人，离、退休人员18人。林场经营总面积达70100亩，森林蓄积量达30.5万立方米，森林覆盖率达80%。林场大部分林地已划分为生态林，转入生态修复期，多年来没有采伐过林木，林场无木材经营收入，主要经济来源是生态公益林补偿金和林业局的统筹调配。

（2）体制变革

2001年林业机构改革，将沈北林场、围溪林场合并为沈所林场，场部设在沈所林业站。2003年林业机构改革，将沈所林场、花山林场合并为沈所林场，场部设在沈所林业站，卢胜华任场长。2005年林业机构改革，将沈所林场分为沈所林场（管辖原沈北林场）、围溪林场、南方林场。2012年沈所林场改革，定为自支自收的事业单位（公益三类），核定人员编制9人，直属于始兴县林业局管理。

（3）森林资源

1991年南方林场成立初始经营面积为3.43万亩，之后慢慢扩展林场发展空间，至2008年5月林业机构改革，将沈所林场、南方林场和围溪林场整合更名为始兴县林业局沈所林场，林场经营总面积达70100亩，省级生态公益林4.92万亩，占林场经营总面积的70%；商品林2.09万亩，占林场经营总面积30%；林场森林蓄积量达30.5万立方米。

林场有脊椎动物与昆虫纲动物近1000多种，其中兽类38种，鸟类117种，爬行类36种，两栖类16种，鱼类25种，昆虫720种。

（4）经济发展

林场大部分林地已划分为生态林，转入生态修复期，多年来没有采伐过林木，无木材经营收入，主要经济来源是生态公益林补偿金和林业局的统筹调配。由于自建场至今一直执行事业单位企业管理，没有纳入财政预算，离退休人员的工资（补差）仍由县林业局自筹解决。另外，在职人员工资、工作经费等由林业局全额保障。随着全县国有林场加强生态保护和紧缩木材生产计划，离退休人员越来越多，负担越来越重，林业局已无力承担，经济陷入危困，甚至无法保证林场在职人员工资，林场发展面临的困难加剧。

（5）基础设施

林场办公室占地面积为1500平方米，并购置配备了办公桌椅、电脑等办公设备。林场职工宿舍建筑有3层楼房，面积284平方米，瓦房面积占330多平方米。

林场辖区5条主要林区道路总长48千米，进入林区的道路均为泥路，多年失修。

（6）自然灾害

林场除了2008年2月的冰冻灾害，历年来无重大的冰雪灾害，暴雨泥石流灾害，台风灾害。根据历史调查情况，林场已发生的森林病虫害有松毛虫、杉梢小卷叶蛾、杉木炭疽病、竹蝗等。

（7）山林权属

沈所林场辖区内所有林地均为租赁的，土地权仍属归山主，在承包期内林权和土地的经营、使用、受益权归始兴县林业局沈所林场，由始兴县林业局沈所林场自主经营和使用。承包期限为50~60年不等。

（8）林场大事记

1988年，成立围溪林场。

1991年，成立南方林场。

1994年，南方林场场部建成（沈所林场现址）。李大呈任场长。

1995年，成立沈北林场，沈所林业站站长甘学东兼任场长，在沈所林业站办公。

2001年，林业机构改革，将沈北林场、围溪林场合并为"沈所林场"，场部设在沈所林业站。叶丰恒任场长。"南方林场"改名为"花山林场"，李大呈任场长。

2003年，林业机构改革，将沈所林场、花山林场合并为沈所林场。

2005年，林业机构改革，将沈所林场分为沈所林场（管辖原沈北林场）、围溪林场、南方林场。南方林场的场部是现沈所林场的场部，陈尚洪任场长。

2008年，林业机构改革，将沈所林场（管辖原沈北林场）、围溪林场、南方林场合并为始兴县林业局沈所林场，卢胜华任场长。

4.1.37 马市林场

(1)基本情况

马市国有林场始建于1987年，直属始兴县林业局管理的正股级事业单位，实行企业化经营、自收自支的管理体制。林场地处始兴县马市文路、民丰、群立、台头等地，东部与南雄市接壤，南部与顿岗镇交界，西与江口林场宝峰片毗邻，北面与南雄市相连。场部设在马市圩镇中心，离县城14千米。林场地势属低山丘陵，山脉属南岭山系，群山连绵，属中亚热带季风气候区。

现有在职人员8人，长期聘用6人，退休人员10人。林地经营总面积47697，林总蓄积量达138935立方米，森林覆盖率达90%。近年来，林场主要营业收入约159万元，年度开支121万元。

(2)体制变革

在2000年后，实施以生态建设为主的林业发展战略，采取了禁伐限伐政策，林场木材产量大幅度调减，收入明显减少，木材加工类项目受到制约，富余职工增加，待岗下岗人员占职工总数的一半以上。特别是大多商品林被划为生态公益林，严禁采伐，木材收入直线下降。由于没有纳入县级财政预算，离退休人员的工资（补差）仍由县林业局自筹解决，负担越来越重。另外，在职人员工资、工作经费等由林业局全额保障，甚至无法保证林场职工工资，林场发展面临的困难加剧。一大批在岗人员经历了资源危机、经济危困、精简机构体制改革，大部分人员被分流下岗，自谋生计。

2002年，经历林业机构大变革，职工队伍由原来的30余人下降到现在7人，减少了77%；林场技术人员减少了15人，下降了80%。马市林场在2012年的编制改革中，定为自支自收的事业单位（公益三类），核定人员编制12人，直属始兴县林业局管理。

(3)森林资源

马市林场1987年成立初期，始经营面积为9000亩。2001年整合了民丰林场、文路林场、台头林场、群立林场。整合后的马市国有林场经营总面积达47697亩。另外有：已发包管护经营面积35344.5万亩，占国有林场总面积的74%。全场活立木蓄积量138935立方米，森林覆盖率达90%。

林场现保存野生高等植物2000多种，其中珍稀濒危植物15种。列为国家二级重点保护的有5种，列为国家三级重点保护的有闽楠等8种，列为广东省重点保护的有

2种。现存野生动物1000多种，其中濒危动物34种。列为国家一级重点保护的5种，列为国家二级重点保护的有29种。

（4）经济发展

林场年均生产木材产量2000立方米，收入约60万元。林场林下经济主要是种植业和养殖业。传统的猪、牛饲养虽然技术成熟，但难以形成规模经营，故效益差。其他的养殖业由于缺乏林业科技推广服务体系，缺乏技术，多被病、害所困扰而难以顺利展开。另外，经济种植业的椪柑、杨梅、枇杷等由于种植技术缺乏，加上雨水或高温天气较多，品质和产量都不高产，遇上市场行情不好时，销售困难，获利不高，或造成较大的经济亏损。

近年来，林场主要营业收入约159万元，其中木材收入约60万元，公益林补偿性收入21万元，林业成品油价格补助专项资金收入15万元，山价（租金）收入36万元，其他多种经营27万元。年度开支121万元，其中：营林生产15万元，山价(林地租金40万元)，工资补贴44万元，办公、汽车、招待费等13万元，职工社保11万元。

（5）基础设施

林场办公室占地面积为60平方米，并购置配备了办公桌椅、空调、电脑等办公设备。林场职工住房为3层楼房，面积1082平方米，职工人均住房面积100平方米。林场辖区5条主要道路总长34.5千米，其中：硬化林区主线公路11千米；拖拉机道5千米。

（6）自然灾害

林场偶有冰雪、泥石流灾害，但是影响不大。台风对林场树木影响也不大。林场已发生的森林病虫害有松毛虫、杉梢小卷叶蛾、杉木炭疽病、竹蝗等。

（7）山林权属

最初是以签订承包合同的形式从集体权属中承包经营，在2003年经历集体林权制度改革后，以办理林地流转方式承包经营，并办理林地使用权、林木所有权、林木使用权林权证，完善权属归属。

（8）林场大事记

2008年2月，受持续的雨雪冰冻灾害侵袭,损毁林木1.5万立方米；毛竹180万条。

2012年，马市林场被评为“湘、粤、赣第三护林联防区先进集体”。

4.1.38 江口林场

（1）基本情况

江口国有林场始建于1996年2月，原名上台林场，2003年合并宝峰、总甫、水口、珠岭下、黄板等5个林场基地后更名为江口林场。林场地处浈江流域上游，位于始兴县西北面。林场东部与马市林场接壤，南部与沈所镇交界，西与仁化县毗邻，北面与北山相连。林区内地貌复杂，属于南亚热带向中亚热带的过度地带，中亚热带季风气候区。

林场经营总面积41533亩，蓄积量16.56万立方米，森林覆盖率92.2%。现有在职人员7人，长期聘用2人，退休人员69人。至2016年5月，江口林场债务总额111.2万元，其中：拖欠在职职工工资29.9万元（上调后未发放的应发工资）；拖欠退休人员工资81.3万元。

（2）体制变革

江口国有林场始建于1996年2月，是直属始兴县林业局管理的正股级事业单位，实行企业化经营、自收自支的管理体制。2003年，上台林场与宝峰、总甫、水口、珠岭下、黄板等6个林场基地合并后更名为江口林场，总场部设在原江口林业站（江口圩镇附近），原上台林场与其他林场设为分场。江口国有林场在2012年的编制改革中，定为自支自收的事业单位（公益三类），核定人员编制9人，直属始兴县林业局管理。

（3）森林资源

1996年成立上台林场初始经营面积为20518亩。2003年合并宝峰、总甫、水口、珠岭下、黄板等5个林场基地后更名为江口林场。经合并后的江口国有林场经营总面积达41533亩（其中：已出租林地15621亩，电站占用林地21亩，林地转让9029亩）。生态公益林面积24141亩，占58.1%；商品林面积17412亩，占41.9%。

林场蓄积量16.56万立方米，其中杉树2000立方米，马尾松12000立方米，阔叶树10. 18万立方米(其中有近、成熟林蓄积量30000立方米)，毛竹235.1万条。

林场内分布有脊椎动物与昆虫纲动物近千种，其中兽类 38 种，鸟类 117 种，爬行类 36 种，两栖类 16 种，鱼类 25 种，昆虫 720 种。

（4）经济发展

林场大部分林地已划分为生态林，转入生态修复期，多年来没有采伐过林木，无木材经营收入。由于没有纳入县级财政预算，离退休人员的工资（补差）仍由县林业局自筹解决，在职人员工资、工作经费等由林业局全额保障。随着全县国有林场加强生态保护和紧缩木材生产计划，离退休人员越来越多，负担越来越重，林业局无力承担，经济陷入危困，甚至无法保证林场在职人员工资，林场发展面临的困难加剧。到 2016 年 5 月，江口林场债务总额 111.2 万元，其中：拖欠在职职工工资 29.9 万元（上调后未发放的应发工资）；拖欠退休人员工资 81.3 万元。

（5）基础设施

林场办公室占地面积为 360 平方米，购置配备了办公桌椅、电脑等办公设备，实现了办公自动化。职工宿舍面积 453 平方米，职工人均住房面积占 50 多平方米。林场辖区 5 条主要道路总长 25 千米，其中：硬化林区主线公路 9 千米；拖拉机道 4 条总长 16 千米。实现了村村通、站站通（护林管护站），交通便利。林场水电设施齐全，通讯发达。

（6）自然灾害

林场建立后，危害严重的自然灾害为 2008 年冰雪灾害，除此未发生严重灾害。林场已发生的森林病虫害有松毛虫、杉梢小卷叶蛾、杉木炭疽病、竹蝗等。

（7）山林权属

林场林地以签订承包合同的形式从集体权属中承包经营，林场林地属当地集体所有。

（8）林场大事记

1996 年 2 月，上台林场成立，场长张应华。

1997 年，上台林场新办公大楼竣工完成，新场址设在上台小地水库近旁。上台林场从旧场址搬迁到新办公大楼。

1998 年，硬化上台林场辖区主线公路 9 千米，并贯穿场部，结束了交通不便的历史。

2003 年，上台林场与宝峰、总甫、水口、珠岭下、黄板等 5 个林场基地合并后更名为江口林场，总场部设在原江口林业站（江口圩镇附近）。原上台林场与其他林场设立分场。

2006 年，因建设工厂，场部搬迁到太平镇林业站（站管林场）。

2008 年 3 月，场部又再次重新搬迁到原上台林场。是年 2 月，受冰冻雨雪灾害影响，损毁林木 50000 立方米、毛竹 80 多万条。

4.2 清远市国有林场

4.2.1 笔架山林场

（1）基本情况

笔架山林场位于清远市清新区东部山区，地理坐标为东经 112° 56′06″~113° 05′36″和北纬 23° 22′24″~23° 51′27″。东至通天腊烛顶、大顶崠西南山，与飞来峡镇接壤；南至笔架山、八片山，与凤城街道、太和镇相邻；西至松坳顶、集岭，与龙颈镇交界；北至二壮山、马鼻石，与禾云镇毗邻。林场属南亚热带季风气候，地形地势复杂，地貌主要分为中山、低山、丘陵和山间小盆地等 4 种地形类型。

林场面积达 14.5 万亩，森林活立木蓄积量达 46.1 万立方米，林覆盖率达 88.4%。林场现建有度假村，旅游项目有漂流、溯溪探险等。现有职工 152 人，退休 93 人。林场主要经济来源于旅游景区发包收入，林地租赁金和生态林效益补偿。年收入 523 万元，在职职工年均收入 66000 元。笔架山林场是一个国有与集体并存的林场，下辖中山、坑口、坑尾、田边、车头、根竹园、三坑滩 7 个村委会，35 个自然村（村小组），户籍人口 4006 人。

（2）体制变革

1958 年 10 月至 1984 年 2 月，林场属韶关地区林业局管理；1984 年 3 月至 1988 年 2 月属广州市林业局管理；1988 年 5 月 10 日，根据清远市编制委员会清市编字〔1988〕151 号文件批复，国营笔架山林场等 12 个国营林场均为正科级单位；1989 年 5 月 5 日，清远建市后，划归清远市林业局管理。

林场现为生产事业性正科级国营单位，实行自主经营、自负盈亏的经营体制。根据中共中央 国务院关于国有林场改革的相关精神，将林场主要功能明确定位为保护培育森林资源、维护生态安全和提供生态公益服务。笔架山林场是一个国有与集体并存的林场，下辖中山、坑口、坑尾、田边、车头、根竹园、三坑滩 7 个村委会，35 个自然村。林场承担社会职能的工作部门主要有：农村办、计生办、“三防”办、安监站、武装部、国土所、民政办、人社所等机构。

（3）森林资源

建场之初，林地面积约 13.8 万亩。2015 年，林场经营总面积 14.5 万亩，其中生态公益林面积 6.84 万亩，商品林面积 74000 亩，活立木蓄积量 46.1 万立方米，森林覆盖率达 88.4%。

因地处南岭山脉，林场野生动植物资源较为丰富，国家重点保护的珍贵植物有桫椤、黑桫椤、观光木、粘木等。有野猪、黄猄、龟、蛇、棘胸蛙、红嘴相思鸟、银耳相思鸟等野生动物，其中有列为国家二级重点保护的珍稀动物穿山甲、白鹇、猫头鹰、黄腹角雉等。

（4）经济发展

随着国家对林业建设投入日益增多，政府的投资由原来的几万元增加到现在的几百万元，主要有生态公益林补偿金、森林抚育专项资金、造林专项资金、森林植被恢复费（含万村绿专项资金）、森林防火专项资金等。

近 10 年来，林场总收入 7953 万元，其中木材收入 1331 万元，出租林地 686 万元，旅游收入 1545 万元，上级拨入资金 3497 万元，其他收入 894 万元。近年来，林场由于注重生态建设和保护，可伐林木资源匮乏，几乎没有进行木材生产，所以木材收入极少。

从 1994 年开始，林场大力调整生产结构，以保护生态和改善生态环境为目的，抓住有利时机，开辟森林生态旅游业。想方设法自筹资金 3000 多万元，建设了占地面积 100 公顷的、设施初具规模的笔架山度假村。1999 年，在度假村原有的旅游项目基础上，开设了清远市首家峡谷漂流和溯溪探险旅游项目。林场于 2000 年起着手筹建省级森林公园，在笔架山度假村周边规划 1821 公顷林地建立广东省森林公园，并于 2002 年 12 月经广东省林业局批准成立。2006 年经过林场和三坑滩村委会的共同努力，成功引进资金 5000 多万元，建立古龙峡漂流和万丈崖探险观景区项目，次年投入经营，该项目年接待游客 50 万人次以上，旅游总收入 3000 万元以上，安排就业 100 多人。2008 年，林场引进计划投资 5 亿元的清远市佰合谷旅游发展有限公司生态旅游项目，目前该项目正在建设中。

（5）基础设施

林场现有场部办公楼 1 栋，面积 803 平方米；综合楼 1 栋，面积 405 平方米；招待所、饭堂平房1座，面积343平方米，各工区有1栋宿舍及办公楼。

清远市区到达场部的道路为二级水泥硬底化公路。场部到各自然村公路全部建成了3.5米宽的水泥硬底化道路。全场公路里程达100多千米，已形成了林区交通网络，林场各作业区均可通车。

（6）自然灾害

在20世纪70~80年代，笔架山林场相继发生蝗虫和竹青虫灾害。虫害最严重发生在1985年到1986年，全场80%以上的毛竹林受到危害，致使毛竹林大面积枯死，林农损失惨重，生产、生活受到严重威胁。

1982年5月12日和2010年6月14日，林场受到特大暴雨和引发的山洪袭击，受灾严重，受灾人口多，经济损失巨大。此外，2006年11月18日，笔架山林场遭受历史罕见的暴雨夹特大冰雹的袭击，直接经济损失150多万元。

（7）山林权属

林场在1958年10月建场初期，当地政府从农民手中将部分新中国建立初期入社的土地无偿划给林场。20世纪60~80年代，车头村划归林场。沙田村和黄坑村的农民因生活、农业生产的需要，要求林场划出部分林地支持农村，林场将二渡河部分林地、仙庙湾林地划归黄坑村委会、沙田村委会。

随着社会的变革和发展，林业经济效益的突显，广大农民对山林资源越来越重视，加之历史原因和笔架山的区域优势，导致山林权属纠纷的发生。在1982年进行林业"三定"之前，林场就与附近的乡（镇）发生林地林权纠纷，后得到了妥善解决和处理。1982年由清远县人民政府对林权确权发证后，林场与周边乡（镇）的山林权属纠纷减少，与场内农村的纠纷时有发生，但都得到妥善处理。从2007年开始进行集体林权制度改革至今，再没有发生山林权属纠纷。林场面积逐步调整并稳定为14.5万亩。

（8）林场大事记

1958年10月，成立广东省笔架林场，中共国营笔架山林场委员会成立。

1981年，清远县人民政府发放山林权证，确立了林场的林地和林木权属为国营的法律地位。

1989年5月5日，由于清远建市机构的变动，林场划归清远市林业局管理。

1994年10月25日，林场将位于清城区桥北路牛皇庙原属笔架山林场拥有使用权的国有土地转让给清远市智丰房地产开发公司，面积668平方米，转让地皮款638万元，用于建设笔架山度假村工程及职工宿舍大楼。

1996 年 10 月 31 日，林场向清远市计划委员会申请立项兴建笔架山度假村，项目总投资 723 万元，市计划委员会同意立项。

2002 年 12 月 20 日，根据广东省林业局粤林函〔2002〕441 号文批复，同意建立广东笔架山森林公园（省级），面积 1821 公顷。

2010 年，根据《中共广东省委、广东省人民政府关于推进集体林权制度改革的意见》（粤发〔2008〕14 号）精神和《清新县集体林权制度改革实施方案》，开展集体林权制度改革工作。

4.2.2 金鸡林场

（1）基本情况

金鸡林场建于 1959 年 7 月。位于英德市西部九龙镇，毗邻浛洸镇、西牛镇、黄花镇，地理坐标为东经 112° 57′ ~113° 01′，北纬 24° 08′ ~24° 13′。林场处于高山地带，地势较复杂，海拔 175~843 米之间，坡度一般在 24° ~40°。

林场现有经营总面积 31215 亩，其中生态林 4798.5 亩，用材林 26335.5 亩；活立木蓄积量 95954 立方米，森林覆盖率 95.7%。全场职工 153 人，林场带队一个，农业人口 252 人。目前林场仍以木材经营收入为，经济结构单一，经济发展缓慢。林场每年生产木材约 5000 立方米，木材收入约 450 万元，多种经营收入 34 万元。林场经济收支基本平衡，基本能维持林场正常经营和保障职工生活。但林场森林资源已处于下滑状态，林场经济形势不乐观。

（2）体制变革

1959 年 7 月，英德县为壮大国营造林事业的发展，建立了国营金鸡林场，属省地国营林场。1960—1987 年隶属韶关市林业局。1988 年 3 月，根据清远市编制委员会清市编字〔1988〕151 号文，将国营金鸡林场定性为正科级单位，隶属清远市林业局。2012 年 5 月，清远市机构编制委员会办公室文件（清机编办〔2012〕44 号文），将国营金鸡林场定性为市林业局直属公益三类事业单位，正科级。经费自收自支。

林场目前属于生产企业性质，且经济上实行独立核算的国营事业单位。林业的经营机制是以市场为导向，生产适销对路的各种规格原木，同时大力发展速生丰产林，缩短培育期，确保林场森林资源的后续轮伐利用，为国家提供可靠的用材基地。林场下辖 1 个太平洞自然村 . 农业人口 252 人，并承担计生、征兵等社会职能。

（3）森林资源

林场建立初期，规划经营面积为46249亩。1982年，林场林权取证经营面积31215亩，至今经营面积不变。2015年，林场有经营总面积31215亩，其中林业用地31134亩（有林地23788.5亩、灌木林地6069亩、无林地1276.5亩），非林地81亩，全场生态林4798.5亩，用材林26335.5亩，现有活立木蓄积量95954立方米，森林覆盖率95.7%。

（4）经济发展

1961—1988年，国家对林场投资共152万元。1989年后林场因体制原因，国家不再投入，林场实行自负盈亏体制。

据《国营金鸡林场森林经营方案》（1989－1995年）记载，1973—1988年林场生产木材25751立方米，木材收入639万元。2015年林场销售木材6061立方米，剩余物1100立方米，木材销售总收入653万元。以经营木材收入为主的金鸡林场，曾经投资建立白水带电站、英德英城供销公司等经营项目，但最终经营效益不佳，不再经营。2015年，林场年多种经营主要收入34万元，其中英德林苑商铺出租年租金30万元，林场木材仓库出租年租金4万。

（5）基础设施

在1963年前，林场借用瓦房进行办公。目前林场拥有1栋4层半的办公大楼，建筑面积约1100平方米，职工住房面积约6211平方米。林场拥有小汽车3辆，摩托车5辆。林场林区公路67千米，其中硬底化公路12千米，林区已形成公路网络，改变过去林区交通不便的落后局面。林场场部和各工区照明用电、饮用水安全工程已解决。

（6）自然灾害

林场受到两次较大的自然灾害。2001年8月31日至9月1日，林场遭受历史上罕见的14号热带风暴“菲特”影响，造成林区大量山体滑波，林区公路大部分塌方不能通车，加上林木的损失，估计经济损失50万元。2010年12月17日，林场520亩黄皮果树遭受严重的冻害，大部分毁灭，经济损失约150万元。

（7）山林权属

林场建场初期规划经营面积为46249亩，公社用地9060亩。1982年林场林权取证经营面积31215亩，至今经营面积不变。

2012年，林场林地确权换发新证13宗13970，未发证面积17164亩，主要原因一是因个别村委以实地无明显防火林带界线为由拒绝签名确认（黄花镇涉及面积6979亩）；二是未经林场确认签名，当地林业站给予他人换发新证，造成林场在换发新证中出现了重图重线的现象。林场现尚有涉及九龙镇、西牛镇3宗（面积10185亩）无法换取新证。

（8）林场大事记

1959年7月，建立了国营金鸡林场。1963年1月，将连江、长江坝、金鸡3个场合并，收为省属场。1988年3月，金鸡林场定性为正科级单位。

2012年5月，清远市机构编制委员会办公室文件（清机编办〔2012〕44号文），将国营金鸡林场定性为市林业局直属公益三类事业单位，正科级。经费自收自支。

4.2.3 龙坪林场

（1）基本情况

龙坪林场位于粤北山区的连州市东南侧，东至大东山之岩坑顶，潭岭交界；南至茶田之羊子山，与阳山县境接壤；西以连坪公路为界；北到冷水坑连亚婆髻山脊分水，与星子交界，地跨3镇。林场属南亚热带季风气候，地形地势复杂，地貌主要分为中山、低山、丘陵和山间盆地等四种地形类型。

林场经营总面积约18.8万多亩，活立木总蓄积量为57万立方米，森林覆盖率达75%。大东山工区建有4座小水电站，总装机容量5620千瓦。现有职工289人，其中在职职工98人，退休职工191人。林场现主要经济来源于电站外售电收入、林地租赁金和生态林效益补偿。年总收入1350万元，在职职工年均收入6万多元。

（2）体制变革

1958年3月至1964年7月，龙坪林场属广东省连县管理。1963年3月，大东山、东洞、高山3个林场和原高山农场以及大东山天然林区合并到龙坪林场，为县属林场。1964年8月起调整由韶关专员公署林业局管理。1965年10月，龙坪林场收归广东省林业厅直接管理。1969年起由韶关专区林业森工局管理。1988年初，划归清远市林业局直接管理。

根据国有林场改革相关精神，将林场主要功能明确定位为保护培育森林资源、维护国土生态安全和提供生态公益服务，报请编制部门确定正科级公益一类事业单位。

（3）森林资源

林场成立之初，管理经营面积 40 多万亩，森林资源主要集中分布在大东山天然原始林区，主要树种以马尾松、广东松、阔叶树等大径树种为主。2015 年，全场经营总面积约 18.8 万亩，森林覆盖率达 85.06%，其中生态公益林面积 14.1 万亩，商品林面积近 50000 亩，活立木蓄积量 64.2 万立方米。

林场野生动物资源较为丰富，有脊椎动物 6 目 14 科 478 种，其中国家级重点保护野生动物有白颈长尾雉、白鹇、金雕、苏门羚、红面猴、大灵猫、小灵猫、水鹿、熊、毛冠鹿、虎纹蛙等。

（4）经济发展

随着国家对林业建设投入力度的不断加大，上级拨入资金投入由原来单一的生态公益林补偿资金增加了森林抚育专项资金、专项造林资金、森林植被恢复费（含万村绿专项资金）、森林防火专项资金等。近十多年来，林场总收入 19163.4 万元，其中木材收入 8630 万元，水电收入 7115 万元，上级拨入资金 3418.4 万元。由于 2008 年雨雪冰冻灾害的影响，林场森林资源情况发生急剧的变化，木材收入骤减，近年来已几乎没有了木材这一块收入。

林场大东山温泉瀑布旅游度假区项目，由于经营没有上轨道，至今森林旅游收入不大。近 10 多年来，林场 1、2、3、4 级电站先后进行不同程度的技术改造，总装机容量由原来的 2860 千瓦增加到 5620 千瓦。2006 年期间九龙坑调节水库完工投产以及单价有所提高后，电站年均电费收入由 250 万元增至现在的 630 万元，增幅为 143%。

（5）基础设施

林场现有场部办公楼 1 栋，面积 480 平方米；会议室、招待所及饭堂等综合楼 1 栋，面积 560 平方米；生态公益林管护办公室 1 间；各工区及电站均有一间办公室。林场现有职工宿舍 120 多户，建设面积 7080 平方米，每户平均面积近 60 平方米。

林区有公路 50 千米、林道 80 千米及便道 96 千米，分别通往各管护站点及林区腹地，交通便利。场部及各工区每户均安装自来水，各护林点由于受取水困难等原因未安装自来水。

（6）自然灾害

林场在 2008 年遭遇了百年一遇的大雪和冻雨天气，直接经济损失高达近 2 亿元。在 1973 年 6 月 28 日和 2006 年 7 月 15 日，遭遇山洪暴发，林场损失严重。

（7）山林权属

1981年6月开始，山林发证期间（林业“三定”时期），为照顾当地社、队发展林业生产，林场划出部分林地给当地政府和村集体，1982年林场的山林发证工作结束后，林场确定了林地经营的总面积为18.8万亩，一直延续至现在。2007年前林场与周边存在林权纠纷10起，纠纷面积13405亩；从2007年开始进行集体林权制度改革至今，与周边的林权纠纷上升至20起，纠纷面积达41455亩。

（8）林场大事记

1958年3月，经连县县委、县人民政府批准，成立“连县国营龙坪林场”。

1964年8月，林场被调整为省、专（韶关专区）、县3级林场。

1969年，省林业厅把林场下放给韶关专区林业森工局管理，并把林场改名为“国营龙坪林场”。

2010年10月，林场与连州市大东山投资发展有限公司签订《合作开发市级森林公园协议书》。

4.2.4 天堂山林场

（1）基本情况

天堂山林场成立于1958年，地处清城区东北部飞来峡镇辖区内，北与英德市黎溪镇交界，东与佛冈县龙山镇接壤，四周均以山脊线为界。建场初期场部办公地点设在旧横石火车站后面的天堂山，故而得名。因历史变革，曾先后归属韶关市、广州市、清远市管辖。

林场现有总面积18729亩，林业用地18618亩，蓄积量34306立方米，森林覆盖率75.45%。林场现有职工总人数160人，其中在职职工45人，离退休职工108人，长期聘用7人（签订固定期限合同7人）。

（2）体制变革

1964年8月，林场由韶关专员公署林业局管理；1965年10月收归广东省林业厅直接管理；1969年起由韶关专区林业森工局管理；1988年初，划归清远市林业局直接管理。

目前，天堂山林场隶属清远市林业局，天堂山林场没有代管农队、没有自办学校和医院等社会职能。

（3）森林资源

林场现有总面积 18729 亩，林业用地 18618 亩，蓄积量 34306 立方米，其中生态公益林面积 2017.5 亩，占 10.84%；商品林面积 16600.5 亩，占 89.16%，森林覆盖率 75.45%。林场森林经营以一般用材林为主,且占据绝大多数,目前主要经营树种为杉树、黎蒴、桉树。

林场的生物多样性丰富，国家重点保护植物有桫椤、金毛狗、香樟等 3 种；珍稀濒危保护植物有桫椤、羊枫荷、红皮糙果茶等 3 种。国家重点保护动物有蟒蛇、虎纹蛙、白鹇等 3 种。

（4）经济发展

林场主要收入为木材收入。2008—2012 年，林场木材收入分别为 381 万元、348 万元、255 万元、466 万元、513 万元。2013 年，林场以生态林建设为主，木材收入降低。至 2015 年，木材收入仅为 70000 元。

为提高林场经济效益，充分利用开发商的经济实力，林场通过出租林地和合资造林发展经济。2009 年，林场与小龙林场协商决定，采取双方合作的方式营造桉树速生丰产林 2290.5 亩。此外还与银盏林场协商决定，双方合作的方式经营 2006 年、2007 年春种植的黎蒴共 1739 亩。

2010 年，外租林地 3816 亩。2011 年，外租林地 1603 亩，并把位于白石塘 192 亩的林地出租给金泉公司用作农业综合开发，合同期 50 年，租金前 10 年为 5 万元 / 年，每 10 年提高 1 万元 / 年租金。2012 年，外租林地 721 亩。2013 年，外租林地 1362 亩。2014 年，外租林地 747 亩。2015 年，外租林地 110 亩。

（5）基础设施

林场建于 1958 年，建场初期，林场仅有几间破旧平房，办公和居住条件极差。于 1998 年 1 月，林场场部建成 1 栋 4 层的办公大楼。现 5 个工区共有宿舍房屋 8 栋，改善了职工办公及居住条件。另外还有各类型汽车 4 辆，摩托车 5 辆，电脑 11 台，以及电视机、复印机、空调等若干，基础实施十分完备。

林场内公路四通八达，现有林区公路 23 千米，场部与各工区、林班都有公路通达。

（6）自然灾害

2008 年春，雨雪冰冻灾害导致林场所种植的沙糖橘树全军覆没。2014 年 5 月 17

日和 5 月 22 日，连遭两场特大暴雨袭击，林场受灾非常严重。

林场发生病虫害主要为经济林沙糖橘树的黄龙病。

（7）山林权属

林场林地权属明晰，与周边乡镇及林场存在权属争议较少，比较有利林场管理及开发。其中 621 亩的林地与佛冈有争议，经双方友好协商，一致同意共同开发。

（8）林场大事记

1958 年，创建建天堂山林场。

2008 年，春雨雪冰冻灾富导致林场沙糖桔几乎全军覆没。

2014 年 5 月 17 日和 5 月 22 日，连遭两场特大暴雨袭击，林场水、电、交通、移动信号全面瘫痪，林场几乎处于孤岛状态，灾害群众多。

4.2.5 铁溪林场

（1）基本情况

铁溪林场林场成立于 1958 年，位于英德市南部，离英德县城 35 km，东部与下太镇接壤，南部与佛冈县龙南镇交界，西部与黎溪镇相接，北部与连江口镇相邻，地理坐标为东经 113 ° 20′ ~113° 24′，北纬 23° 55′ ~23° 58′，为北江两条小支流的发源地。林场属山岭地区，平均海拔 300~500 米，坡度 20° ~40°。

林场经营总面积 4.961 万亩，林木总蓄积量 14.1328 万立方米，森林覆盖率 88.5%。林场总人口 350 人，其中职工 105 人，农业人数 245 人。林场年收入约 300 万元，职工人均年收入约 33000 元。

（2）体制变革

铁溪林场于 1958 年初建立，属正股级国营单位，由韶关市英德县林业局管辖。1985 年划归韶关地区林业局管理，升格为省属副科级国营单位。1987 年 10 月划归清远市林业局管理，又升格为省属正科级国营林场。1987 年 10 月以后由清远市林业局管理。2012 年 5 月，清远市机构编制委员会办公室文件（清机编办〔2012〕44 号文），将国营铁溪林场定性为市林业局直属公益三类事业单位，正科级，经费自收自支。

（3）森林资源

林场经营总面积 49610 亩，林业用地面积 49122 亩。其中有林地面积 43903.5 亩，未成林地 3391.5 万亩，无立木林地 1827 亩。林木总蓄积量 14.1328 万立方米，树种以杉树和黧蒴栲为主，森林覆盖率 88.5%。

林场保存有野生高等植物 121 科 363 属 685 种。有国家级保护动物大灵猫、金貂、斑林狸、细鲵、白鹇、野猪、眼镜王蛇、烙铁头、蟒、黄腹角雉、领角鸮等 10 多种。

（4）经济发展

2007—2009 年，上级政府共投资 46 万元用于造林。2011 年开始收到生态公益林补偿款，油价补贴，危旧房改造资金以及造林款。2007—2015 年，政府共计共投资 1110 万元。

林场经济以木材收入为主。1976—1985 年，木材收入 538.9 万元；1986—1995 年，木材收入 1378.6 万元；1996—2005 年，木材收入 2410.5 万元；2006—2015 年，木材收入 3845 万元。1976—2015 年，总计木材收入 8173 万元。

林场没有发展林下经济和旅游业。

（5）基础设施

林场场部修建了 1 栋 1300 多平方米的综合办公楼，办公设备完善。另外在场部修建有 2 栋 1400 多平方米的干部职工住房，在工区建有 1 栋 500 多平方米的干部职工生活楼。

目前，林区简易公路修建 50 多千米，场部与场属村委和工区之间已实现了公路互通，场部与外界的公路已经硬底化。

（6）自然灾害

2008 年受雨雪冰冻灾害影响，林场海拔高的林木受到一定伤害，但灾情不严重。林场虽经常遇暴雨，由于植被好，没发生过严重泥石流。同时每年都有台风，但只对林场造成部分的蹋方，没有造成大的损失。由于林场所造林木大部分是以乡土树种（杉树、黧蒴栲）为主，林场没有发生严重的病虫害。

（7）山林权属

林场林业用地面积 49122 亩。其中国有林地 31540 亩，集体 10092 亩，联营 7490 亩。

（8）林场大事记

1988 年 3 月，根据清远市编制委员会发文（清市编字〔1988〕151 号文），将国营铁溪林场定性为正科级单位。

2004 年 8 月，根据《清远市城镇职工基本医疗保险暂行规定》（清府〔2001〕

70号），为全场干部职工购买了医疗保险。

2012年5月，清远市机构编制委员会办公室文件（清机编办〔2012〕44号文），将国营铁溪林场定性为市林业局直属公益三类事业单位，正科级。经费自收自支。

2012年，林场完成危旧房改造，新建职工宿舍18户，对原21户职工宿舍的危旧房进行了全面彻底的整修。

2013年，根据上级文件的指示精神，在市局领导和英德水务局的大力支持下，林场投资20多万元完成了安全饮水工程的改造，并顺利竣工完成。

4.2.6 涡水林场

（1）基本情况

涡水林场位于连南瑶族自治县中部偏西的涡水河流域，以四面环绕的高山的分水岭为界。地域处在涡水、香坪、九寨、南岗、白芒、盘石、大麦山等7个林业重点乡（镇）交界处，其中大部分林地在涡水、香坪、九寨镇内。林场离连南县城约40k米，距清远市区约为150k米，地理坐标位于东经112° 10′ 40″ ~113° 13′ 33″，北纬24° 34′ 00″，场部设在连南县涡水镇。林场地处连南中南部，四周高山环绕，山地陡峭，地势复杂，地形以低山为主，坡度大部分在30°~45°之间，海拔高度一般在600~800米。

2008年涡水林场总收入43.0万元，总支出85万元，林场经营处于亏损状态。林场经营要小龙林场的支持，每年都要向小龙林场借款维持林场的正常运作。林场现有林业用地6552亩，蓄积量31445立方米，其中生态公益林面积6552亩，占100%；森林覆盖率99.8%。现有干部职工26人，其中在职15人，退休11人。

（2）体制变革

林场1964年8月建立。1973年2月，省委托韶关地区管理。1984年转为省属韶关地区林业局管辖。1988年，清远撤县建市后，转为清远市林业局管辖。1988年5月10日，清远市编制委员会办公室确定林场为正科级单位，人员编制为27名。2004年7月，根据清远市林业局党委的要求，涡水林场合并到小龙林场按工区建制管理，并明确了“两块牌子，一套班子”的管理体制，财务经济运转实行独立核算。2011年7月1日，清远市机构编制委员会核定林场编制为17名，收回编制10名。2012年5月24日，清远市机构编制委员会核定林场人员编制12名，为市林业局直属公益三类事业单位，正科级，经费按市财政补助三类拨付。目前，林场是清远市林业局直属公益一类事业单位。

建场初期头3年，林场种植杉树2000多亩。从20世纪70年代开始，林场在大力抓好造林的同时开始杉树抚育间伐，为社会提供小规格材。70年代后期至80年代，林场用材林朝着速生丰产林方向发展。21世纪以来，林场以培育和管护林场森林资源为主要任务。

（3）森林资源

涡水林场建场初期面积168500亩。经过多少砍树还山，现有林业用地6552亩，蓄积量31445立方米，其中生态公益林面积6552亩，占100%；森林覆盖率99.8%。

生物多样性丰富，保存有野生高等植物179科491属831种，其中国家重点保护植物有红豆杉、桫椤等8种，珍稀濒危保护植物有红豆杉、桫椤、凹叶厚朴、半枫荷等。林场现有脊椎动物13目49科121种，昆虫698种。其中有国家重点保护动物眼镜王蛇、蟒蛇、银环蛇、黄腹角雉、穿山甲、小灵猫等14种。

（4）经济发展

20世纪90年代末，合作投资开发“连发小水电站”一个，年发电量达40000度，每年净收益10000元。1995年，涡水林场投资50万元建设的连南县新泰宾馆有100个床位，每年能给林场带来10万元的净收益。

在“十二五”期间，涡水林场年采伐限额木材11400立方米，至2013年，涡水林场全部有林地划定为生态公益林，林场停止商品性木材采伐。因条件限制，林场没有发展林下经济，也没有发展森林旅游。

（5）基础设施

林场的职工住房和办公大楼建于20世纪80年代中期，由于年久失修，现已残旧不堪。办公大楼已不能满足办公需要。职工住房通过争取国家及省资金补贴修缮加固危旧房11户，并申请贫困林场补贴资金进行了室内线路改造，解决了职工住房用电问题，现林场职工住房已基本满足工作需要。林场场部有县道直通县城，交通便利。

（6）自然灾害

林场建立至今，受台风影响和受暴雨、泥石流影响较少，仅2008年遭受到严重的冰雪灾害，未发生重大森林火灾和重大的病害虫害。

（7）山林权属

国营涡水林场建立初期面积16.85万亩，经过砍树还山，将大部分山林权属归还给周边少数民族村民。现有林地面积6552亩。建场前，林场周边为少数民族聚居之地。

（8）林场大事记

1999年8月，进行森林分类经营。

2004年7月，根据清远市党委的要求，涡水林场合并到小龙林场按工区建制管理，并明确了“两块牌子，一套班子”的管理体制，财务经济运转实行独立核算。

2012年6月，涡水林场的林地全部划为生态公益林。

4.2.7 小龙林场

（1）基本情况

小龙林场创办于1956年10月，原名连南林场，1963年改名为小龙林场。小龙林场位于连南县北部，地理坐标为东经112°11′03″~112°15′49″，北纬24°51′43″~24°56′05″，西北与湖南省江华县麻石洞村接壤，北与连县清水、西岸为邻，南与连南县金坑大龙为界。林场属大雾山支脉，地形复杂，整个地势北高南低。

2015年，林场共有林地51547.5亩，森林蓄积量达到38.5516万立方米，森林覆盖率87.9%。20世纪80年代以来，林场主要经济收入以杉木种植及出售为主。“十二五”期间，林场每年木材销售在12000~15000立方米，年收入在1000万~1500万元。现有干部职工191人，其中在职79人，退休112人。

（2）体制变革

小龙林场创办于1956年10月，原名连南林场，1963年改名为小龙林场，省属县管。1984年转为省属韶关地区林业局管辖，1988年转为清远市林业局管辖。

1988年5月10日，清远市编制委员会办公室确定林场为正科级单位，人员编制为140名。2004年7月，根据清远市党委的要求，涡水林场合并到小龙林场按工区建制管理，并明确了“两块牌子，一套班子”的管理体制，财务经济运转实行独立核算。2011年7月1日，清远市机构编制委员会核定林场编制为107名，收回编制33名。2012年5月24日，清远市机构编制委员会核定林场人员编制93名，为市林业局直属公益三类事业单位，正科级，经费按市财政补助三类拨付。现在，林场为清远市林业局直属公益一类事业单位。

（3）森林资源

1964年，国营小龙林场共有林地面积54400亩，其中有林地17599亩（包括原有林8500亩，人工林9090亩），宜林地36801亩。至2015年，林场共有林地51547.5亩，其中生态公益林11469亩，占22%；商品用材林40078亩，占78%。森林蓄积量达到38.5516万立方米，森林覆盖率87.9%。树种结构以杉树为主，占69%，松树占1%，黎蒴占0.8%，其他软阔占5%，其他硬阔占4%，其他针阔混交占18%，竹类占2. 2%。

林场现有脊椎动物13目49科121种，昆虫698种，其中有国家重点保护野生动物14种。

（4）经济发展

近年来，每年中央、省、市均有资金投入林场，且基本每年均有增加，主要集中在造林、抚育、林区公路修复建设等方面。

20世纪80年代以来，其他项目投入较少，只有小水电站及电站承包和县城铺面出租两项，每年收入在53万元左右。2007年，林场水电站转承包。林场主要经济收入以杉木种植及出售为主。“十二五”期间，林场每年木材销售约12000~15000立方米，年收入在1000万~1500万元。林场没有发展林下经济，没有发展森林旅游。

（5）基础设施

林场办公大楼始建于70年代中期，于2008重新修缮完工，现办公条件良好。自建场以来，林场每个发展年代陆续建设职工住房。林场通过各方尽力争取国家及省补贴资金，修缮加固危旧房72户，新建职工宿舍A、B、C、D4栋共30套，现场部职工住房已基本满足工作需要。林场现有林区公路38千米，2008年林场争取林业公路硬底化改造10千米，其余仍是泥沙路，

（6）自然灾害

林场遭受的灾害主要有：2008年1月25日，连续几天普降大到暴雪，全场50000多亩林地全部被冰雪覆盖；2012年4月5日，受台风影响，造成经济损失约200多万元；2013年的5月和8月，先后两次连续的特大暴雨引发山洪暴发、山体滑坡塌方和泥石流的地质灾害。林场未发生重大森林火灾，未发生过重大的病害虫害。

（7）山林权属

小龙林场建于 1956 年，全场总面积 51772.5 亩，至 2015 年，林场共有林地 51547.5 亩，全部山林权属为国有。

（8）林场大事记

2004 年 7 月，根据清远市党委的要求，涡水林场合并到小龙林场按工区建制管理，并明确了“两块牌子，一套班子”的管理体制，财务经济运转实行独立核算。

2015 年 12 月 12 日，林场组织全场干部职工学习讨论《关于国营小龙林场与国营涡水林场整合为一个林场的改革实施方案》（送审稿）并报送市林业局审核。林场干部职工对这次改革意见一致：将林场定性为事业单位公益一类。

4.2.8 羊角山林场

（1）基本情况

羊角山林场位于佛冈县石角镇，东南部与从化市良口镇毗邻，南部与佛冈黄花接壤，西北部与佛冈县石角镇交界，东北部与水头镇相接，地理坐标为东经 113° 32~113° 40′，北纬 23° 49~23° 52′。林场地处南亚热带季风气候区，土壤为花岗岩和页岩发育而成的山地红壤。

1958 年，国家为加快森林资源培育，保护和改善生态，采取国家投资的方式建立起国营羊角山林场。林场现有经营总面积 2672.9 公顷，全场森林覆盖率 91.36%，活立木蓄积量 170094 立方米。林场现有在职职工 36 人，退休职工 50 人。林场年采伐林木蓄积量 3000 立方米，木材收入约 100 万元，其中 50% 的收入用于营林造林支出，经济比较困难，属于贫困林场。

（2）体制变革

国营羊角山林场是在 1958 年，国家为加快森林资源培育，保护和改善生态而采取国家投资的方式建立起来的，由省厅直管。1972 年划归韶关市林业局管辖；1984—1987 年划归广州市林业局管辖；1988 年划归清远市林业局管辖至今。

国营羊角山林场隶属清远市林业局，是省属市管的自收自支的正科级事业单位，核定人员编制 29 名。日常主要负责经营营林、木材生产、护林防火、保护生态公益林等工作。林场辖下一个农业队（又叫大白洞村民小组），分为 2 个自然村，农业队经济独立核算，主要从事农业生产，以种植水稻和水果（沙糖橘）为主。

（3）森林资源

1958—1964年，林场总经营面积为5055.3公顷。2015年，林场总经营面积为2672.9公顷，其中林业用地2599.8公顷（有林地2438.2公顷，灌木林地3.7公顷，未成林地113.8公顷，无林地44.1公顷）非林地73.1公顷。林场活立木总蓄积量17.0094万立方米，其中杉木林11704立方米，马尾松林4228立方米，湿地松林3083立方米，桉树林20666立方米，黧蒴栲6368立方米，荷木511立方米，其他软阔林10.3068万立方米，针叶混交林2131立方米，针阔混交林18335立方米。森林覆盖率为91.36%。

林场内野生动物资源十分丰富，有脊椎动物25目48科180种，昆虫100多种。

（4）经济发展

政府很重视对林场的投资。历年来，政府部门对林场的造林、抚育、生态林、公路维修建设、汽车用油等方面都给予经济投入，特别在2010年以来，累计对林场投入了943万元。

林场于1958年成立。从1979年到2015年，木材销售以销售杉材、松材、杂材为主，共销售96590立方米，收入3857万元。林场的林下经济产业仍在探索发展阶段，目前没有经济收入。 羊角山林场自2002年成立省级森林公园，2004年开始发展森林旅游，2004—2015年收入528万元。其他产业主要是多种经营收入包括电站、厂房出租、林地出租等，2000年以来共收522万元。

（5）基础设施

为了管理方便，林场场部建在羊角山内。2007年，林场因征地需要搬迁，在原址旁边重建办公大楼。2007年以前，林场场部职工在场部均有宿舍，住有职工家属。2007年后，由于场部搬迁，取消职工家属宿舍，只保留职工休息和值班的用房。

林场有林区公路27千米，林道20千米，其中14千米林区公路在2010年完成硬底化建设。林场拥有两辆汽车。

（6）自然灾害

林场的自然灾害主要是水灾，在2013年受到百年不遇的洪水袭击，损失700多万元；冰雪灾害较少，火灾和病虫害从未发生过。

（7）山林权属

林场所有山林权属归国营羊角山林场所有。林场建立以来，权属清晰，所有林地均取得山林权证。

（8）林场大事记

1958 年，成立国营羊角山林场，由省厅直管。

1972 年，划归韶关市林业局管辖。

1984 年，划归广州市林业局管辖。

1988 年，划归清远市林业局管辖。

2002 年，成立省级森林公园。

2003 年，引进顺航公司投资开发羊角山漂流。

2005 年，引进森坡拉旅游度假项目。

2010 年，引进佛冈金谷公司开发羊角山森林公园。

4.2.9 杨梅林场

（1）基本情况

杨梅林场成立于 1956 年冬。位于广东省的阳山县南部，地理坐标是北纬 24° 08′，东经 112° 16′，位于北回归线北缘。东与清远市清新区浸潭镇桃源交界，南与肇庆市广宁县国营葵洞林场相接，西与肇庆市怀集县凤岗镇相邻，北与清远市阳山县太平白莲乡接壤。是阳山、怀集、广宁、清新 4 个县（区）结合部。林场山地属于南岭山系，场内地形地势较为复杂，平均海拔 450 米，相对高差一般为 200~500 米。

2015 年，杨梅林场总经营面积 9058.9 公顷，森林总蓄积量 28.7016 万立方米，森林覆盖率达 90.4%。林场总人口 730 人，其中在职 99 人，退休 201 人，农队 129 人，林场实行以林业为基础，大力发展多种经营方针。以小水电站为突破，逐步发展第三产业，小水电站装机容量达 3000 千瓦，林场年总收入近 2000 万元，干部职工收入逐步提高。

（2）体制变革

杨梅林场隶属惯关系：1956—1965 年，县直管；1965—1970 年，省直管；1971—1972 年，地县合管；1973—1977 年，省直管；1978—1984 年，地县合管；1985—1987 年，韶关市直管；1988 年以后，清远市直管。

1956—1980 年，为事业单位，国家投资；1981—2005 年，为国营企事业单位，资金自筹，向地方缴纳农林特产税；2006—2009 年，为国营事业单位，资金自筹，免除林业特产税收；2010—2016 年，为公益三类事业单位。目前林场负责计划生育、征兵、农村、社会普查，另代管 1 个场带队（农业队）。

（3）森林资源

1956 年建场时，只有荒山一片，经营面积 6000 公顷（90000 亩）。2015 年经营总面积 8553.4 公顷，林业用地 8816.6 公顷。按林种划分，商品林 4853.1 公顷，生态公益林 3963.5 公顷。按地类划分，有林地 6977.8 公顷，灌木林地 7.9 公顷，未成林地 1830.9 公顷，森林总蓄积量 28.7016 万立方米，其中天然林蓄积量 7933 立方米，人工林蓄积量 27.9083 万立方米，森林覆盖率达 90.4%。林场内分布有脊椎动物有鸟类、两栖类、爬行类、哺乳类等共 39 种。

（4）经济发展

20 世纪 80 年代，林场主要经济收入以杉木种植及出售为主。1998—2000 年，林场每年木材销售 6000~8000 立方米，年收入在 500~700 万元，到 2010 年后基本没有木材销售。林场没有发展林下经济，没有发展森林旅游。

从 2010 年起，林场主要收入以电站发电售电收入为主，两个电站平均每年发电 1000 万度，平均每年收入约 430 万元。另一收入为林地出租，为盘活林场经济，从 2008 年起，林场合共出租林地 53000 亩，每年租金收入约 310 万元。

近年来，每年中央、省、市均有资金投入，且基本每年均有增加，主要集中在造林、抚育、林区公路修复建设等方面。

（5）基础设施

林场场部有 3 层办公大楼，面积 600 平方米，办公硬件配置比较齐备。林场全场住户 177 户，住房面积 7524 平方米，其中水泥楼房 7148 平方米、砖瓦屋 377 平方米，人均居住面积 15 平方米。林场有 10 个工区，区区通公路，全长 15.3 千米，硬底化路面，连接省道及场部，路网比较发达。

（6）自然灾害

林场位于粤北山区，没有台风灾害，但偶有冰雪、暴雨灾害。2008 年 1 月，林场遭受到历史罕见的冰冻雨雪灾害，造成直接经济损失 6791.8 万元。1982 年、2014 年，有特大暴雨灾害，日降雨量超过 370 毫米，经济损失超过千万元。林场发生的病虫害主要有：1972 年的双条杉天牛幼虫害，1973 年的油茶毒蛾幼虫害，2014 年的樟树螟幼虫害。

（7）山林权属

杨梅林场土地最初来源于 1956 年。省林业厅批建由阳山县人民政府划拨，建立“广东省国营阳山林场”。2015 年杨梅林场经营总面积为：90589 公顷（13.5884 万亩）其中林业用地面积为：8816.6 公顷（13.2249 万亩），国有林地面积为 6137.2 公顷（9.2058 万亩）、集体林地面积为 2679.4 公顷（4.0191 万亩）。

（8）林场大事记

1956 年，林场在白牛场部挂牌办公，名为“广东省阳山林场”。

1986 年 3 月 31 日，国营杨梅林场定为科级。

1988 年 2 月，清远市成立，杨梅林场等 12 个国有林场转为清远市直属林场。5 月 10 日，12 个国营林场定为科级。

2012 年 5 月 24 日，核定杨梅林场事业编制，人员编制 101 人。

4.2.10 银盏林场

（1）基本情况

银盏林场地处广东中部偏北，位于清城区最南端，东邻广州市花都区梯面镇，南连广州花都区狮岭镇，西与清城区龙塘镇接壤，北与清城区源潭镇相连。银盏林场属低山丘陵区，地势东高西低，地形狭长，东西宽 5 千米，南北长 16 千米。

目前林场有林地面积 118303.5 亩，活立木蓄积量 596253 立方米，森林覆盖率 77.22%。有总人口 3024 人，其中农业人口 2326 人，设有 1 个居民委员会和 4 个工区，共有 19 个村民小组。全场干部职工 541 人，其中在职干部职工 252 人，临聘人员 95 人，在编离退休干部职工 183 人，退休集体工、工区干部 11 人。

（2）体制变革

银盏林场建立于 1956 年，隶属于清远县林业局，全称清远县银盏林场。1958 年 11 月与县属太保山下放干部林场合并，改称国营银盏林场，隶属于原韶关地区。由于行政区域的调整，1983—1988 年隶属于广州市林业局；1988 年 2 月，清远撤县建市，国营银盏林场转为隶属清远市林业局。2013 年 11 月，为了更好地推进长隆项目建设，经清远市委、市人民政府研究，国营银盏林场下放给清城区代管，人、财、物仍属清远市林业局管理。

（3）森林资源

1956 年银盏林场成立初期，全场总面积 117691 亩，其中林业用地 105140 亩。2015 年，全场有林地面积 118303.5 亩，未成林地面积 10419 亩，灌木林地面积

2416.5 亩，苗圃地面积 129 亩。全场森林覆盖率 77.22%，绿化率 77.74%，活立木蓄积量 596253 立方米，年均消耗林木蓄积量约 7000 立方米，木材产量约 3572 立方米。

林场主要的野生动物有野猪、白鹇、鹰、猫头鹰、蟒蛇、银环蛇、眼镜蛇、眼镜王蛇等。

（4）经济发展

在计划经济时期，林场依靠砍伐木材的微薄收入来维持林场 100 多人的生存和发展。随着改革开放的深入，林场人尝试着探索改革的新思路，对产业结构进行调整，走林、工、商全面发展的路子，先后开办了木材加工厂、松香厂；利用林区资源发展养殖业、种植业等多种产业。林场境内拥有丰富的地下矿产资源，从 20 世纪 80 年代初，林场便成立经济发展公司，负责开发地下矿产资源，取得了不错的经济效益，每年上调利润 1000 多万元。

从 1998 年开始，林场走出山门，在阳山县和肇庆市怀集县分别建成银龙、金龙、平湖 3 座电站和平湖 1000 万库容的调节水库，总装机容量为 22400 千瓦，总投资 1.5 亿元人民币，成立清远市银益水电实业有限公司，经营模式为股份制形式，林场占 64.33% 股份，每年的股份分红约 800 万元。

进入 21 世纪，林场充分利用自身的地理优势、资源优势，大力发展招商引资，先后引进佳的美优图科技园、嘉福工业城、恒大银湖城等优秀企业和项目，林场也取得更好的经济效益。2013 年 12 月，清远市成功引入清远长隆国际旅游度假区项目，项目占地面积 86000 亩，其中涉及银盏林场 75000 亩，计划总投资 300 亿。随着长隆项目的建成，林场的发展又将迈上一个新台阶。

（5）基础设施

1956 年银盏林场成立时，场部机关设在关刀窿，以泥砖瓦房及茅棚为主。现场部机关大院占地 12.5 亩，为园林式设计，办公楼为 4 层，建筑面积共 1905.7 平方米，宿舍楼为 3 层，建筑面积共 2010.2 平方米。现在林场街道共建了 12 幢 129 套集资房，市区共建了 2 幢 53 套集资房。林场林区公路四通八达，境内有林区公路 14 条，总长度 71.2 千米，其中水泥二级路面公路 13.3 千米，三级泥沙公路路面 57.9 千米，林区公路辐射到全场的各个林班。

（6）自然灾害

林场遭受严重的冰雪灾害有两次，分别为 2008 年 1 月的雨雪冰冻天气和 2012 年 4 月的强对流冰雹；在 2006 年和 2014 年发生严重的暴雨灾害，造成直接经济损失 600 多万元。

（7）山林权属

建场初期，由于各种原因，发生多宗山林纠纷，先后划出 67954.5 亩林地给周边毗邻公社、大队。至今为止，争议面积还有 473 亩。2015 年，全场经营总面积为 118303.5 亩。

（8）林场大事记

1956 年 10 月成立国营银盏林场。

1958 年 11 月，与县属太保山下放干部林场合并，改称国营银盏林场。

1998 年，响应省委、省人民政府的林业二次创业号召，国营银盏林场先后在阳山县、肇庆怀集县修建水电站、水库及坝后电站。

2003 年，配合清远市政府的三化一园招商计划，在国营银盏林场成立了嘉福工业园、佳的美优图科技园、恒大银湖城。2013 年 12 月 31 日，长隆国际森林旅游项目签约，正式落户国营银盏林场。

4.2.11 英德林场

（1）基本情况

英德林场于 1956 年建场，位于英德市东南方，场部位于英德市大站镇黄岗，与英德市区相距 15 千米。林场林地由连江口、黄岗、白古沙和宝洞 4 大片组成。地形以高丘为主，地形复杂，海拔高度一般在 450~730 米之间，平均坡度 30°，地理坐标为东径 113° 18′ ~113° 36′，北纬 24° 01′ ~24° 15′。

林场现经营总面积 10066.8 公顷，活立木蓄积量 54.14 万立方米，森林覆盖率 88.1%。全场共有干部职工 231 人，其中：干部 25 人，职工 59 人，合同工人 14 人，退休人员 133。经济状况主要以林木收入为主，多渠道拓展林经济发展，并在近年来争取上级财政项目资金的支持，确保林业生产正常开展，职工生活得到保障。

（2）体制变革

英德林场创建于 1956 年。1979 年 12 月成立中国共产党国营广东省英德林场委员会。1984 年 3 月成立黄岗区公所（后为乡、镇政府），并与英德林场实行两个牌子，一套班子合署办公。1985 年 1 月国营广东省英德林场更改为“国营英德林场”，管理体制下放到韶关市林业局垂直管理，1988 年 1 月因行政区划的划分又从韶关市划到清远市林业局垂直管理，人事方面仍归英德市管理，业务归清远市林业局管理。林场定编为正科级事业单位，属于镇、场合一经营管理机构。2000 年 8 月按照政府机制体制改革精神，黄岗镇、国营英德林场实行分开设置。林场重新走上自主经营、自负盈亏、企业管理的经营发展。2005 年 11 月把国营英德林场的人事管理和业务经营管理等统一划归由清远市林业局垂直管理。

镇场合一管理时，林场负担镇农村方面、农田水利、交通道路、学校、医疗等职能。2000 年镇、场分家后，各村委会划分由相关镇管理，林场未承担社会职能。

（3）森林资源

英德林场管辖森林资源总面积 23546.9 公顷，其中：国有部分 6369.3 公顷，联营部分 3697.5 公顷，集体部分 13480.1 公顷。森林总量为 1540983 立方米，其中：商品林蓄积量 1223848 立方米，生态公益林蓄积量为 317135 立方米；国有部分森林总蓄积量为 3526534 立方米，其中商品林蓄积量 191138 立方米，生态公益林蓄积量为 161515 立方米；联营部分总蓄积量为 205637 立方米，其中商品林蓄积量为 62647 立方米，生态公益林蓄积量为 142990 立方米；集体部分总蓄积量为 982693 立方米，其中商品林蓄积量为 970063 立方米，生态公益林蓄积量为 12630 立方米。主要树种：国有和联营部分以杉、松为主，集体部分以簕蒴栲为主。全场森林覆盖率为 89.14%，林木绿化率为 89.33%。

（4）经济发展

建场以来，上级政府对场投资 434 万元（包括 1985 年以来世界银行和国内的贷款 235 万元）。主要用于营林生产的投入。从 2000 年以来，政府逐年加大对林业项目资金的投入，共计 4275 万元，主要用于造林抚育和车辆油价补贴项目，实行专款专用。

1987 年投资 10 万元兴建黄岗工艺厂；1988 年投资 12 万元与韶关市第二林业科学研究院合办起林场食用菌厂。但由于存在经营管理的原因，致使经营 3 年后自动破产。1992 年共投资 600 多万元建成黄岗三宝电站，由于当时出现镇、场经济困难情况，黄岗三宝电站在 1996 年 3 月拍给私人企业经营，拍卖金额 400 万元。

林场从 1972 年开始间伐后经济才有所收入。1988 年收入 215 万元；1989—2014 年共收入 16545 万元；2015 年收入 1315 万元。林场没有发展林下经济，尚未发展森林旅游。

（5）基础设施

林场自建场以来，一直都是以简易办公环境、条件开展工作。1984 年在黄岗兴建一栋 3 层砖混结构楼房，面积 700 平方米用于镇、场合一办公。工区和护林点都分布在各工区现有楼房办公。目前现有职工住房 7800 平方米。多数房屋都是 20 世纪 70

年代兴建，目前已出现安全隐患现象。2013年进行危旧房维修加固改造6800平方米，原址重建760平方米。现有林区道路79千米，其中：四级硬底道路34.6千米，四级沙石泥土路44.4千米。

（6）山林权属

英德林场管辖森林资源总面积23546.9公顷，其中：国有部分6369.3公顷，联营部分3697.5公顷，集体部分13480.1公顷。国有林地已核发林权证面积80873亩，剩余部分林地申领林权证资料已报送相关部门确认核发。

（7）林场大事记

1984年3月，成立英德县黄岗区公所，作为县人民政府的下属机构，与英德林场实行一套人马，两个牌子合署办公。

1985年1月，国营广东省英德林场更改为“国营英德林场”管理体制变革，下放到市属林场。

2000年8月，黄岗镇政与国营英德林场分开设置办公。

4.2.12 长江坝林场

（1）基本情况

长江坝林场位于英德市东北部，北部与韶关市曲江大坑口镇相邻，东西南部均与英德市沙口镇接壤，地理坐标为东经113° 34′~113° 37′，北纬24° 20′~24° 30′。林场地形以高丘为主，全场地势自东南向西北倾斜，海拔高度一般在300~500米之间。

长江坝林场在职职工18人，退休人员68人；场带队一个，农业人口580人，村民小组6个。林场经营总面积1473.6公顷。近年来，林场推进经济承包责任制和发展非公有制林业，大力开展多种经营，将竹林、果树园等承包给私人管理，并开发水电站、矿产资源、种植经济作物等，通过提供土地，每年收取一定数额的承包费。

（2）体制变革

1963年1月，连江、长江坝、金鸡3个林场合并，收为省属林场。长江坝林场大概在“文革”时期（时间不详）从英德总场分离出来，自主独立经营。1960—1987年隶属韶关市林业局，1988年至今隶属清远市林业局。

1988年3月，根据清远市编制委员会《清市编字〔1988〕151号文，将国营长江坝林场定性为正科级单位。2012 年 5 月，清远市机构编制委员会办公室文件（清机编办〔2012〕44 号文），将国营长江坝林场定性为市林业局直属公益三类事业单位，正科级；经费自收自支，核定国营长江坝林场编制 17 人。

林场下辖 1 个长江自然村。农业人口 580 人，村民小组 6 个。2014 年 2 月 18 日，经英德市人民政府确定，长江坝林场农队定性为国营长江坝林场长江坝自然村。

（3）森林资源

建场时，全场总面积 39480 亩，其中宜林地 19405.2 亩；有林地 2667.5 亩；非林地 5048.3 亩。目前，长江坝林场现有土地面积 1473.6 公顷，其中林业用地面积 1464.8 公顷，占林场土地面积的 99.4%，非林业用地面积 8.8 公顷，占林场土地面积的 0.6%。林业用地中，有林地面积 1448.3 公顷，占林业用地的 98.87%；全场森林覆盖率 98.3%，绿化率 98.3%，活立木蓄积量 63100 立方米。林场有野生动物黄腹角雉、蟒、眼镜王蛇、细鲵、白鹇、野猪、领角鸮、画眉、山斑鸠等。

（4）经济发展

林场从 1961 年开始造林。自 1974 年开始间伐利用。1981 年进入低改皆伐。国家历年投资 134.34 万元，“世行”贷款 110 万元。间伐、低产林改造生产的木材收入维持简单的再生产和林场运行。1979—2016 年采伐木材 85873 立方米，木材收入 3811 万元。

（5）基础设施

林场目前拥有一栋 3 层的办公大楼，建筑面积 450 平方米。场部宿舍楼 6 栋，建筑面积 1867 平方米；马岭工区宿舍楼一栋，建筑面积 224 平方米；凤田工区新宿舍楼一栋，建筑面积 276 平方米，旧宿舍楼一栋，建筑面积 300 平方米，解决了广大干部职工的居住问题。

林场位于英德市东北部，地处偏远地区，交通条件一般。历年来，林场加大投资力度对林区道路进行扩建和维修，现有林区公路 32 千米。

（6）自然灾害

2008 年和 2016 年，林场遭遇冰雪灾害，林木遭受严重折断。2010 年，遭受百年一遇强降雨袭击，经济损失惨重。2009 年 11 月 2 日，合作造林的林地发生重大的森林火灾，过火面积达 15000 亩，损失重大。林场没有发生严重的林木病虫害。

（7）山林权属

林场经营总面积 1473.6 公顷，其中农队经营面积 183.2 公顷，林场国营经营面积

1290.4 公顷。长江坝林场已确权发证的林地林木所有权面积 21495 亩，其中国有林地林木所有权确权发证面积 18760 亩，集体林地林木所有权确权发证面积 2735 亩。

（8）林场大事记

1963 年 1 月据《广东省韶关专署林业局对省收回的国营林场当前工作的几点意见》（合林场字第〔62〕75 号），将连江、长江坝、金鸡 3 个场合并，收为省属林场，场部设在连江，下设连江、长江坝、金鸡 3 个分场。

1988 年 3 月，根据清远市编制委员会（清市编字〔1988〕151 号文），将国营长江坝林场定性为正科级单位。

2012 年 5 月，清远市机构编制委员会办公室文件（清机编办〔2012〕44 号文），将国营长江坝林场定性为市林业局直属公益三类事业单位，正科级。经费自收自支。

2014 年 2 月 18 日，经英德市人民政府确定，长江坝林场农队定性为国营长江坝林场长江坝自然村。

4.2.13 大龙山林场

（1）基本情况

大龙山林场位于连南瑶族自治县北部，地处中亚热带，地理位置是东经 112° 08′ 33″ ~112° 12′ 30″，北纬 24° 46′ 19″ ~24° 51′ 25″。其东、南、北面与三江镇接壤，西则与连山壮族瑶族自治县、湖南省江华县毗邻。

林场始建于 1975 年 7 月，由县革委会批准建立，原称“国营大龙山采育场”。1999 年 9 月，大龙山采育场更名为大龙山林场。林场以中山地貌为主，平均海拔 700 米左右。林场总面积为 55119 亩，全部为林业用地。2015 年，林场活立木蓄积量为 26.84 万立方米，森林覆盖率高达 99.8%。

（2）体制变革

林场始建于 1975 年 7 月，由县革委会批准建立，原称“国营大龙山采育场”，隶属县林业森工局（即现在的林业局）管理，为股级单位。1992 年 8 月，调整为副科级机构，归口县林业局管理。1998 年 2 月重新核定为股级事业单位。1999 年 9 月，大龙山采育场更名为大龙山林场，其隶属关系不变。2014 年，连南县进行林业体制改革，县编委核定林场人员编制 20 名，为县林业局直属的正股级公益三类事业单位。

（3）森林资源

1975 年建场时，林场总面积为 55239 亩，主要是天然次生林，森林总蓄积量为 23.8617 万立方米。2010 年，进行集体林权制度改革，核定林场林地总面积为 55119 亩。2015 年，林场活立木蓄积量为 26.84 万立方米，森林覆盖率高达 99.8%。

林场生物多样性丰富，保存有野生高等植物 26 科 39 属 66 种，含国家重点保护植物 12 科 12 种，其中一级保护 2 种，二级保护 10 种，珍稀濒危保护植物有 20 种。林场内分布有脊椎动物 30 目 20 科 48 种，含国家重点保护动物有 39 种，其中一级保护 4 种，二级保护 35 种。

（4）经济发展

1975 年，林场在黄洞村茶园的基础上，扩大建立了大龙山茶园，面积约 250 多亩。多年来，茶园均被当地村民承包经营。2006 年，林场曾将茶树林进行低产林改造。2009 年，林场将茶树全部更新改种杉树。

1977—1978 年间，在大龙河滩涂地先后建立了两个果园种植柑橘。柑橘场每年生产柑橘 4000 千克。后来由于山洪暴发，第一个果园被冲毁。第二个果园则因果树老化，疏于管理，现已没有生产。1988 年，林场利用当地木材加工剩余的木糠屑等原材料，引进人工种植冬菇技术，兴建了冬菇种植场。因经营不善等原因，冬菇场次年即停产解散。

林场建立初期，以木材生产为主要职责，平均每年生产木材接近 4000 立方米。1988 年以后，经过 10 多年的连续采伐，木材生产量缩小，每年均在 1200 立方米左右。林场从建场至 2011 年，共生产木材 79921 立方米，木材总收入高达 2133.2486 万元。2011 年以来，林场生态公益林面积调整至 52996.5 亩，占林场林地总面积的 96.1%，林场主要职责由木材生产转为生态管护，除了进行更新、抚育或卫生性质的采伐之外，不再进行商业性采伐。

（5）基础设施

1985 年，林场建成 2 栋的钢筋水泥结构宿舍，面积共 772.29 平方米，同时将原来 1200 平方米的砖木结构平房改成钢筋水泥结构。1996 年，拆除了两排平房，在旧址上新建了一栋 3 层、共 504 平方米的砖混结构宿舍楼，解决了职工的住宿问题。2016 年，林场办公面积共 194 平方米，配备有电脑 2 台，打印机 2 台，基本能满足林场日常办公的要求。林场公路总长度达到 21.6 千米，基本涵盖林区山头重点区域，为林业生产和森林防火提供了保障。

（6）自然灾害

林场自建场以来，曾数度遭受冰雪灾害的袭击，受到不同程度的损失，其中以2008年的雨雪冰冻灾害最为严重，森林覆盖率从99.9%直线下降为88.0%，林场森林和生态建设为此遭受重创。林场曾发生过4次较严重暴雨灾害，但没有台风灾害。

（7）山林权属

林场建立初期，根据“大龙山采育场总体规划设计方案”以及林场与金坑公社签订的“关于大龙山采育场边界山林权属问题的协议书”，林场面积为54782亩（协议书数据），1981年“林业三定”时期，确定林地面积55239亩；2004年换发林权证为58119.09亩，2015年，确定林地面积55119亩。

（8）林场大事记

1975年7月9日，县革委会批准建立国营大龙山采育场，隶属县林业森工局管理。

1983年9月27日，国营大龙山采育场以场带队的生产队划回金坑公社大龙大队管理。

1998年2月13日，县编制委员会同意县林业局下属大龙山采育场重新定为股级事业单位（南机编〔1998〕04号）。该单位于1992年由股级升格为副科级机构。

4.2.14 大旭山林场

（1）基本情况

大旭山林场创建于1971年2月2日，现有在职人员6名。场部位于东经112° 01′ 33″、北纬24° 33″ 12″，海拔210米，距离县城8千米。

林场共有林地面积4.332万亩，森林总蓄积量41.085万立方米，界定生态公益林面积7485亩，森林覆盖率83%。大旭山村委会辖7个村民小组、1260人，隶属吉田镇管理；设有一个旅游景区，隶属县旅游局管理。2003年，大旭山林场转制后林场医院隶属县卫生局管理；学校隶属县教育局管理，林地以山林证为准由大旭山林场经营管理。

（2）体制变革

大旭山林场建于1971年2月2日，当时由原吉田公社沙田大队军营、元珠生产队和原三水公社大旭大队黄端、理达、安塘、杉木坪、大田冲等生产队、四新大队小田冲生产队组成，实行以场带队，始建“大旭山厂场革命委员会”，直属县革委生产组领导。1974 年更名为“大旭山采育场”。1982 年 5 月 27 日，县人民政府批准大旭山采育场改名为“连山壮族瑶族自治县地方国营大旭山林场”，隶属县林业森工局管理。1989 年 8 月 7 日划归县农委直接管理。2001 年 11 月 1 日，划归县林业局管理。2002 年 11 月 25 日，县成立大旭山林场资产清算工作小组，进行改革转制，遣散、分流部分人员，除林地外拍卖部分资产，部分林地林木划生态公益林。2003 年 6 月 15 日，县人民政府以山府函〔2003〕10 号文《关于大旭山林场转制后管理问题的批复》予县林业局，进行改革转制，遣散、分流人员，拍卖了部分资产，部份林地划为省级生态公益林管护。2006 年恢复为“连山壮族瑶族自治县大旭山林场”。2010 年 12 月 22 日，设立“连山壮族瑶族自治县大旭山管理处”，隶属县林业局管理，实行“一套人马，两块牌子”，为副科级事业单位，编制 6 名。2012 年 6 月 22 日加挂“连山壮族瑶族自治县大旭山林场”牌子。

（3）森林资源

林场共有林地面积 4.332 万亩，林业用地面积 41940 亩，天然林 2985 亩，人工林 38835 亩，森林总蓄积量 41.0849 万立方米（其中天然林蓄积量 25879 立方米，人工林蓄积量 38.497 万立方米）用材林面积 34455 亩，蓄积量 35.3897 万立方米。主要树种是杉树 35155 亩和针阔混交林 2763 亩。省级生态公益林面积 7485 亩，森林覆盖率 83%。

林场拥有野生维管植物达 185 科 534 属 1005 种，属国家重点保护的野生植物 5 科 5 属 5 种，珍稀濒危植物 6 科 6 属 6 种。分布陆栖脊椎野生动物计 24 目 68 科 227 种，列为国家重点保护的野生动物（珍稀濒危动物）计 26 种。

（4）经济发展

大旭山林场于 2003 年转制后，经营管理方式转变，对原有 111 名在职、退休干部职工进行了分流和安置，已全部结算兑现了债权债务和拖欠工资及福利，并落实了安置费，至今没有开展实质性的经济生产经营活动。

（5）基础设施

大旭山林场场部建筑总面积 1552 平方米，其中办公用房面积 995 平方米，属危房面积 299 平方米；职工住宅面积 557 平方米，均属危房。辖区等级公路 6.8 千米，林区公路 20.3 千米，林道 8.3 千米，防火线 31.4 千米，防火林带 24 千米。

（6）自然灾害

大旭山林场每年自然灾害有不同程度的发生，水灾、冰灾，对林地林木生长、折损较为严重，每逢大雨时节山泥塌方和淤泥导致林区公路、林道经常阻塞不通严重影响林业生产。近几年来，林场没有火灾发生，没有严重病虫害发生。

（7）山林权属

1971年2月2日，县革委会成立“大旭山厂场革命委员会”时，明确了大旭山厂场范围，凡大旭山林场的山林权均属厂场革委会”。1981年12月12日，县人民政府以“山府证NO.000636”号颁发了连山壮族瑶族自治县山权林权所有证，山权林权确权归大旭山林场所有，明确大旭山采育场的面积、“四至”范围，现共有43320亩。

（8）林场大事记

1971年2月2日，县革委会成立“大旭山厂场革命委员会”时，明确了大旭山厂场范围，实行以场带队组成大旭山厂场。

2003年6月15日，县人民政府以山府函〔2003〕10号文《关于大旭山林场转制后管理问题的批复》县林业局，同意将该场所属的七个自然村划归三水镇管理，就近并入三水口村委会。

2012年6月22日，县编制委员会下发文件，在县大旭山管理处加挂“连山壮族瑶族自治县大旭山林场”牌子，实行一套人马，两块牌子。

4.2.15 禾洞农林场

（1）基本情况

禾洞农林场建于1965年9月，位于连山壮族瑶族自治县北部，粤湘两省交界处。东邻连南瑶族自治县三江镇，南连太保镇，西与西南接禾洞镇，北毗临湖南江华瑶族自治县码市镇。禾洞农林场，历史上曾是岭南重要古道之一，是广东省1965年成立的8个农场中至今唯一保留的农林场。禾洞农林场地处亚热带花岗岩地区，季节性气候明显。

禾洞农林场现经营面积4508.6公顷，活立木蓄积量475440立方米，森林覆盖99.8%。全场总面积6.7万亩（44.7平方千米），职工总人数131人（包括长期聘用），其中在职在编职工46人，长期聘用6人，离退休职工79人，现在职52人（包括长期聘用）。

（2）体制变革

禾洞农林场始建于1965年9月，当时农垦部门为执行党中央提出的“备战、备荒、为人民”方针，经过勘察设计，报省人民委员会批准，在禾洞公社建立广东省国营连山禾洞垦殖场，场社合一，业务上由省农垦厅指导。1969年10月，从禾洞人民公社分出，场部迁往鸡公山，隶属广东省农垦厅管辖。1973年易名为广东省国营连山禾洞农场。1978年，转由地方管辖。2004，实行机构体制改革，更名为连山壮族瑶族自治县禾洞农林场。

禾洞农林场隶属县林业局，属副科级三类公益性事业单位，核定编制80人。2010年县编制办公室重新对农林场定编为70人，行政仍隶属县林业局管理，是林业局下属副科单位，经济来源自筹。2015年底，禾洞农林场国有林场改革，欲将农林场核定为事业编制50名，人员经费纳入县级财政预算，按公益性事业单位财政补助一类标准拨付的一类事业单位，行政仍隶属县林业局管理。

（3）森林资源

禾洞农林场现经营面积4508.6公顷，其中林业用地4505.3公顷，非林业用地202.7公顷。20世纪80~90年代，以用材林、经济林为主，21世纪以后，以生态公益林为主。用材林1143.2公顷，经济林7.8公顷，防护林4278.5公顷，生态公益林4230公顷，活立木蓄积量475440立方米，森林覆盖率达99.8%。

林场内分布有红豆杉、小叶樟、柏乐树、银杉等珍贵树种；野生动物有娃娃鱼、白鹇、金丝猴、野猪、野鸡、芒鼠、黄猄等。

（4）基础设施

农林场总建筑面积17470平方米，办公用房540平方米，生产用房530平方米，其中危房面积300平方米；职工住宅总面积16600平方米，人均面积46平方米，其中危房面积2160平方米。2014年棚户区危旧房改造工程原地重建总面积1102平方米，2016年5月底，全场职工均全部住进砖混结构的平房。

林区有硬底化公路52.6千米，林道36.5千米，2014年，全年建设林区道路7.6千米（含灾后修复道路），解决饮水安全和饮水困难人口342人，全区范围内实现通水通电，林场职工生产生活条件进一步改善。

（5）自然灾害

农林场遭遇的严重自然灾害主要有两次：2008年1月，遭受百年难遇的大雪灾害，直接损失达800多万元。2013年5月16日，暴雨灾害导致直接损失1000多万元。

（6）山林权属

禾洞农林场在1965年经广东省人民政府副省长罗天同志批示，由广东省农垦厅行文，建立国营后方禾洞垦殖场，场部设禾洞公社。1968年8月，场社分开，将大龙山一片土地划为垦殖场管理，场部设鸡公山，总面积67033亩，场社地界、山林管理所有权双方签订的《禾洞农场禾洞公社关于地界山林划分所有权限的协议定案》有明确规定，农林场林权证是一本证，属于农林场所有。

（7）林场大事记

1966年春节期间，省革委会派以罗天副省长为团长的慰问团来禾洞农场慰问，并应农场知青要求，赠送了书籍《南泥湾屯垦记》；同时，调拨枪支给农场，成立武装民兵连。随后农场组建了“南泥湾建设兵营”，全场职工实行供给制。

1969年春节后，省革委会根据形势要求，对连山4个国营农场作出处理。7月5日，省发文撤销东风农场，下放禾洞、上草、上帅3个农场，交由连山县代管。

1970年初，禾洞农场曾派出人员接管东风农场。后来连山县先后撤销了上草农场和上帅农场，禾洞农场也在撤销之列。由于当时禾洞农场建设已初具规模，在场领导和部分职工的要求下，最终保留下来。

4.2.16 秤架林场

（1）基本情况

秤架林场创建于1965年。林场位于广东省阳山县的秤架乡，地理位置在东经112° 51′ ~112° 57′，北纬24° 42′ ~24° 47′之间。东南面与韶关乳源交接，西部与连州接壤，北部与湖南相邻。林场属典型的亚热带温湿气候，兼具亚热带季风气候特征；地处南岭山脉中段南麓，地貌属中低山山地地貌；主要土壤类型有红壤、山地黄红壤、黄壤等。

现在秤架林场全场总面积90376.5亩，森林总蓄积量657411立方米，森林覆盖率99.8%。场内居住人口281人，户数为103户，全场现有干部职工128人，其中在职78人、退休50人。秤架林场受南岭保护区制度的制约秤架林场现时没有林木及林地的经营，主要收入为补助性收入。

（2）体制变革

1965 年秤架林场初办场时，场址设在秤架公社甲坑，后由因体制及场资金不足，在 1968 年 11 月下放给秤架公社，改为“五七”中学，1970 年 3 月 27 日收回县管，与秤架采育场合并成阳山县秤架林场。

1987 年 7 月 6 日，阳山县人民政府批复，将秤架采育场改名为秤架林场。同年，在改革开放大潮推动下，场部对下属 8 个生产单位实行全面承包，定额管理和岗位责任制，全面改革管理体制。1993 年 12 月 31 日，经广东省人民政府（粤府函〔1993〕548 号文）批准，建立阳山县龙潭角省级自然保护区。1994 年 4 月 5 日，经国务院批准，将龙潭角省级自然保护区晋升为南岭国家级自然保护区，建立广东南岭国家级自然保护区龙潭角管理站，与秤架林场同属一套人马，两块牌子。

（3）森林资源

秤架林场前身秤架采育场创办于 1965 年 10 月，当时全场总面积 5374 公顷，活立木蓄积量 162161 立方米。经过多年国家划拨、合并、购买，林场面积不断增加，现全场的总面积为 90736.5 亩，其中特种用途林（自然保护区林）90234 亩，非林地 142.5 亩。林场总蓄积量 65.6983 万立方米，森林覆盖率达到 99.8%。

林场有树木植物有 1000 多种，维管束植物 700 多种，有多种列入中国植物红皮书记录的植物，以及多种国家一级、二级重点保护植物。野生动物有苏门羚、大灵猫、熊、野猪、穿山甲等，还有大量的鸟类如雕、锦鸡、红嘴相思鸟等。

（4）经济发展

秤架林场一直以来为事业性质、企业管理自收自支的法人实体，属于县属贫困林场。

秤架林场在 1993 年 12 月 31 日成立自然保护区，目前由于林场与保护区面积重叠，区内森林不能砍伐，专门从事森林资源的管护，不进行木材的砍伐及木制品的深加工，木材业的收入为零，主要收入为补助性收入，分别为（按 2015 年标准）生态公益林补偿性资金 190 万元、森林维护费 30 万元、整合电站补助 25 万元、秤架林场电站补助 90 万元（产权已属阳山县兴阳发展有限公司）等共约 335 万元。

秤架林场林下经济项目有：1979 年油茶项目种植 20 公顷，果园 0.3 公顷，茶叶种植 0.13 公顷；六华里公区 1996—1997 年期间种植灵芝、木耳、冬菇；2013—2015 年引进石斛种植项目约 20 亩。秤架林场森林旅游项目起步慢、规模少，每年过往的自驾车游客超过 3000 余人，林场暂不具备吃、住，玩的条件，过往游客在林场消费几乎为零。

(5)基础设施

秤架林场建有办公楼 1005.5 平方米，用于林场管护及森护指挥办公室；目前已建成职工住宅楼房 9 幢，建筑总面积 6770 平方米。秤架林场道路交通网较发达，区内有林区公路 22 千米，硬底化公路 2 千米，林道 3 千米，等级公路 1.53 千米，防火线 71.93 千米。

(6)自然灾害

秤架林场地处于粤北高海拔地区，极易发生冰雪灾害及冰雹的自然灾害。2008 年发生特大雨雪冰冻灾害；2016 年 4 月 19 日发生大面积的重大冰雹灾害。林场没有发生严重的暴雨灾害，台风影响极小。林场森林主要害虫有竹蝗虫、松线虫等，主要病有杉树小叶卷病等。

(7)山林权属

国营秤架采育场是经当时的县、社领导研究决定并报上级批准创办的国营林业基地，属于国家所有，即全民所有。2011 年秤架林场经阳山县人民政府林权发证机关确定国有林地为 90234 亩。

(8)林场大事记

1994 年 4 月 5 日，秤架林场整体纳入广东南岭国家级自然保护区，实行一套人马，两块牌子。从整体纳入广东南岭国家级自然保护区之日起，停止伐木。

4.2.17　黄坌林场

(1)基本情况

黄坌林场创建于 1957 年冬，位于距广东省阳山县境内。黄坌林场地处南岭山脉中段，属亚热带温湿气候，兼具亚热带季风气候特征；地貌属中低山山地，主要是花岗岩、砂页岩、变质岩；主要土壤类型有红壤、山地黄红壤、黄壤及高山草甸土、石灰土等。

现黄坌林场全场总面积 14793.58 亩，森林总蓄积量 21000 立方米，森林覆盖率 63.8%。全场现有干部职工 83 人，其中在职人员 20 人、离退休 63 人。黄坌林场主要收入分别为（按 2015 年标准）：生态公益林补偿性资金及森林维护费 14 万元、电站收入 10.5 万元、林地租金 26 万元、茶场合作收益 30 万元、水产场租金 2 万元、其他收入 53 万元等，共约 135.5 万元。

（2）体制变革

黄坌林场创建于 1957 年冬，原是省属国营林场。1960 年 10 月，为重点地合理使用国家投资，省里决定将黄坌林场下放给阳山县经营，又因县经济能力有限，再把该场下放给岭背公社经营。1963 年春，由县林业局与岭背公社协商，4 月正式收回黄坌林场作为县地方国营林场黄坌林场属事业单位。1968 年 5 月，“文化大革命”期间，黄坌林场成立革命委员会，将黄坌林场改办成“五七”干校。1974 年 8 月，撤销黄坌林场，成立黄坌知青场，1980 年 10 月恢复黄坌林场。

2000 年林场内部体制改革，留有管理人员 5 人，维持日常工作，其余职工待岗。茶园、果园、水产场、电站等承包出去。黄坌林场现核定为公益三类事业单位，核定编制 20 人，2016 年国有林场改革拟定将黄坌国有林场定性为公益一类、为县属国有林场，隶属阳山县林业局的正股级事业单位。林场主要任务是保护、培育森林资源，保持森林物种多样性。

（3）森林资源

黄坌林场创建于 1957 年冬，办场初期规划面积 3200 公顷。现黄坌林场全场总面积 14793.58 亩，其中：生态公益林面积 9037.5 亩，用材林 4774.86 亩，新炭林 981.22 亩。林场乔木林地面积有 13231 亩，灌木林地 1503 亩；主要为针叶混交林，13231 亩；森林总蓄积量达到 21000 立方米，森林覆盖率达到 63.8%。

林场野生动物比较少，有松鼠、野猪等，还有少量的鸟类，如鹰、野鸡等。

（4）经济发展

黄坌林场一直以来是事业性质、企业管理自收自支的法人实体，属于县属贫困林场。

林场的目木材收入一直都比较少，一般在 30 万 ~50 万元：1996 年木材收入 32.3 万元；1997 年木材收入 28.8 万元；2014 年木材收入 14.6 万元；2015 年木材收入 55.1 万元。林场发展的林下经济有：20 世纪 70~80 年代种植的油茶 150 亩、沙田柚 20 亩，2014—2015 年种植的茶叶 1030 亩等。黄坌林场一直以来都是以生产经济为主，目前还没有开发森林旅游事业。

黄坌林场主要收入分别为（按 2015 年标准）：生态公益林补偿性资金及森林维护

费 14 万元、电站收入 10.5 万元、林地租金 26 万元、茶场合作收益 30 万元、水产场租金 20000 元、其他收入 53 万元等，共约 135.5 万元。

（5）基础设施

黄坌林场通过多年的建设，目前已建楼房 13 幢，建筑总面积 5547 平方米，其中办公用房 361 平方米；生产用房 1441 平方米；管护点原有 6 个，由于年久失修现有 3 个；职工住房 3745 平方米。林场道路发达，区内有林区公路 12 千米，林道 8 千米，防火线 23 千米。

（6）自然灾害

黄坌林场在 2008 年和 2016 年发生大面积冰雪在灾害，在雨季集中时极易发生泥石流的自然灾害，台风灾害极少。1981 年，对林场林木有害的病虫有 8 种，目前没有严重的病虫害。

（7）山林权属

黄坌林场于 1981 年 12 月由县人民政府对山林所有权调整划分，发出山林权证为阳林证字（20000、20001 号），持证人阳山县黄坌林场，面积为 15620 亩。2011 年经阳山县人民政府林权发证机关确定黄坌林场林地面积为 14793.58 亩，全部为国有林地。

（8）林场大事记

1957 年冬，黄坌林场创建。

1960 年 10 月，广东省为重点地合理使用国家投资，决定将黄坌林场下放给阳山县经营。又因阳山县经济能力有限，再把该场下放给岭背公社经营。

1963 年春，由县林业局与岭背公社协商，4 月正式收回黄坌林场作为县地方国营林场黄坌林场属事业单位。

2000 年，林场内部体制改革，留有管理人员 5 人，维持日常工作，其余职工待岗。茶园、果园、水产场、电站等承包出去。

4.3 云浮市国有林场

（1）基本概况

1929 年，广东省政府批准由省森林局制订的《县林场、苗圃规程》，颁布各县施行，要求筹办县立林场。由此而建立了林场的县有罗定（1931 年），云浮县（1933 年）。1931 年，广东西北绥靖公署在云浮县南江口（现郁南）创办广东绥靖公署第二模范林场，林场面积 734 公顷。1938 年，日军大举侵粤，10 月，广州沦陷，全省除农林局主办的省营第一、三、四模范林场继续经营外，其余省营，县和公共团体兴办的林场因受战争的影响被逼停顿。1939 年 8 月，各林场相继恢复继续经营。1940 年，广东农林局成立 4 个林业促进指导区。在西区（西区林业促进指导区）将原西北绥靖公署创办于南江口的第二模范林场改称西区第二示范林场。1941 年，又在南江口创办西区桐茶混交林场。1946 年，罗定县立林场仍存在。1947 年西区第二示范林场经营面积 733.33 公顷。

新中国成立后，1950 年开始，省农林厅接管了西区第二示范林场（后改为西江林场）。1954—1958 年，广东省在现云浮市境内先后组建了西江、通门、大历、仙菊、良洞迳、龙埇、飞马、大云雾、水台、同乐（原称桂圩林场）等 10 个国营林场。1964 年 7 月，省林业厅根据林业部门对国营林场压缩经费、集中资金以保证重点发展的意见，对全省国营林场分两类管理，即省属和专（市）属国营林场。西江、通门、大历、仙菊、良洞迳归省西江国营林场管理局管理。龙埇、飞马、大云雾、水台、同乐（原称桂圩林场）委托肇庆专区林业局管理。省直管林场由国家投资，主权归省。委托专区管理的林场，省管计划、财务和主产品的分配，专区投资并负责经营管理。1984 年 7 月，经省人民政府同意，原委托市、地方管理的省属国营林场全部下放由市（地）直接管理。各市（地）可成立企业性质的国营林场经营公司，对所属国营林场实行统一管理。1985 年肇庆国营林场公司成立，龙埇、飞马、大云雾、水台、桂圩（同乐）5 个国营林场由肇庆国营林场经营公司管理。云浮市成立后，1995 年龙埇、飞马、大云雾、水台、桂圩（同乐）5 个国营林场归云浮市林业局管辖，称为 5 个市属国有林场。地方国营林场有郁南建城果木场、新兴岩头林场及城区中心林场。

（2）市属国营林场

1994 年 9 月 2 日，云浮市林业局向云浮市人民政府提交《关于要求将云浮市辖区内所有国营林场移交云浮市林业局管辖的报告》。是年 12 月 3 日，肇庆市人民政府致函云浮市人民政府，将原属肇庆市的国营大云雾、水台、桂圩、飞马、龙埇 5 个国营林场于 1995 年 1 月 1 日起归云浮市管辖，具体移交事宜由两市林业局及肇庆国营林场经营公司协商。

从 1995 年 1 月起，国营大云雾，水台、桂圩、飞马、龙埇 5 个林场归云浮市林业局管辖。是年 4 月，各国营林场成立国有资立核资领导小组。经清产核资核实云浮市直属林场总额 6260 万元，全部负债 1322 万元，国有资产价值总量为 4884 万元（其中林木资 3157 万元），各项资产损失 137 万元（其中大云雾 60 万元、水台 77 万元），全部资金挂账 60 万元（全部是龙埇）。经过对原值为 1537 万元，净值为 1328 万元的固定资产进行价值评估，分别增值 58% 和 44%，固定资产净值增加 578 万元。损失的 137 万元资产，经过联合审批，核准分别冲减盈余公积金 71 万元（大云雾 60 万元，水台 11 万元），资本公积金 35 万元（水台），资本金 31 万元（水台）。核准冲减的各项资产损失金额占林场申报各项资产 100%，冲减各项资产损失后，林场仍增加资本公积金 543 万元。

1995 年 8 月 2 日，云城区机构编制委员会批准大云雾林场由副科级升为正科级林场。是年 8 月 29 日，中共云浮市委组织部发布《关于市属国营林场人事权收归由市林业局管理的通知》，林场的党团组织工作及工会、妇女工作仍由所在县（市、区）管理。1996 年 3 月 19 日，云浮市人民政府办公室下发《关于恢复国营林场场名的复函》，同意将国营桂圩林场复名为国营同乐林场。是年 5 月 20 日，国营桂圩林场正式更名为“国营同乐林场”。

1990 年，市属国营林场职工人数 694 人，其中技术干部 23 人。1999 年，市属国营林场职工 525 人（未包含离开本单位仍保留劳动关系的职工 36 人），专业技术人员 45 名。

1996 年以后，市属林场经营林地划分为公益生态林和商品林，其中公益生态林面积 1702.1 公顷，商品林面积 12344 公顷。为了规范对国营林场的管理，根据市国营林场的实际状况，制订了《云浮市国营林场管理办法》、《云浮市国营林场财务会计基础工作的若干规定》，并制订了《云浮市国营林场“双百分”评比考核管理办法》，每年年终对国营林场进行检查验收，兑现政策给予奖罚。为了推动科学技术尽快转化为生产力，还制订了《云浮市国营林场“九五”期间科技工作实施方案》，有力地推动了科技兴场活动的发展。市国营林场的高标准营造速生丰产杉林、松林技术；杉、松优良家系的推广应用技术；杉木优良无性系繁殖技术；化学除草等林业技术均达到市内领先和省内先进水平。《高标准营造杉木速生丰产林》获云浮市科技进步二等奖,《杉木优良家系推广应用》获广东省农业推广二等奖。1997 年，全市国营林场认真贯彻落实林业部《关于国有林场深化改革加快发展若干问题的决定》，根据市林场实际状况，制订了《云浮市直属林场深化改革的实施方案》，推行以转换林场经营机制，实行人事、劳动、分配 3 项制度为主要内容的改革。市属 5 个林场已出台或推行转换经营机制和“三项制度”改革为主要内容的改革方案。当时，国营林场职工自营经济发展迅速，已基本形成一个以公有制形式为主体，多种经济成份共同发展的林场经营新格局。

1993 — 2000 年，市属国营林场生产原木共 212522 立方米、薪材 2796 立方米、松香 6969 吨、松节油 1128 吨。1998 年，市属国营林场实现工农业总产值 1858 万元，比 1994 年增长 18.5%。1995 年至 1998 年，共缴纳税费 592 万元。其中 1995 年部收入 2266 万元，完成计划的 130.2%，实现销售利润 816 万元，上交国家税收 135 万元，生产木材 25162 立方米，完成计划 100%；造林 10298 亩，完成计划 104.1%，生产松香 903 吨、桂油 12 吨、桂皮 3712 吨。1999—2000 年，木材、松香、松节油收入共 3064 万元。其中 2000 年市属林场生产松香 1037 吨、松节油 196 吨，全年松香、松节油销售收入 284 万元。1998 年已有速生丰产林面积 0.46 万公顷，松脂基地 4900 公顷，有以肉桂、八角、龙眼、松脂为主的经济林 0.96 万公顷，形成木材、松香和经济林主要收入的经济格局中。2000 年市属国营林场经济林面积达到 0.098 万公顷，占林场有林地面积的 9.74%，为改变林场单一经济结构打下良好的基础。1999 年是实施广东省生物防火林带工程建设议案的第一年，市属国营林场营造生物防火林带 36.9 千米，42.5 公顷。

2000 年市属国营林场经营面积 14308.8 公顷，占全市土地面积 1.88%；林业用地面积 14046.1 公顷，占全市林业用地面积 2.8%；有林地面积 9445.5 公顷；活立木蓄积量 43.4026 万立方米；林场总蓄积量 43.3524 万立方米，其中过熟林 19819 立方米，占林场总蓄积量 4.57%；成熟林 16.0655 万立方米，占林场总蓄积量 37.05%；近熟林 62877 立方米，占林场总蓄积量 14.49%；中龄林 14.2060 万立方米，占 32.77%；幼龄林 48163 立方米，占 11.1%。森林覆盖率 74%，年生长量 26550 立方米。2000 年，市属国营林场森林采伐蓄积量 48606 立方米，占计划指标限额的 99.8%，实际批复砍伐量 27107 立方米，占计划指标的 91.1%，基本与年生长量持平，扭转“寅吃卯粮”现象，但林木采伐的林龄开始向低林龄化。在木材销售中，各林场采用不同的销售方法，有些林场把集材困难、运输成本高、砍伐困难的伐区以公开拍卖青山的形式进行销售，把砍伐易集材易的伐区自己砍伐销售，及时占领市场，两种销售及时回笼资金。其中拍卖青山 2000 年以后，通过规范“公开招标拍卖青山”的管理，各林场在木材销售中，林场能做到调查清楚、报告批复、集体定价、公开拍卖的最基本程序，做到“公开、公平、公正”，规范了管理。使各林场每立方米木材的平均单价大幅提高，取得显著的经济效益。

2003 年 4 月 30 日，广东省人事厅、广东省林业局联合发文，粤人发〔2003〕104 号，全省森林公安机构工作人员过渡为国家公务员（人民警察）。全市国有林场派出所工作人员过渡为国家公务员。

2004 年 8 月 2 日，云林〔2004〕16 号文，根据市机构编制委员会办公室《关于市属林场更改名称的复函》（云编办〔2004〕17 号）精神，市机构编制委员会同意全市 5 个市属国营林场更名，“国营龙埇林场”更改为“云浮市国有龙埇林场”；“国营大云雾林场”更改为“云浮市国有大云雾林场”；“国营同乐林场”更改为“云浮云市国有同乐林场”；“国营水台林场”更改为“云浮市国有水台林场”；“国营飞马林场”更改为“云浮市国有飞马林场”。各林场派出所也相应进行更名（编制、工资、行政管理归属云浮市公安局森林分局）。

从 2005 年开始，各林场根据自己年度更新造林任务，相应进行树种调速，种植桉树，2005 — 2007 年连续 3 年国有林场种植不少桉树，有效调整了树种结构，大大增加国有林场活立木蓄积量，国有林场的经济效益不断提高。2007 年 11 月 16 日，云林〔2007〕54 号文，撤销对各市属林场种植桉树的批复，对国有林场种植按树进行了相应的规范。

2006 年以来，市属国有林场向上级部门申请贫困林场补助项目，林场也克服困难，自筹部分资金，进行饮用水、公路硬底化、危房造工程建设，有效地改善了国有林场的基础设施，大大方便了广大林场职工群众。

2011 年 12 月 23 日，云浮市机构编制委员会（云机编〔2011〕213 号），印发云浮市林业局所属事业单位分类改革方案，市林业局辖下 5 个国有林场确定为正科级事业单位。

2015 年，市属国有林场经营总面积 21.45 万亩，树种主要以松、杉、桉树及乡土阔叶树为主。其中林业用地 21.32 万亩，按分类经营区划生态公益林面积 11.35 万亩，占林业用地面积 53.2%，商品林 99700 亩，占林业用地面积 46.8%；活立木总蓄积量 78.02 万立方米。

（3）县属国营林场

地方国营林场始办于 20 世纪 50 年代，1958 年创办建城果木场，以后各县办了林场。至 1976 年，云浮市内地方国营林场有建城果木场、云浮县的中心林场、新兴县的岩头林场。

地方国营林场办场资金以县自筹为主，省、地给予扶持，地方国营林场直属林业局领导，县林业负责指导林场生产计划，人员调配。林场经营权自主，各场自有山地、林地，有固定资产。

2000 年，全市地方国营林场尚存郁南建城果木场和新兴岩头林场，共经营面积 1895.85 公顷，活立木蓄积量 85930 立方米，职工人数共 59 人。云浮县中心林场经营面积 300 公顷，其时共 17 人，后改建为云浮市林科所及市林业苗圃场。

4.3.1 龙埇林场

（1）基本情况

龙埇林场隶属云浮市林业局，建于 1958 年 8 月（广东省委组织下放干部办场），是正科级自收自支事业单位。林场位于罗定市东南部，场部设在国道 324 围底路段旁（建场时设在林场内黄茅坪，1996 年 11 月搬迁至现址），距市区 12 千米。林地与罗定的围底、塘、金鸡、船步、苹塘、罗平 6 个镇 18 个村接壤，林地集中连遍，山地属中低丘地形，海拔最高的 467 米，土壤主要为页岩风化发育而成的赤红壤，土层中等厚度，但砂砾多，腐殖质少，肥力较差。林场属季风南亚热带区，年降雨量 1400 毫米，常年平均温度 22℃。

林场经营总面积 64289 亩，森林活立木蓄积量 20.18 万立方米，总资产 4688 万元，所有者权益 2797 万元。现有职工 23 人，其中大专以上 9 人，中专 1 人，中级职称 6 人，助工 1 人；在职职工年收入 77000 元，退休职工年收入 32000 元。

（2）体制变革

龙埇林场建场初期属县办，全称为“广东省罗定县国营龙埇林场”，场部设在黄茅坪；1964 年转为省属地管，更名为“广东省国营龙埇林场”；1969 年 7 月下放给当地领导；1973 年 2 月，又实行省属地管体制，更名为“国营广东省龙埇林场”；1984 年 7 月，下放由肇庆地区直接管理，更名为“国营龙埇林场”，升格为正科级事业单位，业务由肇庆地区林业局负责，党、团工作，人事、政治思想工作等归罗定县负责；1995 年划归云浮市直属，当年底人事权划归云浮市林业局，党、团工作等仍由罗定市管理；2004 年 8 月更名为“云浮市国有龙埇林场”。

2011 年 12 月 23 日，云浮市机构编制委员会（云机编〔2011〕213 号），印发云浮市林业局所属事业单位分类改革方案，确定龙埇林场为正科级，公益三类事业单位；核定事业编制 22 名（改革前为 115 名），其中场长 1 名，副场长 2 名；经费自理；重新核定编制后，超出编制部分的在职人员随减员逐步消化。

（3）森林资源

建场时，林场的林地是疏林地或荒山荒地，树种主要是马尾松，全场森林活立木蓄积量不足 5000 立方米。1991 年二类森林资源调查结果：全场有林地 56857 亩，无林地 1400 亩。森林活立木蓄积量 123701 立方米。2014 年底，林场经营总面积 64289 亩，非林地 663 亩。林业用地中，生态公益林 30555 亩，商品林 33071 亩，生态公益林面积占林业用地面积 48%。森林活立木蓄积量 20.18 万立方米。商品林蓄积量按林龄结构分：幼龄林 10378 立方米，中龄林 43077 立方米，近熟林 35551 立方米，成熟林 4083 立方米，过熟 22765 林立方米。

林场陆栖脊椎动物有 310 多种，隶属 78 科 25 目；昆虫纲有 490 多种,156 科 15 目。其中国家重点保护野生动物有穿山甲、小灵猫、班林狸、白鹇、长耳鸮 、草鸮、褐翅鸦鹃、雀鹰、松雀鹰、三线闭壳龟 、虎纹蛙、大壁虎等 12 种。

（4）经济发展

1958—1989 年国家投资总计达 242.23 万元，林场自筹收入达 2221.9 万元，1990 年起林场实行自收自支。木材收入是林场的主要经济收入，1990 年后，木材年收入占林场年总收入的 60%~70%。

林场发展的其产业主要有肉桂和松脂。1983 年开始大力发展肉桂种植，目前有肉桂 7000 亩，年生产桂皮 100 吨，年产值约 90 万元；有松树面积 23000 亩，占林场林业用地的 1/3 以上，年产松脂 200 吨，年产值约 180 万。

（5）基础设施

1987 年前，旧场部及工区均在砖瓦房办公，从 1988 年开始，旧场部及工区建了混凝土房。1996 年 11 月场部搬迁至罗定市围底镇莲塘头，场部办公大楼建筑面积 1500 平方米，另有办公配套用房建筑面积 300 平方米。林场在工区及护林点房屋建筑面积共有 3000 平方米。

目前林场有林区公路 120 千米，其中，林区公路硬底化 15 千米，砂石路 105 千米。林场到三大区的道路已经全部完成硬底化改造。电力设施方面，场部以及黄粟坑、榃汶工区已经通电，梅子岭工区未通电。

（6）自然灾害

每年对林场造成影响的台风有 3~4 个，吹倒吹折林木，造成损失。暴雨对林场的影响主要是造成山体滑坡，冲刷林区道路。

林场以经营松、桉为主，主要的病虫害有松毛虫、松突圆蚧等为害。

（7）山林权属

1958年8月建场时，从围底、苹塘、金鸡、塘、船步、罗平6个公社18个大队划入连片的山地，总面积达到71874亩（4791.6公顷）。1984年，林业“三定”时核实总面积为64157亩（4277.1公顷）。1996年，经二类森林资源调查后，全场总面积确定为64157亩（4277.1公顷）。经2004年调查后，全场总面积确定为64289亩（4285.9公顷）。

2003年8月，罗定市罗平镇晳东村委水蒙岗村与林场接壤的276亩林地产生争议，同年9月，林场向罗定市人民政府提出处理要求。2005年6月，罗定市人民政府作出《关于罗平镇晳东村水蒙岗村与龙埇林场交界处林木林地权属争议的处理决定》（罗府决〔2005〕11号），争议林木林地所有权属龙埇林场所有。

（8）林场大事记

1958年8月，成立广东省罗定县国营龙埇林场，全场总面积71874亩，林场由县领导，属罗定县林业局管理。

1969年7月，省革命委员会生产组发出通知，林场下放给当地领导，林场的行政管理、生产指挥、物资调拨、财务管理、干部和劳动力管理等均归肇庆专区和罗定县。

1982年，为了加强对林区的治安工作，保证林场的稳定，设立了罗定县公安局龙埇林场派出所（其人员编制、工资、行政管理属龙埇林场）。

1983年，发展肉桂生产，将林场建成经济林、用材林和林副商品生产基地，进行集约经营，充分发挥山区优势，保持生态平衡，提高社会效益。

1984年7月，经省人民政府粤府〔1984〕132号文同意，林场下放由肇庆地区直接管理。

1995年1月，龙埇林场由肇庆市国营林场经营公司移交云浮市林业局管理。年底，云浮市林业局收归人事任免权和劳动工资审批权，但党、团、工、青、妇、民兵等工作继续委托罗定市代管。

1999年4月13日，经云浮市云林〔1999〕10号文批复，同意实施《国营龙埇林场肉桂林经营承包方案》，从1999年4月起施行。8月24日，经云浮市云林〔1999〕25号文批复，同意实施《龙埇林场承包山地种植经济林方案》。

2009年1月，为规范市属国有林场林地林木的招投标工作，云浮市林业局决定：由龙埇林场出资50%，林科所苗圃场出资50%，成立“云浮市信富林业服务中心”。

2013 年 2 月 5 日，云浮市林业局“云林函〔2013〕25 号”批复：原则上同意龙埇林场制定的绩效工资实施方案，其中基础性绩效工资和奖励性绩效工资的比例为 6.2 ： 3.8。

2015 年 3 月 15 日，广东省林业厅派出第九督导组组长副巡视员袁水庆、成员李秋明、刘玉彝，在云浮市林业局局长、党组书记余潮兴的陪同下，到龙埇林场召开国有林场改革调研会，听取林场改革情况汇报。

4.3.2 飞马林场

（1）基本情况

飞马林场位于广东省罗定市境内，坐落在罗定市船步、朗（音）塘两镇范围内，地理坐标为东经 111° 37′ 41″ ~111° 44′ 12″，北纬 22° 29′ 05″ ~22° 35′ 04″。林场东面的原大坑、门楼坑工区与阳春市的河朗镇交界，南面的八排工区与信宜市的思贺镇、八一林场相邻，西面的原山垌、旧营工区与罗定市船步镇的聂垌、山垌管理区接壤，山垌片内有山垌水库。林地与罗定、阳春、信宜市所辖的 16 个村庄接壤，地理位置复杂，林地分散，总面积 41446.5 亩。

现在林场区划为 4 个工区，有林业用地 41446.5 亩，蓄积量 11.1909 万立方米，森林覆盖率 92.7%。现有职工总人数 147 人，其中在职职工 26 人，离退休职工 121 人，长期聘用 7 人。

（2）体制变革

云浮市国有飞马林场于 1958 年 10 月建场，初期属县办，全称“广东省罗定县国营飞马林场”。1964 年 7 月转为省属地管，更名“广东省国营飞马林场”。1984 年 7 月直接由肇庆市地区管理，更名“国营飞马林场”，为正科级事业单位，业务由肇庆市林业局负责，党、人事、工青妇等工作归罗定县管理。林场定位是事业单位，企业管理（公益三类事业单位）。1995 年划归云浮市直属，人事权划归云浮市林业局，党、工青妇等仍由罗定市管理。2004 年 8 月更名为“云浮市国有飞马林场”。林场目前为实行企业管理的正科级事业单位，隶属云浮市林业局管理。

（3）森林资源

林场经营总面积 41446.5 亩。2003 年开始，将 30199.5 亩的商品林划为省级重点生态公益，还有商品林面积 11247 亩。期间经过 2 次的调整，到 2015 年，生态公益林面积 26904 亩，占林场经营面积的 64.9%，蓄积量为 85385 立方米；商品林面积 14542.5 亩，占林场经营面积的 35.1%，蓄积量为 26524 立方米。

林场内分布的野生动物有穿山甲、猫头鹰、蟒蛇等国家二级重点保护动物，还有野猪、虎纹蛙等。

（4）经济发展

从建场至 1984 年，市政府对飞马林场实行全额投资。从 1984 年以来，市政府对飞马林场基本上不再进行投资，林场经济自收自支，实行经费自理。近几年，市政府对飞马林场有一定的项目投资或补贴，其中 2015 年对飞马林场的项目或补贴达到 453.28 万元。

林场的多种经营也几起几落。20 世纪 80 年代和 90 年代期间，在上级要求大力发展二三产业政策号召时，于 1987 年先后建成松香厂、桂油厂，主要加工本场松脂、桂叶，于 2004 年停产。1988 年位于罗城凤华路的飞马商场开业，2006 年由于经营及林场改革需要而停业。1991 年在八排工区与罗定市政府开设花岗岩石场，由于石质差而关闭。1991 年于围底开发区成立飞马林场花岗岩界板厂，由于经营不善，2002 年关闭。

林场 2015 年木材销售收入共 258 万元；林下经济主要是玉桂和松香，林副产品（指松香和桂皮等）收入共 101 万元。林场计划以生态建设为主，发展成为集旅游、观光为一体的生态型林场，充分发挥森林的生态效益。

（5）基础设施

场现有管护站点 8 个，建筑面积 2450 平方米，都是 20 世纪 70~80 年代在各管护站点建造混凝土房或砖瓦木结构的房子，这些房屋一直被使用至今，使用期已有 30~40 年。林场现有林区公路 60 千米左右，仅有不足 10 千米道路实现了硬底化，其余的 50 千米林区公路仍然是简易沙石泥路。

（6）自然灾害

林场全年基本上没有冰雪灾害现象；平时每年会发生 3~5 次的暴雨降水，造成一定程度的泥石流现象出现；每年有 3~5 次台风。最严重的是 2009 年 9 月 16 日的台风，造成林场交通、通讯中断。林场 1995 年前后曾发生过大面积的玉桂病害虫害现象，近年有个别工区出现过松毛虫和松突圆蚧，但不成灾。

（7）山林权属

林场自成立以来，隶属关系有较大的变化，经营面积也有变化。成立之初，规划建场规模50000亩，到20世纪80年代，全面明确了山林权属，经营面积没有多大的变化。林场现有总经营面积为41446.5亩，于2004年林场完成了山林权证换发工作。

（8）林场大事记

1958年10月，云浮市国有飞马林场建场初期，属县办林场，全称“广东省罗定县国营飞马林场”。

1964年7月，转为省属地管，更名“广东省国营飞马林场”。

1984年7月，由肇庆市地区管理，更名“国营飞马林场”，为正科级事业单位，业务由肇庆市林业局负责，党、人事、工青妇等归罗定县管理。

1995年，划归云浮市直属，人事权划归云浮市林业局，党、工青妇等仍由罗定市管理。

2004年8月，更名为“云浮市国有飞马林场”。

4.3.3 大云雾林场

（1）基本情况

1958年2月，为在大云雾山荒山地区建立集中成片的新型林业基地，以生产大、中径级的松、杉等原木，供应枕木、坑木、建筑用材，农用材等建设所需，建立县属云浮县国营大云雾林场。

林场位于广东省西南部云安县富林镇境内，地理坐标为东经111° 52′~112° 00′，北纬22° 34′~22° 44′。东与云安县前锋镇和南盛镇相接，南与新兴县天堂镇和阳春市接壤，西北部与云安县富林镇、石城镇为邻。林场总面积为4440.4公顷，分设福坑、三家村、荔枝坑、头目坑、小茅、大坑、果仔坑、云舍、中坑、小云雾、七塘山等11个生产工区。

大云雾林场气候属南亚热带的季风气候，气候温和，雨量充沛；地形地势属山地，主峰大云雾山耸立北面，地貌类型属中山山地，山地坡度一般在20° ~40°，部分达到60° ~70°。地带性的土壤为赤红壤，主要分布在海拔800米以下的山地、丘陵和峡谷台地，土壤剖面发育完整，多呈淡棕红色。林区主要森林有南亚热带常绿阔叶林、针阔混交林、针阔混交林。

（2）体制变革

大云雾林场建于1958年2月，1959年5月下放到当地公社管理，又于当年（1959

年 11 月）收归国家经营。林场在 1983 年前属省管单位，之后下放到地方管理，1983~1994 年属肇庆地区管理，1995 年后交由云浮市管理。

大云雾林场在 1977 年以前主要由政府投资建设，1977 年后逐渐减少，至 1983 年后为自主经营，自负盈亏的事业单位。

（3）森林资源

大云雾林场现经营总面积为 4440.4 公顷。1958 年建场至 1964 年广东省林业厅批复《大云雾林场设计任务书》时，全场总面积为 72000 亩，在 1996 年进行二类资源清查时（边界线不变）进行勾绘，全场总面积为 66606 亩，一直沿用至今。

1976 年二类资源清查数据，活立木总蓄积量为 14.78 万立方米，1974 年开始进入试伐和低产林改造阶段，至 1982 年，活立木总蓄积量为 11.608 万立方米，1991 年为 17.7228 万立方米。1995 年起交由云浮市林业主管，1996 年资源数据为 14.9658 万立方米，2016 年活立木总蓄积量为 23 万立方米。

根据初步科研调查统计，林场动物种类丰富，珍稀濒危动物有 50 多种，其中，国家一级重点保护的动物有蟒蛇、黄腹角雉；国家二级重点保护动物有穿山甲、小灵猫、白鹇、长耳鸮、草鸮、褐翅鸦鹃、雀鹰、松雀鹰、三线闭壳龟、虎纹蛙、大壁虎等。

（4）经济发展

建场至 1986 年以前，林场接受国家投资总计 282.12 万元。实行自负盈亏企业管理模式后，至 2015 年，国家总投资为 670 万元。林场木材总收入为 6080 万元，1994 年以前总计 2734 万元，自 1995 年划归云浮市主管以来，木材总收入 4946 万元。在 1994 年以前综合利用收入为 269.95 万元，1995 年以后，第二三产业主要有采脂、和城区房产租赁收入，采脂主要以拍卖方式，林场不再自主经营，至 2015 年采脂及其他总收入 1140 万元。

林场种植过油茶、橘子、八角、沙仁、大竹、玉桂等经济树种，但规模小，无法成为主营产业，均已改种用材林。种植经营过龙眼场。林副产品主要以松脂为主，1996 年以前共计出产松脂 2960 担，1997—2015 年共计产出松脂约 1000 吨。

2006 年已建立为市级自然保护区；同时于 2015 年在其山系的荔枝坑、头目坑小茅工区建立了将军顶森林公园，为开发森林度假胜地和森林浴等旅游活动提供了良好的基础条件。

（5）基础设施

林场在富林镇 20 世纪 80 年代末期建设了两栋办公大楼，目前办公条件陈旧。工区主要建于60~70年代的泥砖房现已经不能居住。职工住房困难，大多职工自行解决。只有于90年代中期在云浮市区集资建有一栋8层职工宿舍，解决了14户职工住宿。

林场位于两市三县的交汇处，交通条件非常便利，现有林区公路135千米，由于较多的林地与自然村接壤，主线公路必须经过村落，通过这几年政府村村通公路建设，5条进山至自然村主线公路已改建完成，林场申请林区公路硬体化资金已完成建设10千米，其余均为泥沙公路。

（6）自然灾害

林场地理位置接壤阳江，年平均气温在20℃以上，少有极冰雪灾害，但是经常暴雨成灾现象，发生山体滑坡现象，每年受台风台风影响严重，给林场的交通、林木及安全造成极大威胁。

林场的林木病虫害主要是松毛虫、白蚁、松鼠和叶枯病等，危害程度不大，尚未造成灾害。

（7）山林权属

林场的林地来源为当地生产队的集体林地，建设开发后山林权属均为国有，没有发生变化。1982年发放山林权证时总面积为65618亩，此后林场的边界线不再发生变化。1996年进行二类森林资源调查时（边界线不变）进行勾绘，全场总面积为66606亩。

近年来由于林地得到不断开发利用，林地价值不断上值和林场在20世纪开发林场时的历史遗留问题，以及20世纪80年代颁发山林权证时，由于当时的技术条件和人为因素，没有明显的地物标志和相应的附图，林地内包含旱地问题尤为突出，造成集体林地、旱地与林场林地边界重叠或模糊，山林权证与实地不符，周边村民利用山林权换证的机会，经常与林场发生山林权属争议，至2016年共发生8宗（已解决5宗），涉及面积300多公顷。

（8）林场大事记

1958年3月，由省、市、县下放干部在七塘山工区开始建场。

1959年，林场下放为当地公社管理，同年9月收回国家经营。1959年设场部在三家村工区，同时开发三家村工区。

1964年，广东省林业厅批复大云雾林场设计任务书。

1966年，由广东省林业厅勘测设计大队设计《大云雾林场总体设计方案》。

1984年，由肇庆市国营林场经营公司管理。

1991年，林场场部搬到富林镇。

1994 年，林场由云浮市林业局接管。

2006 年，建立大云雾山市级自然保护区。

2015 年，建立云浮将军顶森林公园。

4.3.4 水台林场

（1）基本情况

水台林场位于新兴县水台镇内，地理坐标为东经 112° 28′，北纬 22° 36′。林场地势平坦，所辖林地均为低山丘陵，海拔在 50~180 米之间，林地坡度一般在 25° 以下，土壤为以花岗岩、页岩发育而成的低丘赤红壤，属亚热带海洋性季风气候。

水台林场于 1960 年 4 月建场，建场前的新兴县水台镇人少、田多，宜林荒山面积大，为响应“绿化荒山、建设祖国”的号召，把水台地区的宜林荒山绿化起来，兴办了国营水台林场。办场时的经营面积 27235 亩，全场职工 71 人。至 2015 年底，林场在编干部职工 47 人，其中在职 8 人（本科学历 2 人、大专学历 4 人），退休 39 人；有林地面积 12892 亩，林木蓄积量 39380 立方米。

建场初期，林场经济十分困难，除生产和工资福利及其他大的基建项目由国家投资外，其他全部靠职工自力更生，途中出现过林场经营效益差，经济困难，后经努力，目前林场经济能维持正常的运转。

（2）体制变革

林场最初定位为企业化管理的事业单位，后根据 2011 年 11 月云浮市机构编制委员会《关于印发云浮市林业局所属事业单位分类改革方案的通知》（云机编〔2011〕213 号）文件规定，林场定位为公益三类事业单位。

林场 1995 年前隶属于肇庆市林业局，云浮市成立后隶属于云浮市林业局。

（3）森林资源

1976 年统计，林场经营面积 22971 亩，1982 年统计经营面积 16102 亩，1987 年统计经营面积 15859 亩，1996 年统计经营面积 15872 亩，2004—2015 年统计经营面积为 16305 亩。

建场初期，大面积种植油桐，到 1965 年，共种植油桐 10745 亩，在此期间，还种植了部分用材林，树种为马尾松、杉等。1973 年开始种植湿地松，后大面积发展用材林，树种以湿地松和杉木为主。据统计，1976 年林木蓄积量 11292 立方米，1982 年林木蓄积量 20009 立方米；1996—2006 年期间，林场森林蓄积量逐年减少，由 1996 年的 44000 立方米减少至 2006 年的 17600 立方米；从 2007 年开始逐年增长，由 24000 立方米增至 2015 年的 39380 立方米，森林覆盖率达 79.99%。

林场分布的野生动物主要有麻雀、鹧鸪、野猪、蛇等。

（4）经济发展

自建场至 1994 年，政府部门投资 228 万元。木材收入是林场的主要经济来源，从建场至 1994 年，林场的木材竹子收入为 356.87 万元。近几年的木材收入为：2009 年 76.9 万元，2010 年 175.3 万元，2011 年暂停采伐，2012 年 17 万元，2013 年暂停采伐，2014 年 127 万元，2015 年 64 万元。松脂是林场除木材外的主要收入，从 2000 年开始，随着林木资源的逐年减少和松脂市场价格的不稳定，松脂收入越来越少，从近几年的收入为：2010 年松脂收入 66.70 万元，2011 年松脂收入 141 万元，2012 年松脂收入 90.7 万元，2013 年松脂收入 58 万元，2014 年松脂收入 49 万元，2015 年松脂收入 40 万元。

林场早期发展的林下经济主要用于改善职工的生活水平，后期再未发展林下经济。林场的森林旅游发展主要来自云浮市人民政府招商引资项目——悦天下森林旅游。

（5）基础设施

场部的办公楼是在 1982 年底建设的楼房，2014 年进行过维修加固，场部现已通水、电、通讯，通网络。干部职工大部分居住在 20 世纪 60 年代末兴建的砖瓦房和 80 年代初兴建的平房。砖瓦房于 80 年代末进行过维修加固，因建设年份久远，已全部成为危房；平房于 2010 年进行过维修加固。

林场道路交通四通八达，但硬底化道路较少，只有 5 千米左右，其他为沙石路。林场除场部已通自来水外，其他 4 个工区没通自来水，工区生活用水通过打井解决。林场场部和竹塘苗圃场已通电，黄婆坑、林校两个工区没通电。

（6）自然灾害

林场发生的冰雪灾害较少，但 1999 年的冰雪灾害，使林场种植的 500 亩龙眼全部霜冻死。由于林区内的基础设施较差和暴雨、泥石流的影响，每遇暴雨，林区内的道路排水沟堵塞、中断、涵洞和桥梁受损情况经常存在。林场离海边近，距江门台山市约 60 千米左右，每年受台风影响较大。

林场的森林病虫害主要是马尾松毛虫、松梢螟、湿地松粉蚧等，建场以来偶尔发生小面积虫害。

（7）山林权属

林场最初的土地来源于水台镇的棠下、良田、杜村、六乡等管理区的林地。1963年3月，林场虾尾工区3030亩的山林权属划归开平市的镇海林场，同年，经新兴县人民政府同意，水台镇的棠下、良田临近林场的部分荒山权属划归水台林场所有。1983年6月，为落实林业“三定”政策，林场956亩林地划归水台镇的棠下、良田、杜村等管理区，权属归集体所有。

林场相邻或周边的农村多次发生林权争议，导致部分林地划出，林场至今还有约90亩林地与农村存在山林权属纠纷。

（8）林场大事记

1986年7月，林场建设的松香厂投产，2001年停产。

1994年，云浮建立地级市，肇庆市林业局将国营水台林场移交云浮市林业局管辖。

1995年12月，林场以股分制形式（林场占51%、职工占49%）承包鹤山市合成镇松香厂和林木资源采脂。

1997年12月，根据《云浮市直属国有林场深化改革的实施意见》和《云浮市直属国有林场深化改革的实施方案（讨论稿）》（云林〔1997〕39号文），水台林场实行人事、用工、分配3项制度改革。

1998年4月，云浮市林业局批复《国营水台林场深化改革方案》，林场实施改革。

1999年冬，国有水台林场发生大面积霜冻，种植的500亩龙眼树被霜冻死，经济损失大。

2000年6月，林场与合成镇政府解除了承包松香厂和林木资源采脂合同。

2001年，经市林业局批准，林场实行双层经营，职工和部分社会人员承包林场林地发展种养业，承包期50年。

2003年4月，林场派出所改制，所有民警过渡为国家公务员（人民警察）。

2004年8月，经云浮市编制委员会批准，更名为云浮市国有水台林场；同时，林场派出所更名为云浮市公安局森林分局水台派出所（编制、工资、行政管理归属云浮市公安局森林分局）。

2010年，云浮市人民政府的招商引资项目—水台林场开发项目落户水台林场。

2013年6月份，为响应云浮市委、市人民政府和省林业厅提出的建设云浮市万亩珍稀苗木繁育基地（后改为云浮市良种苗木繁育中心），由市林业局组织，水台林场承建的云浮市良种苗木繁育中心在水台林场竹塘工区规划建设。

4.3.5 同乐林场

(1)基本情况

同乐林场位于云浮市郁南县西北部平台、桂圩两镇境内，与广西苍梧县大坡镇接壤，属于粤西山区。地理坐标为东经 111° 22′ ~ 111° 28′，北纬 23° 04′ ~ 23° 13′。林场经营总面积 22199 亩，分设同乐、大坦、长坑、良岔 4 个工区。

同乐林场林地均为低山丘陵地带，以低山为主，海拔多在 100~691 米之间。所在地理位置属南亚热带海洋性季风气候带，气候季节相对变化明显，土壤是花岗岩风化发育成的赤红壤，植被以芒萁、大芒、蕨类等为主。林场经营面积 22198.5 亩，2015 年活立木蓄积量为 18.03 万立方米，覆盖率 93%，有人员 131 人（在岗 35 人，其中在编 16 人，场聘合同工 19 人，离退休 96 人）。2015 年在职人员人年平均工资约 8.5 万元，离退休人员年平均退休费 3.6 万元。

(2)体制变革

同乐林场 1958 年 2 月建场至 2015 年，其隶属关系亦多次发生了变化。1958 年 2 月以本县和省水利设计院下放干部为骨干创办建场，名称：铜镬林场，隶属郁南县林业局。1961 年，与国营桂圩油茶场合并，改称：国营广东省桂圩林场（1961—1972 年省属场）。1973 年，根据广东省革命委员会粤革发〔1973〕14 号文精神，将林场委托肇庆地区林业部门管辖改称为国营桂圩林场（1973—1993 年变更为市属场）。1994 年云浮建立地级市，肇庆市林业局将国营桂圩林场移交云浮市林业局管辖（1995 年至今是市属林场），并于 1996 年经云浮市人民政府批准，更名：国营同乐林场。2004 年经云浮市编委批准，更名：云浮市国有同乐林场。

同乐林场贯彻执行《国有林场管理办法》，坚持“营林为本、生态优先、合理利用、持续发展”的办场方针，以培育森林资源为中心，以改善生产条件、生活环境和提高干部职工生活水平为出发点，以深化林场改革为工作思路，实施森林分类经营，依靠林业科技，不断提高生产经营管理水平，不断实现森林“双增”目标。

(3)森林资源

2004 年调查，全场总面积为 22199 亩（包含租赁农村集体林地）。

1958 年 2 月建场时，林场的林地是疏林地或荒山荒地，树种主要是杉树与马尾松，全场森林活立木蓄积量不足 5000 立方米。林场 2015 年活立木总蓄积量 18.0268 万立方米，其中商品林总蓄积量 11.6201 万立方米，占有活立木总蓄积量的 64.5%，生态公益林蓄积量 52404 立方米。

林场内分布的野生动物有白肩海雕、蟒蛇、虎纹蛙、蛇雕、红嘴相思鸟、穿山甲、野狸、猫头鹰、白鹇及其他鸟类。

（4）经济发展

同乐林场在1958年建场初期的主要经济来源为国家财政投资，到20世纪70年代中期，国家对林场的投入逐年减少。

林场的经济收入是以木材销售收入为主，在70年代中期是以间伐、杂木、竹收入为主。到了80年代初期，有部分林进入皆伐期，在改革开放的政策环境下，销售价格逐年提高，主要销往中山、阳光闸波、东莞、广州造纸厂等，从2008年至今，林场对木材销售采用实行拍卖青山的形式进行。随着建筑、装修材料大多数由钢材代替，木材价格出现下降趋势。建场至2015年，林场累计木材收入9688万元。

林场经济收入单一。为了增加林场的经济收入，利用资源、多种经营发展二三产业。1988年10月成立了桂圩林场林工商公司，后期由于经营管理不善，在1998年正式解散。场部办公大楼1~2层为酒店，由物业出租，平江路旧办事处一楼为商铺也作物业出租，每年共收租金约80000元。林场从1988年开始大力发展肉桂种植，目前有肉桂681亩。

（5）基础设施

1994年，林场搬迁到都城镇大堤路59号新办公楼办公，设立场部。办公楼楼高5层，建筑面积1237平方米，其中办公用房537平方米，1~2层为酒店作物业出租，3楼以上为林场办公用房。林场现总人口538人，114户，职工大部分都有自建房或已购买商品房，林场内有职工住宅4719平方米。2011年完成危旧房改造32套，改造面积2252平方米。

林场有林区公路53.73千米，近几年通过争取上级有关部门资金支持，已将林区公路进行硬化建设，已硬化水泥路24.88千米，还有沙石路28.85千米，有林道111.3千米。

（6）自然灾害

冰雪灾害在同乐林场一般极少发生，但台风经常光顾林场。2001年，2009年，2010年，2012年，2013年均遭受台风侵袭，导致林场直接经济损失约170万元。

林场多年来林场没有发生严重有害生物灾害。

（7）山林权属

林场从1958年2月建场时，从桂圩、平台两个公社的龙岗、平全、木蕴、新塘、水台等5个大队划入连片的山地，总面积达60000多亩（后来部分林地划回公社大队)。林场从1989年起，在周边乡(镇)租赁农村集体林地2671.5亩经营。2004年调查，全场总面积为22199亩(包含租赁农村集体林地)。

同乐林场山林权属明确清楚，不存在任何有争议的林地，均已取得山林权证。

(8)林场大事记

1958年2月，成立广东省郁南县铜镬林场，隶属郁南县林业局管理。

1961年，与国营桂圩油茶场合并，改名国营广东省桂圩林场。

1973年，根据广东省革命委员会粤革发〔1973〕14号文精神，将国营广东省桂圩林场委托肇庆地区林业部门管辖，改名“国营桂圩林场”，并升格为正科级单位，实行事业单位企业管理，由地区新成立的国营林场经营公司(注：副处级,1985年成立)直接管理。

1985年11月，经省人民政府批准(粤林函〔1985〕533号文)，同意县林场共建同乐大山自然保护区。

根据肇府函〔1994〕53号文，从1995年1月1日起，桂圩林场由肇庆市国营林场经营公司移交云浮市林业局管理。年底，云浮市林业局收归人事任免权和劳动工资审批权，但党、团、工、青、妇、民兵等工作继续委托郁南县代管。

1996年3月19日，经云浮市人民政府批准，同意将郁南县的国营桂圩林场更名“国营同乐林场”。4月1日，“云浮市国营林场管理实施办法”开始施行。

2000年12月26日，经郁府函〔2000〕64号批复，同乐大山自然保护区管理职能收归县林业局管理。

2004年8月2日，“国营同乐林场”更改为“云浮市国有同乐林场”。

2010年1月，由云浮市林业局下属8个事(企)业法人单位出资组建“云浮市华营园林绿化工程有限公司”，同乐林场出资比例为14.08%。

2013年2月5日，云浮市林业局“云林函〔2013〕23号”批复：原则上同意同乐林场制定的绩效工资实施方案，其中基础性绩效工资和奖励性绩效工资的比例为5.5：4.5。

2015年1月起，将云浮市华营园林绿化工程有限公司的股权按原值转让给云浮市林业苗圃场。

4.3.6 建城果木场

(1)基本情况

郁南国营建城果木场成立于1954年，位于郁南县建城镇圩镇附近，场部距离建城圩镇2千米，离郁南县城18千米，交通便利，现隶属郁南县林业局，为正股级事业单位。果木场林地属高丘陵地貌，地处北回归线以南，气候温和，土壤深厚肥沃，适宜各种林木生长。

果木场现经营总面积2200亩，林业用地1837亩，蓄积量5338立方米，其中生态公益林面积1472亩，占80%，森林覆盖率86%。现有职工26人，其中在职职工3人，退休职工23人，在林场居住职工户数13户，包括职工家属等共51人。至2015年资产总额147万元，负债总额101万元。

（2）体制变革

1954年，“郁南县国营建城果木场”的“前身”是“郁南县国营建城苗圃”，经营地点是果木场现在场部、岗顶，主要培育公路绿化树苗，面积约100亩。1955年，成立郁南县试验林场，面积约1200亩。1958年，县、市下放干部成立“龙井果木场”，根据上级政府关于发展林业的指示精神，在原有试验林场的基础上扩大范围，在赔退共产风时扩大面积900亩。1959年1月，“郁南县国营建城苗圃”与原建城、金谷、龙井3个林场合并为建城林场，最后与通门林场、大沥林场合并成立罗定县国营建城林场。1961年4月后与通门林场和大历林场分开，郁南县委、县人民政府批准成立“郁南县国营建城果木场”至今。目前，果木场隶属郁南县林业局管理，县林业局负责协调林场的营林生产、林政管理、政工人事、森林防火、病虫防治、财务监督和工青妇等工作。果木场定位为事业单位，宗旨和业务范围是：管理国有果木场，促进林业发展；种植优质品种，发展果、木、竹、桂。

1996年，实行职工承包责任制，果场负责对经营的林木和玉桂实行铲草抚育、封山育林、修整防火林带等管护工作。职工承包的作物林地，由职工自主经营，自负盈亏，场部提供技术咨询指导。2010年后职工的承包期满后，职工承包的部分林地交还场部经营管理，部分由职工有偿继续承包经营。

（3）森林资源

郁南县国营建城苗圃以培育苗木为主，品种有松苗、杉苗、桉苗、凤凰木苗、相思苗、桂苗、红花油茶苗、板栗苗等。育苗面积除在现场部外，还在建城城西、大坑、白瓦、桂里、西圳、便民、科白、冲坡等生产队征用临时育苗土地，育苗面积达700亩。1961年4月后，因林木生产轮作时间长，单靠林木生产不能解决实际经济问题，除保留大部分原林地林木外，开垦部分林地和利用林场内耕地培育经济林苗和种植经济林果，种植经济林品种有荔枝、龙眼、柑橘橙、酸梅、沙梨、三华李、肉桂、波萝、油茶等。

果木场设场部、龙井、西竺、垌早4个工区，其中场部工区面积100亩，龙井工区900亩，垌早工区900亩，西竺工区300亩。果木场现有林木1837亩，蓄积量5338立方米，其中生态公益林面积1472亩，占80%，森林覆盖率86%。果木场内分布有脊椎动物7目28科54属78种，昆虫163种，其中国家重点保护野生动物有虎纹蛙、小灵猫、猫头鹰等。

（4）经济发展

果木场经营面积少，木材生产周期长，木材生产时间主要集中在1992—1999年。木材以松、杉为主，其他树种有桉树、樟树、黎蒴等。2000年后基本没有木材生产。1980—1996年实行职工承包责任制期间，果木场发展种植香菇、木耳，养殖猪、鸡等林下经济，但规模不大。1996年实行职工承包责任制后，职工根据各自条件继续发展小规模的养殖业。

近年来，上级政府对建城果木场有大量投资。2010年，郁南县国营建城果木场油茶良种基地建设项目启动，项目总投资300万元，其中中央预算内投资180万元，地方配套投资120万元。建设良种繁育圃105亩，采穗圃105亩，引种林150亩，实验林150亩。

（5）基础设施

果木场在2012年将原旧办公楼（砖木棚户结构）拆除，新建一座2层框架结构的办公综合楼，建筑面积250平方米。林场除部分退休职工回自建房或购买商品房居住外，其余在职职工和未能解决住房的退休职工及其家属全部安排在场部宿舍居住（包括安排在新建的危旧房改造宿舍和加建卫生间和改造水电的旧宿舍），共13户51人，人均居住面积约35平方米，水电、厨房、卫生间等设施齐全。

果木场现有林区公路18千米，其中水泥硬底化公路8.6千米，至2015年12月，通往场部和各个工区的道路全部实现水泥硬底化。

（6）自然灾害

果木场种植大量果树，容易遭受冰雪灾害。1999年冬，2008年1月，2016年1月受寒潮影响，大量经济林遭受迫害，多种水果大面积腐烂和落果，造成巨大经济损失。果木场受暴雨的影响比较频繁，主要造成林区道路塌方，台风虽不多，但是2001年台风伴随暴雨，造成果木场各工区的道路受损严重，全线塌方。

果木场自建场以来，发生过零星的松毛松为害，未发现有严重病虫害。

（7）林场大事记

1954 年，“郁南县国营建城苗圃”成立。

1958 年，由县、市下放干部建立“龙井果木场”。

1959 年 1 月，“郁南县国营建城苗圃”与原建城、金谷、龙井 3 个林场合并为建城林场，后与通门林场、大沥林场合并成立罗定县国营建城林场。

1961 年 4 月，与通门林场和大历林场分开，郁南县委、县人民政府批准成立“郁南县国营建城果木场”至今。

1961—1969 年，果木场对建城人民公社委员会、白天生产大队、附城生产大队等赔退共产风，对取得的林地作经济和物质赔偿。

1962 年，首次从建城无核黄皮母树剪取枝条嫁接无核黄皮种苗成功，无核黄皮苗被广东省果树研究所保存作种质资源。

1970 年，成立建城果木场党支部，同年成立了郁南县国营建城果木场工会和郁南县国营建城果木场革命委员会。

1981 年，撤消郁南县国营建城果木场革命委员会。

1996 年，林场开始实行职工承包责任制。

1999 年“冬至”，林场遭遇大范围的低温霜冻天气，林场内的荔枝、黄皮等果树受到严重冻伤，树冠几乎全部受损，造成 2000 年荔枝、黄皮失收。

2001 年，林场遭遇超强强风袭击，林场各工区的道路全线塌方。

2008 年 1 月，受到持续低温冻雨影响，林场还未采收的沙糖橘等水果严重冻伤。

2015 年，郁南特色黄皮园在场部开工建设。。

4.3.7 中心林场

（1）基本情况

1963 年 8 月，原云浮县委、县人民政府根据中共中央、国务院关于大力开展植树造林的指示，征用原附城公社东街大队、丰收大队、城南大队、富禄大队的部分山地，成立了云浮县国营中心林场（简称“中心林场”），作为县植树造林示范基地，以此带动全县的植树造林工作。

中心林场位于云浮市城区东南部，地理坐标为北纬 22° 53′ 50″ ~22° 55′ 55″，东经 112° 01′ 36″ ~112° 04′ 06″。距城区中心不到 2 千米。林场地形属中、高丘陵，地形北高南低，起伏多变，海拔多在 300 米以下，坡度多在 25° ~30°。地处北回归线以南，属于南亚热带湿润季风气候；土壤为赤红壤，在高温、多雨、强烈的地质风化条件下形成的。林场的森林植被基本上是人工林分，草本较稀少外，一般可分为乔、灌、草3个较明显的植被层。多年来，在云浮市委、市人民政府的领导下，大力加强林场内荒山造林与封山育林，森林覆盖率已达到85.9%。

（2）体制变革

1963年8月，原云浮县委、县人民政府根据中共中央、国务院关于大力开展植树造林的指示，成立了云浮县国营中心林场。1978年10月，根据云革发〔1978〕75号文的精神，成立云浮县林业科学研究所。1982年8月，为了有利科研业务的开展，根据云财〔1982〕65号、云林〔1982〕012号文的精神，将云浮县国营中心林场分设为云浮县林业科学研究所和云浮县林业苗圃场两个单位。1995年5月，设立云浮市（地级）林业科学研究所为正科级事业单位，核定编制为25人，人员经费由市财政局定额拨款；设立云浮市（地级）林业苗圃场，为正科级事业单位，核定编制为18人，人员经费由市财政局定额拨款。2011年12月，整合云浮市林业科学研究所、云浮市林业科技推广中心、云浮市林业培训中心，组建云浮市林业科学和技术推广中心，为正科级、公益二类事业单位，核定事业编制13名，经费按财政补助二类拨付；云浮市林业苗圃场为为正科级、公益二类事业单位，核定事业编制6名，经费按财政补助二类拨付。

云浮市建市以来，云浮市林业科学和技术推广中心、云浮市林业苗圃场长期从事苗木繁育、花卉培育、森林培育、绿化工作，主要是针对全市林业重点生态工程建设苗木的需要，培育大量的乡土阔叶树苗和优质的珍贵树种。中心林场（含云浮市林业科学研究所和云浮市林业苗圃场）是财政核拨单位，没有固定的事业性收费，目前的经营体制是自主经营，自负盈亏。

（3）森林资源

1963年8月，云浮县国营中心林场成立时，林地面积约4000亩。云浮建成地级市以来，由于城市建设的需要，云浮市林业科学研究所、云浮市林业苗圃场的部分林地被征用，目前两个单位登记的林地面积合计为3352.6亩。

云浮县国营中心林场建场初期以营造针叶林为主，主要造林树种为马尾松，其次为杉亩，另有少量其他树种。云浮县林业科学研究所成立后，根据林业科学试验的需要，先后引种了油茶、橡胶、湿地松、荔枝、龙眼等树种。云浮建成地级市后，为了提高市区周边森林生态环境，云浮市林业科学研究所、云浮市林业苗圃场对管辖的山林进行了林分改造，套种了大量乡土阔叶树种。据2015年森林资源统计，林地面积 3352.6 亩，其中马尾松林 1254.1 亩、湿地松林 102 亩、针叶混交林 556.5 亩、杉木 85.5 亩、经济林（果木）280.5 亩、相思林 471 亩、针阔混交林 201 亩、阔叶林 402 亩，林木蓄积量 21383 立方米，森林覆盖率 85.9%。

林场内主要分布的野生动物有：猫头鹰、啄木鸟、雉鸡、山雀、黄莺、雨燕及蛇类、两栖类和鼠类、蝙蝠、野兔、刺猬等。昆虫类主要有蝴蝶、山蜂等。

（4）经济发展

云浮市林业科学研究所和云浮市林业苗圃场所管辖的山场——南山森林公园，其森林经营 50 多年来从未采伐。公园范围原是云浮市林业局属下的地方国营中心林场，现为云浮市林业局属下的云浮市林业科学和技术推广中心（原云浮市林业科学研究所）和云浮市林业苗圃场所有。南山森林公园建成后于 2015 年初开放式投入使用，据统计，每天到南山森林公园的游客约为 2000 人次。

至 2015 年 4 月，云浮市人民政府总投入 资金近 5000 万元，用于南山森林公园的基础设施的建设，修建自行车道，登山道、观光亭、避雨亭、公共厕所，开通沿山道路路灯、音响，进行景观林带改造和沿路绿化工程建设等。

（5）基础设施

中心林场（云浮市林业科学和技术推广中心）办公旧楼位于桥头岗的 2 层楼房，用地面积 233.75 平方米，建筑面积 348.2 平方米。2010 年 8 月，云浮市南方房地产开发有限公司因“三旧”改选造项目“云浮恒晖苑”的规划和建设需要，规划了云浮市林业科学研究所下属的云浮市南山房地产开发有限公司国有土地总面积 4000.25 平方米。中心林场（云浮市林业苗圃场）办公楼位于桥头岗的 2 层楼 101 房，面积 65 平方米。

中心林场（云浮市林业科学和技术推广中心）于 1995 年以单位出地皮、职工集资的形式，在云浮市云城区南山花园建了一幢建筑面积约 1260 平方米的职工宿舍，解决了部分职工的住房问题。

（6）自然灾害

南山森林公园属于南亚热带湿润季风气候，常见的气象灾害有春季的低温阴雨、秋季的寒露风、春旱秋旱、暴雨和台风，但暴雨和台风影响也较少，至目前止没有出现过冰雪、泥石流灾害。南山森林公园从未发生过重大的森林火灾及病虫害灾害。

（7）山林权属

1963 年 8 月，经云浮县委、县人民政府研究决定，征用原附城公社东街大队、丰收大队、城南大队、富禄大队的部分山地，成立云浮县国营中心林场，面积约为 4000 亩。1982 年 8 月，根据云财〔1982〕65 号、云林〔1982〕012 号文的精神，云浮县国营中心林场分设为云浮县林业科学研究所和云浮县林业苗圃场两个单位，原云浮县国营中心林场管辖的山场分别由云浮县林业科学研究所和云浮县林业苗圃场两个单位承接。2011 年 12 月，云浮市林业科学研究所更名为云浮市林业科学和技术推广中心，原云浮市林业科学研究所管辖的山场由云浮市林业科学和技术推广中心承接管理。

在落实林业“三定”期间，负责当时丰收大队发证的工作组将上述已归属县林科所经营管理的林地权证（第一代证）分别发放给了包屋村、李屋队、会众岗壹、贰队等有关村队，造成了山权林权重证现象，目前已通过法律途径解决。

（8）林场大事记

1963 年 8 月，设立云浮县国营中心林场。

1978 年 10 月，设立云浮县林业科学研究所。

1982 年 8 月，由云浮县林业科学研究所分出云浮县林业科学研究所和云浮县林业苗圃场两个单位。

1993 年 8 月，在云浮市林业科学研究所属下成立云浮市南山房地产开发有限公司。

1993 年 12 月 20 日，广东省林业厅发文《关于建立广东南山森林公园的批复》（粤林函〔1993〕356 号）文件，同意建立广东南山（省级）森林公园。公园范围原是云浮市林业局属下的地方国营中心林场，现为云浮市林业局属下的云浮市林业科学和技术推广中心（原云浮市林业科学研究所）和云浮市林业苗圃场所有。

4.4 梅州市国有林场

（1）基本情况

梅州市国有林场建于20世纪60年代，现有13个国有林场（表4-2），其中：5个市属林场，8个县属林场。5个市属国有林场1984年以前归省属县管，1984年下放为市属市管，2011年以前属自收自支事业单位，2011年改为生态二类事业单位，2016年4月改为生态一类事业单位。8个县属林场一直归县属县管，属于二类事业单位，其中大埔县丰溪林场于2015年9月改为一类事业单位。

表4-2 梅州市国有林场

权属	单位名称	建场时间（年）	隶属单位
市属	国营大埔林场	1956年	梅州市林业局
	国营七畲径林场	1956年	梅州市林业局
	国营水口林场	1958年	梅州市林业局
	国营梅南林场	1958年	梅州市林业局
	国营洲瑞林场	1958年	梅州市林业局
县属	五华县鸿图嶂林场	1972年	五华县林业局
	兴宁市国营石壁林场	1960年	兴宁市林业局
	兴宁市铁山林场	1971年	兴宁市林业局
	大埔县丰溪林场	1956年	大埔县人民政府
	丰顺县国营桐子洋林场	1958年	丰顺县林业局
	丰顺县农林场	1964年	丰顺县林业局
	蕉岭县长潭库区林场	1989年	蕉岭县林业局
	蕉岭县皇佑笔林场	1956年	蕉岭县林业局

梅州市国有林场经营总面积约56.62万亩，林业用地面积约51.67万亩。现有干部职工约1043人，其中：在职人员345人，离退休人员556人，长期聘用人员142人。在职人员人均每月工资2500元左右，退休人员人均每月养老金600~2000元。由于各林场退休人员人数众多，退休金较少，民生问题突出，严重制约着林场的健康发展。

（2）改革历程

梅州市国有林场建立的初衷是为了优化生态空间格局、加大自然生态保护力度。1985 年，全市国有林场由省下放给梅县地区管理，下放时体制未理顺，财政无补助，成了自收自支的事业单位，林场主要通过种植采伐模式给社会提供木材产品，部分林场依靠经营水电站、植茶种果等取得少量收入。2003 年以后，林场全面停止采伐木材，从传统“砍树”转变为“看树”，林场经济收入迅速减少，林区秩序受到较大影响。从这时以后，在相关部门的努力下，市委、市人民政府推动了国有林场改革工作。到目前为止，林场先后进行了 3 次改革，分别解决了市属国有林场在职和退休干部职工社保问题、减员增效的林场瘦身问题、林场财政差额拨款问题。在此期间，县属林场也相应进行了改革。但因改革目标定位不到位，梅州市国有林场的生态功能未能完全激活。

4.4.1 大埔林场

（1）基本情况

大埔林场创办于 1956 年 8 月。现在，大埔林场属梅州市林业局直属正科级事业单位，位于大埔县的南部，行政区域归属大埔县管辖，地理坐标为东经 116° 43′~116° 46′，北纬 24° ~24° 10′。林场东部与饶平县新丰镇的锡坑村、新康村、泮洋村、三中村及潮州市国营韩江林场相邻，西南与大埔县光德镇上漳村、九社村、富岭村、上坪村、上澄村接壤，北连高陂镇逆流村、福员村以及枫朗镇上山下村。

林场山地属高丘地貌，海拔高在 300~600 米，坡度一般在 20° ~35° 之间。林场内有大冬田营子水库、大冬田水库、丹竹水库等 3 个中小型水库。林场总面积 26251.5 亩，森林活立木蓄积量 112681 立方米，森林覆盖率 97.35%。目前，林场资产总额 1091 万元，其中固定资产 524 万元，流动资产 153 万元；林场负债总额 136.3 万元，其中流动负债 1.67 万元，非流动负债 134.7 万元。

（2）体制变革

1956 年 8 月建场前，经省林勘队调查，将现有林场周围的宜林荒山荒地（仅有少量的中幼林）划入总面积 65182 亩山林，组建国营林场，全称为大埔县国营大埔林场，归省属县管。1963 年 1 月 29 日，广东省人委决定收回省管，与饶平县的黄坪林场合并为国营广东省韩江林场，原大埔林场则设为分场。1964 年重新分开，复称为“国营广东省大埔林场”，归省属县管，1974 年收归省属地管。1984 年下放为市属市管，改称“国营大埔林场”。

2006年，林场所有林地划入省级生态公益林管理后，停止了林木的采伐，林场的主要任务改变为加强森林资源的培育和管护，为国家和社会提供生态产品。2011年12月，梅州市机构编制委员会以梅市机编〔2011〕114号文件批复，将林场定性为公益二类事业单位。2016年4月，在国有林场改革中，梅州市机构编制委员会以梅市机编发〔2016〕20号文件通知，将“国营大埔林场”改名为“梅州市国有大埔林场”，定性为公益一类事业单位。目前，林场是梅州市林业局直属正科级事业单位，隶属于梅州市林业局领导和管理，核定编制人员14人。

（3）森林资源

据1991年全省每次森林资源二类调查结果，林场总面积25887.4亩，其中林业用地面积25325亩，森林活立木总蓄积量39105立方米，亩平均活立木蓄积量1.5立方米；至2015年，林场经营总面积为1750.1公顷，全部划入省级生态公益林，其中有林地面积1700.7公顷，森林活立木总蓄积量11.2万立方米，亩平均活立木蓄积量4.4立方米，森林覆盖率97.35%。

林场分布的野生动物资源较为丰富，计有脊椎野生动物228种，隶属76科29目，其中：哺乳类6目15科35种，爬行类3目8科26种，鸟类14目31科89种。珍稀濒危物种及列入国家重点保护的动物有28种，其中一级保护种类有蟒蛇、云豹等2种，二级保护的有虎纹蛙、穿山甲、猫头鹰、原鸡、白鹇、蛇雕等种类。

（4）经济发展

自建场至2004年期间，林场按国家计划生产的木材，供给周边群众木材需求，每年木材收入主要用于支付职工工资、福利和营造林等费用。2007年起，林场的林地全部划入省级生态公益林管理后，林场实行封育管理，停止一切木材生产，林场从生产经营型逐步转变为生态公益型。

建场以来，林场发展多种经营项目，种植有板栗、柚、桃、李等水果经济作物近50亩，单枞茶近150亩，还有小水电、陶瓷等产业，年产值近100万元。2012年度，林场争取上级贫困林场扶贫资金的投入，建设林业苗圃基地10亩，红椎、黧蒴栲母树林采种基地50亩，以培育本土乡土名贵树种红椎、香樟等树苗为主。

国营大埔林场毗邻大埔县西岩山茶田旅游度假村，相距里程10千米，场内有丰富的森林资源，林区内环境优美；崇顶湖茶园基地在大冬田工区营子水库周围，与西岩山主峰遥相对望，森林生态旅游有较好前景。

目前，林场每年的主要收入约110万元，其中市财政拨事业经费20万元，林场租赁山管理费 20 万元，生态公益林效益补偿资金 70 万元。林场每年正常支出经费需 150 多万元。至目前，林场资产总额 1091 万元，其中固定资产 524 万元，流动资产 153 万元；林场负债总额 136.3 万元，其中流动负债 1.67 万元，非流动负债 134.7 万元。

（5）基础设施

场场部 2008 年改造办公楼一幢 3 层，建筑面积 900 多平方米。2010 年林场各工区的职工宿舍房列入危旧房改造项目，从 2011 年到 2012 年底改造完成了水尾、炉下、大冬田、大坪等工区的职工宿舍 4 幢，总建筑面积 900 多平方米，均为 2 层或 3 层的水泥楼房。林业公路主线有上炉线（由光德镇上坪村至大埔林场炉下工区）7.5 千米，于 2006 年和 2009 年分别进行硬底化改造，林区支线作业公路 7 条，全长 26 千米，除场田线于 2012 年进行硬底化改造 2 千米外，其余为沙土路，林场场部到各工区的道路仍有相当部分是砂土路。林区生产生活用电，输电线路分别于 2007 年和 2013 年分两批进行国家农网改造，用电安全得到较大改善。林场场部和炉下工区的职工饮用水于 2012 年纳入农村饮水安全工程改造，其他的工区生活用水也进行了简易改造，用水问题基本得到解决。

（6）自然灾害

建场以来，林场未发生严重森林病虫危害，无重大自然灾害和森林火灾。

（7）山林权属

国营大埔林场辖区内林地、林木权属国家所有。林场于 2004 年已全面完成山林权证换证工作，未出现有山林权属纠纷问题。

（8）林场大事记

1956 年 8 月，大埔县决定在富岭建立第一个国营林场，全称“大埔县国营大埔林场”，归省属县管。

1963 年 1 月 29 日，广东省人委决定将大埔林场收回省管，与饶平县黄坪林场合并为“国营广东省韩江林场”，原大埔林场则设为分场。

1964 年重新分开，复称为“国营广东省大埔林场”，归省属县管。

1974 年，国营广东省大埔林场收归省属地管。

1982 年 10 月，经上级批准，成立“大埔县公安局大埔林场派出所”。

1984 年“国营广东省大埔林场”下放地属地管，改称“国营大埔林场”。

2003 年，经上级批准，大埔县公安局大埔林场森林派出所收归梅州市公安局森林分局管辖，更名为“梅州市公安局森林分局富岭派出所”。

2011年12月，梅州市机构编制委员会批复，国营大埔林场定性为公益二类事业单位。

2011年底，林场职工宿舍楼列入危旧房改造项目，水尾、炉下、大冬田、大坪等4个工区的职工宿舍实施了改造。

2012年底，完成职工宿舍危旧房改建4幢，面积950多平方米。从此林场职工的居住环境得到改善。

2014年12月15日，梅州市人民政府批复，在林场的基础上，设立梅州市富岭市级自然保护区（属于森林和野生动物植物自然保护区）。

2016年4月，在国有林场改革中，梅州市机构编制委员会通知，将“国营大埔林场”更名为“梅州市国有大埔林场”，定性为公益一类事业单位。

4.4.2 七畲径林场

（1）基本情况

1956年冬，由汕梅地区人民政府决定，在五华县与揭西县交界成立国营七畲径林场，属市直属正科级单位。目前，七畲径林场属于市财政核拨的事业单位，收入主要来自市财政核拨事业经费、生态公益林效益补偿资金、电站经营、门店出租等。

七畲径林场位于五华县东部、棉洋镇境内，毗邻揭西县。林场地理坐标为北纬23° 32′ 35″ 、东经115° 45′ 30″ -北纬23° 36′ 15″ 、东经115° 48′ 30″ 。东起李望嶂顶，南至揭西县西田镇，西至松岗嶂及五华县棉洋镇黎洞村，北至竹坑村。七畲径林场地势呈带状，由东北向西南倾斜，属莲花山脉的延伸。地形以丘陵山地为主，山地坡度在25° ~45°，个别地段达60°以上。土壤多为花岗岩发育而成的砖红壤性红壤，属亚热带季风气候。林场总面积63200亩，下辖4个工区、12个护林点、一个茶叶加工厂、2个总装机220千瓦的径流电站。

（2）体制变革

1956年秋，经汕梅地区人民政府批准正式挂牌成立“国营七畲径林场”和“七畲径林场党支部”。1980年成立“七畲径林场工会”。1985年执行林业“三定”方案时，林场被定为市直正科级事业单位，编制128人，隶属市林业局领导和管理。2008年，减编为28人。2000年，梅州市人民政府批准设立李望嶂市级自然保护区。2014年，梅州市人民政府批准七畲径林场加挂“梅州市李望嶂市级自然保护区”，实行“二块牌子一套人马”。

1972—1999年，该场以生产木材为主。2000年起，实行森林分类经营管理，将林场山林全部划入省级生态公益林，林场实现了由生产经营型林场向生态公益型林场的转变。目前，七畲径林场以保护和培育森林资源为主要任务，山林全部划入省级生态公益林管理，禁止采伐，为国家和社会提供生态产品，定性为公益二类事业单位，为市直正科级单位，隶属梅州市林业局领导和管理，核定事业编制28人。

七畲径林场下辖径顶、禾坪、董脑、湖头工区等12个护林点，建场之初至2000年期间，林场主要生产经营管理范围包括：营林、电站经营，经营林产品、林副产品及林产品加工业，木材管理等。林场主要职能是林政管理、造林绿化、森林资源培育及指导当地群众造林种果、耕山致富。2000年起，林场实现了由生产经营型林场向生态公益型林场的转变，生产经营管理主要职责和任务是：保护、培育和合理利用森林资源、保护森林特种多样性；负责辖区内森林防火、林业有害生物防治、生态监测、科技示范等。

（3）森林资源

根据1994年全省森林资源二类调查结果显示，林场总面积6.32万亩，其中林业用地面积62400亩，森林活立木总蓄积量20880立方米，亩平活立木蓄积量1.42立方米。至2015年，全省第四次森林资源二类调查结果显示，林场总面积63200亩，其中林业用地面积62400亩，森林活立木蓄积量42568立方米，活立木蓄积量增长204%。树种以松杉、阔叶树为主，有国家二级重点保护的濒危植物桫椤、罗汉松，国家三级重点保护的濒危植物穗花杉。

林场分布有珍稀濒危野生动物，属国家重点保护的野生动物动物有蟒蛇、云豹、虎纹蛙、穿山甲等。另有野猪、果子狸、豪猪、白鹇、褐翅鸦鹃、小鸦鹃、大山雀、乌龟、鳖、银环蛇、沼蛙、大树蛙等常见野生动物。

（4）经济发展

自建场至20世纪90年代末，林场进行过2次木材生产，约生产木材10000~15000立方米。2000年后，林场实行全封全育管理，停止一切木材生产，已由生态经营型林场逐步转变为生态公益型林场。

林场1992年发展种植单枞茶320亩，先后发展种植了巴戟、沉香、金花茶、青梅、毛竹、苦丁茶、油茶、牛大力等，取得了一定的经济效益。七畲径林场有丰富的水资源，境内有梯级水力发电站2座，总装机容量220千瓦，分别建造于1980年、1986年，装机容量分别为120千瓦、100千瓦。电站是林场的经济来源之一。

（5）基础设施

七畲径林场场部有办公大楼一幢3层，建筑面积1000平方米；职工宿舍大楼一幢2层，建筑面积1650平方米；危旧房一处，建筑面积2000平方米。下辖4个工区、12个护林点，为瓦房或2层砖混楼房，总建设面积600多平方米，其中二工区做到了水、电、通讯全面覆盖。其余工区和护林点未通电。

场部通往三工区的四级公路32千米，其余泥沙公路，长约35千米，营造了28千米生物防火林带、安装了上下级电站的道路路灯、改造了18户职工棚户区、实施了安全饮水工程。

（6）自然灾害

建场以来，林场未发生森林病虫危害。1992年发生过一次森林火灾，以后再未发生过森林火灾。无群众性毁林行为发生，辖区内森林资源、林地资源和野生珍稀植物资源得到有效保护。

（7）山林权属

七畲径林场总经营面积为63200亩，属国家所有。2008年林场办理了《林权证》，无山林权属纠纷问题。

（8）林场大事记

1956年秋，汕梅地区批准成立"七畲径林场"、"七畲径林场党支部"。

1970年12月，第一批上山下乡知识青年到林场。

1980年12月，最后一批上山下乡知识青年离开林场。

1980年7月，林场通石凹电站竣工发电。

1986年9月，水打坝电站竣工发电。

1992年，林场发展种植单枞茶320亩，建成茶叶加工厂。

2000年8月，梅州市李望嶂市级自然保护区成立。

2010年5月，七畲径林场知青联谊会成立。

2014年8月，完成中央资金建设林业苗圃工程。

2014年12月，完成400平方米棚户区改造工程，有效改善职工居住条件。

2015年3月，完成农村安全饮水工程，有效解决职工饮水问题。

2015年12月，决定启动七畲径国有林场改革工作。

2016 年 3 月，梅州市人大代表到林场做梅州市野外用火管理条例立法调研。

4.4.3 水口林场

（1）基本情况

水口林场地处梅州市兴宁南部山区，地理坐标为北纬 23° 55′ 15″ ~23° 57′ 30″，东经 115° 50′ 48″ ~115° 57′ 23″。距兴宁县城 36 千米，距水口圩镇 6 千米。下辖 4 个营林片区，总面积 17000 亩。林场属低山丘陵地貌，山脉为西南、东北走向，山地海拔大部分在 100~350 米之间，平均坡度 15° ~40°。

1958 年 10 月，国家为了绿化荒山，成立兴宁县国营水口林场，建场初期的面积 21434 亩，当初只有 617 亩有林地，其余为荒山和少量的非林地。现有经营总面积 1191.4 公顷。其中，林业用地面积 1095.3 公顷（有林地面积 1056.8 公顷，包含生态公益林面积 1004.1 公顷），主要树种为荷树、黧蒴锥、山杜英、樟树等，活立木总蓄积量 40044 立方米，森林覆盖率 88.7%。

林场以培育和保护森林资源为主，从未进行过木材砍伐，经济收入来源单一，主要有以下收入：一是每年的生态公益林补偿款；二是每年财政核补（差额核补）的人员经费，三是每年林场鱼塘、果树租赁承包费。

（2）体制变革

林场建场初期的主要目的和任务是造林绿化荒山。由于立地条件恶劣，土壤贫瘠，营造的林木只是成材不成林，根据 20 世纪 90 年代二类森林资源调查结果，将林场经营类改为防护类（水土保持）性质。2011 年，林场纳入省级二类生态公益林管理。

1958 年 10 月，国营水口林场由县兴办成立。1963 年为省属县管林场，1973 年 5 月以后林场权属由省属县管下放梅县地区林业处管辖（现梅州市林业局）。

林场建场以来实行自收自支管理，2011—2015 年林场林地纳入省级公益二类管理，财政差额补贴性事业单位。根据梅市机编办发〔2014〕34 号文件，核定林场共有事业编制 12 名。

（3）森林资源

建场初期林场总面积 1428.9 公顷。至 1991 年二类森林资源调查，林场经营总面积为 1061.7 公顷。其中，林业用地面积 991.1 公顷，未成林造林地 291.7 公顷。2008 年进行集体林权制度改革时确定并固定至今，林场经营总面积 1191.4 公顷。其中，林业用地面积 1095.3 公顷，包含省级生态公益林（水土保持林）面积 1004.1 公顷。

建场初期，20 世纪 60 年代营造马尾松总面积 5221 亩，70 年代以后，林场引种国外的湿地松和火炬松，其中种植湿地松面积 3938 亩，火炬松面积 312 亩，荷木面积 20 亩。据 1991 年度二类森林资源调查，林分总蓄积量 9352 立方米。其中，马尾松 5471 立方米，湿地松 2998 立方米，火炬松 624 立方米，其他 259 立方米。森林覆盖率 63.8%。

2011—2015 年，共营造碳汇林面积 4060 亩，主要树种为荷木、黧蒴锥、樟树、枫香等，森林抚育面积 7227 亩，林场活立木总蓄积量 40044 立方米。森林覆盖率达到 88.7%。

林场栖息着种类繁多的野生动物，据调查有 100 多种，其中列为国家一级重点保护的有蟒蛇、云豹；二类保护的有猫头鹰、金环蛇、银环蛇、五步蛇、蛇雕、画眉、花白竹鼠、白鹇、黄鼬、穿山甲、白鹇、虎纹蛙等。

（4）经济发展

林场建立以来，由于土壤条件制约，林木成林不成材。20 世纪 90 年代初，将林场的用材林改为防护林。林场积极开展多种经营，于 1995 年种植沙田柚 60 亩，整修鱼塘 30 亩，至 2016 年，有沙田柚面积 100 亩，鱼塘 30 亩。

（5）基础设施

林场房屋总面积 1600 平方米，其中办公面积 1300 平方米，住房面积 300 平方米。2012 年进行了危旧房维修改造和原址重建，至 2015 年，房屋总面积 2178 平方米，其中办公面积 1558 平方米，住房面积 620 平方米，共维修内防火线 25.82 千米。

2000 年林场引进自来水，20 世纪 90 年代末，场部实现通电，现林场有一护林工区因地处偏远未实现通电外，其余工区已实现通电。

（6）自然灾害

林场无重大自然灾害。森林虫害主要有蟋蟀、蝼蛄、蛴螬、白蚁等地下害虫；常见病害主要有樟树樟叶蜂、煤烟病、松杉立枯病、阔叶树苗木白粉病等。

（7）山林权属

1958 年 10 月至 1973 年 4 月，为省属县管林场。1985 年林场权属由省属下放梅县地区行政公署林业处（现梅州市林业局）管辖。建场初期总面积 1428.9 公顷。由于历史遗留下的问题，造成国营林场与地方发生林权纠纷，2008 年进行集体林权制度改革时确认，林场经营总面积 1191.4 公顷。

（8）林场大事记

1958 年 10 月，国营水口林场建立。

1963 年，林场归为省属县管林场。

1973 年 5 月，林场由省属县管下放梅县地区行政公署林业处管辖。

1991 年，进行二类森林资源调查。

2011 年，林场纳入省级二类生态公益林。

2012 年 5 月 25 日，国营水口林场 2012 年度 600 亩碳汇林造林任务完成，造林面积 600 亩。

2012 年 7 月 10 日，省林场管理总站有关人员来场指导工作，就桉树林改造、林区公路硬底化、苗圃建设等方面提出发展意见。

2013年2月25日，水口林场聘请4名周边村青年，正式组建水口林场森林消防队。

2013 年 9 月 3 日，林场与周边村建立林区安全联防机制；在林区重点路口安装安全监控视频。

2014 年 5 月 6 日，国营水口林场 2014 年度碳汇林建设完成，建设面积 1040 亩，投资 15 万元。

2014 年 5 月 19 日，林场召开学习国家林业局长赵树丛局长“关于国有林场改革与发展重要讲话”精神，探索林场今后改革思路及发展目标。

2014 年 6 月 9 日，国营水口林场成立森林消防中队。10 月 8 日，梅州市林业局森林消防大队水口林场中队正式挂牌。11 月 6 日，省委政策研究室副主任吴茂芹（正厅级）到场调研林场改革情况。12 月 15 日，国营水口林场申报狮苍顶市级自然保护区，经市人民政府批复，成立狮苍顶市级自然保护区。

2015 年 3 月 9 日，国营水口林场开始 30 亩珍贵树种试验林种植工作，林场职工自造林。

4.4.4 梅南林场

（1）基本情况

梅南林场于 1958 年 1 月兴办，规划面积 93500 亩。1973 年 5 月，梅南林场由原省属县管国营林场划归地区林业局管理，现为梅州市林业局直属国有林场，为正科级单位。

林场职工年人均收入 30000 以上，接近本地区职工年平均收入水平。已参加城镇职工养老、医疗、工伤、失业生育保险和缴纳住房公积金，职工的住房除部分居住在场部宿舍外，其余职工都自己解决住房问题，职工子女已解决以居住地就近就学问题。

（2）体制变革

国营广东省梅南林场由广东省林业厅组织于1958年1月勘测规划兴办，规划面积93500亩，当时的体制是省属县管林场，以场带队。1959年2月后，由于部分山界不清，经县委同意，划回给当地总面积约60000亩，剩下30295亩在历年的作业规划中都保留下来并一直经营到现在。1973年5月，根据省人民政府通知，梅南林场由原省属县管国营林场划归地区林业局管理，社队群众划回当地人民政府管理，现为梅州市林业局直属的国有林场，规格为正科级。

林场办场之初，主要任务是绿化山林。20世纪80~90年代，一片片幼林长成了参天树木，国家体制下放，林场开始了以采伐木材及迹地更新为主要经营手段的年代。现在，林场逐步以发挥生态效益为主，加大力度建设和保护生态环境，朝着生态型林场的方向发展。

（3）森林资源

梅南林场经营总面积为2019.7公顷，其中有林地2010.7公顷，森林覆盖率99.68%，拥有活立木蓄积量25.3万立方米，其中1915.4公顷森林规划为生态公益林。

（4）经济发展

20世纪80~90年代，林场以采伐木材及迹地更新为主要经营手段。单一依靠木材收入显得很不可靠，激发了林场积极寻求挖掘利用水力资源的构想。

林场为挖掘潜在资源，充分利用山区地理优势，自1979—2002年以来，沿河逐级兴建了4座总装机容量为1250千瓦的小水电站，年发电200万千瓦时以上，每年可实现经济收入80万元以上，成为林场的重要经济来源。水电站的经营和发展，逐步使林场摆脱了林场长期依靠生产木材的困境，形成以林蓄水、以水发电、以电养林的良性循环。

林场目前为梅州市林业局直属的差额拨款事业单位，经济收入主要为水电经营收入和各种补贴收入。1999年，经市人民政府批准建立了九龙嶂自然保护区。

（5）基础设施

林场历年来总共建设了35千米林区公路，其中21千米已完成了硬底化改造，建造职工住房和办公用房1.2万平方米，拉通输电线路55千米，对9户共计450平方米危房进行了改造。

（6）自然灾害

2006年6月9日，林场发生特大暴雨，各工区道路、电站圳道被毁，直接造成林场经济损失80多万元。

2015年2月14日，水车镇双湖村发生的山火蔓延过火至梅南林场长岗工区，过火面积达53公顷。

（7）山林权属

林场辖区内山林属国家所有，无山林权属纠纷问题。

（8）林场大事记

1958年1月，广东省林业厅组织兴建广东省国营梅南林场。

1973年5月，根据省人民政府通知，梅南林场由原省属县管国营林场划归地区林业局管理。

1979年，竹子坪电站竣工并运行发电，解决了场部及周边群众的照明问题。

1982年，场部九龙电站竣工并运行发电。

1987年10月，梅县地区编制委员会发文（梅地编字〔1987〕第58号），核定梅南林场160名自收自支事业编制。

1992年，羊田角电站竣工并运行发电。

1998年10月，由老知青郑维奇捐赠的“知青楼”竣工，林场的干部职工有了新的活动、办公场所。

2002年，梅林电站竣工并运行发电。

2008年11月起，停止商品林采伐，转型为生态效益型林场。

2011年12月，梅州市价格编制委员会发文（梅市机编〔2011〕114号），批复梅州市国营梅南林场核定21名事业编制。

4.4.5 洲瑞林场

（1）基本情况

洲瑞林场位于广东省大埔县西南面的洲瑞镇境内，地理坐标为东经116° 31′，北纬24° 11′，平均海拔600米，属韩江上游。东部与洲瑞镇葵坪村交界，西与丰顺县砂田镇大坑村接壤，南连高陂镇赤坑村，北连洲瑞镇嶂岸村，场部设在洲瑞镇陂营村。

林场属亚热带季风气候区，年平均气温22℃，年降雨量为1580~1800㎜，土壤以赤红壤为主。林场总面积为21318亩，其中省级生态公益林面积为20574亩，林区内有一个行政村，农村人口780人，归属大埔县洲瑞镇人民政府管辖。

（2）体制变革

洲瑞林场始建于1958年1月，归属洲瑞公社。为有利于全面发展，保证重点发展林业生产，1959年5月，经大埔县委研究决定，由原下放公社收归国营，由县经营管理。现在，林场属于市直国有林场，隶属于梅州市林业局。

2011年林场在梅州市事业单位分类改革中重新核定编制，林场定为财政定额补贴的事业单位，核定编制数16人，在职职工由财政核补拨20000元/人/年。在中央、省人民政府和市人民政府的高度重视下，2016年4月由市编办发文将林场定位为公益一类事业单位，编制数为13名，由财政全额核发。林场现有人员43人，其中在职在编人数12人，退休人员31人。

（3）森林资源

林场总面积为1421.2公顷，其中林业用地1380.8公顷。2004划入为省级生态公益林面积1377.8公顷。2012年，支持重点项目建设，有6.2公顷被改为非林地；现有省级生态公益林面积1371.6公顷（中、幼龄林面积937.3公顷，占有林地面积的67%以上，全部为人工林），非林地面积40.4公顷。

林场现有活立木蓄积量10.4151万立方米，主要以杉树、松树、荷木为主，森林覆盖率为95%。林区天然分布着亚热带常绿阔叶林、马尾松林、杉树林，其中以金缕梅科、樟科、山茶科、壳斗科为优势种群。林区内分布有多种国家重点保护野生动植物，有二级保护动物蟒蛇、猫头鹰、穿山甲、原鸡、虎纹蛇、白鹇、蛇雕、灵猫、虎纹蛙、刺猬、野猪。有二级保护植物金毛狗 、观光木 、马蹄参、伯乐树、樟树等；三级植物保护巴戟天、半枫荷、粘木等。

（4）经济发展

林场已开发森林旅游。位于大埔洲瑞镇的大埔瑞山生态旅游度假村于2012年5月动工，该生态旅游度假村部分山地属于林区所有。这一度假村计划总投资13亿元，由广东瑞山高新农业生态园股份有限公司投资建设，被列入了广东梅州文化旅游特色区创建范围。

林场由于条件所限，没有工业基础，故场内基本没有工业建设。唯有20世纪80

年代建造的一间水电站，现已由当地私人企业家经营管理，林场占有 20% 股份。

（5）基础设施

场部 2015 年建设有一座办公、住宿为一体的综合大楼，建筑面积 750 平方米，单独有一座饭堂和两座车库。梅州市公安局森林分局陂营派出所业务技术用房，建筑面积 450 平方米。有两套独立的套房，居住有 6 位职工。

林场交通便利，林业三级公路通至场部及各护林点，林区公路全长合计 15.5 千米；场部的供电、供水基本正常，各护林点也架通了低压输电线路、供水管道。

（6）自然灾害

林场属亚热带季风气候区，较少受到冰雪灾害的影响，但遇大雨暴雨便会造成山体滑坡和泥石流现象。2014 年，特大暴雨造成林场区内公路历年来塌方，电力设施、饮水设施、花园等也损毁严重。近十几年以来，林场未有森林火灾发生。

（7）山林权属

洲瑞林场始建于 1958 年 1 月，权属洲瑞公社。1959 年 5 月经大埔县委研究决定，林场收归国营，由县经营管理。目前，林场无山林权属纠纷问题。

（8）林场大事记

1958 年 1 月，梅州市国营洲瑞林场建成。

1959 年 5 月，经大埔县委决定，林场由原下放公社收归国营。

1960年，县委决定把林场范围的5个农业生产队并进林场，实行以场带队的领导。

1982 年 9 月，经大埔县编制委员会批复，成立洲瑞林场派出所。

2011 年，林场在梅州市事业单位分类改革中定为财政定额补贴的事业单位。

2012 年 6 月 20 日，经大埔县人民政府同意，撤销洲瑞镇陂营管理区，改设置为洲瑞陂营村民委员会。

2016 年 5 月，梅州市编办发文确定林场为公益一类事业单位。

4.4.6 鸿图嶂林场

（1）基本情况

五华县鸿图嶂林场位于五华县东部、郭田境内，毗邻丰顺县，为市级自然保护区、革命老区、县林业局下辖的县属国营林场。总面积 14884.5 亩，下辖 4 个工区、二个护林点、二个总装机容量 870 千瓦的径流电站。

鸿图嶂林场地理坐标为北纬 23° 7′ 30″ ~23° 48′ 28″，东经 115° 56′ 15″ ~115° 56′ 30″。东起鸿图嶂顶，南至双华镇苏区村，西至龙潭村，北至郭田村。鸿图嶂林场地势由东北向西南倾斜，属莲花山脉的延伸。地形以丘陵山地为主，山地坡度在 25° ~45°，个别地段达 60°以上。土壤多为花岗岩发育而成的砖红壤性红壤，土层深厚、肥沃，属亚热带季风气候，年均气温 20℃，年均降水量 1500 毫米，阳光充足，场内动植物资源丰富。鸿图嶂顶海拔 1277 米，为五华县第二高峰。林场交通便利、区位重要，离县城 28 千米。

五华县鸿图嶂林场属于县财政差额拨款的事业单位，收入主要由县财政拨事业经费、生态公益林效益补偿资金、电站经营收入 3 个部分构成，属省级贫困林场。

（2）体制变革

1957 年 3 月，中共五华县委决定在郭田官厅里组建郭田畜牧农场，为县直属正科级单位，人员由商业系统抽调，场长由魏华润担任。1960 年，由县统战部接管，接收“右派”人士劳动改造。1968 年成立财贸“五七”干校。1971 年冬，县委派李方来场考察，决定将财贸“五七”干校改设为林场。1972 年 5 月决定设立“五华县鸿图嶂林场”，由连分派、江亚森负责筹建，设立 4 个工区，林地涉及郭田镇龙潭村、郭田村。1985 年，林业“三定”方案时，林场被定为副局级事业单位，编制 78 人。目前，林场为县直副局级事业单位，隶属县林业局领导和管理，核定事业编制 73 人。

1972—1999 年，林场以生产木材为主。2000 年起，实行森林分类经营管理，将林场山林全部划入省级生态公益林，林场实现了由生产经营型林场向生态公益型林场的转变。

（3）森林资源

从 1972 年建场至 2015 年，林场林种结构、树种结构、林木蓄积量、森林覆盖率等均有较大变化。据 1994 年全省二类森林资源调查结果，林场总面积 14884.5 亩，其中林业用地面积 14710.5 亩，森林活立木总蓄积量 20880 立方米，亩平均活立木蓄积量 1.42 立方米。至 2015 年，全省第四次二类森林资源调查结果显示，林场总面积 14884.5 亩，其中林业用地面积 14710.5 亩，森林活立木蓄积量 42568 立方米，亩平均活立木蓄积量 2.89 立方米。

林场分布有珍稀濒危属野生动物，其国家重点保护动物有蟒蛇、云豹、虎纹蛙、穿山甲等。还有野猪、果子狸、豪猪、白鹇、褐翅鸦鹃、小鸦鹃、大山雀、乌龟、鳖、银环蛇、沼蛙、大树蛙等常见物种。

（4）经济发展

自建场至20世纪90年代末，林场进行过2次木材生产，产出木材1000~1500立方米。2000年后，林场实行全封全育管理，停止一切木材生产，林场已由生态经营型逐步转变为生态公益型。林场先后发展种植了青梅、毛竹、苦丁茶、油茶、牛大力、巴戟天等，取得了一定的经济效益。

鸿图嶂林场有丰富的水资源，境内有梯级水力发电站12座，总装机容量2200千瓦，其中林场有2座，分别建造于1985年、1989年，装机容量分别为120千瓦、200千瓦，电站是林场的主要经济来源之一。

2014年8月8日，县人民政府范宜军县长到电站调研后，专门以县人民政府会议纪要的形式，同意、支持鸿图嶂水电站升级改造。该工程从2015年3月18日正式动工，2015年7月20日成功试发电，120天基本完成了工程的主要建设任务。工程总投资244.78万元，由林场向郭田信用社贷款，县财政贴息前3年利息。改造后电站装机二台总容量750千瓦，设计年发电量可达225万千瓦时，比改造前增加100万千瓦时、增收42万元。林场水电站改造工程先后完成了水资源论证、可研设计、环评、立项、工程公开招投标、初步设计批复、资金筹集等工作，经县人民政府批准同意，工程采用设计采购施工总承包（epc）建设模式。经过公开招标，由五华县水利水电勘测设计室中标，广东利通建设集团有限公司具体实施。工程已于2016年1月26日顺利通过县水务局、财政局等单位的联合完工验收、机组启动验收。目前，机组运行稳定，效益明显。

（5）基础设施

鸿图嶂林场场部有办公大楼一幢3层，建筑面积1000平方米；职工宿舍大楼一幢3层，建筑面积650平方米；危旧房一处，建筑面积2000平方米。下辖4个工区、2个护林点，为瓦房或一层砖混楼房，总建设面积1000多平方米，其中一工区做到了水、电、通讯全面覆盖。其余工区和护林点未通电。场部通往三工区的四级公路3千米，其余泥沙公路，长约35千米，营造了28千米生物防火林带、安装了上下级电站的道路路灯、改造了18户职工棚户区、实施了安全饮水工程。

（6）自然灾害

建场以来，林场未发生森林病虫危害。1992年发生过一次森林火灾，造成1人死亡事故，以后再未发生过森林火灾。

（7）山林权属

鸿图嶂林场辖区内山林属国家所有，2014 年林场办理了《林权证》，无山林权属纠纷问题。

（8）林场大事记

1972 年 5 月，中共五华县委批准建立“五华县鸿图嶂林场”、“五华县鸿图嶂林场党支部”。

1972 年 12 月，第一批上山下乡知识青年到林场。

1980 年 12 月，最后一批上山下乡知识青年离开林场。

1985 年 7 月，林场上级电站竣工发电。

1989 年 9 月，下级电站竣工发电。

2010 年 5 月，五华县鸿图嶂林场办公大楼落成。

2014 年 7 月，省林业厅保护办廖广社副主任到林场检查指导工作。

2014 年 6 月，鸿图嶂林场办理了《林权证》。

2014 年 8 月，县人民政府范宜军县长到林场调研，决定支持林场电站改造。

2014 年 12 月，梅州市人民政协调研组来场调研林场改革工作。

2015 年 3 月，启动林场上级电站改造工程。5 月，省林业厅营林处李云新处长到场检查指导工作。11 月，省林业厅林改处黄万炎处长到场调研国有林场改革工作。12 月，县人民政府决定启动鸿图嶂国有林场改革工作。

2016 年 1 月，上级电站顺利通过完工验收、机组启动验收工作。

4.4.7 石壁林场

（1）基本情况

石壁林场地处梅州市兴宁市东北部，地理坐标为东径 115° 44′ ~115° 46′，北纬 24° 15′ ~24° 17′ 30″。与石壁部队毗邻，是龙田、石马、合水 3 个镇的交界处，距兴宁市中心地 15 千米。林场地形环绕水库周围，水库容量 1006 万立方米，集雨面积 102 平方千米，供龙田、宁中等镇的村民生活用水和 12000 多亩的农田灌溉的主要资源。

林场由市林业局主管部门直接管理，属国家林业事业单位，原有编制 32 人，新编制 16 人，现有在职工干部职工 10 人，退休人员 19 人，离休干部 1 人。全场干部职工的经济来源主要靠地方财政差额拨款，财政拨款经费 62 万元，生态公益林补偿资金

11 万元，林场历来都是负债经营，到目前为止欠退休和现职职工工资 120 多万元。

（2）体制变革

林场创办于 1961 年，创办目的是水土保护，为石壁水库蓄水涵养为主的市（县）级全民所有制的地方国营林场。1999 年，林场被批准建立梅州市自然保护区，是全民所有制的地方国营林场。目前，林场由市林业局主管部门直接管理，属国家林业事业单位，编制 16 人。

（3）森林资源

林场经营面积共 5300 亩，其中林地 5120 亩，山塘 12 亩，果树 30 亩，旱畲地 30 亩，全部属于生态公益林，林木主要以松树、杉木为主，其余有荷树、樟树等，森林覆盖率达 80.8% 以上，活立木蓄积量 27727 立方米；野生动物资源有蟒蛇、眼镜王蛇、过山风、花面狸、花田鸡、褐翅鸦鹃、白鹭等。

（4）经济发展

1990 年，林场建成为梅州市自然保护区，实行全封山政策，经济来源主要为地方财政差额拨款。林场历来都是负债经营，工资按六或七成的形式发放，处于吃不饱，饿不死的状态。

（5）基础设施

1998 年，石壁林场自储资金在 3 千米外的山沟里引用自流山泉水至场部，使全场职工用上了真正的自来水，生产和生活用水得到了根本的解决。

2007 年，在上级主管部门的关怀下，把原来的老旧瓦屋改建了一幢集住宿和办公的 3 层楼房，建筑面积 440 平方米，并做到了水、电、通讯全面覆盖。

（6）自然灾害

建场以来，林场未发生病虫危害，无森林山火，无群众性毁林行为发生，辖区内森林资源、林地资源和野生珍稀动植物得到了有效保护。

（7）山林权属

山林权属有“四权”统一，林权证编号：B4400200218，发证面积 5120.5 亩，占经营管理面积 的 96.6%。林场山林权属与周边群众山林权属清楚，未发生任何纠纷问题。

（8）林场大事记

1961 年，为石壁水库蓄水涵养，保护水土，创办石壁林场。

1999 年，林场被批准建立梅州市自然保护区。

2015 年 4 月，省林业厅王万炎处长到石壁林场，针对国家重视国营林场改革做前期工作调研。

4.4.8 铁山林场

（1）基本情况

铁山林场地处兴宁市东北部铁山嶂周围，地理坐标为东经 115° 67′ ~115° 81′，北纬 24° 29′ ~24° 42′。横跨黄陂、合水、石马 3 个镇，场部设在合水镇罗英村老占坑。林场地势由西北向东南倾斜。地形以丘陵山地为主，山地坡度在 25° ~45°之间。

铁山林场属于县级市财政差额拨款的事业单位，年收入 368 万元，主要收入为市财政拨经费 200 万元和生态公益林补偿款 123 万元。林场每年正常支出经费需 500 万元。至目前，林场资产总额 1892 万元，其中固定资产 805 万元，流动资产 499 万元。林场负债总额 841 万元，其中流动负债 254 万元，非流动负债 587 万元。

（2）体制变革

为解决兴宁县木材短缺问题，县委、县人民政府决定建立杉木林基地，于 1971 年冬创建铁山林场，由当时的县委、县人民政府规划，在黄陂、岗背（后来并入黄陂）、龙北（后来并入合水）、石马 4 个公社划出约 13 万亩山地组建四级联办（即林场、镇、村、村民小组）的铁山林场。铁山林场一直实行事业单位企业化管理，1971—1998 年，干部职工除财政核补外，大部分靠砍伐木材维持，1999 年山林纳入生态公益林后，林场转变经营方式，由砍伐为主变为保护生态为主。现在，林场以保护和培育森林资源为主要任务，山林全部划入省级生态公益林管理，禁止采伐，为国家和社会提供生态产品。铁山林场为县级市副科级事业单位，定性为公益二类事业单位，隶属林业局领导和管理，现有核定事业编制 60 人。

（3）森林资源

据二类森林资源调查数据显示，2015 年，林场土地总面积 16.1520 万亩，其中林业用地面积 12.9418 万亩，非林业用地 32101 亩。在林业用地面积中，有林地面积为

11.5659 万亩（其中：乔木林地 11.5431 万亩，竹林 228 亩），灌木林地 12403 亩，无林地 1350 亩。全场森林覆盖率 77.76%，森林活立木总蓄积量 35.2032 万立方米。

铁山林场分布的野生动物资源较为丰富，国家级重点保护动物有 37 种，其中列入国家级动物红皮书的 22 种，省级保护的 15 种。

（4）经济发展

林场初期主要以木材收入为主。林场从 1985 年开始间伐木材，至 1998 年，累计砍伐杉木 65000 立方米，松木 5000 立方米，其他杂木 2000 立方米，从 1999 年转入生态公益林起，林场实行全封山管理，停止一切木材生产。

建场以来，林场共种植油茶、茶叶、黄檀、柑橘、板栗 200 多亩，取得一定的经济效益。1993 年，为落实当时县委、县人民政府“八三一五”工程，投资 2500 万元，开发了 3000 亩单枞茶，号称万亩单枞茶基地。

（5）基础设施

林场场部有办公楼一幢 2 层，建筑面积 750 平方米；职工宿舍大楼 2 幢，其中一幢 4 层，另一幢 2 层，建筑面积 4000 平方米。下辖 9 个工区，除大二工区为一层 120 平方米楼房外，其余都是 20 世纪 70 年代建造的瓦房，每个工区面积约 200 平方米。场部与工区水、电、通讯全面覆盖。场部通往各工区的公路，全部实现水泥硬底化。

（6）自然灾害

林场未发生森林病虫害，无严重的自然灾害和森林山火。

（7）山林权属

铁山林场属于林场、镇、村、村民小组 4 级联办林场，林地所有权归村民小组所有；林地使用权，林木所有权、林木使用权归林场所有；纯收益按 7 ∶ 2 ∶ 0.5 ∶ 0.5 分成，即林场占 7 成，村民小组占 2 成，镇、村各占 0.5 成。

（8）林场大事记

1971 年冬，由县人民政府牵头组建铁山采育场，1971—1977 年组织 17 个公社的民兵团进行造林，共造杉木林 10.1 万亩。

1978 年，林场被正式命名为“铁山林场”。

1988 年，经省公安厅、省林业厅批准，设立“兴宁县公安局林业分局铁山林场派出所”。

1993 年按照县委、县人民政府的布置，开发“万亩单枞茶基地”。

1994 年，省委书记谢非来林场视察万亩单枞茶基地。7 月，省委常委、组织部长刘凤仪来林场考察。

1996 年，省委副书记黄华华，省委常委张帼英来林场考察。

1999 年，林场山地由用材林全部转为生态公益林。

2005 年，成立铁山渡田河省级自然保护区。

4.4.9 丰溪林场

（1）基本情况

大埔县丰溪林场创办于 1958 年，地理坐标为北纬 24° 39”，东经 116° 47”。处于大埔县北部，北部、东部与福建永定县毗邻，西南部与茶阳镇相邻。整个山系属水珠山系，地势较高，海拔在450~1098米之间，山坡度大多在30°以上。总人口1700多人。

全场总面积 30.71 平方千米，现有林地 45697 亩。其中，国有林地 6712 亩，村集体林业用地 38985 亩。1998 年全部列入省级生态公益林管理，是无经营性的林场，目前的主要任务是培育和保护生态公益林。2015 年前，丰溪林场属于差额拨款的事业单位，主要靠县财政拨款；2016 年 1 月，列入县公益一类全额拨款正科级事业单位。

（2）体制变革

大埔县丰溪林场创办于 1958 年，原属汕头地区管辖，1963 年转为县办。1994 年 12 月经省人民政府批准为省级自然保护区。1996 年 7 月，经大埔县人民政府批准为“自收自支正科级事业单位”，设立丰溪林场党委，录属大埔县人民政府，行使乡（镇）人民政府的职能，编制数不变。2015 年 12 月，经大埔县人民政府确定为“正科级、公益一类事业单位”，核定事业编制 35 名（其中：设场长 1 名，副场长 3 名），人员经费由县财政补助一类拔付。

1998 年起，实行森林分类经营管理，陆续将林场山林全部划入省级生态公益林，林场实现了由生产经营型林场向生态公益型林场的转变。林场与辖区内 3 个行政村签订了《管护协议》，3 个行政村自愿将所属林地、林权移交给林场，由林场进行统一管理。丰溪林场以保护和管理森林资源为主要任务，山林全部划入省级生态公益林管理，禁止采伐，定性为正科级公益一类事业单位。

（3）森林资源

目前丰溪林场总经营面积为45697.5亩，林业用地面积42489亩，其中：国有林地面积6712亩，村集体林业用地面积38985亩。全场森林覆盖率97%，总蓄积量257710立方米。

丰溪林场分布的野生动物资源种类较为丰富，主要保护对象为中亚热带常绿阔叶林和珍稀动植物，是广东省综合性保护区之一。有高等植物227科2026种，其中属国家一级重点保护的有1种、二级有4种、三级有8种；兰科植物33种。有脊椎动物286种。

（4）经济发展

自建场至1984年期间，丰溪林场按国家计划收购群众生产的木材，每年约产出2000~3000立方米，林场收取各种税费基金24万~30万元。1984年，经省人民政府批准，丰溪林场升格为省级自然保护区。从1984年起，实行全封育林管理，停止一起木材生产。

建场以来，丰溪林场没有发展林下经济作物。1996年8月，由省林业厅批准，建立丰溪省级森林公园。2010年10月，丰溪林场生态旅游区被广东省林业局、广东省旅游局授予“广东省森林生态旅游示范基地”称号，森林生态旅游非常有前景。

（5）基础设施

丰溪林场场部有办公楼一幢4层，建筑面积400多平方米；职工宿舍楼两幢各3层，各建筑面积250~380平方米。下辖3个管护点，均为2层土木结构瓦房，总建设面积600多平米，其中危房350多平方米，有2个管护点水电、通讯未覆盖。场部通往各管护点的公路有2个未实行水泥硬底化共9.5千米。

（6）自然灾害

建场以来，林场未发生森林病虫危害，无森林山火。

（7）山林权属

丰溪林场辖区内水面属国家所有，山林、耕地属原权属单位、集体或个人所有。有国有林地6712亩。目前，该场已全面完成山林权证换发证工作，未出现有山林权属纠纷问题。

（8）林场大事记

1984年4月，经广东省人民政府批准，建立“广东大埔丰溪省级自然保护区”，为副处级事业单位，核定事业编制 10 名，保护面积 1070 公顷。

1996 年 8 月，经广东省林业厅批准，建立“丰溪省级森林公园”。

2000年9月27日下午，龙一丰公路首期黄古岭至场部公路水泥硬底化改造工程动工。

2000 年 10 月 11 日上午 9 时，丰溪林场七里溪村、上山村村级公路通车。

2013 年 8 月 1 日，梅州市林业局局长到丰溪林场检查指导林业工作。县人民政府郑尚森副县长、自然保护区主任郭展凌陪同。

2015 年 5 月 26 日上午，省编办主任潘亨清率省有关领导一行到丰溪林场调研改革情况。

4.4.10 桐子洋林场

（1）基本情况

丰顺县国营桐子洋林场位于丰顺县北斗镇，西南邻五华县、西北接兴宁市。地理坐标为东经 116° 3′ 48″，北纬 23° 51′ 33″，海拔约 500 米。林场创建于 1958 年 7 月，面积 9309 亩，隶属县林业局的股级事业单位。

（2）体制变革

1958 年建立林场后，连续 2 年有 40 多名干部下放到林场劳动锻炼。林场吸收 20 多名青年农民当试用工人。当时共有干部职工 80 人。原场址设在贯脚坪。1964 年塘湖林牧场并入桐子洋林场，场址搬迁到吊望岽。2008 年，林场规划为市级自然保护区，主要任务是森林防火、资源保护和森林病虫害防治。林场现有人员 37 人，其中：在职 13 人，离退休 17 人，长期聘用 7 人。

（3）森林资源

林场总蓄积量 24000 立方米，森林覆盖率 98.24%。野生动物主要有蛇、豹、穿山甲、豪猪、野猪等。

（4）经济发展

林场无经济来源，主要靠县财政拨款。

（5）基础设施

林场有办公用房 60 平方米，职工住房 490 平方米，林区硬底化的公路 15 千米，并建设了 30 立方自来水饮水工程，网电供电。

（6）自然灾害

林场自然灾害主要有台风、暴雨、泥石流。

（7）山林权属

林场土地来源于原北斗镇桐新村贯脚坪、塘湖、排畲、黄蜂溜、桐子洋、杀人凹6个生产队。2015年10月，林场组织周边群众划界，无争议后经法定程序办理了林权证，核定面积9309亩。

4.4.11 丰顺县农林场

（1）基本情况

丰顺县农林场创建于1964年。农林场位于潘田镇大塘，地理坐标为东经116° 20′ 46″，北纬23° 56′ 55″。距离丰顺县城50千米，有山地面积4500亩，水田、旱地125亩。

丰顺县农林场现有在职离退休职工共46人，其中：在编干部职工18人，离退休干部职工28人。目前林场经济来源由财政局每年核补46000元，2013年生态公益林补偿金41416元。单位无其他收入，无欠外债。

（2）体制变革

丰顺县农林场创建于1964年，原是丰顺县共产主义劳动大学。1968年劳动大学改为“五七干校”，近千名干部下放锻炼。1973年起丰顺县委在这里又办起了农业大学；1975年改为丰顺县农林场；1975年冬，县委重办“五七干校”。开办新“五七”“干校”的同时，农业大学改为“五七”大学，保留县农林场，实行统一领导，直至1978年上级下文取消“五七干校”。

1983年，由县编委确定编制人数70人，属县直属科级事业单位，人员经费由县财政全拨款。从1985年3月起，县农林场划归县林业局管理下发《关于丰顺县农林场归属县林业局管理的通知》（丰府〔1985〕31号），林场定为股级单位，原有干部待遇按原定不变，经费补贴由县财政局与该场共同研究核定。现在，丰顺县农林场隶属于丰顺县林业局，属国营事业单位（国有林场），经营、管护所辖范围林地和水、旱地，无承担社会职能。

（3）森林资源

丰顺县农林场现有林地面积3338亩，林地占林场总面积87.02%，其中有2985亩国家级生态公益林，森林蓄积量9154立方米，森林覆盖率77.83%。

（5）基础设施

林场已通水电，交通方便。办公用房和干部职工住房为20世纪60年代建造的瓦房。

（6）自然灾害

无大的自然灾害，每年有1~2次台风影响。

（7）山林权属

丰顺县农林场现有林地面积3338亩，山林及水旱地权属清楚，林地已全部发证。

4.4.12 长潭库区林场

（1）基本情况

长潭库区林场地处梅州市蕉岭县西北部，地理坐标为东经116° 03′~116° 08′，北纬24° 41′~24° 49′之间。形成南北直线长16千米，南端和北端宽6千米，中间峡宽1千米的双头棒锤形状。西邻平远县，北靠福建省插花山，南以长潭水库大坝为界。长潭库区林场地势由东北向西南倾斜，属武夷山脉的延伸。地形以丘陵山地为主，山地坡度在25° ~45°，个别地段达60°以上。

1988年，为贯彻落实中共中央《关于加强南方集体林区森林资源管理，坚决制止乱砍滥伐的指示》（中发［1987］20号）精神，更好地保护长潭水库，加快开发山区步伐，蕉岭县人民政府批准县林业局等部门组建“蕉岭县长潭库区联营林场”，范围包括长潭乡长潭、长东、广福镇西山3个行政村的全部山林，总面积88806亩，其中林业用地面积79710亩。

长潭库区林场属于县财政差额拨款的事业单位，年收入不足45万元，收入主要靠县财政拨事业经费33万元和林场租赁山生态公益林效益补偿资金20多万元，林场每年正常支出经费需150万元。至目前，林场资产总额1065万元，其中固定资产95万元，流动资产161万元。林场负债总额393万元，其中流动负债232万元，非流动负债161万元。

(2)体制变革

1988 年，为贯彻落实中共中央《关于加强南方集体林区森林资源管理，坚决制止乱砍滥伐的指示》(中发〔1987〕20 号)精神，更好地保护长潭水库，加快开发山区步伐，蕉岭县人民政府批准县林业局等部门组建“蕉岭县长潭库区联营林场”。1989 年 3 月，经县人民政府批准，正式挂牌成立“蕉岭县长潭库区林场”，为县直副局级事业单位，隶属县林业局领导，核定事业编制 18 人。

1989—2003 年，林场先后将辖区内集体和个人山林 24271 亩以 50 年为期实行租赁经营管理，建立林场生产发展基地。1999 年起，实行森林分类经营管理，陆续将林场山林全部划入省级生态公益林，林场实现了由生产经营型林场向生态公益型林场的转变。从 2001 年起，该场实行全封全育管理，停止一切木材生产。随着市级自然保护区的建立，长潭库区林场已由生态经营型林场逐步转变为生态公益型林场。2004 年 1 月 12 日，经省人民政府批准，长潭库区林场升格为省级自然保护区。现在，长潭库区林场以保护和培育森林资源为主要任务，山林全部划入省级生态公益林管理，禁止采伐，为国家和社会提供生态产品，定性为公益一类事业单位。

(3)森林资源

据 1994 年二类森林资源调查数据显示，长潭库区林场土地总面积 85156.5 亩，其中林业用地面积 75016.5 亩。至 2015 年，林场土地总面积 88806 亩，其中林业用地面积 79710 亩，水库水域等非林地面积 9096 亩。在林业用地面积中，有林地面积 79578 亩(其中：乔木林地 78244.5 亩，竹林 1333.5 亩)，灌木林地 132 亩。全场森林覆盖率达 89.75%，森林活立木总蓄积量 846399 立方米。

林场分布的野生动物资源较为丰富，计有野生脊椎动物 264 种，隶属 89 科 35 目，其中：哺乳类 8 月 19 科 44 种，爬行类 3 目 10 科 33 种，两栖类 2 目 7 科 21 种，鸟类 16 目 36 科 106 种，鱼类 6 目 17 科 60 种。珍稀濒危及国家重点保护动物有 31 种，其中一级保护物种有蟒蛇、云豹、鼋等 3 种，二级保护的有虎纹蛙、穿山甲、水鹿等 28 种。

(4)经济发展

自建场至 2000 年期间，长潭库区林场按国家计划收购群众生产的木材，每年约产出 1200~1500 立方米，林场收取各种税费基金 20 万 ~22 万元(林场实际收入购销差价 5 万~6 万元)。2000 年，林场生态公益林面积增至 39859.5 亩，占林业用地面积的 53.1%。从 2001 年起，该场实行全封全育管理，停止一切木材生产。

建场以来，林场发展种植板栗50亩，单枞茶50亩，建立笋竹两用材基地300多亩，取得了一定的经济效益。先后指导当地群众发展林下经济养蜂1125箱，年产值达135万元；发展种植金桔等经济作物200多亩，年产值达100多万元。

长潭是粤东较大型生态旅游景区，长潭风光素有"南粤百景"之称。1999年3月经省林业厅批准建立了"广东省长潭森林公园"，2010年10月长潭生态旅游区被授予"广东省森林生态旅游示范基地"称号，2011年2月长潭旅游区被评定为"国家4A级旅游景区，全区年接待海内外游客15万人次以上，森林生态旅游前景十分看好。

（5）基础设施

林场场部有办公大楼一幢4层，建筑面积660平方米；职工宿舍大楼一幢3层，建筑面积500平方米；工具房一处，建筑面积50平方米。下辖5个管护站，均为2层砖混楼房，总建设面积1000多平方米，并做到了水、电、通讯全面覆盖。场部通往各管护站点四级公路4条共65千米，其中水泥硬底化公路50千米。

（6）自然灾害

建场以来，林场未发生森林病虫危害。

（7）山林权属

长潭库区林场辖区内水面属国家所有，山林、耕地属原权属单位或个人所有。林场是全省唯一没有国有山林的国营林场。目前，林场已全面完成山林权证换发证工作，未出现有山林权属纠纷问题。

（8）林场大事记

1988年，经县人民政府批准同意，由县林业局牵头组建"蕉岭县长潭库区联营林场"。

1989年3月，经县人民政府批准，正式挂牌成立"蕉岭县长潭库区林场"。

1991年，经省公安厅、省林业厅批准，设立了"蕉岭县公安局森林分局长潭库区林场派出所"。

1997年1月，县人民政府授予林场"长潭水库水面和水产资源保护、开发、管理权"。

1999年3月，经省林业厅批准建立了"广东省长潭森林公园"。

2000年3月20日，经市人民政府批准建立"长潭市级自然保护区"。

2001年2月16日，国家林业局法规司两位司长及国家财政部一位司长来场，就林业政策、林场体制改革及生态公益林效益补偿等问题进行专题调研。

2004年1月12日，经省人民政府批准，长潭库区林场由市级自然保护区正式晋升为省级自然保护区。

2004 年 10 月 22 日，省林业局邓惠珍局长一行在市、县有关领导陪同下来林场检查指导林业生态建设工作。

2005 年 9 月 15 日，经省人民政府批准，正式成立“广东蕉岭长潭省级自然保护区管理处”，为副处级事业单位，核定事业编制 10 名。

2008 年 4 月 23 日，省调研组一行来林场调研生态公益林建设及效益补偿情况，参观了长潭库区林场，与辖区内长东村民进行了座谈。

2011 年 2 月 1 日，经全国旅游景区质量等级评定委员会评定，长潭旅游区被批准为国家 4A 级旅游景区。

4.4.13 皇佑笔林场

（1）基本情况

蕉岭县皇佑笔林场始建于 1956 年，地处蕉岭县城的中北部山区，毗邻南礤、蓝坊、文福、蕉城 4 个镇。地理坐标为东经 116° 18′ 41″，北纬 24° 43′ 22″之间，林场经营总面积 77868 亩，包括龙潭水库和黄竹坪水库水系周围的 55629 亩山林（含原龙潭林场 37741.5 亩，蓝坊高场 17887.5 亩），其中有林地面积 75670.5 亩，省级生态公益林面积 54939 亩。

2015 年林场资产总额 2178 万元，其中固定资产 772 万元，流动资产 610 万元。林场负债总额 408 万元，其中流动负债 408 万元，无非流动负债。林场现有干部职工 101 人，其中在岗 48 人，退休人员 53 人。

（2）体制变革

蕉岭县皇佑笔林场始建于 1956 年。1989 年 5 月，成立森林派出所，取代原有的林业执勤组。1987 年，建成为蕉岭县首个县级自然保护区。1999 年 11 月，升格为市级自然保护区。现在，林场为县直属副局级事业单位，隶属县林业局领导和管理，核定事业编制 105 人

建场之初至 2001 年期间，林场主要生产经营管理范围包括：营林（包括造林、种果、抚育、管理），经营林产品、林副产品及林产品加工业，木材的贮藏、运输和木材管理等，林场主要职能是林政管理、造林绿化、森林资源培育。2001 年起至现在，林场实现了由生产经营型林场向生态公益型林场的转变，生产经营管理主要职责和任务是：保护、培育和合理利用森林资源、保护森林特种多样性；负责辖区内森林防

火、林业有害生物防治、生态监测、科技示范等。

（3）森林资源

林场森林活立木蓄积量48万立方米，森林覆盖率92%。区内还有黄竹坪和龙潭2座水库，库容总量为1459万立方米。林场原有国有林面积22239亩，于2000年从县林业局接管龙潭水库和黄竹坪水库水系周围的37741.5亩山林，2007协管蓝坊高场17887.5亩山林，现有经营总面积7.8万亩。2003年按照《全国生态环境建设规划》的总体要求，重新核定、调整省级生态公益林为54000亩。

林区内动植物资源丰富，植物群落结构层次分明，生物多样性保持完好，有维管束植物183科576属1092种，有国家一二级保护植物水松、桫椤等8种。分布野生动物35目89科264种，其中国家二级以上重点保护动物有蟒蛇、水鹿等12种。

（4）经济发展

在经济方面，林场开辟了高山单枞茶种植基地100多亩，名贵树木基地100多亩。建立笋竹两用材基地3000多亩，并取得了一定的经济效益。同时，兴建和改建了水力发电站4座，总装机容量560千瓦，年发电量约80万千瓦时。

2008年，《梅州市旅游业发展总体规划》把皇佑笔林场纳入中期（2008—2013年）重点旅游建设项目，作为蕉岭的“绿色的肺”，重点打造“东线山水峡谷旅游线”。2010年9月被广东省旅游局授予“广东省森林生态旅游示范基地”称号。皇佑笔林场以其得天独厚的森林景观和人文景观资源开展森林生态旅游，带动了当地农村开展森林经营、林木抚育管理、林特产品加工销售和生态旅游开发。

（5）基础设施

林场成立以来，先后建设总部办公大楼一幢，工区护林点11座。近年投入80多万元，完成危旧房改造3处共1000多平方米，有效地改善干部职工生产生活环境。修建林区公路50千米，其中硬底化30千米；架设和完善的10kV输变线路6千米和通讯线路；修建边界生物防火林带50多千米；购置工作用小车1部，摩托车3辆。基础设施建设日臻完善。

（6）自然灾害

建场以来辖区内山林无森林病虫危害，无山火事故发生。

（7）山林权属

20 世纪 80 年代，林场与南礤大队、富足大队、甲华大队、左槐大队（包括石上、书声等村）发生山林纠纷，出现这些情况都是在林业 " 三定 " 时各村分给农户山林时界址不清所至。1982 年 12 月 31 日，蕉岭县人民政府发出《关于国营皇佑笔林场山权山界仲裁会议纪要》，作出该区的山权属为皇佑笔林场所有、不属山林纠纷的决定。1986 年，县人民法院一审（〔1986〕蕉法人字第 8 号）和梅县地区中级人民法院终审（〔1988〕人上字第 25 号）作出判决，争议不存在，山林权属为皇佑笔林场所有。皇佑笔林场自愿补偿 7000 元给当地群众。从此，该区的山林权属纠纷解决。

另外皇佑笔林场与南礤书声村还发生过争议。争议山林的地点在林场的长坑子一带，面积 803 亩。在县法院及县山林调处办公室多次调解均无效。2000 年，在林场新一届领导班子的努力下，以 15 万元的补偿金补偿南礤书声村的有关农户 ，争议山权属归林场所有。从此，林场 22000 亩山的国有山林面积界址明确。

（8）林场大事记

1976 年，开通从南礤富足村到林场 6 千米的公路。

1980 年，兴建老电站（装机 55 千瓦）。

1985—1989 年，人工开通林场内的林区千米 20 多千米。

1990 年，兴建办公大楼。

1993 年，完成了与县电网的连接，解决了林场的用电问题。

1993 年，种植单枞茶 100 多亩，并兴建了制茶厂房、兴建竹席厂。

1998—1999 年，改建老电站，从原装机 55 千瓦扩至 125 千瓦，并兴建了七字沟、老虎坑、仙人潭总装机为 435 千瓦的电站 3 座。

2000 年，全面改造了场内的通讯设备。

2001 年，投入 10 多万元，解决了与南礤镇争议几十年的山林 800 多亩。

2003 年，完成了办公大楼的全面装修。

2004 年，正式从林业局接管龙潭林场，使林场面积从 22000 亩增至 59000 亩。

2007 年，将毗邻村蓝坊镇高场村 17000 亩山林划入保护区，界定为县级生态公益林，并按省级生态公益林效益补偿标准发放补助金。

2008 年投入 30 多万元，在黄桥辽建成 200 亩米锥采种林，重点是培育、推广优良的米锥苗木。

2009 年设立“皇佑笔市级自然保护区管理所”，完善了管理机构，全面加强了自然保护区建设工作。

4.5 河源市国有林场

(1)基本情况

河源市有土地总面积155.96万公顷。其中林地面积121.81万公顷,占78.1%。森林覆盖率为74.3%,林木绿化率为72.3%。活立木总蓄积量为6141万立方米。在林业用地中,有林地面积112.85万公顷,占林业用地面积的92.6%;疏林地4700公顷,占0.38%;灌木林地31200公顷,占2.56%;未成林地31600公顷,占2.59%;无林地22100公顷,占1.81%;宜林地22600公顷,占1.85%;其他林业用地100公顷,占0.01%。

(2)发展历程

河源市国有林场主要经历了初建试办、稳步发展、停滞萎缩、恢复稳定和改革推进等主要阶段。

①初建办场阶段(1958—1960年):为加快本地区林业的发展,提高国有林业的比重,1958以来,各地人民政府陆续在国有宜林荒山面积较大的无林少林地方兴办了一批以造林为主的国营林场,当时大部分林场的办公用房及职工宿舍还没建好,只好临时借用当地农民的房屋居住和办公。林场基础设施简陋,工作艰巨,生活条件相当艰苦。1959年冬,林场发动干部职工和群众发扬自力更生,艰苦奋斗精神,在抓好生产的前提下,兴建了一批房屋,解决了干部职工住房和办公用房问题,初步稳定了干部职工的工作和思想情绪,各项生产、生活逐渐走向正轨。

②稳步发展阶段(1960—1965年):1958年2月("人民公社"时期),省、地、县下放干部组成各县建场工作组,按照省、地、县县委指示,来到九连山区,动员乡、社,并以乡、社负责人为代表,献出山林,创办了多个国营林场和油茶场。1963年,林业部明确提出了国营林场实行"以林为主,林副结合,综合经营,永续作业"的经营方针。从此,各地也普遍建立了国营林场管理机构。到1965年底,河源范围内国营林场达到11处,经营总面积达到45万亩。

③停滞萎缩阶段(1966—1976年):"文化大革命"10年动乱期间,各县的国营

林场管理机构均被撤并，大部分国营林场被下放到县、公社或大队。加上管理秩序混乱，随意侵占国有林地、偷砍滥伐国有林木之风盛行，致使国营林场经营面积缩小，有林地面积和森林蓄积量锐减，山林权属纠纷剧增。到1976年，国营林场经营总面积萎缩，森林蓄积量减少，林场整体效益和经济损失惨重。

④恢复稳定阶段（1976—1997年）：党的十一届三中全会以后，通过拨乱反正，实行改革开放，国营林场扭转了长达10年的动荡混乱局面，逐步恢复并进入了稳定发展的新时期。国家颁布了《森林法》，并逐步形成了省、地、县3级管理的国营林场体系格局。从此，上级政府制定了许多优惠政策，为国营林场发展创造了比较宽松的外部环境，国营林场规模和经济实力都得到了恢复发展。

⑤困难加剧时期（1997—2007年）：随着市场经济的不断完善和林业工作指导思想的转变以及相关政策的调整，国营林场原有的发展方向、目标、任务已不能适应新形势发展的要求。以生态建设为主的林业发展战略的实施，采取了禁伐限伐政策，不少国营林场木材产量大幅度调减，收入明显减少，木材加工类项目受到制约，富余职工增加，待岗下岗人员占职工总数的一半以上，同时，长期积累的管理体制不顺，经营机制不活，相关配套政策跟不上等根本性问题逐步显露出来，林场发展面临的困难加剧。1984—2008年期间，实行事业单位企业管理的经营模式，主要靠砍伐木材维持林场的正常运转。1998年开始出现全行业亏损，经营总收入呈大幅度下降趋势。

⑥改革推进阶段（2008年至今）：2008年3月份以来，河源市林业局积极响应河源市委、市人民政府提出的建设生态市的号召，停止了一切木材砍伐。2008年9月，河源市委、市人民政府出台了《关于我市林业体制改革的实施意见》，从此，林场林业体制改革工作正式启动。同时，各地不等不靠，充分结合本地实际，在国营林场改革方面做了大量的探索，积累了一定的经验，全市共有12个国有林场（其中市属林场6个，县属林场6个），目前6个市属林场和2个县属林场通过改革理顺了体制，激活了机制，加强了管理，扭转了长期贫困落后的局面，现还有4个县属林场正在步入改革推进的黄金时期。2009年1月河源市国有林场林业体制改革后，已完成8个市、县属国有林场改革，目前被界定为生态公益型林场，属一类事业单位，重点任务是营造、培育和保护国有森林资源。通过竞争上岗考试后的纳编人员工资和所需办公经费统一纳入了河源市、县二级财政预算。

2013年12月，河源市出台了《关于全面推进新一轮绿化河源大行动的实施意见》，河源市国有林场紧紧围绕市委、市人民政府提出的总体目标，通过10年左右的努力，已经建成森林生态体系完善、林业产业较为发达和林业生态文化繁荣、人与自然和谐的全省绿色生态先进市，为构建粤北连绵山体森林生态屏障体系，打造“广东绿谷”、建设美丽河源而努力。

4.5.1 桂山林场

（1）基本情况

桂山林场是公益一类正科级事业单位，属河源市林业局管辖，经济实行收支两条线管理。现有员工 28 人，其中，事业编制人员 10 人，公安干警 3 人，社会聘请护林员 15 人。主要职责和任务是保护、培育和合理利用森林资源，保持森林物种多样性；负责辖区内森林防火、林业有害生物防治、区域良种示范、种质资源保存与创新、生态监测、科技示范等。

林场位于河源市源城区源南镇白田七礤，距市区距离约 13 千米，位于罗浮山脉东段。林场区域范围地理坐标为东经 114° 38′03′82″ ~114° 38′58′24″，北纬 23° 38′46.64″ ~23° 41′54.47″。现有林业用地 47984 亩，蓄积量 36 万立方米，森林覆盖率 95.61%。

（2）体制变革

建场之初，林场由原河源县人民政府直管。1964 年起由原河源县县林业局代管。1973 年改名为“广东省国营桂山林场”，为“省属地管”模式，即省属林场惠阳地区林业局代管。1984 年下放到惠阳地区，为“地属地管”模式，即惠阳地区林业局管理。1988 年以后，林场由河源市林业局管理。

林场的经营制度：1958—1983 年为计划经济时期，上级主管部门核定生产任务及资金，以投资带任务方式经营。1984—2008 年为市场经济时期，通过上级给采伐指标进行木材砍伐销售满足生产发展需要。2009 年以后，林场主要以生态建设保护为主，改制为财政供给的公益一类事业单位，实行收支两条线。

（3）森林资源

建场之初，林场面积约 16 万亩。20 世纪 70 年代初，新丰江林场成立时，河源县革委会从中划出部分区域给新丰江林场，面积变为 70290 亩。2001 年，经市人民政府批准，部分争议林地划归埔前镇所属村集体管理，经划界确权发证经营面积最后变为 48000 亩。林场林木蓄积量 36 万立方米，森林覆盖率达 95.61%。

林场区域内分布有野生脊椎动物 33 目 83 科 168 属 215 种，其中国家重点野生动物有一级 2 种、二级 19 种。黄猄、野猪、蟒蛇、毛鸡等野生动物种群数量在自然保护区内不断增多。

（4）经济发展

上级政府对林场投资可分为 3 个阶段：第一，1983 年前，为计划经济时代，这一阶段由国家根据林场建设生需要进行拨款。第二，1984—2008 年间，为市场经济时代，政府不再投资，而是通过下达木材采伐指标指导林场运转和发展；1994 年省人民政府实施生态公益林补偿制度后，林场开始享受省级生态公益林补偿金，木材采伐量逐年减少。第三，2009 年以后，林场改制，林场改为政府财政核拨单位，上级政府对林业生态建设进行全额投资，林场发展走进新里程。

2009 年以前，木材收入是林场维持正常运转和扩大再生产的主要经济来源。通过测算：1983 年以前，林场的木材总收入（纯利润）220 万元，产生的利润上缴国家，工人工资、发展资金等费用由上级政府核拨。1984—2000 年间，木材总收入（纯利润）1370 万元，2000—2009 年间，木材总收入（纯利润）675 万元，木材收入除上缴税收和一些规费后，由林场自行支配。2009 年以后，林场不再有木材收入。

林场除发展主业还兼顾发展其他产业，以满足林场发展需要。主要发展产业有：20 世纪 70 年代初建有一间造纸厂和蓄电池包装箱厂，1970—1997 年间建有一间木材加工厂，80 年代建有红砖厂，90 年代投资建设了 2 座小水电站。

（5）基础设施

建场之初，林场在不足 50 平方米的泥砖房里办公。到 1973 年，由上级政府出资兴建了 200 平方米 2 层结构的泥砖房。1997 年冬，一栋 3 层共 832 平方米的砖混结构的新办公楼建成使用。建场之初，林场依场带队方式管理，林场职工多人共住一屋。2011 年后，国家出资改造贫困林场棚户区，将职工进行搬迁补偿，安置户数达 92 户。

林区内有标准林区三级公路 31 千米，其中实现硬底化 21.4 千米，便道 11 千米，其他等级公路 8.5 千米。

（6）自然灾害

林场地属亚热带季风气候未发生过大的冰雪灾害。建场以来，林场曾出现过多次洪涝灾害，其中最为严重的洪涝灾害是 2005 年 6 月 20 日发生的百年一遇的特大洪水。林场还发生过一次大台风，造成林区树木折损达 300 立方米。

建场以来共发生过 2 次较大规模的森林病虫害。1988—1989 年，松突圆蚧病大发生，影响面积达 16000 亩；2014 年松材线虫病蔓延，涉及面积达 8000 亩。

（7）山林权属

1958 年，经原河源县人民政府批准设立河源县国营桂山林场。林地由原河源县所属埔前人民公社、东埔人民公社等多个高级社、村所属山地以赠送方式划拨组成（权证以赠送书为准），面积约 16 万亩。20 世纪 70 年代初成立新丰江林场，林场一分为二，面积变为 70290 亩。2001 年，经市人民政府批准，将 23000 亩林地划归埔前镇所属村集体管理。经划界确权，林场拥有林权证林地面积为 48000 亩。

70 年代初成立新丰江林场，林场一分为二，面积变为 70290 亩。1984 年原惠阳地区林业局考虑合并新丰江林场，因经济原因未能实现。2001 年，经市人民政府批准，将 23000 亩争议林地划归埔前镇所属村集体管理。

（8）林场大事记

1958 年 4 月，成立河源县国营桂山林场 .

1967—1978 年，七礤水库建设期间出现较严重林木砍伐现象。

1971 年 1 月，划出 90000 亩林地给新丰江林场。

1972 年起，上山下乡的知识青年进场参加劳动。1980 年最后一批知青回城。

1973 年，林场建成 2 层泥砖结构瓦房办公楼，开通白桂公路，成立猫狸头工区。当年，林场更名为“广东省国营桂山林场”。

1975 年，开展 10000 亩杉树造林运动。

1979—1983 年，大批海南地区农垦职工调入林场，至 1983 年底，林场有职工 50 人，农垦调入 100 人。

1982 年，林场成立林业派出所。

1984 年，林场改制为事业单位企业管理单位。

1988 年，林场发生松突圆蚧病害疫情，受影响面积达 16000 亩。

1995 年起，林场利用 5 年时间建成 41 千米生物防火林带。

1997 年，林场新办公大楼建成并投入使用。

2006 年，林场至国道白田段道路硬底化工程开工。

2009 年，完成改革林场体制改革，林场成为生态公益型事业单位。

2011 年，林场更名为“河源市国有桂山林场”。当年，林场实行了棚户区危旧房改造，完成 92 户危旧房改造。

2013 年年底，建成七寨湖公园环湖绿道 9 千米，停车场一个，及其他配套设施。

2014 年，林场发生大面积松材线虫病，受影响面积达 8000 亩。

2015 年 6 月，开始第二轮国有林场改革。

4.5.2 红星林场

(1)基本情况

红星林场(图 4–5)地理坐标为东经 115° 11′ 26″,北纬 24° 4′ 16″,地处河源市龙川县境内,场部距离县城 8 千米,距离佗城镇圩 2 千米。相邻两县(龙川、东源)交界处辖区与 10 个乡(镇)、20 多个自然村相连。林场版图由分散的 5 块面积大小不一的林区生产基地构成,地理地形布局为丘陵区,自然形成东低西高布局,土壤为中腐殖质厚土层赤红壤。

林场现在册人数 118 人,其中在编 16 人,派出所 7 人(公务员编制),离退休 73 人,返聘护林员 22 人。林场经营面积 72000 亩,活立木蓄积量 22 万立方米,森林覆盖率 82.62%。场部内设场长室、综合办公室、资源保护股、派出所,下设下坝、涧洞、善陂径、东坑 4 个工区,一个库容 2 级小水电站(东华电站由市财政托管),一个木材加工厂(招标老板承包)。

图 4–5 红星林场办公楼

(2)体制变革

1958 年 4 月,龙川县工商联根据广东省人民委员会通知精神,创办国营四甲林场和西山林场。1964 年 8 月，“龙川县国营四甲林场”和“龙川县国营西山林场”合并而成为“广东省河源市国营红星林场”，属全民事业单位，1973 年前隶属龙川县，为县级林场。1974 年后，省异地管辖林场，并改名为“广东省国营红星林场”。1984 年，林场下放惠阳专区林业处管辖。1988 年，惠阳专区分市，将林场划入河源市，1988 年至今隶属河源市林业局管理，属市直属国有林场。

2009 年 4 月，广东省河源市国营红星林场实行体制改革，由原商品型林场转变为生态保护型林场，并定名为“河源市国有红星林场”，定编为河源市林业局直属正科级事业单位，市财政全额拨款，实行“收支两条线”管理制度。

（3）森林资源

1979 年林场活立木蓄积量为 15 万立方米。2005—2008 年，林场规划将 25000 亩残次林地培育成丰产林。2009 年体制改革后实施封山育林，残次林地按适地适树原则选择乡土多树种进行套种、补植，并对中幼林实施砍灌、除草、间伐等抚育措施，林场 47000 亩林地实行生态林建设。

目前，林场经营面积 72000 亩，其中生态林 40000 亩，商品林 32000 亩，活立木蓄积量 22 万立方米，森林覆盖率 82.62%。

（4）经济发展

1958—1979 年，为响应毛主席“绿化祖国荒山，发展造林”的号召，林场大力开展育苗、植树造林工作。这期间林场主要靠上级政府投资建设，共投资 953 万元，全部资金用于各工队造林生产、管护、开公路、住房等基础设施建设。1979 年林场活立木蓄积量达到 15 万立方米，林场在上级领导带领下，制订了轮伐期为 20 年的经营方案。1998—2008 年，林场收入以木材为主，木材收入共 1037 万元。

林场在 20 世纪 70 年代末期还养殖山羊 500 头；发展茶叶种植基地，种植油茶，每年平均收入茶油 2000 千克，茶叶 1000 千克，沙梨、柿子共 2500 千克。90 年代后期逐步将油茶、果树、农田等交给个人承包经营。2000 年后将农田、果树地全面改造为林地种植树木。为了进一步发展经济，林场还发展小水电站和出租林地、引资造林。

（5）基础设施

1964 年 8 月合并为红星林场，共建泥砖瓦结构平房 3500 平方米。1965 年后，在 6 个工队增建砖瓦结构住房 3000 平方米。1995 年，兴建 3 层混凝土结构办公楼，建筑面积 900 平方米。2008 年对场部办公大楼室内外进行全面翻新，并建设绿化草坪。

林场交通方便。1975—1985 年先后投资 25 万元，由职工、知青、民工修建了 5

条林区道路共计 19.5 千米，林场有 9 个工队点可以通车。2006 年 3 月至 2011 年，获得上级资金，加上场自筹资金，林场先后对林区公路实施了道路硬底化改造工程，总长 16 千米。

（6）自然灾害

1975 年 12 月和 1985 年 3 月，林场受冰雪灾害，林木资源损失惨重。2013 年 5 月强降暴雨、泥石流袭击造成林场各工区、站通往林区公路中断堵塞，经统计损失达 100 多万元。林场曾经发生过 5 次森林火灾，总过火面积 5200 亩。林场严重的病虫害主要发生在 20 世纪 80 年代中期，林地松树 3000 多亩受松毛虫害，直接降低林木的产量。

（7）山林权属

林场林地在建厂初期由当地公社、大队划给红星林场，总面积为 72000 亩，均办理了山权林权所有证。

（8）林场大事记

1958 年 4 月，国营四甲林场和西山林场成立。

1979 年冬，筹集资金兴建东华小型水电站，装机容量 250 千瓦，1983 年竣工投资使用。1999—2003 年，在东华兴建装机容量 125 千瓦的一级库容电站。2006 年投资 70 多万元，改造东华二级电站（老电站），装机容量扩大到 475 千瓦，年发电量为 110 万千瓦。

1980 年，经上级批准，成立中共广东省国营红星林场委员会（林场已升为正科级单位）、红星林场工会委员会，下设 16 个工队点。

1982 年 8 月，成立红星林场派出所。

1986 年 7 月，林场场部迁至佗城镇、崖婆石。

1993 年，新办公大楼建成并投入使用。

2006—2009 年先后改造东坑、涧洞、下坝工区址危旧房。

2006 年 4 月—2012 年 10 月，林场先后场部，东华、下坝、东坑、涧洞工区道路硬底化建设 16 千米。

2008 年 10 月—2010 年 12 月，林场争取到上级农网延伸计划项目，先后架设了下坝、涧洞、东坑工区 18 千米的高压线。

2008 年 12 月，实行林业体制改革、职能转变和人员分流。

2009 年 6 月，基本完成改革任务，林场成为生态公益型事业单位。

2011 年，实行了棚户区危旧房改造，老场部和新场部危旧房改造 21 户，新建楼房3层550平方米。

4.5.3 黎明林场

（1）基本情况

黎明林场位于广东省河源市和平县的俐源、热水、青州3个镇范围内，东与和平县大坝、热水、合水、阳明等镇接壤，西面和南面与连平县的绣段、大湖、内莞、高莞、上坪等镇相连，北面和江西省龙南县阳春镇、和平县的俐源镇毗邻。林场横跨2省3县13个乡（镇）。

黎明林场地处粤东北九连山中心腹地，林区内山体隶属九连山脉，为南岭山脉东延的余脉，动植物资源丰富。黎明林场现有经营、管护山林总面积16.63875万亩，其中省级以上生态公益林面积13.4万亩，用材林近30000亩，是东江、新丰江水源头之一。

林场现有在职人员53人。其中，事业纳编人员20人，聘请护林员33人。林场内设办公室、生产和资源保护股、森林防火办公室、黎明市级自然保护区办公室。

（2）体制变革

1984年至2008年期间，黎明林场实行事业单位企业管理的经营模式，主要靠砍伐木材维持全场的正常运转。自2008年3月份以来，林场响应河源市委、市人民政府提出建设生态市的号召，停止了一切木材砍伐。2009年1月，河源市国有林场体制改革后，国营黎明林场被界定（转变）为生态公益型林场，属一类事业单位，中心任务是营造、培育和保护国有森林资源。通过竞争上岗考试的纳编人员的工资和所需经费纳入了河源市财政预算和发给。

河源市国有黎明林场建于1958年，1958年2月至1965年7月，为和平县属县管。1965年7月份起（合并扩大后）归省属省管。1984—1988年，林场由惠阳地区行署直属管辖，1988年建立河源市后，归河源市管辖，主管机关是河源市林业局。

（3）森林资源

黎明林场现有经营总面积16.63875万亩，活立木蓄积量58.23万多立方米，立竹总量200多万根，森林覆盖率96.51%。林分结构主要以天然阔叶林为主，夹杂有松树林、杉树林、毛竹林以及人工速生桉树林。

经初步统计，林场共有维管植物195科708属1377种，陆生脊椎动物4纲23目

58科150种。其中国家一级重点保护植物有伯乐树1种；国家二级重点保护植物有桫椤、金毛狗、苏铁蕨、樟树、闽楠、半枫荷、花榈木、伞花木等8种。林场分布的野生动物中，国家一级重点保护种有蟒蛇、黄腹角雉、云豹等3种；国家二级重点保护种有18种。

（4）经济发展

1958—1986年上级政府对林场投资拨款223多万元，用于基本建设。2007—2013年，上级政府投资拨款330多万元，用于场内公路硬底化改造。2010年，政府投资拨款100万元，用于场部重建等。2009年5月起，林场完成体制改革后，20名编内人员工资、经费纳入市财政拨款；25名临聘护林员补助工资由市财政拨给。

1958—1984年，实行计划经济管理，收支“两条线”。1985—2009年4月，实行企业管理，木材收入用于微薄的人员工资保障，其中1998年上半年无钱发放工资。

（5）基础设施

1958—1984年，林场场部、工区、护林点砖瓦房为主，总面积11210平方米。2010年后，场部新建了550平方米办公楼；对各工区、部分护林点进行了修缮加固改造。2002年，通过合作建房（以地换房）形式对县城办事处进行重建200平方米，逐步改善了办公条件。1993年林场通过房改方式解决5套场领导家属房。1996年林场通过与职工合作建房解决18套家属房，其他职工自己解决住房问题。

1965—1982年开通林区公路30千米；1983—2008年开通林区公路26千米。2007—2013年完成林区公路硬底化改造22千米。

（6）自然灾害

1964年6月16日，因暴雨，黎明工区森林受害，鱼塘冲跨，林寨籍职工20户房屋冲崩66间，暴雨所致公路大小塌方连年不断。2008年冰雪灾害致毛竹林损害10万多根。2015年致桉树林枯死10000亩。

（7）山林权属

1958年2月（“人民公社”时期），省、地、县下放干部组成和平县建场工作组，按照省、地、县委指示，来到九连山区，动员乡、社，并由乡、社负责人为代表献出山林，创办了4个林场和一个油茶场（低湖林场、虾公塘林场、马坑径林场、金溪林场和黎明油茶场）。1965年6月，经省委、省人委批准，确定了国营林场的经营范围，从此，和平县的上述4个林场与黎明油茶场合并为一个林场，命名为“国营广东省黎明林场”，归省属省管。至今林场有经营管护林地 16.63875 万亩。

2005 年以来和集体林权制度改革时，存在被地方（县）单方勾入集体版图内或为当地集体核发《林权证》，16.6 万多亩林地中约有 30000 亩林地存在此情况。

（8）林场大事记

1957 年底和 1958 年初，省、地、县下放干部动员乡社献山，办理献山手续，确定林场范围创办了 4 个林场和一个油茶场（低湖林场、虾公塘林场、马坑径林场、金溪林场、黎明油茶场）。

1964 年，4 个林场和一个油茶场（即低湖林场、虾公塘林场、马坑径林场、金溪林场和黎明油茶场）合五为一，称“国营黎明林场”，归和平县属县管。

1965 年，经省委书记赵紫阳和副省长罗天批准后，改称“国营广东省黎明林场”，归省属省管。人、财、物归省管，省林业厅直接管理生产和业务，委托和平县劳动人事部门代管人事。

1966—1976 年（“文化大革命”10 年内乱），党政机关被冲跨，许多干部受迫害。

1975 年，县人民武装部防空防特的瞭望台“低湖哨所”人员及防空任务转到国营黎明林场，因此，低湖工队既是林业工队又肩负防空防特的（武装民兵）任务。

1977 年 7 月 1 日，成立“中国共产党国营黎明林场委员会”。

1980 年，在白泥坑开发茶园 200 多亩，建厂房 817 平方米，购茶叶加工机械批。

1984 年起，林场兼营招待所、饮食服务业、家具厂、竹蓆厂等，后在 1998 年前逐渐破产、倒闭。

1985 年，落实经济承包责任制，各工区由工区干部职工承包经营。

1985 年至 1992 年期间，林场为维护国家山林权益，缓和当时紧张的场队（群）关系，解决当地献山的村民小组和林农改革开放后无山耕种的生产生活实际困难，将 30000 多亩林地林木分别发包给当地献山集体或献山户承包经营管理。

1986 年，林场根据惠阳地区林业处〔1984〕209 号文件精神，按地、县联合工作组《关于国营黎明林场划回一些山地给区的处理意见》，在不影响黎明林场集中连片经营管理的前提下，适当划回 50000 多亩山（林）地给俐源区、热水区、青州区。

1986 年 9 月 20 日，和平县人民政府重新为林场核发《和平县山林所有证》。

2000 年至 2003 年 2 月，在以廖志昌为班长的班子带领下，林场与工区落实“二级核算”方案。各工区按计划安排生产采伐，木材收入工区分配，工区包管护任务、包所在工区的人员工资发给等。

2003 年 11 月，引进深圳市荟敏帆钰实业发展有限公司在鸡斗窝、高流、合水社建设黎明水电站（分三级机房发电）。

2007 年，为充分利用山地资源，发展林业生态旅游产业，林场通过招商引资，引进了和平县天富发展有限公司在千斤地地利用原加工厂旧址和近邻畲地、邻近荒废鱼塘、荒废水库库面以及水库库面发展休闲及养殖业项目，2009 年该公司规划并经市林业局批准（河林复［2009］10 号）在此发展生态旅游项目。

2008 年 3 月份以来，响应河源市委、市人民政府提出建设生态市的号召，停止了一切木材砍伐。

2009 年 1 月，林场在以周桂初同志为班长的班子带领下，积极服务和参加全市开展的国有林场体制改革。从此，国营黎明林场被界定（转变）为生态公益型林场。通过竞争上岗考试的纳编人员（20 人）的工资和所需经费纳入了河源市财政预算和发给。130 多名干部职工下岗分流。140 多名（改革前和改革时办理）退休的干部职工由当地社保部门退管。

2014 年 6 月，以罗国新同志为班长的新一届领导班子，根据林场的生态区位优势实际，从生态保护和发展角度出发，决定将千斤地、樟坑、马坑径工区范围内 7275.4 公顷，连片的植被保存完好、水源涵养区位重要、生物多样性丰富、保护管理条件好的生态公益林申报建立市级自然保护区。

2015 年 3 月，经河源市人民政府批准，成立河源市黎明市级自然保护区（河府函［2015］96 号）。经河源市机构编制委员会批准，在国有黎明林场加挂黎明市级自然保护区管理办公室牌子（河机编［2015］58 号），在国有黎明林场相应增加市级自然保护区管理办公室职责任务（组织开展保护区内野生动植物的观测、研究和救护工作；负责保护区内有益或者有重要经济、科学研究价值的野生动植物保护管理工作）。

2015 年，林场积极与市森林分局配合，争取到上级支持在场部西侧新建黎明派出所业务楼一幢（占地 250 平方米，建筑面积 980 平方米），土建、装修工程在有条不紊施工中，预计在 2016 年 10 月建成交付使用。

4.5.4 牛岭水林场

（1）基本情况

牛岭水林场始建于 1958 年 8 月，地处广东省河源市连平县陂头镇东部李坑范围内，毗邻九连山连平县黄牛石自然保护区。林场地理坐标为东径 114° 23′ 25″ ~114° 23′ 38″，北纬 24° 23′ 51″ ~24° 24′ 44″，地势东高西低，低山地形，小数为高山，一般海拔 500~700 米，全场平均坡高 25°。

林场现经管面积 20000 多亩，现有总人口 400 多人，定编 6 人，在岗 6 人，聘请护林员 6 人，河源市森林公安分局驻场执勤点 4 人，退休人员 83 人。

（2）体制变革

牛岭水林场是 1958 年 8 月创办，原为连平县水洋洞林场的一个工队。1960 年，因林场所在地连平县陂头镇划归属翁源县管辖，林场归属翁源县。1961—1962 年为翁源县国营牛岭水林场。1963—1966 年为韶关地区国营牛岭水林场。1967—1987 年为惠阳地区国营牛岭水林场。1988 年河源建市后为河源市国有牛岭水林场。2008 年河源市林业系统根据市委、市人民政府《关于加快林业发展建设林业生态市的决定》（河委发〔2008〕9 号）实行体制改革，林场由一个实行自主要经营、自负盈亏，企业化管理的正科级事业单位改制成为由河源市财政统拨，收支两条线的社会公益一类正科级事业单位，生态型林场，由河源市林业局直管。

（3）森林资源

林场现经营总面积 1377.7 公顷。其中林业用地 1347.9 公顷，灌木林地 6.83 公顷，未成林地 4.5 公顷，无立木林地 18.5 公顷，非林业用地 4.4 公顷。

林场有天然林 451 公顷，人工林 925 公顷，森林覆盖率达 92.8%，蓄积量 6.87 万立方米，大部份是杉木，少数松木、毛竹，间有阔叶林。

（4）基础设施

牛岭水林场经过 60 多年的发展，为干部职工在连平县城建有集资房 81 套，解决了大部分职工家庭的居住问题，还建有办事处。林场在场部建起了办公大楼、会议室、阅览室，建起了 35 套单元式楼房。

林场交通方便，修筑林区公路 13.5 千米、林道 45 千米、防火线 17 千米、防火林带 21 千米。

（5）山林权属

牛岭水林场于 1958 年 8 月建立，原为连平县水洋洞林场的一个工队，以场带队的经营模式进行管理，牛岭水林场 1960 年划归翁源县，1962 年由翁源县收为国有，成为翁源县国营牛岭水林场。办场之初至 1982 年，由于林场与当地村民历年纠纷及冲突，现取得山林权证林地 18300 亩，仍有 2000 亩未取得山林权证。

4.5.5 坪山林场

(1)基本情况

坪山林场(图4-6)始建于1960年3月,是由牙沙嶂畜牧场演变而来。地处粤北东北部河源市龙川县境内中部,在东江流域上游,地理坐标为东经115° 15′ 38″ ~ 115° 19′ 45″,北纬24° 15′ 15″ ~ 24° 17′ 00″。东与龙母、丰稔相邻,西和黄石交界,南与四都相接,北与黎咀接壤。林场纵横于牙沙嶂至东水嶂两山嶂之间,东西长达7千米,南北宽约2千米,土壤为赤红壤。

到2015年,坪山林场有53人,其中在编在职6人,承包森林管护5人,执勤点干警2人,退休人员38人,特殊人员2人;现有森林面积896.1公顷,活立木总蓄积量46000立方米,森林覆盖率95.8%;林场固定资产213.78万元,林木资产159.45万元。

图4-6 坪山林场场部(2014摄)

(2)体制变革

坪山林场由牙沙嶂畜牧场演变而来,命名为“龙川县国营坪山林场”,1974年被列入广东省属惠阳地区管林场,改名为“广东省国营坪山林场”。1988年河源市成立,列为市属林场,改名为“河源市国营坪山林场”。

2009年河源市林业体制改革后,林场为市林业局直属正科级事业单位,由商品型转变为生态型,成为公益一类事业单位,全面实施封山育林,发展林业生态;主要职责是：贯彻执行林业工作方针、政策，组织开展林场植树造林、封山育林和生态公益林建设管理，开展森林资源调查、规划、设计、动态监测及管理工作，负责管理林场林地、林权，切实做好森林资源和野生动物资源保护工作。2012 年 11 月经河源市机构编制委员会批准更名为“河源市国有坪山林场”。

（3）森林资源

坪山林场现有总面积 896.1 公顷，林业用地面积 892.6 公顷，其中省级生态公益林（封山育林）面积 718.2 公顷，活立木总蓄积量 4.6 万立方米，森林覆盖率 95.8%。其中杉木 413.7 公顷，蓄积量 28485 立方米；松树 13.6 公顷，蓄积量 819 立方米；混交林 259.8 公顷，蓄积量 14841 立方米；桉树 132.3 公顷，蓄积量 2274 立方米。

（4）经济发展

20 世纪 70 年代，坪山林场林产化工主要以茶油、茶叶为主，以毛竹、香菇、土纸为辅。并建立有造纸厂、香菇厂等，平均每年茶油可达 1000 千克，茶叶 500 千克以上，香菇 600 千克。现造纸厂、香菇厂等都已废弃撤销。2007 年丰塘面九段寨采伐迹地 14.6 公顷出租给叶伟杰造林，目前种有部分茶叶和珍贵树种，承包者自主经营。

从 1980 年开始至 2008 年，市林业局下达林场每年木材生产指标 800 立方米，实行林木采伐限额管理。坪山林场 20 多年来没有发生超限额采伐林木的现象。2005 年，坪山林场经济总收入 47.72 万元，其中：木材销售收入 36.05 万元、上级拨款 8.75 万元、保险金 2.92 万元。经济总支出 48.33 万元，重点解决职工工资（仍是 1999 年工资标准），确保职工基本生活。2006 年，坪山林场经济总收入 62.41 万元，其中：木材收入 37.78 万元、上级拨款 20.59 万元（公路、危房改造资金）、其他社保费 4.04 万元；林场经济总支出 67.7 元。2009 年体制改革后，坪山林场停止木材采伐，没有木材收入，全面实施封山育林，发展林业生态。

（5）基础设施

2007 年 2 月，场部前栋新建综合办公楼两层，面积 380 平方米；2009 年 10 月，建成后栋综合办公楼一层半，面积 230 平方米。2009—2011 年，工区新建职工住房 246 平方米。同时，2011 年改造住房 167 平方米。2008 年 8 月在龙川县城两渡河汇龙小区购置两套商品房，面积共 220 平方米，用作坪山林场老隆办事处。

2007 年 11 月至 2010 年 5 月，完成 14.2 千米公路硬底化改造；2012 年 11 月，场部至丰塘面乔子坑完成公路硬底化改造。

（6）自然灾害

坪山林场地处海拔高，平常年份冬天有冰冻。1996 年春节期间，林场遭受一场罕见的特大雪灾，林木损失十分严重，供电设施全部遭受破坏。除此无其他重大自然灾害。

（7）山林权属

坪山林场山林权属基本清楚，都办有山林权证，个别地方存在有争议，1987 年，为落实山林两制，将一部分林地划回给当地群众；1991 年 10 月河源市人民政府批复（河府函〔1991〕115 号），将新坳工区大坳里 19.07 公顷山林划给四都牙沙嶂村，目前林场权属稳定，全部林地 896.1 公顷都办有新山林权证。

（8）林场大事记

1960 年 3 月，龙川县工商界牙沙嶂畜牧场转为国营坪山林场，坪山林场成立。

1980 年 6 月，经批准成立中共广东省国营坪山林场委员会。林场升为县（局）级编制。

1988 年 3 月，坪山林场在龙川县城郊马喉连购置山坡地 14.6 公顷，设为老隆梅子塘综合厂。

1988 年，惠阳地区分市，“广东省国营坪山林场”更名为“河源市国营坪山林场”。

1989 年，成立龙川县森林公安分局坪山林场派出所。2004 年，坪山林场派出所被撤销，设为河源市森林公安分局红星派出所坪山执勤点。

2001 年 6 月，坪山林场电站经市林业局批复公开承包 20 年。

2001 年，坪山林场级别升为正科级。

2007 年 9 月，坪山林场老隆马喉连山地报市主管部门批复，经龙川县人民政府、县人大讨论通过，进行公开拍卖。

2008 年 9 月 11 日，坪山林场体制改革成为河源市林业局直属公益一类事业单位，实行财政全额拨款。

2009 年 3 月 1 日，坪山林场召开会议学习贯彻《河源市直属国有林场人员分流和安置办法》（河府〔2009〕16 号）和河源市人民政府工作会议纪要 12 文件精神，认真做好林场职工下岗分流及安置工作。

2009 年，坪山林场危旧房改造，新建综合办公楼 230 平方米，新坳 80 平方米，大山背 77 平方米，丰塘面 33 平方米职工住房。2011 年 10 月，坪山林场危旧房改造，路口新建职工住房 63 平方米，场部改造职工住房 85 平方米。

2012 年 11 月，经河源市机构编制委员会批准，“河源市国营坪山林场”更名为“河源市国有坪山林场”。

2014 年 12 月，坪山林场安装森林防火远程视频监控。2015 年 5 月，坪山林场购置 1 部森林消防车。

4.5.6 下石林场

（1）基本情况

下石林场创办于 1958 年 3 月，由广东省林业厅批准筹办成立，位于东江中游东岸紫金县凤安镇下石村。林地地理坐标范围在东经 114° 46′ 48″ ~114° 52′ 09″，北纬 23° 19′ 43″ ~23° 25′ 44″之间，总体呈带状分布在紫金县的蓝塘、凤安、古竹、好义、上义 5 个乡（镇）。

2004 年 9 月 3 日，紫金县人民政府颁发山林权证书确权时，全场经营总面积为 30088.5 亩，活立木总蓄积量 147672 立方米，森林覆盖率 98.68%，林木绿化率 98.68%。林区内人口总数约 12000 人。目前全场干部职工有 101 人，其中在岗在职 11 人（有专业技术职称 5 人），退休 78 人，临聘 12 人。

（2）体制变革

下石林场原名国营广东省凤安林场，1960 年更名为国营下石林场，1963 年名为广东省惠阳地区国营下石林场，1988 年更名为广东省河源市国营下石林场，2013 年 7 月变更为河源市国有下石林场。

2008 年 9 月，市委、市人民政府出台了《关于我市林业体制改革的实施意见》，召开全市林业体制改革总动员电视电话会议，林场林业体制改革工作正式启动。为使机构设置更为科学合理，实现“精简机构和人员，理顺林业管理体制”的改革目标。在河源市林业局的领导下，做到周密部署、精心组织、措施得力，并于 2009 年 3 月依时完成了林业体制改革的工作任务，核定事业编制人数 10 名，林场是隶属河源市林业局的正科建制公益一类事业单位。

（3）森林资源

林场创办初期总面积为 90000 多亩，后因社会发展、政策调整等等因素，至 2004 年山林权证书确权时全场经营总面积为 30088.5 亩。目前全场人工林总面积为 28088 亩，抚育改造天然疏残林 2000 亩，活立木总蓄积量为 147672 立方米，年蓄积量增长率 5%，森林覆盖率 98.68%、林木绿化率 98.68%。

林场野生动物也较多，有国家一级重点保护的野生动物蟒蛇，国家二级重点保护野生动物穿山甲、猫头鹰、猎隼，省级保护动物眼镜蛇等。

（4）经济发展

林场从 1958 年建立至 2008 年，靠大量砍伐原木销售维持林场生产和生活，无林下经济和森林旅游等第三产业。2009 年经过林业体制改革，发展模式由木材生产为主转变为生态修复和建设为主、由利用森林获取经济利益为主转变为保护森林提供生态服务为主，为维护国家生态安全、保护生物多样性、建设生态文明、实现林场永续发展提供生态保障。

（5）基础设施

林场场部建于 20 世纪 60 年代，因年久失修，导致墙体透风渗水。2007 年林场利用速生桉砍伐资金，对场部办公楼进行重建。近年来，林场多方筹措资金，加大对国有林场棚户区改造力度，到 2012 年，全面完成危旧房改造任务。

林场现有的道路大多建于 70~80 年代，如今已经损坏严重，车辆和人员通行困难。林区道路仍十分落后，防火道路、管护用房、水、电、路及通讯等基础设施也非常滞后。

（6）自然灾害

林场发生的森林病虫害主要有松毛虫、松突圆蚧。在近年来病虫害防治检疫工作，全面加强林业有害生物调查监测、防治和检疫管理，最大限度地减轻松毛虫、松突圆、松材线虫等林业有害生物为害造成的损失，并取得了明显成效。

（7）山林权属

1958 年，林场的山林根据当的政策号召和要求，农村村民委员会（当时的大队）大力兴办集体林场。土地来源是从各村民小组（当时的生产队）统一调整、无偿赠送而来。林业“三定”（稳定山权林权、划定自留山、确定林业生产责任制）时，人民政府核发的山林权所有证，林场面积为 30088.5 亩。2004 年 9 月 3 日，紫金县人民政府重新换发林权证。林场与毗邻单位进行了现场踏查认界，档案资料齐全，“四至”界限清楚，不存在任何权属争议。

（8）林场大事记

2008 年 9 月 16 日，启动林业体制改革，有序铺开竞争上岗笔试、面试，人员分流等工作，改革工作积极稳妥推进。

2009 年 3 月，完成体制改革，机构设置为综合办公室、生产及资源保护股，定编 10 人。

2011 年 3 月 8 日，林场省级生态公益林调整界定工作圆满完成。调整结果为：生态公益林面积 1813.6 公顷，占林业用地面积的 91%。

2013 年 7 月 11 日，广东省河源市国营下石林场经河源市机构编制委员会批准林场更名为“河源市国有下石林场”，隶属河源市林业局的正科级公益一类事业单位，内设综合办公室、生产及资源保护股，下设吉田、小古、东华、回龙、南山营林工区。

4.5.7 鹤畲林场

（1）基本情况

鹤畲林场为龙川县县属国有林场，是县财政差额拨款的正股级事业单位，1958 年 4 月创办。林场位于河源市龙川县西北部的东江流域上游。鹤畲林场林地集中连片，土质条件好，气候温和，适宜杉、松、柯、红椎等本土优质树种生长。林场经营林地总面积 22000 亩（其中生态公益林 20000 亩），是生态型国有林场。

（2）体制变革

鹤畲林场的前身是鸡笼嶂林场，场址设在鸡笼嶂村，因该地水源不足，山地不集中，交通不便等因素，后于 1959 年 3 月迁移到彼里坑下园塅水口处，改名为“鹤畲林场”，下设牛头坳分场及马皇山、龙颈、牛背奇 3 个工队。办场初期，场内有 3 个小自然村庄（大塘肚、被里坑、鸡笼嶂），取名叫“三联村”，共有 10 多户人家，100 多个人口。1958 年 4 月，有部分干部职工下放到鹤畲林场开拓荒山植树选林，并在当年冬与“三联村”合并由林场支部统一管理。1960 年春，鹤畲林场与“三联村”分开，当地农民由当地贝岭公社管理。1958 年 4 月由龙川县人民政府批准成立，是由县财政拨款正股级事业单位。2004 年，为响应国家建设生态型林场的号召，把林场面积的 91% 规划为生态公益林，主要职责是：组织开展林场植树造和护林防火工作，封山育林和生态公益林建设设管理。

（3）森林资源

场经营林地总面积 22000 亩，其中生态公益林 20000 亩。

（4）经济发展

1980 年起，林场开始出产木材，年出产量在 300~2000 立方米。除按计划调给国家外，剩余部分自产自销。为了节约木材、提高经济效益以及林场松脂资源丰富的特点，兴建木材加工厂和松香加工厂一间，年可生产松香在 70~80 吨（1982 年产 108 吨），是龙川县年产松香超百吨的基地之一。鹤畲林场根据自身木材资源丰富的优势，为了提高经济效益，1981 年兴建一间木材加工厂，主要加工板材，进行成品半成品的销售，后因多种原因木材加工厂被撤销。2004 年，为响应国家建设生态型林场的号召，把林场面积的 91%规划为生态公益林，另 2000 亩商品林地出租给他人经营。

（5）基础设施

在办场初期，兴建总场四合院，各类砖瓦房 2000 多平方米。1983 年，林场兴建了 2 层混合结构办公楼共 200 平方米。2010 年，兴建一幢 3 层的综合办公楼，面积 500 平方米。2011 年，危旧房改造成一栋 3 层楼职工宿舍房面积 320 平方米。2014 年对护林点牛头助、牛背奇 2 个点进行危旧房改造面积 310 平方米，改善了护林员居住环境。

1974 年，人工开通了林场至车田五项公路 7.5 千米，1980 年正式通车。2004 年，完成对鹤丰线公路硬底化改造。林场有防火界 51 千米，新开消防通道 8 千米 (其中林场至鸡心逢 6 千米，大丘麻至马皇山 2 千米)，线路 7.5 千米。每个护林点安装了无线电话。

（6）自然灾害

鹤畲林场森林病虫害主要有松树松毛虫。林场从没有发生过重大森林火灾事故。

（7）山林权属

1987 年，为落实山林两制，解决当地枫树坝库区移民户没田、没山的情况，经县移办、县人民政府批复，把近东江边鸡心逢的 300 多亩林地划给鸡心逢村民，解决了他们的实际问题。

（8）林场大事记

1958 年 4 月，龙川县人民政府批准成立龙川县鹤畲林场。

1973—1977 年，600 多名上山下乡知识青年到鹤畲林场劳动锻炼。

1989 年，成立龙川县森林公安分局鹤畲林场派出所。

2004 年，机构体制改革，撤销鹤畲林场派出所。全场林地划入省级生态公益林，林场全面停止采伐，转入生态建设为主。

4.5.8 黄砂林场

(1) 基本情况

黄砂林场始建于 1958 年 3 月，场址位于河源市紫金县九和镇官坑村，为县属国有林场。林场经营拥有试验林、雚地、水田、茶园共 10000 多亩。林场地理坐标为东经 115° 01′ 28″，北纬 23° 29′ 03″。林场地形以山地、丘陵为主，属亚热带季风气候区，气候温和，光照充足，雨量充沛，季风明显，夏长冬短。

林场现有在岗在编人员 25 人（包括离退休人员 18 人），现新建有 3 层花园式办公楼。有分场一个。森林覆盖率达 95%。2009 年林业体制改革后，核定为全额县财政拨款的股级事业单位。

(2) 体制变革

1958 年黄砂林场建场。1985 年林场和横岗苗果场合并。2009 年紫金县林业事业机构改革，由原来 70 年的商品经营型林场向现在生态公益型转变。构改革后，林场职工工资、办公费用全部纳入县级财政，林场职工转变了职能，成了生态管护员和科技推广人才，隶属县林业局下属股级事业单位。

(3) 森林资源

林场经营面积共 10000 多亩。1958 年建场后，林场以种植马尾松、杉木为主，适当种植菠萝、青榄、茶叶等经济作物。20 世纪 70 年代，林场通过自筹、财政拨款，结合林场自身劳力投入，对林场经营管理范围的山岭、林木进行营造林和抚育工作，当时林场的森林覆盖率就能达到 80%。90 年代，林场在烂石坑、老旺塘、黄尾潭、吉龙岗等一带进行大造林种植湿地松，面积约 6000 亩。2003 年，在上级的号召下对林场的荒残林又进行改造，种植速生丰产桉木，在南蛇岗老公路一带种植油茶、茶树等。

(4) 经济发展

1958 年建场初期主要种植马尾松、杉木、橄榄树等，马尾松成林后主要用来采脂（承包给当地村民采脂）。70~90 年代，主要营造和采伐商品林为主，林场自办有板厂和碾米厂等实业。林下种植茯苓、菠萝、茶叶等，自办有养鸡场、鱼塘，养过鸭子、兔子、水鱼等，有段时间各个项目也实行承包制。

林场经济一直比较困难，到 2003 年，林场引入桉木投资开发商，林场对土地进行整合开发，种植速生丰产桉，林场有了一定的收入。特别是 2009 年，林业事业机构改革后，林场职工工资收入有了大幅提高和保障。

（5）基础设施

2013 年面积为 487 平方米的 3 层林场新办公楼落成。旧办公楼全部作为职工住房和生产性用房。林场水、电、通讯信号一应俱全。

（6）自然灾害

林场未发生过冰雪灾害和泥石流地质灾害小。台风对林场影响较小，未发生过森林火灾和病虫害事故。

（7）山林权属

林场土地由九和、蓝塘 2 个镇的 5 个村委会 14 个村民小组赠送组成，林场经营范围经广东省林业调查设计院依据当时县、乡、大队协商和有关生产队送字依据到现场调查划定。

（8）林场大事记

1958 年，建场。

1985 年，林场和横岗苗果场合并。

1990 年，旧办公建成启用。

2003 年，林场引入桉木投资开发商，林场对土地进行整合开发种植速生丰产桉。

2009 年，紫金县林业事业机构改革，林场职工工资和办公经费纳入县级财政预算。

2012 年，新办公楼开工建设。2013 年落成启用。

4.5.9 东风林场

（1）基本情况

东风林场位于粤东名山乌禽嶂山麓，坐落于紫金县内，与惠东县交界。林场创建于 1958 年，场名为“东风营采场”，场部设在赤竹坪。由于交通不便，通信及出行困难，场部于2010年搬迁到上村坑尾，改名为“东风林场”。

东风林场隶属紫金县人民政府领导，紫金县林业局为林场上级主管部门，行业主管部门为省、市林业厅（局）。目前，林场在册干部职工24人。

（2）体制变革

2009年林业体制改革，林场被定为全额财政拨款的事业单位，是紫金县林业局直属股级事业单位。

（3）森林资源

20世纪60年代，林场种下2000多亩杉木。80年代开始种植山楂、柑橘，实行多种经营管理方式。90年代种植600多亩樟树。2004年，林场核发林权证面积54211亩，为经营面积的100%。2009年，林场林业用地53850亩，有林地53850亩，森林覆盖率98%，以阔叶林、混交林为主。

（4）基础设施

2011年，林场进行了国有林场棚户区危旧房改造工作。历时一年的施工建设，全面完成棚户区危旧房改造工程。棚户区危旧房改造占地面积101.8平方米，建筑面积370平方米。完成棚户区危旧房改造工程后，林场又对5千米林区道路实施硬底化。在2013年，林场解决了饮水问题。

（5）自然灾害

2012年，林场更名为“肇庆市国有北岭山林场”；同年，《肇庆市鼎湖山周边纯松林生态改造》项目被列入肇庆市2012年10件惠民实事之一。

（6）山林权属

林场经营林地、水田、宅基地等均属国有资产。林地为建场时，上村4个村民小组所送。2004年，林场核发林权证面积54211亩，全部林地已发林权证。

4.5.10 黄牛石林场

（1）基本情况

黄牛石林场位于广东省北部连平县境内，北部与江西九连山国家级自然保护区相连，东部与连平县的上坪镇交界、西部与陂头镇接壤，南面与元善镇毗邻，总面积5539.3公顷。林场地理坐标为东经114°23′49″~114°29′50″，北纬24°25′36″~24°30′54″，地处南亚热带向中亚热带过渡的季风气候区，具有复杂多变的山区气候特点。林场地质构造上属于九连山地隆起的东端，地形自东北向西南倾斜，分布的土壤具有明显的垂直地带性，从山麓到山顶依次为红壤、黄红壤、黄壤和山地草甸土。

林场现有从业人员32人。

（2）体制变革

2005年8月以后，保护区管理处领导机构、内设机构、首次定编定岗等工作逐步得到落实，采用“两个牌子一套人马”的管理方式开展工作，将林场工作重点转变为保护区的建设和管理。2008年开始林业体制改革后，黄牛石林场设置为“准公益性事业单位”，增加财政经费预算。

目前，正处在国有林场改革关键时刻，连平县人民政府决定将林场定位为公益性二类事业单位，参照公益性一类保障林场经费预算供给。

（3）森林资源

林场总面积5539.3公顷，其中林业用地面积5505.7公顷。在林业用地中有林面积4878.7公顷，灌木林面积627公顷。生态公益林面积4865.4公顷。2010年森林覆盖率为99.4%，森林活立木蓄积量36万立方米。

林场内动植物资源丰富，2015年调查，有野生维管植物206科766属1549种，其中属于《国家重点保护野生植物名录》（第一批）保护的有12种，国家一级保护的1种，国家二级保护11种；《濒危野生动植物物种国际贸易公约》（CITES）附录Ⅱ保护的有23种。野生动物23目64科172种。

（4）经济发展

1984—1999年间，林场以生产经营木材为主要收入来源。1996—1999年，为集中大量生产时间，还清了各村入股的本金并进行了分红。1999年底，申报自然保护区后经济收入逐渐减至2006年完全停止林木采伐。近10年来，林场主要工作转向以保护区管理为主。林场转型以培育和保护生态公益林为主要任务，没有木材收入。林场范围内私人投资的水电站每年上缴少量的资源补偿费，每年共10万元。

2003—2006年，连平县政府投资2000多万元，将县城至林场锅洞自然村的主干道进行扩宽和水泥硬底化。2013年开始，将林场纳入县级财政预算。2014年增加至每年15万元。2014年开始，将保护区纳入县级财政预算。2016年，增加至每年40万元。

（5）基础设施

林场在县城有一栋5层的办公大楼，建筑面积1400平方米，可满足行政办公需要。在林区有老场部危旧房550平方米，护林站3个。在县城办公楼旁边有一栋5层的家属房，共16户，办公楼闲置房改造家属房2户。

林区内原以车便道和林道公路为主，交通十分不便。从县城至锅洞河石路面公路28千米。建立省级自然保护区后，得到了连平县人民政府的高度重视和支持，2006年完成了对该公路进行改造和路面水泥硬底化，还有21千米林道属泥沙路。林场老场部及3个护林站均已通电，自行解决饮水，通手机和无线电话。

（6）自然灾害

林场2008年发生过一次冰雪灾害，但受害面积较小。历史上没有发生过较大的暴雨、泥石流灾害，也没有受过较大的台风影响。2009年因尖山矿警务区电线着火引发一起森林火灾，过火杉木人工林近千亩。

（7）山林权属

黄牛石林场林地所有权归村集体所有，林场具有林地使用权和森林或林木所有权、使用权，总面积5539.3公顷。2008年林权改革时，将4338公顷的林地使用权转给自然保护区。

（8）林场大事记

1984年4月，组建连平县黄牛石林场，与各相关村签订合同，建设横坑老场部。

1986年，葫芦洞种果（青梅、柑橘）600亩。

1989年冬，林场成立林业派出所。

2001年，建立省级自然保护区。

2005年，保护区机构成立，落实“两块牌子，一套人马”运作模式。

2008年，河源市林业体制改革，林场被重新核编。2013年纳入县级财政预算。

4.5.11 青年林场

（1）基本情况

青年林场位于广东省连平县元善镇境内，所处地理坐标为东经114° 30′ 27 “，北纬24° 19′ 29”（场部），属于粤北山区。林场东邻连平县元善镇大埠村，南连连平县元善镇流潭村，西毗连平县元善镇石龙村。林场地处南亚热带季风气候区，气候季相变化明显。地形以低山为主，海拔多在400~600米之间，坡度一般在20°~35°之间。

青年林场成立于1966年4月。林场现有经营总面积为4790亩。2015年底，林场活立木蓄积量总量21000立方米，森林覆盖率97%。目前，林场经济收入主要靠生态林补偿金，当地财政差额补助和苗木生产。2015年林场总收入296万元，在职职工年平均收入3.12万元，国有资产总额为174万元。

（2）体制变革

自建场以来，林场一直依靠国家下拨资金，按计划完成造林绿化任务。改革开放以后，林场转入以木材生产经营性收入为主。2003年来，逐渐向生态型林场转变，逐年增加营造阔叶树面积，提高阔叶树种比例，逐渐提高生态公益林的生态功能等级。经营体制经历了计划—经济—生态的变化过程。

1963年上级提出的生产方针是："以林为主，林粮结合，多种经营，综合利用。"按照这个方针，林场主营林业生产基本项目外，兼营种植水稻、杂粮、花生、黄豆以及茶叶等作物，养殖方面主要是养猪。1985年，扎实抓丰产林培育，建设丰产林面积200亩。1986年，林场开办小型木材加工厂，对原木进行浅加工。1994年林场对原有的柑橘、青梅等经济作物变集体管理为个人承包经营。1999年以来，林场逐步从生产经营型林场向生态公益型林场转变。自办场以来没有实施以场带队，没有自办学校、医院、幼儿园等社会职能机构。

（3）森林资源

林场1966年4月成立时，林场的经营面积4218亩。林场现有经营总面积为4790亩，林业用地面积4640亩，其中已划定省级生态公益林面积4356亩，占91%；商品用材林面积160亩；林业用地中有中针叶林2080亩，针阔混交林960亩，阔叶林1600亩。至2015年底，林场活立木蓄积量总量21000立方米，森林覆盖率97%。

林场内野生动物种类主要有兽类20多种，鸟类50多种以及两栖类和昆虫类。

（4）经济发展

林场建立初期主要是绿化荒山，进行荒山造林，经费来源全部是国家拨款。改革开放后，林场实行企业化经营管理，主要依靠砍伐人工林维持运作，上级政府投资极少。从1996年至2015年度，林场森林实行分类经营，大力调整了树种结构，营造乡土阔叶树种，提高森林资源质量，维护自然生态环境。国家安排生态公益林效益补偿资金、森林抚育等项目资金。职工收入逐年提高，1978—1995年期间，在岗职工年人均收入从 450 元增加到 4700 元；1996—2015 年期间，在岗职工年人均收入从 4700 元增加到 31200 元。

（5）基础设施

1966 年林场成立时，办公用房为一层泥砖瓦房，面积近 90 平方米。到 2015 年，在国家扶贫政策的大支持下，林场在原址新建了一栋近 150 平方米的单层办公用房，改善了办公条件。2009 年，国家开始实施林区棚户区和危旧房改造补贴政策，林场共有 23 名职工（含退休职工）符合条件，并由林场统一规划，在场部新建了一栋 940 平方米的职工住房，基本上满足了职工住房需求。

2014 年以前，因林场缺乏资金，修建的林区公路多为天然土路，出行不便。2014 年，林场在国家林业政策的扶持下，开通了 3 千米林区公硬底化路。

（6）自然灾害

1996 年和 2008 年雪冰灾害给林场造成 200 多万元的经济损失。1992 年 4 月和 2005 年 6 月的暴雨泥石流灾害，给林场造成 15 万元的经济损失。林场林地分布复杂，周边有 3 个村庄，林区内有多个企业，进出林区的人员众多，曾多次发生森林火灾，共烧毁山林 1400 亩。

林场林地已发现的害虫有杉梢卷叶蛾、萧氏松茎象、松毛虫等，但没发现松材线虫，未发生大面积的森林病虫害。

（7）山林权属

青年林场 1966 年从原广东省九连山林场分离出来后，于 1983 年按国家政策开展了“稳定山权林权、划定自留山、确定林业生产责任制”（即林业“三定”时期）工作，林场经营的林地与当地社队签订了协议予以明确，林场经营的所有林地均办理了连平县人民政府颁发的《山权林权证》，不存在山林权属纠纷问题。2011 年 8 月，林场取得首批换发后新一代《林权证》，面积 4659 亩。

4.5.12　新丰江林场

（1）基本情况

新丰江林场成立于 1974 年 12 月，林场的中心位置在河源市东源县新港镇，位于河源市的西南和西北面，地理坐标为东经 114° 39′ 22″，北纬 23° 45′ 50″。林场由桂山北麓的支山脉和碉楼山大小山群所组成，沿着水库边形成了一条 20 多千米长的弧形带，地形属于山地，海拔一般在 400 米，坡度为 30° ~40° ；土壤为花岗岩上发育而成的黄土壤。

林场现经营管辖林地和水域面积共 12.43 万亩，森林覆盖率 50.5%。林场现有干部职工 176 人，其中在职人员 30 人，待岗 32 人，退休人员 114 人，下辖“以场带队”管理两个生产作业组（即羊子额和欧公坑两个作业组），共有群众 185 人。林场为正科级事业单位编制，实行企业化管理。

（2）体制变革

1964 年成立碉楼直属林场，由广东省新丰江林业局管辖，成立造林队，主要从事造林、育林工作。1968 年，广东省新丰江林业局被河源县军管会在未经广东省林业主管部门同意下撤销，原广东省新丰江林业局 30 名干部职工并入碉楼直属林场。1974 年，根据广东省革命委员会〔粤革经字（1974）94〕对惠阳地区革委会《关于新丰江水库建设问题的批复》中，提出在新丰江库区内“办一个国营林场”的指示精神，经惠阳地区革命委员会 1974 年 12 月 20 日 55 号文批准，成立国营广东省新丰江林场，隶属河源县革命委员会，人员编制 50 名。

1993 年 5 月，经林业部批准成立的“新丰江国家森林公园”实行“一套班子、两块牌子”管理体制。1999 年 8 月 16 日，东源县机构编制委员会发布《关于印发国营广东省新丰江林场机构编制方案的通知》（东机编〔1999〕41 号），确立林场为全民所有制正科级事业单位，受新丰江林业管理局领导和管理。2002 年 3 月 11 日，东源县机构编制委员会下发《关于印发国营广东省新丰江林场机构编制方案的通知》（东机编〔2002〕36 号），明确林场为万绿湖管委会、新丰江林业管理局直属的正科级事业单位，人员经费由财政核拨，实行企业化管理。

（3）森林资源

据 1984 年森林二类资源清查时统计：有林地面积 52000 亩，森林活立木总蓄量 11.9 万立方米，其中用材林面积 36000 亩；防护林面积 11842 亩，蓄积量 19389 立方米；茶叶、果树等经济林面积 3625 亩，竹林 120 亩，全场森林覆盖率 45.2%。2005 年森林二类资源清查时统计：林场林业用地为 62976 亩，其中有林地 62934 亩，用材林面积 42 亩，森林总蓄积量 24.4349 万立方米，覆盖率 50.6%。

（4）经济发展

林场成立后，主要经济来源是砍伐木材收入，林场的干部职工人员多，工资少。

1985 年，随着改革开放的步伐和落实承包责任制，除在场部上班的干部职工 10 多人外，其他职工按照林场的承包责任制要求，落实承包茶叶、柑橘基地。1996—2001 年，广东省新丰江水电厂每年向林场提供 20 万元资金，在林场管辖范围内营造 500 亩的水源涵养林。1996 年将桂山片（原地名牛坑）的 1000 多亩林地租赁给私营者作为开发旅游区，当年成立桂山风景区。桂山风景区经过近几年建设和发展，成为河源市旅游标致性风景区和龙头企业，于 2002 年被国家旅游局评为 AAAA 级旅游区。

从 2003 年起，为了保护新丰江库区水力资源和保护生态环境，林场停止整个新丰江库区同林场利用丰富的木材资源成立木材加工厂和木制品厂。2006 年 11 月，林场与广东省新丰江国有资产经营管理有限公司签订了《合作开发经营镜花缘旅游景区合同书》，将林场位于原名林校的 1000 亩林地作价投资，参与该公司和深圳市贝莱德实业有限公司经营旅游项目开发。2007 年 3 月，河源市源河实业有限公司与林场签订了《万绿湖自驾车旅游营地及休闲体育公园项目用地承包合同》，承包了位于水泥厂一带的 8000 多亩林地后，建成了“第四届世界客家恳亲大会”的主会场及配套设施。通过林地租赁，提高了林场知名度，也极大地缓解了林场困窘的经济状况。

（5）山林权属

新丰江林场经批准成立时的山林土地，是从回龙公社划出 39000 亩，东埔公社划出 16000 亩，新港至锡场航道沿岸大小山群 30000 亩和碉楼直属林场原管属的林地有 15000 亩划入林场管理，共林地 10 万亩。后因林地纠纷越来越多，原先管辖的 10 万亩林地变成的 62417 亩。

5. 国有省属林场

5.1　龙眼洞林场

5.2　沙头角林场

5.3　樟木头林场

5.4　天井山林场

5.5　九连山林场

5.6　东江林场

5.7　连山林场

5.8　乐昌林场

5.9　乳阳林业局

5.10　广东省西江林业局

5.1 龙眼洞林场

（1）基本情况

广东省龙眼洞林场（广东省林业科技示范中心）成立于1962年5月11日，是广东省林业厅直属正处级事业单位（加挂“广东国林珍稀植物培育中心”企业牌子），下属有广东翠峰园林绿化有限公司、广东翠园物业管理有限公司和凤凰山宾馆3个经济实体。

林场地理坐标为东经113°20′10″~113°27′50″，北纬23°11′2″~23°18′21″，坐落于广州市天河区和白云区，跨越沙河、萝岗、太和、竹料等街道。林场场部设在龙眼洞，全场总面积1620.3公顷，下设4个工区。森林蓄积量总量16.0294万立方米，其中生态公益林蓄积量为10.8875万立方米。林场主要经营收入以物业出租和酒店服务收入为主，至2015年底，林场资产总额5.0415亿元，其中国有资本总值1.2554亿元，国有资产实现了增值保值。2015年底，林场职工总人数310人，其中在职职工107人，离退休职工111人，长期聘用92人（签订固定期限合同81人、无固定期限合同11人）。

（2）体制变革

1950年春，广东省农林厅营林科委派科长朱志凇、干部吴伟清、邓柏林、陈松年等接收国民党粤军第一师坟场管理处房屋产业，设立燕塘林场。1951年，燕塘林场迁至龙眼洞（现省林科院内），下设龙眼洞造林站。1954年2~3月，成立广东省第一示范林场（场址樟木头），龙眼洞造林站划归该场管理。1955年3月21日，省林业厅发文（〔55〕林秘062号），将龙眼洞造林站划给番禺林校，作为实习林场。1956年初，撤消龙眼洞造林站，改设广东省林业试验场，管辖龙眼洞山地林地，包括凤凰山、洞奇峰、旺岗、荔枝园、东坑、笥箕窝、牛头山、猪头石等，而远山慕园、帽峰则由林校管辖。1959年，省设立林科所，管辖林业试验场。1962年5月11日，省林业厅决定将省林科所的试验场、省林业厅的畜牧场、省广州林校的实习林场合并，设立广东省林业厅龙眼洞林场，直属省林业厅领导。

1964 年，省设立林业厅科教试验场，由省林科所、省林校、省林勘队与省龙眼洞林场合并而成，由副厅长赵立本领导。因林场资金来源各不相同及对外需要，保留省龙眼洞林场公章。1968—1969 年间，龙眼洞林场曾称为“广东省农林水科技服务站东方红林场”。1969—1974 年 2 月称为“广东省农林场管理站东方红林场”。龙眼洞林场建场后，因行政体制变动，曾几次易名和调整隶属关系。但作为一个拥有固定经营范围的经济实体，始终不变。2001 年，省编委批复林场由“广东省国营龙眼洞林场”更名为“广东省龙眼洞林场”，挂“广东省林业科技示范中心”牌子，为省林业局直属林场，正处级事业单位。

（3）森林资源

林场总面积 1620.3 公顷，下设 4 个工区：场部工区（包括火炉山、大坦岭、荔枝园、凤凰山等 4 个林班），面积为 232.6 公顷；筲箕窝工区（包括东坑、筲箕窝、草塘、大水窿、金鸡坑、山塘背、水迳、山猪塘、火烧天等 9 个林班），面积为 615.3 公顷；慕园工区（包括南木窿、十字窿、慕园等 4 个林班），面积为 240.6 公顷；帽峰工区（包括猪古塘、石井尾、南山和良洞等 9 个林班），面积为 531.8 公顷。

至 2015 年底，林场经营总面积 1620.3 公顷（其中林业用地面积 1560.2 公顷），生态公益林面积为 942.3 公顷（其中风景林 611.5 公顷、水源涵养林 295.1 公顷、实验林 35.7 公顷），占林业用地面积的 60.4%，均为国家级生态公益林。林场森林蓄积量总量 16.0294 万立方米，其中生态公益林蓄积量为 10.8875 万立方米，每公顷蓄积量为 116 立方米。

（4）经济发展

林场主要经营收入以物业出租和酒店服务收入为主，至 2015 年底，林场资产总额 5.0415 亿元，其中国有资本总值 1.2554 亿元，国有资产实现了增值保值。

林场下属有广东翠峰园林绿化有限公司、广东翠园物业管理有限公司和凤凰山宾馆 3 个经济实体。广东翠园物业管理有限公司成立于 2001 年。公司可提供物业、土地租赁等管理服务，管理的物业共有 72000 平方米，其中厂房面积 35000 平方米，土地 27000 平方米，商铺面积 3500 平方米，厂房配套宿舍 6300 平方米。2015 年，物业共实现收入约 1609 万元。广东翠峰园林绿化有限公司成立于 2004 年，是集市政园林景观、房地产景观、道路景观、造林、边坡生态防护、人工湿地建设、设计与施工为一体的综合性企业，拥有省林木种苗示范基地中心区和增城苗木基地两大生产区。2015 年，公司实现苗木销售 105 万元，绿化工程收入 65 万元。凤凰山宾馆成立于 2003 年，是集休闲、观光、商务度假等功能于一体的四星级会议培训中心，已连续 10 年获得

"党政机关定点服务资格",2012年3月获"广东省巾帼文明岗"称号。宾馆拥有各类客房103间,以及配套有智能化多功能会议厅、多媒体小会议室、多媒体电教室、篮球场、网球场、游泳池等特色设施。2015年宾馆共实现总收入约997万元,客房平均出租率为54%。

随着城市林业的发展和广州地区森林公园建设的加强,生态环境进一步得到改善,人们对森林旅游的需求将进一步扩大。林场的猪头石、凤凰山、荔枝园、帽峰山等林地共10196亩已列入广州市的森林公园范围,其中火炉山森林公园603亩,凤凰山森林公园1409亩,龙眼洞森林公园2017亩,莲花顶森林公园7977亩。

(5)基础设施

林场交通方便,场部位于天河区广汕一路332号,距华南快速干线(京珠高速)龙洞出入口200米,距离广州市中心城区仅7千米,地铁6号线延长线在凤凰山宾馆大门口设有地铁站。东部有广州市一环路环绕林地,西部有旧广从公路、中部有广州市北二环高速公路和广河高速公路。场内有筲箕窝、十字窿、帽峰山3条主干线林区公路,另有公路通往各林班,林区公路总长26.4千米,林区交通便利。

(6)自然灾害

林场遇到的自然灾害多以台风、暴雨为主,病虫害主要是松材线虫病、薇甘菊、金钟藤为主,每年林场均进行林业有害生物疫情调查和防治工作。

(7)山林权属

林场创建以来,已对帽峰工区枫树窝1609亩林地(即27林班,1991年二类调查时,按照统一排序,改为现在的帽峰工区4林班,重新求算面积为1575亩)进行经营管理。2003年,龙眼洞林场在换发新林权证时,帽峰山林场(现广州市帽峰山景区管理处)提出该地块中的538亩林地存在争议,帽峰山林场持有1990年白s云区人民政府核发的郊区人民政府版山林权证(穗郊山地,林木所有证字第No.000866号)。

(8)林场大事记

1979年4月6日,经省林业厅决定,林场隶属省林科所领导。

1987年10月13日,与省国营林场经营公司等10单位集资建设沙头角林场工业厂房。

1996年2月,林场开始实行全员劳动合同制。

1999年3月,林场首次进行中层干部竞争上岗。

2000 年 7 月 12 日，省林业厅对林场种子园国债项目初步设计方案给予批复，同意扩建红椎种子园和续建相思种子园。

2001 年 11 月 6 日，省林业厅粤林〔2001〕149 号文转发省编委办粤机编办〔2001〕159 号文，批准林场由“广东省国营龙眼洞林场”改名为“广东省龙眼洞林场”，并挂“广东省林业科技示范中心”牌，为正处级事业单位。

2014 年 3 月 12 日，广东卫视《社会纵横》栏目以“藏匿山中 26 载”为题，报道了林场护林员张来仔守护森林 20 余载的先进事迹。

5.2 沙头角林场

（1）基本情况

沙头角林场于1980年11月经原深圳市革委会批准成立。林场位于深圳市盐田区梧桐山南麓，地理坐标为东经114° 11′55″~114° 14′45″，北纬22° 33′30″~22° 34′48″。林场设立了4个行政科室和三个经济实体，截至2016年2月17日，职工总人数120人，其中：在职职工42人，离退休职工37人，长期聘用40人。林场总面积541.4公顷，林木蓄积量44274立方米，森林覆盖率达91.6%。

（2）体制变革

林场筹建于1979年，并于1980年11月经原深圳市革委会批准成立。1981年深圳市人民政府批准建立沙头角海山公园。1989年，林业部154号文批准广东省林业厅请示，同意将沙头角海山公园改名为广东梧桐山国家森林公园。1989年6月，林业部批准将沙头角海山森林公园升格为广东梧桐山国家森林公园，与国营沙头角林场实行“两块牌子，一套人马”管理方式。2001年5月，省机构编委办批复省沙头角林场挂梧桐山国家森林公园牌子，为自收自支正处级事业单位，核定事业编制90名。

林场发展有3个时期：快速发展时期（1996—2003年），以大力发展经济为中心，顺应市场，进一步探索经营管理的新模式，积极推行现代企业制度改革。创新发展时期（2004—2015年），把握机遇，前瞻市场经济发展，以不断增强企业核心竞争力为中心，实行产业结构优化和升级改造；加强林场文化建设，实施林场文化发展战略。科学发展时期（2016至今），开展国有林场改革，结合城市林场（林业）的特点，进一步突出梧桐山国家森林公园的生态公益服务功能，提升国家森林公园的生态、公益潜力。

（3）森林资源

林场各类土地面积541.4公顷，其中林业用地面积493.1公顷，非林地48.3公顷，分别占林场总面积的 91.1% 和 8.9%。生态林 488.1 公顷，占 99%，林业用地中有林地 455.3 公顷，占 92.3%，主要树种为土沉香、红花荷、速生相思以及其他硬阔；灌木林地 37.8 公顷，占 7.7%，森林覆盖率 91.1%，林木绿化率 91.1%。有幼龄林 172.3 公顷，蓄积量 3503 立方米，中龄林 159.8 公顷，蓄积量 6716 立方米，成熟林 9.1 公顷，蓄积量 707 立方米。过熟林 92.5 公顷，蓄积量 7395 立方米。

园区现有野生植物达 240 科 1419 种，野生动物 24 目 64 科 196 种，拥有刺桫椤、穗花杉、白桂木、粘木、土沉香（华南沿海最大的野生土沉香植物群落）珍稀植物和蟒蛇、鸢、赤腹鹰、褐翅鸦鹃、小灵猫、穿山甲等国家一级、二级重点保护野生动物资源。山海景观资源丰富。园区内山峰挺拔、云雾缭绕，天池幽深、飞瀑激荡，古木苍劲、森林锦绣，被誉为大都市里的世外桃源。“梧桐烟云”景观位列深圳八景之一，成为深圳东部旅游产业带的重要组成部分。

（4）经济发展

林场创新生态保护、产业发展、共生共荣的现代林业可持续发展模式。依托区位优势，发展经济产业，林场较好地解决了生存和发展问题。林场经济主要依靠第三产业，由物业租赁（公司拥有国家 3 级物业管理资质）、酒店服务（3 星级）、园林绿化（市政府预选承包商和国家 2 级资质）产业组成，其中，物业租赁约占 80% 左右，酒店和绿化产业约占 20% 左右。2012 年，林场总收入突破 2000 万元，综合实力位居省直国有林场前列，职工收入基本达到深圳市事业单位水平。同时，林场产业经营收益反哺生态建设，生态建设成果又提升了林场产业经营的特殊竞争优势，形成螺旋上升态势。

由于森林公园旅游设施以及附属配套设施还不完善，并未正式对外开放。但是由于梧桐山是深圳市的名山，游人络绎不绝。据粗略统计，登山健身和徒步探险的游人每天约 100 余人，重要节假日达 3000 人以上，2015 年一年共约 17 万人次；投宿及饮食娱乐每天 600~1000 人。森林公园没有门票收入，省沙头角林场的旅游收入主要来自住宿、饮食和娱乐方面，年营业额 2000 万元左右。

（5）基础设施

1981 年 6 月建设恩上林区二级公路，长 4.6k 米，投资 30.94 万元。30 多年来，林场又对该公路进行多次加固、维护和整修。1999—2008 年营造生物防火林带工程，共投入资金 15 万多元，建设生物防火林带长度 10.9 千米，面积 13.2 公顷，保存率达 92%。至 2016 年，林场每年投入约 10 万元进行防火林带和防火线维护建设，确保林区内森林防火安全。2006年林相改造84.2公顷，防火便道维护及部分硬底化设计2.95千米。建设梧桐山登山步行道。

（6）自然灾害

林场每年投入20余万元对有害生物进行清理，如薇甘菊人工清杂及化学防治。

（7）山林权属

1991年，深圳市罗湖区国土局以罗地合字〔1991〕17号文，将沙头角林场红线范围内的3597.5平方米土地一次性批给深圳市协和电力公司，林场多次申诉无果。深圳市国土局以深国土字〔1991〕37号文，通知林场要收回沙头角海山森林公园部分土地（约32.4413万平方米），后林场和省林业厅多次发文，深圳市国土局对该通知不予执行。林场多次向罗湖区国土局申请用地登记发证，但相关部门以林场用地登记发证条件尚未具备拒绝。

沙头角保税区设立建设不断侵占林场红线范围内土地（约8000平方米），深圳市罗湖区国土局、建设局雇请施工队毁林侵占林场红线范围内土地53000平方米，林场多次向有关部门申诉，省林业厅向广东省人民政府反映，也多次向深圳市人民政府及国土部门发文要求制止该行为，但深圳市国土部门都以林场无合法用地依据而无果。

（8）林场大事记

1981年，省林业厅以粤林〔1981〕196号文，将“罗田林场恩上分场”改名为“沙头角林场”（又名“沙头角海山森林公园”）并启用印章。

1987年，省林业厅以粤林〔1987〕470文批复，同意林场兴建“三来一补”工业厂房宿舍15000平方米。

1989年，林业部以林造字〔1989〕84号文批复，沙头角海山森林公园（国营沙头角林场）升格为广东梧桐山国家森林公园，成为继湖南张家界、浙江千岛湖、广东流溪河之后，第四座国家级的森林公园。

1992年，罗湖区人民政府同意林场与罗湖区联发股份有限公司合作开发林场80亩范围内27716平方米土地，建造商住楼。

1993年，林场为搞活经济，部分职工停薪留职外出经商，并承包沙头角中英街镇内门市。

1995年，省国有林场经营公司、沙头角镇人民政府、原沙头角大队、原深圳市林业局（市绿委办）签订了终止4家联营协议书，为林场的独立经营理顺了关系。

1996年，林场按全国标准套改标准发放工资。

1997 年，省林业厅以粤林函〔1997〕199 号文，批准“国营沙头角林场”更名为“广东省沙头角林场”。

1998 年，林场执行事业单位改革，实行政事分开，人事、用工和分配制度“三制”改革。

2002 年，林场新改革方案实施，林场向生态公益性林场转变。

2015 年 1 月 20 日，林场森林公园管护中心和生态森防监测站正式启。

5.3 樟木头林场

（1）基本情况

广东省樟木头林场1936年1月由东莞籍抗日名将蒋光鼐先生创办。林场地处珠江三角洲腹地东莞市东部，场部设在樟木头镇，地理坐标为东经113° 53′~114° 10′、北纬22° 48′~22° 58′。林场地形属于低山和高、中丘陵三类，一般海拔在100~400米；气候属南亚热带季风气候，受季风影响，高温多雨。林区主要成土母质为第四纪近代砂页岩、花岗岩。林场经营总面积6385.2公顷，林业用地6339.9公顷，占东莞市林业用地总面积九分之一，活立木总蓄积量48.4983万立方米，森林覆盖率91.5%，林木绿化率91.6%。

2015年，林场总收入2377.89万元，总支出1773.78万元，实现利润604.1万元，资产总额17864.46万元（其中：国有资产总额15342.12万元），负债总额2522.34万元（其中：专项应付款1227万元）。

（2）体制变革

广东省樟木头林场原称“东莞明伦堂宝山示范林场”，1936年1月由东莞籍抗日名将蒋光鼐先生创办。1944年因日寇入侵停办，1947年复办，1951年由省农林厅接收并组建成“广东省农林厅第一示范林场樟木头造林站”。1956年，林场划归东莞县管辖，更名为“东莞林场”。1973年，林场划归广东省直属，更名为“国营樟木头林场”。1994年1月1日，林场更名为“广东省国营樟木头林场”。2001年5月，省编办下文，将林场升格为广东省林业厅直属正处级事业单位，实行企业管理。

林场建立早期，以营林生产为基础，将人力、物力、财力重点投放在林业生产方面，累积保护森林资源。20世纪60年代开始，林场自办、联办二三产业，逐步形成以经营用材林为主，林、工、副相结合的综合经营模式。2001—2015年，林场进入自收自支的企业管理模式，主要职责定位于：从事营林、森工生产，合理利用森林资源，同时进行森林生态环境保护和建设。

（3）森林资源

1936年，林场建场规划面积45000亩。1957年，经营总面积达7866.7公顷。到2015年底，林场经营总面积为6385.2公顷（其中：林业用地面积6339.9公顷，非林业用地面积45.3公顷）。生态公益林总面积3900.7公顷，占林业用地面积的61.5%（含国家级生态公益林面积3100.3公顷，省级生态公益林面积800.4公顷，分别占林业用地面积的48.9%和12.6%）。商品林面积2439.2公顷，占林业用地面积的38.5%（其中，短轮伐期用材林占30.2%，一般用材林占4.4%，经济林占3.9%）。活立木总蓄积量484983立方米（其中，生态公益林蓄积量345017立方米，占71.1%；商品林蓄积量139966立方米，占28.9%）。森林覆盖率91.5%，林木绿化率91.6%。

林场野生动物资源丰富，有穿山甲、野兔、刺猬、野猪、果子狸、黄鼠狼等兽类，有猫头鹰、啄木鸟、雉鸡、麻雀、山雀、黄莺、雨燕等多种鸟类，有多种蛇类、龟类、蛙类、鼠类、蝙蝠等，昆虫类主要有蝴蝶、山蜂、白蚁、草蜢、蛾、蝇类等。山溪及水库中有多种淡水虾、黄鳝、泥鳅、胡子鲶等野生淡水鱼、虾类。珍稀濒危动物有黄猄、蟒蛇、五爪金龙等。

（4）经济发展

林场自1966年开始生产木材。1966—1972年，林场木材收入累计约24万元。1973年，林场商品林进入主伐更新。1973—2015年，林场累计生产木材87万立方米，销售收入22509万元。2015年，东莞市人民政府对林场实施非经济林生态补偿（850万元/年），林场全面停止以桉树为主的商品性木材砍伐，有计划地进行林分改造。

宝山森林公园处于建设期，尚未对外开放经营，无门票收入。停车场自2009年10月1日投入使用并开始收费，至2015年累计收入107万元。九洞森林公园处于建设期，尚未对外开放经营，无门票和其他收入。林场自1986年开始自筹资金建设工业厂房，至今二三产业收入逐年增加。到2015年，林场二三产业年收入577.42万元，比1988年的17.02万元增长近34倍，累计总收入9219万元。

自1936年建场以来，各级政府累计投入资金共2255万元支持林场建设，修建87千米林区公路，完成12千米公路硬底化工程，修建167千米防火线和105千米林道，营林生产累计投入达11387万元。到2015年底，林场国有资产总额1.5342亿元，是国家投入的6.8倍，形成固定资产7255万元、林木资产6578万元。

（5）基础设施

1967—2015年，林场开设林区公路共计66.128千米。2004—2015年，林场实施林区公路硬底化工程 13.1 千米。林场水、电、通讯设施完善。

1983—1994 年，林场在场部和工区建设职工宿舍 8126.28 平方米，多为砖混结构的低层套房。1993—2005 年，林场以集资的方式建设集资房，总建筑面积 13392.4 平方米。2007—2015 年，林场搬入原 4 层招待所办公，建筑面积 1010 平方米，设领导和 8 个科室办公室、档案室、接待室、小会议室和大会议室等。

（6）自然灾害

2013 年 8 月 16 日，林场五埂工区林区遭强台风危害，新造林、幼林出现倒伏、折断，受灾面积 230 亩。林场在 1954 年，1966 年，1970—1980 年发生松毛虫大灾害；1980 年林场松林出现松突圆蚧大面积为害；1990 年林场松林发生松材线虫病。

1962 年，林场簕竹排工区九栋林区一带失火，烧毁山林面积 12567 亩（其中有林面积 3949 亩），是新中国成立后最严重的一次山火。之后至 2015 年，林场累计发生森林火灾 5 次，过火面积 745 亩。

（7）山林权属

1936 年 1 月，东莞明伦堂董事长蒋光鼐创办“东莞县明伦堂宝山示范林场”（樟木头林场前身），林场为东莞明伦堂所有。1950 年，东莞县人民政府（军事管制委员会）接管林场。之后，国家陆续将东莞当地的疏林荒山划归给林场经营管理，林场与东莞县人民委员会、区共所和乡人民委员会共同在《东莞县国营东莞林场山权山界登记表》上签署相关意见，确定林地经营管理范围。1962 年，林场与长山口生产大队签订了《处理山权林权协议书》，明确双方边界。20 世纪 80 年代，林业“三定”时期，林场与东莞当地对山林权属重新进行界定，林场将部分林地划归当地。

1989 年，林场配合东莞县人民政府开展林地确权工作，经营林地取得《山权林权证》。2002 年，林地林权全部登记换发国有林地林权证，共登记换发证 55 宗，面积 96317.5 亩，林场经营林地发证率 99.59%。

（8）林场大事记

1980 年 8 月 27 日，广东省编委批复省林业厅，同意成立广东省国营林场经营公司，与国营林场处为“两块牌子，一套人马”，樟木头林场等 10 个省直属林场（局）由省国营林场经营公司统一管理。

1984 年 7 月 22 日，广东省人民政府批转省林业厅《关于省办国营林场管理体制改革的意见》，樟木头林场等 10 个省直属林场（局）由省国营林场经营公司统一管理，实行事业单位企业管理。

2001 年 5 月，林场升格为正处级事业单位，更名“广东省樟木头林场”。

2014年8月6日，广东省副省长邓海光到林场调研生态建设和国有林场改革工作。

2015 年，东莞市对林场实施非经济林生态补偿，2015 年补偿 850 万元。

5.4 天井山林场

（1）基本情况

广东省天井山林场是广东省林业厅直属的正处级生态型自收自支事业单位，创建于 1958 年。辖区位于乳源瑶族自治县境内，地处南岭支脉五岭的南麓，地理坐标为东经 112° 30′~113° 15′、北纬 24° 32′~24° 46′之间，总经营面积 25415.5 公顷。其中林业用地面积 25293.6 公顷，非林地面积 121.9 公顷。林场森林面积为 23405.5 公顷，林木蓄积量 195.15 万立方米，森林覆盖率为 92.1%。

林场经济成份主要由公有制、集体经济和私营经济等 3 个部分构成。2015 年，林场国有经济实现总收入 4828 万元，上缴国家和地方税金 426 万元，创利润 492 万元，拥有资产总值 1.82 亿元，职工年人均收入 51000 元；林场以场带队管辖古洞和结洞两个自然村，集体经济收入 94.6 万元；林场现有民营电站 10 余座，年售电收入 900 万元以上。

（2）体制变革

天井山林场原是韶关公署石角塘林业管理局属下的一个林场，1962 年，韶关公署石角塘林业管理局拆分为“乳阳林业局”和“天井山林场”。分开建制后，乳阳林业局仍属森工企业，天井山林场则属事业单位，但同属省林业厅直接领导。1963 年 6 月，天井山林场划为省直属林场，改称为“广东省天井山林场”。1965 年，天井山林场为省直管，生产、投资、基建、劳资、统配物资供应计划由省林业厅管理。1995 年 7 月 1 日，省林业厅产业处成立，天井山林场等 10 个省直属林场（局）隶属关系变更，统归省林业厅产业处国营林场服务总站管理。2001 年，经省编委办核准，林场定为正处级单位，并更名为“广东省天井山林场”。

林场建场初期以营林采伐为主业，逐步迈向以水电为支柱、多种经营为辅的路子，后转型为森林生态环境建设和自然资源保护。

（3）森林资源

2015 年底，林场总经营面积 25415.5 公顷，其中林业用地面积 25293.6 公顷，有林地面积 24658.7 公顷，占林业用地面积的 97.5%。全场省级以上生态公益林面积为 22254.3 公顷，占总经营面积的 87.6%，其中国家级生态公益林 17817.5 公顷，省级生态公益林 4436.8 公顷；商品林面积为 3039.3 公顷，占总经营面积的 12%；非林地面积为 121.9 公顷，占总经营面积的 0.4%。森林面积为 23405.5 公顷，林木蓄积量 195.15 万立方米，森林覆盖率为 92.1%。

据 2011 年出版的《南岭植物物种多样性编目》统计，南岭保护区（含天井山）有高等植物 3760 种，其中珍稀濒危植物有桫椤、红豆杉、华南五针松、伯乐树、长柄双花木、福建柏等 41 种。野生动物资源丰富，有脊椎动物 555 种，隶属 31 目 100 科 339 属。

（4）经济发展

林场建场以来，在产业发展方面进行了不懈努力和多种尝试，经历了 4 次产业转型：第一次是改革开放初期，从建场 20 年来单一的林业产业转向小水电开发经营，并使之逐步发展壮大，不仅使林场顺利度过了改革转型期的难关，还使林场成为全省林业系统中最早停止砍伐木材并开展林业生态保护的典型，这也是迄今止最成功的产业转型。第二次是 20 世纪 80 年代中，林场开始实行多种经营，跳出林业谋发展，在人造大理石、金属冶炼等工业生产和物业投资方面进行了尝试，由于管理和经营等方面原因，向工业生产的转型以失败告终，物业出租业也是成败各半。第三次是在 20 世纪 90 年代初，根据国家的发展战略，工作重点转向资源管护和生态保护，建立自然保护区，划定水源涵养林区，使林业生态建设这一基础产业的地位得到巩固和加强。第四次是进入 21 世纪后，根据自身发展的需要，转向生态旅游开发，2002 年划出 5593 公顷林地成立省级森林公园，2008 年升格为国家级森林公园。

木材销售：1980—2015 年生产木材 42.5561 万立方米，收入逾 1.759 亿元。

水电产业：林场利用林区溪流多、落差大且降雨丰沛的特点，开发建设小水电站，把小水电作为龙头产业来抓。至 2010 年底，林场共有装机总容量 34125 千瓦，其中林场国有部分 14435 千瓦，与外单位合资开发 8200 千瓦，职工股份电站 8490 千瓦，另有部分职工私营小水电站 3000 千瓦。小水电年发电量约 1 亿千瓦时，年售电产值超过 4000 万元。

森林旅游：2002 年 10 月，经广东省林业局批准成立广东天井山省级森林公园，公园下设餐饮部、客房部、旅游服务中心等部门，餐饮部可接待 100 多人就餐，客房部可接待 120 多人住宿。2008 年升级为国家级森林公园。2011 年被评为国家 AAA 级旅游景区。2015 年 1 月 1 日起正式开园经营。公园总面积 5593 公顷，是广东省天然林面积最大的国家森林公园。2015 年接待游客 30000 多人，旅游业及相关收入 181 万元。

（5）基础设施

林场办公包括护林点用房 4634 平方米，机关及各单位办公楼网络全覆盖，现代办公设备齐备。林场场部已建成 3 个职工住宅小区，职工住房基本实现楼房化，人均居住面积达 16.86 平方米。乳源县城天井山职工商住小区有 486 套住房。

林场现有林区公路 162 千米，其中在役路段近 100 千米，常养路段 59.6 千米；水、电、通讯等设施齐全。

（6）自然灾害

对林场生产经营和职工群众生命财产有可能造成危害的自然灾害主要有以下几类：

①暴雨引发山洪、泥石流、山体塌方或滑坡：较常发生，一般会带来冲垮房屋、冲毁公路、淹没作物等损失。②雷击：较常发生，主要对林场电力设施和家用电器造成破坏。③冰雪、霜冻：较常发生，一般会造成冻死林木幼苗、压折林木顶枝、压断输电线路等破坏。④冰雹：不常发生，一旦发生会对林场部分砖瓦房和林木幼苗造成破坏。

（7）山林权属

1990 年，广东省林业厅以《关于乳阳林业局与天井山林场山界问题的处理意见》（粤林〔1990〕349 号）裁定，林场划出连加山工区 40000 多亩林地给乳阳林业局长期经营，林场的实际经营面积变为 38.1 万亩。2004 年开展换发新版林权证工作，由于部分村集体不配合，林场换发证面积总计为 31.88765 万亩。2011 年，天井山林场实际换发林权证的总面积为 32.6801 万亩，占申请发证面积的 76.38%。2013 年，经省林业厅调解，林场与乳阳林业局签订《关于坪溪林场部分地块林权归属及经营使用协议书》（2013.1.6），确定连加山工区 43405 亩由乳阳林业局有限期经营，经营期截止至 2040 年 8 月 30 日，此后该林地的四权都归天井山林场所有。

2015—2016 年，因国有林场改革的需要，林场与地方政府积极配合，开展新一轮的林地确权发证工作。目前，新增签字确权的林地面积为 56108 亩，待走完发证流程，全场林权证发证率将升至 89.5%。

（8）林场大事记

1980 年，省编委批复省林业厅，同意成立广东省国营林场经营公司，与国营林场处为“两块牌子，一套人马”。天井山林场等 10 个省直属林场（局）由省国营林场经营公司统一管理。

1983 年，省国营农林场体制改革工作会议精神，推行经济承包责任制。

1984 年，省林业厅印发《关于省直林场（局）实行生产、财政包干制的意见》。

1992 年，林场小水电公司创下月发电 593.2 万度，电费收入 126.7 万元的历史记录。

1999 年，林场被广东省人事厅和林业厅评为“广东省林业系统先进集体”。

5.5 九连山林场

（1）基本情况

广东省九连山林场成立于 1963 年，由连平县大埠林场、水洋洞林场、田蓎林场合并而成。九连山林场位于广东南岭山脉南麓的连平县境内，地理坐标为东经 114° 24′ ~ 114° 36′，北纬 24° 08′ ~ 24° 22′，属于粤北山区。林场有经营总面积为 88600 亩，林业用地面积 88400 亩。至 2015 年底，林场活立木蓄积量总量 39.07 万立方米，森林亩蓄积量为 4.5 立方米 / 亩，森林覆盖率 93% 。

至 2015 年 12 月 31 日，林场现有职工总人数 171 人（不含九连山派出所），其中在职职工 79 人，退休职工 92 人。目前，林场经济收入主要依靠木材生产，2015 年林场总收入 2178.99 万元（其中木材销售收入 918.36 万元），实现利润 309.09 万元，在职职工平均收入 5.23 万元，目前国有资产总额为 7922.78 万元。

（2）体制变革

广东省九连山林场成立于 1963 年，由连平县大埠林场、水洋洞林场、田蓎林场合并而成，为省直属国有林场建制。林场自成立以后，其隶属关系、经营面积一直都有较大变化。“文革”期间，林场因隶属关系曾一度下放给地区、县管理，总经营面积经过几次划拔调整，1983 年落实“山林两制”后再次恢复为省直属林场，总经营面积 86000 亩。

自建场以来，林场一直依靠国家下拨资金按计划完成造林绿化任务。改革开放以后，林场转入以木材生产经营性收入为主。2003 年来，逐渐向生态型林场转变，逐年增加营造阔叶树面积，提高阔叶树种比例，逐渐提高生态公益林的生态功能等级。经营体制经历了计划—经济—生态的变化过程。林场在新一轮改革中的主要职责为：承担新丰江源头区域九连山林场范围内生态环境保护和森林资源培育双重任务，坚持生态建设优先，坚持将林业社会效益放在首位，在确保实现公益目标的前提下合理科学利用森林资源。

（3）森林资源

1983 年，林场总经营面积为 5263.27 公顷，到 2015 年，林场经营面积为 5906.5

公顷（包含了林场与内莞镇横水村的租赁林地面积）。2015 年，林场林业用地面积 5893 公顷，林场生态公益面积 4339.1 公顷，占全场总面积 73.5%。商品林 1567.4 公顷。其中，乔木林地 5026 公顷，包含纯杉林 506.3 公顷，纯松 662.4 公顷，针叶混 251.2 公顷，针阔混 1153.2 公顷，阔叶林 2452.9 公顷。林场总蓄积量增至 39.07 万立方米，森林覆盖率为 88.1%。

（4）经济发展

1956—1977 年，林场得到国家拨款为 185.34 万元。1978 年改革开放后，林场实行企业化经营管理，主要依靠砍伐人工林维持运作，政府投资极少。1978—1995 年得到国家拨款约 84.15 万元。1996—2015 年，国有林场森林实行分类经营，林场也大力调整树种结构，营造乡土阔叶树种，提高森林资源质量，维护自然生态环境。国家安排生态公益林效益补偿资金、防护林、水源涵养林、碳汇林、木材储备林、森林抚育等项目资金，累计获得国家拨款 5506.56 万元

1978—1995 年，林场累计总收入为 3408.61 万元，其中：木材销售收入 42791.48 万元(销售木材 75700 立方米)。1996—2015 年，累计总收入为 19086.74 万元，其中：木材销售收入 11803.4 万元（销售木材 24.34 万立方米）。1978—1995 年，累计总支出约 3293.97 万元，其中：营林生产及管护支出 1563.44 万元。1996—2015 年，累计总支出约 16819.47 万元，其中：营林生产及管护支出 6991.09 万元。1978—1995 年，累计实现利润 712.37 万元。1996—2015 年累计实现利润 2341.82 万元。

2015 年林场总资产 8861.38 万元，比 1996 年总资产（2194.91 万元）增加了 6666.47 万元；所有者权益也比 1996 年增加了 6116.37 万元。1996—2015 年，在岗职工年人均收入从 5600 万元增加到 52300 元。

（5）基础设施

林场场部和工区工作环境和生活条件完善。护林哨所从 2005 年开始，统一改建为砖混结构，两房一厅一厨一卫，建筑面积 66 平方米。2003 年由职工集资、林场配套土地和部分资金，在东园大道场部综合大楼后面建成 4 幢 5 层共 40 户职工住宅楼。

场部和工区交通方便，目前已开通 55.283 千米林区公路。水、电、通讯等设施齐全。

（6）自然灾害

建场以来有记载的严重冰雪灾害有 2 次：1996 年 2 月 17 日一次，2008 年春节一次。暴雨泥石流灾害：1964 年 6 月中旬，连平地区遭到百年以来的特大洪水；1992 年 4 月 23 日晚上 7 时，连平县遭到百年罕见的特大暴雨袭击；2005 年 6 月 23 日，连

平县遭受到百年一遇的特大洪涝灾害；2013 年 5 月 15 ~16 日，连平县遭受特大暴雨袭击，大部分地区遭受了严重灾害。

林场林地已发现的害虫有杉梢卷叶蛾、萧氏松茎象、松毛虫等，尚未发现松材线虫，尚未发生较大面积森林病虫害。从 2001 年起，省林业厅每年下达森林病虫害防治监测任务，按要求完成项目监测和上报工作；2008—2010 年完成省级松毛虫防治 28818 亩次，萧氏松茎象防治 1324 亩，经防治的林地林木，未发现上述害虫。

（7）山林权属

广东省九连山林场于 1963 年由原大埠林场、水洋洞林场、田席林场合并建成。1983 年按国家政策开展了“稳定山权林权、划定自留山、确定林业生产责任制”（即林业“三定”时期）工作，林场经营的林地与当地社队、村级集体先后都签订有合同或协议予以明确，故林场经营范围内的所有林地均办理了连平县人民政府颁发的《山权林权证》（第一代山林权证），全场 86000 亩林地一直持续稳定经营至今，除田蓆工区大风门林班因部分边界未开设防火线而存在争议外，其他林地均不存在山林权属纠纷问题。

（8）林场大事记

2012 年，林场更名为“肇庆市国有北岭山林场”；是年，《肇庆市鼎湖山周边纯松林生态改造》项目被列入肇庆市 2012 年十件惠民实事。

1982 年 8 月，制定岗位责任制。

2004 年 1 月，《广东省九连山林场分配制度改革方案》正式实施。

2015 年 5 月，经广东省林业厅批准，在省九连山林场大埠工区舌麻坑林班、高桥林班范围内建立广东九连山森林公园（省级）。

5.6 东江林场

(1) 基本情况

广东省东江林场，于1963年3月27日由紫金县国营紫金林场（后改名为奎溪林场）和国营禾坑林场（后改名为国营桂林林场）合并而成。东江林场位于河源市紫金、源城及惠州市博罗县2市3县（区）交界处，地理坐标为北纬23° 17′~23° 34′。东经114° 28′~114° 38′。东江林场目前发展成以生态公益林为主，适度发展商品林的林场。至2015年底，全场经营面积为11.7599万亩，森林覆盖率为93.3%，活立木蓄积量49.7236万立方米。

目前林场每年收入生态林补偿、专项补贴等收入250万元，木材销售收入200万元，景观林、商品林林地出租收入180万元，松木采脂收入60万元，厂房物业出租收入50万元，苗木销售30万元，利息30万元，合计800万元左右。每年总支出需600多万元，主要包括在岗职工的工资、住房公积金、福利、年终奖金，152名退休职工的补充养老金、节日与疾病慰问费、医疗保险，以及营林生产项目开支、办公差旅、会议接待、电话车辆使用、物业维修、经营税费等。年收入保持在200万元左右，经营状况良好。

(2) 体制变革

1963年3月27日，广东省正式将国营奎溪林场（原紫金县国营紫金林场）和国营桂林林场（原国营禾坑林场）两个林场合并为“广东省东江林场”，收归省管。2001年至今，省委编办下发《关于省林业局直属国有林场机构改革方案的函》（粤机编办〔2001〕159号），将省东江林场定为正处级事业单位。主要任务：从事营林、森工生产、合理利用森林资源，同时进行森林生态环境保护和建设。核定事业编制380名，人员经费自筹。

2002年，林场实施改革，将林场定位为以培育森林资源为重点，以提高综合效益为中心，坚持“以林为主、合理开发、综合经营、全面发展”的办场方针，实行分类经营，分类管理。2016年是全国国有林场改革之年，林场主要任务是承担东江中上游沿岸区域东江林场范围内生态环境保护和森林资源培育双重任务，在确保实现公益目标的前提下科学合理利用森林资源，由自收自支的企业化管理的事业单位转为省财政全额核拨的省公益一类事业单位。

（3）森林资源

2004年林场总经营面积为11.7779万亩。2015年底全场经营面积为11.7599万亩，林业用地11.5439万亩，非林地2160亩。其中国家级和省级生态林71336亩（占林业用地的62%），商品林地43492亩，经济林361亩，苗圃地250亩。森林覆盖率为93.3%，活立木蓄积量497236立方米。

在20世纪80年代以前，林场范围内的动物资源比较丰富，有野生动物水鹿（野牛）、穿山甲、山羊等。在经历频繁捕猎之后，林区范围内的野生动物日益稀少。近年来，由于深入开展保护工作，情况有所改善，部分动物种群不断恢复，鸟类、哺乳动物、爬行动物、两栖类动物均有分布。

（4）经济发展

林场自1981年开始主伐以来，木材产量逐步增加，主伐方式为大面积皆伐。2003年后，林场木材采伐统一由公开招投标确立的承包者实施，林场伐区自1999年部分实行拍卖，自2003年起全部实行了拍卖。林场大力发展用材林的同时，开展多种经营活动，主要项目有粮食、果树、苗木等。2003年以来，林场计划建设东江林果园艺公司，在奎溪村利用202亩左右（100亩为征收农地），种植了部分绿化大苗。近年有部分销售。广东东江森林公园(省级)经省林业局批准建立于2004年6月29日。森林公园坐落在广东省东江林场辖区内。广东省东江森林公园的建设，将发展生态旅游度假项目，进一步搞好生态建设，实现社会、经济、生态三大效益的同步发展，

广东省东江林场是自筹自支的事业单位，开办时注册资金5146万元。主要经营林业种植，苗木销售、采伐运输。主要收入来自于自产自销的木材产品。现有资产总额6033.02万元。2014年总收入为805.13万元，实现利润279.6万元。2015年总收入为884.35万元，实现利润298.05万元，增长18.45万元，实现经济稳步增长。

（5）基础设施

场部办公楼位于紫金县古竹镇圩镇，兴建于1993年，为6层办公及职工居住混合综合楼，建筑面积2716平方米。招待所1栋，目前为承包经营，建筑面积960平方米，东林甫宿舍、厂房区共4栋，建筑面积2700平方米，临江高望商铺726平方米，奎溪老场部旧办公楼1栋，建筑面积1080平方米，分散23个林区管护房部分是近年来新建混凝土房，部分是20世纪60~70年代建的砖瓦结构平房，建筑面积共4000平方米左右；另外，还有位于古竹、临江、河源高新开发区的地皮分别有40000平方米、

20000 平方米、23036 平方米（其中厂房 3700 平方米）。

林场共 4 个工区，23 个管护点、所，基本实现每个工区、管护站点通公路，现林区公路 168 千米，通往工区的主干公路约 72 千米，伐区临时道路 80 千米。林区道路网以及防火设施已经形成，基本能满足木材生产和森林管护的需要。水、电、通讯等设施完善。

（6）自然灾害

林场近几年过发生几次较大的冰雪、暴雨灾害，其中，2006 年 5~7 月受暴雨侵袭，林场桂林工区出现大规模多出山体滑坡和泥石流；2008 年 1 月，雨雪冰冻灾害 10000 亩林地受损；2008 年 4 月，受强降雨影响，造成林场林地大面积塌方；2015 年 1 月冰雪灾害造成林场部分速生桉幼林冻死。2006 年、2008 年、2013 年、2014 年林场发生过严重台风灾害。

东江林场建场至今，曾爆发大的病害虫害危害林木生长的事件主要有 60 年代、70 年代松毛虫危害松林。80~90 年代松突圆蚧危害松林。近年来发生松材线虫危害松林，桉树尺蛾危害速生桉、与农村交界处出现大量红火蚁。从 2008 年开始，林场桂林工区科研基地、奎溪苗圃林场苗木、林木开始遭受薇甘菊危害。

（7）山林权属

1963 年，东江林场由上片国营桂林林场（国营禾坑林场）和国营奎溪林场（紫金县国营紫金林场、国营紫金林场）合并而成，至设计时，全场总面积为 12400 亩。林场目前已经领取新版林权证 11.38 万亩林地，占总面积的 96.6%，尚有 3970.5 亩林地未换发新版林权证，将在“十三五”期间争取有关部门依据林场提供的总体设计任务书及经营范围图等有效凭证，依法核发新版林权证。

（8）林场大事记

1988 年，广东省林业厅发布《关于批转〈省国营林场场长任期目标责任制现场会议纪要〉和〈关于国营林场实行场长任期目标责任制的意见〉的通知》（粤林〔1988〕206 号），决定省直属国营林场（局）从 1989 年 1 月 1 日起全面实行场长任期目标责任制。

2003 年 1 月 25 日，建立“千分制”林场，对各位职工建立劳动用工动态管理与年度“千分制”考核激励办法，该办法一直沿用至今。

2004 年 1 月 10 日，实施“一场两制”调整效益分配制度促进经济发展改革方案。

2008 年 1 月 1 日，设立东江森林公园管理处，作为林场开发森林生态旅游的专门管理机构。

5.7 连山林场

（1）基本情况

广东省连山林场林场位于广东省西北部，地处粤、湘、桂 3 省交界处，地理坐标为东经 111° 56′～ 112° 12′，北纬 24° 33′～ 24° 41′。林场经营总面积 14.6226 万亩，林业用地 14.1443 万亩，蓄积量 45.6 万立方米，森林覆盖率 88.6%。

林场现有职工总人数 521 人，其中在编在职职工 157 人，离退休职工 349 人，长期聘用 15 人。林场目前还承担着“以场带队”巾子村委会、医院、武装部、户籍管理、计划生育、特殊人员救济等社会职能。2015 年经营总收入为 1655.2 万元，其中木材收入 1085.9 万元，物业经营收入 82.9 万元；经营总支出 1278.9 万元；在职职工人平工资收入为 58000 元。

（2）体制变革

1954 年，由粤北行政公署林业处报粤北行署和广东林业厅批准，在原中山油桐林场基础上建立起了“粤北行政公署连山林场”。1957 年 5 月下放给连山县管，随着连阳 4 县合并，又归属连阳各族自治县管，后又分县，由连山县管理。1963 年归属韶关地区行署。1964 年归省林业厅管属，称“国营广东省连山林场”，行政上由连山县管属。1995 年后归属省林业厅管辖。2001 年经省人民政府编委批准，国营连山林场更名为“广东省连山林场”，提升为正处级事业单位，由省林业厅主管，具体业务由国有林场服务总站直管。

建场初期，国营连山林场的经营方针是“以林为主，多种经营，综合利用”，在这方针指导下，林场职工贯彻造护并产，除积极造林外，加强对现有森林的抚育和保护管理，明确以营林为主业。2001 年 6 月，根据省编办（粤机编办〔2001〕159 号）文件：明确广东省连山林场为正处级事业单位。主要任务：从事营林、森工生产，合理利用森林资源，同时进行森林生态环境保护和建设。

（3）森林资源

2014 年 12 月，省国有林场服务总站组织技术人员对省属林场进行二类森林资源调查，连山林场总面积为14.6226万亩，林地面积14.1442万亩，非林地0.4783亩。2015年森林蓄积量45.6万立方米，蓄积量45.6万立方米，森林覆盖率88.6%。

林场内野生植物丰富。据调查，现有维管植物136科335属493种，其中野生维管植物133科318属466种。在维管植物中，其中蕨类植物17科22属30种，裸子植物4科6属9种，被子植物115科307属454种。属国家一级重点保护的植物有伯乐树，国家二级重点保护的植物有金毛狗、桫椤等7种。

林场分布的野生动物丰富，属国家重点保护的动物有11种，其中国家一级保护动物有黄腹角雉、蟒蛇；国家二级保护动物有穿山甲、白鹇、虎纹蛙等9种。

（4）经济发展

自1954年建场以来，林场每年都进行植树造林。据统计，1954—1980年这27年中，国家累计投资471.14万元；1981—1994年这14年中，国家投资比较少，累计投资在100万元；1995—1996年国家投资以减免部分税收及不上缴育林基金形式来实现，共计有50万元；1997—2015年这19年中，国家累计投资达7319.31万元。国家投资主要用于植树造林和中、幼龄林抚育以及各林业项目建设（如：珠江防护林、水源涵养林、木材战略储备、碳汇林等）。

1975年开始，林场进入真正的主伐阶段，从这一年开始，森工生产成为林场主要工作，也成了林场经济收入的主要支柱。1975—1993年，这19年林场共生产木材21万立方米，木材经营收入累计5500万元以上；1994—2015年，这22年林场共生产木材22万立方米，木材经营收入累计达1.6亿元，平均每年木材经营收入为727万元。从1998年开始，林场采用活立木投标转让方式拍卖木材。

林场从20世纪70年代初期开始发展第二三产业，分别办起了榨油厂、冬菇厂、木材加工厂、松香厂、鹰扬关水电站、竹集成板厂、深圳丰林公司、南海大沥公司、连山迎宾大酒店公司等企业。这些产业为林场的经济发展注入了新鲜血液，在1995—2015年这21年中，为林场经济增收4847万元，平均每年增收231万元。

（5）基础设施

林场场部位于连山县吉田镇佛子村，距离县城2千米，办公楼于1979年12月落成使用至今，属混凝土结构楼，其中有办公室20间、会议室和茶水房各1间、杂物间2间，4楼是档案室。建筑面积共1129.5平方米，2004年翻新装修。林场共有254套混凝土结构房屋，其中2012年危旧房改造，新建房屋100套，廉租房屋109套，林苑集资楼45套。

林场林区交通便捷，大部份林班贯通林区公路，国道323线、原省道1960线、县道400线贯穿林场林地，全场尚余10个林班未通林区公路。林区公路共57.4千米，其中已经硬底化25.7千米。林场水、电、通讯等设施齐全。

（6）自然灾害

林场经常遭受冰雹灾害，受灾较严重的有1996年、2000年、2008年。林场遭受的暴雨、泥石流灾害：1998年3月，连山持续下了一场特大暴雨，林场部分工区受灾严重，全场损失约15.8万元；2001年6月，林场遭受连日特大暴雨的侵害，致使林场7个工（农）区遭受损失，共计损失约28.8万元。风灾害偶有发生：建场以来最严重的是2003年8月，林场受台风影响，各工区道路遭受了不同程度的塌方、损毁，造成损失约24.3万元。

林场2008年发生一宗较严重的森林火灾。

（7）山林权属

1982年，林场向连山县人民政府申请颁发山权林权所有证，登记面积共14.8315万亩（含巾子大队集体林地）。1997年，行政区域边界的勘定，连山、连南解决两县长期边界的纠纷，确定了县界，真正清晰明确了林场跨县经营的事实。

林场位于连山、连南两个少数民族自治县境内，林地分散、林缘村庄多、水田多，从20世纪60年代起至今，当地村民一直在实施抢种、抢砍、侵占、强占、私分林场林地林木的违法行为，山林权属纠纷是一直以来阻碍林场发展的重要因素。至今，针对林场林地、林木权属纠纷的案件仍时有发生。

（8）林场大事记

2001年10月30日，省林业局转发省编办《关于省林业局直属国有林场机构改革方案的函》（粤林〔2001〕149号），广东省连山林场升格为正处级事业单位。

2002年年初，林场根据省林业局关于省直属国有林场（局）深化改革精神，进一步深化人事用工制度改革。

2008年9月23日，林场成立连山迎宾大酒店有限责任公司。

2010年8月10日，省林业局下达广东省连山林场准予设立广东鹰扬关森林公园的行政审批决定。

2011年，林场领取了新版林权证。截至当年，共换发林权证林地面积13.90737万亩，换发证率为93.7%。

2012年8月10日，林场与阳光保险集团广东省分公司签订了森林综合保险单，从此林场开始购买森林保险。

2014年1月，林场被国家林业局评为首批森林经营方案实施示范林场。

5.8 乐昌林场

（1）基本情况

广东省乐昌林场于1956年成立，地理坐标为北纬25° 6′ ~25° 19′，东经113° 11′ ~ 113° 23′。地处南岭山脉以南的乐昌市境内，属北江水系的武水流域。乐昌林场是一个典型以杉木为主的林场，现经营面积82000亩，森林覆盖率89%，森林总蓄积量为45.8067万立方米，针叶林面积占80%，阔叶林面积占20%。实行分类经营后，林场现有生态林面积为44000亩，占54%，商品林面积38000亩，占46%，省级森林公园9243亩。

林场现有职工325人，其中在职人员142人（含专业技术人员39人），离退休183人，有8个科室1个派出所6个工区2个经营部。林场的经济收入主要以木材收入为主，2015年总收入达1690.63万元，实现利润304.26万元，国有资产总额为8768万元。

（2）体制变革

1956年6月19日，广东省人民政府发出通知，撤销粤北林场，该场武水造林站和乐昌造林站合并组建为国营乐昌林场。国营乐昌林场归乐昌县委、县人民政府领导。1962年2月5日，省人民委员会决定，将乐昌林场收归林业厅直接管理，党政人事关系仍归地方管理。1966年6月，省人委决定，将乐昌林场移交给中南林学院管理，实行教学、科研、生产三结合。之后，曾一度将乐昌林场移交给韶关地区管理。1972年8月，省革命委员会作出决定，将乐昌林场收归省直管理，从此结束了隶属关系多变的历史。

20世纪50年代初期，乐昌林场依靠国家投资发展生产，担负着绿化荒山和供应国家建设用材的双重任务。1960年3月12日，根据省林业厅颁发的《关于制发国营林场企业化管理暂行方案》，乐昌林场推行企业化管理。至今，林场一直是实行企业化管理、自收自支的事业单位。2001年之前，乐昌林场一直为正科级事业单位。省编委办公室于2001年5月29日批复省林业局，乐昌林场升格为正处级事业单位。核定事业编制 330 名，人员经费自筹。2016 年是全国国有林场改革之年，乐昌林场改革为省公益一类事业单位。目前，乐昌林场没有林场办乡（镇）、农村、学校、医院等承担社会职能情况。

（3）森林资源

1964 年，广东省人民委员《乐昌林场设计任务书报告》（会字 17 号文件），附有林场规划图，注明林场面积 10.4885 万亩，其中实际经营面积 75973 亩，其余为群众用地和非林业用地。2003 年，林地林权登记换发证，林场指派专人负责跟踪，换发证面积 82144 亩，包含了各工区住址和公路。

林场以前是以营造单一人工纯林为主，树种有杉木、马尾松等。自 2002 年开始，省级林业工程造林（包括“四江”流域水源涵养林和珠防林），大力发展阔叶林，使林场的生态公益林中阔叶林与针叶林的比例达到 4:6。2014 年，林场森林蓄积量为 458067 立方米，森林覆盖率为 89.7%。

林场范围内的动物资源比较丰富，鸟类有画眉、鹰、猴面鹰（草鸮属）等，哺乳动物有中华竹鼠、鼩鼱以及多种啮齿类等，爬行动物有红脖颈槽蛇、眼镜蛇、眼镜王蛇、竹叶青以及平胸龟等。此外，还有石蛙等两栖类动物。

（4）经济发展

广东省乐昌林场是广东省林业厅直属国有林场，属自收自支的事业单位，注册资金为 5377 万元。主要从事营林生产，森工生产，合理利用森林资源，同时进行森林生态环境保护和建设。林地面积 82000 亩，其中生态林面积有 44800 亩，下辖 6 个工区、东莞塘厦经营部及后洞森林公园。投资设立了深圳市乐林物业管理有限公司、乐昌市乐林造林有限公司。以自产自销杉木为主，第三产业为辅。现有资产总额为 11305.34 万元，负债总额 2537.65 万元，负债率为 22.45%，所有者权益 8767.69 万元。2015 年总收入为 1690.63 万元，实现利润 304.26 万元。

林场的主要任务是造林绿化，加强抚育管理，扩大森林资源，发展生产有赖于政府的投资。据统计，政府历年投资的总额为 6823 万元，其中 2007—2015 年投资 6540 万元。2015 年木材收入为 1184.21 万元。林场森林旅游方面刚起步，2014 年的森林旅游收入为 86900 元。2015 年的森林旅游收入为 10.33 万元

（5）基础设施

林场办公楼建于 1996 年，总共 8 层，建筑面积 2343.87 平方米。林场共分 3 片住

宅区，一是场本部共建 8 栋 121 户；二是加工厂两栋共 89 户；三是竹林公园内共建 4 栋 5 层楼的职工宿舍和 4 套单元宿舍共 94 户。20 世纪 80 年代初，为了调动职工的积极性，使职工安居乐业，在 6 个工区先后都建有单元式水泥结构的职工宿舍，共有建筑面积 8287 平方米。

林场下属共有 6 个工区，基本实现每个工区通公路，现林区常养公路约 29 千米，实行养护承包。林场水、电、通讯等设施完善。

（6）自然灾害

林场近几年发生几次较大的自然灾害。其中 2008 年 1 月雨雪冰冻受灾害 80000 亩林地；2006 年 7 月 15 日，受台风碧利斯的影响，湖南、广东连降暴雨，引发了韶关“7.15”特大洪水灾害；2013 年 8 月，受强降雨影响，造成林场林地大面积塌方；2013 年 8 月 15 日，受强台风“尤特”影响，林场大量山体滑坡，林区公路水毁、塌方严重。

由于林场对森林防火工作抓得好、抓得严、抓得细，连续 26 年无火灾无火警。

（7）山林权属

乐昌林场是在新中国成立前农林部第三经济林场、中山大学演习林场和裕农园华侨农场基础上办起来的。农林部第三经济林场创办于 1941 年春，位于九峰、北乡等地，即现在的枫树下和老榕坑工区及部分风门坳工区；中山大学演习林场创办于 1937 年，位于武水、大源，即现在的后洞和细梨坑工区及部分风门坳工区；裕农园华侨农场创办于 1942 年，位于太平坑等地，即现在的太平坑工区。

1964 年，广东省人民委员会发布《乐昌林场设计任务书报告》（会字 17 号文件），其中附有林场规划图，注明林场面积 10.4885 万亩，其中实际经营面积 75973 亩，其余为群众用地和非林业用地。1981 年山林发证时，林场领导非常重视，主要领导亲自挂帅，全部领取了山林权证，面积为 79021 亩。2003 年林地林权登记换发证，林场指派专人负责跟踪，换发证面积 82144 亩。包含了各工区住址和公路。

（8）林场大事记

1937 年，中山大学在乐昌县大源镇细梨坑（现为乐昌林场细梨坑工区）建立“演习林场”，负责人为侯过。

1938 年，华南农业大学林学院教授徐燕千年轻时代到细梨坑种植落羽杉。

1954 年 1 月，“武水试验场”与“裕农园华侨农场”合并为“武水造林站”，“乐昌经济林场”改名为“乐昌造林站”，统由“粤北林场”接管。

1956年，粤北林场分家，划分为乐昌林场和曲江林场，各自由所在县委、县人民政府领导。

1960年3月12日，根据省林业厅颁发的《关于制发国营林场企业化管理暂行方案》，林场推行企业化管理。

1962年2月5日，省人民委员会决定，将乐昌林场收归省林业厅直接管理。

1989年，林场实行场长任期目标责任制的第一年。

2004年1月，134名职工签订合同，参加林地林木承包经营。

5.9 乳阳林业局

（1）基本情况

广东省乳阳林业局成立于1958年，前身为韶关地区专署石角塘林业管理局，是省重点森工企业。地处广东省北部乳源县与阳山县、乐昌市和湖南省宜章县2省4县交界的地方，是广东的生态屏障和珠江水系重要的发源地之一。现有林业用地455304万亩，蓄积量244.6万立方米，森林覆盖率97.6%。

广东省乳阳林业局、南岭国家森林公园、南岭国家级自然保护区管理局乳阳管理处实行“三块牌子、一套人马”的管理体制，统一由广东省乳阳林业局经营管理。现有在职职工380多人，离退休职工近800人。2015年全年总产值达到3148万元，职工人均年收入45000元，国有资产总值达到2.78亿元。

（2）体制变革

广东省乳阳林业局成立于1958年，前身为韶关地区专署石角塘林业管理局，是省重点森工企业。1999年，经省编制部门批准，乳阳林业局由森工企业改变为省林业厅直属的实行企业化管理的自收自支、自负盈亏的正处级事业单位。1993年，经林业部批准建立南岭国家森林公园，开展森林旅游工作。1994年，经国务院批准，建立广东南岭国家级自然保护区乳阳管理处，并入南岭国家级自然保护区管理局，开展生态保护和生态旅游工作。广东省乳阳林业局、南岭国家森林公园、南岭国家级自然保护区管理局乳阳管理处实行“三块牌子、一套人马”的管理体制，统一由广东省乳阳林业局经营管理。2001年，经省编制部门批准，改名为广东省乳阳林业局，属生态公益型林场。

（3）森林资源

乳阳林业局现有林业用地455304万亩，蓄积量244.6万立方米，其中生态公益林面积416501万亩，占91.5%；商品林面积37342.5万亩，占8.2%，森林覆盖率

97.6%。

（4）经济发展

20世纪80年代开始，乳阳林业局经济出现危机，林木采伐收入不能维持日常开支。于是积极筹集资金进行小水电建设，到2015年总装机容量达到16280度，年电费收入3000万元左右，电费收入成为主要收入来源，占全收入的80%以上。2014年积极争取国家专项补助资金1000万元，自筹700万元，对溪二溪三溪四龙四电站进行增效扩容改造建设，2015年7月底完成所有的技改工作。改造后水电装机容量达到19590千瓦，新增容装机3310千瓦，每年预计增加产值250万元。

2006年全局年总产值为2068万元，职工人均年收入18146元，国有资产总值为5565万元。2015年全年总产值达到3148万元，职工人均年收入4.5万元，国有资产总值达到2.78亿元。

乳阳林业局管辖的南岭国家森林公园位于湘粤边界的郴州、韶关两市搭界之地，总面积27330公顷。现已开发了石坑崆景区、小黄山景区、瀑布群景区和亲水谷景区四大景区。南岭国家森林公园现已成为广东最具代表性的森林生态旅游景区之一，2011年底被评为国家4A级旅游景区。2009年12月26日，经省林业局批准，与深圳市东阳光实业发展有限公司签订了合作开发建设南岭国家森林公园的协议，共同开发建设南岭国家森林公园。省发改委将南岭国家森林公园生态旅游开发项目列为2010年省重点建设项目。东阳光公司进驻后，已累计投入6亿多元的资金，进行游道的升级改造和旅游基础设施的建设。

（5）基础设施

乳阳林业局从2001年开始进行职工危旧房改造工作，至2009年底已入住新建楼房的共310户，建筑面积31000平方米以上，极大地改善了职工居住条件。2010年，结合棚户区改造项目，起动了482套危旧房改造工程，该工程总投资为4000万元以上，第一期建设224套，总投资2200万元以上，总建筑面积22480平方米；第二期建设176套，总建筑面积21000多平米以上，总投资2300多万元；投资300万元维修加固84套职工住房。到2014年底，已全面完成危旧房改造和河西区的整体搬迁工作。2015年4月通过了县发改局、财政局、林业局、建设局组织的总体验收，人均居住面积从2006年的24.6平方米增加到2014年的50平方米。

林业局办公条件和生活环境完善，职工生活小区已全部种植草皮和树木，配套设施日趋完善。林区交通从2007年以来，采用招投标方式对林区主要道路进行了硬底化，到2015年8月，已全面完成林区常养公路55千米的硬底化工作。

（6）自然灾害

2008年初，林场遭遇特大雨雪冰冻灾害，森林蓄积量从194万立方米降低到135万立方米。2011年5月8日、2013年8月16日，辖区分别遭遇特大暴雨袭击，造成特大洪涝灾害，累计70多户职工住房被洪水损毁，直接的经济损失超过3000万元。

5.10　广东省西江林业局

（1）基本情况

根据广东省委关于建设西江沿岸林业基地的指示，广东省西江林业局于 1964 年成立，为省林业厅直属的正处级事业单位，局本部设在肇庆市端州区。林业局主要负责西江沿岸林业基地建设，保护西江流域管辖范围内的森林生态系统及自然资源，管辖有高要、金鸡坑、仙菊、悦城、象牙山、富石、西江、大历、通门、平岗、良洞迳林场和西江林科所等 12 个国有林场（所）。所属国有林场（所）是自收自支的事业单位，场（所）部绝大多数设在市区、县城或城镇，交通十分便利。监督 3 个经济实体的经营和兼管广东省森林公安局西江分局。

西江林业局林地分布在肇庆、云浮两市的高要、鼎湖、德庆、封开、云安、云城、郁南、新兴、罗定等 9 个县（市、区），位于东经 111° 30′~112° 13′，北纬 22° 43′~23° 27′，东邻佛山市三水区，西接广西壮族自治区的梧州地区。西江林业局总经营面积 68 万亩，其中国家级和省级生态公益林 36 万亩，占 53%。有林地面积 63.2 万亩，其中阔叶树（含针阔混交林）18.5 万亩，桉树和相思 17.3 万亩，松树和杉树 26.5 万亩，经济林等 0.9 万亩。2015 年底活立木蓄积量 360 万立方米，林木年生长量 23.7 万立方米，森林覆盖率达 93% 以上。

西江林业局现有在册职工 1850 人，离退休 1405 人。局属 12 个林场（所）经济总收入 17547 元，实现利润 2956 万元，国有资产总额 7.5 亿元。

（2）体制变革

1964 年 4 月 1 日，广东省林业厅明确西江林管局是林业厅派出机构，负责管理西江沿岸的 12 个省属国营林场的生产计划、财务、技术指导，由肇庆专员公署和省林业厅双重领导。生产计划、财务计划、劳动力管理归林业厅管理。党政关系、政治活动及政治思想工作归地方管理。1971 年 5 月 29 日，广东省革命委员会生产组通知，西江国营林场管理局下放肇庆地区管理。1972 年 8 月 18 日，广东省革命委员会通知，西江国营林场管理局及所属 12 个国营林场收归省管。2001 年 5 月 29 日，广东省机构编制委会办公室文件《关于广东省林业局直属国有林场机构改革方案的函的批复》(粤机编办〔2001〕159号)明确，省西江林业局为省林业厅直属事业单位。

2001年省林业局直属国有林场机构改革后，省西江林业局的主要任务是：负责西江沿岸林业基地建设，保护西江流域管辖范围内的森林生态系统及自然资源；负责下属12个国有林场（所）的管理，监督3个经济实体的经营；指导下属12个国有林场（所）从事营林、森工生产、林业科研；管理利用好国有森林资源，保护森林资源的永续利用；指导各场协调发展一二三产业。核定事业编制2750名，其中局机关50名编制，人员经费由省财政核拨，下属12个林场（所）2700名编制人员经费自筹。

(3) 森林资源

西江林业局管辖有高要、金鸡坑、仙菊、悦城、象牙山、富石、西江、大历、通门、平岗、良洞迳林场和西江林科所等12个国有林场（所）。1964年，西江林管局成立，建设西江林业基地，12个国有林场经营总面积101.5789万亩，有林地33.0812万亩，宜林荒山53.2271万亩，蓄积量90934立方米，森林覆盖率33%。2015年，总经营面积68万亩，有林地63.2万亩，阔叶树（含针阔混交林）18.5万亩，占29.3%，桉树和相思17.3万亩，占27.4%，松树和杉树26.5万亩，占41.9%，经济林等9000亩，占1.4%。新增生态公益林面积12.7万亩；活立木蓄积量360万立方米，林木年生长量23.7万立方米，森林覆盖率达93%以上。

西江林业局林区内动植物资源丰富。目前建立有广东羚羊峡森林公园（省级）和广东省烂柯山自然保护区，对生物多样性进行有效的保护。据2003年《广东烂柯山自然保护区科学考察报告》初步调查和统计，有陆栖脊椎野生动物239种，隶属68科27目。其中属国家重点保护动物（也是珍稀濒危动物）有33种，占广东省珍稀濒危动物总数（117种）的28.2%。另有“三有动物”146种；广东省级保护动物22种。

(4) 经济发展

木材收入：1964—1973年，林场大面积荒山造林，把清山除杂的木材进行加工销售，收入305万元，年均30万元。1974—1983年，林场进入成林间伐和主伐阶段。林场生产木材和林副产品的销售收入共计4329万元，年均432万元。1984—1992年，林场由国家财政拨款向自负盈亏过渡，林场主要靠生产木材（少部分林副产品）收入，累计收入29622万元，年均3291万元。1993—2000年，推行“活立木转让”的承包经营，不但加快了林场资金运转，给生产和财务收支带来了主动，经济效益明显，而且较好地解决了木材生产销售工作的透明度。累计木材收入32540万元，年均4068万元。2001—2015年，全局木材生产经营取得成功经验，早做规划，早招投标，针对生产经营过程中出现“两拖”新情况、新问题，及时采取有效措施，减少和避免了木材生产经营风险，保证了全局木材生产收入稳定增长。累计木材收入 89858 万元，年均 5990 万元。

林下经济：林场建立至 20 世纪 60 年代初期，从度荒出发，主要种植有稻谷、木薯、番薯、花生等农作物，还种植油茶、板栗、桐油、八角、肉桂等经济林。至 2012 年，全局种植经济林面积 434.6 公顷，占经营总面积的 0.96%，种植的品种主要有：水果类品种以柑橘为主，龙眼、荔枝为辅；林产调料类以玉桂为主。柑橘种植面积为 361.4 公顷，年产量为 1667 吨，经济效益总产值为 669 万元；龙眼、荔枝种植面积为 15.7 公顷，年产量为 7 吨，经济效益总产值为 2.1 万元。林产调料类经济林主要为玉桂，总面积为 73.2 公顷，包含幼林面积 13.6 公顷，结果面积为 35.2 公顷，年产量达 16 吨，总产值 67000 元，占经济林总产值比例 1%。

除木材和林下经济外，在林场发展过程中，还发展其他产业，如房地产、交通运输、酒店旅业、商业贸易、造纸、芳香油加工、食品加工、建材加工、松脂加工、木材加工等。

（5）基础设施

20 世纪 50~60 年代初，林场房屋简陋，大多数场都采用竹木、茅草、杉树皮等材料搭盖临时工棚，或建砖柱瓦面结构的简易房屋或租用农民房屋作为职工宿舍或办公场所。2011—2015 年，西江林场和平岗林场的综合办公楼进行了新建；西江派出所和象牙山派出所完成新建并投入使用；仙菊林场、悦城林场和金鸡坑林场办公楼进行了装修并投入使用，局属大部分林场的办公环境都得到了改善；利用国有林场危旧房改造项目，改造了危旧房 652 套，建筑面积超过 40000 平方米，总投入超过 3000 万元，部分返乡职工和林区居住的职工住房条件得到了明显改善。

1992 年全局 11 个林场建成林区公路 419.6 千米，其中常养一级林区公路 3 条 29.7 千米，二级公路 10 条 123.9 千米，三级公路 266 千米，公路完好率 75%。西江林业基地的林道、车子路与公路互相沟通，形成配套的交通网，全局林区公路网密度平均为 9.6 米 / 公顷。2015 年，全局现有林业公路 495 千米，硬化改造里程共 105.6 千米。公路等级为 4 级公路，大部份为沙石土路面，其中：生产线 195.5 千米，一般养护 124 千米，面上和季节性养护 175.5 千米。

2015 年，林场场部和大部分工区及护林站点都并上南方电网用电。一些偏远工区未通电；移动电话基本覆盖林区，通讯条件大为改善，全局购置 13 台 GPS 定位仪，对森林资源进行监测，对森林灾害预警。

（6）自然灾害

20 世纪 60~80 年代，受暴雨、台风等灾害影响不大，无较大的损失。1994 年，西江沿岸各场遭受历史上罕见的“百年一遇”的两次洪水的袭击。1998 年，西江沿岸局属林场又一次遭遇了似 1994 年的历史最高水位的特大洪水袭击。2000 年以来，发生过 5 次严重的台风灾害。

病虫害主要有立枯病、杉梢枯病、叶枯病、地下害虫、马尾松毛虫、蝗虫、肉桂双瓣卷蛾等。2000 年后主要发生桉树焦枯病，2003 年在桉树苗圃和林地相继发生零星桉树青枯病，2004 年后未发生严重病虫害情况。

（7）山林权属

1964 年，西江林管局成立，建设西江林业基地，12 个国有林场经营总面积 101.5789 万亩。1982—1986 年，林业“三定”中，办理林地林权证 64.9784 万亩。2003 年开始换发新的林权证。全局申请林地林权换发证总面积 67.6992 万亩，其中申请林地林权换发证 64.9784 万亩，申请林地林权新发证 6760.5 亩，申请林地使用及林木所有权证 12262.5 亩。2015 年底，西江林业局下属各林场共完成换发林权证面积 63.8017 万亩，占总经营面积（68.03055 万亩）的 93.8%；未发证的面积 42288.5 亩，占总经营面积的 6.2%。未完成换发证的林场有高要、仙菊、良洞迳和林科所，总共 27 宗。

（8）林场大事记

1974 年 3 月 30 日，广东省革命委员会发出《关于加强国营林场管理的补充通知》，原定省直属雷州、西江等 10 个国营林场（局）的生产、财务、基建、劳资、统配物资供应等计划由省林业厅管理。

1984 年 7 月 22 日，广东省人民政府批转省林业厅《关于省办国营林场管理体制改革的意见》，“国营广东省西江林场管理局”改名为“国营西江林业局”，“国营广东省 ×× 林场”改为“国营 ×× 林场”。

1996 年 1 月 1 日，对西林业（95）131 号《关于西江林业局管理体制改革的请示批复》，同意西江林业局按一级法人办理工商营业登记。西江林业局是国有独资的生产型事业单位，按企业经营管理要求进行经济核算，对属下 16 各单位实行内部分级核算，对纸厂、工程公司、车队实行全资子企业管理。

2000 年 3 月 7 日，国营西江林业局符合中华人民共和国有关事业单位的规定，准予事业单位法人登记并发放事业单位证书。

2004年1月12日，广东西江烂柯山省级自然保护区经省人民政府批准建立，保护区建设正式启动。

5.10.1 西江林业局高要林场

（1）基本情况

广东省西江林业局高要林场成立于1955年，地处高要市东部，肇庆市鼎湖区南部，西江南岸。地理坐标为北纬23°03′～23°10′，东经112°31′～112°46′。林场用地面积14.0796万亩，其中林业用地14.0568万亩，森林蓄积量39.25万立方米，森林覆盖率96.4%。有员工共110人，其中在职正式职工25人，离退休职工63人，聘用临工22人。

（2）体制变革

1930年，广东省建设厅森林局在鼎湖山之南及大蕉圆以北一带创建鼎湖模范林场，场部设在万福寺，林场分为风景林与经济林区。1934年改为省国营第四模范林场，现仍存有1936年写的“第四模范林场”的钢筋水泥界桩为证。1940年更名为“鼎湖山风景林场”。1950年广东省农林厅派员接管鼎湖山林场及鼎湖山原两个寺庙所管的自然林，定名为“鼎湖山林场”。1953年初，鼎湖山林场改名为广东省林业厅鼎湖造林站，1955年下半年，鼎湖造林站下放到高要县，改名为“高要林场”。

1959—1964年，几个林场经多次合并，于1964年根据中共广东省委指示，将下放当地管理的高要林场收归省管，隶属于广东省西江林管局。1965年，为了扩大西江林业基地面积，开发烂柯山林地，高要林场场部迁到高要县金渡，1972年又迁到高要县沙浦镇（现为鼎湖区沙浦镇），2004年高要林场正式更名为“广东省西江林业局高要林场”，2008年场部从鼎湖区沙浦镇搬迁到鼎湖区坑口。

建场直至1999年，高要林场以生产木材为主要经营目的，实行自产自销。1999年后实行森林分类经营，以经营生态林为目的。现已定位为生态型林场，林地已基本划为生态公益林，主要任务和发展方向是生态公益林的管护和建设，以及通过建设森林公园，开展生态旅游服务。

（3）森林资源

据统计，1964年全场森林资源清查总面积91811亩，其中林业用地86896亩，非林地4915亩。2015年，林场经营总面积为14.0796万亩，其中林业用地面积14.0568

万亩，非林地面积为228亩。林业用地面积中，按林种面积分，生态林面积13.1540万亩，商品林面积9029亩。按地类面积分，有林地面积13.5559万亩，未成林面积4602亩，灌木林面积168亩，无林地面积239亩。林场活立木蓄积量总量39.2483万立方米，林木总蓄积量中，生态林蓄积量为35.9272万立方米，商品林蓄积量为33211立方米。林木总生长量为18215立方米，林木总消耗量为1483立方米，森林覆盖率为96.4%。

烂柯山分布的野生动物资源较为丰富。据初步调查统计，有陆栖脊椎野生动物239种，隶属68科27目。目前，已知保护区内属国家重点保护的珍稀濒危动物共有33种，占广东省珍稀濒危动物总数（117种）的28.2%。另有“三有动物”146种，省级保护动物22种。

（4）经济发展

高要林场经营面积虽大，但石头山多，林地贫瘠，商品林资源贫乏，二三产业比较薄弱，经济底子差，经济来源以上级政府投资和木材收入为主。1958—2015年，上级政府共投资4884.08万元，林场木材收入5749.25万元，林下经济收入121.99万元，其他产业收入28.89万元。其中，2015年上级政府投资783.58万元，林场木材收入83.06万元，无林下经济收入，其他产业收入39200元。

（5）基础设施

林场基础设施比较薄弱，大部分工区和站点建于20世纪70~80年代，很多已经坍塌或成为危房。2001—2014年，林场先后新建了沙浦办公楼(现为北坡管理站)、黄坑护林站、冷水护林站、欧村护林站、鼎湖综合楼、桃溪护林站、禄村护林站、南坡中心管理站、上田管理站，建筑面积合计4900平方米以上。以上基础设施建设，大大改善了林场的办公条件和工区站点人员的生活工作环境。职工住房主要位于鼎湖区沙浦镇旧场部的两幢建于80年代初期的宿舍楼，建筑面积共约2000平方米。场部搬迁至鼎湖坑口办公后，尚有少数职工及家属居住。

1990年建成沙浦至蚬岗林区公路23.6千米，该林区公路贯穿烂柯山的南北，为林场的生产运输、护林防火、森林管护提供了便利。经过林场多年以来与周边村委的协调沟通，现除山尾工区未通电、东岗护林站饮水困难之外，其他工区站点都已通水、通电。

（6）自然灾害

建场以来，影响较大的台风有两个，即2006年8月7日的超级台风“派比安”和

2008 年 8 月 7 日的台风“北歧”。严重的暴雨、泥石流灾害有 3 次，1994 年，百年一遇的洪水冲击沙浦镇西江堤围，林场沙浦储木场和办公宿舍楼被浸；2005 年 6 月 24 日西江河水大涨，沙浦储木场被水浸；2008 年 5 月 5 日，林场遭遇了百年未遇的特大暴雨袭击。

20 世纪 60 年代建场初期，已建立病虫害预测预报工作，主要害虫是松毛虫，但为害轻微，没有出现大面积危险性病虫害。90 年代后只发生局部性小范围发生病虫害，稍加措施即可控制。

（7）山林权属

高要林场的前身是始建于新中国成立之前（1930 年）的鼎湖模范林场，几经变革后，1955 年下放高要县，易名为“高要林场”，经营面积 50000 亩，有林面积 10000 亩，场部设在鼎湖坑口。1987 年，高要林场 21 个工区首次申领山林权证，领证面积 15.0839 万亩；2004 年山林权证换发证工作开始。到 2015 年底，已换发新证面积 10.6781 万亩，未换发证面积 34535 亩。

（8）林场大事记

1974 年起实行“烂柯山大会战”。

1976 年，统计“烂柯山大会战”总造林面积 43354 亩，其中造杉林面积 38783 亩，造松林面积 750 亩。

1982 年后，实行迹地更新和低产林分改造，使高要林场的森林资源得到了极大的发展。

1990 年，建成沙浦至蚬岗林区公路 23.6 千米。

1994 年，百年一遇的洪水冲击沙浦镇西江堤围，林场沙浦储木场和办公宿舍楼被浸。

2003 年 3 月，经省林业局批准建立了广东羚羊峡省级森林公园，面积 3386 公顷。4 月，经省林业局批准，国营高要林场更名为“广东省西江林业局高要林场”，恢复独立法人资格。

2004 年 1 月，经省人民政府批准，建立了广东西江烂柯山省级自然保护区，面积 7961.59 公顷。

2008 年 5 月 5 日，林场遭遇了百年未遇的特大暴雨袭击，暴雨持续了将近 10 个小时，引发了泥石流和山泥倾泻，造成林区公路、桥梁、涵洞被毁，交通全面瘫痪，大面积幼林、苗木被冲毁，大片林地出现山体滑坡，造成林场直接经济损失约 480 万元。

2008 年，广东西江山省级自然保护区管理处、广东省西江林业局高要林场鼎湖综合大楼落成，建筑面积 2907.66 平方米。

2009 年，林场被广东省总工会评为“广东省模范职工小家”。

2012 年，南坡中心管理站建成，面积 562.8 平方米。

2013 年 7 月 31 日，省林业厅陈俊勤副厅长到林场调研。

2014 年，对接驳蚬岗镇山口村至勤坑护林站路段进行硬底化，长度 2 千米，并在南坡中心管理站前山溪建桥一座，让外面车辆绕道通行。

5.10.2 西江林业局金鸡坑林场

（1）基本情况

广东省西江林业局金鸡坑林场位于肇庆市高要区 (2015 年撤市改区) 西边，地处西江中游，地理坐标为东经 112° 16′ ~ 112° 24′，北纬 23° 25′ ~ 23° 09′，现场部设在小湘镇上围村西北面西江畔。

2015 年，林场面积 28444.5 亩，林业用地面积 100% ，林木蓄积量 13.1030 万立方米，森林覆盖率 90.6%，生态林蓄积量 32055 立方米，在册职工 20 人，在岗职工(包括聘用)33 人，退休 64 人。

（2）体制变革

林场始建于 1958 年 4 月 15 日，是高要县人民政府为安置广州民航局和高要县（肇庆专区）商业、供销社系统的下放干部（共 135 人）而筹建的 4 个国营林场之一，归属高要县管理，隶属于高要县林业局。1959 年春，撤销老香山、荔枝山林场，两个林场的下放人员并入高要林场和金鸡坑林场。1963 年 2 月，金鸡坑林场收归省管。1964 年 1 月，林场隶属广东省西江国营林场管理局管辖，更名为“国营金鸡坑林场”,1973 年更名为“国营广东省金鸡坑林场”，1984 年更名为“国营金鸡坑林场”。2003 年 4 月，广东省林业局发文《关于省西江林业局所属林场及林科所更名的批复》(粤林函〔2003〕134 号)批复“国营金鸡坑林场”更名为“广东省西江林业局金鸡坑林场”。

林场是为安置下放干部而筹建，是国营林场，多年靠国家投资改造荒山，发展林业。1980 年，林场随着落实国家经济改革政策而定位为自收自支事业单位。

（3）森林资源

2015 年，林场面积 28444.5 亩，林业用地面积 100% 。其中生态林 6942 亩、商品林 21502.5 亩，森林覆盖率 90.6%，林木蓄积量 13.1030 万立方米（其中桉树 75357 立方米，杉 3602 立方米，松 15819 立方米），生态林蓄积量 32055 立方米，林木总生长量当年 7030 立方米。

动物资源有各种昆虫、鸟类、蛇类及野羚羊、野猪等。常见蟒蛇、白鹇、鹰嘴龟等保护动物出现。

（4）经济发展

上级政府对林场的投资：据统计，早期以绿化荒山、发展用材林（主要是松杉为主）为方针，主要靠国家投入。1959—1979 年，国家对林场林业投资 145.23 万元。1980 年开始，林场经济自给，国家投资减少，林场开始为国家贡献木材上缴税金。

林场木材收入：林场 1980 年以后，通过间伐、主伐获得木材收入，开始走上自给道路。根据财务档案资料，1977 年前有小量木材生产，但无收入，主要是自用和制成木制品销售。1977—1979 年有 66.84 万元，主要是间伐木材收入。1980—2015 年为国家提供销售木材 14.9844 万立方米（此统计包含剩余物销售折算成木材），木材收入 5727.91 万元。

林场其他产业：林场的经济发展较为单一，曾经努力发展多种产业，但因诸多因素效果不佳，最终收场。如在禄步开设商场承包、建立多间木制品工厂、建立松香厂等。

（5）基础设施

林场场部 1958—1976 年设在金鸡坑，地处偏僻，路、电不通。1976 年场部搬迁至上围大队西边江边，3 层混合结构综合办公大楼 1978 年落成，场部道路、水电、通信畅通。1990 年在肇庆市区正西路 47 号落成以住宅为主的 5 层综合大楼（投资 131.68 万元），解决 16 户职工住房（2~5 层为住房）。后期，职工多渠道想办法，以购买商品房或购地建房为主。

林场初期道路是行人道路和车子路（大板车路），2008 年投入 91.3 万元扩建车子路 25.6 千米及建金鸡工区装运码头，现各工区和生产作业林班都能通林区简易公路和运输便道。

（6）自然灾害

林场遭受的自然灾害主要是台风，多年对林场影响较大，主要是吹折倒伏桉树。林场早期病虫害主要有松苗叶枯病、杉苗梢枯病，地下虫金龟子、白蚁等。2000 年后，减少松杂等林增种桉树，出现桉树病虫害较为严重，有极少量桉树焦枯病和较大范围的桉蝙蛾虫害。

（7）山林权属

1958年林场成立时，土地来源是高要县属林地，当时林区内有少量农业村民，将其迁移安置。按1958年8月16日，广东省林业厅勘测设计队规划的《造林调查设计说明书》数据，当时林场面积25485亩(当时未有小柏木工区和其1964年扩征林地)。

林场现有肇庆市人民政府2005年3月颁发的《林权证》7本，合计林地面积28509亩，是沿袭高要县人民政府颁发的《山权林权证》数据（以旧换新证）。近期森林资源清查实测林地面积为28444.5亩。

5.10.3 西江林业局仙菊林场

（1）基本情况

广东省西江林业局仙菊林场于1958年建场，现场部设在云浮市城区，地址为云浮市云城区城中路43号。林地地处云浮市东北部，西江中游南岸；地跨云城区高峰、河口、安塘、思劳及云安区都杨、六都等15个乡(镇)管理区，分散纵横40平方千米。

林场经营总面积4499.6公顷，有林地面积4462公顷，活立木蓄积量33.5648万立方米，森林覆盖率90.6 %，林木绿化率96.6 %。林场行政机构设置有生产林政科、计划财务科、办公室，内驻西江森林公安分局仙菊派出所；场下设三大作业管理区，15个护林站点。在云浮市区有一栋4层的楼盘，1~3层租赁给云浮市福万佳超市有限公司，四楼为林场办公场所。林场现有职工177人，其中在册职工有31人，退休职工129人，外聘临工17人。

（2）体制变革

仙菊林场始建于1958年，场部设在铜鼓塘工区。1960年，由铜鼓塘搬迁到现在高厂工区。1964年，从高厂工区搬迁到都骑坑仔尾（现在都骑工区）。1969年场部又搬迁到都骑中间茶亭（现在种子园新晒场）。由于林场规模扩大，1972年，场部搬迁到都骑大沙地(西江边)，占地面积约10000平方米，挂名“国营仙菊林场”，后改名“广东省西江林业总场仙菊林场”。2001年11月，场部再次搬迁到云浮市城中路43号，挂名为“广东省西江林业局仙菊林场”。

林场一直是自筹自支事业单位，行政管理采用企业管理，直属上级领导是广东省西江林业局。在生产管理上，林场是在广东省西江林业局的直接领导下，开展林场的林种树种结构调整、森林资源保护、营林生产、木材生产、安全生产及森林防火等工作。

（3）森林资源

2016年，林场经营总面积4499.6公顷，有林地面积4462公顷，其中商品林3234.9公顷，占有林地面积72.49%，生态林1227.1公顷，占有林地面积27.51%；目前主要经营树种有松、杉、桉树等，其中松1083.4公顷，杉644公顷，桉树1449公顷；活立木蓄积量33.5648万立方米，森林覆盖率90.6 %，林木绿化率96.6 %。

林场野生动物主要有猫头鹰、禾花雀等鸟类，还有蛇类、野猪、黄猄等。

（4）经济发展

上级政府投资：20世纪70年代之前，基本上是在上级政府投资或扶持投入资金下进行运作。进入80年代开始，由于有生产木材的能力，使林场保持平衡运作，上级政府逐渐减少了投入。现在政府投入基本上就是每年的公益生态林补偿资金。

林场木材收入：进入80年代以来，林场主要以木材收入为主，每年木材收入约占全年收入的90%左右。近年来，木材收入年平均在600万~800万元。

林场林下经济：80年代的10年期间，林下经济作物主要是在林下套种黄檀、玉桂、巴戟及水果等经济作物，年平均收入在10万~15万元，发展林下经济达不到预期目标。

林场其他产业：二三产业也是林场重要收入渠道之一。二三产业年收入约220万元，其中房产租赁年收入约180万元，采脂及其他收入约40万元。从2009年开始，原仙城酒店房产转型做超市，经过向社会公开招投标，年租金收入由原来的30万元提高到180多万元。

（5）基础设施

林场现有办公面积约700平方米，设有场长室、副场长室、计财科、生产科、办公室、仙菊派出所及大小会议室等场所，办公设施齐全。职工住房面积约有2000平方米。

林场林区交通便捷，现有林区公路10千米，其中硬底化公路3.83千米。林场水、电、通讯等设施完善。

（6）自然灾害

自然灾害主要是台风。每年7~9月份是台风多发季节，林场的桉树速生丰产林会受到一定影响。在森林病虫害方面，20世纪80年代初期主要是湿地松种子园防治虫毛虫及松突园蚧等病虫害。现在主要是针对桉树速生丰产林有关的病虫害。

（7）山林权属

林场从建场开始至 1981 年 12 月，山林权属由原云浮县人民政府审批核发山林权属证。2005 年 5 月，由云浮市人民政府统一审批，换发了山林权属证。

（8）林场大事记

1982 年 10 月，正式成立云浮县公安局仙菊林场派出所。

2010 年 1 月，改名为广东省森林公安局西江分局仙菊派出所。

1988 年，仙菊林场自主经营的仙城酒店正式挂牌经营，是集体承包的形式，后来又转为个体经营。到 2010 年经营承包期满，转营为新天地商场，一年后改为福万佳超市。

5.10.4　西江林业局悦城林场

（1）基本情况

广东省西江林业局悦城林场地理坐标为东经 112° 7′ 33″，北纬 25° 5′ 28″。位于德庆县悦城镇的东南面，西江北岸，东与高要区禄步镇鸭仔湖顶相接，西至悦城镇龙降河为界，南临西江，北至下庙槟榔顶。

2015 年，林场经营面积 33214.5 亩，森林蓄积量 10.3837 万立方米，森林覆盖率 93.4%。林场建场至 2015 年，累计收入 7707.3 万元，其中国家拨款累计 2000.16 万元，自筹收入累计 5707.57 万元，历年营林累计支出 3280.95 万元。2015 年有职工人数 31 人，其中聘用临时工 14 人，退休职工 67 人。

（2）体制变革

西江林业局悦城林场的前身是 1955 年德庆县办的下埪苗圃场，有固定职工 19 人。1958 年开始，分期分批接受德庆县下放干部 307 人，在原来苗圃场的基础上，转为德庆县悦城林场，场部设在芒坑。1963 年 3 月，广东省人民政府为绿化西江走廊，将林场收归为省直属林场，改名为“广东省国营德庆林场悦城分场”。1964 年，扩展林场，有职工 100 多人，由西江林管局管辖，改称为“广东省国营悦城林场”。1985 年，改称为“国营悦城林场”。1997 年，改称为“广东省西江林业总场悦城林场”。2003 年，改称为“广东省西江林业局悦城林场”。

1958—1969 年，林场的经营方针是响应中央号召，绿化祖国大地，绿化荒山，以造林为主，由国家投资，种植以杉、松为主的用材林以及竹、部分阔叶树，有小部分经济林，并对现有林进行抚育管理。2004—2015年，林场改造以杉、松为主的用材林，积极发展种植桉树、珍贵名贵树种及引进品质优良的阔叶树种，改变单一林种树种结构，加快生态公益林建设。

（3）森林资源

1964年，总经营面积52656亩，其中林业用地46587亩：含有林地6587亩，其中用材林6483亩，经济林94亩，竹林10亩；无林地40000亩，其中宜林荒山荒地40000亩，非林地6069亩，农地41亩。

2014年，林场活立木蓄积量10.0771万立方米，其中松蓄积量31534立方米，桉树蓄积量59618立方米，混交林蓄积量9108立方米，经济林蓄积量511立方米。2015年，林场的经营面积为33214.5亩，其中有林面积32920.5亩，森林蓄积量10.3837万立方米，森林覆盖率93.4%。

（4）经济发展

上级政府投资：自1958年建场至2015年，国家拨款累计2000.16万元。

林场木材收入：从1970年开始有木材收入，至2015年，累计木材收入达到5024.83万元。

林场其他产业：1980—1986年，林场主要林产品、农产品累计收入10.25万元。1987—1994年，林场主要林产品、农产品累计收入38.34万元。1995—2005年，林场主要收入为酒店、铺面出租，林产品、农产品累计收入134.23万元。2006—2015年，林场主要收入酒店、铺面出租，农产品、林木补偿累计收入372.68万元。1980—2015年，其他产业累计收入555.5万元。

（5）基础设施

悦城林场于1958年9月成立，当时场部设在芒坑，是一座用黄泥和草、石灰混合，木瓦结构的中墙屋，房屋简陋，办公住宿混在一起。2012年1月份，所有办公室全部搬迁到悦城镇新街7号，解决了近20年分隔两地办公的局面，改善了办公条件，适应现代发展需要。1992年5月，龙山酒店开始营运，部分职工从悦城镇东岸嘴搬迁到悦城镇新街7号住宿，现有全部住宅面积5987平方米。

目前，林场除了一个工区未通公路外，其余工区全部通了公路，有两个工区连接国道321线，两个工区连接省道265线，林场本身有两条林区公路，交通十分方便，去德庆县城 45 千米，肇庆城区 50 千米。

（6）自然灾害

林场遭受的严重的自然灾害有台风、暴雨、泥石流。2005—2012 年共发生 6 次严重的台风、暴雨、泥石流灾害。1994—2005 年发生 3 次严重洪水灾害。建场以来发生的林木病虫害有松毛虫、松达圆蚧、桉树病害、黄龙病等。

（7）山林权属

1964 年划定林场场界合约书。1986 年 4 月 5 日发放山林林权证。2003 年 5 月 22 日，林场成立换发山林权证领导小组。2004 年 8 月 20 日，《关于印发〈广东省林地林权登记换发证工作补充规定〉的通知》（粤林〔2004〕131 号），要求 2004 年度完成林地林权登记换发证工作。

5.10.5 西江林业局象牙山林场

（1）基本情况

象牙山林场成立于 1963 年 1 月，地处德庆县东南部，西江北岸，地理坐标为东经 111° 52′ ~ 112° 01′，北纬 23° 07′ ~ 23° 14′。林场经营总面积 54000 亩，其中林业用地 52000 亩。其中生态公益林面积 27000 亩，商品林面积 22000 亩。其中经济林面积 2223 亩。森林覆盖率 89%，森林蓄积量 31 万立方米。

林场现有职工共 171 人，其中在职正式职工 46 人，离退休职工 116 人，聘用临时工 9 人。设有生产林政科（包含公路站、防火办）、计财科、办公室等管理部门，分 16 个工区三大片区进行管理。

（2）体制变革

1963 年 1 月，广东省西江林场象牙山分场成立，“象牙山林场”是最先的名称，隶属于广东省西江林场。1963 年 4 月后并入广东省德庆林场，隶属于广东省德庆林场。1963 年 10 月从广东省德庆林场分出成立广东省象牙山林场，1964 年 1 月成立广东省西江国营林场管理局后，象牙山林场隶属于广东省西江国营林场管理局。1973 年 3 月，广东省林业局革命委员会将广东省西江国营林场管理局改名为“国营广东省西江林场管理局”，象牙山林场隶属于国营广东省西江林场管理局。1977 年 7 月，国营广东省西江林场管理局撤销，成立“省属国营西江林业总场”，象牙山林场隶属于西江林业总场。1984

年 7 月，西江林业总场改名为“国营西江林业局”，象牙山林场隶属于国营西江林业局。

建场初期，林场的经营方针是“以营造用材林为主，林粮结合，开展多种经营，以副养林、以短养长，要投资少、收益大、周转快，减少国家投资，逐步达到自给”，在这方针指导下，林场定位为经营型林场。2015 年，国家出台《国有林场改革方案》，生态公益定位更加明显，林场加快森林资源资源培育，开展中幼龄林抚育，提高国有林场森林资源质量，积极培育大径级和珍稀树种用材林，建设国家木材战略储备基地，并有效提供公共服务。

（3）森林资源

2016 年 5 月，林场经营总面积 54000 亩，其中林业用地 52000 亩，非林业用地 2000 亩。林业用地森林蓄积量 31 万立方米，其中生态公益林面积 27000 亩，商品林面积 22000 亩，经济林 2223 亩，森林覆盖率 89%。

林场内野生动植物资源比较丰富，据调查，兽类有黄猄、果子狸、白鼻喷、松鼠等；鸟类有鹤、雉、鹧鸪、画眉、班鸠、鹰等；蛇类有金环蛇、银环蛇、过树榕、青竹蛇、饭铲头、眼镜王蛇、蟒蛇等；爬行类有草龟、石蛤、蟾蜍等。

（4）经济发展

上级政府投资：建场至今，国家对林场总投资（实收资本）约 519.63 万元。2004—2015 年，财政资金总收入为 1959.83 万元。主要用以危旧房改造、林区公路硬底化、森林抚育等营林专项建设、林业用油油价补贴、公路养护等。

林场木材收入：1963—2003 年，木材收入 7948.66 万元，2004—2015 年，实现木材收入 7854.64 万元，其中 2013、2014、2015 年木材收入分别为 784.07 万元、866.66 万元、604.33 万元。2004—2015 年共实现利润 2006.97 万元，其中 2013 年、2014 年、2015 年利润分别为 136.15 万元、196.55 万元、182 万元。

（5）基础设施

林场现办公楼为 20 世纪 80 年代建成的 3 层钢筋水泥楼，建筑面积为 863.34 平方米，2004 年进行翻新改造沿用至今。从 70 年代开始，为监测森林资源安全，陆续兴建瞭望台（现称护林站），至今林场护林站共有 12 座，面积为 1032.31 平方米。目前，林场职工住房虽为充裕，但因许多职工住房为 80 年代兴建，年代久远，配套设施不足，职工入住不方便。据统计，林场现有职工住房面积 7729.95 平方米（其中 2093.84 平方米为工区宿舍）。

林场有林区公路 55.59 千米，交通方便，水、电、通讯等设施齐全。

（6）自然灾害

1986 年 7 月和 1994 年 6 月，象牙山林场遭遇暴雨、洪涝灾害，损失严重。2011 年 4 月和 2013 年 8 月受台风侵袭，受损树木几百亩。林场每年虽有病虫害发生，但为害面积不大。

（7）山林权属

1982 年，德庆县人民政府给象牙山林场核发了《山权林权证》5 份，主要以 1963 年与各公社签订的协议边界确定林地边界，确定了林场林地经营面积为 54408 亩。2004 年，肇庆市人民政府给林场换发新的林权证 17 份，主要以林场工区图确定边界，确定林场林地经营面积为 53963 亩。

5.10.6　西江林业局富石林场

（1）基本情况

富石林场地理坐标为东经 111° 38′ ~ 111° 45′，北纬 23° 07′ ~ 23° 13′，地处德庆县西南部，西江北岸。林地呈带状分布于西江中游北岸的德庆县的回龙、新圩、德城街道办 3 个镇（区）内，形成一条走廊地带，属“西江绿色走廊”的一部分。

2015 年，林场国有资产总值 4334.97 万元。全场经营总面积 26696 亩，其中林业用地面积 26562 亩，生态公益林 9522 亩，森林覆盖率 90.8%，森林蓄积量 16.6510 万立方米。有职工 108 人，在职员工 34 人，其中专业技术人员 8 人，本科学历 3 人，大专学历 6 人。

（2）体制变革

富石林场创建于 1958 年 1 月 10 日，由来自德庆县林业局、商业局等 34 名下放干部建场。1959 年搬到乌石，改名乌石林场。1958—1963 年归地方德庆县管辖。1963 年，与西湾林场、历麻林场合并成德庆林场富石分场。1964 年，由西江林业局管辖，改称为“广东省国营富石林场”。1971 年，场部搬至回龙。1985 年，改称为“国营富石林场”。1996 年 10 月，又称“广东省西江林业总场富石林场”。2003 年 5 月 1 日起改称为“广东省西江林业局富石林场”。

富石林场建场后，贯彻执行“以林为主，林粮结合，多种经营，综合利用”的经营方针，组织实施林场的营造林、森林培育、森林防火、森林病虫害防治、森林资源及林地资源保护等工作，林场定位为经营型林场。

（3）森林资源

富石林场建场时，总面积为18306亩，有林地1606亩。2014年底，林场经营面积26529亩，其中桉树12321亩，松树5934亩，杉树558亩，各类阔叶树和阔叶混交林、针叶混交林和针混交林共4956亩，经济林1188亩，采伐迹地1572亩。2015年总面积为26529亩，采伐迹地面积1425亩，活立木蓄积量16.6510万立方米，其中桉树面积12321亩，蓄积量99410立方米，公益林面积9522亩。

林区林木茂盛，植被丰富，优越的自然地理环境孕育了许多的野生动物，如雉鸡、野猪、画眉鸟等。

（4）经济发展

林场从建场至20世纪70年代中期，主要靠上级政府投资维持生产发展。1974年开始，林场开始能自给自足。80年代，上级政府对林场停止投资。2000年前后，上级政府又开始了对林业部分项目进行投资，如珠江防护林项目、战略储备林项目等。据统计,1958—2015年，政府投资林业拨款1945.41万元。林场1961—2015年木材收入累计10379.97万元；林下经济收入累计570.84万元。林场历年二三产业收入累计为304.49万元；上缴税金524.98万元。

2015年，林场总收入达1422.75万元，创造了林场有史以来最好的成绩。

（5）基础设施

1982年左右，在历麻工区筹建混合3层职工宿舍，面积815平方米；1982—1988年，在回龙场部修建职工住房1400平方米。2004年下半年，林场在德城购置670平方米的4套商品房，作为场部机关办公用房。2005年11月，场部搬迁到德城，办公条件有所改善。林场水、电、通讯等设施完善。

（6）自然灾害

林场历年来严重的自然灾害有冰雪灾害、暴雨、泥石流、台风灾害。其中冰雪灾害和台风灾害影响最大，造成大量损失。

林木的病害和虫害有多种，其中对林场林木危害最大的是松毛虫。1969—1985年前后，马尾松遭受松毛虫危害，特别是1971年和1978年，虫害特别严重。1985年后，随着林业生产发展，林种结构调整，采取多种防控措施，进行综合防治，逐步控制了主要病虫害的大发生。2000年开始大规模种植桉树，而近几年，桉树有青枯病危害现象。2014 年，历麻工区的桉树发病面积达 400 亩。

（7）山林权属

林场土地最初来源于 1929 年成立的德庆县模范林场，经营面积 13519 亩。1958 年林场成立，经营总面积为 18306 亩。1963 年，与西湾林场、历麻林场合并成德庆林场富石分场，林地面积有所增加，到 1964 年面积为 23210 亩。

20 世纪 60 年代中期后，林场附近大队有将林地划入林场，林场也有林地划归地方的情况。1983 年 10 月，林权证面积为 26825 亩。1986 年，总面积调整为 26689 亩。2004 年 10 月，山林权换发新证，林权证面积调整为 26696 亩（其中：2014 年，资源更新数经营总面积为 26529 亩，但林权证面积不变）。

5.10.7 西江林业局西江林场

（1）基本情况

西江林场地理坐标为东经 111° 47′ ~ 112° 00′，北纬 22° 59′ ~ 23° 08′，地处西江中游南岸（图 5–1）。林场经营面积 9537.8 公顷，森林蓄积量 75.5702 万立方米。林场是副处级单位。现有职工 500 人，在职 95 人，退休 405 人。场部设办公室、生产林政科、人事科、计财科、经营科、党委办、防火办及西江派出所。

图 5–1 西江林场

林场以商品林、经济林和公益林为主，商品林以松、杉、桉、阔叶树为主，木材品种多样。松、杉、桉主要销往珠三角发达地区，优质阔叶树为广东提供许多优质木材；生态公益林为周边提供良好的生态效益，是西江流域的绿色屏障。

（2）体制变革

林场前身为民国20年（1931年）广东省西北绥靖公署在云浮县的南江口创建的第二模范林场。1934年由喜泉农校接管。1940年广东农林局西区林业促进指导区接管后改为广东省西区第二示范林场。新中国成立后，1950年3月前由广东省农林厅接管，称为“南江口林场”。1953年初更名“南江口造林站”，隶属德庆林场管。1955年初，德庆林场总场迁至南江口，改定名为“广东省粤中行政公署西江南江口林场”，原属德庆林场管辖的马圩崩山试验站、德庆造林站及7个生产队2个苗圃场亦归属南江口林场。1956年4月，又改名为“郁南县国营西江林场”，原辖德庆境内的两个造林站划出。1958年，西江林场派员到德庆县境内组建开辟象牙山林场。郁南县境内的国营大历林场作为一个分场亦划归西江林场管辖。1959年象牙山林场分场停办，大沥林场合并于郁南县建城林场。1963年，象牙山、大沥、通门又成为西江林场分场。1964年再从西江林场分出，成为西江林管局直属国营林场。

1972年以前，为支援社会主义建设，向国家提供更多木材，林场主要以消灭荒山为主要任务。1973年，林场逐步进入主伐阶段，计划经济下所生产的木材全由国家调拨，国家逐渐减少拨款和粮油供给，林场进入半自给状态。改革开放以来，林场也由计划经济向市场经济过渡，除生产木材外，还多种经营相结合。2015年，国家出台《国有林场改革方案》，生态公益定位更加明显，林场加快森林资源资源培育，开展中幼龄林抚育，提高国有林场森林资源质量，积极培育大径级和珍稀树种用材林，建设国家木材战略储备基地，并有效提供公共服务。

（3）森林资源

1954年，在省林业厅直接领导下，将附近荒山规划造林，成立西江林场，经营总面积为14万亩左右。2014年底林场经营总面积为14.31435万亩，其中杉33000亩，马尾松28500亩，外国松3400亩，桉树35000亩，各类阔叶树和阔叶混交林25000亩，针叶混交林和针混交林8300亩。2014年12月资源调查，林场活立木蓄积量为82.9万立方米，其中杉30.4万立方米，松19.9万立方米，桉树26.6万立方米，针阔针叶混交林32000立方米，阔叶及阔叶混交林27000立方米。木材年生长量达64000立方米。

林场野生动植物资源比较丰富，据调查，兽类有黄猄、果子狸、白鼻喷、松鼠等；鸟类有鹤、雉、鹧鸪、画眉、班鸠、鹰等；蛇类有金环蛇、银环蛇、过树榕、青竹蛇、饭铲头、眼镜王蛇、蟒蛇等；爬行类有草龟、石蛤、蟾蜍等。

（4）经济发展

西江林场建场至今，国家总投资（实收资本）1364.12 万元。2004—2015 年财政资金总收入为 5267.45 万元，主要用以危旧房改造、林区公路硬底化、森林抚育等营林专项建设、林业用油油价补贴、公路养护等。

西江林场建场至 2003 年自筹收入 23680.31 万元。2004—2015 年木材收入 17280.05 万元，其中 2013 年、2014 年、2015 年木材收入分别为 1801.81 万元、1772.61 万元、2155.70 万元。2004—2015 年共实现利润 3629.2 万元，其中 2013 年、2014 年、2015 年利润分别为 392.88 万元、258.35 万元、508.78 万元。

另外，林场还发展了其他产业：1959 年，以水轮机作动力，以木薯为原料，加工生粉和蒸酒。1961 年，以马尾松叶子为原料加工松针油。1973 年，兴办全局第一间松香厂。20 世纪 80 年代初又开设八角油的加工。1988 年后，随着肉桂的投产，开设了桂油厂。1988 年，兴办日产 3 吨的酒精厂，以木薯作原料生产酒精，由于成本过高，投产不久即告停产。1993 年在三坑兴办过有机玻璃厂，投产不足一年停产。1998 年东莞松涛宾馆股份被人收购。2003 年与大沥林场、南江口镇一个体企业联合筹建“西江林场木制品厂”，厂址在原大河综合厂内，目前包给私人老板。

（5）基础设施

2016 年 1 月 12 日，场部的办公楼竣工。林场职工住房充裕。据 1984 年 3 月普查，林场拥有房屋共 36502.6 平方米。1985 年、1986 年、1987 年、1988 年、1994 年新建招待所、一队工区职工住房、南楼、大楼、东风工区职工住房等共计面积 2680 平方米。2011 年，林场对职工住房进行危旧房改造。目前，林场林区公路共 112.2 千米，路面硬化里程达 39 千米，交通便利。水、电、通讯等设施完善。

（6）自然灾害

1999 年冬，因春寒低温所致，冻死大片马占相思，受损面积 1896 亩，冻死林木 3619 立方米。1994 年 6 月和 1998 年 6 月下旬西江发生洪水，给林场造成严重的洪涝灾害。2004 年 6 月 3 日暴雨，造成旧路半坑林地山洪暴发，引发山体滑坡，黄沙二坑等多处公路塌方。2007 年和 2008 年遭受台风灾害，均损失 100 多万元。在林木病虫还方面，每年虽有病虫害发生，但为害面积不大。

（7）山林权属

1954 年，在省林业厅直接领导下，将附近荒山规划造林，成立西江林场，经营总面积为 14 万亩左右。1980 年落实山界林权到发放林权证期间，林场又将 4000 多亩林地划给多个村委经营；现在林场经营总面积为 14.3143.5 万亩，已全部核发了山林权证。

（8）林场大事记

1984 年 7 月 22 日，广东省人民政府批转省林业厅《关于省办国营林场管理体制改革的意见》，国营广东省西江林场改名为国营西江林场。

1988 年，开始实行第一轮场长 4 年任期目标责任制。

1995 年 8 月 22 日，贯彻实施全员劳动合同制办法。

1998 年年春，开始实施人事、用工、分配制度改革方案(即省林业厅在象牙山林场试点方案)。

2003 年 4 月 17，林场名称改为“广东省西江林业局西江林场”。

5.10.8 西江林业局大历林场

（1）基本情况

大历林场地理坐标为东经 111° 32′ ~ 111° 45′，北纬 23° 02′ ~ 23° 10′，位于郁南县东北部西江南岸。林场为省属正科级事业单位。现有经营面积 31266 亩，其中林业用地 30517 亩。全场职工 86 人，其中，在职 35 人，退休 51 人。场部设有党支部、工会。内设机构有办公室、生产林政科、计划财务科。

建场至今，经统计，林场自筹收入 1.4 亿元，上缴税金 469 万元。现有固定资产 4443 万元，活立木蓄积量 25.5628 万立方米。

（2）体制变革

1958 年 1 月，郁南县下放干部 16 人，创办县属国营大沥林场。建场初期，经营面积 10037 亩，有林地 1814 亩，开建有葵坑、秋风、森木、高杠 4 个工区。同年 7 月，与郁南县宝珠林场合并。9 月，并入国营西江林场，称国营西江林场大沥分场。1959 年 3 月，与郁南县的通门、宝珠、金菊、太平等林场合并为郁南县国营建城林场，场址设在建城果木场，称郁南县国营建城林场大沥管理区。1960 年 9 月，撤消建城林场，恢复为郁南县国营大沥林场。1963 年 3 月，更名为广东省国营西江林场大沥分场。1964 年 4 月，划归广东省西江林管局管理，更名为广东省国营大沥林场，经营面积 31324 亩。1998 年 1 月，更名为广东省西江林业总场大历林场。2003 年 4 月，更名为广东省西江林业局大历林场，沿用至今。

林场建场初期，性质属地方国营单位，经营方针是“以林为主，采育结合，多种经营，青山常在，永续利用”，在这方针指导下，林场积极造林，大力培育优质商品林与工业用材林。1964年由广东省西江林管局管理，性质为省属国营单位。一直以来，特别是1980年国家停止对林场投入后，林场属自收自支、企业化管理，以培育商品林与工业用材林为主要任务的生产经营性质的事业单位。2012年4月16日，《中共中央国务院关于分类推进事业单位改革的指导意见》发布。新一轮的事业单位改革正式启动。林场改革按照省政府、省林业厅的安排部署，正在进行当中。按照林场的公益属性，继续将保留在事业单位序列，强化公益属性。

（3）森林资源

1958—1964年，林场经营面积由23951亩增加至31324亩。在20世纪80年代的“三定”工作中，林场共划出4099亩山林给当地群众。1985年，林场经营面积减少至27225亩。现在林场经营面积为31266亩，其中林业用地30517亩。

林场进行的几次二类森林资源调查数据显示，活立木总蓄积量从1985年的11.4149万立方米增加到现在（2015年）的25.5628万立方米。森林覆盖率也大幅提高，从1985年的70%增加到现在（2015年）的98%。

林区内野生动物资源丰富，有野猪、果子狸、蛇、黄猄、石蛤、苍鹰等。

（4）经济发展

林场自1958年创办，在1960—1979年共20年时间中，国家累计对林场投资共计人民币130.36万元，年均65000元。国家投资主要用作营林投资、基建投资。1980年起，国家停止对林场投资，林场自筹资金，自负盈亏。建场至2015年，林场累计收入14045.61万元，上缴税金 469万元，2015年末国有资产总值4443万元。

木材收入是林场最主要经济收入，占林场总收比例达82%。经统计，1960—1990年木材销售收入1401.4万元；1991—2015年，木材销售收入10149.35万元。历年累计11550.75万元。

林下经济项目开展，是根据上级各个时期提出的经营方针，结合实际，因地制宜进行贯彻执行，实现“以林为主，多种经营，综合利用，全面发展”的总体目标，取得一定效益。

（5）基础设施

建场初期，林场房屋简陋，采用竹木、茅草、杉皮等材料搭盖临时工棚或砖瓦结构简易茅屋，作为办公场所和职工宿舍。20 世纪 80 年代，林场在罗旁区大历口建起钢筋混凝土结构楼房两幢，用作场部办公与职工住宿。1992 年场部新建大楼一幢，楼高 6 层，建筑面积 1248 平方米，大为改善了林场办公条件。林场现有房屋面积 6244 平方米，其中住宅面积 4774 平方米。

林场场部距县城 18 千米。在 90 年代初期前，外出主要依靠西江水运（坐船），陆路主要依靠高杠口至宝珠公路与外界联系，交通极不方便。2015 年，林场累计建设林区公路 28 千米。林区公路的开通、完善的发展迅速，极大改善了林区内的交通条件，为林场生产经营、职工生活带来了便利。

（6）自然灾害

林场地处粤西山区，在个别极端天气年份，对地处高寒山区的林班树木受结冰影响，对林场带来了一定的损失。据记载，1975 年冬天，天气严寒结冰，受损面积 420 多亩。2015 年冬天，天气严寒结冰、下雪，桉树受损最严重，据统计，受损面积（桉树）4585 亩。

林区公路多以沙石路面为主，山高路陡，暴雨对林区公路的影响较大，每逢暴雨过后，冲毁路基、损毁路面、塌方等灾害现象经常发生，给林场带来损失。

由于林场地处山区，距离海边较远，所以台风对林场的松、杉林影响不大。但林场 1999 年种植速生桉后，每年台风对桉树幼林带来较大的影响，造成桉树倒伏、折断等。据不完全记载，受损面积累计达 1500 亩。

随着林业生产的发展，林场建立起病虫害预测、预报、调查报告制度，林种结构的不断调整，改善生物群落结构，运用生物防治措施等，林场虽有病虫害发生，但为害面积不大。

（7）山林权属

林场土地最始来源主要是邻近的乡、公社，把大队、生产队集体所有的荒山划给林场造林绿化、经营管理，并与当地的乡高级农业社签订送山协议。自建场以来，林场的山林权属清楚、明确。山林权属变革主要发生在 20 世纪 80 年代的“三定”工作中，经郁南县落实山界林权工作组鉴证，林场共划出 4099 亩山林给当地社队经营。经“三定”后，进行了确权登记，林场的所有林地都领取了《山权林权证》，并在 2004 年换发了新版《林权证》。

（8）林场大事记

1958 年 1 月 20 日，国营大沥林场成立，场部设在郁南县大沥口。接收下放干部

16 人，经营面积 10037 亩，有林地 1814 亩。。

1972 年 8 月 18 日，广东省革命委员会发出通知，大沥林场收归省管。

1984 年 7 月 22 日，“国营广东省大沥林场”更名为“大沥林场”。

1990 年 4 月，日本津村株式会社香港有限公司人员，到林场考察肉桂种植情况。同年，引种广西桐棉松，面积约 1000 亩。

1997 年 12 月，人事、用工、分配制度 3 项改革，与档案工资脱钩。

1999 年，林场对林种树种结构调整，引种速生桉树。

2002 年 6 月，林场内部机构改革，内设机构由股（室）改称科（室）。

2003 年 4 月，林场更名为广东省西江林业局大历林场。

5.10.9 西江林业局通门林场

（1）基本情况

广东省西江林业局通门林场于 1956 年成立，省属西江林业局下属正科级自筹事业单位。林地分布于郁南县的通门镇、建城镇和罗定市的附城镇（原新乐），与广西的苍梧县、岑溪市接壤。

建场 60 多年来，林场发生了根本的变化，由原来的荒山发展成为一个生态公益林为主的林场。2014 年 12 月，林场用地面积 57926 亩，以商品林为主，生态公益林比重较少。商品林为 55347 亩，生态公益林为 2535 亩，森林覆盖率高达 97.6%，森林总蓄积量 45 万立方米。有员工 58 人，其中在编正式职工 40 人，聘用临工 18 人，离退休职工 135 人。

（2）体制变革

1955 年秋，在广东省人民政府的指示下，郁南林场开始筹建工作，目标是建成以杉木、马尾松为主的用材林基地，20 年后为国家提供木材。1956 年林场成立，改名“通门林场”，场部设于通门镇。1959 年，遵照上级指示，通门、大沥、宝珠、金菊林场和罗定县的太平林场合并为罗定县国营建城林场，场址设在建城果木场。1960 年撤销罗定县国营建城林场，恢复通门林场名称，金菊林场作为工区并入通门林场。1963 年并入广东省西江林场，名称为通门分场，同时西江林场被林业部列为国家重点林场。1964 年西江林场管理局成立，原通门林场恢复原来范围，改称广东省国营通门林场，隶属西江林场管理局。1973 年 3 月改称国营广东省通门林场。1984 年遵照《广东省批转林业厅〈关于省办国营林场管理体制改革的意见〉》，国营广东省通门林场改名国营通门林场。2003年名称正式定为“广东省西江林业局通门林场”至今，隶属广东省西江林业局管理。

自建场以来，林场的经营方针是“以林为主，林粮结合，多种经营，综合利用”，在这方针指导下，林场职工贯彻造护并产的方针，除积极造林外，必须加强对现有林的抚育管理。随着林场的不断发展，根据上级的指示，明确通门林场的主要职责：负责组织实施通门林场的植树造林、森林培育、森林防火、森林病虫害防治、森林治安、生态公益林的保护和林地管理工作。在新的历史时期下，通门林场承担着改善生态环境，维护生态安全的任务，林场开始由经营型林场向公益型林场过渡。

（3）森林资源

1956年建场当年开始了大规模的造林。1956年全场总面积为62212亩，其中林地6277亩，其余为未造林荒山。2004年二类森林资源调查，总面积57761亩，其中林业用地57761亩。林业用地包括有林地53874亩，无林地1704亩。有林地其中松林28774.5亩，杉林16296亩，桉林5141亩，湿地松439亩，经济林1430亩。

2014年二类森林资源调查，林业用地57926亩，其中马尾松26888亩，湿地松471亩，杉木14829亩，桉树8242亩，经济林938亩。全场活立木蓄积量45.0107万立方米，其中有林地林分蓄积量45.0107万立方米，占总蓄积量100%，森林覆盖率97.6%。

林场林地范围内记录有野猪、穿山甲、獐子、果子狸、画眉等多种野生珍稀动物。

（4）经济发展

自1956年建场以来，林场得到了国家和省人民政府的大力支持，每年都投入了一定的专项资金，用来营造林、森林的抚育。

据资料显示，在“十五”期间，林场全面推动职工自营经济的快速发展，有67名干部职工参与了林地租赁自营经济活动，自营经济面积达到1000多亩。有40人次参与合作营造桉树速生丰产林780多亩。

根据1977—2015年统计，经营收入累计18325.6万元，平均每年收入469.89万元。特别“十五”期至今，林场经济实现了稳步高速发展。经济收入年年都在突破历史最高值，资产由原来的负债开始转向盈利，国有资产保值得到不断的提高。

（5）基础设施

林场建场初期，办公室设置在通门圩，办公条件非常简陋。1976年，场部搬迁，林场选址荷木坳为新场部。新场部是一个花园式的办公住宅小区，林场的办公条件得到了提高。2004年办公大楼首层办公室进行装修，更换办公设备。2005年各科室安装空调，添置电脑，复印机等办公设备，林场办公进入了无纸化办公时代。

在职工住房方面，场部设在通门镇荷木坳，是一个花园式办公住宅小区，林场基本设施不断完善，职工住宿环境不断改善，基本全住上水泥楼，告别了混合结构的砖瓦房。林场下设有 3 个作业区，作业区分管 14 个工区，每个工区的护林员都能住上钢筋结构的水泥房。

另外，林场道路交通方便，水、电、通讯等设施完善。

（6）自然灾害

建场以来，林场发生了一次较大的森林火灾。1963 年 1 月 10 日，烧毁幼林 1745 亩。林场曾经发生过 3 次危害大、面积广的虫害：一是 1965 年，小葵、葵岭发生松毛虫为害，受害面积为 1360 亩；二是 1984 年，种植肉桂 200 亩（至 1987 年已种植 2200 亩）发生病虫害；三是 1985 年，大笋、金珠工区发生蝗虫危害杉幼林，面积 1200 亩。

随着科技的不断进步与林场的发展。林场不断引进了林业工程师，虽然偶尔会有小面积的虫害，但都能够及时消灭，把损失降到最低。

（7）山林权属

林场土地为政府划拨，2003 年名称正式定为“广东省西江林业局通门林场”，并开始换发山林权证。目前用地面积 57926 亩。历年来，有记录的土地调出共 435 亩，其中：因林地纠纷调处面积减少 415 亩，土地置换面积减少 20 亩。

（8）林场大事记

1956 年，通门林场成立，场部设在郁南县通门圩，经营面积 62.2212 万亩，有林地 6277 亩。

1963 年，国家对林场实行“五定”：定经营面积、定任务、定规格要求、定人员、定投资和设备使用年限的管理体制。林场在经营管理上实行成本核算为主要环节的定额管理。

1987 年 9 月，实施森林防火安全生产责任制。

1996 年 8 月，根据国家体改委和中林部有关国有林场体制改革意见的精神，成立场深化改革领导小组，“进一步深化改革，实现全员目标成本限额管理，提高经济效益”。

1998 年，开始实施人事、用工、分配制度改革方案。

2002 年 7 月，林场内部机构改革，将管理人员从 25 人压缩至 19 人，场设下属机构：办公室、生产科、财务科和派出所。撤销森林防火指挥部，改名为“通门林场森林防火办公室”。

2003 年 4 月 17 日，改名为“广东省西江林业局通门林场”。

2004 年，林场派出所改制，派出所改为警务区，列入省森林公安局西江分局编制。

2006 年 3 月，架设葵岭工区供电线路，实现护林点通电率 100%。

2010 年，活立木转让首次超千万元，是建场以来，木材收入最多的一年。

5.10.10 西江林业局平岗林场

(1) 基本情况

平岗林场（图 5-2）成立于 1958 年 2 月，地理坐标为北纬 23° 21′~23° 25′，东经 111° 22′~111° 30′，位于广东省封开县东南部，地跨江川、平凤两镇，东临西江，南与平凤镇古石、登河和江川镇江山村交界，西与广西苍梧县接壤，北与江川镇的五合、裕丰、豆腐坑等村交界。

2015 年，平岗林场经营面积 29800 亩，有林地面积 27800 亩，活立木总蓄积量 21.49 万立方米，森林覆盖率达 93.3%。有在职职工 25 人，退休职工 34 人。

图 5-2 平岗林场

(2) 体制变革

平岗林场成立时场部设在凤村乡大垒村，又称大垒林场，接收下放干部 30 人，规划经营面积 62000 亩，有林地面积 1463 亩。1958 年建场至 1963 年 6 月为县办地方林场，1963 年 7 月由省林业厅接管后改称为“广东省国营平岗林场”，1964 年 4 月起隶属西江林管局。1973 年，省林业局革委会通知："广东省国营平岗林场"改称"国营广东省平岗林场"。1984 年，广东省人民政府批转省林业厅《关于省办国营林场管理体制改革的意见》，将"国营广东省平岗林场"改为"国营平岗林场"。2003 年 5 月根据广东省西江林业局（西林业〔2003〕28 号）的通知精神，更名为"广东省西江林业局平岗林场"至今。

建场之初没有明确的定位，曾一度短暂与县果木场合并。自 1963 年隶属西江林管局管理后，明确定位为西江沿岸林业基地。20 世纪 90 年代定位为林业生态基地又是商品林生产基地，担负着西江流域的生态环境建设，发挥其生态效益、社会效益和经济效益。90 年代至今，定位为商品经营型林场，实行企业管理。集约化、规模化建设是办场的经营方针，充分发挥林地的潜能，最大限度产生生态效益、社会效益和经济效益。林场经营面积少，产出固然少，"外引内联，租赁经营"是走出困境的好路子。1991–2006 年租赁周边林地共 12500 亩，有效地扩大了经营范围，经营体制出现了多元化，这一模式得到充分的肯定。

（3）森林资源

林场林地仅有 17300 亩，1991 年起与周边乡（镇）以"合作造林"的形式，扩大经营规模，至 2006 年共签约"合作造林"面积 12500 亩。目前，平岗林场经营面积已达 29800 亩。

建场初期的单一经营松杉，到 80 年代中发展经济林，90 年代末种植桉树。据统计：2015 年末，有林地面积 27800 亩，其中：杉 5916 亩，松 2901 亩，桉树 18092 亩，其他 848 亩。活立木总蓄积量 21.49 万立方米，其中：杉 50400 立方米，松 22500 立方米；桉树 14.02 万立方米，其他 1800 立方米，森林覆盖率达 93.3%。

（4）经济发展

建场初期至 1979 年（主伐前），林场基本是靠国家投资造林和基本建设，累计国家投资 114.51 万元，资金全部用于育苗、造林、抚育和简易的基本建设。

20 世纪 80~90 年代，经济局面逐步有所改观。80 年代初开始生产木材，经济从半自给转向自给。这个时段主要是以松、杉为目的树种。1985 年，根据西江林业局统一部署，平岗林场有计划地进行林种机构调整，部分林地先后改种肉桂等经济林。1999 年，根据发展趋势和市场的需求，林场有计划地改造低效林分，大力发展桉树速生丰产林，林种、树种都发生了较大的变化。80~90 年代末，林场自筹收入 3169.39 万元，上缴税金 325.33 万元。

90 年代末以来，逐年改造低效林分，以发展桉树速生丰产林为主要树种的经营策略，改变过去单一树种的经营理念。种植桉树速生丰产林带来良好的经济效益，2000—2015 年累计收入 7567.49 万元，上缴税金 17.01 万元（2004 年起国家免征农林特产税）。

林场走过 60 年的历程，从地方林场到省属林场，从小规模办场到合并为县果木场后又建立为体系完整的国有林场，成为西江流域林业生产基地之一。

（5）基础设施

林场旧办公楼 1974 年建设，共 3 层，建筑总面积 497 平方米。2011 年在封开县江口镇河南新区建了一幢 5 层办公综合楼，建筑总面积 1719 平方米。目前职工住房均设在工区和场部，共计 9 幢，总面积 3563 平方米。场部职工宿舍是 1981 年建设，房屋布局落后，质量差，早已无法满足职工需求，需进一步改善职工住宿条件。

林场林区公路 23.2 千米，其中：硬底化道路 17.6 千米，简易道路 5.6 千米，基本能满足木材生产和其他作业的需要。林场水、电、通讯等设施完善。

（6）自然灾害

林场场部设在西江边，所处位置河道较窄，遇上洪涝就难逃一劫了。据记载：1994 年，百年一遇的西江洪水，场部最高水位 25.2 米，致使木场塌方，流失木材 150 立方米，造成直接经济损失约 20 万元；冲毁场部的围场、挡土墙，经济损失约 30 万元，共计 50 万元。台风影响最大的是对林木的吹倒吹毁，据不完全统计，近年来受台风及强对流天气的影响，桉树幼林吹倒吹毁约 1500 亩，经济损失约 500 万元。林木病虫害主要是马尾松松突圆蚧、松毛线虫，桉树青枯病、焦枯病等。

（7）山林权属

平岗林场成立于 1958 年 2 月，当时规划经营面积为 62000 亩，有林地面积 1463 亩。由于山林权属纠纷和部分林地划归林场手续不完善，没有协议书等原因，经营面积经过几次调整（林地调整过程中档案丢失严重，基本上找不到有效凭证），现经营面积为 29800 亩（2005 年完成山林权证，其中国有林地山林权证面积 17100 亩，外租林地山林权证面积 12700 亩）。

（8）林场大事记

1964 年 4 月 1 日，广东省国营平岗林场改隶属广东省西江国营林场管理局。林场的生产计划、财务、技术指导、主要生产物资调配、劳动力及干部等五权由西江林管局管理。

1979 年，平岗林场开始主伐，经济逐步转入半自给经营模式。同年，蟠龙口木场开办木材加工。

1984 年 7 月 22 日，广东省人民政府批转省林业厅《关于省办国营林场管理体制改革的意见》，将“国营广东省平岗林场”改为“国营平岗林场”。

1989 年，实行“场长任期目标责任制”，任期 4 年，谢海潮任场长。

1997 年，林场按照省林业厅《关于贯彻林业部〈关于国有林场深化改革加快发展若干问题的决定〉的通知》（粤林〔1997〕005 号）文件精神，部署进行了人事、用工、分配 3 项制度改革，大量压缩非生产人员数量，充实生产一线人员。

1999 年，林场调整林种结构改造低效林分，开始种植速生丰产树种——桉树。至 2015 年末，累计种植桉树 18200 亩。

5.10.11 西江林业局良洞迳林场

（1）基本情况

广东省西江林业局良洞迳林场（图 5–3）位于新兴西北部，地理坐标为东经 112° 05′ ~ 112° 11′，北纬 22° 44′ ~ 22° 48′。林地东与新城镇、车岗镇相邻，南与新城镇毗邻，西南与勒竻竹镇接壤，西北与云安县前锋镇交界。林场始建于 1958 年 4 月 1 日。是广东省属国有林场，现隶属广东省西江林业局。

图 5–3 良洞迳林场

林场经营总面积 60432 亩，其中林业用地 59929.5 亩，以木材经营为主，主要种植树种为杉、松、桉。林场内设机构现有办公室、计财科、生产林政科 3 个部门，以及广东省森林公安西江分局仙菊派出所良洞迳警务区。现有职工总人数 187 人，其中退休职工 166 人，在职人员 21 人。林场林分结构 2015 年有商品林 53070 亩，生态公益林 6600 亩，森林覆盖率达 89.7%，森林总蓄积量 26.9553 万立方米。

（2）体制变革

1958 年建立林场后，名称为“新兴县国营第一林场”，隶属新兴县国营林场。1963 年 3 月，“新兴县国营良洞迳林场”更名为“广东省良洞迳林场”，隶属省办国营林场。1964 年 1 月，广东省良洞迳林场改由省派出机关“西江林场管理局”（现更名为“广东省西江林业局”）接管至今。

1958 年建立林场后，林场的经营方针是“以林为主，林粮结合，多种经营，综合利用”，明确以营林为主业。林场建场以来均为事业单位，1997 年改革至今，以事业性质、企业管理的模式，领取企业法人营业执照，实行企业化管理，经费来源为自收自支、自行统筹。

（3）森林资源

1958 年良洞迳林场建场时林地面积 3939 公顷。2004 年资源清查，使用先进科技对林地面积进行精准测算为 4031.8 公顷。2015 年，有林面积 59000 亩，全部为人工林，森林覆盖率 89.7%，森林蓄积量 27 万立方米。

建场至 20 世纪末，基本以杉、松为主要经营树种，辅以油茶、油桐、肉桂、八角。目前主要经营树种为桉树。为发展森林的生态效益，近年来种植以红锥、火力楠、荷木等为主的乡土树种，并逐年增加，杉的种植较少，松已在近 10 年无种植。野生动物种类较多，较常见有野猪、黄猄、眼镜蛇、眼镜王蛇、雉鸡、鹞鹰、石蛤、黄骨鱼等。

（4）经济发展

自 1958 年建场以来，每年都进行植树造林。根据 2015 年统计，2007—2015 年，国家累计投资 1878.46 万元，平均每年国家投资 208.72 万元，主要用于植树造林和中、幼龄林抚育。2007—2015 年，林场平均每年收入 890.66 万元，木材及剩余物收入 6228.91 万元约占总经营收入 77.71%。

至 2015 年，良洞迳林场发展的林下经济项目有：企业租赁石场开采，企业租赁林地办厂，个体租赁商铺，职工承包种植果树，职工承包种植绿化大苗，职工承包林地养鸡。2015 年林场以上项目租金共计收入 66.29 万元。

（5）基础设施

林场建场初期，办公地址临时设置在六湖塘工区，办公条件非常简陋。1978 年，林场建起 4 层、3 层的楼房各一幢，用于办公、会议室与招待所。建起一座大会堂；建起平房 18 套，用于职工在林区的住宿。2006 年 3 月，林场场部搬迁至县城城西路虹桥大楼办公。新场部大楼 5 层共 1700 平方米。

建场初期，职工没有宿舍，只能在山边搭建茅草棚居住，住宿条件非常艰苦。1960 年后，场部及各工区开始陆续建有砖木结构的房子，一部分作办公场所，一部分用作职工临时宿舍，解决了部分职工当时的住宿问题。

2015 年，林区公路共有硬底化建设 12.5 千米，沙（泥）土路 37.5 千米。水、电、通讯等设施完善。

（6）自然灾害

每年 5~10 月是台风多发季节，林场地处粤西南，经常受到台风的影响。近年来对林场影响较大的台风有：2012 年 7 月台风“韦森特”，直接经济损失 200 多万元；2013 年“尤特”、“天兔”两个台风，对林场的林区公路及 2000 亩一年生桉树损坏严重；2014 年 9 月“海鸥”和 2015 年 10 月 4 日“彩虹”台风均造成严重损失。

建场以来，林场发生多次较大的森林火灾。1960 年，受灾面积 200 亩；1961 年，全场火灾 11 次，受灾面积共 9985 亩；1962 年，发生火灾 6 次，受灾面积共计 18525 亩；1993 年 10 月，长坑仔工区火灾，受灾面积 90 亩；1998 年 8 月山塘工区因变压器短路引致山火，烧毁马占相思林 37 亩；2000 年，长坑仔工区火灾，受灾松林面积 134 亩。

为害林木的害虫主要有松树松毛虫、松突圆蚧、松材线虫，果树主要发生柑橘黄龙病、实蝇等虫害，桉树时有发生“蕉枯病”。但多年来林场林木无重大病虫害。

（7）山林权属

良洞迳林场于 1958 年 4 月 1 日建立，根据广东省林业厅《关于大力建立林场的通知》（〔58〕林场字第 115 号）有关精神组建，通过上级政府划拨及与周边折价购买等方式方法，达到林地面积 3939 公顷。2004 年对版图面积进行数字化勾绘精算，林地面积为 4031.8 公顷，林地边界未变化。目前林地与周边尚存争议的面积有 3000 亩左右。

（8）林场大事记

1997 年，林场深化改革，以聘用制方式，打破干部、工人身份界限，建立平等、竞争、择优的上岗原则，重新设置机构和工区。

1999 年，调整树种林种结构，对低产林分进行改造，种植桉树 880 亩。

2001 年，林场规划“双层经营”，对参与种植的职工，给予租赁林地、借支无息扶持资金的优惠措施，大力支持职工发展种、养业。

2002 年 7 月，林场内部机构改革。7 月 25 日，开展中层干部竞争上岗演讲会，由场领导及职工代表对参加上岗竞争人员进行投票选拔，择优录用。

2003 年，制定“奔康致富发展经济方案”。坚持“一场多业、一场多制”方针，加大职工“双层经营”力度，全面提升林场及职工的经济效益。

2012年，林场营林开展专项工作，有4个项目投入生态建设，并得到上级扶持资金。

5.10.12　西江林业局林业科学研究所

（1）基本情况

广东省西江林业局林业科学研究所（简称林科所）成立于 1979 年 12 月，地处广东省肇庆市高要区金渡镇。地理坐标为东经 112° 30′，北纬 22° 58′，与金渡、南岸、莲塘等镇毗邻，紧靠西江。

林科所占地面积 6296 亩，含林业用地 6210 亩，非林业用地 86 亩。林业用地中生态公益林面积 1031 亩，商品林面积 5180 亩，宜林地 6210 亩。森林覆盖率 95.9%，森林蓄积量 31294 万立方米。现有员工共 47 人；其中在职正式职工 17 人，离退休职工 19 人，聘用临工 11 人。

（2）体制变革

林科所为正科级建制，隶属于广东省西江林业局管理，是省林业厅直属国有林场。林科所主要承担西江流域西江林科所范围内生态环境保护和森林资源培育双重任务，科学合理利用森林资源，培育苗木和林业科技推广试验。在发展过程中，林科所的主要职能有 3 个：职工继续教育培训基地、林业科技推广试验、经营管理。

职工教育培训基地（1979—1997 年）：1975 年 5 月，从高要林场划出万有工区，筹办西江林业大学。1976 年 6 月招生 50 人入学，结业 48 人，1979 年 2 月撤销。1979 年 12 月 26 日国营西江林业科学研究所成立，接收原西江林业大学和高要林场万有工区的林地房屋。至 2000 年，林科所作为西江林业局的培训基地，承担着本局全体职工再教育培训的任务，曾在所内举办过“华南农业大学经济管理”专科函授班、林业广播中专班和西江林业局的专业技术人员培训等学习培训项目。1997 年后，随着林业局机关培训设施不断的完善和培训任务的逐渐减少，林科所不再承担培训任务。

林业推广试验（成立至现在）：自林科所成立以来，一直承担着林业局的林业推广试验，技术人员长期在生产第一线工作，既掌握了比较扎实的林业科学知识，又有丰富的实践经验，技术人员还主持和经常参加一些科研项目的试验和推广应用工作，解决了部分林业生产实践中的问题。

经营管理（成立至现在）：1979 年后进入经营管理阶段，这期间开始小面积的间伐和皆伐。1999 年西江林业局下属林场（所）的造林用苗统一安排在林科所培育。2000 年后建立“西江林业局中心苗圃”，以培育桉树苗为主，兼顾培育乡土阔叶树、珍稀树种、杉木苗木等。

（3）森林资源

1992 年，林科所在二类森林资源清查中，总面积 6477 亩，其中林业用地 5745 亩，非林地 732 亩。活木蓄积量 15209 立方米，其中松纯林面积 1732 亩，蓄积量 6024 立方米；针阔混交林面积 2074 亩，蓄积量 8178 立方米；阔叶林 679 亩；其他林蓄积量 1007 立方米。

2015 年二类森林资源清查，全所经营总面积 6296 亩，其中林业用地 6210 亩，非林地 86 亩。林业用地中包括乔木林地 6039 亩，苗圃地 171 亩。林业用地森林蓄积量 31294 万立方米，其中生态公益林面积 1031 亩，商品林面积 5180 亩。森林覆盖率 95.9%。

（4）经济发展

自 1979 年建立林科所以来，每年都进行植树造林。2015 年统计，2015 年以前国家累计投资 1201.34 万元。其中：1997—2015 年国家累计投资 362.34 万元，平均每年国家投资 19.00 万元，主要用于植树造林和中、幼龄林抚育。1990—2000 年数据统计，国家投资 401.00 万元，主要用于中心苗圃、林木良种繁育基地和森林公园建设。2010—2015 年数据统计，国家投资 438.00 万元，主要用于营林和苗木培育等生产建设。

2015 年统计，1979—2015 年林科所经营收入累计 5941.48 万元，平均每年收入 160.58 万元，其中木材及木柴收入 1487.07 万元，木材收入约占 25.03%。2001—2015 年，苗圃投入使用，苗木销售收入 4093.19 万元，平均每年收入 272.88 万元，苗木收入约占 68.89%。林下经济收入 361.22 万元，约占收入 6.08%。

（5）基础设施

1975 年，筹办西江林业大学，建教学用楼 2 层及其他教学用房设施约 800 平方米。林科所建所初期，办公室临时设置在沙田坑水库旁边，即原万有工区房屋，办公条件非常简陋，基本解决办公问题。1999 年，办公场地搬至原西江林业大学教学楼，办公占用面积有6000平方米，办公楼面积700平方米。

1999年后办公地点搬迁，原办公地方改为职工宿舍，解决了部分职工住宿问题。职工没有参加房改，现有职工宿舍有9套，面积约700平方米，不能满足职工住房需求，大部分职工通过自筹资金购买商品房。

林区范围内主干道已全部硬底化，水、电、通讯方面已解决。

（6）自然灾害

每年6~10月是台风多发季节，林科所地处珠三角地带，或多或少都会受到台风的影响。2008年8月，第六号台风"派比安"对林科所影响较大，造成桉树倒伏600多亩，中心苗圃塑料大棚吹垮5个，个别建筑物受到不同程度的损毁，经济损失较大，所幸无人员伤亡。

20世纪90年代至目前威胁性较大的主要病虫害有：松突园蚧、桉树白蚁、尺蠖、刺娥、桉树焦枯病、桉树青枯病等。近年来没有出现大面积病虫害现象。

（7）山林权属

1979年12月26日成立西江林业科学研究所时，接收原西江林业大学和高要林场万有工区的林地房屋，经营总面积6477亩。1981年由广东省高要县人民政府颁发《山权林权证》，总面积7069亩，包括万有工区6503亩和南岸鹤山566亩。

2003年5月开始进行林地林权登记换证工作，并向高要市林业局递交了《广东省林地林权登记申请表》。2004年正式命名为"广东省西江林业局林业科学研究所"。2004年全省二类森林资源调查后，确定全所经营总面积6294亩。2005年由肇庆市人民政府颁发了《中华人民共和国林权证》，确权换证面积6002亩（2004年二类森林资源调查后面积为5861亩）。另一份南岸鹤山（435亩林地）林地林权证尚未得到换发。

（8）林科所大事记

1992年9月9日，成立万有国家森林公园。

2000年，利用国债资金建立"西江林业局中心苗圃"。

2003年，林科所在原中心苗圃的基础上建立"广东省西江林业局林木良种繁育基地"。

2008年7月，林科所投资兴建组培厂。

2010年11月，撤销万有国家森林公园。